U0664590

來新夏文集

第一册

历史学卷（上）

中国古代史

来新夏 著

南方传媒
广东人民出版社
·广州·

图书在版编目（CIP）数据

来新夏文集 / 来新夏著. —广州：广东人民出版社，2023.10
ISBN 978-7-218-15625-5

Ⅰ. ①来…　Ⅱ. ①来…　Ⅲ. ①来新夏—文集　Ⅳ. ①C53

中国版本图书馆CIP数据核字（2021）第272792号

LAI XINXIA WENJI
来新夏文集
来新夏　著

出 版 人：肖风华

责任编辑：王俊辉　李永新　李展鹏　曾白云
装帧设计：奔流文化
责任技编：吴彦斌　周星奎

出版发行：广东人民出版社
地　　址：广州市越秀区大沙头四马路10号（邮政编码：510199）
电　　话：（020）83796809（总编室）
传　　真：（020）83289585
网　　址：http//www.gdpph.com.
印　　刷：广州市人杰彩印厂
开　　本：787mm × 1092mm　1/16
印　　张：332.625　　字　　数：5600千
版　　次：2023年10月第1版
印　　次：2023年10月第1次印刷
定　　价：3200.00元

如发现印装质量问题影响阅读，请与出版社（020-85716849）联系调换。
售书热线：（020）87716172

《来新夏文集》编委会

来新夏先生
（1923—2014）

幼年在杭州

1929年入天津扶轮小学读一年级，在律纬路择仁里7号宅前

1933年在南京新菜市小学就读

1941年在旅津广东中学读高中二年级

1935年就读于南京金陵大学附中初中一年级

1946年获文学士学位，毕业于北平辅仁大学史学系

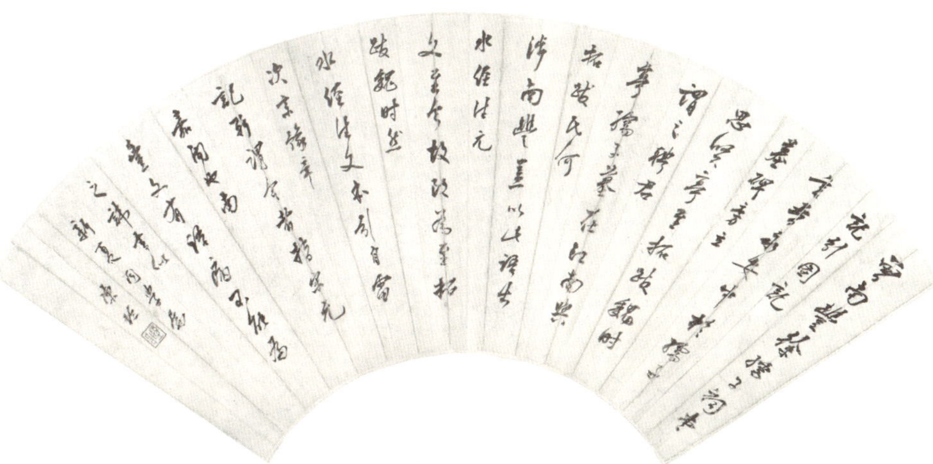

大学毕业前夕陈垣师题赠的扇面

祖父来裕恂
（1873—1962）

1947年与祖母黄仁寿（中坐者）、父来大雄（右坐者）、母周玉如（左坐者）、妻李贞（后右）、二弟来新阳（后左）、三弟来新三（前右）及子来明善（前中）、女来明一（前左）合影

1949年在华北大学学习期间与同小组成员合影（前左二）

1958年在东村寓所开始编撰《林则徐年谱》

1974年下放四载返校后暂居南开大学农场时与家人合影

1978年秋在兼做书房的居室（南大东村）

1979年，落实政策后被安排在北戴河休养

1979年7月在太原出席中国图书馆学会成立大会暨第一次学术讨论会，为“文革”后首次参加学术活动

1982年暑假到北京探望正在实习的南开大学分校图书馆学专业首届（79级）毕业生

1982年3月到中国第二历史档案馆查阅民国史资料时与合作的中国社科院近代史所同仁在南京留影，左起：焦静宜、孙思白、章立凡、来新夏、包子衍

1982年5月召开“旧志整理工作座谈会”前接受中国地方史志协会委托在武汉东湖宾馆起草《中国地方志整理规划（1982—1990）》（草案）

1983年2月主编中华书局版《史记选》期间与出席审稿会的赵光贤师（前右三）及朱维铮（后右三）诸先生在南大芝琴楼门前合影

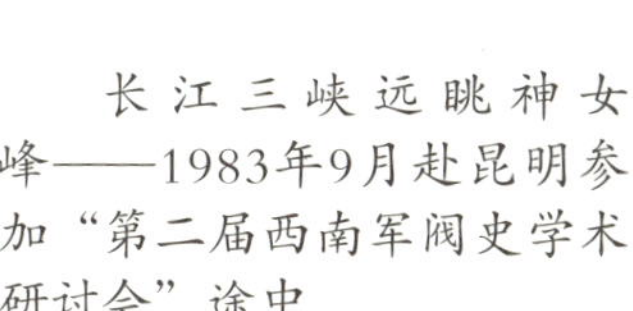

长江三峡远眺神女峰——1983年9月赴昆明参加“第二届西南军阀史学术研讨会”途中

1984年2月出任南开大学图书馆馆长

1984年被评为天津市劳动模范

1984年秋邀请图书馆前辈黄钰生先生来馆指导并请教图书馆管理工作

1985年5月作为南开大学教育考察团成员在美国十余所大学参观访问

接待著名女作家韩素音，展示南开大学图书馆珍藏的校史资料

1985年10月在南开大学主办“曹禺剧作研讨会”，陪同曹禺步入会场

主持天津市高等院校图书馆工作委员会工作（左三为天津市高教局副局长金永清）

1986年在南开大学组织召开国家教委外国教材中心建设与管理工作经验交流会

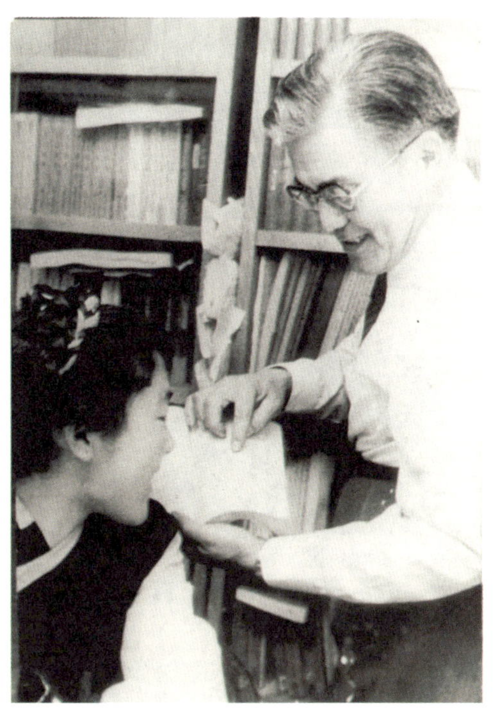

1985年4月在南开大学图书馆学系辅导第一届本科生、藏族学生西饶卓玛检索资料

1987年3月，主编的《天津近代史》出版发行后接受《光明日报》记者采访

任南开大学出版社社长兼总编辑期间参加1987年4月在天津举办的华北图书订货会，在展台前和编辑们合影（左五为副社长崔国良）

1987年夏在兰州大学与参加《图书馆学情报学档案学简明辞典》定稿会的各地学者合影（右一）

1987年初筹建南开大学图书馆新馆——“逸夫楼”

1988年5月主持南开大学出版社建社五周年庆祝会（右为南开大学校长母国光）

南开大学图书情报系首届本科毕业生合影 88.6

1988年6月，值得纪念的南开大学图书情报系首届本科生毕业照

1988年在河北省盐山县进行基层修志工作调研

1989年春在珠海召开的“唐绍仪学术研讨会”上发言（右为学者李新）

1989年9月应邀访问香港中文大学并进行学术交流

1990年秋在广东新会参访梁启超故居

1990年12月在“纪念陈垣校长诞生110周年国际学术研讨会”上与辅仁师友赵光贤（左三）、刘乃和（右二）等合影

1991年4月在美国哥伦比亚大学做访问学者期间与该校东方图书馆馆长安芳湄合影

1991年5月应邀访问美国普林斯顿大学

1991年6月组织天津高校图书馆代表团访美期间在俄亥俄大学

1991年9月至1992年3月在日本独协大学任客座教授，图为抵达后的欢迎会上

1991年12月在日本讲学期间到静嘉堂查阅文献资料

1991年访日期间在著名历史学家山根幸夫书房

1991年在日本讲学时顺访日本史学家江口圭一（左三）

1991年12月在日本奈良拜访《北洋军阀史略》日译者岩崎富久男夫妇

1992年2月与庆应大学尾崎康教授研读金泽文库唐人写经原件

1992年3月在日本关西大学访问时与著名汉学家大庭修教授合影

1992年7月弟子们聚集南开园贺七十寿并修订《中国近代图书事业史》稿

1993年9月应邀至兰州指导甘肃省地方志工作时在著名雕塑“黄河母亲”身边留影纪念

1993年11月赴台湾在淡江大学参加“21世纪海峡两岸高等教育学术研讨会”

1993年11月与二弟来新阳第一次在台湾相聚同游太鲁阁

1993年访台期间在阿里山同台湾少数民族联欢

1994年春在南开大学地方文献研究室查阅古籍资料

1994年12月在南京举行的“第三次中华民国史国际学术讨论会”上发言

1996年6月赴京拜望启功师留影

1996年6月应邀重访日本独协大学，在学术演讲前与课题合作者齐藤博教授合影

1996年访日时向东京大学西島定生教授赠送《中日地方史志比较研究》（中文版）

1996年8月率天津代表团在北京出席第六十二届国际图联大会

1997年4月在美国佐治亚州立大学讲学后与学生们亲切交谈

1997年5月访问美国俄亥俄大学期间在图书馆馆长李华伟博士家中（右为其夫人Mary Kratochril）

1997年5月访美期间在纽约联合国大厦中国鼎前留影

1997年春访问加拿大并应邀在温哥华中华文化协会作题为“中华传统文化与海外文化的双向关系”的演讲（左为林天蔚教授）

1997年春在加拿大不列颠哥伦比亚大学图书馆访问（左为该馆馆长周邝美筠）

1997年春在香港浸会大学历史系讲学

1997年香港回归前夕参加《林则徐年谱新编》出版座谈会时留影（右二为林则徐五世孙、原中国驻联合国代表凌青，右一为南开大学校长侯自新）

1997年12月在天津组织召开“中国（海峡两岸）地方史志比较研究讨论会”，接受林天蔚教授代表台湾方志学界赠送纪念牌

1998年夏应邀在山西平遥指导第二届修志工作

1998年11月在台湾中兴大学作题为“新编地方志的人文价值”学术演讲

1999年8月利用暑假为天津出版局职业学校学生讲授中国图书事业史

1999年10月八十年校庆时在工作和生活了近半个世纪的南开大学校门前留影纪念

1999年秋在新落成的天津蓟县（今蓟州区）黄崖关长城风景区《长寿园碑记》前留影（碑记为来新夏先生撰文）

2000年夏在新疆出席中国近现代史史料学学会学术活动期间受到当地维吾尔族老乡的热情款待（左为学会秘书长李永璞）

2000年增订《近三百年人物年谱知见录》

2000年秋组织天津市高校图书馆馆长研讨班，进行业务交流

2001年1月《中国藏书楼》出版座谈会上与中国国家图书馆馆长任继愈（左四）、全国高等院校古籍整理研究工作委员会主任安平秋（右二）等先生合影

2001年4月带领天津市高等学校图书情报工作委员会成员馆负责人到南方省市高校进行业务交流时在上海交通大学图书馆参观新设备

2001年冬为八十初度而结集的《邃谷文录》正在编选中

2002年6月8日在八十初度祝寿会上

2002年6月8日，“来新夏教授学术研讨会——祝贺来新夏教授八十初度”在津举行

2002年6月8日祝寿会上与弟子合影，左起：莫建来、焦静宜、来新夏、刘小军、徐建华

2002年6月获华人图书馆员协会（CALA）杰出贡献奖，由正在美国的北京大学图书馆原馆长庄守经代为领取奖牌，左为美国国会图书馆亚洲部主任李华伟博士，右为CALA会长周烁红

2002年10月在浙江绍兴出席古越藏书楼创建百年学术研讨会

2003年5月主编《天津建卫六百周年丛书》时与全体作者合影

2003年在天津图书馆历史文献部为天津师范大学研究生班讲授“古籍整理”课程

2003年12月在《津图学刊》创刊二十周年纪念会上讲话

2004年10月在北京举行的“地方文献国际学术研讨会”上发言

2004年10月南开大学图书馆学系建系二十周年师生合影

2004年校庆期间向南开大学图书馆捐赠个人著述，在捐赠仪式上与图书馆全体领导成员合影（右二为馆长阎世平）

2004年秋作为特邀嘉宾出席天津设卫筑城六百年展览会（左为天津文史专家杨大辛）

新时代的“元旦书红”——2005年新春在书房“邃谷”的电脑上开笔

2005年5月在“南开青年论坛”上作题为“倾听历史的声音”专场讲座

2005年浴佛节（农历四月初八）出席“天津大悲禅院沿革记碑”揭幕仪式（碑记为来新夏先生撰文，主持人为大悲禅院住持智如法师）

2005年10月在合肥参加国家清史项目《李鸿章全集》终审专家会议（前排右八为国家清史编纂委员会主任戴逸）

2006年4月2日在绍兴出席公祭大禹陵典礼

2006年4月出席绍兴名贤馆开馆仪式，在范文澜师像前留影

2006年5月主持国家清史项目《清代经世文选编》专家咨询会（左四为清史专家王汝丰）

2006年11月在浙江慈溪访问家谱收藏家励双杰

2006年秋在家乡萧山与区志办主任沈迪云交谈第二届修志问题

2006年秋在扬州广陵书社考察线装善本再造情况

2007年2月1日“来新夏方志馆”开馆仪式在家乡——浙江萧山举行

2007年2月1日在“来新夏方志馆”开幕式上接受萧山区政府颁发的捐赠证书

2007年2月2日在设于萧山图书馆的“来新夏著述专藏阅览馆”开馆仪式后留影

2007年2月3日“来新夏民众读书室”在浙江绍兴县齐贤镇（今绍兴市柯桥区齐贤街道）开放

2007年4月接受北京大学中国古文献研究中心兼职教授之聘，左为该中心主任安平秋教授

2007年11月在澳门大学讲学

2007年11月向澳门大学图书馆赠书（右为该馆馆长王国强）

2008年3月在来新夏方志馆

2008年3月在萧山举行的“地方文献国际学术研讨会”上与全国高等院校古籍整理研究工作委员会主任安平秋合影

2008年3月回故乡为祖父来裕恂先生扫墓，右为二弟来新阳

2008年3月回萧山长河探亲，在来氏老屋与乡亲交谈

2008年5月在河北省河间市考察地方实物文献

2008年5月在哈尔滨师范大学作学术讲座

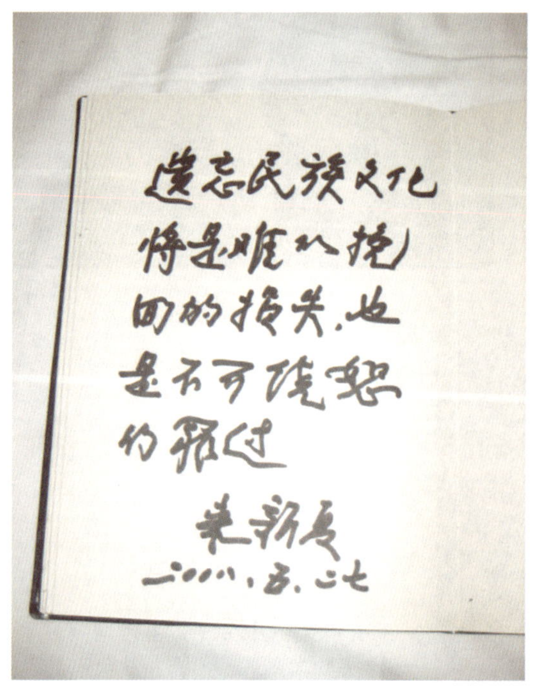

2008年5月在哈尔滨参观侵华日军第七三一部队遗址后留言

2008年10月在山东淄博举行的全国第六届民间读书年会上为书友签名

2008年11月出席首届中华文化遗产保护天津论坛，喜逢少年伙伴、国家文物局顾问谢辰生

美味无忌——2009年夏在蓟县集市上品尝“煎毛蛋”

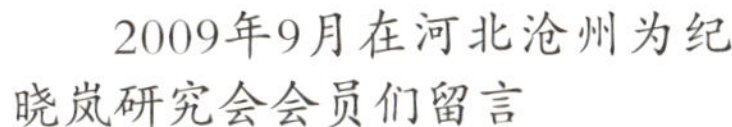

2009年9月在河北沧州为纪晓岚研究会会员们留言

2009年教师节在家中接受南开大学信息资源管理系学子们献花（左四为系主任柯平）

2009年秋在内蒙古鄂尔多斯举行的全国第七届民间读书年会上发言

2009年秋在全国第七届民间读书年会上与青年学者王振良、张元卿在一起

2010年元旦期间家乡人来津慰问（右为萧山图书馆孙勤馆长、左为谢立红主任）

2010年5月在江苏常熟参观中国四大藏书楼之一铁琴铜剑楼并题字

谈兴正浓——2010年5月应邀出席《泰州城脉》评论会期间在苏州留园与江苏学者薛冰（左一）、王稼句（左二）等闲聊读书

难得闲暇——2010年6月米寿时应弟子之邀在宝坻温泉城度假

2010年8月在天津“中国私家藏书文化论坛”上发言

2010年10月在天津邮政博物馆开幕式上作为建馆首倡者接受采访

2011年6月在杭州举行的“黄跋顾校鲍刻”学术研讨会上接受香港凤凰卫视采访

2011年秋在书房查阅资料

2012年4月在家中接受采访后留影

2012年5月21日，家乡萧山举行“来新夏教授学术思想研讨会暨九十华诞庆典”，南方友朋百余人聚贺

在家乡的“九十华诞庆典”上致辞

“我爱故乡”——九旬游子的心声

仁者寿——2012年九十初度手书“寿”字

2012年6月1日在南开大学图书馆举办的“一蓑烟雨任平生——来新夏先生九十初度著述展”上与图书馆同仁及学生代表合影（左一为专程来贺的85岁老学生刘桂升）

2012年6月8日，“南开大学来新夏教授九十初度暨从教六十五周年学术研讨会”在南开园举行

在2012年6月8日祝寿会上致辞

2012年6月上旬北方各地友人在津举行“弢庵九秩诞辰系列庆祝活动”合影

2012年11月回访阔别八十多年的出生地——杭州中城三元坊巷

2013年5月再回“文革”期间被下放四年的津郊翟庄子，探望房东和乡亲们

2013年9月28日在问津书院的“北洋军阀史”讲座是来先生最后一次公开课

2014年2月28日来先生的书桌

2013年10月22日与妻子焦静宜的合影

来新夏先生印款（一）

来新夏先生印款（二）

来新夏先生印款（三）

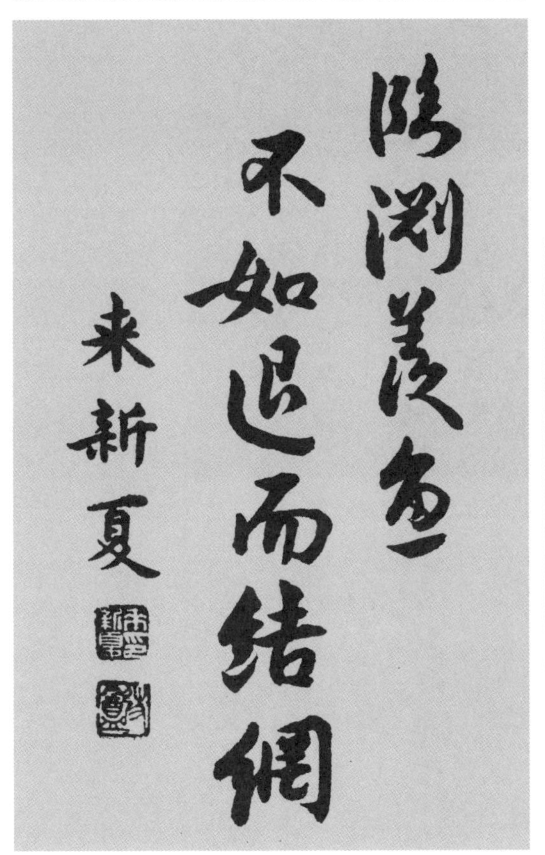

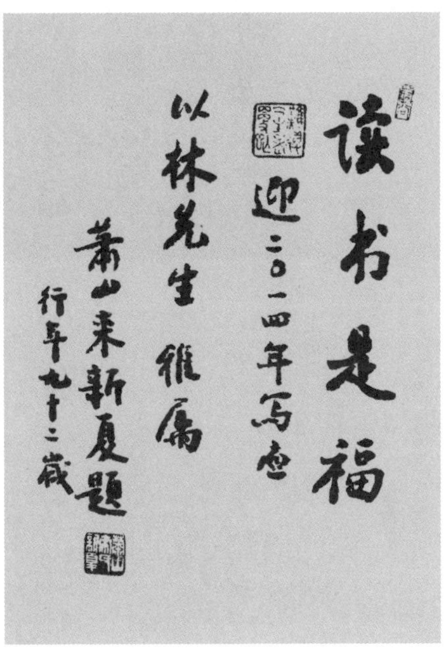

来新夏先生书迹（一）

图书馆学教育原设图书馆史、目录学史及书史，以致向歆父子多次见于课堂。余病其繁复，乃创三史合一之说，定"图书事业史"之名，以概括三史而撮要出之，纂[illegible]著为一书，由上海人民出版社印行问世后颇得佳评。迄今逾二十年时间久而获见伟良自网上求得图缀数语以记其事。

来新夏识于天津
二〇〇八年五月时年八十六岁

藏书为读书，读书为治学之本。
丁亥深秋题识

菁存阁建楼有望，顾君勉之。
萧山来新夏题
二〇〇七年十月
于湖州

来新夏先生书迹（二）

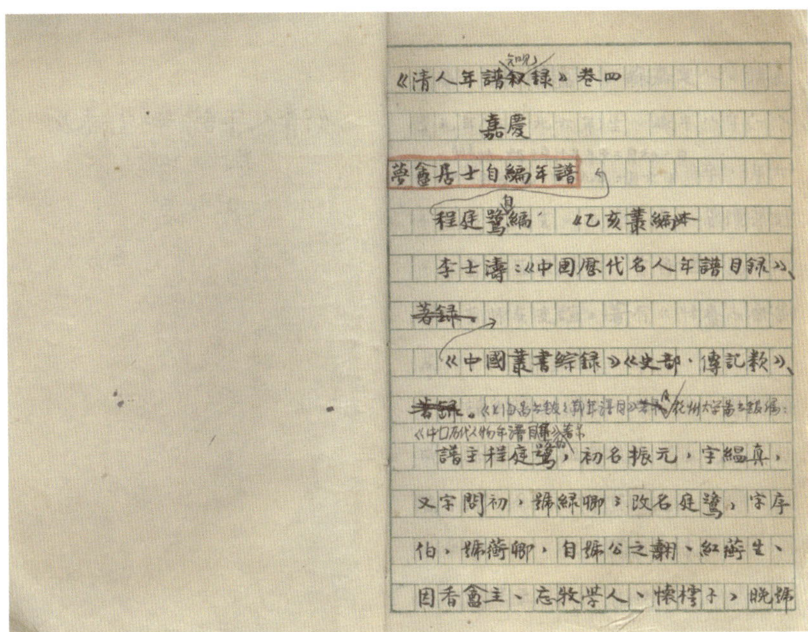
《清人年譜知見錄》卷四

嘉慶

夢鶴居士自編年譜

程庭鷺自編 《乙亥叢編》

李士濤：《中國歷代名人年譜目錄》、

《中國叢書綜錄》《史部·傳記類》、

譜主程庭鷺，初名振元，字綰真，文宗閣初，號緑卿；改名庭鷺，字序伯，號蘅鄉，自號公之翺、紅蘅生、因香盦主、忘牧學人、懷樸子，晚號

历经“文革”失而复得的《近三百年人物年谱知见录》初稿

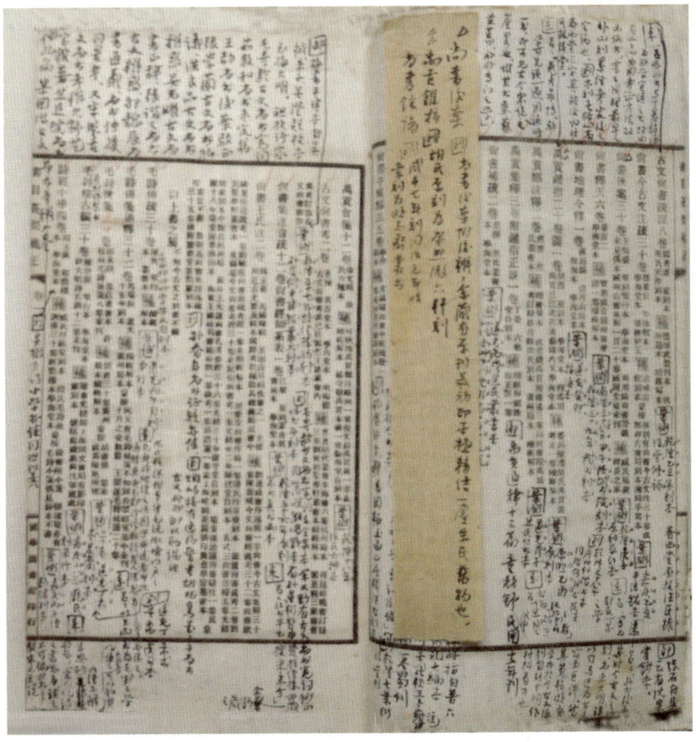

《书目答问汇补》原始稿

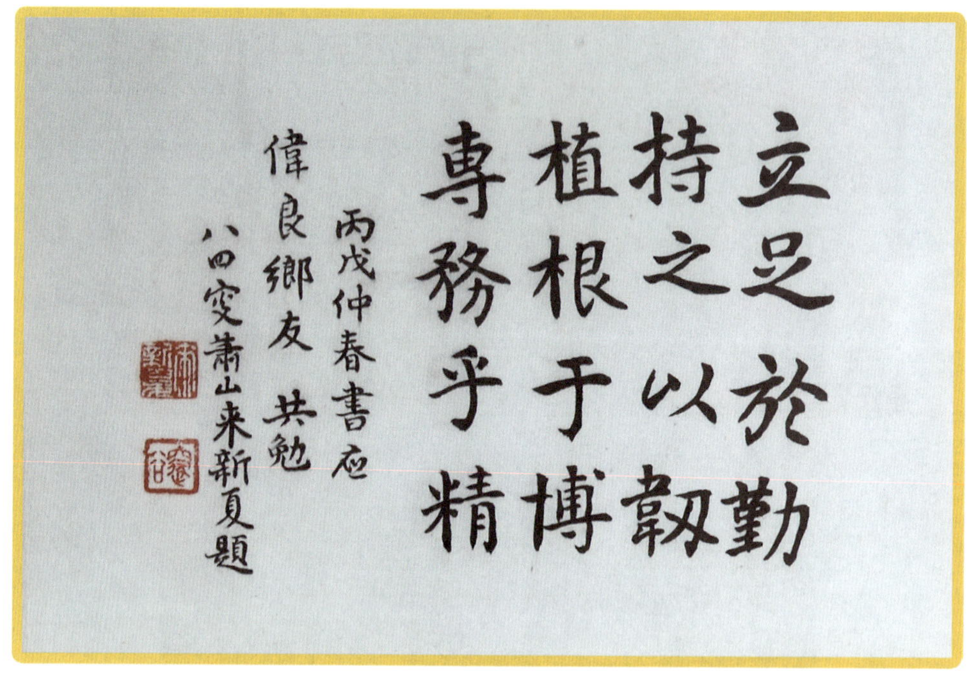

治学格言

凡 例

1.《来新夏文集》收录来新夏先生1941年至2014年间公开发表的各类文章（包括译文和内部出版物登载的文章）；主要收录其独著和作为第一作者的文章，兼收其作为第二、三作者的重要文章。

2. 公开出版的专著、教材、工具书、古籍整理类图书等不予收录，但为方便读者查阅利用，破例收录了四种早期撰著、今已稀见的著述（《火烧望海楼》《血战紫竹林》两种京剧剧本和《美帝侵略台湾简纪（1945—1950）》《第二次鸦片战争》两种小篇幅专著）；信札、题词、手稿、讲稿等作品亦不予收录。

3. 论文集、专题汇编等结集出版物收录过的文章照录，如该文章与原始发表时内容上有差异，以原始发表为准。

4. 内容相同或基本相同、但出处不一之文章，择取最早发表或内容最全者收录，序跋则以所载原书为准。

5. 文章尽可能保持发表时原状，除明显错字之外，基本不做删改；其前后有编者按的照录，原有附注保留；编者所加说明文字均以“*”标出。

6. 每篇文章末均注明原始出处，少量无法找到原始出处者，注明结集出版的文集或转载发表的期刊等信息；与他人合作之文，均在文末按发表时署名顺序注明。

7.《文集》按文章内容与体裁风格，分为历史学、方志学、图书文献学、人物掌故、序跋书评、杂著随笔六个大类，并相应分设六卷。各卷视篇幅大小编为一册或上、下两册。每卷文章按内容分类归并，并综合考虑文章发表时间及内容的关联性予以排列编次。各卷文章收录情况大致如下：

历史学卷（上、下）：收录历史学领域之各类文章，分中国古代史、中国近现代史、北洋军阀史三类编次。

方志学卷：收录方志学领域之各类文章，分志论、志序、志评三类编次。

图书文献学卷：收录图书文献学领域之各类文章，分文献学、目录学、图书馆学、编辑出版四类编次。

人物掌故卷：收录有关人物掌故方面之各类文章，分人物纵谈、师友存真、流年琐记、掌故摭拾四类编次。

序跋书评卷：收录来先生为各种图书撰写的序言、前言、后记、书评等，分自序（跋）、他序（跋）、书评三类编次。方志类图书的序跋书评未编入此卷，而收录于“方志学卷”。这样处理主要是因为这些志序（跋）、志评文章与其他志论文章一起共同构建了来先生在方志学领域的学术思想体系，将它们统一编入“方志学卷”，能更全面、系统反映来先生在该领域的学术建树与社会贡献。

杂著随笔卷（上、下）：收录内容与体裁相对较为驳杂的一些文章，分读书治学、文化覃思、谈史说戏、游记、随谈、碑记、少作七类编次。其中“少作”收录了来先生年少时撰写的几篇文章，反映了其治学初阶时的才情与造诣，虽还有些稚嫩，但他日或可备学术史之资料，故收录于卷末。

8.《文集》附有访谈、邃谷自订学术简谱、来新夏先生著述提要三个附录。

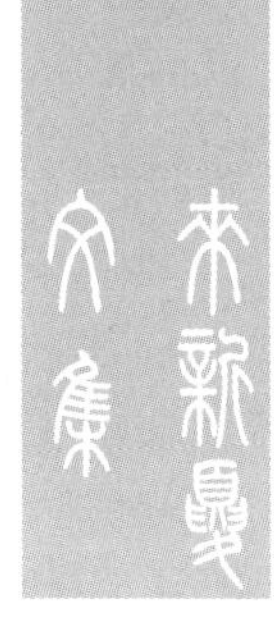

总目录

历史学卷

中国古代史

中国近现代史

北洋军阀史

方志学卷

志论

志序

志评

图书文献学卷

文献学

目录学

图书馆学

编辑出版

人物掌故卷

人物纵谈

师友存真

流年琐记

掌故摭拾

序跋书评卷

自序（跋）

他序（跋）

书评

杂著随笔卷

读书治学

文化覃思

谈史说戏

游记

随谈

碑记

少作

附录

一蓑烟雨任平生

（代序）

我的家庭

我的祖籍是浙江杭州萧山县长河乡（萧山改区后长河划归滨江区）。长河是该地区最早居民聚集点，来氏从南宋以来，一直是这里的大族，出了不少读书人和官员，有九厅十三堂的设置，至今尚遗存有光裕堂和绪昌堂等祖屋。我祖父长期在绪昌堂居住。我就是萧山来氏二十六世孙。1923年的夏天，正是军阀混战的年代，我出生在江南名城杭州的一个读书人的大家庭里。当时，第一次直奉战争结束不到一年。直胜奉败的结局，使以吴佩孚为代表的直系实力迅速膨胀，从而在其内部产生分赃不均的裂痕，奉系军阀则不甘心于失败，正在策动江浙战争和筹划第二次直奉战争，准备进行再一轮的较量，整个社会处于动荡不宁之中，各派军阀在杭州进进出出，人们惶惶不可终日，担心着新战火的爆发；但我并没有在意，不顾一切扰攘，匆匆地来到这个热闹的花花世界。

我的这个大家庭是由祖父母带领我的父母和一位姑母、三位叔叔、两位婶子共同生活着。由于父、叔四方谋生，家中事无巨细都由祖父主持。我以长孙的身份出生，给这个大家庭带来了莫大的欣慰，因为从此这个由两代人组成的大家庭已有第三代人了。富有诗才的祖父当时正在葫芦岛航警学校任教，从家信中获知我的出生，就写下了题为《六月十一日接家书知初八日添孙喜而赋此》的诗篇以抒怀：

家音传到笑颜温，却喜今朝已抱孙。
私幸平安方报竹，居然弧矢早悬门。
读书种子应传砚，乐宴嘉宾合举樽。
麟趾原来遗泽远（儿妇周姓），姬宗王化我思存。

（《匏园诗集》卷35，天津古籍出版社1996年版）

这首诗的喜悦之情溢于言表，而对我的期待之殷更使我惭愧。日后，我虽然尚能继承书香，但距祖父的期望实有不及。

我在大家庭中一直生活了六年，直到七岁那年的春天，因为父亲来大雄先生任职天津北宁铁路局，职业比较稳定，母亲周玉如女士便携我来津，从此天津便成为我的第二故乡，一住便是七八十年。我亲眼看到这座城市曾因列强强占租界而造成国中之国的山河破碎，也曾苟活于日寇侵占的铁蹄之下，更目睹这座城市由落后陈旧的畸形状态发展到接近大都会的整个过程。我在这座城市完成了全部中学学业，后来也在这座城市谋求到整个人生安身立命之所——在南开大学执教六十余年。

在叔姑中，我印象最深的是大姑和小叔。大姑来大观女士，是父亲的大姐，从小被人称为才女。六岁上学，读了十六年书，二十二岁毕业于浙江女子师范。在读女子师范时曾撰《游意造园记》一文，受到深谙诗文之道的祖父的赞许，祖父曾评其文说："凭空结构，思想奇妙，具《子虚赋》之文笔，抒《南华经》之寄托。"也许祖父意在赞赏大姑的才华，却没想到所谓子虚、南华正预示着大姑一生的命运多舛。1920年（民国九年）夏历二月十二日，大姑与莫望之先生结婚。据说莫姑父文采斐然，能诗善箫，婚后闺房唱和，情爱甚笃。不意时仅百余日而莫姑父遽而逝去，这对大姑无疑是一种难以承受的沉重打击。她屡萌绝念，只因怀有遗腹和祖父母的百般劝慰，大姑才自我调协，渐渐从极度痛苦中振拔出来。后产一女就是养源表姐。这一丧夫遭遇给大姑的一生带来无穷的遗恨，她晚年的精神失常颇与此有关。一年以后她曾在杭州、上虞、富阳一些中学任教，但精神仍然十分抑郁。祖父为了解除大姑丧夫之痛，乃筹资于1924年秋送大姑赴日留学，专攻油画美术。由于改换环境，大姑的心情日渐豁然，并结识在东京帝大就读的中国留学生安徽王兆澄先生，感情日增，终论婚嫁。王姑父是当时在东京

的学生领袖之一，曾在关东地区领导反对日本当局杀害华人的斗争中负伤。回国后，王姑父任教授于南京中央大学农学院，寄居南京，而我家当时也正在南京，所以走动很勤。大姑很宠爱我，让我看她的书画作品，确实很有功力而富才气，使我非常想能有她那样的才华。由于莫姑父的影子始终不能从她的心上消除，影响她和王姑父的相处，加之大姑不谙家务，生活中时有摩擦。他们虽育有五个女儿，但最终还是离异了。以后她就流落四方谋食，无人知其下落，我的祖父和父亲曾到处寻找，也无结果。直到解放后，才从祖父的来信中知道大姑已回乡的消息。据说形容枯槁，面貌衰老，衣衫蓝缕，不时大声喊叫莫姑父的名字，完全处于一种疯癫状态。祖父劝她回家，她毫不理会，白天满村乞讨，晚上蜷缩在家祠的小屋里。不久她带着对爱的痴迷，含恨离开了人间。当她的死讯传来时，我为之深深地悼念，同情她的不幸一生，惋惜她的未尽才华。小叔来大壮是祖父的小儿子，从小聪明颖悟，是随祖父读书最多的一个，颇有诗才，常常受到祖父的鼓励。二十岁时，已在上海大同大学预科毕业，正遇上淞沪抗战，负伤病逝。这一噩耗传来，正是我和母亲准备离开大家庭北赴天津的时候，我万分悲痛，怀念小叔对我的百般呵护，这对尚在童年的我，是人生道路起步不久所遇到的最沉重的打击。

在这个大家庭里我羡慕大姑的才华横溢，我痛惜小叔的壮志未申，我也感恩父叔们为谋稻粱而奔走四方，而对我一生事业起重大影响的仍是我的祖父。

我的祖父

20世纪初，中华大地倏地掀起一股留日热潮，知识分子群中出现的这种舍西就东的思想，和日本明治维新的成功有相当关系。他们认为西方的思维方式和实际运作不适用于中国，不如到日本去寻求救国之道，于是纷纷东渡。我的祖父来裕恂先生也在这股热潮中到日本去留学，成为早期留日学生中的一员。祖父生于清同治十二年，从小接受了一套比较完整的封建教育，曾从师于晚清国学大师俞樾之门，肄业于诂经精舍，奠定了深厚的国学基础。他还能写一手好诗文，曾得到过曲园老人的赞赏。由于他的思想很先进，很开放，不满于清朝的统治，写了许多抨击时政和与时代脉搏相呼应的诗篇。他身经甲午战争、戊戌变法、资产阶级民主革命等等惊人大事，这些事件冲击了他的思想，使他接受新思潮的洗礼。他继承了传统文化的优良部分，又接受了资产阶级思潮的灌输，成为一个由封建知识分子转化过来的新型资产阶级知识分子。新思潮也给他的诗作注入了新的内容，树立了新的风格。他愤于日寇的侵略，写了《倭寇行》。他赞成戊戌变法，写了《读〈公车上书〉》一诗，颂扬康有为“伟哉南海有人豪”；而当得知变法失败，六君子蒙难时，他不仅哀悼变法者的流血，更大胆地痛斥这是清廷的“射影含沙伎鬼蜮”，“株连罗织罪弥天”。他同情章炳麟、邹容的“苏报案”，曾发动捐款，聘请律师，亲赴会审公堂旁听，并写诗揭示苏报案的实质是“痛言论之不自由兮，横遭祸殃！”以章、邹的入狱为“因文字而获罪兮，大道晦盲！”武昌起义消息传来，他兴奋得高歌：“霹雳一声惊破胆，楚江风雨天昏暗……从今收拾旧山河，赤壁功成奏凯歌。”其他还有类如《猛虎行》《读〈扬州十日记〉》等多篇值得传诵的作品。1924年他自费印行的《匏园诗集》就收录了他从1889年至1924年间共三十六年的古今体诗2400首。七十多年后，我又自费在天津古籍出版社为祖父重印了这部诗集。

祖父接受教育救国的思想比较深，光绪二十九年（1903年），他在当时留日热潮的影响下，远赴日本去寻求救国之道，就读于弘文书院师范科，并考察日本各类学校的教育状况。第二年，又应聘出掌横滨中华学校教务。当年冬天，他和一些留学生回国，经蔡元培介绍加盟于光复会，在家乡从事新式教育的劝学工作。辛亥以后，凭着他的学识和革命经历，满可以弄个一官半职，但他敝屣荣华，依然在教育部门和各类学校任职，并参加地方志的编纂工作。祖父在公余和赋闲的时间里，孜孜不倦地研究学问和写作。我的祖母虽然晚年和他不甚和睦，但对祖父的勤奋好学却从无微词，有时还以祖父通宵达旦读书的求知精神激励我们，因为祖母确在早年陪祖父夜读时受益不少，使她从略识之无到诗文多能琅琅上口，所以她对祖父的学问和治学精神还是心悦诚服的。

祖父是个很讲操守的爱国者。早在留日期间，他读到一些日人所著有关汉语语法诸作，“类皆以日文之品词强一汉文”，颇受刺激。回国后，参读中外典籍，摒绝外务，潜心著述，历时四年，成《汉文典》四卷，光绪三十二年由商务印书馆初版，表现出他的爱国热忱。辛亥革命之后，许多老友飞黄腾达；但是，他从无干求，依然过着清贫的穷儒生活。直到北伐战争时，他的至友马叙伦出任浙江民政厅长，主动邀他担任绍兴县长，他才第一次，也是一生中惟一的一次出任七品芝麻官。绍兴是浙江的肥缺，马老原想以此调剂老友的生活，没有想到他的老友只会读书，不会做官。到任之初，庶务科长要为他筹办做寿，这本是向地方上绅商打抽丰的设辞，是你好我好大家好的美事，不承想这位县太爷却以生日已过的实话相拒，使经办人落个没趣，三班衙役都没喝上汤，系下了事事掣肘的怨结。当时，军阀间的战争，时胜时败，乱兵频繁过境，悉索诛求，县署职员建议向商会敛钱，借以经手自肥，祖父也不允，反把历年工薪稿费节存的储蓄拿出来应付局面，当然捉襟见肘，无法支撑，终于不得不挂冠而去。至此，作了六个月清官的祖父只落得两袖清风，僚属讪笑，赔累多金，马老叹息。祖父在晚年七十九岁时所写的《放言》诗中曾记其事云：

雄心壮志图事功，男儿意气志四方。那知阅历经身世，功不成兮名不逮。

退而从政化弦歌，百里侯封如匏系。折腰不学随风柳，渊明归去轻五斗。

廉吏可为不可为，赔累多金辞墨绶。少年豪气尽消磨，回首风尘一刹那。

…………

（《匏园诗集续编》卷27，杭州市滨江区社会发展局2007年编印）

不过后来新编的《萧山县志》和《绍兴县志》，对他短暂的政声都写下了弥足珍贵的数行文字，还他以历史的公正。1994年冬，我回绍兴时，市志办负责人热诚接待我的原因之一，就是因为祖父的令名。没有想到，年逾古稀的我还在承受祖父的余荫。谁说廉吏不可为！

抗战前祖父曾在上海大同大学任国文教授。抗战时，祖父住在家乡，我和父亲的供养金难敷老人的生活。他是早期留日生，地方上又有一定声望，因此颇受日伪方面的注意。但他多次拒绝威逼利诱，宁肯以曾任大学教授的身份在家祠中教蒙童来补贴生活，至今犹为乡老赞誉。抗战胜利后，他担任县志馆的编纂，一心想倾其所学，为家乡写一部好志。终因当时经费支绌，机构形同虚设，编纂工作难以进行。祖父虽生活困窘，而壮志不衰，无力买纸，乃用杭州老字号宓大昌烟店包皮丝烟那种纸的反面来写志稿，独力完成了一部十五卷七十余万字的《萧山县志稿》。这部志稿墨笔手写，成为萧山最后一部民国志手稿，现存浙江省图书馆。1987年，我亲往浙馆借读手稿，“浙省宓大昌杭州”的印记犹历历可见。面对先人手泽，想见当年艰辛，得不潸然？乃立志为遗稿谋付枣梨，先事整理，复奔走筹划，终获故乡政府资助，于1991年在天津古籍出版社梓行问世，稍纾我内心的愧疚。祖父的修志事迹，久为乡人所传颂，并被采入新编《萧山县志》

中。正由于他的这些品德，建国后不久，经旧友沈钧儒、马叙伦等的推荐，被聘任为浙江省文史馆馆员，并当选为萧山县人大代表和政协常委，直至1962年7月以高年无疾而终于故里，享年九十岁。

我是祖父的长孙，生活上备受宠爱，但他对我的教育很严格。七岁以前，我一直随侍在祖父的身边，从祖父读书。第一课是接受传统的蒙学教育。祖父虽属于新派人物，但对传统的启蒙教育依然是一丝不苟。他强制我这个六七岁的孩子按三、百、千、千的顺序去读、去背诵，甚至采取“跪香”的办法来强迫我跪在那里来完成日课，一支香点完必须背出几行几段。当时，我感到十分苦恼和无奈；但是，随着时间的推移，后来，我之所以能够言而有物，谈吐不俗，又颇感得益于这段“幼而学”的启蒙教育。我渐渐理解为什么一位思想先进的知识分子非要如此苛求儿孙们接受传统的启蒙教育的老辈苦心。祖父啊！八九十岁的孙子至今难忘您对我幼年时那种严格的要求，虽然历经若干次批判封建主义思潮的淘洗，但幼学有益的影响却终究未能洗刷干净。

祖父也常在休闲时，高兴地把我和长我两岁寄居外家的莫养源表姐叫到一起，围坐在膝旁，给我们说古道今，既有女娲补天、精卫填海的故事，也有康梁变法、辛亥革命的时事。有时还讲许多文字上的趣谈，如讲“用刀杀人”和“甩刀杀人”虽只一勾之差，却分量大不相同；称颂朋友母亲有孟母的道德和曹大家（班昭）的节操是很好的比喻，但切不可简用为“孟德曹操”，那就把朋友的母亲说成是曹操了，说得我们都笑起来，他老人家也会跟着笑起来。有时又讲些乡土传说，如介绍故乡的江寺，又称梦笔寺，随之说到南北朝江淹梦笔生花和江郎才尽的成语；而徐文长的许多恶作剧传说更是他常爱说的内容。虽然我当时似懂非懂，但这些童年刻画上的记忆，往往随着年轮日增而逐步理解，越老印象越深，甚至有时会把童年的情景幻现出来。

我的祖父是位正直的饱学之士，因为他不善于媚世悦人，所以只能硁硁自守，走自己平凡的人生道路，但他却为儿孙们留下一份清白家声的无形遗产和对乡邦的默默奉献。

旧镇纪事

我的外婆家在钱塘江南岸的一个旧镇上，是位于萧山县西北的西兴镇。西兴是个旧镇，越国范蠡曾在此筑城，作为越国的渡口城堡，以其可以固守，命名固

陵，南北朝时又名西陵，是钱塘江与内河沟通的要地。五代时因西陵的陵字，含陵墓之义不吉，遂改名西兴。宋设镇，元设厂，明设盐课司，清以来乡镇迭用。西兴是水陆要冲市廛繁盛的集镇。

我的外祖父母在我出生前已去世，虽然我家住在杭州只有一江之隔，但母亲很少带我去外婆家，直到七岁上半年，因为准备到天津来，母亲选了一个晴天的早上，带着我去外婆家告别，我才第一次回外婆家。当时尚无钱江大桥，要坐布篷航船，而江岸有较长一段浅滩，航船停在较远的江中，需要走近百米两人对行宽的木跳板，跳板用六块长木板搭在架子上，越走离地面越远，令人头眩，加以跳板有规律的颤动，行人必须保持步履一致。母亲拉紧我的手，我也学着大人一颤一颤地和着拍子走。对岸的码头就是西兴。又走一段跳板，才到真正的岸上，不远处就是进入西兴镇的关口铁陵关。这是古代固陵城的遗址，当时离海塘很近，形势险要，为兵家必争之地，现已远离江道，仅存关基遗址。过了关就是镇上大街，大约走十分多钟就到外婆家。傍晚时，母亲和我又匆匆返回杭州，所以对旧镇的印象并不深。

九岁那年，因为父亲失业，四方谋食，居无定所，而杭州老宅，因父叔分在各地谋生，祖父母也分别就养，所以只好把母亲和我送回西兴外婆家。住了将近一年，让我有机会认识这个旧镇。我的外祖父弟兄二人，外祖父行二，世代经商，直到我外祖父才一意读书，得过拔贡的功名，而由大外祖去支撑商业。他们在大街的两侧开了两爿店，北面的是米店，南面的是南货店，由大外祖的两个儿子分管，大舅管南货店，二舅管米店。米店是前店后厂，前后三进院落，店堂是高台阶，一半是L形柜台——银钱往来的地方，除了二舅和账房先生外，闲人莫入。另一半是若干米笸箩，装着各种不同的米，供顾客选量。有几个伙计在招呼客人，有时我也在店堂里玩。大外祖虽然读书不多但经商很负责，从店堂卸下门板起直到晚间上门板收市止，除了吃喝拉撒外，就坐在米店临街的一张高凳上张望，俗称“瞭高”，既照看米店，又不时往对街地势较低的南货店扫几眼，统管两店的商业活动，在我寄居的一年里从未缺席过一次，极为敬业。我的外祖父母生有二男三女，我母亲是五人中的大姐，两位亲舅舅一在杭城体育界，曾担任过浙江省体育场场长；一在外地军界，到年底还是可以回老宅分两店的红利。两位姨都已出嫁，二姨嫁到杭城一陈姓中学教员家，小姨则嫁到离西兴几十里地远的张家村张姓农民家。二姨早逝，留下小表弟陈天声，不久二姨父也因精神分裂疯癫而失业，父子二人孤苦无依，只好回西兴外家寄居，后来二姨父死后，天声表弟就由外婆家收养。小姨则平静地过着中农的小康生活，直活到八十多岁。

我寄住在外婆家时，正是暑假期间，住在米店店堂后面的第二道院里，院里有一个大天井，东厢房是客房，我就住在这间客房里，房里陈设比较简单：一张木床、一张条几、一张八仙桌子和几把椅子，条几上还放有几套旧书和文房四宝。每天上午，按照母亲的布置写大小楷，大楷临颜体《东方画赞》，小楷临王体《黄庭经》，读两篇《古文观止》。直到吃午饭。下午就是我的自由活动时间，客房的后身及对面是碾米和存粮的厂房，有两三个工人赤膊劳作，弄得满头满脸都是米糠尘末，流下来的汗水在面颊上划出一道道痕迹，米糠的扬尘弥漫着整间磨坊。我偶尔探头进去看一下，便呛得赶快退出来喘喘气。有时有大宗的买主，磨坊便要连夜加工，直到我入睡后，渐渐进入朦胧时，还能听到若断若续的咙咙声。我虽然不能认识到这是一种剥削，但很同情工人的劳苦，也联想到生计的艰难，想到要好好读书，免得日后去做苦工。

我写完每天的大小楷窗课外，除了偶尔为两店写点当日行情的招贴外，也从字帖上描写双钩字模给两个比我略大几岁的学徒练字。有一次还接下一项大任务，那是小姨为了还庙里的愿，认捐了一份血书《心经》，来求我为她恭楷写一部血书《心经》。她在条几上的书堆里，找到一本《心经》，打开一方不常用的歙砚，拿来两支新小楷笔，一锭朱墨。小姨也向我许了好多愿，如秋天带我去看社戏，每天写经时给我买点心，写完后再送我一把小算盘等等。我和小姨素来感情好，认为这不仅可以练练字，又能得这么多奖品，何乐不为？便很爽利地答应下来，并且立刻行动。小姨非常高兴，研了一砚台朱墨，然后划了一根火柴烧了烧准备好了的绣花针尖，在自己的左手中指和食指上，刺了两下，翻过手来，挤了无数滴血在朱墨里，又磨磨匀，这就意味着这写的是“血书”。我一边在黄表纸上写血书《心经》，一边还按小姨的叮嘱低声念着“南无阿弥陀佛”的佛号。小姨临走时，又很庄重地叮嘱说，如果心不诚，将来还愿送表时，纸灰不上升，要掉下来的。我答应小姨，一定诚心诚意写。十天过去，我终于完成了血书《心经》的写经任务。小姨说话算数，除了送给我一把精制的小算盘外，还送我不少零食。她兴冲冲地拿着血书《心经》到城隍庙里去还愿。不到一小时，小姨满头是汗地回来，很兴奋地告诉我，她的血书《心经》焚化时纸灰都飞扬上天去了，城隍老爷已经收了。她还告诉我已经代我求过平安了。我虽对这些事半信半疑，但还是谢过小姨。后来小姨嫁到张家村，家道小康，小姨父人很老实，生活过得比较惬意。据小姨对母亲说，和这次还愿有点关系，我也算为小姨做了件好事。

外婆家人丁不甚兴旺，当时只有大堂舅膝下有一儿一女，大表哥道隆比我大十岁，是个病秧子，据说得的是痨病（肺结核），成天咳个不停。母亲暗地里嘱咐我，少和大表哥接近以免被传染，可是大表哥偏爱和人们说些稀奇古怪的事情，说着说着又喘得气息不接，要去吃药休息。大表哥有个比他小两岁的未过门的妻子，是米店旁边水果店徐老板的独生女，个子不算高，长得很漂亮，性情也很温和。她和大表哥从小在一起玩，很说得来。随着年龄的增长，两人的感情也日深。两家的父母也都看在眼里，不久就为他俩定了亲，从此她就不常过来了。后来大表哥得病，她又经常过来，帮大舅母做些家务，为大表哥熬药。外婆家老老少少都喜欢她，统称她为徐姑娘，只有我和小表妹常在她耳边昵称她大嫂，经常得到她的娇嗔。

大表嫂做事干净麻利，在家除承担家务外，还不时帮着看甘蔗摊。她用一把水果刀，为甘蔗削皮截段，然后一段段直立在一个浅水木盆中待售。空下来她就拿起手里的毛线活织毛衣。我和小表妹最喜欢她看摊，我们拿一两个铜板去买甘蔗段，大表嫂总是不收我们的铜板，还给我们每人一段甘蔗。我们一边嚼甘蔗，一边说闲话。有一次，小表妹趁大表嫂不备，把她身后的毛活抢到手，高高举起，追问大表嫂是给谁织的？闹得她满面绯红，最后逼得她供认不讳地承认是为大表哥织的，并答应为小表妹也织一件，才算了结。街上的毛头小伙子也为大表嫂的美貌所吸引，常在她看摊的时候来买甘蔗，为的是多看几眼她红润润的瓜子脸。这群混帐东西还为她起了个“水果西施”的雅号，并在街上流传开来。大表哥的病情日益沉重，大表嫂的笑容越来越少，但仍然来做事熬药。我和小表妹也不敢再无理取闹了。大舅母是个比较开通的人，看到大表哥的病况，就想退婚。水果店老板夫妇也表示同意，只有大表嫂坚决不同意。有一次大舅母和大表嫂在一起说话，我和小表妹也在一旁听说话，渐渐说到大表哥的病情，大舅母婉转地劝大表嫂同意解除婚约。万万没有想到，大表嫂一反以往温良恭俭让的常态，啜泣着说，我和道隆哥从小在一起玩，已经十四五年了，从来没有红过脸，也没有吵过嘴，道隆哥总是让着我，护着我。一般夫妻能够恩恩爱爱地过一二十年，就很不错，我已经很知足了。我愿意和道隆哥在一起，你们爱我，就不要再提退婚的事了。大舅母边听边擦眼泪，连我们两个小孩都抱着大表嫂哭。当时只觉得大表嫂真好，真有情意。后来每当想起大表嫂的这番话，我很难想到，这位只有小学文化水平的乡镇姑娘，竟能说出这种充满真挚爱意的道理。她的真情实意，让大家再也无法提“退婚”这两个字眼。第二年，我离开旧镇后不久，大表哥的病情一天坏于一天。不知是哪个人提议，用“冲喜”来挽救大表哥的生命。大舅母爱子心切，又难以启齿。最后，托了一位老长亲去婉转通融，没有想到，水果店老板夫妇还有点犹豫，而大表嫂却爽利地应承下来，情愿过门来亲侍汤药。大表哥因为青梅竹马一起长大的恋人，终于能朝夕相处，被刺激得有半个来月病情有些转机，精神也好多了。实际上这种精神上的预支，无形中加速了病情的恶化。大表哥的病情每况愈下，不到三个月，他竟然舍弃父母爱妻，没有任何遗留地撒手西去。当我知道噩耗后，曾为大表哥的英年早逝流过泪，也为刚刚二十岁的大表嫂不该有这样的命运而诅咒过上天不公！大表哥过世不久，人们听说他们俩没有同过房，大表嫂依然女儿身，便有些人来提亲，几次都遭到大表嫂的拒绝。她声称不是服从俚俗，而是相信命运和珍惜爱情。于是一面仍在大舅母家操劳家务，一面笃志信佛。她曾发誓要三朝普陀，来祈求她和大表哥的美好来生。

解放后，米店倒闭，大表嫂以外婆家的代表身份，参加南货店的公私合营，成为一名普通职工。她工作勤奋，为人忠厚，得到上下左右人们的好评与表扬。隔了五十多年，我重回旧镇，见到大表嫂，她除了一头白发外，还是那么漂亮利索。她热情地欢迎我能去看她，做了很美味的素餐款待我。她详细地述说了几十年的过往痕迹，很得意于自己徒步两朝普陀，并等着完成三朝普陀的心愿。哪里想得到，这次离别后的第二年初夏，外婆家有人写信来说，大表嫂在春天来到的时候，仅因为一点感冒，就去世了，活了七十多岁。临终时没有痛苦，很高兴自己能和大表哥团聚了，但她遗憾未能三朝普陀。

小表妹名蔼思，是大表哥的妹妹，比我小一岁。我到外婆家最早熟悉的就是她，小巧玲珑，甜甜地惹人喜欢。我们成天在一起，我叫她小表妹，她还击我，叫我小表哥，我多次抗议，要她去掉“小”字，她很厉害，坚持不让，要么同时取消“小”字，双方都不肯让步，一直叫到成人也没有改。小表妹很调皮，又能说会道，她能讲很多乡里乡亲的故事，增广了我很多见闻。我写大小楷时，她坐在桌子的另一面描红模子。有时一起到米店的米笸箩里堆米山玩，有时她带我到对街的南货店里偷零食吃。南货店有很多好吃的零食，如糖莲子、烘青豆、瓜子、花生米、酸梅、杏干、桃脯等等。拐形柜台上排列着许多蓝花瓷甏，柜台里的地上安放着十来个青瓷坛，上面盖着圆木盖，小表妹说两处都是吃的，柜台上的是样品和小量供应，要买大量就从坛里去称。小表妹还教唆我如何偷法，她说，坐在大坛子盖上，乘伙计做生意时，用屁股撵几下，成了一条伸得进手去的缝子，就探手去抓一把，放到口袋里，再等机会，一连三次，就够吃半天的。我

到南货店去，常常被作为客人，伙计们常围着我说话，小表妹就乘机把我最喜欢吃的糖莲子、烘青豆、陈皮梅等装满几个口袋，然后偷偷抻一下我的袖子，我们就跑到店后傍河那张有栏杆的长椅上，相依相偎地边吃边说话。小表妹很会闹，有时乘我不备，在我的面颊上亲我一口，立即跑开。我会在后店堂里追得她乱跑，双手捂着略带绯红的小脸吃吃地笑，直到她告饶才算结束。有时，我们相偕穿过南货店旁的小弄到镇上那条官河的岸畔，坐在常有人坐，磨得光光的长条青石上看船。这条河四通八达，可以坐着中型的摇橹木船到县城萧山去，也可以坐小乌篷船到若干农村的河叉子里去，母亲曾带着我和小表妹，坐小乌篷船到张家村小姨父家去，商量小姨的婚事。一路上我学着小表妹的样子，把手伸过船帮，在河里捞小乌菱。小乌菱很好剥，里面的菱角很鲜很嫩，回来时，小姨父家又送我一小篮煮熟的小菱角，虽然也很好吃，但总不如自己捞来的小菱角吃得惬意。有时候小表妹又带我去那条河尽头的龙图庙里去拜包公。她调侃我，说我和包公是兄弟。原来我在襁褓中，长期腹泻不愈，人很孱弱，大家都担心我长不大。后来，在大舅母的提议下，母亲带我到龙图庙里，把我寄养在包公嫂娘陆氏夫人名下作义子，祈求得到她的庇佑。这段隐私不知怎么让小表妹探听到，就常用来取笑我。每天晚饭后，天色渐渐黑下来，在米店上门板前，常有五六位老人，拎着长烟袋，到店堂来聊天。晚到的就要敲门板，开一扇小门，侧身而入。这些老人都是大外祖的朋友，是钱塘江岸的沙地经营者，当地人称呼他们为“江（读纲）司”，大概是总管的意思。晚间的聊天，大外祖是当然的主持人，供应烟（旱烟叶）茶。聊天的内容不外是县里、镇上和沙地的马路新闻，有古有今，男女老少的事都会涉及。我和小表妹都是聊天会的固定旁听者，我从中得到许多闻所未闻的知识。小表妹往往听不多久就打瞌睡，有时会歪到我的身上。大舅母总是适时出现把她抱回去睡。第二天我就嘲笑她是“懒虫”，她则追问我昨晚听到哪些有趣的故事，求我说给她听。我常常把老人们讲的事添枝加叶，又敷陈一下，让小表妹呆呆地听得入神，她有时会抿着嘴笑，笑出两个小酒窝来。

最让我激动兴奋的是，秋收后小姨带着我和小表妹到乡间去看酬神戏，也就是鲁迅所写的那种社戏。戏总在天黑透以后开演，一直演到第二天凌晨。临去时，大外祖会从他的大襟衫的里口袋，掏出一小把铜板分给我们，但总被小表妹一手接过，放进她的口袋。我是第一次看到野台班子的戏台，很新奇。戏台是傍着一条小河搭的，一大半在河面上。两根主要大立柱在河里，另两根在地面上。前台底下，沿着一圈卖零食的小贩。岸边的斜坡上，一排排放着许多像楼梯似的高椅，大约有五六层。都是当地人扛来占据有利地形招待亲友的。小姨带着我们被一家老亲安排在一处面对戏台的高椅上，我们坐在第四层，又得看，又便于上下。坐定以后，小表妹开始蹿上蹿下地买零食给大家吃。用完口袋里的钱，她便向小姨索取，说是招待小表哥的。又带我下去在摊上吃鸡汤粉丝、麻团、炒年糕等等。她已不是第一次看这种戏了，所以很有一副行家里手的样子。戏还没开场，我已经吃得饱饱的。戏台上开始响场，敲打过三通锣鼓后，就开戏了。头一出是跳加官，一个戴面具的天官，在台上跳来跳去，时而上下展示一幅写有“天官赐福”、“加官晋爵”和“福禄寿禧”等吉祥话的小轴。接下来便是福禄寿三星上场，福星手里拿着一枝插满海棠、红果等小果子的树枝，边舞蹈，边往台下抛洒果子，人们纷纷抢接。台上似乎由检场人在向福星不断暗递果子，因为直到福星下场，他拿的树枝上仍是果子满枝。小表妹早在台下等着捡抢，一会儿就用衣襟兜回来不少果子，其中也有是老亲们捡放进来的。正戏演的是全本《白兔记》，戏文是五代十国刘知远的故事。刘知远穷困投军，在途中与李三娘结亲，离别后，李三娘怀孕，不容于兄嫂，结果在磨坊产子，用自己的牙咬断了脐带，但无力抚养，就拜托土地爷把咬脐郎送往刘知远处。土地爷承担重任启程后，沿路唱三娘苦状，走了几圈，土地爷就跪在台口诉说没有盘缠，乞求台下听众资助，全场立即轰动起来，许多人往台上扔钱，检场人就满台捡钱，大约有三四次求助，据说这也是戏班子的一大宗财源。戏演到快天亮时，刘知远已是北汉王，咬脐郎也长成为一个威武雄壮的少年，奉父命回来寻母。途中箭射一只白兔，始终不中，直追到一个挑水妇人附近，箭射中水桶，白兔不见，咬脐郎扶起摔倒的妇人，相互诉说辨认，母子相认，全家团聚。成本大套的戏，就由是告终，天已经大亮了，人们也纷纷散去。我的那位小表妹，仍然像听老人讲故事那样，半夜以后，就睡着了，只好由小姨揽在怀里，直睡到散场，才睡眼蒙眬地醒来，还噘着小嘴，埋怨别人不叫醒她。回家路上，还缠着小姨，追问昨夜睡着后的剧情。她特别关心咬脐郎是不是送到，母子是不是相会等等。小姨一面走，一面给她说个不停，一直说到家。

暑假过后，我被送到镇上的铁陵关小学三年级插班。小学设在一所寺院中，规模较小，三四年级合在一个庙殿里上课，由一位老师轮番教，让我感到十分新鲜。小学离外婆家不远，大约有五百多米，来往都要走镇上唯一的一条青石板路。路不很宽，却是从船埠直通县城的通衢大道。我每天要来回四趟，街上总是那么热闹，尤其是航船到埠的那一刻，挑担提包、扶老携幼的人群，熙来攘往，

显得旧镇非常繁华。街上有很多饭馆、茶馆、水果摊、点心铺，最引人注意的莫过于饭店的小伙计，二十郎当岁的小青年，系着青布围裙，肩上搭着一条雪白毛巾，一手托着一碗里一半外一半的白米饭临街而立，大声招呼“吃（qie）饭”“吃（qie）饭”地让客人进店。我很喜欢看那碗饭，尖尖地在碗外竖得高高的，常常跑几家饭店来比较哪家的饭尖高。我最喜欢雨天在青石板路上走，因为我穿一双用桐油油过的短靴子，靴子底下有好几排铁钉子，走在青石板上，丁丁笃笃地像敲小锣似的，上面再撑一把桐油黄布伞，任凭雨下得再大，也能安详地缓慢行走。为了感受这种清新的旧镇情韵，我有时往往会来回走好几遭，静静谛听淅淅沥沥的雨声和丁丁笃笃的钉鞋声非常和谐的和声。

第二年春天，因为父亲在天津有了固定职业，我和母亲告别了外婆家，离开了旧镇。小姨和小表妹直送到航船埠头，依依不舍地看着我们航船的启动，遥望小表妹好像在抹眼泪。几年后，从大舅母的来信中，说到小表妹已被她做伪镇长的亲舅舅作为人质，由日本招募去“留学”，一直没有一点音信。时隔多年，生死莫卜，下落不明。解放后家里忽然收到小表妹从沈阳寄来的一封信，述说了她二十多年的经历。初到日本后，先在一家军医院当护士。日本战败后，她又读了医学专科和医学院，就在医院做医生，和同学王某结了婚。有一个女儿。去年回到王某的老家沈阳，在一所医学院任教。以后也再没有什么来往，童年时的那段感情也随着时间的推移而渐渐地淡化了。80年代后期，听说她已离开了人间。

离开旧镇半个多世纪，一直没有获得回乡的机会。直到上个世纪的80年代，我已是过了花甲之年的老人，才接受家乡的邀请，怀着一种“少小离家老大回，乡音无改鬓毛衰”的喜悦与沉重，重回故土。我企盼家乡发生巨变，但也担心会失去童年的色彩。我特意从县里回到旧镇，在老街上往返走了十几趟，但已很难找到旧时的痕迹了！

异国情缘

上世纪的30年代初，因为年深日久，已经记不清具体的年月，大约我只有八九岁的时候。当时日本帝国主义正勃勃于侵我中华，天津是华北的要冲，也就成为它的觊觎重点，但既吝啬于军费的大量支出，又担心其他帝国主义者的分肥，便很卑鄙地尽干些为人不齿的龌龊勾当，经常收买一批地痞流氓等民族败类，在华界闹事捣乱，制造社会不宁，从中取利。人们称这些乱事为“闹便衣队”。每当发生这类变乱，我家就要到离我家最近的意租界亲友家暂避。

有一次大约是夏秋之间的一个傍晚，因为听到左近有一些乱枪声，全家又到意租界去“逃反”。由于人流的拥挤，我和全家走散，虽然逃进意租界，但我不认识亲友家，而天色渐近薄暮，我已经感到非常疲劳，就坐在一幢二层小楼门前的台阶上，抱着头暗暗地流泪。楼里人声欢笑，非常热闹。我并没有听到开门声，却有人在我肩上轻轻地拍了一下。我回头一看，原来是一位胖胖的外国老妈妈。她很慈祥地拉我起来，并领我进入小楼，楼下左手的大厅里，人头簇簇，烟气弥漫，一部分人在跳舞，一部分人在喝酒交谈，他们都是外国人，中年人较多，老年人较少。其中有一位四十多岁的中年人，似乎来华多年，像个中国通，他用比较流利的华语问明我的情况后，又和老妈妈叽里咕噜地说了一阵，然后告诉我，老妈妈很喜欢我，愿意暂时收留我。老妈妈领我到右手书房内，去见一位翘着胡子的老人，这是她的丈夫。老人很高兴地摘下眼镜，亲了我面颊一下。又回到书桌前继续工作。老妈妈又领我回大厅，为我从许多盘子里拨了一大盘好吃的饭菜，让我在一张小桌子上进食，日后才知道这就是自助餐。原来这一天是星期六，他们在过周末，人们不停地欢乐着，不少人回过头来向我善意地笑笑，有的还摆摆手。忽然有一位年轻漂亮的姑娘，离开她的舞伴，跑出人群，过来亲了我的双颊，又返回去继续跳舞。老妈妈会说一点破碎华语，她告诉我这是她的独生女，和她共舞的是姑娘的未婚夫，让我叫她姐姐。我很高兴地坐在小桌子前，边吃边看人们跳啊、说啊、唱啊，虽然嘈杂一片，但这是人们在宣泄一周的工作的疲劳。因为颠簸了一天，我朦朦胧胧地有点瞌睡，老妈妈就领我到二楼，安置在一间有两张床的房间内，我睡在小点的床上，像是刚刚摆上的。另一张床较大，收拾得很干净，不知是谁睡在那里。我没有来得及回味刚刚过去的奇遇，就进入了梦乡。

第二天，我被太阳照醒，看看壁炉上的小钟，已经快九点了。我一骨碌爬起来，最先映入眼帘的是那张床上睡着的那位美丽娇娆的洋姐姐。她可能昨夜睡得很晚，似乎还没有醒来，我走到她床边，眯起眼细细地端详她的美貌，她一定还在做着彩色的梦，因为嘴角时不时漾起微微的笑意。我年纪小，还不知道有“睡美人”这样的词，只想多看看。她好像已经发现有人站在床边，慢慢地睁开眼，一看是我，立刻醒过来，歪起身子抱着我劈头盖脸地瞎吻了一通，毫不避讳地穿着内衣，起床着装。她拉着我一起洗漱完后，就到楼下餐厅去进早餐，一杯牛奶、一片抹过黄油的面包、一小片牛肉和一个煎蛋，以后几乎每天如此，很少变

换。洋姐姐和老妈妈一样，都会讲一点破碎华语，不过洋姐姐讲得好一点。我就是从与这对母女的聊天中，了解到这一家人的基本情况。他们一家三口，是意大利威尼斯人。老夫妻近六十岁，可在我幼小的视野里，他们都是很老的老人。老人是意国工部局的市政工程师，来华已有多年，明年就将任满回国。老妈妈是家庭妇女，闲暇无聊，便开了一爿小酒店，取名“中西酒店”，作为意大利侨民休闲聚会的场所，楼上有几间客房，类似西方那种家庭旅馆。女儿正在学音乐，未婚夫是画家，这次一起来度假，准备明年结婚。老夫妇待人非常慈祥和蔼，他们只有一个女儿，没有儿子，所以很喜欢男孩。在我停留的几天里，他们都很兴奋，好像家里真的添人进口，增加了一个男孩似的。在我入住的第三天，正是周末，他们特为我邀请了十几位亲友，举办了一次聚会。老妈妈为了打扮我，专门带我和洋姐姐去商场，购买了一套小西装，这是我第一次穿西装，对着镜子，感到很神气活现。在聚会中间，老妈妈让我和客人照了一张七寸大的合影。我站在老妈妈的身前，洋姐姐站在我的身旁。这张照片，我一直珍藏了几十年，直到“文革”抄家时才被抄走。勇士们还曾用它定了我一条罪状，说我从小就里通外国。在那个特殊年代，欲加之罪，何患无辞，早已成为惯用的手法。我也久已被批判得麻木不仁了，所以并不感到问题有多严重而惊慌不宁。如果这张照片能保留下来，不知能引起多少美好的回忆。老工程师性格内向，平日寡言少语，每日按部就班地上下班，华语说得比老妈妈好，对中国文化也有一些了解，他起了一个中国名字，叫许慕义，表示对中华文化的羡慕。他很喜欢我，我也跟着洋姐姐叫她“爹地”，他每天准时下班，总带着我和洋姐姐坐着他的跨斗摩托，在意租界里绕一圈，再回来吃晚饭。晚饭后全家在他的书房里喝茶聊天，老爹地给我讲威尼斯的风光，讲意大利的油画，他还出示他的油画作品，并表示如果我有兴趣，他在任满回国时，能带我去意大利学绘画。他教我学意大利文，可惜时间过短，我只学会22个字母。一般在10时左右就结束这种聊天，老妈妈领我去洗澡，送我回小床。洋姐姐洗完澡后，陪我在小床边玩一会扑克，就分头入睡了。在老妈妈家住了几天，我的兴奋劲儿也渐渐淡化，家里也已收到我发回去的信，就在第五天的中午，我的父母备了礼物来接我回去，并表示谢意。老妈妈和洋姐姐不让我立刻走，和我父母商量，留我再住两天。我父母不好拒绝，就爽快地答应后天再来。这两天，老夫妇说来说去就是动员我明年能随他们回意大利，洋姐姐更是像亲姐弟那样用好吃好玩哄我去意大利。我也很想去，却不敢贸然允诺，只是笑笑、点点头来掩盖自己的思绪。临走的那天，老爹地没有来送我，可能是有点舍不得，怕伤心失态。老妈妈和洋姐姐都哭着和我约定，每周一定要回来，我允诺了他们的善良心愿，依依不舍地与他们告别。洋车拉得很远，我还在回头摆手，她们也一步步往台阶上走，不停地回过头来摆手，直到彼此都看不见。

离开老妈妈家以后，我信守诺言，每周六去，周日返回。在我停留的一天多时间里，老妈妈总是尽力照顾好我，尤其是两个月后，洋姐姐和未婚夫走了，我更成为两位老人的欢乐重心。每次去都老远就看见老妈妈伫立在门前等候。就这样来来往往将近一年的时间里，我的生活显得很热烈充实，也为他们的晚年生活增添了无限的情趣。可惜好景不长，这对老人终于要回返自己的国家。在行前的一周，他们特别邀请我的父母去做客，正式商量带我走的意愿，表示愿意无条件地承担我的所有费用。我的父母还能勉强同意，可是回家和祖母商量，却遭到反对。祖母坚决不放自己的长孙到异国他乡，她担心自己的孙子将一去不回。祖母在我家是绝对权威，父母也下不了最大的决心，最后由父亲去向老妈妈表示感谢和婉转地陈述了祖母的决定。

临行的前一天，父亲和我带着一套精细的景德镇瓷茶具去送行，老夫妇都在忙着整理行装。老妈妈一见我，立刻拥着我啜泣，我也在哭。我感谢老妈妈一家在我极度困窘的境遇中给以善意的援手，我难以割舍这一年多的异国情缘，但我也没有勇气离开祖母和父母，毅然离开自己的国家。我非常内疚地辜负了这对老人的善良热忱。时间一分一秒地移动，楼内的空气似乎已经凝固。大约经过一个多钟头，还是老妈妈有决断，含着眼泪嘱咐我好好读书，等长大去找他们，我默默地点点头。我们终于要告别了，老妈妈提了一小箱玩具和文具用品放在我的车踏板上，两位老人在门前台阶上，抹着眼泪摆手，我难过得无法控制自己的眼泪，不敢再回头致意了。直到晚间，我一直闷闷不乐地久久无法入睡。

一个多月以后，我收到老妈妈托一位华侨从威尼斯发来的代写信。也许这位老华侨离国日久，中文已很生疏，只能靠猜测和推想，知道他们已经平安回到故乡，生活过得很好，洋姐姐很快就要结婚了。非常遗憾，这位代写书信的老华侨，竟然连发信地址也没有写，我为此难过了许多天。虽然再也无法联系，但这段奇遇，永远占据着我童年生活中的重要一页。几十年的岁月，匆匆地逝去，许多往事渐渐地消失，而这段异国情缘却永远珍藏在我的内心。

民族灾难

东邻日本，一直觊觎我国的辽阔领土、丰富资源和广大市场。从1895年的甲午战争得逞以后，野心日增。1900年，参与了八国联军，在华肆意抢掠，更大程度地刺激了它难填的欲壑。20世纪初，它凶焰日张，始而蛮横无理地在我国的东北地区与沙俄交战争抢，继而在第一次世界大战后非法掠取我国山东的权利。1931年1月28日的淞沪抗战，虽遭受我国爱国军民的抗击，但仍不断挑衅，制造事端，以求一逞，终于在1937年夏爆发了延续八年的中日战争，史称八年抗战。这次战争曾给我带来了切身的痛楚。

1937年7月7日，日本军国主义无理挑起卢沟桥事变，一时战云密布，战火纷飞。天津与卢沟桥相距不过车行数小时之远，居民既愤愤于敌人的进侵，又惶惶于战祸的将临，老幼妇孺都处在临战状态之中，把随身细软，打点成能拿得动、背得起的行囊，作好逃难的准备。祖母和母亲忙不迭地在内衣里缝小口袋，把日常佩戴的首饰和银元等日后可以换口粮的财物放入缝好。父亲把单衣和秋冬时的衣服打成包袱，时不时地掂掂分量，一再往里加东西，直到塞进两个新缎子被面，实在感到沉甸甸时为止。我的任务是带好比我小八岁、仅仅六岁的二弟来新阳。父亲把准备去投奔意租界朋友家的地址写在纸条上，放到我的制服口袋里，似乎预感到会失散；但是他老人家却忘记在我口袋中塞一丁点儿钱，哪知这一疏忽给我后来造成多大的困难！

1937年7月29日中午，不少人家正围坐吃午饭的时候，忽然一阵轰隆轰隆的巨响，房舍似乎在晃动，天花板的墙皮被震落，胡同里和大街上，人声沸腾，还夹杂着孩子们凄厉的哭喊声，意想不到却又在意料之中的事情终于发生了。我家住在北站附近的新大路，正是敌人要摧毁的地区。轰炸的势头越来越烈，看来不是在桌子底下躲躲就能过去的。一颗炸弹炸中了隔不几步的王家，房屋倒塌，全家几口葬身火海。父亲不再迟疑，决定逃往意租界友人家去避难，于是背起包袱，和母亲左右搀扶着祖母，我紧紧地拉着二弟的手，走出家门。父亲把一把长长的旧铜锁锁在门扣吊上。我正依恋地再回头看看自己曾生活过的家园，又一颗炸弹在附近爆炸，灰土迸掷，扑面而来。全家赶快随着邻居们向胡同口挤去。自从卢沟桥事变发生后，胡同内若干经历过战乱的耆老，根据他们过去对付乱兵的经验，封死所有胡同出口，只留一口，也还把大口封成只容人并排出入的小口，但老人们没有想到这次是祸从天降，落后的防御措施反而造成逃离险境的障碍。

我家好不容易挤出胡同，只见平日行人不多的马路已是充满人流，肩背手提，扶老携幼，步履踉跄地沿着大路向东面的意租界奔去。人流由于各个胡同和小街道居民的不断涌进而扩大。敌机似乎看到下面的人流，于是开始机枪扫射。顿时，逃难的人群像怒海的波涛，一会儿拥东，一会儿挤西，已经无法自主，只能人裹人地往前行进，有人被机枪扫中，倒在人群的脚下，有的捂住流血的伤口，跌跌撞撞地向前逃命。

又一阵扫射，人流四向逃散，我和父母被冲散，纵然大声呼叫，仍被嘈杂的人声所淹没。我和二弟被人流冲进于厂大街东头一条胡同。二弟喊累了，我也实在走不动了，便在一家门楼前的石阶上坐下来。这里临近意租界，日机可能对其同盟国稍存顾忌，所以居民也还安然不动。天色渐渐暗下来，二弟因见不到父母而哭泣，还连声地喊肚饿。我摸遍全身，一文不名，急得没有办法，又怕引起二弟更大的不安，努力表现镇静，强忍着眼泪往肚里流，把二弟揽在身边，好言解劝，哄说等会儿爸爸就会来找我们的。天色更加昏暗，各家炊烟四起，饭菜的香味不仅二弟抵挡不住，我也饥肠辘辘，只得含着泪把二弟搂得更紧来抵制饥饿。真是天无绝人之路，门庭里出来一位老奶奶，她端出两碗盖浇饭给我们吃，一面问我的身世。二弟终究年幼，走了无数路，受了不少惊吓，吃完饭放下碗，就趴在我的膝盖上睡着了。我看到二弟睡梦中的笑容，担心明天怎么哄好他，囊中又空无分文，百感交集，那久含的泪水再也留不住，顺着面颊往下淌。老奶奶慈祥和气地劝慰我：不要着急，晚上凉，孩子小，把他抱到我炕上去睡。我把二弟抱去厢房的炕上安顿好，自己像个大人似的退出来坐在廊檐下。其时，我只有十四岁，就要承担父母离散，手足相依的苦难。老奶奶又一次出来劝我拼两条长凳睡一会儿。老奶奶啊老奶奶！我怎能睡得着呢？我要哄好二弟，我要去寻父母，我要去讨饭吃……思前想后，我把寻访父母放在第一位，便拜托老奶奶照看一下二弟，我准备凌晨混在附近到意租界做杂工的队伍中进入意租界去找父母。上天保佑，没有遇到查问，和一个与我个头相仿的“苦力”一起通过了卡子口。天色渐渐亮起来了，我正在按父亲塞在我口袋里那张纸条上的地址附近查找门牌时，远远听到有人喊我的名字，是父亲准备投奔的友人涂伯伯的声音。原来昨天下午，父母经过几番周折才到涂家，祖母因我和二弟的失散而极度悲痛，连饭都未吃。父亲和涂伯伯商量了许多办法，还烦门托窍找关系，领到一份临时PASS，准备先在租界一些难民点找，然后到租界附近的地方去找。午夜过后，涂伯伯和父亲分头找了大半夜，直到天快亮，一无所获而归，万没有想到在住所附近看到了

我。父亲闻声也紧跟几步追上来，拉着我的手，边问边向涂家走去。祖母看到我回来，立即从床上坐起来搂着我，一面哭，一面连问老二怎么样？我再也无法控制自己，止不住大声痛哭，倾诉这一天多的苦难历程。

我怕二弟醒了吵闹，不敢耽搁，吃了两块点心，仍然由原路赶回去，因为一张通行证只能一人出入。在我回到老奶奶家时，谢天谢地！二弟因过分疲乏，所以还没醒。我叫醒二弟，深深地感谢了老奶奶的一饭之恩，领着二弟，离开了这个曾在患难中援我以手的善良家庭。因为二弟终究是个幼童，所以没有引起意国兵的注意，顺利地通过了卡子口，回到了涂家，全家团聚。虽然只是一天一夜的事，却好像离散了好久。天津经过爱国官兵的抗击之后，终于仍沦陷敌手。我们新大路的家被震坏，又在日军铁蹄之下，已无法回归。从此，为了逃避日本的直接统治，我家先后僦居于意、法租界，直到抗战胜利。

和我一起经历这场民族灾难的二弟新阳，在1948年秋，他18岁那年，高中毕业后，考取了上海兵工学院，并于9月24日乘锡麟轮由津赴沪就学。次年即随校迁往台湾花莲。从此，关山阻隔，四十年无音讯。直至20世纪80年代末，始因偶然的机会，沟通消息，同胞兄弟，方获重聚，喜话当年，感到异常兴奋。当时，双亲年逾米寿，依然健在，能见到二弟安然归来，更感多年宿愿得偿，尤为欣慰。二弟孤军奋战，经历数十年的拼搏，也已获得一定社会地位和稳定的职业。娶了名门闺秀杨英彦女士，生有一对儿女，也都长大成人。人生沧桑，世道使然，固非人力所能左右也。

师恩难忘

我从小学到大学遇到过不少良师，他们都从各个方面给我日后的学术道路以重要的影响。前一世纪的30年代，我在南京新菜市小学读高小，级任老师张引才是位师范生，口才很好，能够如数家珍地讲些古往今来的轶闻琐事，而且他所讲的核心内容都在日后涉猎典籍中得到史实的验证，我很羡慕他的滔滔不绝，认为这是得力于丰富的历史知识。张引才先生是引发我读史兴趣的良师。

40年代，我在天津读旅津广东中学，在高二新学年开始时，来了一位年轻的国文教师，学识渊博，语言生动。他就是已故史学家谢国桢的六弟谢国捷（后任河北大学中文系教授，已故）。谢家富有藏书，谢老师又慷慨倜傥，师生间十分契洽。那时，我已读完家中仅有的前四史，谢老师不仅借其他正史给我读，还谈些治学方法和经验，鼓励我写文章，我的第一篇史学论文《汉唐改元释例》初稿就完成于此时。这篇论文后经修改，成为我大学毕业时的论文。这一初步成果促使我下决心学习历史，谢老师是奠定我今后从事历史专业的一位良师。后来我终于考入了北平辅仁大学的历史学系。

我入大学的年代，正是日本帝国主义疯狂侵华，并发动太平洋战争的时候，北平的大学不是改变性质成为敌伪大学，如伪北大；就是与英美有关而被封闭，如燕京大学。只有辅仁大学因为是德国教会主办的大学，而德国是轴心国，与日本是盟友，自当给点面子，所以成为一所形式上独立的教会大学。在那个特定的历史时期，无论是老师，还是学生，都向往入仅仅建校二十几年的辅仁。许多知名学者纷纷应聘执教于辅仁，尤其是校长陈垣教授颇能礼贤下士，到处网罗人才，所以当时文史方面可说是名师毕集。那个时期的辅仁大学称得上是鼎盛时期。我刚入学就受到名师效应的困扰，既不肯放弃受业于名师之门的机遇，但又被每学期选课学分所限，只好分先后选自己喜欢的课程。四年中，我选读了许多由名师讲授的课程。虽然我因努力不够，没有达到高徒的水准，但是这四年的修业却使我一生受用不尽。有几位名师对我的教诲之恩也是终生难忘的。

我入校后遇见的第一位名师是张星烺（亮尘）教授。因为他是历史系主任，选课单必须到他办公室去请他签字。他童颜鹤发，慈眉善目，据说他中年时就已如此。有一次乘胶济路火车去青岛，张宗昌的兵看他须发皆白，居然让座位给他。其实那时亮尘师尚未满四十岁。后来援庵师曾调侃他中年皓首，连张宗昌的大兵都被感动了。他虽然苏北口音很重，但亲切的问语常使学生紧张的神经很快地松弛。原来高山仰止的名教授就是如此平易的普通人。

亮尘师是位有传奇色彩的名人，据说他是理科出身，先学采矿，后在德国学化学。因患肺结核在青岛养病。亮尘师的父亲张相文先生是著名地理学家，中国地学会的创始人之一，家富文史藏书。亮尘师利用养病的时间，博览家藏，以他聪颖天资，加以家学的长期熏陶和相文先生的劝导，便转而研究历史，很快遍读正史和重要史籍，达到了较高的史学造诣。他具有多种语言基础，就发挥其优势，致力于中西交通史的研究，翻译了《马可·波罗游记》，辑著了多卷本《中西交通史料汇编》，为研究中西交通史的学者提供了丰富的资料。他自己也在这一过程中成为声名卓著的中西交通史专家，并以史学教授终其身。

他除了开设“中西交通史”课程外，还开设“秦以前史”、“宋辽金元史”。由于他中西淹贯，文理交融，所以听亮尘师的课比较难，有时英、德、法语的语词，甚至化学方程式都会同时出现于黑板，乡音又重而快，笔记很难当堂记全，需要课后相互对证，才能大致完整。但是考试比较容易过关，只要熟读讲义和笔记，就可以得高分。他写的文章不多，所以在他身后总让我感慨他未能充分发挥他的才华。

余嘉锡（季豫）老师是第二位我接触到的名师。因为我选修的“目录学”是中文系一年级的课程，余师既是授课老师，又是中文系系主任，所以从历史系办公室出来，就到中文系办公室。我震于季豫师的声名，没有敢面对，而是请助教朱泽吉先生签个字就离开办公室。我正式瞻仰到季豫师的风采是在他第一次上课时，当时他已年逾花甲，但仍然精神矍铄，了无老态。季豫师非常严肃，不苟言笑。他的课讲得很好，虽有湖南乡音，但口齿清晰，手不持片纸而滔滔不绝，侃侃而谈，如数家珍，使人若饮醇醪，陶醉于这门形似枯燥而内涵丰富的课程中。这门课规定以清人张之洞的《书目答问》为基本教材，季豫师要求我们准备范希曾的《书目答问补正》作课本，分二年按四部循序讲授。这是我第一次接触到《书目答问补正》这个书名。当时。我幼稚得以为由此就可以进窥古典目录学的堂奥。孰知展卷一读，只是一连串鳞次栉比的书名，彼此毫无关联，读之又枯燥乏味，昏昏欲睡；不过，还是硬着头皮通读了一遍。但久久不得其门，遂求教于先生。先生告我再通读一遍，注意字里行间，并嘱以姓名、著作为序反复编三种索引，即可掌握其七八。归寓试作，果如所言。他主张学术当追求本源，尽量不用和少用第二手资料。他诲人不倦，要求甚严，亲自批改作业，即使细微处也用红笔标出，甚至打叉，至今我所保留的作业上还有先生的批语。遇有问学，虽无长篇大论，但一点一拨，即可祛除迷雾。他解答学生疑难，不仅能指教读什么书，还能告知在几册几卷。他要求学生非常严格，有时甚至面斥其非。有一次期末考试，我得了个“B”。我当时基本上靠奖学金生活，所以非常注意成绩的高下，就斗胆跑到中文系去问余师，措词婉转，以请求指点不足为借口。孰知余师一眼看透，直指其非说：“我读了半生的书，只得了半个‘B’。”我一看势头不对，赶紧唯唯而退。后来高年级同学相告，余师给个C就很难，最高给分就是“B”，已经很可贵了，我深悔自己的鲁莽。

季豫师并不像一些学者那样，以杂乱自喜，而是字必恭楷，行必矩步；藏书井然有序，随用随还原处，这对学生也是一种身教。他博学而不猎奇，曾读书五千余部，自题书房为“读已见书斋”，语虽平淡而意义深远。这是针对当时有些人的矜奇夸谈，以获读人所未见的孤本残篇为荣的时弊而发。人所未见书本身有一定的珍贵价值，但若只以标榜和垄断奇书孤本为独得之秘，而弃常用书不读，那就如陈垣老师所批评那样，“舍本逐末，无根之学”，所以余先生用读已见书来表示对时弊的不屑。读已见书谈何容易，中国的已见书量大、门类广，敢以读已见书名书斋，亦可以想见先生的自信，而从先生的著作中又可看到他是如何博观约取的。要想做到读已见书，纵然皓首穷经，也颇有难度。但它启示后学一种读书门径。我几十年的学术生涯正是遵从师教，在这条学术道路上努力前进，只是自愧没有做好！抗战时，他曾愤日军残暴，乃取陶渊明《桃花源记》立意，改题书斋名为“不知魏晋堂”，以示高蹈。

余先生著述宏富，有《四库提要辨证》、《世说新语笺证》及《余嘉锡论学杂著》，而以《四库提要辨证》一书最为学术界所推重，并以此被誉为近代古典目录学大师。《四库提要》由清代目录学家纪昀总纂，是中国古典目录学名著。余先生从十七岁开始读《书目答问》和《四库提要》，日夜不休。遇有疑问，就查书考证，并记录在书的天头上。以后读书每有所得，随时修改，密行细字，书的四周上下空隙，几乎朱墨淋漓至不可辨认，则另换一册，历经三十余年。这类积稿，据余让之老师（季豫师之哲嗣）相告，约有二十余册。他非常推崇《四库提要》，自承：“余之略知学问门径，实受提要之赐。”并认为这是“自《别录》以来，才有此书”。他对提要的不足之处也持一种客观公正的态度。他萃一生之精力完成《四库提要辨证》二十四卷四百九十篇，并以这部“掎摭利病而为书”的著作，承担了纪氏诤友的重任。这部书对研究中国古代的历史学、文学、哲学及版本目录学等都极有参考价值。抗战初起，先生深惧手稿散佚，“乃取史、子两部写定之稿二百二十余篇排印数百册，以当录副”。1937年至1952年，先生又增写二百六十余篇，并依提要原目次重加编定，题名《四库提要辨证》，1958年由科学出版社出版。1980年，中华书局又改正错字，标点重排，印成四册出版，流传于世。

我在入辅仁大学前，就读过陈垣老师的《史讳举例》等专著，用过《二十史朔闰表》，虽然对著者心向往之，但一直没有瞻仰风采的机会。真没有想到，当我升入大学二年级时，竟然有幸面受当时学术界号称二陈（另一是陈寅恪先生）之一的陈垣老师的教诲。近年有些人不对“二陈”的学术进行深入的研究评论，竟以陈师靠近政治为逊寅恪老一筹，实非确论。陈师历经国运艰难，最后看到自己所向往之情景，毅然有所选择，正如其治学之严谨态度。士各有志，何得以此而有所轩轾。后学以一孔之见妄议前辈，诚难苟同。那时，陈垣师已年逾花甲，

但依然矍铄一翁。我应算是他的晚期弟子，在学期间曾先后听过陈师讲授《中国史学名著评论》、《中国佛教史籍概论》和《史源学实习》等课程。

陈师学问的广博深厚，为学术界所公认。他自谦是“专重考证，服膺嘉定钱氏”，这只是表明他从乾嘉清学入手，具有坚实功底，而并非其学问的极致。从他在抗战时期的一些著作看，可以证实他是从专注文献达到阐发思想的高度的。他的短篇札记如《书全榭山与杭堇浦论金史第四帖子后》及《书全榭山先侍郎府君生辰记后》等篇都是借题发挥来表达爱国之情的。他在20世纪40年代所写《明季滇黔佛教考》和《南宋初河北新道教考》二书，明言道佛，实抒胸怀，而于字里行间可约略得其微言，如前篇说：“明季中原沦陷，滇黔犹保冠带之俗。”后篇更慷慨其词说：“呜呼！自永嘉以来，河北沦于左衽者屡矣，然卒能用夏变夷，远而必复，中国疆土乃愈拓愈广，人民愈生而愈众，何哉？此固先民千百年之心力艰苦培植而成，非幸致也。”1957年，陈师在为二书重印所写后记中就明确地揭示出写二书的真实意图：写滇黔佛教是为表彰明末遗民的爱国精神、民族气节；写南宋初河北道教是因河北相继沦陷，自己又备受迫害，所以要阐扬这些抗节不仕的道士，以表明自己隐于教会大学的私衷。这才是陈师“专注考证”的真谛所在，而最为集中表达这种真谛的专著莫过于《通鉴胡注表微》。陈师辑胡注精语七百数十条，引书二百五十多种，详加考证而撰为二十篇，借胡三省的慨叹议论，抒自己肺腑的爱国热诚。此书之成，虽示后学以考证抉微的窍要，实则为陈师的一部思想专著。他写论文或专著都很注重选题，题目用字尽量求精练，如早年撰《元代也里可温考》，几经推敲，认为“代”字为辞费，遂定名为《元也里可温考》。他于史推重赵翼，于诗则钟爱陆游，曾自撰一联：“百年史学推瓯北，万卷诗篇爱剑南。”

陈师不仅是位大学问家，还是一位大教育家。他以大学校长之尊，仍像普通教授一样，担任几门课程，达到现在一般教师满工作量的标准。他教学极其认真，一丝不苟，而且深谙教学法。他授课时不像有些知名学者那样天马行空，不着边际。他也不炫奇逞博，使学生感到高不可攀；而是踏踏实实，循循善诱，使学生由浅及深，自然地走进学术之门。当时一些有名教授不大喜欢批改作业，陈师则认真仔细地批改。他曾在我的一篇作业上批改过几个错别字，其中有一个“本”字，我不经意地在一竖下面随手往上一勾，陈师就在这个字旁打了个叉，并加眉批说“本无勾”。时经半个世纪，我每写“本”字时，还格外注意，犹如陈师仍在耳提面命。他布置作业只发一张红格作文纸，多写不收。我曾要过小聪明，在一行格内写成双行小楷，结果被发回重作，并告诫我："只有能写小文，才能放开写大文章。"陈师还和学生一起写作业，然后把自己的和学生的作业一并贴在课堂墙上做比较性示范，使学生们不仅叹服陈师功底之深厚，也从中学到如何写考据文章的法门。陈师常教诲我们："一篇论文和专著完稿后，不要急于发表，要给三类人看，一是水平高于自己的人，二是和自己平行的人，三是不如自己的人。"他自己写稿也往往四易其稿。后来我从实践中认识到，只有如此，才能从不同角度得到反映来修改，以减少错误。他也常提醒其他教师要一面教书、一面读书、一面著书，以提高教学质量。

大学者往往喜欢作"为己"之学，把毕生精力专注于他所钟情的题目和领域内，不屑做为他人服务的学问，包括像编工具书这样的重要工作，甚至有些号称"学者"的人也以编工具书为小道，不仅不屑为，还歧视甘为人梯的学者。陈师则不然，他把"工具"提到与"材料"、"方法"共为治学三大要件的高度，不为俗见所扰，深刻地指出"兹事甚细，智者不为，不为终不能得其用"的道理，足以振聋发聩。以他这样一位智者甘愿去为"智者不为"之事，实在难得。他更身体力行地亲手编制过《中西回史日历》和《二十史朔闰表》等等嘉惠几代学者的大型工具书。这种精神也影响了他的学生。就以我为例，我的一点微不足道的学识，视陈师的学术造诣诚若小溪之望大海，惟独于工具书一道，我一直奉行师教。我曾历时二十余年，中经艰难的年代，重写被毁手稿达数十万字，终于撰成《近三百年人物年谱知见录》，呈献于学术界，虽不能达到陈师水平的高度，但自以为惟此一点，尚可称无负师教。

陈师待人诚信可敬，对学生要求严格，但并不疾言厉色。我在大学四年中只有一次惹他老人家生气。那是一年迎新会，我因是班长而主办会务。有一位同学名徐福申，是徐树铮之孙，人很聪明，模仿能力很强。当时为我们授课的有许多位知名学者，他们在课堂上都各有方言、口头语和某些习惯动作。徐福申和我就夸大模仿这些，编成一段相声演出，其中也包括陈师漫步讲台，以手捋须的习惯动作，结果引起哄堂大笑，我和徐福申为此得意非凡。不料第二天，我俩被传唤到校长办公室，受到了陈师一次严厉的批评，大意是以嘲弄别人取乐是不道德的，何况是老师。不懂得尊师是做不好学问的。我们知错认错，又分别向有关老师道歉，才算过了关。陈师虽然严厉，但从不抱成见，对我们这类不安分的学生，也不视为朽木不可雕也，照样教诲不倦。事隔五十多年，我每当想起这件事，总感到对那些浇灌我们成长的恩师们所做的恶作剧是残酷的而深感内疚。

在临毕业那年，我把读高中时在陈师《史讳举例》一书启示下仿作的《汉唐改元释例》一文的文稿，恭恭敬敬地用墨笔小楷誊清，诚惶诚恐地送请陈师审正。他没有计较我过去的调皮行为，同意我把它作为毕业论文的初稿。我在陈师的亲自指导下，认真修改，终于成为被陈师认可的一篇毕业论文。我一直非常珍惜此文，曾手写两个副本。所以，虽经“文革”之火，仍然幸存一稿。直到四十多年后，在陈师诞辰一百一十周年纪念会上，我才原样不动地作为一个曾经耗费过老师心血的学生习作奉献给陈师，后来又承会议收入纪念文集，留下了师生情谊的可贵记录。

为了纪念大学这段我一生中最值得留恋和怀念的历程，我利用一次送作业的机会，送去一把扇面，要求陈师赐字以作纪念。就在毕业论文口试那天，陈师告诉我到他的兴化寺街寓所去谈谈。我遵嘱到后，陈师谈了一些读书、治学的方法。临别时，从案头拿起经我要求而写好的扇面给我做毕业纪念。我当时对这位年近古稀、声名卓著的老师如此用心非常感动。回家以后，展读内容，发现这是陈师自己所写的一段小考证。全文是：

> 曾南丰：《徐孺子祠堂记》引《图记》言：晋永安中，于孺子墓碑旁立思贤亭，至拓跋魏时，谓之聘君亭。孺子墓在江南，与拓跋氏何涉？南丰盖以此语出《水经注》，元文“至今”，故改为至拓跋魏时。然《水经注》文，本引自雷次宗《豫章记》。所谓“今”者，指宋元嘉间也。南丰文有语病，不能为之讳。

全文虽然只有106字，但却使我感到陈师用心之深，不仅可从中领会到读书、治学的门径，还很有针对性。因为我在青年时读书的最大毛病是贪多图快，对先贤盲目迷信。陈师在授课时曾多次指出读书要能疑、致思、得理，而我却改进不大。这次临别赠言又是一次言教。曾巩是唐宋八家之一，有深通目录学之称，无疑是个大名家；但名家也有错的时候。陈师从拓跋魏的辖境与孺子墓在江西的矛盾中，始而疑曾文有误，进而思其致误之由，终而得其正确之理。他并不盲目迷信名人而为之讳。陈师读书、治学之绵密谨严，于此可见。这一赠言对我后来的读书、治学确是起了座右铭的作用。

我就读于北平辅仁大学的四年中，除了受业于陈垣、余嘉锡、张星烺诸老外，还有幸从师于朱师辙、余逊、柴德赓、启功、赵光贤诸先生之门，他们都为我日后走上学术道路耗费心血。当时正处于日寇侵华的沦陷区，老师们坚贞自守的爱国情操，更是一种无言的身教。

解放后，我又在华北大学历史研究室师从范文澜教授，作中国近代史方向的研究生，学习新的理论和方法。我和几位同被分配到研究室的同志初次晋见范老时，范老就语重心长地为我们讲述了坐冷板凳和吃冷猪肉的“二冷”精神，勉励我们勤奋求成。范老晚年把这种“二冷”精神又化作一副名联“板凳宁坐十年冷，文章不写半句空”，不仅使我们终生受益，在学林中也传诵颇为久远。

恩师们谨严缜密、求实求真的学风，成为我一生努力追求的方向。可惜我资质驽钝，虽全力以赴，至今未能达到师辈的标准，而深感有负师教。

笔耕舌耘

综观自己的大半生，都是在笔耕舌耘的生活中度过。我从20世纪40年代开始撰写文章，并在报刊上发表。最近从旧报上发现好几篇中学时代写的文章，如《诗经的删诗问题》、《桐城派的义法》、《清末的谴责小说》和《邃谷楼读书笔记》等，还写过一些随笔散文。这种笔墨生涯一直延续六十年而不辍。

我大学毕业时，正是抗战胜利的第二年——1946年，人们的心情都很兴奋，以为可以报效国家，有所作为。孰知事与愿违，政府的腐败令人大失所望，我无可逃避地像许多人一样走上一条毕业即失业的道路。虽然经过亲友的帮助曾在一家公司谋得一个小职员的工作，但为时不久，公司倒闭。又赋闲了一段时间，才经读中学时一位老师的介绍，到一所教会中学去教书。当时，解放战争已临近全面胜利的边缘，天津的解放也指日可待，我也直接或间接地接受一些革命理论和思想的灌输，热切地期望着新生活的来临。

1949年1月，天津解放给我带来了从未有过的欣悦。在革命洪流的冲击下，积极投身于新的革命工作。不久，经民青驻校领导人的动员，我和另一位同事张公骕兄被保送到华北大学去接受南下工作的政治培训。于是，脱去长袍，穿上用紫花（据说是一种植物）煮染过的粗布所缝制的灰制服；抛去优厚的工薪制，去吃小米，享受大灶供给制。一股堂·吉诃德的革命热情产生着革命的冲动。为了和旧思想、旧观念、旧习俗等等旧的一切割断，做个新人，我们又学习那些革命先行者改名换姓的革命行动，偷偷地商量改名问题。张兄利用名字中骕字的马旁，又想在革命大道上奔腾，所以改名“马奔”。我则用名字的最后那个“夏”字与“禹”相连而改姓“禹”，又大胆地以列宁自期，取名“一宁”，暗含着

彼一宁也，我一宁也和“将相宁有种乎”的傲气。张兄一直沿用马奔这个革命名字，我则幸亏以后又恢复了原姓名，否则“文化大革命”中这将是一条大罪状——居然敢以列宁自比。政治培训期满后，张兄南下到河南，我则被留在华北大学的历史研究室，师从范文澜教授，做中国近代史研究生。从此我就从古代史方向转到近代史方向，并在范老和荣孟源先生指导下写出第一篇学习新观点的文章——《太平天国底商业政策》，作为太平军起义百年的纪念。

当时历史研究室的主要研究工作就是从整理北洋军阀档案入手。这批档案是入城后从一些北洋军阀人物家中和某些单位移送过来的藏档，没有做过任何清理和分类。这批档案有百余麻袋，杂乱无章，几乎无从下手。每次从库房运来几袋就往地下一倒，尘土飞扬，呛人几近窒息。当时条件很差，每人只发一身旧紫花布制服，戴着口罩，蹲在地上，按档案形式如私人信札、公文批件、电报电稿、密报、图片和杂类等分别打捆检放到书架上。因为每件档案都有脏污之物，要抖干净就会扬起尘土，整天都在爆土扬尘中过日子，直到下班，不仅外衣一层土，连眼镜片都厚厚地积上灰尘，鼻孔下面一条黑杠，往往彼此相视而笑，但从没有什么抱怨。在整理过程中，因为急于想闯过这个尘土飞扬的阶段，工作速度较快，所以除了知道不同形式的档案和记住一些军阀的名字外，几乎很难停下来看看内容，只能说这是接触北洋军阀档案的开始而已，还谈不上什么研究。

大约经过两个多月的时间，清理麻袋中档案的工作告一段落，为了进入正规的整理工作，研究室集中十来天，让我们读一些有关北洋军阀的著作。我虽是历史专业出身，但在大学时除了读过一本丁文江的《民国军事近纪》外，所知甚少，就乘此阅读了一部分有关著述。下一阶段的整理工作主要是将初步整理成捆的档案，按政治、经济、文化、军事四大类分开。每个人把一捆捆档案放在面前，认真阅读后，在特制卡片上写上文件名、成件时间、编号及内容摘要，最末签上整理者的名字，然后分类归架。因为看得仔细，常常会发现一些珍贵或有趣的材料，我便随手札录下来。在休息时和在宿舍里彼此都能毫无保留地交谈心得，既增长学识，也引起追索的兴趣，有时便在第二天去追踪原档，了解具体内容。前后历经半年多的整档工作，虽然比较艰苦，但却不知不觉地把我带进了一个从未完全涉足过的学科领域，它成为我一生在历史学领域中的中心研究课题。

1951年春，范文澜老师应南开大学历史系主任吴廷璆教授之请，同意我到南开大学任教，从那时至今已整整越过半个世纪。我可以毫无愧色地说，我把一生的主要精力都奉献给了南开大学。我在南开大学从助教做起，历阶晋升至教授。

在新的岗位上，我除了坚持科研工作外，又开始新的教学生活。我到校不久，由于吴先生奉命赴朝鲜慰问，他承担的中国近代史教学任务便落在我的肩上。我夜以继日地突击备课，要赶在吴先生离校时披挂上阵。未曾想到竟然一举成功，受到学生们的欢迎。吴先生凯旋后，看我已能胜任，也就让我教下去。从此，中国近代史就是我教学工作中的主要项目。此外我还教过中国历史文选、中国通史、古典目录学、历史档案学、鸦片战争史专题和北洋军阀史专题等，同时我仍然坚持北洋军阀史方面的研究，继续搜集整理有关资料。到南开大学的第二年——1952年，我在《历史教学》杂志上连续发表了题为《北洋军阀统治时期》的讲课记录，虽然还不太成熟，但从此正式进入了北洋军阀史研究的程序。不久，我在荣孟源和谢国桢二先生的指导下，受命筹划《中国近代史资料丛刊·北洋军阀》的编纂工作，搜集了较多的资料，可惜由于人事变幻而中断，虽有微憾，但却意外地接触不少有关北洋军阀的资料，为日后撰写《北洋军阀史略》作了必需的准备。1957年，我在荣孟源先生的推荐下，应湖北人民出版社之邀，撰写了新中国第一部力图用新的观点和方法系统论述北洋军阀史的专著——《北洋军阀史略》，引起了海内外学者的注意。日本学者、明治大学教授岩崎富久男曾译此书，并增加随文插图，易名为《中国の军阀》，先后由两个出版社出版，成为日本学者案头用书。六七十年代因接受政治审查的原因，研究工作中辍，但我仍然偷偷地搜集资料，阅读有关书籍。1983年，由于社会稳定，文化需求与日俱增，湖北人民出版社又邀约增订《北洋军阀史略》，我也以能重理旧业，兴奋不已。于是，出其积累，补充史料，增订内容，撰成《北洋军阀史稿》。90年代前后，有关资料较多出现，于是在上海人民出版社的邀请下，与我的学生共同编纂了有三百余万字的《中国近代史资料丛刊·北洋军阀》。从而接触了大量资料，开拓了视野，丰富了知识，终于和几位多年合作的学生，在20世纪末完成了百余万字的《北洋军阀史》。我自认为在这一领域中已完成自己应尽的职责。我也乐观地自信在这一领域内，至少在一段时间内不会重出同一题材的著述。在上世纪八九十年代，我还三次增订《林则徐年谱》。我曾撰写了一定数量有关中国近代史方面的论文，后来大部分编入《中国近代史述丛》和《结网录》这两本书中。

60年代前后，全国兴起编修新方志之风，编修新方志的创议者梁寒冰先生，多次动员我参与其事，我一则被寒冰先生的盛情所感，再则我的祖父曾在极困难的条件下独力修成一部七十余万字的《萧山县志稿》，我理应克承祖业，为新编地方志尽一份力。于是在寒冰先生领导下，开始全国修志的筹备工作，并以河

北省丰润、霸县等地为试点。正在顺利推进之际，“文化大革命”的风暴陡起，我和寒冰先生在不同单位都因发起修志而被扣上“举逸民”的罪状，并从我家中抄走有关修志的文件和资料，作为罪证。但我们的修志志向并未因此而稍减，我还在被批斗之余和被监管的日子里，读了一些方志学的著作。70年代末，灾难的十年终于过去，迎来了改革开放的新时期。拨乱反正，百业俱兴。我和寒冰先生亦以极大的热情重新发动全国性的修志工作，我承担了初期培训和组织修志队伍的工作。1983年春，按华北、西北、中南、东南四个大区，先后举办了四个培训班，讲授修志基本知识，在讲课的基础上，由我主持编写了第一本修志教材——《方志学概论》。与此同时，我也对方志学进行较深入的研究，写出了一些论文，并应邀到一些地方去演讲。1993年夏，我承曾供职过的南开大学出版社的盛情，出版了《志域探步》，作为我七十岁的纪念。不久，我又应台湾商务印书馆之约，对《志域探步》作了全面增补和修订，撰成《中国地方志》一书，成为我在方志学领域中一部代表性著作。80年代前后，虽然我身兼数职，但我坚定地立足于学术研究工作的基本点上，结合新的事业，又转向于图书文献学领域。在这公务繁忙的十多年过程中，我主持编写了《中国古代图书事业史》《中国近代图书事业史》《图书馆学情报学档案学简明辞典》和若干专门性论文，开辟了我学术研究工作的第三个领域。90年代以后，我积极参与国际学术合作项目，1995—1996年间先后出版了中日地方史志比较研究的中日文本。

上述的多种学术著作，代表了我致力学术研究的三个方向，即历史学、方志学和图书文献学。这些著述中有些曾遭遇过不幸的厄运。如我因为要把中国近代史教得有点新意，就努力开发新史源。曾集中精力，历时十年，本着专攻一经的精神，读了八百多种近三百年的人物年谱，每读一书，辄写一提要，积稿达五十余万字，又经修改成定稿十册，不幸于“文革”时被抄走，发还时仅余二册，幸初稿尚在，乃于70年代下放务农之暇，重加整理，再一次写成定稿，题名为《近三百年人物年谱知见录》，都五十六万字，于1983年由上海人民出版社出版。我通过以十年时间通读一种史料后，终于对近三百年的人物、史事的轮廓获得了大体了解，这或许也是一种不幸中的大幸。因为在极为恶劣的氛围中，只有专攻一经才能修复不平的心境，并完整地掌握某一领域的内涵。也许这是我在无奈中摸索到的一条治学门径。

六十年的笔耕舌耘，我所能贡献于社会的一得之愚，只有十六个字，那就是“立足于勤，持之以韧，植根于博，专务乎精”。立足于勤是求学的基点，要手耳口心都勤，就是勤写、勤听、勤读、勤思。勤读方能博涉；博涉方能使知识源源输入，奠定专精的基础；勤听方能取长补短，增长见闻；勤思方能解疑，不断前进；勤写方能巩固所得，为专精铺平道路。勤能补拙，天道酬勤，确乎是颠扑不破的道理。与勤相连就是韧，因为人生一世不可能永远是康庄大道，挫折与逆境往往会使人消沉、颓废、懒散、嗟叹，无形中把美好的岁月蹉跎荒废掉而追悔莫及。至于博与精的关系是：没有博则精无所本，没有精则博不过泛泛而已。这十六个字形成我治学的一种强烈信念，作为我学术生涯的有力精神支柱。

土改九月

1951年9月，我到南开刚刚一个学期。在新学期开始的第一周，文学院院长冯文潜教授约我到他的办公室谈话。我以为是布置新学期的任务，但接谈以后，方知是院里推荐，校方同意我参加土改工作。当时土改工作在全国风起云涌，由全国政协组织土改工作团到江西、湖南、四川、广东等省参加土改工作。土改是全国解放后的三大革命之一，是很多人向往的革命运动。上年6月，我任职中科院历史所时，在召开声援抗美援朝大会上，号召青年参军，我出于保家卫国的热情，当场报名，后以家庭出身政审不合格，未遂初衷，一直引以为憾。如今有这么好的机会，心情非常激动喜悦，哪能放过？当即表示服从组织安排。办好报到手续后，我被编在土改23团，到湖南参加土改。9月中旬，即乘火车由津出发，直赴湖南长沙，在长沙集训数日，学习土改工作大纲，听取湖南省委农工部部长杜润生的报告，进一步认识土改的意义，阶级成分划定办法以及土改工作的方式方法。杜部长是当时著名的土改工作老干部。他的报告非常明晰条理，对土改情况非常了解，让人听起来，声声入耳，印象深刻，对日后深入工作很有帮助。他后来调到中央，是一位熟悉农村工作的领导人。几天集训结束后，我们团被分配到常德专区。从长沙到常德，要经过湘、资、沅、澧几条大河，所以时而乘船，时而陆行。到常德后，又停留几天培训，主要讲常德地区社情和土改进度。在结束时，才知道我团被分配到有传奇故事的桃源县。

桃源县已近湘西，是治安相对不稳定地区，清匪反霸斗争刚刚结束，尚有零星土匪在各处流窜，但却是人们向往的地区。因为大多数人都读过陶渊明的《桃花源记》，是理想中的乌托邦仙境，大家谈论《桃花源记》与桃源县的关系较多，土改的事反而被这种乐趣掩没。到县以后，我们团被分到三阳区，到区以后

又分为若干小分队和工作组。我所在小分队驻青云乡，分队长是由山东南下的干部霍宪俊，我担任秘书。成员是各界人士，有公安人员，有工商界人士，有高校教师，有演员，有机关工作人员等等，具有一种统战性质。

进驻青云乡后，经乡干部安排在各贫农家中住下，分配了吃派饭的户。我和霍队长被安排在一王姓贫农家，也是小队部所在地。开始的工作可以概括为三句话："访贫问苦、三同一片、扎根串联"。所谓"三同"就是同吃、同住、同劳动，一片就是和贫雇农打成一片，扎根就是选定依靠对象，一般标准是出身好，苦大仇深，勤劳能干的贫雇农。确定根苗后，就在这家住下，和这家人共同劳动。然后通过这个根，又发展他信得过的人，这样越串联越多，把贫雇农中的绝大部分团结起来，这就是扎根串联。基本群众组织起来，就成立贫农团，作为当地推行土改的核心机构，"一切权力归农会"的口号，响遍乡村的每个角落。工作组的成员一面熟悉乡情和方言，一面分别到农户调查访问，了解地主阶级的罪恶和贫雇农的苦楚，记录许多文字材料。晚间小队集中一起，各自汇报有价值和有深入挖掘的调查结果，共同条理分析，由我整理，梳成各类辫子。第二天，分由大家带着梳理好的问题到群众中去扩大成果和搜集证据。经过多日的走访，材料大致完备，问题也较集中。就开始试作划分阶级成分工作。当时人们思想比较混乱，地主盼望下降，哪怕下降到富农，也比地主强。有的地主积极表现，有主动上缴地契，以求得个开明的名声。富裕点的贫农，怕上升到中农，会失去某些优惠。全乡农民经过农会议定和工作队根据《划定阶级成分决定》这一文件核定，报县团领导机构审批，然后在本乡张榜公布。

工作队住在各户的人员，都随本户贫雇农一起，在自家地里劳动。霍队长就在王姓房东家地里劳动。我则因需与各方联系，留在王家做家务劳动，如挑水、喂猪、打扫院场、推磨等等，其实也并不轻松。特别是有一次，因家中已无佐餐的辣椒面，女主人拿出一筐箩尖辣椒，分配我在家磨辣椒面。我原以为没什么，谁知只干了四分之一的活，我已鼻涕眼泪齐下，喷嚏打个不停。房东大妈见状大笑不止，忙用一块羊肚毛巾系在我口鼻上面，才勉强干完。第二天，在早上的热粥和中午的炭火汤里放上我磨的辣椒面，既驱寒，又下饭。房东大妈又绘声绘色地讲了我昨天那番丑态，惹得霍队长和其他人几乎笑得喷饭。

待阶级阵线一清二楚，即进入土改工作激烈紧张阶段，召开各类型的大小会，由贫雇农控诉血泪家史，揭发地主罪恶。不久，斗争对象也报批确定。湖南是比较富庶的省份，所以地主生活比较富裕，有些恶霸地主更是淫乐奢靡，大多与政治势力相结合，作恶乡里，鱼肉百姓。青云乡有个最大的地主名叫程谦，是大乡长，日本士官学校毕业，乡团团总，国民党区分部委员，青年党、民社党成员，是汉留（帮会袍哥）大哥，是个五毒俱全的死硬派。他以“程氏宗祠”为统治中心。祠堂进门左右有两个木栅栏，用来关押欠租和对抗的农民，后院有水牢，上面是一块翻板，把人一推进去，就掉进下面的水牢，在水牢里，连饿带泡，几天就会丧命。被关进水牢的人，大多死在里面。祠堂正厅上置太师椅，旁设各种刑具，是程谦拷问刑讯的地方。他垄断当地食盐买卖，外面运进来的食盐，由他高价转手给农民，很多农民因买不起，吃不到盐而患大脖子病。他还在乡里开设烧锅造酒，强卖给乡里，凡在青云乡的人，只能喝这个烧锅的酒。他利用烧锅的名义发行钞票，有一元、五元、十元票额的，自进入青云乡，在卡子口上，便有团丁强迫人们兑换青云乡烧锅发行的钞票，只有这种钞票才能在乡里流通，其他钞票使用时便被没收，当时我曾留存三张这种钞票，想作为日后的研究资料，“文革”时被抄走，十分可惜。他的宅院森严坚固，四角设炮楼，有团丁守卫，家里有近百号长工、丫头，陈设家具多是楠木雕花。他的一张雕花床，床顶四周围栏上镶着百鸟朝凤的山林图案，共有九十九只鸟。据他家长工说，程谦每次奸污妇女后，就雕一只鸟镶在床顶栏杆上。他因霸占妇女而致死其丈夫和使人家庭破碎的罪行，真是擢发难数。在调查中和控诉会上有不少妇女都哭诉到这一恶行。就在程谦被拘捕后，家中尚有近十位被抢占的妇女等待解救。这样一个罪大恶极、血债累累的恶霸地主，不杀不足以平民愤。于是连夜整理材料，上报县团领导，等待批复，同时筹备召开公审大会，镇压恶霸地主。

公审大会是土改工作最高潮的阶段，它既是压制敌对势力的战斗，又是进一步组织群众的动员。工作队异常忙碌，将人员分为两部分，一部分人在霍队长率领下到群众中去选苦大仇深、有一定表达能力的贫雇农，作为公审大会的发言人；另一部分人由我主持，在队部整理材料，办理报批手续。三天以后，材料和处理意见都批复下来，计死刑一人，即程谦。判刑无期的一人，是原副乡长，二人都有血债。其余都处管制，在乡劳动，并指令在乡里成立刑事法庭分庭，由霍队长任审判长，我任书记官，贫农团成员任陪审员。于是，工作队和农会人员都积极行动起来，布置会场。会场选在“程氏宗祠”前的广场上，临时搭了个小高台，像个小舞台样，台上坐着审判人员和陪审人员，台下摆了若干排长条板凳，头一排是准备登台控诉的发言人和亲属，台下面向群众、低头站立的是本乡的地富分子，周围还有可站立的空间，约计可容千把人。

公审大会在批复的第二天下午召开，工作队人员几乎整夜未睡，因为当时清匪反霸尚未完全结束，散兵游勇还在流窜。程谦在乡里的恶势力还在蠢蠢欲动。我们特由队员中选出两名原公安人员统管民兵，并由县大队调来一排士兵，来维护治安和应付突发事件。开大会那天下午，吃过午饭就有人陆续到广场，除了本乡绝大部分农民，还有四邻八乡的乡民来看热闹的，老的八九十岁，小的怀抱吃奶。这是一次轰轰烈烈的革命运动，也是千百年来未见过的大举动。在宣布开会的时候，会场已是水泄不通，估计连坐带站约有两千来人，农会的人分散在群众中，组织喊口号和观察动态。我和霍队长等相关人员先后登台就座，首先是霍队长宣讲土改意义，报告近半年的工作进程，并号召群众再接再厉，贯彻始终。接着农会代表表态。然后开始对一般地主批斗，每控诉到的地主分子，就被民兵从他们队列中拉到队前，低头接受批斗。

大会大约进行了近两小时，便进入大会的高潮。就是批斗恶霸地主程谦的场面。群情激奋，咬牙切齿。前排的控诉人更是摩拳擦掌，跃跃欲试。被害群众眼中发出仇恨的怒火。当霍队长命令把程谦押上来时，全场为之骚动，几乎所有坐着的人都站起来，踮足翘首等待这个万恶罪犯的现身。程谦因是重刑犯，羁押在他自家祠堂的木笼里，为保证安全，刚从牢中押到现场。这个死囚押上台时，依然一副嚣张飞扬的态度，更激起群众的愤怒。登台控诉的有十人，除了两位老人外，都是妇女。她们无不声泪俱下地吐苦水，诉冤情，有两位妇女遭受残害最深重，悲愤得晕厥过去，整个会场的口号声，此起彼落。程谦仍是梗着脖子对抗，当时天色渐晚，便转入审判阶段。工作队把头天做好的用两根竹竿撑一横幅白布，上书“桃源县青云乡临时法庭”字样的旗帜插在台前。我宣读审判书，然后由霍队长在两张写好的布告中程谦的名字上，用红笔打了一个大叉，并饬令民兵将其押赴刑场，执行枪决。话音未落，全场群众自发地像钱塘江一线潮那样齐刷刷地拥向刑场。由于民兵枪法不够熟练，连发四枪，始将程谦正法。天色渐渐暗下来，群众也三三两两散去，边走边吐露对程谦被镇压后的舒畅心情。这真是一场惊心动魄的战斗，对敌人是震慑，对贫雇农是扬眉吐气，对我们参与者是一次革命的震撼。

土改的斗争高潮已经过去，迎来了土改带给农民的喜悦，那就是挖浮财，分果实。这是土改工作中很细致的工作，由农会直接领导，工作队派一部分人参与监督和入账等事。农会分派若干小组，分头到地主家没收土地外的所谓“浮财”，如陈设、家具、衣物、首饰、法币、银元、畜牲、农具等。除按政策规定，留出地主家必需用品外，全部收归农民所有。存留比例，视地主表现，由工作队与农会共同商定成数。没收各物不论大小巨细一律入账，分门别类编号。在“程氏宗祠”开辟多间住屋，存储浮财，由民兵看守。入库、提取，都有明确规定和手续。整理清楚后，曾在集市上公开展览一次，农民蜂拥而至，熙熙攘攘，笑语连连，都在关注自家将分到哪些物件。霍队长负责这个浮财组。与此同时，还有一部分能写会算的农民和工作队的成员在计算地主应交还的土地和房屋的数字，丈量土地后的亩数和房屋所在地的面积。然后与具体分田分房户核对落实，这个组则由我主持。大约经过近一月的时间，几次核对，方才全部理清，决定在临近年底的一天召开分果实大会。

分果实大会定在腊月念三举行，到那一天，天还没有大亮，已听见外面有多人走动，还隐隐听到时响时歇的锣鼓声，似乎在催促人们到会。房东家早已在清扫门庭，我和霍队长也起来，吃点早餐后，霍队长就到会场上，我则留守队部，保持和各方联系。十点多钟门口过路人流，络绎不绝。有心满意足的笑语欢声，有未得到原来向往的财物则絮絮叨叨地略致憾意，但都是面带喜悦，两手拿着东西。有的妇女身上缠着花布、绸缎料。不久房东家回来，拿着五颜六色的衣服，向我述说大会的热烈。他家还分了一架犁和半头牛。半头牛是两家合养合用一头牛，这对无牛户是莫大的喜讯。还说金银、钞票、珍玩等不好分的东西，日后折价在集市上出售和上交折款，再分给农民。这次挖浮财的最大新闻是在程家祠堂大门坎地下挖出两缸盐，估计有近千斤，每户分得一斤，还剩下一些，赠送给邻乡乡友。这是当地最难得、最珍贵、最受欢迎的东西。曾被恶霸地主程谦以一两黄金一斤盐的天价垄断。如今不但分了盐，以后还能自由买到平价官盐，大脖子病会减少和康复，这是土改给农民带来的最大福祉。

当天下午是分田、分地、分房。对地富是核对其家户口，留下应得部分，没收其余部分。对贫雇农则有分有补，无地户应得数目，分整块地。不足户缺多少补多少，地块比较分散。中农户不进不出。这些地块都是事先丈量准确，标明地段和分田户姓氏，造册施行。分田户都事先削好竹签，到时插在自家新分田地的四至。因为事先准备妥善，所以进行顺利，一下午就完成。农会并贴出布告，三天之内，如有意见可到农会提出申诉，三天后即定案。虽然有些上诉，都不十分严重，如有的孤老户要求地块近一些，有的孤儿寡母宁可少分点，但要求土质好些。有的家无壮劳力，要求把自己的地块贴近族人田地，以便求助等等，都经农会调协解决。分浮财、分田地的工作，一切都妥帖，已到除夕前一天，工作队人

员从腊月二十九到正月初三为春节休整日，规定可以参加农会的庆祝活动，可到贫雇农户串门拜年，可以赶集，但不能“吃请”，出外活动，必须三人以上，彼此监督。我们利用假期到集上逛逛，见到有农会摆的摊。摊上有许多分果实遗留下的东西，特别多的是桃源石雕珍玩，有果盘、茶具、烟嘴、陈设等，技艺都很精美，价格也很便宜，我们买了许多，除自用外，还可送亲友作纪念。我们小组几个人还凑钱，找了个干净亮堂的小饭铺，吃了一顿几个月来最丰盛的午餐，兴尽而返。

假期过后，工作队先在乡集中，学习对照，检查纠偏。学习土改的重要文件、各土改地区的先进经验、中央及省市地各级领导的有关讲话，边学边结合自己在乡里的工作，反思有哪些不足，有无违反原则的错误，然后在小组内作检查，人人过关。大约经过十来天，又集中全团到三阳区，听各工作队的汇报和典型报告，大都是先进事迹；有些人被评为优秀工作队员，戴红花、发奖品。对个别违规违纪的人在大会点名或不点名地批评一下，没有人受到重罚处理。会议的最后一天，已是4月底，由县团级领导主持，总结几个月来土改工作的成绩和不足，勉励大家再接再厉，在革命大道上奋进，并宣布全部土改工作结束。5月上旬，在各住地办理手续，要求严格执行三大纪律、八项注意，由农会认可方能离乡。

5月中旬，青云乡的一切交接手续都办理完竣。当我们离开时，农会和乡民都来欢送，一直出了村口好远才告别。全团先集中到桃源县，县里安排先休息三天，游览桃源风光。第一天，我们去参谒渔父祠，这是为纪念国民党人宋教仁而建的，宋教仁号渔父，民初因坚持民主宪政和责任内阁，与袁世凯政见不合被刺杀，祠堂已经陈旧荒落，没有什么景色可看，只是表达一下仰慕之情而已。第二天到桃源山去捡小石头，桃源山是县内产各种色彩石头的不十分高的山，如遇雨天，远远就能看到山上五颜六色。当地的能工巧匠，根据石头大小形态雕制成各种用器。我们在分浮财时见过大量制品，也在集市上买了一些。在山上，大家都俯身捡了不少小花石，我也捡了一小袋，后来带回天津，每年过年时，用来围水仙，用水一泡，果然色彩斑斓，极似雨花石，这是在桃源的唯一纪念品。第三天是去桃源洞参观，据传说这就是晋人陶渊明所写《桃花源记》中所描述的那个洞。到洞边一看，果然与文中描述十分相近，外有一套石桌椅，石桌上画有围棋盘，据说是仙人在此对弈。进洞时仅容一人俯身爬进去，据说爬近半小时可见“豁然开朗”。但当地人说，从来没有人爬进洞内，因为爬进去后，越来越冷，寒风刺骨，真怕进去了回不来，不得不半途而废。洞的周围长满竹子，据当地人告知，有一种方形紫竹可以作烟管。我们在竹林里绕了半天，也没找到。最后找到看林老人的茅舍，说明来意后，老人领我们到茅舍后面，看到一小块紫竹，老人砍了一棵，截成数段，分送给我们。老人还说，在县里有小铜匠能镶烟锅、烟嘴，用这种烟管吸烟不伤肺。我们高高兴兴回城，天色尚早，就去找小铜匠。县城里有不少家铜匠铺，很熟练地选好预制件，不到一刻钟就完成。回住处后，就用它装了一锅，抽起来果然有一股清香味。带回家用了几年，在“文化大革命”中，不知被哪位有情趣的“勇士”顺手牵羊走了，空留下无尽的怅惘。

三天假满，全团由桃源出发，直赴长沙。分在各地区的工作团也都在规定时间到长沙集合，总结全省土改工作的情况。我们团被分配住在一所学校的宿舍里，有上下床，有褥垫子，但没有被子，好在当年出差都自带行李，所以很快就安置好。各团都到齐的第二天，开始总结整风大会。前三天上午听取省以下各级领导和各团负责人讲话汇报，下午分组讨论，结合个人情况。后三天对发现的问题，深挖思想，检查行动。我们团的突出问题竟是收买桃源石雕问题，因为前面讨论中很多人都谈到这点，以为用钱买石雕是帮助农会解决困难，甚至谈得洋洋得意、痛快淋漓，全团差不多有三分之二以上的人购买了石雕。总团研究后认为，这是严重违纪事件，责令我团严肃处理。在分组检查时，让大家先自报物件数量，要求老实交代，如隐瞒不报，经他人检举，要从重处罚。结果是人人过关地分析检查，有的“左派”还深挖痛批，上纲上线，说这是“乘人之危”，用国家的工薪去抢夺农民的胜利果实。甚至还进一步分析，为什么地主家可以有珍玩，贫雇农就不能有，翻身后还不能有。有人痛哭流涕地臭骂自己是地主恶霸的帮凶，表示甘愿无偿上交石雕，接受处理，大家亦都表态上交。两天过后，领导宣布，认为大家认识较好，又能主动无偿上交，除将上交各石雕装成几篓，送还桃源县青云乡农会外，各有关人员一律不追究，文字检查材料也不入档案。并宣告各土改工作团结束解散，各回本单位报到。

至此，一场轰轰烈烈的革命运动经过九个月的“奋战”而胜利结束。隔了一天，我团登上回天津的火车，于次日到津，家属在车站接站，长期隔绝，终于又团聚一起，大家都分头与同队战友告别，与妻儿等簇拥着回家。我经历了一次三大革命中的一场革命，自觉收获不小，明白了许多革命道理，熟悉了某些工作方式、方法，也懂得如何应对面临的难题，所有这些，对日后长期应对各种革命运动增加了若干才智。至于石雕风波，印象尤为深刻。当年律己之严，思之犹念念不忘。

特殊年代

1966年的春天，我正在河北省盐山县参加“细四清”，从社会的传闻和媒介的透露，让人感到一场政治性的运动即将来临。根据以往历次政治运动的经验，至多是一场意识形态领域里的批判运动，可能时间不会太长，范围不会太大。然而后来的事实证明，这纯粹是缺乏政治敏感性的幼稚之见。随着报刊上紧锣密鼓地刊发一系列的批判文章，以批新编历史剧《海瑞罢官》，批吴晗、邓拓、廖沫沙“三家村”，批《燕山夜话》为题的长篇文章已明显地上纲上线到政治的高度。四清工作团总部已经布置学习这类文章，提高思想认识。由于《燕山夜话》一类资料有许多历史典故，我曾奉命为四清工作团城关分队和县直机关干部作过一次讲解。当时四清工作队员都有一个非常光荣的称号，就是“毛泽东思想宣传员”。我自认为我的宣讲也是毛泽东思想宣传员应尽的本分，所以用心准备，努力讲清楚，效果也不错。谁知后来却成了我为“三家村”当吹鼓手的一条罪状。政治运动的风声愈来愈紧，史无前例的“文化大革命”实际上已经揭开了帷幕，只是很多人包括我在内都尚未意识到它的严重性。

1966年8月7日南开大学校园内掀起一阵“八七开花”的狂风恶浪，我也难以逃避地卷进了这个特殊的年代里。“八七开花”是南开大学正式点燃“文化大革命”之火的标识，整个校园为之骚动。这次“革命行动”直至十二年后的1978年10月才得到平反。当时由历史系党总支向我们宣布了《关于为“八七开花”中我系被迫害的同志平反的决定》，决定中说：

> 经复查：此案纯属冤案。根据党委决定，党总支为上述十七位同志公开平反，恢复名誉，强加给这些同志的一切诬陷不实之词，全部推倒。与此有关的材料全部销毁，并为受株连的亲属消除影响。

“八七开花”以后，我们首批“牛鬼蛇神”都被剥夺了人身权利，监督劳动，清扫校园马路和厕所，只许老老实实，不许乱说乱动，不能参加革命群众集会。因为一直是关在“牛棚”，所以十年动乱的详情，我几乎是一无所知，只略知一些身边的点滴见闻和亲身遭遇的事。

1969年，国庆二十周年前夕，“牛鬼蛇神”队伍中选出了六七人清扫主楼二楼的某间教室，并用书架隔成大小两间，又从农场拉来两捆稻草分别铺在两间屋内的指定部位。一切就绪，历史系的工宣队头头集合我们训话，指明二十年国庆，要加强保卫，对我们实行监管，并指定相应数量的红卫兵押送我们回家取被褥。我们只有服从的义务，绝无申述的权利。时过半年，形势似乎稍见宽松，对我们的监管也有点马虎，终于在1970年5月某日的晚上召开了有家属参加的政策落实大会，宣布被监管人员能接受改造，思想认识有所提高，本着“给出路”的政策，准备解除对我们的监管。接着，由家属登台表态，感谢党和政府的宽大，一定监督我们，帮助我们改造，重新做人。最后由家属把我们“具领”回家。重获自由的心情是很激动的，以为大难闯过，会日就正常的。至少在劳动一日之后，可以在家中宽松一下。不意过了一个多月，“备战备荒为人民”的口号一天比一天响亮，准备万名干部下乡作战备疏散。转过年来，我被通知下放天津南郊翟庄子插队落户作新社员。从此我开始步入从未经历过的宁静的乡居生活。

乡居四年

我读过一些田园诗人的诗，一直憧憬那种恬静无扰的乡居生活，但几十年来羁绊在城镇，无缘享受田园之乐，有时也想，即使是梦境也好。哪知走了半个世纪的人生之路，竟然来了圆梦的机会；可惜，圆的不是原来想圆的梦。当我接近知命之年的时候，我正经受着不断的考验与煎熬，似乎已锻炼到荣辱不惊的境界，既不怕狂风恶浪的侵袭，也能承受颠沛坎坷的命运。就在1970年的初夏，工宣队的尚师傅找我谈话，通知我下放津郊农村，去进行脱胎换骨的改造。我久已习惯于指向哪里打向哪里，于是当时只问了一句话：“那里有人住吗？”当得到肯定的答复后，我就义无反顾地表示了扎根农村的决心。大概为了不形成两地分居，工宣队还和妻子单位谈妥，让我携眷同往。当天下午，工宣队的领导非常郑重地颁发给我一枚纪念章以示优遇与鼓励，我非常激动地双手捧接过来，因为我可以和革命群众那样带上毛主席像章，也许这预示着一种好的兆头吧！7月间的一个从清早就热气逼人的日子，我经过几天的处理和捆扎，下乡行囊已准备就绪。就在等待装车的时候，有一个戴着红袖章，曾经是我学生的人，他气宇轩昂地推门进入我那已经压缩搬迁的小屋，我毫无自知之明地伸手表示感谢他的相送。但他的面部却没有任何表情，也没有伸出手来，只是环视四壁。我猛然醒悟到两条界限，何容混淆？说明对自己太缺乏应有的认识，亵渎了阶级斗争的理论；但我也很高兴，因为思想汇报时又增加了一项可资批判的活思想。这个学生可能来查看我是否顺手牵走了公物。看他的眼色，好像是我还能廉洁自持而过关

了。不承想他忽地又转身向我索取我借以证明身份的工作证。他拿到手里后，很利索地撕下我的照片，扔在地上，撂下了一句“收回工作证！”的话，便扬长而去。我愣愣地真有点像跪在金殿被太监摘掉乌纱帽那样的失落感，从此我已是一个没有身份证明的“黑人”啦！

送我下乡的卡车风驰电掣般地在公路上向南郊北大港方向奔进，这天天气晴朗，我的心情也很好，因为卡车的两侧还插着两面红旗，我似乎又回到党的红旗之下。卡车不知怎地颠了一下，一捆书滚落散开，一张月历落到我的脚前，拾起来一看，这天正是旧历六月初八——我的四十七岁生日！为什么会这么巧，为什么我会在红旗飘扬，飞驰前进的卡车上度过我的四十七岁的生日呢？是不是预示着噩运即将飞快地过去，好运正在迅速地来临？我正沉浸在对命运的玩味中，卡车已经到达下放的目的地——翟庄子。

卡车为了尽早返回，而且我这个用车对象又是个不走时的晦气人，所以只把东西卸在院中，就匆匆地走了，一切留待我自行安排。我被安置在生产小队长弟弟家，白姓的男主人很能干，女主人也很精明，有一个五六岁的儿子。主人很宽厚地腾出一间正房给我和妻子住，并帮我们安置东西，还用柴灶大锅贴饼子，用香油拌了半碗咸萝卜条，招待我们晚餐，并抱歉没有来得及割肉炒菜。主人不视我为异物，还像待亲戚那样接待，使我原来紧张的心情慢慢地宽松下来。我奔波了一天，但没有感到疲惫不堪，还和男女主人闲聊了一会儿。周围没有了喧天锣鼓和高音喇叭的惊扰，我们安然地沉睡了一夜。

三天以后，所有应到本村来的下放人员都到齐了。就在那天晚上，大队召开欢迎新社员会，我才知道了自己的新身份。进会场后，坐在前排，心情有点紧张，因为几年来我没有资格坐在台下参加革命群众的会，只要通知与会必然是站在台前充当大批判的活教材。这次会可能就是“接受再教育”的第一课，我只有静候命运的安排。突然，会场的喧嚷，戛然而止，原来是大队书记到会。他年纪较轻，虽然没有对前排的新社员一一握手，但态度平易，没有剑拔弩张的态势。我的精神稍稍松弛下来。这位书记是毕业还乡的高中生，讲话很有层次，简明扼要。他首先按照时尚，带领大家读几段毛主席语录，然后按文件讲解“战备疏散”这一伟大战略部署的意义。他说，这些新社员是按毛主席战略部署疏散下来的，这是一段具有定性意义的话，使我非常感动，因为大队书记已承认我们是听毛主席话下放来的人。他向社员们介绍说，这些新社员都是有学问的知识分子，疏散下来是储存人才，日后还会根据需要起用的。他们不会干农活，体力也不太强，要分配些力所能及的活，耐心地教他们干。他们都带着工资，不参加分配……我不禁对这位年轻书记油然而生一种发自内心的敬佩。他的简短讲话对新老社员都起了安抚稳定的作用。老社员可以不顾虑这批新来的人分占工分而放心，新社员则感到“接受再教育”还有一定的宽松度而安心。我很感谢这个村社员的友情相待，从此我将开始平静地度过未来的乡居生活。

开会的第二天早晨，我按出工的规定到小队部听派活。小队长是个憨厚淳朴的贫下中农，他把我介绍给其他人，官称是“来大哥”，一下子把彼此间的距离拉近了很多，我想在这些善良的人们中扎根也不是什么坏事。我感到包括昨晚讲话的书记在内的贫下中农并没有什么整人之意，反倒对知识分子有几分爱护之心。我更想到，近二十年来各色运动中的整来整去，折腾不已，并不是工农群众在整知识分子，而是知识分子在整知识分子，所以往往切中要害，打翻在地，还要踏上一只脚，或落井下石，反戈一击，必置之死地而后快。我所理解的“物伤其类”这一成语中的“伤”字，不仅有同情之意，是不是还能有“伤害”的另一种解释。

在开头的那些日子里，我还不知道怎么干农活的时候，队长派我和一位女社员往地里送饭。一般说来，这属于轻劳动，我自信能干好。凌晨，社员们下地，我到各户敛干粮、咸菜和饮用水罐。那位妇女在队房熬稀的，大约个把钟头，一切就绪。她挑着干粮和水罐篮筐，因为瓶瓶罐罐不好挑。我则挑两半桶稀饭，虽然没有多重分量，可是一迈步，两只桶就来回摇晃，不断地把汤水晃出来，有时还烫着自己的脚后跟，挑一段路就要歇歇肩。遇到小沟，不能像女社员那样挑着担一跨步跳过去。我必须放下挑子，分两次从沟的两侧爬上爬下，把稀饭桶运过沟，然后再挑走，有时就会耽误在地里劳动的社员们进早餐的时间。送了一段时间的饭，我已逐渐胜任这项工作，我的肩胛骨也慢慢地被压得平平的，不仅挑东西不怕，连日后我穿西装都显得比别人有样。

头一次派我的农活是跟大车去拉麦草，这项活计不是太累，坐着空车去麦地，用三股木叉把麦草挑上车，高高地堆成小山，车把式用绳煞紧，然后让我顺着绳子爬到车顶，躺在麦草上，身底下暖烘烘，仰面承受着晴空的照拂，车行很慢，晃来晃去，我似乎看到了一片红色的海洋，许多双手高举欢呼，我也挤在人群里，跳着脚地欢呼，我已经多年没有参加这样的群众集会了。我要跳得更高，更热烈地欢呼，可一只脚不知被什么东西缠住似的，我奋力挣脱，却从睡梦中醒来，原来一只脚被勒草的绳子绊住了。大车依然在摇晃着行进，拉到麦场，卸完

车返回，我坐在空车的车帮上，左右环顾，饱览村景。这里看不见成群结伙的人群，听不到任何喧嚣的歌声，没有一点点硝烟气味，只有那丝丝飘来的麦草香。我不必担心随时“提审”，去接受现场批判，而可以无所顾忌地哼几句荒腔散调，唱几段样板戏。上下午各拉草三趟，就算完工，倒也轻松。我觉得乡居生活也是一种人生享受。

我最早掌握的农活是赶小驴车，因为我吃的是商品粮，烧的是蜂窝煤，每月必须到公社所在地太平村去买，二十多里地如果没有车是弄不回来的。为了生活，必须尽快学会赶车，便向房东、向队长、向隔壁二大爷请教，终于懂得了走、停、退等吆喝牲口的口令。小毛驴比较听话，我只在“首航”时因生产队不放心我的“技术”，派了位小社员护航外，一直都是独来独往。等我熟悉赶车技术后，我甚至可以揣着手坐在车帮上吆喝，有时还把双腿叉开，站在两边车帮上，挥鞭驱驴小跑。我思忖着，春秋战国时，将军们驾战车的英武，不过如此。岳飞驾长车踏破贺兰山阙的雄姿，恐怕也不过如此，可惜，当时没有随行记者，自己也没有置备照相机，所以未能留下类似的珍贵镜头，至今想来，犹有憾意。

当年秋收时，因劳力不足，我成了整劳力。每天蒙蒙亮就到队上集合下地，无论掰棒子、掐高粱头、浇地、洒化肥，我都能很快掌握，特别是从地里往场上挑近百斤的四个高粱头，往返五六里地，了无问题，一则我的平肩已不怕压，再者我学会了换肩，只消肩膀一扭，扁担就能从左倒右、从右倒左地倒换，而且姿势越来越美。我已不把每天从家往返三里地挑三趟食用水视为畏途了。年终评工分时，我的劳动得到肯定，评了个9分。我十分高兴在劳动化的路程中似乎又大大地跨进了一步。我只有两项农活怎么也掌握不好。一是耪地，我因为腰肌劳损和视力欠佳，不能长时间地半弯腰，往往不分良莠地把苗锄掉；二是扬场，我用木锨扬起一撮麦子，落地不是一片，而是一小堆麦子。虽经老农反复教导要诀，终究画不成虎，只不过是有点像猫而已。直到离乡回城，这两项农活一直没有过关，也许这是两项技术性强的农活罢！

在生产队干活有“出夫”的事，类似公务人员的出差，除了记工分外，还能拿补助，所以社员都视其为美差。我在四年的乡居生活中，曾经轮到过两次。一次是晚上，在生产队集合去大港油田的废油池“偷油”。一辆大胶轮的拖拉机载着滚圆的油罐，队长一声令下，我们十来个新老社员都爬上油罐拖车，胆大的坐到油罐顶上，我则在前部的左侧，一手挽住铁车架子的立柱，一手外扬，一只脚在空间甩来荡去——竟使我觉得很有点像当年北洋政府时，军阀们坐着方头方脑的汽车，车的两侧有保镖，一手挎着车门，一手拎着盒子枪，一脚踩在踏板上，一脚悬空荡着，显得很有点威风。拖拉机在黑黑的大堤上疾驰，我挺胸前望，似乎也很有点那种威风凛凛的神气。大约一小时左右，油车在月黑风高的旷野里停下，可能是事先勾连好的地段。于是，老社员纷纷跳下车，很熟练地一字长蛇般地排开，拉向不远的油池，头尾两人各持一桶，周而复始地传递。我和另一位“老插”，因路线不熟，留在油罐车上接应来回周转的油桶，倒入罐内，估计一个多时辰就满载而归。当油车走出一段路，才听到零零落落的人声追赶似的吆喝声，不久就一切归于沉寂，似乎双方都有一定的默契。回到生产队时，正如一些作家所描述那样，天空已呈鱼肚白色。黑压压的一片人群，都拎着小油桶在等着分油。贫瘠的土地，贫困的人，只因成片的盐碱地，连柴禾都难得拣，不得不寻求这样的能源。我也分到“偷油”油桶剩下的小半桶油，足敷半个来月烧灶热炕之需。我痴痴地想着，下次如果再出这种“夫”，我还愿意雄赳赳气昂昂地去，因为这是为谋求人们最起码的生活资料而出力啊！

我的另一次“出夫”是出河工，就是到水利工地按分配的地段去挑河挖淤，条件比较艰苦，是壮劳力的活。我很高兴能从一般劳力派去承当壮劳力的活，显然这是一种升职，就像在大学里由讲师升副教授那样。一到挑河工地，放下铺盖卷儿，就立马儿投入战天斗地的广阔天地中去。挑河的人们从抽干水的河底，挖出成筐淤泥，然后顺着斜坡，两人一挑地把二百来斤淤泥抬到大堤上，这样既清了淤，又夯实了堤岸，一举两得，真是大智慧者的创意！队长要我和他“一对红”，显然含有照顾的意味。队长高高的个子，四十多岁，为人面善，一直称呼下放人员为“读书人”，总说这些人能天天出工，就很不错了，不要挑剔干多干少。他和我挑泥上堤时总把筐绳往自己一边拉，以减轻我的压力。一天干下来，我腰酸背痛得像塌了秧的瓜蔓似的，连饭都不想吃，勉强扒了几口就爬进三角形窝铺，倒头便睡。两三天过去，才基本适应。上斜坡时，我的鞋子常常陷在泥泞中，要费劲拔脚，队长劝我光脚爬坡，果然轻松得多，我很振奋，认为自己算是闯过伟大领袖所指示的那个劳动关啦！临完工那两天，我也能一顿饭吃一个斤把重的一条龙卷子，咸菜碗里有几滴香油，就感到美味异常，晚上在窝棚里能酣睡一宵，第二天就神清气壮。十天后完工，我不仅得到一份为数不多的补助，还感到身体棒多了。至今年臻耄耋而尚称健壮，不能不归功于这段乡居生活的锻炼。

年终评工分是社员非常关心的大事，工分总均底数乘出工日数就是年终分红数。我虽然有工资不参加分配，但也评工分，因为夏天分瓜果、冬天分白菜的数

量都要根据工分总数来定，下放人员是按社员应扣钱数交现金。评工分很民主，很热烈。工分牵涉着每个社员一年的个人利益，所以很认真，有的人争议很大，有的人一提就过去，我属于一次通过的，评了个9分。虽不是满分，但对我这个四体不勤、五谷不分的人来说，也蛮不错啦。我虽然不按工分分红，但也算一种荣耀，因为我已划入壮劳力的行列。也许因为我不参加分配，与其他人没有利害关系，所以给予照顾，放我一马，评个高分。但是，对我确是极大的鼓舞。当时盛传，一年以后将停发工资，要吃工分。如果按9分算，工分收入维持两人生活，似乎问题不大。不过工资一直没有停发，我也没有享受到凭工分而自食其力的“欣喜”。

每天的劳动之余，文娱活动很少，电视还未普及到户，大队部有一台黑白电视也被那些半大孩子们独占，成年社员很少去挤，都凑群“玩钱”。我既不挤看电视，也不爱“玩钱”，正好利用晚间的空闲恢复和撰写自己的著作。我在15瓦的灯光下，盘腿坐在土炕上，凭着一张小炕桌，摊开旧稿、残稿和资料，有次序地笔耕不辍，主要是恢复和整修《近三百年人物年谱知见录》和《林则徐年谱》。《近三百年人物年谱知见录》是我历经十几个寒暑完成的一部五十余万字的著作，曾用毛笔写成十二册小楷本，1966年被抄走，待认领抄家物资时，仅只找回两册，幸亏尚有一套初稿和一部分卡片。我每晚至多用三个小时贴贴补补，整理修改，因为次晨还要出工。大约经过近两年的时间，终于完稿。这部书稿直到1983年 4 月方由上海人民出版社正式出版，前后经历了二十六年。《林则徐年谱》则用了一年多时间重新完稿，于1981年10月由上海人民出版社出版。1985年7月出增订本。1997年6月，为庆祝香港回归，又由南开大学出版社出版《林则徐年谱新编》。二书出版后，不少人羡慕我一年内能抛出近百万字的著作，殊不知我当年的辛酸和艰难。另外，我还就带来的卡片资料撰写了十余万字的《古典目录学浅说》，后来由中华书局于1981年正式出版，2003年和2005年又两次再版。当年因乡居无法广征博引来著述，便采取集中读一类书写读书提要的方式，每读一书写一篇提要。我选择私藏较多的清人笔记，在原有的基础上继续写提要。回城后我仍在继续撰写，直到2005年初，我终于完成了《清人笔记随录》初编，约五十余万字，由中华书局出版。我平静地过着日出而作，日没而息，孤灯夜读的乡居生活，我真正圆了田园生活的梦。

年复一年，我已经在农村度过了三个多春秋。就在第四年的下半年，下放人员返城的传言日盛一日，我也只是半信半疑，但有些人已经不常出工，三天两头到市里和原单位去跑关系，我则岿然不动。因为当四年前离开校园时，我确是没想今生重返校园，除非学校再调我回校，我绝不再踏进校门；而且四年的乡居生活已让我有一种恬静之感，甚至担心回去是否仍在另册，被视作异类，遭人歧视，所以没有任何举动，持一种以静制动的态度。但是传言终于成为事实。就在我四年前到村的那一天中午，高音喇叭传唤我到大队部去，这是乡居生活中我的名字第一次，也是最后一次通过音波飘向四方，音调比在校园那几年经常听到的“勒令”声要柔和得多。到了大队部，一位姓赵的支委，告诉我公社通知我去办返城手续，这是意料之中的意外，是命运摆布的急转弯。我感谢善良的人们四年来给予的宽容和理解，感谢真正懂得人间情意的憨厚农民兄弟。我在这里得到人生历程中难以得到的乡居生活，享受了恬静，开阔了胸襟，消除了怨恨，细雨的浸润远胜于狂风的摧折。四年虽然不长，但也不短，我不会辜负这四年乡居生活的熏陶，我会勇敢地迎接动乱震波尚未完全停息下来的未来。我总有这样一种理念：不管暴风，还是骤雨，生活终将回到正常的轨道上来。

我去公社办手续，公社干部给我看了调令的内容，并开了一张便条，盖了公社的大印，打发我去派出所办户口转移手续。我双手奉上五盒事先准备好的牡丹牌香烟，表示感谢，经办人既不推辞，也不接受，让牡丹烟冷冷地躺在办公桌的角上，经办人的面部毫无表情，像不成熟的雕塑家所塑造的面型那样，罩着一层薄薄的寒霜，真给人一种廉洁奉公的感觉。我茫然不知是对还是错，赶快拿着条子，逃离公社办公室去派出所。所长是个粗壮的山东大汉，看我一进门，就冲对座的年轻民警说：“又来个下放办手续的。”我把公社条子和户口本递上的同时，把一条牡丹牌香烟的另一半五盒送给所长。他很豪爽，立即拆开分给周围的同事抽“喜烟”，又回头笑着对我说；“受了几年累，吃了几年苦，回城舒展舒展吧！”我唯唯称是，怕多说话走板，只见年轻民警在户口本的右角盖上个小长方戳，就算办完手续。我接过来仔细一看，小方戳只有“农转非”三个字，原来我在四年前已像发配的罪犯那样，削去了城市户口。四年的磨炼方换回“农转非”三字，唉！可再想想，这种不通知本人的“暗改”，也许是经办人怕加重这些人的思想负担的好心善意！我想不通，工农兵是当今社会的上等人，为什么又把这一顶桂冠，偷偷摸摸地加戴在一些有问题的人头上呢？不管如何，总算又改回来啦。我又到粮油站转了粮油关系，满心喜悦地回村，整理行装，准备“凯旋”。

乡亲们闻讯纷来话别，情意绵绵，恋恋不舍。他们分别送来小米、绿豆、山

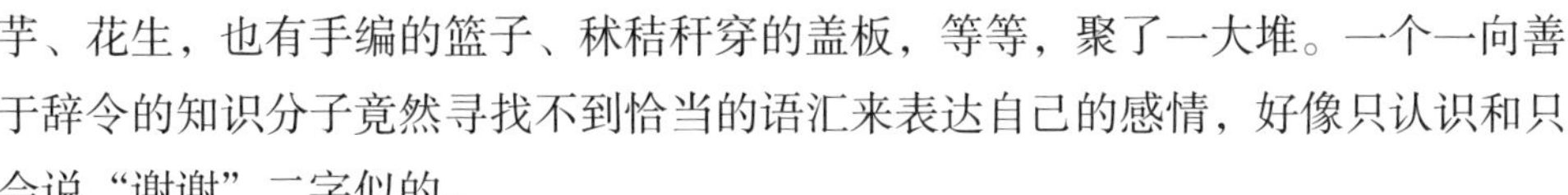

芋、花生，也有手编的篮子、秫秸秆穿的盖板，等等，聚了一大堆。一个一向善于辞令的知识分子竟然寻找不到恰当的语汇来表达自己的感情，好像只认识和只会说“谢谢”二字似的。

隔了三天，学校派了一辆卡车，把我们全家和箱笼家具都拉回学校，安置在农场由牲口棚临时改建的简易房里。我被分配到《曹操诸葛亮选集》注释小组做查书、核对资料的工作，为“评法批儒”效力，将功补过。周围的气氛仍然冷冷的，人们相见虽然不再怒目相视和扭过头去，但依然木木地看不出任何喜怒哀乐的表情，至多浅浅地点头，微微有点立刻收敛的笑意。很熟的朋友或能立谈数语，多是对我被下放的羡慕，因为在校的“牛友”们几年来不时会被拉去做反面教员，时时心悸。人为的强震余波尚未彻底停息，曾经大幅度拨动过的板块也远远没有摆平，一切都在等待！

四年的乡居生活结束了，它给了我多少充实的生活。它鼓舞我无法计量的向往生活的勇气，它更存留在我脑中无数珍贵友情的记忆。四年的乡居生活终究是我一生中值得怀恋的一段曲折而美好的日子！

蓦然回首

命运往往在拨弄人，十年动乱终于走到了尽头，一切又归于平静、正常。我也从60年代以来那种百无是处的废置境地中解脱出来。问题结论了，政策落实了，我的“聪明才智”似乎又被重新发现，有了新的价值。

80年代前后，我忽然受到不知起于什么原因的重视，久已冷落的门庭也渐渐有人来走动，有些人还预测我将被起用。当时有一种流行的看法和做法，落实政策后总要安排一个行政职务，否则不算彻底落实。1978年我的“历史问题”终于落实，并作了结论，于是又有些朋友来预祝我的未来。时过不久，预测竟然变成现实。1979年，全国很多大学兴起办分校之风，南开大学也未能例外地在一年前就办起一座分校。一年过后需要划分专业，要求总校选派一些人去筹建专业。某一天的上午组织部门召我谈话，安抚一下过去的遭遇，肯定我的学识和能力，终于亮出底牌，要我去分校筹建图书馆学专业，委任我为专业主任，并解释这是暂时安排。我既受命任事，自当全力以赴，以半年时间比较完整地建立起图书馆学专业，组织生源，邀聘教师，编印教材等等应有措施，逐渐就绪。一年以后，我竭尽全力地发挥自己的才能，使分校专业在同类专业中薄具声名。但是组织部门一直认为应该在总校为我安排更适当的工作，而我原所在系的个别领导，对我颇有戒心，连恢复我“文革”前所担任的教研室主任都不肯照办。所幸当时的校级领导对我有一定的了解，很希望我能在重要岗位上发挥作用，于是一方面授权我在总校筹建图书馆学系，一方面又设法为我做出适当安排。

1983至1984年是我一生中被人称为“辉煌”的顶点：1983年6月，晋升教授；11月，图书馆学系正式成立；一年之中出版了《近三百年人物年谱知见录》、《方志学概论》、《中国近代史述丛》和《北洋军阀史稿》等四部著作。1984年1月，被任命为图书馆学系主任；2月，被任命为校图书馆馆长；3月，被评为天津市市级劳动模范；4月，被任命为教育部古籍整理工作委员会所属地方文献研究室主任，被选为天津市高校图书馆工作委员会副主任；8月，被任命为校出版社社长兼总编辑；12月，当选为天津图书馆学会副理事长和天津出版者协会副主席。这都是负实际责任与具体工作的职位。另外还有一连串国内外的虚衔。一顶顶乌纱桂冠的纷至沓来，让我有点目眩心慌。几年以前，我还是被打翻在地，又踏上一只脚，随时等待批透搞臭的“老九”，而今竟然被夸为才华横溢，勇于开拓的“能人”了！这种巨大变化连我自己都感到惊讶，也就无怪旁人的猜测与嫉视。有人质问学校主要领导为什么如此重用我，难道南开无人了吗？有人怀疑我有后台，甚至编造我和某权要的历史渊源。我面对各种流言和无稽之谈，一律坦然相对，付之一笑。我之所以接受这么多副重担，主要是想向南开园的人们证实我的能力和对教育事业的忠诚。我既受命任事，自当黾勉从公，以做事不做官的精神去做好各项工作。由于我在南开大学图书馆馆长职任内，对清理积压书、改进工作体制、维护员工福利和开展国际交流等方面的成绩，于2002年被美国“华人图书馆员协会”授予年度“杰出贡献奖”。

历时十年，在他人看来可能是一种“辉煌”，但在我看来不过是人生历程中的偶然一瞬，堪以自慰的只是我做到了自律。未取一文非分钱，对所属同仁则尽我所能维护其利益，所以比较心安理得地走过我的所谓“辉煌一瞬”。这段经历对我最大的安慰是，我从上世纪90年代初陆续从各岗位上离任以后，犹有不少曾经共事的同仁在怀念我的既往。“人去政声后”，这对我是最大的安慰。

我也曾在一切平静下来之后，反思自己的一生。无论什么人，总有过风风雨雨，如晦如磐的日子，也有过晴空万里，踌躇满志的时刻。不论怎样，一旦料峭春风吹酒醒，往往会有些微微的冷意，或许打一寒颤。那时，既厌烦去听嚣杂的打叶声，也已视肥马若敝屣，真想不如去过坡公在《定风波》中所说“一蓑烟雨

任平生”那样的潇洒生活，以求回归自我。什么风雨，什么晴空，似乎都已虚无缥缈，只剩下迎面的夕阳斜照，辉映着一位蓑翁，竹杖芒鞋，吟啸闲行，消闲自有闲消处。人生果能如此，夫复何求？几十年来，无论在明枪暗箭，辱骂诬蔑的风雨中，遭受天磨和人忌，还是在几度闪光的晴朗时，傲啸顾盼，我总在用坡公这首词的“也无风雨也无晴”，使我遇变不惊，泰然自处。“也无风雨也无晴”确能给人一种澹泊宁静的情趣，而回归到依然故我的纯真境界中。宋词人周密在其《酹江月》中曾写道“如此江山，依然风月”的恬静，纵然世态冷暖炎凉，可那只不过是一时的风雨与晴空，归根结蒂，还要恢复到“依然风月”的本真去。误堕尘寰的我，终于摆脱掉风雨的纷扰和晴空的照耀，蜷缩进飘庐蜗居去寻行数墨，过着“也无风雨也无晴”的日子，平平淡淡，依然故我地笑对人生。

衰年变法

随着共和国走过了整整半个世纪的漫长路程。这几十年，我经历了两个主要阶段。前三十来年从忠诚老实、三大革命、整风反右、“大跃进”、“四清”直至十年动乱。运动不少，我不是当运动员，就是当啦啦队，紧张得透不过气来，特别是1957年反右，不少人原本是应邀随便说说，哪知道一言既出，驷马难追，“引蛇出洞”，招来了几十年，甚至一生的灾祸苦难。于是尽量慎于言而敏于行。近三十年的大部分光阴就这么度过去了。

后三十多年，雨过天晴，人们以现实生活中的大量事实抚平了旧有的伤痕。眼见中华大地经过剧烈跳动和碰撞的各种板块都渐渐地平稳下来。上世纪80年代，我以花甲之年进入第二个青春期。看到人们多从心有余悸的状态中逐渐苏醒过来，说自己的话，写自己的文章。我也不甘于再蜗居在纯学术的象牙塔中，总想改变一下自己，至少能把自己前三十年积累的学识和见解，用群众能读喜看的文字回归于群众。经过摸索探求，我找到了随笔这样一种表达形式。于是我开始学写随笔。我要写自己走过的路，读过的书——我读的书不仅是用文字写的书，还读大千世界芸芸众生的无字书；我走的路不仅指地理概念的路，也包含拖着沉重脚步、跌跌撞撞走过的人生路。我将以动乱纷扰后的冷静写观书、阅世、知人之作。我把一篇篇的新作发表在报刊上，向师友们呈现另一种新的文字风貌，显露点轻松洒脱的姿态。

为了经营好我这片新开辟的草莱，增强对它的营养，我要“恶补”既往的孤陋，读过去没有读过的书。有的随笔行家里手说，写随笔当奉蒙田为鼻祖，但我不知蒙田为何许人，于是就去找蒙田的随笔来读，学校仅仅只有梁宗岱等选译的《蒙田随笔》，读后感到有很深的哲理性，一般人是难以一时领悟的。不管蒙田的这种写法算不算随笔，蒙田算不算随笔鼻祖，但我很想能窥其全貌。后来听说《蒙田全集》出版，跑了多家书店都未能如愿。亏了有位忘年小友转了半个北京城，买了一套送给我，才如愿以偿。也许是我随笔方面的功底差，至今还没有全读完。又有人问我，作为学者所写的随笔与作家随笔究有什么不同，于是我连索带买，读了好几套随笔类的书，得出来的结论是：作家在激情思维和生动有趣的表达方式上很有优势；学者则在深层思维，对文化的独特思考与见解上颇具根底。如果能将这两者很好地结合起来，那我国的随笔不仅质量会更上一个层次，而且随笔资源也将源源不断。我读了若干前三十年不敢看、不想看和没有机会看的书，虽不是茅塞顿开，但也开拓了视野，启发了思路。于是，纯学术的文章写得渐渐少了，而随笔的见报率则颇见增长，有积稿盈箧之势。

正在我沉浮于随笔热中，我的一位早期研究生发觉我的随笔现象，他很重视我的这种转变，非常真诚坦率地把书画界人士经过多年蕴积，晚年书画之风大变，以求另辟蹊径、更上层楼的“衰年变法”现象，用来评价我由撰写纯学术文章转向写随笔的现象。他认为这也是一种“衰年变法”。我接受他的这番评论，承认在晚年的这种新追求可称得上是一种“衰年变法”。后来又听说国外有些科学家五十岁以后，当在专门领域中有所成就时，往往向普及科学知识的道路转变。我虽称不上学有所成，但知识回归的行动确给我很大的启示，更坚定我去从事学者随笔的写作。于是我不断地写作——写读书的时有所悟，化艰涩为平易；写世情百态，诠释人生；写古今人物，求历史的公允，发故旧的幽微。我写随笔的终极目的不过是：观书所悟，贡其点滴，冀有益于后来；阅世所见，析其心态，求免春蚕蜡炬之厄；知人之论，不媚世随俗，但求解古人故旧之沉郁。本着这样的想法，我耕耘不辍，十多年间，我在许多旧友新识的推动和鼓励下，写了六七百篇随笔，初见“衰年变法”的成效。90年代开始，我受到社会的关注，整理编次我的随笔集，先后结集出版了《冷眼热心》、《路与书》、《依然集》、《枫林唱晚》、《邃谷谈往》、《一苇争流》、《来新夏书话》、《出枥集》、《只眼看人》、《学不厌集》、《邃谷书缘》、《皓首学术随笔——来新夏卷》和《邃谷师友》等多种。面对这些如亲生儿女般的篇什，我似乎回归到依然故我的纯真境界。

“衰年变法”没有让我丢掉什么，反而有一种自我超越的感觉，看到了这三十多年的真我。我似乎时时如漫步在火红的枫林中，踏着飘落的枫叶层，沙沙地作响。我若梦若幻，浅吟低唱，抒发着读书的一得，咏叹着世情的冷暖，感悟着人生的奥秘，数说着人物的遗闻，追忆着山水的踪迹……“衰年变法”的见效，是有它所需要的气候与土壤。如果没有这三十多年如此江山，依然风月的宁静和繁盛，我的“衰年变法”何从谈起；如果没有把知识回归本来的意念，又何能吮笔蘸墨，写这么多文字？我庆幸自己的省悟，我更感谢时代的厚赐！

老骥出枥

岁月无情地流逝，我已走过九十年的人生旅程，虽然我没有做出显赫的成就，但我确在自己的岗位上兢兢业业做了应做的事情，自我感觉，似无愧疚，而在每一年龄转折点上，总能励志奋进。

我在六十岁的时候，曾经立志说，“遥望远天，苍松翠柏的矫健，正以岁寒后凋的精神在召唤我作新的开始”，我“要以‘花甲少年’的龙马精神，树千里之志，使余年踔厉风发，生气勃勃地植根于博，务求乎精”。

我在七十岁的时候，曾经自赞说，我的一生是“无怨无悔，意气坦荡；蒲伏默祷，合十上苍：只要不死，台阶还要再上”。

在我八十岁的时候，我回顾了这八十年的风雨坎坷，似乎看得并不十分清楚，一切都有点烟雨迷蒙的感觉，唐朝诗人杜牧有句说：“南朝四百八十寺，多少楼台烟雨中。”才智如杜牧犹对四百八十寺有“多少楼台烟雨中”的感觉，则驽钝若我，对无数往事又怎能不在烟雨迷蒙之中呢？往事迷蒙就是对其未能尽窥而有所缺憾。清乾隆时诗人沈德潜有《雨中游虞山记》一文，是一篇情景交融的好游记，作者始而写两过其山而未登的憾意，继而写某次雨中登临，又未能尽探幽邃，而感到心甚怏怏，终而发抒对世事的感慨说：“然天下之境，涉而即得，得而辄尽者，始焉欣欣，继焉索索，欲求余味而了不可得；而得之甚艰，且得半而止者，转使人有无穷之思也”。

此于世事亦然，迷蒙往事将使人有无穷之思，如果一切清清楚楚，岂不索然乏味？因而我对过去一切都无怨无悔，而瞻望未来则无欲无求。因为我的一生都是在烟雨迷蒙中走过来的，所以我把我的自述题作《烟雨平生》。我虽然迷蒙如此，但我还要豪言壮语地说：“只要早晨起来，依然天天向上。”

在我九十岁时，我在亲友的庆生聚会上曾誓言说“有生之年，誓不挂笔”以明本志，即拿我的笔，耕读不辍，以“读书人”的身份终结一生，于愿足矣！我改写了《烟雨平生》为《一蓑烟雨任平生》，知我罪我，任听君说。

我在晚年，常常思考一个问题：“人生幸福何为先？”有人说，“人生幸福寿为先”，因为长寿是自古以来共识的幸福，但又不完全都是幸福，如有寿而无健康，不仅本人痛苦，还牵连妻儿忧愁；如有寿而有财势，则鬼瞰其门，儿孙觊觎，每日生活于暗箭待发之中，有何幸福可言。我则以为“人生幸福达为先”。语云“达人知命”，惟有“达”才能真正认识人生。如视坎坷为人生必经之途，视一时辉煌为过眼烟云，视未被启用为淡泊明志，视生老病死为人人难逃之自然规律，视欢乐为一时兴至，视离合为宴席之聚散，视家无余财为君子固穷，视家人父子若友朋相聚，视挨整受压为心无愧怍……此皆为达人知命之念。万事皆以通达处之，虽有阿Q之嫌，终有幸福之乐。“人生幸福达为先”，我将奉为座右铭！

我很幸运，在我望百之年，我的早期研究生徐建华教授，将汇集我一生的笔墨，编成文集。这些文字散在各种报刊著述。建华带领他的学生穷搜博采，所得达千余篇，560万字。其间，文集出版得到广东人民出版社的大力支持和帮助。在此，我对为文集编辑付出大量辛勤的出版社各位和建华表示深深的感谢！对协助文集工作的男女学生所付出的努力表示谢意！

魏武豪言“老骥伏枥，志在千里”，未免昂扬之气不足。老骥何必伏枥，有志当越万里。于是，谬加改题曰“老骥出枥，志在万里”。夸父妄诞，知者或不笑我也！

我在难以测定的未来岁月里，依然要在笔耕舌耘的漫长道路上走着。我已完成了经营数十年的《清人笔记随录》初编一书，并已由中华书局正式出版。这是对清人所撰三百余种笔记所写的书录，体例一依《近三百年人物年谱知见录》，与《近三百年人物年谱知见录》并成为我致力“为人”之学的证明，也为清史研究工作做出应有的贡献。2007年冬，我又完成历经五十余年积累而纂辑成近百万字的《书目答问汇补》一书，仍由中华书局出版，或能为文史研究者提供些方便。如果还有余力，我将在与世无争的恬静心态下，回顾自己的一生，以这篇《烟雨平生》为基础，实话实说，写一部更充实的自述性自传，以明本志。

二〇〇二年春，八十初度，定稿于南开大学邃谷

二〇一三年春，九十周岁，修改于南开大学邃谷

历史学卷

目　录

中国古代史

中国近现代史

北洋军阀史

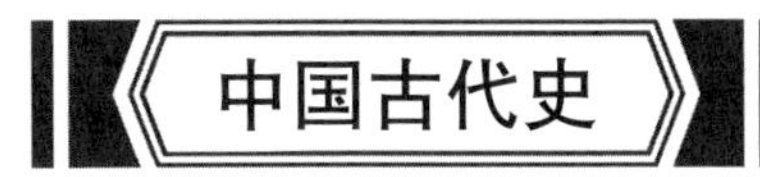

“中国史学名著评论”课程听讲笔记

（1943年9月至1944年6月）

吾人读书：（1）当看其成书之时代、时间；（2）当看其人之学问、性情、道德等。此外，又当视其书为官书或私书。官书则多慑于势力，每有所顾虑而多忌讳；私书亦每偏重感情，或与私人恩怨有关。皆不能必信也。

古者论史有三长，才、学、识三者是也（刘知幾）。孟子谓《春秋》有三要义（其事则齐桓、晋文，其文则史，其义则丘窃取之矣），故简言之，史实为事、文、义三者而已。故吾人仍以后者事、文、义为治史标准。

正　史

名始见于梁处士阮孝绪之《七录》（书今亡，《广弘明集》曾引用之）。阮曾为《正史删繁》一百三十五卷，序录一卷。《四库提要》（《钦定四库全书总目提要》）史部第一，开始即是正史。《提要》谓正史之名见于《隋志》，然不如谓为始自《七录》矣。《隋志》有阮孝绪之《正史削繁》九十四卷，盖至唐已失数十卷矣。史在昔不能独立分之（《汉志》无史类，附之于春秋家，《史记》入之，称“太史公百三十篇”）。晋时分为经、子、史、集。至《隋志》始改为经、史、子、集。正史云者，不论其为官书或私书，一般学者承认之史也。

史 记

汉司马迁撰，西历纪元前九十余年著作。

一、名目之由来

书成二百年后，东汉末年始有“史记”二字之专名。缘《史记》、《汉书》中多引用“史记”二字，然为通名，非指太史公之书。东汉末始定为专名。

清人史书之论著有三：钱大昕《廿二史考异》、王鸣盛《十七史商榷》、赵翼《廿二史劄记》。《十七史商榷》首篇，即诉钱曾（遵王）《读书敏求记》文，《商榷》首句为“《汉志》‘《史记》百三十篇’”，误，《史记》当作《太史公书》。

廿四史中有九种非本来名目者：（1）《史记》如上述；（2）《前汉书》本名《汉书》；（3）《南齐书》（萧子显）本名《齐书》；（4）《北齐书》（李百药）本名《齐书》；（5）《魏书》（魏收）本名《后魏书》［《隋志》有王沈《魏书》（曹魏），佚；魏澹所作，亦称《后魏书》，佚：故去“后”字］；（6）《旧唐书》；（7）《新唐书》；（8）《旧五代史》；（9）《新五代史》（本名《五代史记》）。

二、史料之来源

史异于文，史必有根据。

（一）经典（六经、《国语》、《国策》、《楚汉春秋》、诸子、骚赋等）。凡现存之汉以前书，太史公皆读（《左传》尚有纠纷。《左传》后出，太史公不及见，然今之《史记》中，亦有《左传》材料，或后人杂入。《国语》以国别，《左传》为编年。今之《国语》过琐碎，后人以《国语》依《春秋》为纲而为《左传》，故《史记》不免有此材料）。

昔日讲《史记》史料来源者有二书：一曰《迁史删改古书异辞》（宋倪思，今已佚），以古书原文比较《史记》之文，史迁多改经义为平易。《文献通考》、《书录题解》皆载。二曰《绎史》（马骕），自太古至秦，纪事本末体，以事为纲而后列其来处，有异词则加以解释，末有别录，略如《史记》八书，记载典章制度，所引《史记》极少，而用《史记》原材料。

（二）见闻。

《项羽本纪·赞》：“吾闻之周生曰‘舜目盖重瞳子’，亦闻羽亦重瞳子。

羽岂其苗裔耶？何兴之暴也！”

《荆轲传·赞》：“公孙季功、董生与夏无且游，具知其事，为余道之如是。”

《赵世家·赞》：“吾闻冯王孙曰”（《冯唐传》：唐子遂，“字王孙，亦奇士，与余善”）。

《贾生传》：“孝武皇帝立，举贾生之孙二人至郡守。而贾嘉最好学，世其家，与余通书。”

《樊哙传·赞》：“余与他广通”（他广，哙孙也）。

《陆贾传·赞》：“平原君子与余善”（平原君者，朱建也）。

《田叔传·赞》：“仁与余善”（仁，叔少子）。

以上皆闻。

《李将军传·赞》：“余睹李将军悛悛如鄙人。”

《游侠列传·郭解传·赞》：“吾视郭解，状貌不及中人。”

《卫青传·赞》：“苏建语余”。

《自序》：“吾闻董生曰”。

（三）档案（与经典不同，如诏令、法典、记功册等）。

《儒林列传》：“余读功令”。

《高祖功臣侯者年表》：“余读高祖侯功臣”。

《惠景间侯者年表》：“太史公读列封至便侯”。

《曹参世家》：“参功：凡下二国，县一百二十二，得王二人，相三人，将军六人，大莫敖、郡守、司马、侯、御史各一人。”

《樊哙列传》：“斩侯一人，首六十八级，捕虏二十七人。”

《文帝纪》常载诏令。

《三王世家》仅三篇册文。

（四）游历。书中到处可见。

《封禅书·赞》：“余从巡祭天地诸神，名山川而封禅焉。”

《河渠书·赞》：“余南登庐山”。

《齐太公世家·赞》：“吾适齐”。

《魏世家·赞》：“吾适故大梁之墟”。

《魏公子列传·赞》：“吾过大梁之墟，求问其所谓夷门。夷门者，城之东门也。”

《孔子世家·赞》：“适鲁”。

《伯夷列传》：“余登箕山”。

《孟尝君列传·赞》：“吾尝过薛”。

《春申君列传·赞》：“吾适楚”。

《屈原列传·赞》：“适长沙”。

《淮阴侯列传·赞》：“吾如淮阴”。

《樊郦滕灌列传·赞》：“吾适丰、沛”。

《龟策列传》：“余至江南”。

《五帝纪》：“余尝西至空桐，北过涿鹿，东渐于海，南浮江淮。”

汉前史多据经典，汉时史多凭见闻、档案、游历。

《史记》亦有其不完备之点（高祖与史公相差不过百余年，而史中竟太公无名，刘媪无姓。《新唐书》七一上世系表曾考出高祖父名瑞，字执嘉，根据刘氏家谱，不可靠）。

三、编纂之体例

（一）本纪（编年），为撰著历史最早体裁。《大宛列传·赞》有《禹本纪》，来源当甚早。共十二。

（二）表，根据谱牒而来，纵横互用为表。有年表、月表、世表。以表置史书内，太史公始。唐刘知幾主反对，然实不可废，实便比较，省字句之工具也。共十表。

（三）书，后代史籍称“志”，为《史记》创笔（今所谓类别史）。共八。

（四）世家，虽编年而以国别。《卫康叔世家·赞》“余读世家言”，可见先此已有（今所谓国别史）。共三十。

（五）列传，亦为创体（亦可谓人别史）。有记载重复者，固不可免。史家分别轻重为之传，事迹亦有详略。共七十。

四、文章得失

前人读史，多为文章而少为史，而读亦为借史之经义以阐经，且以明清之八股文有定格，不能用经外之书，然《史记》以多本于经，故亦有引《史记》材料以炫博雅。读《史记》者，大抵不出三类。

批评《史记》文章较客观者有：

（一）《班马异同》，北宋倪思作，三十五卷，以《史记》后半校《汉书》

前半。

（二）《史汉方驾》，明许相卿，三十五卷，多《班马异同》所无者。

二家均无者，三本纪，二表，四书，十二世家，十五列传。

（三）《滹南遗老集》，金王若虚，四十五卷。卷九至十九共十一卷，专讲《史记》辨惑，专批评《史记》坏处，寻其隙漏，共分十类：一、采摭之误；二、取舍不当；三、议论不当；四、文势不相承接；五、姓名冗复；六、字语冗复；七、重叠载事；八、疑误；九、用“而”字多不妥，用“于是”、“乃”、“遂”多；十、杂辨。

五、版本之异同

版本分三大类：

（一）古本。原本，祖本，最早而要紧之本。

（二）校本。（1）对校本，以古本与现本校其不同者；（2）精校本，经学家详考校之本。

（三）注本。读时较便。

《史记》之古本：（1）竹简隶书本；（2）卷纸本，三国以后方有，司马《通鉴》犹四丈一卷；（3）本子本，宋以后有。

今之通行本为《史记》三家注本：

裴骃（南朝宋）《集解》，单注本，八十卷。汲古阁一百三十卷。

司马贞（唐）《索隐》，三十卷，抉《集解》所未见之微。

张守节（唐）《正义》，三十卷。

单行注解本，谓之为“释文体”云，源于《经典释文》，其实当推《正义》为先也。其相对者即“全文体”。

明监本。南、北监《廿一史》，将《史记》三家注散入每句下，成今之三注本，可免人互对之苦。然当时散入各句下者，多由官人，无负责专人，时有应酬敷衍，故有脱落，有错误，人皆欲得单注本。毛氏不察，竟自散注下辑单注本，其谬也依然，可谓多此一举也。

裴解——监本《史记》——汲古阁单注本。

震泽王氏本（二注《史记》）有《索隐》、《正义》。

武昌王氏本［复刻震泽王氏者。刻本有复刻（毁书）、重写（抄写）之分］。

新会陈氏本（复刻殿本）。

同文石印本。影印。

老同文，版面窄，天头大。《旧五代》误作乾隆四年。

五洲同文，新同文，重印，纸较老者差，版较宽，其好处字大，天头短。

百衲本。

蜚英馆前四史。

《史记汇注考证》（十册，泷川龟太郎）。

清人考证《史记》之书可分三类：

1. 专考《史记》。《史记志疑》，梁玉绳。

2. 兼及他史。《廿二史考异》，钱大昕。

3. 兼及他书。《读书杂志》，王念孙。

《汇注》可补前者搜检之繁，此书系汇三家注，而以其后著述加以考证，其特点有三：

1. 日本东北大学有明活字本《史记》，眉端有《正义》一千三百条，为现行三注本所遗，即明监本将《正义》散入原文而漏者。泷川氏借东大本录出，成二卷，名《史记正义佚存》。

2. 日本藏有卷纸本，有十四卷之多（唐写本）。其与现本有不同者，泷川皆抄出。

3. 泷川氏采取日人书十八种，中人书八十四种。其日人所考证者多未见，借此可识其崖略。

汉 书

一百卷。《汉书》有一百二十卷，无卷一百二十。今之言一百二十卷者，并子卷而言，二十卷，子卷也。子卷者，盖一卷中以材料过丰，可分成二、三、四、五卷不等。

（一）《隋书·经籍志》最早著录，连子卷一百十五卷，此班氏自分，多十五卷为：本纪十二而《高纪》分上下（十二帝纪成十三卷），多一卷；八表而《王子侯表》、《百官公卿表》分上下（八表十卷），多二卷；十志而《律历志》、《食货志》、《郊祀志》、《地理志》分上下卷，《五行志》分四卷（十志十七卷），多七卷；七十列传而《匈奴传》、《外戚传》、《叙传》分上下，《王莽传》分三卷（七十列传七十五卷），多五卷。都多十五卷，此班氏自分而《隋志》所著录者也。

（二）两《唐志》（旧《经籍志》、新《艺文志》）别出师古注一百二十卷，即今之所谓者也。又多五卷，为颜氏所分，其于书中自云者四卷，另一卷由新会陈援庵师考出。

1. 卷五七《司马相如传》颜注："自'喻巴蜀'之后，分为下卷。"

2. 卷六四《严朱吾丘主父徐严终王贾传》颜注曰："分严安以后为下卷。"下卷有注云："此卷首尚载严、朱、吾丘、主父、徐者，存其本书题目，以示不变易也。"

于古人原来书卷应加保存，可分子卷，不可变卷（严助、朱买臣、吾丘寿王、主父偃、徐乐在卷六四上，严安、终军、王褒、贾捐之在卷六四下）。

3. 卷八七《扬雄传》："自《长杨赋》以后分为下卷。"

4. 卷九六《西域传》："自乌孙国以后分为下卷。"以上系颜注自己说明，多出四卷。陈师考出一卷。

5. 《梁书》二七《陆倕传》："尝借人《汉书》，失《五行志》四卷。"根据此语，梁时《五行志》为四卷，今《五行志》为五卷。假定此一卷为颜加，则恰合百二十卷之说。颜注或脱落遗漏不见，亦未可知。

《史记》、《汉书》之《外戚传》是后妃传。以后所谓外戚传为后妃外家父子兄弟之事。《汉书·外戚传》分二卷（高、惠、文、景、武、昭、宣后九七上，成、哀、平、孺子婴后九七下）。《元后传》九八，因：（1）卷九七下《成后传》前云"孝元王皇后，成帝母也。家凡十侯，五大司马，外戚莫盛焉。自为传"；（2）卷九八《元后传·赞》"司徒掾班彪曰"，故知此为彪作，固故别立一卷，以示尊其父也。

晁公武《郡斋读书志》、陈振孙《直斋书录解题》皆曰《汉书》一百卷，原来书卷，不连子卷计也。

一、史料之来源

（一）武帝以前

采《史记》，有增无删，采取《史记》分四类：

1. 增传。《史记》所无之传，增之。

卷三四吴芮，卷四十王陵，卷四五蒯通、伍被，卷五一路温舒、贾山、枚乘，卷五四李陵、苏武，此九人《史记》无传，增之。

2. 增事。卷三四《韩信传》、卷三九《萧何传》、卷五五《卫青传》、卷五八《公孙弘传》，此四传增甚多事。

3. 增文。卷四八《贾谊传》、卷四九《晁错传》、卷五一《邹阳传》、卷五二《韩安国传》、卷五八《公孙弘传》，各增其人所为文章。

4. 挪移《史记》。卷四五《蒯通传》，出自《史记》卷八九《张耳陈余传》涉及蒯通事，卷九二《韩信传》亦有，取此二卷为《蒯通传》，名目虽新，材料则旧。卷四五《伍被传》出《史记》卷一一八《淮南王安传》。

（二）武帝以后

1. 父书。《史通·正史篇》："班彪作《后传》（《史记后传》）六十五篇。"

（1）《汉书》卷九《元帝纪·赞》"臣外祖兄弟为元帝侍中"，师古引应劭注："元、成帝纪，皆固父彪所作，'臣'则彪自说也。外祖，金敞也。"（敞父安石，祖伦，伦兄日磾）

《汉书》卷六八《（金）安上传》述子孙颇详，考之应为彪作。

（2）卷十《成帝纪·赞》"臣之姑充后宫为婕妤"，晋灼曰："班彪之姑也。"据此，卷九七下《班婕妤传》当为彪作。

（3）卷七三《韦贤传》、卷八四《翟方进传》、卷九八《元后传·赞》"司徒掾班彪曰"，可知此三传皆班彪作。

2. 各家续《史记》。

（1）《汉志》春秋家有冯商《续太史公》七篇。

（2）《史通·古今正史篇》言续《史记》者有冯衍，故《冯奉世传》（《汉书》卷七九）叙冯氏世系百余言，此必冯之自序而固采之。

（3）又言，续《史记》者有韦融，故《韦玄成传》详载毁庙奏文，与他传隽然不同。此等文章，亦可疑为本于融之续《史记》自序。后汉胡广曾评毁庙文章应入《郊祀志》，不应入《玄成传》。由此可知，此文即韦融之自序，班氏径入者也。

（4）《后汉书·班彪传》："司马迁著《史记》，自太初以后，阙而不录，后好事者颇或缀集时事，然多鄙俗，不足以踵继其书。"章怀注："好事者谓扬雄、刘歆、阳城衡、褚少孙、史孝山之徒。”

（5）《史通·古今正史篇》云：“《史记》所书，年止汉武，太初已后，阙而不录。其后刘向、向子歆及诸好事者，若冯商、卫衡、扬雄、史岑、梁审、肆仁、晋冯、段肃、金丹、冯衍、韦融、萧奋、刘恂等相次撰续，迄于哀、平间，犹名《史记》。”

3. 各家著述。固于所见到之汉朝著述，皆采入志而加以利用。如《汉志》由《七略》而来，《五行志》采取刘向《五行传》，《儒林传》多取《艺文志》儒家六艺略，《主父偃传》取自纵横家，《贾谊》、《枚乘》取其各家之赋。

二、编纂之体例

大体与《史记》无异，只少一世家。（因汉时封建世及之制已破坏。）其最大改变为变通史为断代史。

《汉书》有十二本纪、八表、七十列传、十志。（志即《史记》之书。）将《史记》之《礼》、《乐书》并为《礼乐志》，《律》、《历书》并为《律历志》，《天官书》改为《天文志》，《封禅书》改为《郊祀志》，《河渠书》改《沟洫志》，《平准书》改《食货志》，增《刑法》、《五行》、《地理》、《艺文》四志。

三、版本之异同

现在所用之《汉书》，皆唐颜师古注。该书为集注，现通用者为殿本，五洲同文、老同文皆翻印殿本，加入三刘（敞、攽、奉世）刊误及宋祁校误。

汲古阁本与明朝监本，无校，有刊误。

《汉书补注》一百卷，王先谦（益吾），光绪二十六年木刻本，有民国五年同文图书馆石印本。王氏取师古以后注《汉书》者四十家而成，时有脱落，可利用而不可引用。

四、后人对《汉书》之批评

《晋书》卷六十《张辅传》，迁“叙三千年事唯五十万言”，固“叙二百年事乃八十万言”，是固不如迁也。此论甚谬。盖史非若文章之仅求其简洁明白不繁冗则已，而须注重史料之多寡以定，史料多尽可书，史料寡不得强造，则惟付之阙如而已。

《汉书》前半改造《史记》，亦为后人诟病。此盖由于科举时文必自出之说所影响。

断代为史，极为郑樵（渔仲）所疵，《总序》中訾固甚力，以为应续《史记》而叙，不应重起而抄《史记》之前半。郑云“迁之于固，犹龙之于猪”，固立论不同所由致耳。

五、《汉书》之特点

《百官公卿表》。为《史记》所无，前半叙官制，后半叙百官公卿，以任、免、迁、卒而表之，按年份编，为研究汉史之最好工具，且极精密，然若无档案不能作，尤须细心安排。颜师古注曰：“此表中纪公卿姓名不具，及但举其官而无名，或言若干年不载迁、免、死者，盖史之阙文，不可得知。”

《古今人表》。颇受后人排挤，《史通》、《通志序》、吕祖谦《大事记解题》、罗泌《路史后记》、王观国《学林》、杨慎《人表论》皆诟病之。然此书终未能废。名为《古今人表》，然有古人无今人，与人以口实。颜师古曰：“但次古人而不表今人者，其书未毕故也。”不对。此书确完，盖由班彪、班固、班昭、马续四人续之，经二十年方成，绝非未成。此书分三科九等，上中下为三科，复分上中下为九等。其法甚早，《禹贡》分田赋亦以九等，《孟子》亦以九等评乐正子在四之下，五六之间。《史记》卷一〇九《李广传》：“诸部校尉以下，才能不及中人。”又云广从弟李蔡“为人在下中，声名出广下甚远”。钱竹汀先生云：“表古人以为今人之鉴，俾知贵贱止乎一时，贤否著乎万世，失德者贵以黜，修善者贱犹荣。”陈氏援庵云：“拾古籍之丛残，补《史记》之缺憾。”《史记》创列传，然若名著而事少，则不得不引后人批评以实之，即批评而无，遂弃而至于泯灭。固即补之表都二千人，以九等、时代分，贤否毕呈，虽涉主观，然不免有时论，可见当时对此二千人之一般批评。其间有后人移改者，老子本为四格，唐升为一格（诏升老子为第一等，可见《礼仪志》）。宋徽犹崇仍之。清殿本据唐本，遂列第一格，明南监本犹四格。梁玉绳《人表考》皆于各人加以详考，亦有未考出者。刘向有《列女传》，《汉书》无“列女传”之名，亦无其体例，然《古今人表》有许多妇女，多取材刘向《列女传》，因系班昭续成，故未忽略妇女。至于本朝妇女，则散在诸传。

多载全篇旧文。《汉书》除袭《史记》外，多载旧文。《地理志》卷首全抄《禹贡》，后人多所批评，以为不必需。他如《贾谊传》之全载《治安策》，

《晁错传》载《贤良策》，《扬雄传》载《反离骚》、《河东》、《校猎赋》、《长杨赋》、《解嘲》、《解难》、《法言序》，此类文章，多系无关治术，后人亦以为不必载。陈垣氏解释：因为这些文章，在当时甚著名，且又因无单行本文集，书籍不备，人不易得书，故作史必当载此等重要文字也；再者，若扬雄本为词赋家，除文以外，无可记述，故作文人传只得载其文章。

《汉书》无文集，今之文集皆后人编，如《蔡中郎（邕）集》。

后汉书

一百二十卷（不连子卷在内）。范晔著。

本纪十卷（《光武纪》一、《后妃纪》十皆分上下，成十二卷）。

列传八十卷（《桓谭冯衍》一卷分上下，《苏竟杨厚郎襄楷》一卷分上下，《班彪子固》一卷分上下，《马融蔡邕》一卷分上下，《袁绍刘表》一卷分上下，《儒林》、《文苑》、《方术》一卷各分上下，多八卷）。

八志三十卷。

连子卷计一百三十卷。

《后汉书》本纪、列传卷数之多寡，有四种说法：

（一）《隋志》：九十七卷。连子卷在内，是范晔原来七卷分上下（《后纪》，《桓谭冯衍传》，《班彪子固传》，《袁绍刘表传》，《儒林》、《文苑》、《方术》类传）。

（二）两《唐志》：九十二卷（不连子卷算，有目录二卷）。

（三）两《唐志》：太子贤注一百卷（所有子卷均算在内）。章怀分《光武纪》、《苏竟杨厚郎襄楷传》、《马融蔡邕传》，皆以材料过多，各分上下卷。

（四）《宋史·艺文志》：九十卷。子卷、目录均不在内。

《桓谭传》甚短，《冯衍传》甚长，若各自为传，则不称，故分上下。班氏父子亦然。《袁绍传》长，《刘表传》短，故亦合而分上下。

《光武纪》、《苏竟》等四人传，章怀注引材料多，故分上下。

《马融蔡邕传》本极匀，然后以引文多，故分上下。

《宋书》卷六九《范晔传》有《狱中与诸甥侄书》，文章甚好，自负甚高，以为不愧班氏。范原拟作十志，未成，仅成本纪、列传。今之八志，系晋司马彪

《续汉书》之志。梁刘昭欲注《汉书》，因其中无志，遂取司马氏之志作《范书》志。故今《后汉书》之志为司马彪撰、刘昭补注。昭注《汉书》仅志注三十卷存，因今《后汉书》之本纪、列传，为唐章怀太子贤注，志为刘昭补注，北宋时孙奭提议《汉书》无志，以刘昭补注《后汉书》志作《范书》志，称“续汉志”，是“合《彪志》于《范书》，自梁刘昭始，合刘注《彪志》于章怀注《范书》，自北宋孙奭始”也。

《隋志》刘昭注《后汉书》卷一二五下注明范晔本，明非别家也。根据《梁书》刘昭本传，有《集注后汉》一百八十卷，较今多，不可见。当时材料甚多，且分子卷，隋时存一百二十五卷，两《唐志》有《后汉书》五十八卷（下注刘昭补注），已少。《宋志》存刘昭补注三十卷，益鲜，仅存志注，以章怀无志注也。

刘昭补注，系以《汉书》无志，取司马氏志以补其阙，然后再注其未备也。注书有二法：

（1）训诂——字音意解，典故出处；

（2）本事——补本传未全之事实，如裴注《三国》。刘昭袭之，刘昭之事，实自八家中来。

《史通·补注篇》批评刘昭，谓拾人吐核弃滓，用范晔淘汰不用者，取以补注，以为可比之《三国注》。然实未同，盖陈寿作《三国志》时，材料未备，故裴注取材稍富。范氏则于八家《后汉书》均见，汰芜取精，刘昭不察，妄袭裴氏。刘昭注之不传，适足知《范书》之可贵，《史通》曰范删《汉书》。

范氏之后，萧子显亦有《后汉书》。《隋志》梁有（言梁之目录有），今亡。阮孝绪《七录》有萧子显《后汉书》，亡。

一、史料之来源

范氏之前，《后汉书》有多家，根据《隋志》所载有八家。（1）《东观汉记》一百四十三卷，后汉刘珍等著。此书不全，至灵帝止。今佚，有辑本二十四卷，《聚珍版丛书》。（2）谢承《后汉书》一百三十卷。承，三国吴人。（3）薛莹《后汉记》六十五卷。（4）司马彪《续汉书》八十三卷。（5）张莹《汉南记》（《隋志》作“后汉南记”，“后”字系后人加）四十五卷。（6）华峤《后汉书》十七卷。（7）谢沈《后汉书》八十五卷。（8）袁山松《后汉书》九十五卷。自（3）至（8）皆晋人，其中三种称“记”，其余皆称“书”。谢沈、司马、华、袁有志，华志称“典”，一也。（2）至（7）今有辑本，黟县汪文台有《七家后汉书》辑本，将各类书中所引用七家书者，按条取出，仅二十一条（光绪刻本）。

以上在正史类。在杂史类、起居注类，尚有数家《后汉书》。范晔在诸家之后，尽取所长，加以文章运用而行编撰。此书一出，八家书遂废。

二、编纂之方法

（一）类传之外，各传亦以类相从。如循吏、酷吏、宦者、儒林、文苑、特行、方术、逸民，当然分类。各传亦以此为法，常常一传之中，国初人与国末人，置于一起，为求以类相从，故时有光武时人与桓灵时人一传，不以时间相从也。如郭伋、贾琮治行相同，张纯、郑康成深于经术，王充、仲长统淡于荣利，张禹、胡广乡愿，法雄、度尚讨贼定乱，刘陶、李云极谏，杨终、应奉能文。

（二）同事件以一人立传而胪叙多人（《明史》最喜用之，省笔墨）。

卷二五《卓茂传》末附同时不仕王莽者龚胜、鲍宣等五人。

卷十五《来历传》叙安帝时同谏废太子有郑安世等十七人。

《列女传》，《史记》、《汉书》无，范蔚宗所创。

卷十《皇女传》附《皇后纪》，以不足别载，附于《皇后纪》末。

卷二二《朱祐马武传》末，附云台二十八将邓禹、吴汉等名，内尚有四人王常、李通、窦融、卓茂，不在二十八之数，亦各叙其姓名、官职、封爵，横列分上下，如十六人。今殿本、百衲本改为一列，而又误为直读。所附名单中人有专传。

（三）事不重载。陈寿始用，于传书则纪不书，于纪书则传不书，于彼传书则此传不书。班、马不知，每多叠复。卷十八《吴汉传》破公孙述事，《公孙传》略。卷十九《耿弇传》破张步，《步传》略。卷七八《侯览传》载张俭籍没侯览家事，《俭传》不载。卷七十《孔融传》载俭被难投融家事，《俭传》不载。卷六九《何进传》载袁绍入宫戮宦官，《绍传》不载。

此外，文章之优美，叙述之详明，尤能提倡节义，贬斥奸佞。《党锢传》陈蕃、窦武、李固、张纲诸传，虽铁心人读之，亦当泪下，非班、马所能企及。

三、《后汉书》版本

前人研究者较《史》、《汉》少，以不涉经义，无补八股故也。南宋熊方《补后汉书年表》十卷［《同姓王侯表》二卷，《异姓王侯表》六卷（取材本书），《百官表》二卷（《百官表》分除、拜、薨、免四部，为读《后汉》之工具）。兼采司马彪之志］。清钱大昭《后汉书补表》八卷（以熊为蓝本，尤佳）。惠栋《后汉书补注》二十四卷（补章怀注，不用全文）。王先谦《后汉书集解》一百二十卷（全文体，民十二年梓。王先谦采清各家注：陈景云《两汉书举证》，王鸣盛《十七史商榷》，钱大昕《三史拾遗》、《后汉书考异》，钱大昭《两汉书辨疑》，赵翼《廿二史劄记》，洪亮吉《四史发伏》，沈钦韩《两汉书疏证》）。

志三十卷，殿本置于中，书口书总卷数；百衲本志在后，书口不写总卷数，而书已之卷数；金陵局本志在后。

四、范蔚宗谋反问题

《十七史商榷》卷六一《南史·范晔传》特为范氏申辩。陈澧《东塾集·申范》为范氏申冤，言并非谋反。范氏初辅彭城王义康，后因与文帝义隆争国失败，范氏等遂以附逆被杀。

三国志

六十五卷（魏三十卷八册，蜀十五卷二册，吴二十卷四册），陈寿撰。蜀亡，寿年三十一。年六十五寿卒，晋惠帝元康七年（297）。卒后五年，陈留王卒，太安元年（302），盖已入晋三十八年，享年五十八。寿师谯周入晋，张华荐为著作郎，又举为中书郎。荀勖（秘书监，因魏中书郎郑默《中经》作《中经簿》，分甲、乙、丙、丁四部，即经、子、史、集）嫉之，讽吏部迁寿为长广太守。

一、史料之来源

以地分、时近，史料不能完备。寿善叙事，有良史才，且同时夏侯湛尝著《魏书》，见寿书遂自毁。魏王沈《魏书》四十八卷，《隋志》著录，今不存。吴韦昭（昭于晋时以司马昭讳改韦曜）《吴书》二十五卷，《隋志》著录，今亦不存。蜀王崇《蜀书》，《隋志》无录，《华阳国志·后贤志》载之。寿为私史，搜集材料甚难，然以编纂方法故传。寿死，政府于其家写之。

《蜀志》卷十五末《杨戏传》末载戏之《季汉辅臣赞》，寿全采之。然其中有多人无传，寿为作注（单行小字），疏其本末，叙其大略，有失其行事，故不为传。

蜀人陈术《益部都耆旧传》，名见《蜀志》卷十二《李传》。

裴注于《蜀志》末采《益部耆旧杂记》，刘氏王蜀时有三人：王嗣、常播、卫继。殿本讹为大字单行。按此三人传附《蜀志》末，系裴松之所附，非寿之原作，当为小字，今本讹为大字，与本文混。《十驾斋养新录》卷六“三国志注误入正文”一条，可寻出许多裴附者。

《季汉辅臣传》裴注亦与陈寿注相连。

二、编纂之方法

以魏为帝，蜀、吴为主，而名其书三国。

东晋习凿齿（《晋书》卷八二）《汉晋春秋》（四十七卷）以蜀为汉，以抗陈寿之主张，今不存。此乃由各人之立场不同，故所主各异，如朱熹《通鉴纲目》即与习氏之立场同。《旧唐志》分为三书，《魏志》入正史，《吴》、《蜀》入伪史类，统一朝代之必要主张也。《三国志》文字简洁，纪书传不书，《魏》书《吴》、《蜀》不书，此法为寿创始。陈、范同有传者十七。《汉书》称《献帝纪》，《三国》称《魏武帝纪》，名目不同，而事迹相同。

建安元年（196）八月，天子假太祖节钺，录尚书事。（《三国志》）

　曹操自领司隶校尉，录尚书事。（《范书》）

十一月，拜公司空，行车骑将军。（《三国志》）

　曹操自为司空，行车骑将军事。（《范书》）

九年（204）八月，天子以公领冀州牧。（《三国志》）

　曹操平冀州，自领冀州牧。（《范书》）

十三年（208）六月，以公为丞相。（《三国志》）

　曹操自为丞相。（《范书》）

此同事而书法不同者，其传同者十七［董卓、袁绍、刘表、吕布、袁术、公孙瓒、陶谦、刘焉、臧洪、张邈、张鲁（在《后汉》附《刘焉传》）、荀彧、华佗、刘璋、东夷、乌丸、鲜卑，皆二书有传者也］。

陈氏《书录解题》：丰祐间，南丰吕南公欲改造此书，垂成而死，书遂不传；绍兴间，吴兴郑知幾为之，乡里前辈多称其善，亦不传；近永康陈亮（同甫）亦欲为之，仅成论赞数篇，见集中，而书实未尝修也。此乃继习氏之首而为者。萧常（南宋）《续后汉书》四十七卷，元郝经《续后汉书》九十卷，皆改造《三国志》成功者。《文献通考·经籍考》著录萧书，入正史类。《四库提要》

著萧、郝二书入别史类，今虽存而不为人注意，即其力不逮陈氏也。

三、注本

《三国志注》多注本事。

裴注成于元嘉六年（429），松之卒于元嘉二十八年（451）（《宋书》卷六四，年八十）。范晔元嘉二十二年（445）诛，年四十八岁。范较裴少二十六岁，先卒六年。《南史》同在卷三三。裴以所得材料入《陈书》，范以所得材料改造他书。松之子骃，骃孙子野。子野撰《宋略》，佚。松之本可自著书而不著者，人以为自谦，实各有其长（《范书》如人物图，裴注如解剖图）。裴以《三国志》所无之材料注入之，范以他人材料化为己用。裴所用书达百五十种（只注本事者）。赵翼《廿二史劄记》卷六最末条为《三国志注》所用书。钱大昭《三国志辨疑序》内列《三国志注》所引书目。《湖海文传》卷二五亦有《三国志辨疑序》，广雅局本改名《续汉书辨疑》。

裴注四例：条其异同（某传有某事，而他书亦有其事，以入某传）正其谬误（某事记误，以所得材料注之），疏其详略（以所得详细材料而入书中记载之略者），补其阙漏（分人、事二种，某人之事未记，则补之；某人应入传而未入，以事迹补是人传后）。

杭世骏（大宗、堇浦）《三国志补注》六卷，因时代过远，除逸闻外，未见价值。

陈寿时代距三国过近，故史料困难，至宋史料已集，裴氏利用方便，故一注而定。辑佚家亦重之，因其所引用之书十之八九已佚也。

四、版本

《三国志》为文注并重之书，若注为小字双行，则不便利。明万历本为注用大字，另行低一格，不易得。同治间，金陵局活字本依万历本排印（《三国》以考证法可作补注）。

晋　书

一百三十卷。殿本题唐太宗御纂，《四库》题唐房乔等奉敕撰。本纪十，志二十，传七十，载记三十。

正史成于众手者，自《晋书》始。《史通》称皇朝新修《晋书》，因唐初《晋书》甚多。贞观廿年修《晋书》诏，《晋书》有十八家之多。《隋志》载十九家（正史八家，编年十一家），皆亡。

一、史料来源

材料集中，时期稍过。

臧荣绪《晋书》一百一十卷为主。荣绪，南齐人（《南齐》卷五四《高逸传》）。因十七家或东晋或西晋，独臧书为合东西晋而成者。王鸣盛《十七史商榷》卷四三，为臧不平。

若以裴注《三国》为法，或较今佳。

十八家外，又采小说、杂史、文集材料，可谓丰富。

二、编纂方法

此书出于多人，《房玄龄传》载八人，《令狐德棻传》列十八人，《新唐志》列举廿一人，《唐会要》卷六三“修前代史”条亦列举廿一人，但与《新唐志》稍有不同。

纪事多有重复。《旧唐·房传》，当时修史诸人多文人，用事好博采碎事，以广异闻，又史论竞为艳体。

廿一人中，亦有能者，如令狐德棻、敬播、李延寿皆当时著名之史学家。条例为令狐、敬播所定。时房为司空，位最高，故列为首，今条例不传（《史通》曾言及条例）。

载记只《晋书》有，而名词则《班固传》即有《公孙述载记》三篇。《东观汉记》新市、平林、公孙述等，皆为载记。

《晋书》史料丰富，文句修洁，后人评之，好采小说（《世说注》、《搜神记》）。则由政治史正史推向社会史。

唐太宗御纂者，《宣帝本纪论》，《武帝本纪论》，《陆机》、《王羲之》二传之论。

三、明清人纷纷修改晋史

宋、元人好改《三国》。

茅国缙《晋书删》四十卷，万历年间人。

蒋之翘《删补晋书》一百三十卷，崇祯年间人，有删、节、补、正、评、注，而原书卷数不动，很可帮读《晋书》。

郭伦《晋纪》六十八卷（纪传体），周济《晋略》六十卷（编年），皆嘉道间人。

清光绪间，纷补《晋书·艺文志》：吴士鉴《补晋书经籍志》四卷，光绪三十年刻本；丁国钧《补晋书艺文志》，光绪二十年木版排印本；文廷式《补晋书艺文志》六卷，宣统元年铅字排印本；秦荣光《补晋书艺文志》四卷，民国四年排印本；黄逢元《补晋书艺文志》四卷，民十五年排印本。

汤球《九家旧晋书辑本》。

艺文志不只考一代著作，当代流传之书亦在其中（即书之存亡）。其著作可依纪传而作，而存亡则难知矣。

四、版本

周家禄《晋书校勘记》五卷（广雅局本）。

劳格《晋书校勘记》三卷（广雅本，月河精舍。劳氏读书极精密，另有《郎官石柱题名考》、《读书杂识》）。

《晋书斠注》一百三十卷，吴士鉴（民十七刻本，引书一百四十一种）。自序有十例（录四）。（1）捃逸（十八家《晋书》辑本之材料，为各卷注）；（2）考异（考出异闻，以别本证明其不同之处）；（3）正误（正其已误者）；（4）广证（正史以外之材料，如古物、金石等，此为最要）。此书注法极巧，以类书有关《晋书》者、各家校勘草记等列入。古人作注，多自内出（读书遇不明处，向外搜集解释），此则自外来（不顾本书，而搜集他书之有关于《晋书》者，依其类年列入本书）。《晋书斠注》为读《晋书》之良助也。

宋　书

一百卷，梁沈约撰（《梁书》卷十三有传）。天监十二年（513）死，年七十三岁。是书永明五年（487）敕撰，六年（488）二月即成，时年四十八岁，为半官书。本纪十，列传六十，先成；志三十，后成（纪传永明六年奏上，志则不知何时奏上。志应在末，而今则志在纪传中间，疑后人所改）。

一、史料来源

多根据国史（徐爰撰，六十五卷，《隋志》著录），只前四十五年（宋共五十九年），止于孝武帝大明八年末，十四年为约所修（此一年所以成）。徐爰前已有四家（何承天、山谦之、孙冲之、苏宝生）先后创修。徐氏因而修国史。沈与徐不同者，徐氏断限（起讫时代）自东晋义熙五年起，沈自宋元嘉元年起，差十五年。宋初群雄，沈皆删去（此异于《史》、《汉》者）。然以约尚有《晋书》（《隋志》著录梁有沈约《晋书》一百一十卷亡），群雄皆入此，故断限非其主张（群雄如桓玄、焦纵、卢循等）。

其志不限于宋，上溯魏晋，可为三代志读（可知断限无可美矣）。

《宋书》根据，既为国史，忌讳太多，有二重忌讳：（1）晋与宋禅让，为宋讳，因系据宋国史；（2）宋齐禅让，又为齐讳，盖书成于齐。幸只限本纪，列传不讳，否则无从知其废立矣。

沈约《自序》，旧史事属当时，多非事实，"进由时旨，退傍世情"，可知旧史多讳。然亦有不讳者，废讳立明，魏晋以来，成当然事实。修史者写被废者必有当庆者，二百年间遂为风气，朝家屡易，人民不受革命痛苦，则此风之所赐也。溯其源，则曹丕之禅让为其始，为各代天下开一新途径，此不隐讳宋齐，发宋禅让之由。

二、编纂方法

沈约为文人，故各传时载文章。然依常例，应注重事实，除大家如扬雄、司马等外，而《沈书》则任何人皆载其文。《南史》之与《宋书》不同者，则弃其所载文章而取其事迹（严可均《全上古文》之宋文，取于《宋书》及《文选》中达六十四卷，由是可知其所载文章之多）。沈虽重文而《宋书》无文苑传，盖文风过甚，文人过多，遂无传，如《谢灵运传》占一卷，则多文章而少事迹，如《山居赋》且载其自注。颜延之、鲍照、范晔等均当时著名者（文苑传起于《后汉》，为当时新体而不成风气，《宋书》无）。儒林传亦无，以过少故也。

《宋书》有一法，为文章技术之特法，乃带叙法。与附传不同，附传在本传前或后，而带叙法则插入中间，牵连而及他人。最显著者为卷五一刘义庆，因义庆喜文人，以鲍照为首叙入《义庆传》，且鲍之《河清颂》亦列入。此法于《南齐书》多被引用。刘裕之开国功臣沈田子、沈林子本应入《功臣传》，但二人皆约先人（林子，约祖），故入《自序》中。则徐爰旧史，绝非如此，因沈约《自序》材料无多，故取二人入《自序》中（自序多入卷尾，多自得姓受氏始，及于本身，作者世系亦入，但资料实成问题），沈氏如此，实非得已。而《南史》采撷《宋书》，二沈本可为一传，然仍依沈约之《自序》而入《沈约传》（郑樵《通志》方使二沈传独立）。

《宋书》之《索虏传》（乃拓跋魏之称，北称南为岛夷）多误，由根本不知，且有意丑诋，故《索虏传》不可靠。后《宋书》流入北朝，魏收作《岛夷传》以报之。"吾视魏沈约正如奴耳"（见《关东风俗传》魏收语），即魏收轻视《宋书》之言耳，故不明而书，当为大戒。

志三十卷，卷数少而帙与纪传等，以魏晋事毕载其志后，作凡八：《律历》（三卷）、《礼》（五卷）、《乐》（四卷）、《天文》（四卷）、《符瑞》（三卷）、《五行》（五卷）、《州郡》（四卷）、《百官》（二卷）。志前有八志总序，首书"律志"，占一行，次低书"志序"，今本连成"律志序"（甚有剖《律历志》为《律志》、《历志》为九志）。《宋书》列传不载晋末群雄，为有断限，然志则继司马彪志，载三国两晋（后《隋志》亦如此，载梁、陈、齐、周、隋五代典制，故名"五代史志"。《晋志》多录《宋书》）。臧荣绪《晋书》本有志，与约同时，然臧书沈未见（故志起魏）。沈志亦多取自何承天（何为历算专家），沈为音律家（《乐志》为得意作）。《符瑞志》无重大意义，只当时所传重而已（十八家《晋书》，王隐《晋书》有《瑞异志》。萧子显《南齐书》有《祥瑞志》，《魏书》有《灵征志》）。无《刑法》、《食货》二志，而志序言，前说已该，附之纪传，则二志入纪传矣（郝懿行《补宋书刑法志》、《补宋书食货志》则自纪传辑出）。

唐修《晋书》全采《宋书》志，虽重复而可比较［（1）完全相同者；（2）《宋书》有《晋书》无者；（3）《宋书》无《晋书》有者：推校其或遗或删之意］。

南齐书

五十九卷，梁萧子显撰，《隋志》作六十卷，《史通·正史篇》五十九卷，《旧唐志》五十九卷（皆据当时存书之卷数），《新唐志》六十卷（根据《隋志》而钞录者），《宋志》五十九卷，所佚一卷为序录。《史通·叙例篇》"沈《宋》之志序，萧《齐》之序录，虽皆以序为名，其实例也"，知是书有序录也。序录与叙传不同，《提要》言同，误。叙传叙己之身世，序录则载书之义例（刘知幾曾见《序录》，作五十九，未计也）。

萧子显，道成孙，豫章王嶷八子。《嶷传》六千七百余字，在卷二二，为全书最长之传，若为叙传，则其父祖皆有纪传，资料过多，故不能作。或言《梁书》卷三五《萧子显传》，其自序即《南齐书》自序，然绝非叙传（叙传序先世，自序叙生平。宋刘孝标、梁江总之自序，皆甚有名，叙各人生平，不及先世）。

《齐书》每一传皆有论，自称臣（卷三《武帝纪》、二十三《褚渊传》皆称臣）。今《梁书》自序，皆称余（沈约自序称史臣，魏收自序称收）。由文体可看出《梁书·萧子显传》自序，非《南齐书》叙传。

一、子显之生平

《后汉书》一百卷（《隋志》已亡），《晋史草》三十卷（《隋志》著录），《普通（梁武年号）北伐记》五卷，《贵俭传》三十卷，文集二十卷。《梁书》卷三五子显本传皆有记载。

子显卒于梁大同三年（537），享年四十九。

齐明帝萧鸾为道成兄子，鸾杀高、武子孙殆尽。子显时方七岁，故得幸免，而于明帝有隐痛。梁武革齐命，废明帝子为东昏侯，子显以为快。

二、《南齐书》之所本

南齐有史官，即檀超、江淹（《齐史》十三卷，《隋志》录）、沈约（《齐纪》廿卷，《隋志》著录）。

天监中，子显自请撰齐史，梁武许之，书成，诏付秘阁，故《齐书》可称官书。

二十四史中最短者为《南齐》，计二十三年，其余尚有《宋》五十九年，《梁》五十五年，《陈》三十三年：南朝。

《齐》二十八年，《周》二十五年，《隋》三十七年：北朝。

与子显同时者，有奉朝请吴均（《南史》七二《文学传》）。亦请求政府许其撰齐史，请求政府予以前代起居注及群臣行状。政府诏曰：“齐民故事，布在流俗，闻见既多，可自搜访。”最后吴均自成《齐春秋》三十卷，武帝以有诽语禁行（《隋志》著录）。是书为私史。

三、《南齐书》编纂法

其法略同于沈约《宋书》。于萧道成为一有力之记载，甚掩篡夺之迹，于郁林王、海陵王被废杀不甚讳，于东昏侯被废极力描绘，如一篇小说，正可显示梁武之义举。类叙法，带叙法，喜载文辞，皆与沈约方法相同。《魏虏传》错误，亦同《宋书》。

梁武好佛，故《齐书》卷五四《高逸传》有《顾欢传论》，计七百余字，于佛道皆有批评。因顾欢喜道，故以此论批评欢。欢曾为《夷夏论》，宋司徒袁粲以论驳之，顾复驳之，文字甚美，在《广弘明集》中（道家多为国粹派，佛家多为吸收派）。

四、《南齐书》之志

志极简明有法，系继沈约书，所作八志（礼、乐、天文、州郡、百官、舆服、祥瑞、五行）少《宋书》律历，多舆服，然《宋书》无其名而于舆服事已置礼志中矣。

《齐书》卷五二《檀超传》，超与淹上国史条例，甚可看，原欲立十志，即律历、礼乐、天文、五行、郊祀、刑法、艺文、朝会、舆服、州郡。其后为王俭所驳，以应添食货，应删朝会，以为朝会之事，可置礼乐志中。政府如俭议。可见子显所据国史有食货，子显去之。超未完国史即死，江淹续成。子显志又不同于淹所为志。

《齐书·百官志》为表式，可助读《南》、《北史》之用，为高等工具书，极详尽可观。

魏　书

一百一十四卷，北齐魏收作。

纪十二（子卷二），传九十二（子卷四），志十（子卷十），并子卷计一百三十卷。

《隋志》、两《唐志》皆作“《后魏书》一百三十卷”，因彼时王沈《魏书》尚存，故冠以“后”字，宋以后王沈《魏书》亡，遂去“后”字。

宋《崇文总目》云：书存，凡九十余篇。《直斋书录解题》云：本纪缺二卷，传缺二十二卷，又三卷不全，志缺二卷，共缺二十九卷；《中兴书目》谓所缺者，纪以魏澹（《隋书》五八）书补之，志缺以张太素书补之。收书以北齐为正统（接东魏正统后），澹以西魏为正统（以澹隋人，隋承周，周承西魏），其不同在此。澹书今不存，两《唐书》尚著录。《宋志》仅有澹本纪一篇。

澹字彦渊（《史通·杂说篇》），《隋志》著录澹书，下著魏彦深（避高祖讳）。《旧唐书·令狐德棻传》所载魏澹事，作魏彦，下本当空（亦避讳方法之一种），后人连排，致王鸣盛《十七史商榷》云：修《魏书》者只有魏收、魏澹，并无魏彦，原本与今本同作彦，皆误也。实则西庄不识避讳之方法也。

北朝著作存于今者，有七部半：（1）《水经注》（魏郦道元）；（2）《洛阳伽蓝记》（杨衒之）；（3）《齐民要术》（贾思勰）；（4）《十六国春秋》（崔鸿，真伪参半）；（5）《颜氏家训》（颜之推）；（6）《魏书》（魏收）；（7）《刘子》（刘昼，小说家言，至今尚未定论）；（8）《庾子山集》（庾信）。

一、魏收生平

《魏书》卷一〇四有自序，颇自豪。《北齐书》卷三七、《北史》卷五六有收传。收与温子昇、邢子才时号“三才”，尝副王昕使梁（传中称其辞藻富逸，为梁君臣所钦）。为人轻薄阙德，人称其才而鄙其行，在洛市号称“惊蛱蝶”。收在魏时，求修国史，时高欢（神武）执政，与子澄（文襄）颇引重之，欢告收曰：“我后世身名在卿乎？”收尝每言：“何物小子！敢共魏收作色，举之则使上天，按之当使入地。”其行为如此，故其史不甚得人。相传齐亡，收冢坏，骨为狗噬。

二、《魏书》史料所本

收在魏时预修国史之前，尚有邓彦海《代记》（魏帝都鲜卑人，其后多称代人）十余卷，崔浩、李彪等世修其业。浩书以编年体，彪分志、表、纪、传，未成。又有邢峦、崔鸿、王遵业等所作之起居注。

《隋志》著录魏籍：《后魏起居注》三百三十六卷、《后魏仪注》五十卷、《魏永安记》、《大魏诸州记》（二者为地理书）、《后魏辩宗录》、《后魏皇帝宗族谱》、《魏孝文列姓族牒》、《魏阙书目录》、后魏文集八家。

以上书，收时皆存。《史通·正史篇》言收大征百家谱状，斟酌成书，故其史料极其完备，但《魏书》卷八一《山伟传》云：“（伟）以为国书正应代人修缉，不宜委诸余人，故自崔鸿死后，迄终伟身，二十许载，时事荡然，万不记一，后人执笔，无所凭据，史之遗阙，伟之由也。”崔鸿死于正光三年（522），北魏之末至东魏初年，廿许年间，史料阙然，所谓史料完备，尚有此缺。

三、《魏书》编纂法及后人批评

收尝见沈约、萧子显之书，故书中多比拟之笔。《魏书》列传多叙各家枝叶亲戚，时人杨愔嫌其过为繁碎，与旧史体例不同。收谓：“往因中原丧乱，人士谱牒，遗逸略尽，是以具述支流，望公观过知仁，以免尤责。”此为实情。其后《南》、《北史》亦仿此例，各人子孙，多附祖父之后，便于寻检也。

《节义传》、《外戚传》皆前史所无（《史记·外戚世家》、《汉书·外戚传》指皇后言，此谓皇后之母家父兄弟言。至于《节义传》系收依据《宋书·孝义传》，分为《孝感》、《节义》二传，《晋书》改为《忠义》、《孝友》）。

《四夷传》诸史多袭前史，独收不然，盖收居地与北方接近，知各国情形较强，以事实笔于书。

《魏书》有《官氏志》（百官姓氏）。因魏入洛阳后，多冠汉姓，混不易分，收遂草其源流，盖根据当时之材料也。

《释老志》亦为各史所无，自收始也（《史通·书志篇》于《官氏》、《释老志》表不满）。

《北史》卷五六《魏收传·论》（《北史》收传，自《北齐书》抄来，但无此论，故不用《北齐书》）中说：“勒成魏籍，追踪班、马，婉而有则，繁而不芜。持论序言，钩深致远。但意存实录，好抵阴私，至于亲故之家，一无所说，不平之议，见于斯矣。”而《史通·曲笔篇》极力诋毁收书：“苍颉已降，罕见其流，而李氏《齐书》，称为实录者何也？盖以重规（百药之字）亡考（德林公辅）未达，伯起（收字）以公辅相加，既无德不报，故以虚美相酬。”援庵先生以为《史通》未免偏见，然可由此得一小考证。《北史》系抄录各史，《北齐书》亦所取。后《北齐书》多缺，后人以《北史》补回，但未取此论，以为系《北史》自有者，由此可考知，此论确在《北齐书》中也。

魏收人不足取，书不能废。《魏书》出后，故家纷加批评，訾为“秽史”。盖以收自信太过，成书之后，分置并州、邺下，任人写布，时代太近，甚难得一好批评（史家多于本传中尽美其善，于他传中具见其恶，免纠纷也，收不用），《崔浩》、《李彪传》均无善言，故明末朱明镐《史纠》评为“妒才忌前”。此书以群讼政府，诏修二次。至隋大加改修，因此有二《魏书》（然仅存收书，实不可废也）。《魏书》自南宋起缺二页，卅一年五月，垣师补出一页。

唐修五代史——《梁》、《陈》、《北齐》、《周》、《隋》。纪传二百五十二（二百四十七，目录五卷），志十（分时出）。纪传自唐贞观三年（629）创造，至十年方就。姚思廉起于贞观二年，所谓诸史，《齐》、《周》、《隋》八年成，《姚书》九年方成。今行《史通》作“至十八年方就”（有云十年，有云八年。陈垣氏定为“至十年方就”，“八”为衍文，为旁注误正文，因“至”与“凡”不同，至并首尾数之，凡计其总数也。且《唐会要》卷六三“修前代史”条，《五代史》贞观十年正月二十日上之）。志凡十，名目为《五代史志》三十卷。太宗崩后始成。今十志入《隋书》（原别行）。显庆元年（656）五月四日上之，后成于纪传二十年，作纪传者仅令狐德棻一人尚健在。《晋书》贞观二十年三月四日诏修，无成日，仅知书成赐太子及新罗使者，可知必成于太宗（《晋书》后于五代纪传，先于《五代史志》也）。

梁　书

五十六卷，姚思廉。《旧唐志》作五十卷。姚本传及通行本《史通》皆然。其多六卷者，非漏“六”字也，即未计本纪六卷，此为其父姚察所成，《隋志》有察《梁书帝纪》七卷。

一、姚察父子生平

《陈书》卷二七察传，吴兴人，二十五岁梁亡入陈，修梁史，五十八岁陈亡入隋，征修梁、陈之史。大业二年（606）死，年七十四岁。生平好佛茹素，以散文与徐陵、江总之骈俪齐名（赵瓯北有古文自姚察始之说）。隋文帝尝云：“姚察学行，当今无比。我平陈唯得此一人。”察父姚僧垣（有作“坦”者，以其字“法卫”观之，知作“垣”），《周书》卷四七、《北史》卷九十《艺术传》有传，为梁名医。承圣三年（554），察年二十二，魏师入江陵，元帝被虏，僧垣以善医俱北行。察自此茹素，不娱耳目，终身不易。后聘周，与父相见，临别之际，绝而复苏，见皆感叹。察子思廉，《旧唐书》卷七三、《新唐书》卷一〇二有传，陈亡入隋，察死，上书政府，续父遗言，欲续成梁、陈二史，政府许之，故今二书具成思廉手。贞观二年（628），又受诏与魏征同撰二史，姚时为十八学士之一，其每卷书后皆有一总论（他史每人一论）。有三种不同标题，即：（1）“陈吏部尚书姚察曰”，计二十六篇。（2）“史臣曰”二十六篇（三卷无总论，因《武帝纪》分上中下，《文学传》分上下，各总一论，故省三卷）。（3）“史臣侍中郑国公魏征曰”一卷（第六），计五十六卷（并省三卷者而言）。

二、《梁书》之根据

《梁书》大抵根据国史，可分三步骤：（1）各传先叙历官；（2）再叙事实；（3）饰终诏书。有美必书，有恶则讳。《四库提要》云卷三七《何敬容传》“铨序明审，号为称职”，在卷三六《江革传》“敬容掌选，序用多非其人”，以为矛盾。殊不知其合于史法也。《隋志》有：（1）梁史、梁典七种；（2）杂史、起居注十余卷；（3）文集七九家。《梁书》史料，可云极其丰富。

三、《梁书》特色及后人批评

（一）梁武好佛，姚察亦好佛，然《梁书》并无甚关于佛教记载，因所抱宗旨不一。如《昭明文选》之无佛教文，梁高僧宝志《南史》七六有传而《梁书》无传，《新唐书》删《旧唐书》之《神秀》、《玄奘传》一致。《梁书》不载骈体文，甚改为散文以入者，《新唐书》亦仿之。

（二）有西南夷传，新史料，与收之偏北同一重要。

（三）《梁书》有《止足传》，仿鱼豢《魏略》及谢灵运《晋书》二者为之。

（四）昭明太子之子詧，当梁亡后，于西魏支持下成后梁（三代，三十三年），与陈终始，然终《梁书》，一字不提，即《昭明太子传》中，其子名均不及（《周书》四八萧詧及其子孙之传，可作后梁书读也）。此或以后梁与陈为敌国，察为陈史官讳之，抑政府不加许可。

陈　书

三十六卷，姚思廉。思廉父姚察为陈吏部尚书，今《世祖》、《高祖》二纪总论犹题“陈吏部尚书姚察”云云，书因察旧，故多忌讳。

北齐书

五十卷，唐李百药撰。

一、《北齐书》之所本

百药为德林子。德林在隋与王劭各著齐史。二人少时并仕北齐，多识故事。劭据起居注，广以异闻，造编年书，号曰《齐志》，十有六卷。德林在齐时，预修国史，创纪传二十七卷。入隋，奉诏续撰，增多三十八篇，上送官，藏之秘府。唐贞观七年，敕其子中书舍人百药仍其旧录，杂采他书，演为五十卷。两《唐志》有德林《北齐未修书》二十四卷，今不存（以上见《史通·正史篇》）。

二、王劭之生平

劭为白话文家，曾纂《俗语难字》。又为考据家，择经史谬误为《读书记》三十卷。又为史学家，除《齐志》外，尚有《齐书》纪传百卷，《隋书》八十卷（见其本传）。喜以俗语入史，大为《隋书》所攻，以为文词鄙野，为有识所嗤。《史通》极钦之，道其名殆二十七回之多（《魏书》五二《胡叟传》：“好属文，既擅为典雅之词，又工为鄙俗之句。”）。《史通·言语篇》曰：“作者皆怯书今语，勇效昔言，不其惑乎！”王劭著书引人语用口语，呼母曰姊姊，呼陛下曰大家。《史通·杂说篇》云：“寻其本源，莫详所出。阅诸《齐志》，则了然可知。由斯而言，劭之所录，其为弘益多矣，足以开后进之蒙蔽，广来者之耳目。微君懋，吾几面墙于近事矣。”《叙事篇》曰：“裴子野《宋略》、王劭《齐志》，此二家者，并长于叙事，无愧古人。而世人议者皆雷同，誉裴而共诋王氏。夫江左事雅，裴笔所以专工；中原迹秽，王文由其屡鄙。且几原务饰虚辞，君懋志存实录，此美恶所以为异也。”王劭极笃学凝思，《史通》有“王劭思书，为奴所侮”故事（见《隋书》。《齐志》今虽不传，两《唐志》著录。二十四史中俗语，仍以《北齐书》为最，多以百药兼采劭书也）。

三、《北齐书》缺卷之考证

二十四史中最缺者为南北八史，南北八史中最缺者为《北齐书》。清儒考证，《北齐》原书传者，仅及一半，其半以《北史》补之。

考证方法有四：

（一）北齐诸帝称谥、称庙号不一，表列如下。

高祖	神武	欢
世宗	文襄	澄
显祖	文宣	洋
肃宗	孝昭	演
世祖	武成	湛

凡称庙号者，李百药之原文；称谥者，采之《北史》以补者。

（二）诸传起处无本贯者，即采《北史》，承祖父言之也。

（三）诸传末处附见子称，有已入周、隋者，亦《北史》之文。

（四）凡庙号、谥号上加“齐”字者，亦《北史》之文（以有加“齐”之必要也）。

例外——《史通·杂说篇》：“李氏之撰《齐书》，其庙号有犯时讳者，即称谥焉。至如变‘世宗’为‘文襄’，改‘世祖’为‘武成’，苟除兹‘世’字而不悟‘襄’、‘成’有别。诸如此谬，不可胜纪。”

周　书

五十卷，令狐德棻等撰（其中有庾俭，《四库提要》误为唐俭）。

令狐倡修前代史最早，武德四年直言于高祖，言“近代以来多无正史，梁、陈及齐，犹有文籍，至于周、隋，多有遗阙。当今耳目犹接，尚有可凭，更十数年后，恐事迹湮没，无可纪录”。武德五年，遂诏修魏至隋六代史。萧瑀等领魏史，令狐德棻领周史，绵历数载，不就而罢，其意实发自令狐（《唐会要》卷六三）。贞观三年，诏修五代史。十年正月，五代史成，上之。《梁》、《陈》、《北齐》皆独手所作，惟《周》、《隋》成于众手。德棻预修《晋史》、《五代史志》，乾封元年（666）死。

一、《周书》史料不充足

宇文之事多见王劭《齐志》及《隋书》留存之书，以其多不雅，德棻故不见采，故自遗漏。

（一）《周书》卷三七《裴文举传》附尞允，允本姓牛氏，赐姓宇文，历官侍中、骠骑大将军、开府仪同三司、工部尚书、临泾县公。以失其事，故不为传（牛弘之父。弘，《隋书》、《北史》有传，为礼乐专家，有《请开献书之路表》。奉敕撰《五礼》百卷，文集十二卷，《隋志》著录。其父官位如此高，其子复如此博雅，然失其事，无以立传，魏后史料不足可知）。

（二）《周书》卷三八《元伟传》："简牍散亡，事多湮没。"

（三）《周书》卷四七《艺术传》：卫元嵩者，盖江左宝志之流，"史失其事，故不为传"。

二、《周书》文字两重修饰

《史通·杂说中》："今俗所行周史……其书文而不实，雅而无检，真迹甚寡，客气尤烦。寻宇文初习华风，事由苏绰。至于军国词令，皆准《尚书》，太祖敕朝廷，文悉准于此。盖史臣所记，皆禀其规。柳虬之徒，从风而靡。案绰文虽去彼淫丽，存兹典实，而陷于矫枉过正之失，乖夫适俗随时之义，苟记言若是，则其谬逾多。爰及牛弘，弥尚儒雅，即其旧事，因而勒成，务累清言，罕逢佳句。而令狐不能别求他述，用广异闻，唯凭本书，重加润色，遂使周氏一代之史，多非实录者焉。"盖苏绰等矫六朝骈俪之习，主张复古，故文诰一仿《尚书》，又以都于西京，遂袭旧体，此史料本身第一重修饰也。牛弘、令狐德棻纠宋孝王《关东风俗传》、王劭《齐志》之失，偏重修饰，此史官行文第二重修饰。《杂说下》："周、齐二国，俱出阴山，必言类互乡，则宇文尤甚。而牛弘、王劭并掌策书，其载齐言也，则浅俗如彼；其载周言也，则文雅若此。夫如是，何哉？非两邦有夷夏之殊，由二史有虚实之异故也。"

《周书》史料，自己采访，故成书甚慢。《周书》在唐初负盛名。刘知幾诋毁之，其实周、齐本同类同时，其事多在劭书，德棻如无成见，可成极好之书（《史通·言语篇》注，宇文周下诏骂齐神武，数其罪二十，"诸如此事，难可弃遗，而《周书》以为其事非雅，略而不载……其事不传于北齐，因而埋没者，盖亦多矣"）。北周太祖宇文泰代梁，得王褒（子渊）、庾信（子山）二文人，待之甚厚。泰子滕王逌、赵王招均喜文学（今行《庾子山集序》即滕王作，《赵王招文集序》为庾信所作也）。二王皆有文集行世。以文雅而言，周之文有八部，齐仅三部。然周舍明帝毓及赵、滕二王集外，余五部为宗懔（《荆楚岁时记》）、王褒、庾信、萧、亡名（援师考出姓宗，昔谓姓宋误。梁亡出家，《续高僧传》有传），故周、齐文集数量相等。刘知幾以《周书》之誉名过实，故力斥之。

王褒、庾信至周，宇文泰喜曰："昔平吴之利，二陆而已。今定楚之功，群贤毕至，可谓过之矣。"又谓王褒、王克曰："吾即王氏甥也，卿等并吾之舅氏，当以亲戚为情，毋以去乡介意。"

《梁书》王褒字子汉，《北史》字子深，避唐讳，当为子渊。

隋　书

八十五卷：本纪五卷、志三十卷、列传五十卷。纪传，唐魏征等撰；志，长孙无忌等撰。

一、《隋书》之撰人

《新唐志》题为："令狐德棻《后周书》五十卷，《隋书》八十五卷，《志》三十卷。"下双行小注曰："颜师古、孔颖达、于志宁、李淳风……魏征等撰。"《史通》："令狐德棻作《周书》，《隋书》为颜师古、孔颖达作，《志》为于志宁、李淳风等作。"

《宋志》："颜师古《隋书》八十五卷。"以志成，师古早死，未能参加。《提要》言惟《经籍志》为魏征，实则征卒后十三年，《五代史志》始成。盖书成众手，长孙、魏为领袖耳。

二、《隋书》史料亦缺乏

（一）王劭作《隋书》八十卷（作法以类相从，定其篇目，仿《尚书》体）。《隋书·经籍志》谓王劭《隋书》六十卷，下注云"未成"。刘知幾评王劭《隋书》"似《孔子家语》、临川《世说》，受嗤当代，良有以焉"。盖此王劭未成劄记，且新创体例，故难好也。

《隋书》卷六九《王劭传》，此书“多录口敕，又采迂怪不经之语及委巷之言，辞义繁杂，无足称者”。

（二）《隋志》有《开皇起居注》六十卷（《史通》谓王胄等所修，经江都之祸，散失不全）。

（三）《隋志》旧事类有《开业平陈记》二十卷（不著撰人）。

（四）《隋志》仪注类有《朝仪礼》百卷（牛弘撰，为《礼仪志》根据）。

（五）《隋志》地理类（亦为《地理志》之根据）。

《隋书》自云史料缺乏之证据：

（一）《隋书》卷四六，刘仁恩、郭均、冯世基、厍狄嵚等四人“俱显名于当世，然事行阙落，史莫能详”，此其一也。

（二）卷五三《刘方传》，“开皇时，有冯昱……俱为边将，名显当时，史失其事”，此其二也。

（三）卷六四《王辩传》，大业中，“有将军鹿愿、范贵、冯孝慈，俱为将帅，然事皆亡失，故史官无所述焉”。

（四）卷七八《艺术传·许智藏传》，谓宗人许澄“父子俱以艺术名重于周、隋二代，史失其事，故附见云”。足证《隋书》史料之不足也。

三、《隋书》成于众手，前后不能照应

（一）《隋书》卷四六《韦师传》：“族人世康，为吏部尚书，与师素怀胜负。于时晋王为雍州牧……引师为主簿，而世康弟世约为法曹从事。世康恚恨不能食，又耻世约在师之下，召世约数之曰：‘汝何故为从事？’遂杖之。”然卷四七《韦世康传》云“世康性恬素好古，不以得丧干怀，尝慨然有止足之志”，“初以诸弟位并隆贵，独季弟世约宦途不达，共推父时田宅与之”云。此两传世康截然不同，足见其不能照顾，非出一手也。

（二）《隋书》卷四九《牛弘传》，上诏弘等“正定新乐，事在《音律志》”。又卷六六《裴政传》称政“尝与长孙绍远论乐，语在《音律志》”。今《隋书》无音律志，仅有《音乐志》（作纪传时即无志，前后不相照应，或据旧本未删，或初意为志而后未为）。

（三）《隋书》卷六八《何稠传》“事见《威仪志》”，《阎毗传》“语在《舆服志》”，今《隋书》仅有《礼仪志》，无《威仪》、《舆服志》。要之，当时尚未成志也。

（四）《孝义传》凡十四人中，有八字曰“庐于墓侧，负土成坟”，十四人传见过十一次繁复，中盖由档案旌表钞成者。

（五）赐姓如尉迟迥（《隋书》作“尉迥”）、杨义臣（《隋书》称“本姓尉迟氏”），盖本纪、列传中名姓相异也，缘北朝有赐姓故也。

（六）《隋志》所写卷数，常与传载不同。《廿二史考异》甚详。

综之，《隋书》以每志每传观之，皆简洁有方，以当时与修史者皆名家也。若合全书观之，则前后多不能回顾，此即成于众手之流弊也。

四、《隋书》之志

三十卷（《礼仪志》七、《音乐志》三、《律历志》三、《天文志》三、《五行志》二、《食货志》一、《刑法志》一、《百官志》三、《地理志》三、《经籍志》四）。此卷数分量相差甚远，盖此书材料由他处取来，不加分配，多少由之，故不相称也。《南北史表》（周嘉猷）有人作序：“李氏《南》、《北史》及《齐》、《梁》、《陈》、《北齐》、《北周》之书，志且无之，况于表乎？”

《经籍志》以晋荀勖遗法经、子、史、集，《隋志》则为经、史、子、集。后之正史多用之，诚学术之渊薮。志末有佛道之论，极珍贵。《隋书经籍志考证》［章宗源（嘉庆）、姚振宗（光绪）著］。

《经籍志》，《四库提要》对之极表不满，然卒不可废。

南、北史

《南史》八十卷，本纪十卷，列传七十卷；《北史》一百卷，本纪十二卷，列传八十八卷。李延寿撰。显庆四年（659）成（后《隋志》三年）。《南史》起宋永初元年（420），至陈祯明三年（589），共一百七十年。《北史》起魏登国元年（386），至隋义宁二年（618），计二百三十三年（《北史·序传》言二四四年，误）。《北史》较《南史》多六十三年，然材料多言根据。《序传》，《南史》先成，二书费时十六载。初延寿父太师，尝仿《吴越春秋》编年之体成一南北史，未成，死。延寿曾三入史馆［（1）修《晋书》，（2）修《隋书》，（3）修《五代史志》也］，因得遍观内府所藏。书成，就教令狐二次。

一、史料来源

以八史（宋、齐、梁、陈、魏、齐、周、隋）为据，连缀而增删之（《序传》云“正史外，更勘杂史于正史所无者一千余卷，皆已编入”云云），琐言细事甚多。

《南北史识小录》各八卷（沈茗荪、朱昆田），采其鲜艳琐碎词句能有助于词章者，不分门类钞录，而注其篇目。

《南北史捃华》八卷（周嘉猷），照《世说》分三十四门，不注出处。

二、编纂方法

（1）连缀；（2）迁移；（3）删削；（4）增字。

《史通·六家篇》，《南》、《北史》入史记家。《旧唐志》以梁武《通史》及《南》、《北史》名为都史（即合拢之意），附正史之末。《新唐志》又以为集史。《通志·艺文略》以梁武书名，名此类书。

家传。《南》、《北史》有家传者，以其为通史也。祖在宋，儿在齐，孙在梁，可集于一传并观。推其原因有三：（1）通史之体裁应如此；（2）南北朝重门阀，聚于一处，显而易见；（3）北朝有赐姓改姓之风，本无姓改汉姓，《隋书·陆法言传》“魏郡临漳人”，其宗人有河南洛阳人、代人，皆鲜卑人，由《南》、《北史》家传所知。此为本史特有。

类传。同类人置于一传中。《文苑》、《儒林》皆是。此书系依八书原文，不甚改变，表列如下，可以见其一斑。

（1）《循吏》（宋、齐、梁→南　魏、齐、隋→北）

（2）《儒林》（梁、陈→南　魏、齐、周、隋→北）

（3）《文苑》（齐、梁、陈→南　魏、齐、隋→北）

（4）《孝行》（宋、齐、梁、陈→南　魏、周、隋→北）

（5）《隐逸》（宋、齐、梁→南　魏、隋→北）

（6）《恩幸传》（宋、齐→南　魏、齐→北）

上为《南》、《北》均有者，又有《南史》所无而《北史》独有者。

（7）《外戚》（魏、齐、隋，北）

（8）《节义》（魏、隋，北）

（9）《酷吏》（魏、齐、隋，北）

（10）《艺术》（魏、齐、周、隋，北）

（11）《列女》（魏、隋，北）

（12）《贼臣》，《南史》有，无所本，梁二陈四。

八书所无，多不补。然《南史》列女无传，其孝义女子十数人，多置《孝行传》。《南史》移《陈书》列传之马枢置于《隐逸传》，移《陈书》司马申入《恩幸》。将《梁书·止足传》三人分置其祖父传后，此本有而加以拆散者。移《周书·艺术传》三人入《儒林传》，移王褒、庾信入《文苑传》。拆《魏书·阉官传》入《恩幸》。《酷吏传》北齐三人移附其祖父传后。

《提要》谓延寿作《北史》、《南史》“因其旧文”，非洽词也。

三、后人对《南》、《北史》之批评

（一）《新唐书》本传：“其书颇有条理，删落酿词，过本书远甚。时人见其年少位下，不甚称其书。”

（二）《十七史商榷》卷五三、五九、六十、六八四有七条诋毁《南》、《北史》。略云其为史只有二法，一为删削，一为迁移，学识浅陋，才短，位又甚卑，著述传世千余年，实为幸运。

（三）孙志祖《读书脞录续编》独称其书家传，使读者便于寻检，王西庄诋之为非。

（四）《潜研堂集》卷十二云：“延寿既合四代为一书，若更有区别，必补叙家世，词益繁费，愚以为甚得《史记》合传之意，未可轻议其失。”然竹汀于其删八书官职之误，亦评及。屈贾、曹荆，《史记》合传之法，正断代史与通史之不同也。

（五）《廿二史劄记》：“《南》、《北史》两国交兵不详载。”盖避免冲突，藏拙之道也。综之，阅八书必须兼读《南》、《北史》。

《南北史合注》一百九十一卷（《简明目录》有此书一百五卷），明末李清（映碧，扬州）注。《四库》著录别史类，五十二年扣除（未毁）。

清初与张溥共议仿裴注《三国》例，合八书于《南》、《北史》。未成，溥卒。清独任其书，参阅许多佛藏（载南北朝君臣之事），考其异同而成。《四库》以其考订极为精审。魏禧《叔子文集·外篇》卷八有《南北史合注序》，谓与吴任臣《十国春秋》、顾祖禹《读史方舆纪要》并称天下不可少之三书。故宫有此书写本七部，散乱，后当可凑成一部。

《南北史合注》不照原卷数，并改动原来编辑方法。既云合注，即不能动原

来编辑次序（北魏冯、胡二后，有弑君嫌疑，本在《后妃传》，徒恶其人，特抽出立一《逆后传》。又改谶纬事，一律入小注）。《四库简明目录》极称之，然实不合著书体例也（陈援庵师说）。

注、撰不同。注书可以纠正书之错误，不得改易原书。裴注《三国》、刘注《世说》，其不以为然者，多加小注说明即可。撰书不然，撰书自己重新组织，合诸家而成书谓撰。

《南北史合注》大改特改，非注书，又曰合注，非撰之体，此为著书大毛病（注书不能动原书，可以分段改行）。

《南唐书合订》二十五卷（著录载记，后亦扣除，今存《南唐书》有马令、陆游。马书三十卷，陆书十八卷，二书材料相当，文笔陆氏较马氏为佳。李清不满，将两书混合）。

《四库》书有全毁（有违碍者）、抽毁（一部销毁）、扣除（已著录，发觉有不妥处取出）。前人误扣除为抽毁，不知毁书不著录《四库》，而扣除始著录《四库》后方去之［《四库》始于乾隆三十八年（1773），四十七年（1782）第一部完成，《简明目录》亦成。（《四库目录》有《钦定四库全书总目提要》二百卷、《简明目录》二十卷，其中只有著录书，无存目书。）赵怀玉在馆中自抄一部，在杭州刻，甚通行，其中尚未扣除。五十二年（1787），发现已著录书中有违碍者，扣除二十种，其中李清凡四种（因其《诸史异同》云顺治、崇祯有四同，于是扣除其所有书）。馆中《目录》已改，江南《目录》未改］。扣除书空位易他书（《南北史》，《目录》以李楷《南史》补之，百卷，分量与《合注》差不多。《诸史异同》以《宋稗类钞》补。赵刻《目录》早印者有扣除，其后者有缺行）。

新、旧唐书

《旧唐书》，后晋刘昫（当其为相时书成，非昫所修也）。《新唐书》，宋欧阳修（本纪、志）、宋祁（传）。一书分署作者，始于《隋书》（纪传题魏征，志题长孙无忌）。

《旧唐书》之卷数：本纪二十卷、志三十卷、列传一百五十卷，并子卷计二百四十卷。

（1）本纪：帝二十、后妃一，多据国史、实录。

（2）列传：多以类传，独传者仅李密、魏征、陆贽等人。

《新唐书》之卷数：二百二十五卷，本纪十、志五十、表十五（宰相、方镇，宗室、宰相世系）、列传一百五十。

一、新、旧《唐书》之史料

《旧唐书》之史料，实录、国史。

武宗会昌以前有实录（名著于二史《艺文》、《经籍》），宣宗大中后无。

唐世系：高、太、高、中、睿、玄、肃、代、德、顺、宪、穆、敬、文、武、宣、懿、僖、昭、哀。

本纪不甚好（穆、敬、文、武四朝实录或未见。唐自安禄山、黄巢二乱后，实录、国史散失甚多。《五代会要》卷十八“前代史”条，晋天福六年下诏购求实录、国史，及会昌后六十年事迹、传记、日记、日历、制敕、册书等，有重赏）。可见是时材料之缺乏矣。

《新唐书》之史料，较《旧书》丰富，种数亦多，但词句多所削节［今胡（胡元常）刻《通鉴》，自著一《通鉴引用书目》。唐代史料《通鉴》能见者，《新书》亦能见。《通鉴书目》以考异作，可以此当《新书》书目。《新书》成于嘉祐五年（1060），《通鉴》成于元丰七年（1084），时代不远］。

《旧书·经籍志》根据毋煚《古今书录》（开元以后书多无）。《新唐书》补开元后甚多（因每人之书散在本传，欧公取之，补于每类后，成一《艺文志》，有云自某某书以后，不著录若干家，指《旧志》不录也。《新书》卷一三二《韦述传·赞》深感大中以后，史录不存，史料自缺）。

二、二书编纂法之异同

《旧书》成于众手，《新书》成于欧、宋。《旧书》依据实录、国史有数弊。

《旧书》：

（1）多回护（如《高宗纪》书太子弘薨，实系武后所鸩。穆宗以下诸帝，为宦者所立而不书）。（2）称谓有大唐、皇朝、本朝、国初、今上、国朝诸名词，可见据国史未改。（3）史官多为官僚（张昭远、贾纬、赵照），于学术无地位，其劣点为不学无文，喜委过慎重因仍，优点多存原本，能存真。《新书》以《旧书》为底本（宋仁宗时修），删改文字，增加史料（增加两千余条。①有当时权势、古来政要，不得不载；②琐言碎事，但资博雅）。作者多为名流学者（论书本身价值，《新》高于

《旧》；用材料，宁舍《新》而取《旧》）。

《新书》作法有：

（1）所有骈体文皆删去，取消诏令。（2）多载韩柳文（如《韩愈传》载《进学解》、《佛骨表》、《祭鳄鱼文》。其余各传亦多有，如柳宗元则采《段太尉逸事状》）。（3）辟佛（《方伎传》玄奘、一行、神秀，《旧书》皆有详传记之）。（4）详载章疏（一节存，二全载，三增《旧》所无）。

《唐书直笔》四卷（吕夏卿著，今存，虽为其个人意见，然可看出修《唐书》体例）。

《新旧唐书互证》二十卷（赵绍祖，以《新》、《旧》二书互校一通）。

《廿二史考异·唐书》一卷（《新》、《旧》书目录互对，十七页，是以《旧》校《新》）。

三、后人对二书之批评

《新唐书纠谬》（吴缜著。王明清《挥麈录》：缜求入史馆未得，衔之，作此书。《直斋解题》以缜父师孟不得预修书，故为此），纠其书有八失、二十舛误，四百余事。八失：（1）责任不专（纪传时有矛盾，成于二人之手）；（2）课程不立（作书十六年，时间太长）；（3）初无义例；（4）终无审覆；（5）多采小说而不精择；（6）务因旧文而不推考；（7）刊修者不知刊修之要，而各徇私好；（8）校勘者不举校勘之职，而惟务苟容。

《新唐书辨惑》三卷（《滹南遗老集》，王若虚），攻击《新书》喜用僻字、短句、怪文法，删数目字等。

《旧唐书疑义》（张道，《正觉楼丛书》本），抉《旧书》之误，可据，然无组织。

四、二书之版本

《旧唐书》，明嘉靖闻人诠本，商务百衲本［用宋刻残本（铁琴铜剑楼藏本），方得六十余卷，商务复取闻人本拼凑而成］，殿本，岑建功惧盈斋刻本［由刘文淇、（刘）毓崧、罗士琳、陈立分校，陈与大刘好，罗与小刘较次，有校勘记六十六卷。用他校法］。此数本自以岑本为最佳，可引用。

《新旧唐书合钞》（二百六十卷，沈炳震撰），合二书为一书，省四百二十五卷为二百六十卷（按此书原意成极简之书，使学人省力，然反而多读一书也）。纪传以

《旧》为主、《新》为注，志反是。志注不可分（《条例》曰览者可自考而得）。

《新旧唐书合注》（二百二十五卷，王先谦撰），以《新书》为主（《新书》为主，顶格大字，以《旧书》注，低格大字）。

《新唐书》殿本有脱落重复。卷六八《方镇表》肃宗乾元二年后，陡多一页天宝年间事，改载为年，致自乾元一年直序至十四年，然乾元仅三年也，可知其误。《方镇表》福建天宝十载云“漳、潮二州隶岭南经略使”，乾元多页之十年，亦同此文，可见多此一页。

新、旧五代史

《旧五代史》一百五十卷，薛居正。今本为自《大典》辑出之本。《新五代史》七十四卷，欧阳修，本名《五代史记》，《提要》多“新”字。

一、《旧史》之史料

宋初，五代实录多存（《书录解题》云，唐、晋、汉、周，皆有实录，惟梁独无。误矣。宋初王禹偁《五代史阙文》今存，引有《梁祖实录》，且《宋志》有《梁太祖》三十卷。或南宋时已失）。成书多本实录，且年短地小，成书甚易。实录之外，尚有功臣列传等（《五代会要》卷十八“修国史”、“修史馆”、“史馆杂录”诸条，皆记五代各国修史事）。

二、《旧史》编纂法

学《三国志》，内分五代，各自成书。十国中奉正朔者有世袭列传，其不奉正朔者有僭伪列传，又有外国列传并十志。

三、《旧史》批评

官书，档案史料，多回护（《通鉴》喜采此书，胡注兼采《欧史》）。

四、今本《旧史》非原本

乃《永乐大典》辑本，其卷数虽同原书，然多系勉强凑合。乾隆时修《四库全书》，邵晋涵辑出之，声名甚大，有乾隆御题诗。

《旧五代》在《欧史》刊行后，流传较少。金章宗泰和七年（1207），明令学官只承认《欧史》，取消《薛史》。明永乐间编《大典》多引用此书。

《大典》二万二千八百七十七卷，目录六十卷，共一万一千九十五册。其引书用红字写书目。《五代史》辑本注明卷数，今本删之（彭元瑞《知圣道斋读书跋》言此事甚详，当时力争保留，然终于删除。后人以不能见卷数为歉。民十，江西人得彭钞本，石印之，为四库原本，有注卷数。民十四，刘承幹得南江抄本刻之。民廿六，百衲本以刘氏影印。陈垣氏以《大典》目录考知，所注卷数谬误十之三四，如第一条朱温"讳晃，本名温"，注八六八七卷，《大典》目录此卷为腾字韵，显见其误。当时用《大典》而不用《元龟》，以《大典》宝贵也，故用之。《册府》三十一部，一千一百余门，所引在北宋初年。援师以此校邵辑本，多不同结果，有今本有而《册府》无者，《册府》有而今本无者。故将《册府》有今本有而误者正之，《册府》有今本无者补之，成《旧五代史辑本发覆》之书）。

五、《新史》史料

根据《旧史》。欧公修新书时，见到外间不易见到之五代史料，钞录出而成，虽不及《旧史》详细，然采用甚博，辞藻优美，洵不可及。

六、《新史》之编纂法

《新史》本名《五代史记》，知其体例多本于《史记》。《旧史》仿《三国志》。《新史》各代本纪在前，后妃、宗室无传，而有《家人传》、《死节》、《死事传》等名目，更有《唐六臣传》（李唐之官五代者）、《义儿传》、《伶官传》、《宦者传》、《杂传》。因为私书，故可任意而为，如《司天考》、《职方考》及十国世家（《宋史》有《周三臣传》，与《新史·唐六臣传》修史之意义相反。三臣者，周臣不肯仕宋者）。

七、《新史》之批评

《新史》欧公死后始由官家为刻版，但未列入正史。欧公死后百七十六年，金章宗泰和七年（1207，时宋开禧三年，元太祖二年），始明令专用《欧史》，而《旧史》始废。欧死于熙宁五年（1072）。《欧史》重书法，讲究文章，有所寄托，劝诫之义甚重，不甚重事实之真伪。

《新史》之批评书：

1. 《五代史记纂误》，今存三卷，不全。吴缜作，得自《永乐大典》，有百十二条。《知不足斋》本。因其不全，故不如《新唐书纠谬》之好。不分门类，用本证法。

2. 《五代史记纂误补》，清吴兰庭作，亦不分门。《知不足斋》本。

3. 《五代史记纂误续补》，吴光耀，六卷。自刻及广雅本。

4. 《五代史记纂误补续》，周寿昌。

合四书有一千数百条，然此吹求，颇琐碎，实亦校勘。此外为《五代史志疑》四卷，康熙时杨陆荣作，在吴兰庭前，全谢山颇诋毁其人。

八、《新史》之版本

《五代史记注》（七十四卷）。此书甚好。彭元瑞作，未成，而后刘凤诰续成（书肆称之彭注五代）。有原刻、翻刻。学《三国》裴松之法，注欧存薛。（1）时间上，不如裴注《三国》之合适，彭去五代八百余年，裴仅二百余年。（2）史料，裴注《三国》史料多稿本，此则皆刻本也。（3）物力，裴注为官书，彭则为私书。（4）人材，裴一人所成，彭得刘之续成，刘为辞章家，故不见佳。彭自作二十六卷（十三至三八），余五十八卷皆刘续成，材料为彭自己收集，刘为安排，故今名彭注、刘排次。引用书有二百七十余种，以宋人书为断，元明以后书不采，法至善也。然指史料而言，考证则不然。两《唐书》及《辽》、《宋史》立于学官，不录是其大失策处。然《旧五代史》辑本及《五代会要》、《册府元龟》、《通鉴》四书，亦为官书而全录（是其矛盾处）。

彭以前朱彝尊亦拟作注（一千七百六十条），稿本刘已买得，然无新奇史料，彭、刘因与欧为同乡，及新得《旧史》辑本，然惜未作到最好处。其优点在不变原书，其弊则在：（1）小字双行，不点句，眉目不清，不引卷数。彭曾为《旧五代》辑本，力争存《大典》卷数，而此不存卷数，是其矛盾。（2）除《旧史》辑本外，无新奇材料，价值远不如裴注《三国》（《史通》颇诋裴注）。

廿四史中有六史有注，前四史外，即《五代》及《晋书》。

宋　史

四百九十六卷（本纪四十七卷，志一百六十二卷，表三十二卷，列传二百五十五卷）。元脱脱等（乾隆时改为托克托，不当沿用，以其淆乱）。《宋史》卷数为全史之冠（《明史》计三百三十六卷）。《宋史》页数一万四千四十，《明史》九千八百八十二。宋史年代亦最长，北宋一百六十八，南宋一百五十三，共三百二十年。唐二百九十年；明二百七十六年；前汉二百二十九年，后汉一百九十八年，两汉四百二十七年，然书为分开。《宋史》多据国史原本（见《劄记》），宋时有一帝必有起居注、时政记（记载事情即起居注，时政记乃榻前见闻之辞），及修日历而成实录、国史，故史料颇完备。其因有三：（1）宋代尚文（故武功颇弱）；（2）宋代史学特别发达；（3）印刷已有木刻。

一、《宋史》编纂法

至正三年（1343）三月开馆，五年成书。据《元史·脱脱传》，初欲以北宋为宋史，另加一南宋史，盖否认南宋之意。后以辽、金升格，至顺帝时，诏宋、辽、金各为一史，于是宋史之名遂定。据《宋史·外国传》本有《女真》及《契丹传》，后以辽、金独立，故去之。据《方技传序》，原宋之国史有《老释志》及《符瑞志》，后取消之，颇可惜。其所以名外国者，盖不以夷狄云。最后有《蛮夷传》（专载溪峒之蛮），为宋人记载。有表二（宰辅表、宗室世系表）。

盖以宋之玉牒完备也。本纪学《新唐》，不载诏令。记事不记言，是其缺点。故本纪十分之一，最少；表十分之二；志十分之三；传十分之四，最多。因《宋会要》最完备，故志颇多采。列传多取材于事状及碑铭，多子弟门生故吏所为，隐恶扬善。《劄记》嫌“数人共事，传各专功”。

二、《宋史》批评

二年半成书，至正三年三月开馆，五年成书。（1）抄掇旧史，草草成书，故有有传而谓无传者。（2）《宋史》繁冗，一事屡见，立传太多，一事各传均载，载无用之文。（3）事迹遗漏，南宋尤缺。因仍国史旧文，为钞录，后人谓之既繁芜又阙略。盖宋时史料存于今者甚多，陆心源《宋史翼》四十卷，补《宋史》七百八十一人，附传六十四人，以循吏最多，取材于方志宦迹。《四库提要》谓《宋史》南宋循吏无一人。

三、《宋史》之版本

（1）至正刻本，（2）民二十六年百衲本，（3）明南监本，（4）殿本，（5）广东本。《宋史》为元末成书，当时即有刻本。民二十六出百衲本，影元本，以明成化本补。明南监本即源于成化本，成化本即广东本，亦名朱英本。南宋卷三五《孝宗本纪》原阙一页，以卷三三之一页补之，谓之为错简。殿本每行廿一字（原为廿字）。印之，则大错特错，无法衔接矣。明朱明镐《史纠》，谓荒唐无过《宋史》者。有己酉杨存中罢，改杨存为地震，在殿本。此书在殿本卷三五第七页，此为有意错误者。明人读史多缺此页。清卢文弨《群书拾补》据元本补正，然殿本仍误。

殿本卷二九二《田况传》阙一页，四百余字，初不知（百衲本方知其有阙）。

《宋史新编》二百卷，明柯维骐撰。《四库》别史存目。虽二百卷，但以《宋》、《辽》、《金》三史合为之，删三史烦芜，补其阙略，历二十年而成。以宋为主，辽、金附入，《宋史》本纪不载诏令，而《新编》载之，仍两《汉》、《元史》之法。

《宋史记》二百五十卷，明王维俭撰（字损仲）。《四库》未收。据《曝书亭集》卷四五《书宋史新编后》，维俭此书以沉汴祸，有人钞得副本，竹垞再抄之。竹垞之本入北京图书馆善本。删《宋史》而成。《廿二史劄记》（"宋辽金三史重修"条）维骐之书未梓行，维俭之书终散失，此误。

《宋史质》一百卷，明王洙撰，在《新编》之前。《四库》别史存目，删《宋史》而成。独创义例，以明继宋，以辽、金、元入四夷传。但自元灭南宋，以明太祖之高祖直继宋统，此固不合理，而民族观念之重可知。此书于明流行，而毁于清，故至今未见（杨守敬《日本访书志》卷六有嘉靖本此书）。

《南宋书》六十卷，清钱士昇。《四库》别史存目。有人合《契丹国志》、《大金国志》、《东都事略》、《元史类编》及《南宋书》为《四朝别史》（《东都事略》在《宋史》之前，史料价值甚高，钱氏仿之，然史料价值差矣）。

四、清人有修宋史运动

（一）朱彝尊欲修宋、辽、金史。宋、金、元文集六百余家，方志野史等五百余家，终因年长未能成。

（二）邵晋涵欲撰《南宋事略》，以代《南宋书》，未成。儒学、文艺、隐逸，《养新余录》载之。

（三）陈黄中《宋史稿》二百一十九卷，未完。《潜研堂集》有《跋宋史稿》，言此书与《宋史新编》"在伯仲之间耳"。

大昕云，修一代之史有三条件：（1）有龙门、扶风之家学；（2）有李淑、宋敏求之藏书；（3）有刘恕、范祖禹之助。否则欲以一人之精力，成一代之良史，难矣。

清人专门宋史者：

（一）厉鹗《宋诗纪事》百卷，三千八百余家，皆有小传，多在《宋史》之外（与全谢山、杭世骏同时，均暗自分工：厉考宋辽，有《樊榭山房集》；全考明史，有《鲒埼亭集》；杭考金史，有《道古堂集》）。

（二）陆心源多藏宋、元版书而作《宋诗纪事补遗》百卷，三千六百五十四家。《宋诗纪事小传补证》四卷。《宋史翼》四十卷，七百八十一人，附传六十四人。《元祐党人传》十卷。

辽 史

一百一十六卷，脱脱等修。至正三年四月始，四年三月成。本纪三十，志三十一，表八，传四十六，末附《国语解》。

辽建国长久，居廿四史第二位（史料阙乏，元人入主，方成正史）。

一、史料

原名契丹，今仍存。史料根本缺乏，其因：

（1）辽文化幼稚，虽有大小契丹字通行民间，而不能用以著书。（2）得燕云十六州后，抚有汉人，渐用汉文，只限今河北、山西北部，地域过小。（3）辽时汉文著作，流传至今者只四部：《龙龛手鉴》四卷，释行均撰；《续一切经音义》，释希麟撰，十卷（此二人皆燕京沙门）；《星命总括》三卷，耶律纯撰，《四库》术数著录，自《大典》辑出；《焚椒录》一卷，王鼎撰，述辽太后事。《续一切经音义》自杨守敬时方得回。除此以外，日本尚有数种经疏。

《辽文存》（缪荃孙，六卷），皆散篇，多自碑幢录出。引书二十三种，光绪二十二年刻。

《辽文萃》（王仁俊，七卷），较缪所增无多（光绪三十年版），末附《辽史艺文志补证》，百种（足其数而已）。

《满洲地理报告》，多有辽史史料。

《满洲旧迹志》，亦有史料。

沈括《梦溪笔谈》云辽人著作不得出境，违者罪至死。可知史料缺证。今《辽史》所据，为耶律俨著太祖以下《实录》七十卷及金时陈大任所修《辽史》。陈修《辽史》达廿年，本纪、志、传有初稿，《辽史》依之而成（《辽史·世表》与《后妃传序》及《历象志》皆常言此书）。

二、编纂法

元修辽史时有名史家，如欧阳玄、揭傒斯、张起岩等，皆文学之士，故技术巧妙（《廿二史劄记》言，《辽史》诸表最善，表多则传可省，功大者自可立传，其余则传不胜传，列之以表，则省无限之笔墨。诚然也）。

《辽史》八表（《世表》、《皇子表》、《公主表》、《皇族表》、《外戚表》、《游幸表》、《部族表》、《属国表》）材料多出纪传（此乃一种史料，二种用法）。传之内容，亦多出本纪（最显著者，本纪卷九乾亨元年，耶律斜轸败宋兵，卷八十三《斜轸传》亦重叙此事）。可见其叠复矣。志之作法亦同（《营卫志》已载部族，而另有《部族表》。《兵卫志》以一县作一行，《百官志》以一官作一行，《乐志》以一器一调作一行）。

三、批评

后人所言之恶处，或即其优点（《四库》极诋其表，而其便当则在纪传之上，为研究辽史之钥。周中孚《郑堂读书记》评《辽史》言，称本国兵为辽兵，史成元代，何得言我）。

《辽史拾遗》（厉鹗，二十四卷，本纪十二、志四、表四、传三、外纪一卷），乾隆八年刊。补十八人传，欲仿《三国》而为之，史料不均，不可注入，乃别成一书。《四库》正史著录。引书达三百五十八种。引书非辽史本身材料，皆外国人记载辽之材料，有四种：（1）来往公使，（2）商贾，（3）间谍，（4）降人。至于引各州县志明人以前记载者，均后人根据以传者，其材料未必皆可靠。比较可据者，《契丹国志》中有两国来往文书及礼单。此外尚有流传的碑迹，如涿州云居寺有辽碑，京西大觉寺有辽清水院碑，《拾遗》尽行加以收入。其体例为释文体。

《辽史拾遗补》（五卷，清杨复吉，成于乾隆五十九年），厉为《拾遗》，未见《薛史》，且《契丹国志》、《宋元通鉴》弃之犹多。故以三书为纲，散见他书者，附见清人考证，悉加搜罗，为研究辽史好书。元修《辽史》，已见《契丹国志》（元苏天爵《滋溪文稿》卷二五中有《三史质疑》，已提到）。今《国志》材料，而《辽史》见而不收者何？

四、《辽史》之版本

《辽史》自始无善祖本，因此明监、清殿均不佳（最坏者为乾隆改译本及苏州改译本。《辽文存》、《辽文萃》均用改译本，时代所关也）。

百衲本（用元朝祖本，误字甚多，常有一“疑”字。宋刻南北八书有“疑”字，为小注。当时官刻时，以此字有疑而不能取好本改正，故注一“疑”字，以使人注意。《辽史》则常以“疑”作大字，能使人误为正文而不知。本纪十九第五页第十六行有“疑”字，改译本改“田”字作“屯田”，卷二十第五页第二行改“古”作“鲁古”。有此种改法，有对者，有不对者，其余错者如“廷”误“延”，“宫”误“官”，“徙”误“徒”，“萧”误“肃”或“箫”，皆是也）。

金　史

一百三十五卷，脱脱等撰。有《进金史表》，阿鲁图题名，成于至正四年十一月。据《顺帝纪》，至正三年三月诏修三史，计费时一年零八月也。内容百廿年事，三史进表皆见《圭斋集》，以此表可知其组织、作书年月及作史人物。三史之人，大体相同，而三史之不相同者，史料不一也。

一、史料之来源

金较辽后抚有汉人，既得河南，文教较辽为甚。

（一）自太祖、太宗以还，皆有实录（章宗尤喜文学，故《世宗实录》尤详也）。金亡于1234年，其史官元好问为《壬辰杂编》、杨奂为《天兴近鉴》，记亡国琐谈及末年之事。状元王鹗《汝南遗事》、刘祁《归潜志》今均存。史料不缺。金亡，元帅张柔入汴京，收《金实录》入燕京。中统初年，送入国史院。遗山求观，以其为遗臣，靳而不与，乃筑野史亭以记闻见，成《杂编》。

（二）金有国史（三品以上可有传，然多无事业功绩）。

（三）元遗山《中州集》十卷（诗之总集，人皆一小传，此为借诗存人，多为文人隐士，可补国史）。

（四）金文集存于今者九家，《九金人集》，光绪年间山东吴氏刻。九人者，王寂《拙轩集》六卷，赵秉文《滏水集》二十卷，王若虚《滹南遗老集》

四十五卷，李俊民《庄靖集》十卷，元好问《遗山集》四十卷（此五家《四库》著录，赵、王，元丛刻有），蔡松年《明秀集》三卷，段成己、克己《二妙集》，白朴《天籁集》二卷（九人八集也）。史料可谓足矣。

二、编纂法

有十四志，颇完备，有二表（宗室、交聘，均为编年）。纪、传、表、志材料多复（《廿二史考异》"海陵纪"、"后妃传"二条，详载重出之弊，有三四十条之多，尚不仅此也）。

三、后人对《金史》之批评

《四库提要》（以清与女真同源，且清初称后金帝国，有恭维之意。《金史》材料、地位较《辽》丰富多多，然又不似宋人遗书之多，可免芜繁遗漏，且又不致无所依据，可谓清新简洁之史）。

《廿二史劄记》（一传名氏不合一，其异传不同者更多，与《宋史》所载不同者尤多，故应有《三史同名录》。《宋》、《金》二史交涉，时多矛盾，本为同一时代所修，因时间短促，无暇考究，今应有《宋金史互证》）。

《金世宗实录》修于章宗时，故《世宗纪》最佳，不可不读［《世宗纪》卷七，大定十三年曰："汝辈自幼惟习汉人风俗，不知女直纯实之风，至于文字、语言，或不通晓，是忘本也。"五月，又禁女直人毋得译为汉姓。《世宗纪》卷八，大定二十三年六月："燕人自古忠直者鲜，辽兵至则从辽，宋人至则从宋，本朝至则从本朝，其俗诡随，有自来矣。虽屡经迁变而未尝残破者，凡以此也。"清高宗喜学世宗二事：（1）提倡保存本国风俗；（2）防止国人华化］。

《金源劄记》（施国祁，为南浔布贾，一生致力金史，《元遗山诗笺注》、《礼耕堂丛说》）。《劄记》出自《金史详校》，《详校》初未刻，以赀不足，并未见及祖本之故也。因取四千余条中有趣味者二百余条，加以排比分类，分三类印。1. 总裁失检［（1）记载非体，（2）颠倒年月，（3）传次先后，（4）附传非例，（5）复述世系，（6）滥传可删，（7）一事三见］；2. 纂修纰缪［（1）文无限断，（2）年次脱误，（3）互传不合，（4）阑入他事，（5）文笔稚累，（6）本名叠见］；3. 写刊错误［（1）脱载无考，（2）倒脱重刊，（3）小字误大，（4）大字误小，（5）脱朔，（6）月讹日讹，（7）字讹］。

《吉贝居（布铺之名）暇唱》（时有小注，谈及《金源》）。

《金史详校》（十卷，量多）。从前甚有名。可惜未见祖本，仅以数个普通本金人文集与所见书，以己之深思敏想校之，不只对校，且批评事迹纪传异同、文章通顺等。

元 史

二百一十卷，宋濂、王祎。洪武二年二月开局，八月书成，三年二月再开局，七月书成，前后十一个月。时间之短，成书之巨，廿四史中之首（《明史·艺文志》著录二百一十二卷，因合目录二卷）。明洪武刊本，有洪武二年八月第一次李善长《进元史表》（殿本无此），称本纪三十七，志五十三，表六，传六十三，目录二。目录末后有洪武三年十月宋濂后记（殿本亦无），云二次成书，本纪十，志五，表二，传三十六。前后相合，传当为九十九（然今九十七，有二卷叙而未另为卷也）；表当为八，仍为六；志当五十八，仍五十三（因分上下之故）。陈垣曰："凡表与志分上下卷，即二次所续。"本纪续十卷（《顺帝纪》也），志续五卷（五行、河渠、祭祀、百官、食货，皆分上下），表续二卷（三公一、宰相一），传续三十六（不可考，大约顺帝诸臣传皆为后来续，今传卷三二以前为蒙古、色目人，三三以后为汉人。赵翼以为三二前为第一次进呈，三三后为第二次进呈，误矣。《西域人华化考》云：凡冠汉姓者为汉人，译音为蒙古、色目人）。《元史》传多，重出不一，以续时失检，除总裁赵壎，均易新人。殿本撰人惟题宋濂，当题宋、王二人。

《元史》殿本不能用（卷三六《文宗纪》重出卷四十《顺宗纪》一页。卷五三《历志》十四、十五、十六错简，且行款亦乱。卷七五《祭祀志》十一页漏二行，卷九九《兵志》末页漏一行，卷一四〇《达识帖睦迩传》十四页漏二行）。

一、《元史》之史料

据李善长表，自太祖至宁宗，皆据十三朝实录。

十三朝者，太祖、太宗、定宗、宪宗、世祖、成宗、武宗、仁宗、英宗、泰定（晋宗）、明宗、文宗、宁宗。顺帝三十年无实录（二次所续即此三十年之事也）。

元自世祖始有史官（中统、至元之间），灭宋后作《平金录》、《平宋录》。

成宗方修《世祖实录》，后追修前四朝实录（材料甚缺乏，无档案可稽），世祖后有实录（故《世祖纪》极好）。仁宗时修《武宗实录》（并修累朝后妃、功臣列传）。英宗修《仁宗实录》（并修后妃、功臣列传）。成、武时有《制诰录》。

各志依元《经世大典》（类宋之会要）。

传，功臣列传外，各家文集、传状、碑铭（钱竹汀《补元史艺文志》四卷）。

总之，元自平宋（至元十三年）后材料不缺。

二、编纂法

洪武刊本卷首有《纂修元史凡例》五条：

（一）本纪，按两汉本纪，事实与言辞并载，兼有《书》、《春秋》之义。及唐本纪，则书法严谨，全仿乎《春秋》。今修《元史》，本纪准两汉史。

（二）志，按历代史志为法，间有不同。至唐志，则悉以事实组织成篇，考核之际，学者惮之。惟近代《宋史》所志，条分件列，览者易见。今修《元史》，志准《宋史》。

（三）表，按汉、唐史表所载为详，而《三国志》、《五代史》则无之。唯《辽》、《金史》据所可考者作表，不计详略。今修《元史》，表准《辽》、《金史》。

（四）列传，按史传之目，冠以后妃，尊也；次以宗室诸王，亲也；次以一代诸臣，善恶之总也；次以叛逆，成败之归也；次以四夷，王化之及也。然诸臣之传，历代名目又自增减不同。今修《元史》，传准历代史而参酌之。

（五）历代史书，纪、志、表、传之末，各有论赞之辞。今修《元史》，不作论赞，但据事直书，具文见意，使其善恶自见，准《春秋》及钦奉圣旨事意。

《廿二史劄记》“《元史》列传详记月日”，有纪甲子者，有纪一二三者，保存档案原文多，经史笔删润甚少。

《元史》诏旨，雅俗不同［卷一二四《忙哥撒儿传》有一极古雅诏书，全学《尚书》（宪宗三年，尚无年号）。卷二九《泰定纪》泰定元年登极诏书，全为白话，由蒙古文翻出，可见当时文体。《四库》本，改译本，改作文言，失本来面目。惟同文本犹作白话）］。

三、后人对《元史》之批评

《元史》初出，即不能满人意［朱右《元史补遗》、解缙《元史正误》、胡粹中《元史续编》（此书本为七十七卷，《四库》编年类著录十六卷，不全）。此三书均不存］。顾炎武《日知录》卷二六、朱彝尊《曝书亭集》卷三二、钱大昕《元史考异》卷九、赵翼《廿二史劄记》卷二九均有批评。原书议论归纳之，可成四点：

（一）重复（有十八人之多，非尽相同，有小出入，可以互相对勘，于《元史》不佳，于后人可多得史料）。

（二）疏舛（小错误，各史均然，又何独《元史》哉）。

（三）因仍史牍之文（颇可保存元代古文之程式）。

（四）名氏不划一（以翻译之故，待后人补救）。

四、清人修元史运动

《元史类编》，邵远平，四十二卷。《四朝别史》本。《四库》不著录，亦不存目。其书志在续远平高祖经邦《弘简录》。经邦，明嘉靖中人，删唐宋正史，编为二百五十卷。宋郑樵《通志》，本纪、列传至隋，至以《唐书》为官修，不易。经邦续之，又以《元》为官修，故至宋止。无略，故不名“续通志”，而曰“弘简录”。《类编》体例一仍《弘简》，有纪传，无略。于元史史料增加，偶然注出处，儒林、文苑增加尤多。研究元史，固不可或阙也。《曝书亭集》卷三五有此书序（《别史》本无）。

《元史新编》，魏源（道咸时人）。九十五卷，为未成之书，后人为之补辑。光绪三十一年出版。本纪、列传、表、志，均有体例。列传分朝事记载，其名目可分：（1）开国武臣，（2）开国相臣，（3）开国文臣，（4）平金功臣，（5）平蜀功臣，（6）平宋功臣，（7）世祖相臣，（8）世祖文臣，（9）世祖言臣，（10）治历治水漕运诸臣，（11）平叛藩诸臣，（12）平南夷东夷诸臣，（13）中叶相臣，（14）中叶文臣，（15）中叶言臣，（16）天历交兵诸臣，（17）元末相臣，（18）元末文臣，（19）元末言臣，（20）至正讨贼诸臣，（21）儒林，（22）文苑。眉目清楚，兼纪事本末之体，可以为工具。然默深以才气过大，下笔便错，兹就其《进呈表》（拟而未进）言之：（1）《元史》八月成书（《元史》二月开始，八月成书，非首尾八月也）；（2）钱大昕《元史经籍志》（大昕有《元史艺文志》。经籍、艺文，其意虽一，然不得易定名）；（3）《元史类编》《四库》置入别史（实则未也，即《弘简录》亦无，仅别集类有经邦《弘艺录》）。进表如此，他可知矣。名字一依旧史，不用改名，然狗驴丑字样皆改，可谓信道不笃。《凡例》中云，人名异译，择其善而从；众人同名，则斟酌选一，可谓进退失据。别为《名字异同表》以示大概。卷首有《元史语解略》，仿《辽》、《金》附《国语解》之例。然又强不知以为知，如也里可温，当为天主教徒，易也为耶，释为回教之阿衡，又云《元典章》称先生（元称道士为先生）为也里可温，皆误。总之，《元史新编》可作研究元史之工具而不能引用。

《元史译文证补》，洪钧，三十卷，未成之书。光绪二十三年刻本。开始采用外国新材料，开史界新局面。洪氏本研究西北地理，光绪十五年奉命出使俄、德、荷、奥四国，驻在三年，利用馆员并各国使臣翻译波斯人拉斯特及法国多桑著作。所补多西北诸藩与西域各传材料，自加双行小注，考证异同。

《元书》，曾廉，一百二卷，湖南举人。宣统三年刻。有纪、传、志，无表，末一卷有自序，分上下卷。古文学司马迁、欧阳修，又以同乡关系，学屈原、魏源。自序始曾氏受姓，以至于廉。廉为邵阳人，在本县爱莲书院任山长。戊戌有上万言书，为反对新政之一人。又加入数篇文字（《韩原赋》、《庐元赋》、《掘阅园记》、《梳草堂记》），学欧阳修。有《元书叙目》，以《元史》为基本材料，以《类编》为新增史料，以《新编》为参考，而出以司马、欧阳文笔，故颇条达。

《蒙兀儿史记》，屠寄，一百六十卷。民初先出十册，又出四册，都十四册。其始书口未刻卷次，为一未定稿。至民二十三年，由其后人续刻成一百六十卷，分订为二十八册。其先出十册共五十七卷，后出四册二十二卷，民初出七十九卷。后印一百六十卷，有目无书者十四卷，仍初印而不改者五十卷，改造者三十卷，续出者六十六卷。先印第十四册《丞相伯颜传》有附传二十三人，后印分散各卷内，知后来改造甚大。《阿术传》附七人，《阿里海牙传》附十一人，今本分刊各处。但有应去而未去者，即成重出，有应增而未增者，有目无书，又有有书无目者。此书不囿于元，故不名之曰元，而曰蒙兀儿（盖元灭金后，方名为元）。其书能续《译文证补》推广。全书得其子之译力，不取殿本译名，所用译名取其最早，故用蒙兀儿。其他所用，多取《秘史》（《秘史》较《元史》前，而译在《元史》后十余年），不如直用《元史》常用之名，庶避《元史》语尾变化之拙。元太宗，《元史》称窝阔台，此称斡歌歹；定宗，《元史》称贵由，此称古余克；宪宗，《元史》称蒙哥，此称蒙格：均标奇立异。此书有考、证、注、点、读。续出六十六卷，多改旧史文句，以成新传。用者不能离旧史而用数百年后之新史。

《新元史》二百五十七卷，柯劭忞，通行本订六十册。民国九年，奉大总统令刊入正史。民十一出版，由徐氏退耕堂刊。卷首有大总统命令，无年月；又有教部呈文，亦无年月。昭和十三年，日本京都研究所汉籍目录对《新元史》下注云：民国□年出版，此书有纪、传、表、志；于外国书籍，取材于洪钧已刊、未刊之著作，此得之陆润庠家中，本国史料，多来自《永乐大典》；后有考证，仅一、二卷刊之。此可见史料来源。

《新元史考证》一册，柯昌泗以家存旧稿著，然亦无年月。《新元史》不注出处，无注，无句读，卷末《考证》又被削，殊为可惜。此书新增传甚多。陈垣《七家元史类目》，旧史有传而未见新史者，有四人：（1）谭资荣（为谭澄之父，在新一七四），旧一六七，新史无，或以见子传；（2）任速哥，旧一八四，新无，《蒙兀儿史记》有此人，无目；（3）胡长孺，旧一九〇《儒学传》，新无；（4）靳昺，旧一九八《孝友传》，新无。又有重复者：（1）卷二三四《儒林传》敬瑛，字文书，谥文献，卷二四一《隐逸传》杜瑛，字文玉，谥文献，均为霸州人，隐居河南缑氏县，所著书一样，《春秋地理原委》等；（2）《儒林传·许谦传》附有张枢传，为金华人，《隐逸·杜本传》亦附有张枢传，且二人之传相隔不远，当留一去一。

民十三，日本东京帝国大学教授会以论文提出赠柯先生为博士，审查报告书称此论文特色有三：（1）参照西方史料，如拉斯特、多桑等多家著作，以补旧史缺漏；（2）参考《元朝秘史》以补订《元史》缺误；（3）参照《经世大典》集部与《元典章》之类补旧志之缺。略可指摘者二：（1）取舍增删之处，未尽得宜。如关于禁止汉人武器之事，可见元时对汉人政策之一斑，本论文一概省略之。《艺文志》可以征一代之文献，本论文亦未补用也里可温等记载，未能较旧史加强。此为遗憾一。（2）考证究索，尚有未尽之处，举出年代、地理。此为遗憾之二。结论：虽有二条遗憾，而不能掩三大特色。《元史类编》长处在博引旁搜，短处在繁烦枝蔓之史；《新编》长处在文章雅洁，论断明快，短处在记事简略，史实不备；此论文兼有二书之长而无二书之短，自非学识该博，精力绝伦，不能得此。根据以上理由，认为作者有可授文学博士学位之资格。《“中央研究院历史语言研究所”集刊》第七本第三分，陈叔陶有《新元史本证》。

明 史

三百三十二卷，张廷玉等撰，《提要》合目录言三百三十六卷。

《明史》与《明史稿》之比较

	《明史》	《明史稿》	《明史》所增
卷数	332	310	22
本纪	24	19	5
志	75	77	–2
表	13	9	4
传	220	205	15

顺治二年诏冯铨等六人修《明史》，八年饬各省采进遗书。康熙十八年复诏修《明史》，以弘博诸臣任之。《提要》云修《明史》始于此年，误也。康熙五十三年王鸿绪进呈《明史稿》列传二百五卷，雍正元年续进纪、志、表，合传共三百一十卷。《提要》云《史稿》三百一十卷，惟帝纪未成，此说亦可谓误。雍正二年诏就鸿绪稿再修，乾隆四年成，自始修至此九十五年，为历朝撰修最近之一部。

一、《明史》之史料

史料大部以实录为蓝本（崇祯无实录）。民三十一年南京影印《明实录》五百册，就史料而论，极充实。但自万历以后因与清有关，多忌讳。近人有倡修万历后六十年明史。

二、编纂法

以非出一人之手，故意见不一。《嘉业堂丛书》中有《明史例案》一书，颇可窥出修《明史》时诸撰者意见分歧。《明史》不喜采子孙附传之例，而喜用同事附传之例。卷二九六《孝义传》载人名七百余，仿《新唐书》，以为简括，按年分类为“洪武间则有××县××人……永乐间……”。卷一八九《夏良胜传》附谏正德南巡臣百四十余人，无县名。卷一九一《何孟春传》附争大礼者百四五十人，不点句，颇难读。汪辉祖《史姓韵编》将崔桐、叶桂章（正德十二年进士，见题名录）误为崔桐叶及桂章，结果有崔、桂二明人，而无叶姓者矣。《艺文志》不载前代书籍，采《史通》之议论，无法考知前代古书之存在。又多

重复，经部小学类劝学门有文皇后《劝善书》，杂家有仁孝皇后《劝善书》；多遗漏，丘濬《大学衍义补》一百六十卷，曾进呈，而儒家类无此书。

三、清人之批评

钱竹汀先生《考异》无批评，以本朝书也。赵翼《劄记》目录“周延儒之入奸臣传”条下略不当，“刘基廖永忠等传”条下略歧异，“乔允升刘之凤二传”条下略重复。标题含蓄有意，所谓微词讥讽也。

魏源《古微堂集》有《书明史稿后》，“《食货》、《兵政》诸志，随文钞录，全不贯串，或一事有前无后，或一事有后无前，其疏略更非列传之比”，实则其批评者即《明史》也。

《方望溪先生集》有《万季野（斯同）墓表》，“季野所撰本纪、列传……其书俱存华亭王氏（王鸿绪）”，“惟诸志未就”。故明志出万先生手甚少，魏默深先生之批评《明史》诸志，定有所见。

《明史稿》二十卷，汤斌，今《明史》用之甚多。《太祖纪》四、《历志》三、《后妃传》一（十三人），列传十二（二八四人）。《明史》全采者七十三人，半采者七十三人。

编　年

汉　纪

三十卷，荀悦撰，《后汉书》卷六二有传。建安初年撰，至五年始成。官书而成于一人之手。史料以《汉书》为本，无新史料之可言，然以此书校《汉书》，则颇有用。

书传世愈广，雕版翻刻必多，行辈落后，此书甚高。

一、编纂法

书学《左传》，以编年为体，以表、志、传之事纳入本纪中，省览极便，无一事互见异同之弊。然言论文章，典章制度，势不能尽载，体例如此，固无奈何。严可均《全汉文》、徐天麟《两汉会要》可补此书所阙。

二、后人对此书之批评

《史通》甚推崇此书，《六家篇》以此书归入《左传》之首，《二体篇》亦称此书“历代保之，有逾本传”，“班、荀二体，角力争先”。实则此书为一工具书。

三、版本

佳本十分难得。康熙间蒋国祥本，末附《字句异同考》一卷，颇佳。光绪间钮永建《两汉纪校释》亦可看。

后汉纪

三十卷，东晋袁宏撰。《晋书·文苑传》有传。仿荀书而作，在《范书》之前，所采更博。其成书较荀为难，八年成，无所依据，且为私人书，故难。

史料

东晋以前有关后汉史料，此书多加采摘，出书在范前，然《范书》搜罗甚博，文章优美，袁之美处，悉为所掩，然终不能废。《史通》以此书配《荀纪》及《范书》。

华峤《后汉书》有《郎传论》、《丁鸿传论》、《皇甫嵩传论》，此三论皆为《汉纪》引用。然汪文台《辑佚书》此三论以未见，故未辑入。前人得书，可谓难矣。吾辈能不策励乎（《后汉纪》郎十八、丁十三、皇甫二七）？

西汉年纪

三十卷，南宋王益之，今本辑自《永乐大典》。《四库》本，扫叶山房本。《书目答问》低一格置之，不甚重视。此书虽出《通鉴》之后，然注出处，又有考异在本条之下，有鉴论（批评）《提要》云《大典》本不载鉴论，实则《西汉年纪》中低二格者，即鉴论也，《提要》误。此书便利读《汉书》、《通鉴》二书。

资治通鉴

二百九十四卷，记一千三百六十二年事，十九年成书。志在续《左传》，自三家分晋起。根据十七史、荀袁二纪。高似孙《纬略》卷十二云《通鉴》正史之外，引书三百二十二种。别本作二百二十二种。《提要》引三百二十二，《考异》引二百七十二，胡元常刻《通鉴》引用书目亦二百七十二家。

一、编纂法

化纪传为编年，先作长编，将诸事分朝，将一朝事分年号，将一年号分几年，将一年分月，将月分日，不知月者置于某年之后，不知年者略附某年后，黏接而成可丈余。统一年号，用末一年号。朱子反对不用甲子，而以《尔雅》岁阳岁名纪年。此其体例也。司马温公有三助手，刘攽两汉，刘恕三国、南北朝、五代，范祖禹唐。《四库提要》史评类云：《史》、《汉》属刘攽，魏晋南北朝属刘恕，唐、五代属范祖禹。云引邵氏《闻见录》，然《闻见录》无此语，当为根据晁说之《嵩山文集》所语，此盖误也。陈汉章尚为之辨释，益误矣。

二、编纂得失

《通鉴》得失，严衍《通鉴补》有谈允厚序，举其七病：一漏、二复、三紊、四杂、五误、六执、七诬。

注目在君主，故云“资治”。所为，告以如何保守其国。

《通鉴考异》三十卷，以一事作一标题，而列其异同，专取《通鉴》中所有之事而有数种之说法者，温公皆一一考证而最后取一合理者。此种方法确为温公慧眼独然，前此所未有者也。胡注将此散入原书下，有《四库》本、广雅局本、胡刻本。

《通鉴目录》三十卷，此目录并非总目，乃其间所记事实之细目也。真不啻为一大事年表，其书排列参差不齐，年号不正确，不用甲子，为其缺憾。

《通鉴》胡注，言《通鉴》者必连及胡注，盖读《通鉴》于前半，两汉、三国于正史皆有注解，然后半南北朝无注，胡补此缺。

《通鉴补》，清初严衍著。其书以十七史校补《通鉴》之缺。其书有凡例，一曰严正统（以蜀为正统），二曰存残统（不以新易者当其位），此为严于补外之特殊用意。其余则多为补矣，补可分为三：一曰补事，二曰补文章（多书原来文章，又补史断注释），三曰补人物（补陶潜、杜甫，分隐逸、贤媛，补年号、僭主姓名、灾异等，艺术家、老释又补卒年生月）。

续资治通鉴长编

五百二十卷，李焘撰。李为南宋初年人，字仁甫，《宋史》有传。此书陈《录》、《宋志》皆作百六十八卷。徐乾学所藏本为百七十五卷。其实卷数多寡，实不足定。其书所以名为长编者，示谦逊也。《癸辛杂识》尝言李著《长编》，所用之术，其法即抽屉法，四十年而成书，可补《宋史》之缺。

建炎以来系年要录

二百卷，李心传撰。《宋史》本传作《高宗系年录》，其实即此书。其书欲与李焘书连成一气，今已有刻本，惟《书目答问》刻书时（光绪元年刻）当增此书刻本。

纪事本末

续资治通鉴长编纪事本末

杨仲良撰。其书据《续资治通鉴长编》而作。《续资治通鉴长编拾补》六十卷，清黄以周撰。此书补杨书而作，浙江局本。

会　要

建炎以来朝野杂记

四十卷，李心传撰。《书目答问》置杂史类，《提要》置政书类。其书专记典章制度，分十三门，颇便当，体例与《系年要录》不同。此书叙高、孝、光、宁四朝事，《要录》仅高宗一代之事。有《函海》本、《适园丛书》本。

【附记】

1942年，我考入北平辅仁大学历史学系，从师新会陈垣先生，修“中国史学名著评论”一课，随听随记。课后整理订正，又用墨笔誊清，装订成册，藏于箧袋。历经劫难，幸获保存。时隔七十年，目睹讲稿，想见当年受业情景，缅怀师恩，不禁涕泗从之。

2012年冬，先师文孙智超教授，拟出版先师遗作“中国史学名著评论”讲课提纲。智超教授以提纲过于简要，难符后学渴求，遂遍访当年听课人中有无课堂记录较全者。我适保存有当年较完整的整理讲稿，于是智超邀我增加标点、查对引文后，附于陈师遗作之尾，供后学参考。逖听之下，以能附骥陈师遗作之后而兴奋。我虽年逾九十，精力衰退，目眊难于辨字，惟传承师教，弘扬师门，义何敢辞。乃尽三月之力，校对核正，粗作条理，稿成寄奉智超，祈其再加订正。庶励耘学术重得发扬，我又何幸获沾余光。间有难以订正存疑及整理不顺处，尚祈同道有以教正。是为附记。

学生来新夏时年九十一岁
二〇一三年仲春于南开大学邃谷

原载于《中国史学名著评论》　陈垣著　商务印书馆2014年版

汉唐改元释例

目录

第四章　嘉礼改元例

太孙弥月改元例

崇奉徽号改元例

第五章　祥瑞改元例

祥异改元例

符瑞改元例

第六章　去不祥改元例

划平内乱改元例

戡定外患改元例

天灾平改元例

疾病改元例

罪己改元例

第七章　播迁改元例

出幸改元例

还都改元例

迁都改元例

第八章　杂例

拟议不用例

废除年号例

同年二号三号例

多字年号例

史书异辞例

依旧君年号例

年号相同例

年号与干支俱同例

一君不二纪元例

一君多次改元例

序

往哲造书，各具厥例，后之读者，不达于此，每致扞格。惟例之所在，作者或不自言，一经指出，循是以求，未有不豁然冰释者也。此释例之书，后贤之所由作也。

年号一事，惟吾国所独创，其事肇自汉孝武。孝武前仅纪年而无号，孝文亦惟分前后而无年号。施及清季，历代上自朝廷，下至里社，书契记载，无不以之纪年，于是人皆便之而史家苦矣。

年号虽云始自汉孝武，而改之频数者无过于唐，揆其所以改元命名之故，隐隐中其来盖亦有自。余故检汉唐二代之年号，以正史为依归，参以旁籍，追本求原，得例凡三十四，分章为八，成《汉唐改元释例》。顾以读书不多，见闻未广，错综杂出，固比比皆是，而例之不当者，亦在所难免，惟于翻检年号者，或不无小补云尔。

凡　例

一、本篇之例以年号始于汉而改之数数无过于唐，故例均取汉唐二代，其例之不足者，方以别代实之。

二、引用史料以正史或完备正确之史料为正，其他说为副。

三、新旧唐书兼收并取，惟以简备者为正。

四、其因循例改年号者不为例，如岁首受贺之改元是也。

五、本篇例名多取成名，其无成名者，始辞由己出。

六、本篇凡副出之文，不书双行，仅低一格录之。

七、本篇所取史料，往往用于两例。

绪　论

《汉书律历志》曰：“元，典历始曰元。传曰：‘元，善之长也。’共养三德为善。又曰：‘元，体之长也。’合三体而为之原，故曰元。”其初惟以元建年纪始而已，其后颇重其事。赵翼《陔余丛考》卷二五曰："后世始以孔子书元年为春秋大法，遂以改元为重事。……董仲舒亦曰：春秋谓一元之意，万物所从始也。元者，辞之谓大也，谓一为元者，视大始而欲正本也，是建元为重事，由来久矣。"（《改元》）逮汉之文景，始有前后之称，施及孝武，肇制建元之号，此盖从有司言，元宜以祥瑞，不宜以一二数之议也。于是"上自朝廷，下至里社，书契记载，无不例之，诚千古不易之良法也"（《年号重袭》）。惟自此而后，则稍异于前，《册府元龟》卷一五曰："厥后，或章述德美，昭著祥异；或弭灾厌胜，计功称伐；或一号而不易；或一岁而屡改。其有矫时遵古，但纪岁历者，亦不远而复，斯乃前王因时立制，后代沿袭而不可易者也。"然自唐宋以还，名号繁滥，不易省纪。明太祖乃去易号之弊，仅用一号矣。

顾年号之所以命名，亦有其立意，总说大要，不外章德著异；察其细目，则各有不同。于是翻阅载籍，摭拾改元之由，惟汉唐二代为繁，因紬绎排比，以正史为主，参以群籍，条分类次，并其同者，区其异者，得例数十条，此亦可见年号改易原因之一斑也。

第一章　得国改元例

易朝改元例

国家升平既久，君民多耽淫乐，不思振作，穷极奢华，于是国匮民乏，乃伏乱基，加以政网脱结，治术不良，在位者未能经纬世务，惟事因循，而四民疲敝，百业凋落，散走四方，不堪其苦，遂各据形胜，相与聚集，转战海内，强弱兼并，当是时也，国家既镇抚无方，人民复饥寒交迫，因时逢会，草莽蜂起，于是凌弱暴寡，相互吞噬，终成独强，乃进而有问鼎之心。既得天下，乃改年号，示鼎命已移，咸与维新之意，固未有易代而不改元者也。其例曰：

建武　《后汉书》卷一上光武纪云："建武元年……六月己未，即皇帝位。燔燎告天，禋于六宗，望于群神。其祝文曰：'皇天上帝，后土神祇，眷顾降命，属秀黎元；为人父母，秀不敢当。群下百辟，不谋同辞，咸曰：王莽篡位，秀发愤兴兵，破王寻、王邑于昆阳，诛王郎、铜马于河北，平定天下，海内蒙恩，上当天地之心，下为元元所归。谶记曰：刘秀发兵捕不道，卯金修德为天子。秀犹固辞，至于再，至于三。群下佥曰：皇天大命，不可稽留，敢不敬承。’于是建元为建武，大赦天下。”

按：惠栋曰：济阳宫碑作乙未。

武德　《旧唐书》卷一高祖纪云：“（隋）义宁二年……五月……戊午……遣使持节、兼太保、刑部尚书、光禄大夫、梁郡公萧造，兼太尉、司农少卿裴之隐奉皇帝玺绶于高祖。高祖辞让，百僚上表劝进，至于再三，乃从之。隋帝逊于旧邸。改大兴殿为太极殿。甲子，高祖即皇帝位于太极殿，命刑部尚书萧造兼太尉，告于南郊，大赦天下，改隋义宁二年为唐武德元年。”

天授　《旧唐书》卷六则天皇后纪云：“载初元年……九月九日壬午，革唐命，改国号为周。改元为天授。”

又中宗纪云：“（神龙元年）二月甲寅，复国号，依旧为唐。”

继位改元例

旧君崩，嗣君继，多翌年改元，当年仍依旧君年号，盖以改元者，吉礼也，居丧何得便行吉礼，是以辽主隆绪因居母丧而拒群臣改元之请。故多逾年而改也。其例曰：

建宁　《后汉书》卷八灵帝纪云：“建宁元年，春正月……庚子，即皇帝位，年十二。改元建宁。”

嗣圣　《旧唐书》卷七中宗纪云：“弘道元年十二月，高宗崩，遗诏皇太子柩前即帝位。皇太后临朝称制，改元嗣圣。”

传位改元例

大抵君主之传位者，其原因不外乎四端：或居位年久，倦于宵旰；或年臻耄耋，精力不济；或迫于形势，不得不禅；或疾病扰身，不能理事，乃传重器于储君。此改元者所以庆国家权柄授受之大典也，其例曰：

至德　《新唐书》卷六肃宗纪云：“（天宝）十五载……七月……甲子，即皇帝位于灵武，尊皇帝曰上皇天帝，大赦，改元至德。”

永贞　《新唐书》卷七顺宗纪云："永贞元年八月庚子，立皇太子为皇帝，自称曰太上皇，辛丑，改元。"

僭位改元例

君位世及，斯为常制，即或君统中绝，亦当择宗室之近支继位，庶可免争立之弊；然或缘政事变幻，或以权臣擅柄，群拥不当立者继之，此所谓僭立也。为示区分，亦改元号，其例曰：

唐隆　《旧唐书》卷七中宗纪云："（景龙）四年……六月壬午，帝遇毒，崩于神龙殿，年五十五，秘不发丧，皇后新总庶政。……立温王重茂为皇太子。甲申，发丧于太极殿，宣遗制，皇太后临朝，大赦天下，改元为唐隆。"

反正改元例

承业为主，长于深宫之中，养于妇人之手，不达政情，惟务淫乐，遂委魁柄于阉寺，已则荒怠于嬉戏，小人得志，淆乱黑白，终日哓哓于内寝，施其伎俩，君主昏昏，为所蒙蔽，曲顺其意，久之成习，以为分所应当，一旦违其意，贪壑难填，遂生怒愤之心，寖至乱阶，于是干戈起于宫掖，叛端生于后庭，幽庸主于别所，聚宵小而乱政。至是京师紊乱，四民骚然，幸有股肱元臣，相与协谋，遂平乱事于宫墙，出幽主于深院，乃改元以庆其拨乱反正也，其例曰：

天复　《旧唐书》卷二十上昭宗纪云："天复元年，春正月，甲申朔，昭宗反正，登长乐门楼，受朝贺。……（四月）甲戌，天子有事于宗庙。是日，御长乐门，大赦天下，改元天复。"

第二章　废立改元例

废立君主改元例

君者，国之元首也，理万机，统百事，至尊至贵，何得而为人废立耶？此盖由君之庸弱昏昧，不谙治体之故。太甲不德，伊尹放之于桐，冀其悔过，此废君主之滥觞也。霍光受遗诏辅幼主，后以昌邑王贺淫乱，遂与丞相杨敞奉书太后而废之，此又太后废君之始也。其后权臣擅柄，多行此故智，然其事大都非起意于太后。迄夫有唐，武后以绝世英资，播九五于掌上，又复侈文，妄改元号，衰乱之世，固可慨也，其例曰：

文明 《旧唐书》卷六则天皇后纪云："嗣圣元年，春正月，甲申朔，改元。二月，戊午，废皇帝为庐陵王，幽于别所，仍改赐名哲。己未，立豫王轮为皇帝，令居于别殿，大赦天下，改元文明。"

废立储君改元例

太子者，国之储贰也，责在监抚，其任颇巨，关乎宗庙国家兴衰治乱之大故，不择其明察睿智、雄才大略者，诚无足以膺此任也，故册立为国之大典，乃改元以昭慎重。然亦有册立之后，或失爱君主，或才具低劣，或为谗间所构，遂遭废斥，亦有改元以示变易者，其例曰：

永宁 《后汉书》卷五安帝纪云："永宁元年……夏四月丙寅，立皇子保为皇太子，改元永宁。"

永隆 《旧唐书》卷五高宗纪下云："（调露二年八月）甲子，废皇太子贤为庶人，幽于别所。乙丑，立英王哲为皇太子，改调露二年为永隆元年。"

按：后汉顺帝之改元建康，唐高宗之改元显庆，睿宗之改元景云均属此例。

第三章 吉礼改元例

封禅改元例

封禅之说始见于《管子·封禅篇》，其名可谓尚矣。然封禅究何以而名也？《汉书·郊祀志》曰："齐人丁公，年九十余，曰：封禅者，古不死之名也。"唐王泾《大唐郊祀录》卷二曰："封者增高封厚之义，禅者明以成功相续，故以禅代为称。"是封禅之名，乃祈福告功之名也。其封禅之时多在四海升平，大功告成之后。《汉书·郊祀志》曰："元封元年冬，上议曰：古者先振兵释旅，然后封禅。”《白虎通》曰：“王者，易姓而起，故受命之日，改制应天，功成封禅，告太平也。”至于何地封禅，则恒取山岳高地也，郑玄《毛诗时迈笺》曰：“巡守告祭者，天子巡行邦国，至于方岳之下而封禅也。”唐王泾《大唐郊祀录》卷二曰：“故增封泰山之高以告天，祔社首之基以报地也。”是即丁公所云上封之意也。汉之封禅肇于武帝元封之登封泰山，其例曰：

元封　《前汉书》卷六汉武纪云：“（元封元年）夏四月癸卯，上还，登封泰山，降坐明堂。诏曰：朕以眇身承至尊，兢兢焉惟德菲薄，不明于礼乐，故用事八神。遭天地况施，著见景象，屑然如有闻。震于怪物，欲止不敢，遂登封泰山，至于梁父，然后升坛肃然。自新，嘉与士大夫更始，其以十月为元封元年。”

万岁登封　《旧唐书》卷六则天皇后纪云：“万岁登封元年腊月甲申，上登封于嵩岳，大赦天下，改元。”

按：唐高宗之乾封亦以封禅改。

享明堂改元例

明堂者，明政教之堂也。应劭曰“明堂者，所以正四时，出教化”，又可以祀上帝、祭祖先，故郑玄谓：“祭五帝五神于明堂也。”亦以朝诸侯而别尊卑，故《汉书·申公传》云：“（赵）绾、（王）臧请立明堂以朝诸侯。”《礼记》云：“明堂者，明诸侯之尊卑也。”至其制度则王泾《大唐郊祀录》已明言之曰：“明堂制度，历代不同。……夏后氏曰世室……周人曰明堂……蔡邕以为明堂与太庙为一。又马宫以议行时令。卢植兼之望云气。……皇唐典制依周礼，以五室为准。”其典制可谓重矣。国之大事，恒行于此，故改元以昭郑重也。其例曰：

永和　《后汉书》卷六顺冲质帝纪云：“（顺帝）永和元年春正月……己巳，宗祀明堂，登灵台，改元永和。”

按：顺帝汉安亦以享明堂改。

永昌　《旧唐书》卷六则天皇后纪云：“永昌元年春正月，神皇亲享明堂，大赦天下，改元。”

按：则天皇后万岁通天及圣历二号亦皆以享明堂改。

大赦改元例

国家有旷典大庆，辄予大赦，式敷在宥之泽，乃改元号以示恩施也。其例曰：

元兴　《后汉书》卷四和殇帝纪云："（和帝）元兴元年……夏四月，庚午，大赦天下，改元元兴。"

按：后汉顺帝阳嘉，桓帝和平、元嘉、永兴、永寿、延熹、永康，灵帝熹平、光和、中平，献帝永汉、兴平皆以大赦改元。

调露　《旧唐书》卷五高宗纪下云："（仪凤四年）六月辛亥，制大赦天下，改仪凤四年为调露元年。"

按：唐则天皇后长寿，中宗神龙，睿宗太极，玄宗天宝，代宗永泰、大历，文宗太和均以大赦改元。

又《旧唐书》卷十七上文宗纪作改元太和，而《新唐书》、《通鉴》及《玉海》均作大和。

改革制度改元例

语云："先王之法不可以治今"，故虽前代尽美尽善之成法，然卒以自然之趋势、行政之需要、民俗之转变而不得不有所改易，为引人注意，遂改元以新耳目。其例曰：

太初　《汉书·郊祀志下》云："夏，汉改历，以正月为岁首，而色上黄，官更印章以五字，因为太初元年。"

按：《律历志》具载改元诏书。

载初　《旧唐书》卷六则天皇后纪云："载初元年，春正月，神皇亲享明堂，大赦天下，依周制建子月为正月，改永昌元年十一月为载初元年正月，十二月为腊月，改旧正月为一月。"

有事郊庙改元例

郊者，天子亲祀上帝于郊，郑玄云："郊谓祭上帝于南郊。"历代君主，皆甚重之，视为大典。《汉书·郊祀志》曰："成帝初即位，丞相衡、御史大夫谭奏言：帝王之事，莫大乎承天之序，承天之序莫重于郊祀，故圣王尽心极虑以建其制。"王泾《大唐郊祀录》卷四则曰："夫郊天之礼，有国之大事，圣人之教，垂训莫不务焉。"盖以其为万人求福报功之道也。至郊祀之处所，《汉书·郊祀志》已明言之云："郊处各在圣王所都之南北……故圣王制祭天地之礼，必于国郊。"又曰："祭天于南郊，就阳之义也；瘗地于北郊，即阴之象也。"是祀天地之所，又有别焉。庙者，宗庙之意也。《礼记·祭法》曰："王立七庙，曰考庙、曰王考庙、曰皇考庙、曰显考庙、曰祖考庙，皆月祭之远庙，为祧有二，祧享尝乃止。"故凡有国者皆立宗庙，除月祭之外，有四时之祭，而巡狩天下及告成功者必多有事于宗庙，即《尚书》所谓归格于艺祖，用特之处也。由是言之，郊庙之有事，其典不可谓不盛矣，是又乌得不改元哉？其例曰：

建安　《后汉书》卷九献帝纪云："建安元年，春正月，癸酉，郊祀上帝于安邑，大赦天下，改元建安。"

延和　《旧唐书》卷七睿宗纪云："（景云三年）五月，戊寅，亲祀北郊；辛未，大赦天下，改元为延和。"

按：唐穆宗长庆、敬宗宝历、武宗会昌、宣宗大中，懿宗咸通及僖宗乾符诸年号均以有事郊庙而改。

第四章　嘉礼改元例

太孙弥月改元例

太孙之于皇统，固不若太子之重要。然民间育孙犹相庆贺，况帝王之家乎？盖一则绵延宗族，二则可免将来发生君位继承问题，乃致兄弟阋于内墙，干戈操于同室，而动摇立国之基。职是之故，太孙之诞育亦当称国家之吉庆，及其弥月，爰改年号，此犹民间弥月之相庆也。其例曰：

永淳　《旧唐书》卷五高宗纪下云："永淳元年……二月，癸未，以太子诞皇孙满月，大赦，改开耀二年为永淳元年。"

崇奉徽号改元例

为君主表功纪德多加尊号以显丰功。崇奉徽号之情形大抵可分三种：一为追尊已亡诸皇作为，述祖德也；一为进奉于太上皇以示尊崇而娱亲心也；一为加之于本身以矜夸功德也。此种徽号或由帝王自奉，或由群臣进奉，当此大典，自应改元，其例曰：

上元　《旧唐书》卷五高宗纪下云："（咸亨五年）秋八月，壬辰，追尊宣简公为宣皇帝，懿王为光皇帝，太祖武皇帝为高祖神尧皇帝，太宗文皇帝为文武圣皇帝，太穆皇后为太祖神皇后，文德皇后为文德圣皇后。皇帝称天皇，皇后称天后，改咸亨五年为上元元年。"

按：有唐诸帝多有尊号，则天皇后之称越古金轮圣神皇帝，中宗之称应天神龙，韦后之称顺天翊圣，玄宗之称开元神武皇帝、太上至道圣皇大帝，代宗之称宝应元圣文武皇帝，顺宗之称应乾圣寿太上皇，昭宗之称圣文睿德光武弘孝皇帝，而延载、证圣、天册万岁、景龙、乾元、广德、元和、大顺诸元号皆以上尊号而改。

第五章　祥瑞改元例

祥异改元例

祥异之生，盖由自然之变化，绝不关乎吉凶否泰。惟古昔之时，民智闭塞，未烛物理，稍遇祥异，视为骇然，丞相至以奏闻，万民因之疑惧，而君主为逞一己之私权，假神道以设教，故作说辞以欺庶黎，因改元以重其事，其例曰：

元光　《前汉书》卷六武帝纪师古注云："臣瓒曰：以三星见，故为元光。"

咸亨　《旧唐书》卷五高宗纪下云："（总章三年春二月）癸丑，日色出如赭。三月，甲戌朔，大赦，改元为咸亨元年。”

光宅 《旧唐书》卷六则天皇后纪云：“（嗣圣元年七月）彗星见西北方，长二丈余，经三十三日乃灭。九月，大赦天下，改元为光宅。”

日食之异，尤为时君所注意。朱文鑫《历代日食考》绪论云：“我国日食，始载书诗。春秋以后，史不绝书，历法疏密，验在交食，足证古人之重视日食，较彗星流陨为尤甚。”明徐光启言：“日食自汉至隋凡二百九十三，唐代凡一百一十，其数可谓多矣。”亦有因是而改元者，其例曰：

延康 《后汉书》卷九献帝纪云：“（建安二十五年）二月丁未，朔，日有食之。三月，改元延康。”

开耀 《旧唐书》卷五高宗纪下云：“（永隆二年）冬十月丙寅，朔，日有食之。乙丑，改永隆二年为开耀元年。”

按：唐之如意、久视、开成诸号皆以日食改元。

天时变异之外，动物亦显灵异，为纪其事，爰及改元，其例曰：

元狩 《前汉书》卷六武帝纪云：“元狩元年，冬十月，行幸雍，祠五畤，获白麟，作白麟之歌。”师古注云：“应劭曰：获白麟，因改元曰元狩也。”

按：此议似出自终军。《终军传》云：“元狩元年，上幸雍，祠五畤，获白麟奇木，博谋群臣。终军对曰：宜因昭时令日，改定吉元，苴白茅于江淮，发嘉号于营邱，以应缉熙，使著事者有纪焉。”

又按：汉昭之元凤，汉宣之五凤、黄龙皆以此改元。

龙朔 《旧唐书》卷四高宗纪上云：“（显庆六年）二月乙未，以益、绵等州皆言龙见，改元。曲赦洛州。龙朔元年，三月丙申，朔，改元。”

按：唐高宗之麟德、仪凤皆以此改元。

符瑞改元例

汉承秦后，盛倡五德阴阳之说，雅好符录谶纬之学。光武假赤伏符而中兴，于是衰乱之世，便佞之侣，希颜阿谀，不能明治体之大要，惟以符谶惑上，君固庸昧，偏听独任，遂有更新受命，改元易号之事。其例曰：

太初元将 《前汉书》卷十一哀帝纪云："（建平二年六月）待诏夏贺良等言赤精子之谶，汉家历运中衰，当再受命，宜改元易号。诏曰：汉兴二百载，历数开元。皇天降非才之祐，汉国再获受命之符，朕之不德，曷敢不通！夫基事之元命，必与天下自新，其大赦天下，以建平二年为太初元将元年。"

又或天降瑞物，即以为皇天储祉，于邦国诚莫大之吉庆也。乃尚瑞物之象而改其元。宋蔡絛《铁围山丛谈》云："虞夏而降，制器尚象，后世由汉武帝汾阴得宝鼎，因更其年元。"是自汉武始方以瑞物降而易元也。其例曰：

元鼎 《前汉书》卷六武帝纪云："（元鼎四年）六月，得宝鼎后土祠旁。"师古于元鼎元年下注云："应劭曰：得宝鼎故，因是改元。"

按：元鼎年号为武帝后来追加，得鼎实在元鼎四年。

宝应 《新唐书》卷六代宗纪云："元年，建巳月，肃宗寝疾，乃诏皇太子监国。而楚州献定国宝十有三，因曰：'楚者，太子之所封，今天降宝于楚，宜以建元'。乃以元年为宝应元年。"

按：肃宗曾废除年号，以上元三年为元年，后不果行。

第六章 去不祥改元例

划平内乱改元例

内乱之起，不外二端，其一权力相争，有取而代之之意；其二则因君暗臣庸，不明治术，以致民不聊生，草莽蜂起，当此之时，国基不稳，根本动摇，社稷危殆，朝不保夕矣。幸获敉平乱事，奠定国基，故改元以资庆祝，其例曰：

垂拱 《旧唐书》卷六则天后纪云："垂拱元年春正月，以敬业平，大赦天下，改元。"

按：《新唐书》记改元在正月丁未。

神龙　《新唐书》卷四中宗纪云："神龙元年正月，张柬之等以羽林兵讨乱。甲辰，皇太子监国，大赦，改元。"

广明　《旧唐书》卷十九下僖宗纪云："广明元年，春正月乙卯，朔，上御宣政殿，制曰：朕祇膺宝祚，嗣守宗祧，夙夜一心，勤劳八载，实欲驱黎元于仁寿，致华夏之昇平。而国步犹艰，群生寡遂，灾沴荐起，寇孽仍臻。窃弄干戈，连攻郡邑，虽输降款，未息狂谋。江右海南，疮痍既甚，湘湖荆汉，耕织屡空。言念彼羸，良深轸恻，我心未济，天道如何！赖近者严敕师徒，稍闻胜捷，皆明圣之潜祐，宁菲德以言功。属节变三阳，日当首岁，乃御正殿，爰命改元，况及发生，是宜在宥。自古继业守文之主，握图御宇之君，必自正月吉辰，发号施令，所以垂千年之懿范，固万代之弘基，莫不由斯道也。可改乾符七年为广明元年。"

戡定外患改元例

国政不修，敌邻生觊觎之心；边防废弛，外寇兴深入之举。措手不及，每致播越，生民涂炭，流离失所，斯可谓悲矣！惨矣！乃倾国力，发人夫以摧敌锋，终或戡平外患，四裔永宁，于是民生安堵，国力充沛，逢遇盛世，何得不改元易号，其例曰：

征和　《前汉书》卷六汉武纪师古注云："应劭曰：言征伐四夷而天下和平。"

竟宁　《前汉书》卷九元帝纪云："竟宁元年春正月，匈奴呼韩邪单于来朝。诏曰：'匈奴郅支单于背叛礼义，既伏其辜，呼韩邪单于不忘恩德，乡慕礼义，复修朝贺之礼，愿保塞传之无穷，边垂长无兵革之事，其改元为竟宁。'"

神功　《旧唐书》卷六则天皇后纪云："（万岁通天二年）九月，以契丹李尽灭等平，大赦天下，改元为神功。"

天灾平改元例

天灾之降，固非人力之所能止。城郭人民，伤毁死亡，殆无法以遏之也。幸而灾平，自当改元以志庆；设尚未戢，亦多改元以禳祓之。其例曰：

地节　《前汉书》卷八宣帝纪地节元年下师古注云："应劭曰：以先者地震、山崩水出，于是改年曰地节，欲令地得其节。"

河平　《前汉书》卷十成帝纪云："河平元年春三月，诏曰：河决东郡，流漂二州，校尉王延世隄塞辄平，其改元为河平。"

疾病改元例

君主握图御宇，抚临四民，统理万机，裁夺国是，其责綦重。或夙兴夜寐，劳疲心神而缠二竖；或长日淫乐，形神交煎而致恶疾。臣下为祛不祥而冀其康复，乃肇改元以祷于天。其例曰：

弘道　《旧唐书》卷五高宗纪下云："（永淳二年十一月）丁未，自奉天宫还东都，上疾甚，宰臣以下并不得谒见。十二月己酉，诏改永淳二年为弘道元年。"

久视　《旧唐书》卷六则天皇后纪云："（圣历三年）五月癸丑，上以所疾康复，大赦天下，改元为久视。"

罪己改元例

国家遭患乱灾迍，人主固不得辞其咎，乃多下诏罪己以维系涣散之人心，求得齐心同气，万民协力以绥邦国。其所以改元者，一则与民更始，一则本蘧氏四九之义，不咎既往。自今维新，特立新号以求区别。其例曰：

元和　《后汉书》卷三章帝纪云："（元和元年八月）癸酉，诏曰：'朕道化不德，吏政失和，元元未谕，抵罪于下。寇贼争心不息，边野邑屋不修，永维庶事，思稽厥衷，与凡百君子，共弘斯道。中心悠悠，将何以寄？其改建初九年为元和元年。'"

兴元　《旧唐书》卷十二德宗纪上云："兴元元年，春正月癸酉，朔，上在奉天行宫受朝贺。诏曰：'立政兴化，必在推诚；忘己济人，不吝改过。朕嗣服丕构，君临万邦，失守宗祧，越在草莽。不念率德，诚莫追于既往，永言思咎，期有复于将来。明征其义，以示天下。小子惧德不嗣，罔敢怠荒。然以长于深宫之中，暗于经国之务，积习易溺，居安忘危，不知稼穑之艰难，不恤征戍之劳苦，致泽靡下究，情不上通。事既壅隔，人怀疑阻。

犹昧省己，遂用兴戎，征师四方，转饷千里。赋车籍马，远近骚然；行赍居送，众庶劳止。力役不息，田莱多芜。暴令峻于诛求，疲民空于杼轴。转死沟壑，离去乡里，邑里丘墟，人烟断绝。天谴于上而朕不寤，人怨于下而朕不知，驯至乱阶，变起都邑，贼臣乘衅，肆逆滔天，曾莫愧畏，敢行凌逼。万品失序，九庙震惊，上累于祖宗，下负于蒸庶。痛心靦面，罪实在予，永言愧悼，若坠泉谷。赖天地降祐，人祇协谋；将相竭诚，爪牙宣力；群盗斯屏，皇维载张；将弘远图，必布新令。朕晨兴夕惕，惟省前非。乃者公卿百寮，用加虚美，以圣神文武之号，被蒙暗寡昧之躬，固辞不获，俯遂群议。昨因内省，良所瞿然。自今以后，中外书奏不得言圣神文武之号。今上元统历，献岁发祥，宜革纪年之号，式敷在宥之泽，可大赦天下，改建中五年为兴元元年。”

按：《陆宣公集》卷一具载此诏，则此诏当出陆贽之手。

第七章　播迁改元例

出幸改元例

变起仓卒，关防弛禁，乱者所至，向风披靡，遂得直抵国门。破竹之势，不可遏止。防者既无所依恃，节节败退。君主既屏障皆失，干城俱亡，京师岌岌可危，惟别宗庙，离畿辅，择良地而适以避锋刃之方锐。及驻跸某地，部署粗定，乃改元与民更新而祈邦宁。其例曰：

中和　《旧唐书》卷十九下僖宗纪云：“（中和元年）七月丁未，朔。乙卯，车驾至西蜀。丁巳，御成都府廨，改广明二年为中和元年。”

还都改元例

国君既遭忧患，致罹播越，离别京师，经年数载，终蒙天禧弘福，腹心协谋，发天下之师旅，振国家之疲卒，一举破贼，六合底定，君主乃得安然返銮，重履京师，告功宗庙，乃改元以志庆也。其例曰：

昭宁　《后汉书》卷八灵帝纪云："（光熹元年）八月戊辰，中常侍张让、段珪等杀大将军何进，于是虎贲中郎将袁术烧东西宫，攻诸宦者。庚午，张让、段珪等劫少帝及陈留王幸北宫德阳殿。何进部曲将吴匡与车骑将军何苗战于朱雀阙下，苗败斩之。辛未，司隶校尉袁绍勒兵收伪司隶校尉樊陵、河南尹许相及诸阉人，无少长皆斩之。让、珪等复劫少帝、陈留王走小平津。尚书卢植追让、珪等，斩数人，其余投河而死。帝与陈留王协夜步逐萤光行数里，得民间露车，共乘之。辛未，还宫。大赦天下，改元昭宁。"

光启　《旧唐书》卷十九下僖宗纪云："光启元年春正月丁巳，朔，车驾在成都府。己卯，僖宗自蜀还京。二月丁亥，朔。丙申，车驾次凤翔。三月丙辰，朔。丁卯，车驾至京师。己巳，御宣政殿，大赦，改元光启。"

按：唐僖宗之文德、唐昭宗之光化皆以回京师而改元。

迁都改元例

唐历二十主，惟高祖、太宗手自创业，边防安谧，市廛不惊。自是而后，或肇乱于妇人，或被扰于忧患。加之宫庭之中，阴人弄柄；方面之间，武人扬威。国步维艰，四海不靖。迄夫昭哀，藩镇之势滋盛，朝廷之权浸衰。朱晃出身亡命，因时逢会，跻膺重任，绾握虎符，积功以至使相，遂奠篡窃之基，惟恐长安立都既久，难行不法，乃命爪牙进迁都之议，以遂奸谋。既迁之后，乃兴改元以掩路人之议。其例曰：

天祐　《新唐书》卷十昭宗纪云："（天祐元年闰四月）甲辰，至自西都，享于太庙，大风，雨土。乙巳，大赦，改元。"

按：《旧唐书》昭宗纪具载改元诏文。

第八章　杂　例

拟议不用例

年号者，所以纪功德、志吉庆，以祈福于邦国者，然既改之后，反累出不祥，或年号之辞，未见尽美，不若不改，故又废之不用。其例曰：

通乾　《旧唐书》卷五高宗纪下云："（仪凤）三年四月丁亥，朔，以旱避正殿，亲录囚徒，悉原之。戊申，大赦，改来年正月一日为通乾。"

又云："（仪凤三年九月）癸亥，侍中张文瓘卒。丙寅，洮河道行军大总管中书令李敬玄、左卫大将军刘审礼等与吐蕃战于青海之上。王师败绩，审礼被俘。……十月丙午，徐州刺史密王元晓薨。闰十月戊寅，荧惑犯钩钤。十一月乙未，昏雾四塞，连夜不解。丙申，雨木冰。壬子，黄门侍郎、同中书门下三品来恒卒。十二月，诏停明年通乾之号，以反语不善故也。"

《通鉴》唐高宗纪云："仪凤三年四月戊申，赦天下，改来年元月通乾。十二月，诏停来年通乾之号，以反语不善故也。"

按：胡注曰："通乾反语为天穷。"

元庆　宋王应麟《玉海》："德宗拟改元元庆，复改贞元，盖合贞观、开元之名，从李泌言也。"

废除年号例

年号之始，本为便于纪岁，其后稍识祥异，号遂冗繁而不可纪。唐肃宗丁乱离之残，恶繁文不可以行久，矫枉过正，乃议废年号，惟以元二称之，惜乎其数不可以经久，其事终未能底成。其例曰：

上元　《旧唐书》卷十肃宗纪云："（上元二年九月）壬寅，制：朕获守丕业，敢忘谦冲？欲垂范而自我，亦去华而就实。其乾元大圣光天文武孝感等尊崇之称，何德以当之。钦若昊天，定时成岁，春秋五始，义在体元，惟以纪年，更元润色，至于汉武，饰以浮华，非前王之茂典，岂永代而作则。自今以后，朕号惟称皇帝，其年号但称元年，去上元之号。"

又有迭易数号，复废而用旧号者。其例曰：

中平　《后汉书》卷九献帝纪云："（中平六年，十二月戊戌）诏除光熹、昭宁、永汉三号，还复中平六年。"

同年二号三号例

年号之繁，无过汉唐，而以武后为尤甚，同年之中，多次改元，虽云有所立意，然政令棼紊，固非明君所应为也。其例曰：

汉

武帝　元鼎七年辛未，四月丙辰，诏改十月为元封元年。

昭帝　始元七年辛丑，八月改元元凤。

光武帝　建武三十二年丙辰，四月癸酉改元建武中元。

章帝　建初九年甲申，八月癸酉改元元和。

　　元和四年丁亥，七月壬戌改元章和。

和帝　永元十七年乙巳，四月庚午改元元兴。

安帝　元初七年庚申，四月丙寅改元永宁。

　　永宁二年辛酉，七月己卯改元建光。

　　建光二年壬戌，三月丙午改元延光。

顺帝　永建七年壬申，三月庚寅改元阳嘉。

　　汉安三年甲申，四月辛巳改元建康。

桓帝　元嘉三年癸巳，五月丙申改元永兴。

　　永寿四年戊戌，六月戊寅改元延熹。

　　延熹十年丁未，六月庚申改元永康。

灵帝　建宁五年壬子，五月己巳改元熹平。

　　熹平七年戊午，三月辛丑改元光和。

　　光和七年甲子，十二月己巳改元中平。

中平六年己巳，四月戊午，少帝改元光熹。八月辛未，又改元昭宁。九月甲戌，献帝改元永汉。十二月戊戌，诏除光熹、昭宁、永汉三号，复称中平六年。

唐

高宗　显庆六年辛酉，二月乙未改元龙朔。

　　（此据《新唐书》，《旧唐书》作三月丙申改元）

　　乾封三年戊辰，三月庚寅改元总章。

　　总章三年庚午，三月甲戌改元咸亨。

　　咸亨五年甲戌，八月壬辰改元上元。

　　上元三年丙子，十一月壬申改元仪凤。

　　仪凤四年己卯，六月辛亥改元调露。

　　调露二年庚辰，八月乙丑改元永隆。

永隆二年辛巳，十月乙丑改元开耀。

（此据《旧唐书》，《新唐书》作九月乙丑改元）

开耀二年壬午，二月癸未改元永淳。

永淳二年癸未，十二月丁巳改元弘道。

中宗　嗣圣元年甲申，二月壬子，豫王改元文明。

九月甲寅，武后改元光宅。

武后　永昌元年己丑，十一月庚辰朔，日南至，改为载初元年正月，以十二月为腊月。夏正月为一月。

载初元年庚寅，九月壬午改元天授。

天授三年壬辰，四月丙申改元如意。九月庚子改元长寿。

长寿三年甲午，五月甲午改元延载。

证圣元年乙未，九月甲寅改元天册万岁。

天册万岁二年丙申，腊月甲戌改元万岁登封。三月丁巳改元万岁通天。

万岁通天二年丁酉，九月壬辰改元神功。

圣历三年庚子，五月癸丑改元久视。

久视二年辛丑，正月丁丑改元大足。十月壬寅改元长安。

中宗　神龙三年丁未，九月庚子改元景龙。

景龙四年庚戌，六月甲申温王改元唐隆。

睿宗　景云三年壬子，正月己丑改元太极。五月辛巳改元延和。八月甲辰玄宗改元先天。

玄宗　先天二年癸丑，十二月庚寅改元开元。

天宝十五载丙申，七月甲子肃宗改元至德。

肃宗　至德三载戊戌，二月丁未改元乾元。

乾元三年庚子，闰四月己卯改元上元。

上元三年壬寅，建巳月甲子改元宝应。

代宗　永泰二年丙午，十一月甲子改元大历。

敬宗　宝历三年丁未，二月乙巳改元太和。

僖宗　广明二年辛丑，七月丁巳改元中和。

中和五年乙巳，三月己巳改元光启。

光启四年戊申，二月庚寅改元文德。

昭宗　乾宁五年戊午，八月甲子改元光化。

　　光化四年辛酉，四月丁丑改元天复。

　　天复四年甲子，闰四月乙巳改元天祐。

多字年号例

年号字数自以便于记用为贵，故其始也咸以二字为号，迨后滥施文字，遂有三字、四字以至六字之号，其章述德美，昭著祥异之意一也。徒为辞费，可称标奇立异，特录汉唐二代三字四字之纪元者。其例曰：

始建国　王莽元年，己巳。

征和后元　汉武帝五十二年，癸巳。

太初元将　汉哀帝二年，丙辰。

建武中元　后汉光武帝三十二年，丙辰。

天册万岁　唐武则天十二年，乙未。

万岁登封　唐武则天十二年，乙未。

万岁通天　唐武则天十三年，丙申。

中元克复　唐谯王李重福，庚戌。

至于六字纪元，汉唐二代无之，乃撷取二代以外者。其例曰：

南诏宣武帝隆舜

贞明承智大同　戊戌，公元878年。

嵯耶承智大同

夏景宗李元昊

天授礼法延祚　戊寅，公元1038年。

史书异辞例

史书年号，每有异辞，其明显者尚可一目了然，若年号偏僻，不晓其所以异辞之故，辄易混而不辨，以致考证纰缪，贻笑大方。其异辞之故，不外二端。其一为避讳而异辞，所取多为音义相近者，其例曰：

贞观　正观　　唐太宗

明黄瑜《双槐岁钞》卷四秦新名讳节云："宋仁宗名祯，讳贞为正，如贞观则曰正观，贞元则曰正元。"

按：由此可知贞观之异书正观，当自宋而后也。宋前文字书正观则非是。

显庆　明庆　光庆　永隆　永崇　　唐高宗

清顾炎武《日知录》卷二十三《以讳改年号》节云："唐中宗讳显，元宗讳隆基。唐人凡追称高宗显庆年号多云明庆；永隆年号多云永崇。"

按：清钱大昕《廿二史考异》卷五十八有所考定。

其二为秉笔者省文以致混淆，前贤已有所考证，其例曰：

后元　征和后元　　汉武帝

清顾炎武《日知录》卷二十《后元年》节云："汉文帝后元年，景帝中元年后元年，当时只是改为元年，后人追纪之为中为后耳。若武帝之后元年则自名之为后。光武之中元元年，梁武帝之中大通元年、中大同元年，则自名之为中，不可一例论也。"

按：王先谦《前汉书补注》有考。

中元　建武中元　　后汉光武帝

清王鸣盛《十七史商榷》三十《中元元年》节云："中元元年夏四月己卯，改元为中元。按祭祀志四月己卯，大赦天下，以建武三十二年为建武中元元年。此用四字纪元亦见东夷倭国传。传写误脱建武二字。钟渊映《历代建元考》采通鉴考异及胡三省注引洪适《隶释》，辨之甚详。"

按：《通鉴》卷四十四光武中元元年条胡注及王先谦《后汉书集解》均有考。

依旧君年号例

依旧君年号而不改者，其故有二：一因故君方崩，幼君嗣立，不逾年则多依旧号。明薛应旂《宋元通鉴》宋纪十六仁宗一云："初隆绪遭母丧，哀毁骨立，群臣请改元。隆绪曰：改元，吉礼也。居丧行吉礼，乃不孝子也。"母丧尚且如此，矧当谅闇之际乎？故不便改也。此例比比皆是，不胜枚举。其二则前后并无长幼世及之关系，仅以缅怀故君，当其自雄一方，多以故君年号为己年号，以示不奉新朝正朔，且假托故君威信以收纳人心，其依旧君年号者每达十数年之久，此非别有用心者，固莫肯为也。其例曰：

唐昭宗天复止四年，而前蜀王建称至七年十二月。

唐昭宣帝天祐止四年，而后唐庄宗称至二十年四月。秦李茂贞称至二十一年四月。吴杨渥、杨隆演称至十六年四月。

晋愍帝建兴止五年，而前凉张氏沿用至四十八年。

年号相同例

年号既繁，叠复自易。蜀宋之间数十年而已，乃重乾德之号。自来年号相复者多矣，清叶维庚《历代建元考》卷九具载其事，兹仅举例以明之。其例曰：

二同

元嘉　汉桓帝　宋文帝

永泰　唐代宗　齐明帝

三同

永元　汉和帝　前凉张茂　齐东昏侯

上元　唐高宗　唐肃宗　南诏异牟寻

四同

建初　汉章帝　成（汉）李特　后秦姚苌　西凉李暠

五同

甘露　汉宣帝　魏高贵乡公　吴归命侯　前秦苻坚　辽义宗

六同

永平　汉明帝　晋惠帝　北魏宣武帝　隋李密　高昌鞠玄喜　前蜀王建

七同

永兴　汉桓帝　晋惠帝　后赵冉闵　前秦苻坚　北魏明元帝　北魏孝武帝　明张惟元

八同

建平　汉哀帝　后赵石勒　后燕慕容盛　西燕慕容瑶　南燕慕容德宋刘义宣　北魏白亚栗斯　北魏元愉

上述异代雷同者，固不足奇，此或大臣不学而误蹈，或企前代盛世而故意重复者。然同一朝代犹有叠复者，此诚不可解也。虽云歆祖德而绍述，终违为政便民之至意。所幸如斯者犹鲜，尚可免史家之混淆也。其例曰：

上元　　唐高宗　唐肃宗

按：清赵翼《廿二史劄记》卷十九《唐有两上元年号》条于此深致非是称："至唐则高宗有上元年号，而肃宗亦以上元纪年。高之与肃，相去不过六七十年，耳目相接，朝臣岂无记忆，乃以子孙复其祖宗之号，此何谓耶？元顺帝慕元世祖创业致治而用其至元纪年，故当时有重纪至元之称。衰乱之朝，不知典信，固无论矣！"

又按：吾师朱师辙先生云："一朝年号之重复，实始于晋惠帝改元建武，已袭用汉光武年号。不久，元帝复用建元，相去不过十四年耳，尤为可嗤，何瓯北独讥唐乎？"

又按：晋惠帝改元建武在甲子七月庚申（304年），元帝改元建武则在丁丑三月辛卯（317年），前后相距十三年，而唐高宗改上元元年在甲戌八月壬辰（674年），肃宗改元上元则在庚子闰四月己卯（760年），相距有八十七年，较之建武，相隔犹远。

年号与干支俱同例

历代年号相同者众矣，已见上例。而改元在同一干支者亦众矣，可检纪元篇籍。惟年号既同，又在同一干支改元者鲜矣。有之则惟建平之号。其例曰：

建平　　汉哀帝　改元在乙卯（前6年）

白亚栗斯　改元在乙卯（415年）

按：白亚栗斯，胡人，北魏明元帝神瑞二年（415年）三月被河西饥胡推为单于，改元建平。四月为部下所废。

一君不二纪元例

夫君临天下当以便民为先，年号之立亦为便于书契记载。好事君主，罔识治体，动辄易元，甚至年易数元，朝令夕改，庶民无所依从。但亦有以一元终其世者则诏书律令既可不繁，而后之览者亦称便焉。其例曰：

汉明帝
永平　十八年
唐太宗
贞观　二十三年
唐宪宗
元和　十五年
唐宣宗
大中　十三年
唐懿宗
咸通　十四年

按：清吴肃公《改元考同》张潮跋称："通考历代之君止纪一元者，在汉则明帝……在唐则太宗、宪宗、宣宗、懿宗。"

一君多次改元例

年号所为纪年代、志吉庆，长垂久远以示功德者也。故凡遇足资纪念之事端，无不改元易号，此固情理之所允可也。然汉唐君主，多好事功，稍遭变易，即下有司议号矣。推考二代改元多次者可四五帝，汉有武帝，唐有高宗、武后及昭宗。兹谨依此数君易元多寡为序，录备参考。其例曰：

唐武后　　二十二年凡十八改元
光宅　甲申九月改　684年
垂拱　乙酉改　685年
永昌　己丑改　689年
载初　己丑十一月改，以十一月为正月，689年
天授　庚寅九月改　690年
如意　壬辰四月改　692年
长寿　壬辰九月改　692年
延载　甲午五月改　694年
证圣　乙未正月改　695年
天册万岁　乙未九月改　695年
万岁登封　乙未十二月改　695年

万岁通天　丙申三月改　696年
神功　丁酉九月改　697年
圣历　戊戌改　698年
久视　庚子五月改　700年
大足　辛丑正月改　701年
长安　辛丑十月改　701年
神龙　乙巳改　705年

按：《通鉴》二〇七卷唐中宗纪神龙元年注云："考异曰：新纪长安五年正月，太子监国改元。按则天实录：神龙元年正月，壬午朔，大赦改元。旧纪、唐历、统纪会要皆同。《纪元通谱》亦以神龙为武后年号，中宗因之，新纪误也。"

唐昭宗　十六年凡七改元
龙纪　己酉改　889年
大顺　庚戌改　890年
景福　壬子改　892年
乾宁　甲寅改　894年
光化　戊午八月改　898年
天复　辛酉四月改　901年
天祐　甲子闰四月改　904年
唐高宗　三十四年凡十五改元
永徽　庚戌改　650年
显庆　丙辰改　656年
龙朔　辛酉三月改　661年
麟德　甲子改　664年
乾封　丙寅改　666年
总章　戊辰三月改　668年
咸亨　庚午三月改　670年
上元　甲戌八月改　674年
仪凤　丙子十一月改　676年
调露　己卯六月改　679年

永隆　庚辰八月改　680年

开耀　辛巳九月改　681年

永淳　壬午二月改　682年

弘道　癸未十二月改　683年

通乾　仪凤三年戊寅（678年）四月，诏改明年为通乾元年，十二月罢通乾号

汉武帝　　五十四年凡十一改元

建元　辛丑改　前140年

元光　丁未改　前134年

元朔　癸丑改　前128年

元狩　己未改　前122年

元鼎　乙丑改　前116年

元封　辛未改　前110年

太初　丁丑改　前104年

天汉　辛巳改　前100年

太始　乙酉改　前96年

征和　己丑改　前92年

征和后元　（后元）　癸巳改　前88年

【说明】《汉唐改元释例》一文撰成于1946年，是我的大学毕业论文。这是我在研读援庵师释例诸作后所选的课题。因汉唐改元之举颇具典型，乃以汉唐二代为主，仿释例之体，撰成此篇。其间援庵师多有指导。毕业前夕，援庵师以指导教师身份口试时曾以“颇有作意”相勖。距今四十五年，犹恍如昨日。60年代后期，历年积稿虽经劫难，而此文草稿幸存，现缮录清本，内容一仍其旧。谨以习作，呈献于援庵师一百一十周年诞辰。缅怀师恩，略表寸忱，固不计其幼稚粗陋矣。

一九九一年二月识于邃谷

原载于《陈垣教授诞生百一十周年纪念文集》　暨南大学编　暨南大学出版社1994年版

论正史*

一

“一部十七史，从何说起？”这是宋朝名臣文天祥被俘后答复元朝孛罗丞相劝降时的反问。十七史是指从古至宋以前相连接的十七部史书。文天祥认为十七史中所记载千百年兴亡浮沉的是是非非不是三言两语说得清的。他这句话不但巧妙地回避了正面回答，而且嘲讽了元朝的胜利也只不过是一种改朝换代，没有什么值得论说的，表示他轻蔑对方的态度。文天祥所说的十七史是宋朝人对以往十七部连贯性史书的统称。宋朝以后，元明清三朝又按照新朝修旧朝史的惯例，编修了自宋至明的史书，清朝又辑录了《旧五代史》和增收了《旧唐书》而合为二十四部，被人统称为二十四史，一称正史。

二十四史包含着从《史记》到《明史》的二十四部史书。二十四史在清乾隆四十年（1775年）以后被正式定名为“正史”。从此，“二十四史”与“正史”成为同义语词了。但“正史”一词却在此以前就已使用。

最早使用“正史”一词的是梁阮孝绪的《正史削繁》九十四卷，此书虽佚，但见于《隋书·经籍志》著录。唐朝初年编修《隋书·经籍志》，开始在史部设正史类，把《史记》、《汉书》这类体例写成的纪传体史书列入这一类。但还没有确定一代仅一史的限制。基本上依体裁划分，只是一种图书分类，而不包含固定某史为正史之意；不过，从《隋志》著录情况看，已略含正统意味，如田融所

---

* 收入本书时将原题“二十四史”易为“论正史”，并作了一些订补。

撰《赵书》十卷是纪传体，但因赵非正统，遂不入正史而屏归霸史类。

唐初修《晋书》，由于唐太宗参加过《宣帝纪论》、《武帝纪论》、《陆机传论》和《王羲之传论》的历史人物评论工作，于是《晋书》便居十八家晋书之首，地位显然高于他籍，开后世于多本中选取一种做一朝史书代表的风气，使“正史”代表正统的含义进一步发展。但是，刘知幾的《史通》中仍以“正史”与“杂述”并举。他所谓的“正史”是指能记录一朝大典的史籍，而以正杂对称，足见“正史”地位还不是非常尊崇的。

《宋志》沿《隋志》旧例，列“正史类”于史部之首，并由政府陆续雕版，刊印了正史十七种。

清初修订明《艺文志》的“正史类”包括纪传和编年二体，打破了历来以纪传体为“正史”的惯例，同时也证明清初修明史时，“正史类”尚能随意变更所包含的内容。

清修《四库全书总目》不仅定二十四部纪传体史书为“正史”，而且还明确规定了“正史”的神圣地位。它在“正史类”的小序中说：

> 正史之名，见于《隋志》。至宋而定著十有七。明刊监版，合宋辽金元四史为二十有一。皇上钦定《明史》，又诏增《旧唐书》为二十有三。近搜罗四库，薛居正《旧五代史》得裒集成编，钦禀睿裁，与欧阳修书并列，共为二十有四。今并从官本校录，凡未经宸断者，则悉不滥登。盖正史体尊，义与经配，非悬诸令典，莫敢私增，所由与稗官野记异也。

从此，“正史”之名始具特定含义，它既有代表正统政权的意味，又有国定一史的含义。那么，“正史”究竟为什么如此受到重视？因为它确有超越其他史书的优点，也可以说，“正史”具有自己的特点。

其一，“正史”记载的对象是历史上的主要朝代。这些朝代大多是被认为正统的政权，相沿具有高于其他史书的地位。

其二，“正史”主要采用纪传体的编撰方式。纪传体有纪、传、志、表各种形式，便于表达内容。它记载范围较广，涉及政治、经济、社会、文化各个方面，搜集资料也比较丰富，是极便于参考的资料宝库之一。

其三，“正史”包括从黄帝起到明末止的漫长历程，彼此只有重叠而无间断，上下年代相接，贯通一气，使人从这套书中可以看出古今贯通的中国历史概貌。

有了这三个特点，自然超越其他同时代的同类著述而自居首位了。

“正史”的编纂者大致可分官修与私纂两种不同情况。司马迁撰《史记》是私撰的一家之言。两《汉书》和《三国志》是经过官方同意由私人撰写的。从隋朝文帝开皇十三年（593年）正式明令禁止私撰国史和不准民间评论人物，又加以唐太宗李世民插手《晋书》而题署御撰以后，一代之史的编修工作便成为“人君观史，宰相监修”的官修制度。这种官修史书一般都是后朝为前朝修史。

“正史”的体制比较完备，以《史记》为例，有十二本纪，写帝王事迹，起大事记的作用；十表，排列错综复杂的史事；八书，记典章制度；三十世家，讲诸侯封国；七十列传，即人物传记。全书130篇，用5种不同体裁，纵横交错地反映了历史，为后世纪传体史书创立了典型。后来各朝史书也有某些变更。如书改称志，表不仅用于记事。也有些体裁不全备的，如《三国志》、《梁书》、《陈书》、《后周书》、《北齐书》、《南史》和《北史》等7部史书都没有志书；《后汉书》本无表，南宋初熊方曾编过《后汉书年表》10卷，有一种计算，把熊表计入二十四史总卷数中。从《三国志》起到《旧唐书》、《旧五代史》各史都没有表。梁、陈、齐、周各史虽无志，但四朝典制内容都写入《隋书》志中，而有五代史志之称①。

二

定二十四史为“正史”是清乾隆四十年（1775年）以后的事。这二十四部史籍并不是一次合集，而是随着历史的发展，逐渐增益形成的。

“正史”最早的合称是“三史”，始见于《三国志·吴书》卷九《吕蒙传》裴注引《江表传》中记孙权劝蒋钦、吕蒙二人读书时所说：

> （孤）至统事以来，省三史、诸家兵书，自以为大有所益。如卿二人，意性朗悟，学必得之。……宜急读《孙子》、《六韬》、《左传》、《国语》及三史。

又《蜀书》卷十二《孟光传》中也说：“（光）博物识古，无书不览，尤锐意三史。”《隋志》也著录有吴张温所撰《三史略》29卷。此“三史”究指哪三

---

① 此五代指梁、陈、齐、周、隋，惯称前五代，以别于梁、唐、晋、汉、周的后五代。

种史籍？

清人王应奎在《柳南续笔》卷四《三史》条中对史、汉以外的一史未加肯定而作疑似之词说："马班而外，其为东观纪欤？抑为袁宏纪欤？谢承书欤？不得而知也。"而王鸣盛的《十七史商榷》卷四二《三史》条则明确指出说："三史似指战国策、史记、汉书"。

这从孙权所说："左传、国语及三史"一语看，《战国策》似乎会单独标出，而不会包括在"三史"之内。如按时代顺序看，孙权所说的"三史"当指《史记》、《汉书》与《东观汉记》而言。

《晋书》卷六一《刘耽传》所说"博学、明习诗礼三史"，《北史》卷四《刘延明传》所说"延明以三史文繁，著《略记》百三十篇八十四卷"，应皆指《史记》、《汉书》及《东观汉记》。这是魏晋南北朝以前所谓的"三史"。

唐宋以后所谓的"五经三史"中的"三史"，据王鸣盛《十七史商榷》卷四二《三史》条说："专指马、班、范矣"，乃以范晔《后汉书》易《东观汉记》，因唐以后《东观汉记》已失传。

"三史"之后有"四史"之说起于唐，但说法有二：

其一，《隋志》正史类小序特标举《史记》、《汉书》、《东观汉记》及《三国志》为"四史"。

其二，《新唐书·选举志》记唐朝考史科目有《史记》、前后《汉书》、《三国志》，与现称的"四史"正相合。

继之而有"八史"之名，曾用于道光初日人所编的《八史经籍志》。所谓"八史"指所收录的是汉、隋、唐、宋、辽、金、元、明等八个朝代的经籍志或艺文志等。

"九史"见用于清人汪辉祖所撰的《九史同姓名略》。它指新旧唐书、新旧五代史及宋、辽、金、元、明史。

"十史"之名始见于《宋史·艺文志》子部类事类著录的《十史事语》10卷、《十史事类》12卷及李安上撰《十史类要》10卷等，各书均佚。此"十史"当指三国、晋、宋、齐、梁、陈、北齐、北周、北魏和隋等十部史书。

"十三史"之名始用于唐《宋志·集·文史类》著录有吴武陵撰《十三代史驳议》12卷；目录类著录有宗谏注《十三代史目》10卷及商（殷）仲茂的《十三代史目》一卷，史钞类著录有《十三代史选》50卷。诸书均佚，唐所谓十三史似即指《旧唐志》正史类按中所述《史记》、《汉书》、《后汉书》、《三国志》

（《旧唐志》著录《魏国志》等三家）、《晋书》、《宋书》、《齐书》、《梁书》、《陈书》、《北魏书》、《北齐书》、《北周书》及《隋书》等13部。

“十七史”之名定于北宋，宋以前正史无刻本，仁宗大圣二年（1024年）出禁中所藏《隋书》付崇文院刊行。嘉祐六年（1061年）并梁、陈等史也次第校刻，前后垂四十年（王鸣盛：《十七史商榷》卷九九）。它所谓十七史指《史记》、《汉书》、《后汉书》、《三国志》、《晋书》、《宋书》、《南齐书》、《梁书》、《陈书》、《魏书》、《北齐书》、《后周书》、《隋书》、《南史》、《北史》、《新唐书》和《新五代史记》等17种史籍。《宋志》史部史钞类即著录南宋人所撰《名贤十七史确论》104卷。子部类事类即著录《王先生十七史蒙求》16卷。“十七史”之名，南宋时已颇流行，如文天祥答孛罗问话时即说：“一部十七史，从何说起？”后世多沿用“十七史”之名，如元胡一桂撰《十七史纂古今通要》17卷。清人王鸣盛《十七史商榷》一书为清代史学名著。清初汲古阁曾合刻十七史，成为当时通行的正史合刻本。

元人在十七史外加上《宋史》称“十八史”，元人曾先之有《十八史略》之作，明人梁孟寅在明撰《元史》完成后，即因《十八史略》而成《十九史略》。《明史艺文志》还著录有安都所撰的《十九史节定》，170卷。

“二十一史”始于明。嘉靖初，南京国子监祭酒张邦奇等请校刻史书，世宗命将监中十七史旧版考对修补，取广东宋史版付监，辽、金二史原无版者，购求善本刻行以成全史。嘉靖十一年（1532年）七月成二十一史南监合刻本。万历二十四年（1596年）北监又刻二十一史，三十四年（1606年）竣工。其版“视南稍工……就校勘不精，讹舛弥甚，且有不知而妄改者”①。所谓“二十一史”就是十七史加宋、辽、金、元四史。“二十一史”之名，清代乾、嘉时尚沿用。王昶在《示长沙弟子唐业敬》中说：

> 史学当取二十一史及《明史》、刘昫《旧唐书》、薛居正《五代史》，以次浏览。②

王昶所言，实已指“二十四史”，但仍用“二十一史”之名，可见其已为固定名词，另一位学者沈炳震就以此为名撰著了《二十一史四谱》。乾隆十一年（1746年）还刻行了二十一史合刻正史共2781卷65函。

---

① 清顾炎武：《日知录》卷十八《监本二十一史》。

② 清王昶：《春融堂集》篇六八。

乾隆四年（1739年）明史修成后，合前原有的二十一史而有“二十二史”的合称，乾隆十二年（1747年）诏书中正式用“二十二史”名称，清代虽有二部史学名著用二十二史之名，但与清官方所指不尽相同：钱大昕的《廿二史考异》系二十一史加《旧唐书》；赵翼的《廿二史劄记》则于清代官称的二十二史之外又包括《旧唐书》和《旧五代史》（各与新书合为一史，仍是二十二史之数），实际上已是二十四史了。

清乾隆十二年至四十年（1747—1775年）间曾有“二十三史”之名，即于二十二史之外复加《旧唐书》，但“二十三史”之称并未流行。

“二十四史”几乎已成为正史的同书异名。它是乾隆四十年（1775年）从《永乐大典》中辑出《旧五代史》，并由武英殿合二十三史刻行后的定称。不久，《四库提要》又明确规定此二十四部史籍为正史。从此以后，不经统治者批准，不得增列正史。正史——“二十四史”的尊崇地位至此底定。

民国初年，柯绍忞撰成《新元史》，北洋政府大总统徐世昌明令列入“正史”，遂有“二十五史”之称，后来《清史稿》撰成，也有并称为“二十六史”的。

三

“二十四史”共有3259卷（包含子卷和《后汉书》年表卷数），如再计入《旧五代史》、《新五代史》和《明史》的目录卷数，则总卷数当为3266卷。总字数达2700余万字。卷数最多的是《宋史》，有496卷；其次是《明史》，有336卷（含目录4卷）；最少的是《陈书》，只有36卷。

“二十四史”中各史包含时间最长的是《史记》，上起黄帝，下止汉武，大约有3000多年。“二十四史”中除《史记》和《南史》、《北史》是通史外，其他都是断代史。

“二十四史”中各史间只有重复，没有脱节。它有两种重复，一是人物的重复，如曹操在《后汉书》、《三国志》和《晋书》中都有记及，至于宋、齐、梁、陈各书与《南史》间，北魏、北齐、北周各书与《北史》间，所记人物的重复更多。二是时代的交叉重复，如《史记》与《汉书》间，《后汉书》与《三国志》间多有交叉。

“二十四史”的排列次序，历来曾有不同，如《隋志》按朝代兴亡先后为序，自晋以后，排南朝至梁，然后排北朝的魏，又排南朝的陈，再排北朝的周，但《北齐书》未被排入。这是由于唐得政权于隋，隋得政权于北周，而北齐与唐无关联，所以不排入正史。

《旧唐书》采取先北后南，即晋、宋、北魏、北周、隋、南齐、梁、陈、北齐。这是由于唐是由北朝系统而来，所以尊北。至于最后到北齐则是由于唐未列《北齐书》于正史而系后补入的。宋以后的排列是先南后北，这是司马光在《通鉴》中的意见（《通鉴》卷六九）。因为宋是从南方政权接统而来的。这一顺序从此成为定局，再也没有更易。

“二十四史”各史并非都是原来的完本，如《汉志》即著录《史记》一书“十篇有录无书”。宋刻十七史时，《魏书》已与《北史》相乱，卷第殊舛，嘉祐五年刘邠等校订《魏书》时，亡佚不完者已无虑80卷，《北齐书》仅存17卷而以《北史》相补。清刻《二十四史》，《旧五代史》即系辑自《永乐大典》而非原本。

“二十四史”的版本，过去比较通行的基本上有两大系统。

其一是乾隆时官刻的武英殿本，简称殿本。它基本上采用明监本为底本。但质量不甚高，讹文误字，脱叶错简，注文误入正文者颇多。如《史记》的《集解》与《正义》，《汉书》的颜注就有大量删节，少者几个字，多者近千字。清代还有某些窜改，如刻《旧五代史》便改动了指斥契丹部分的原文。乾隆四十六年（1781年）校正《元史》译名时，即在原版剜改，字数不合时，即草率剜去上下文，译名也不统一，不过，后出的如同文书局本、涵芬楼本、竹简斋本、开明二十五史本多据殿本。

其二是百衲本。它是在张元济主持下，由商务印书馆汇辑较早较好刊本，于1930年至1937年间陆续印行的合刊本。其中有《史记》等宋刻15种；《隋书》等元刻6种；明刻除《元史》外，《旧五代史》的大典辑本也应是明本；《明史》则用清武英殿原刊本附入王颂蔚的《捃逸考证》。百衲本因底本刻行较早，错误较少，又未经窜改，所以被认为是佳刻善本，如它的《史记》注文就比殿本多百余条，增补了殿本《齐书》、《魏书》、《宋史》的缺页。殿本《元史》中的错简、缺文和窜改处也用洪武原刻来恢复原貌。但它影印时因底本模糊而间有描润致误处。又有首尾是原本，而中有自写和凑集的。不过，它仍然胜于殿本。

解放后，中华书局的标点本《二十四史》则是在前人成果基础上进行整理的佳本。其优点是：

（1）选好底本。如《史记》用金陵局张文虎校三家注本刊印。张校考核精审，标点本又校正张本的不妥处。《汉书》用王先谦的《补注》汇集了唐以后有关著作补颜注，并论各本的得失。《三国志》是用百衲本、殿本、江南局本和活字印本四种互校，择善而从，并吸收清代各家校订。这种不拘一版，不迷信宋本，而从内容正确与否考虑是值得重视的一大优点。

（2）各史都加了标点分段，颇便阅读。对原本有错或应删字，不妄改而用圆括号小字标出，凡增添或改正的字则用方括号标明。这样既保留了原文，又指明了正字，符合校勘原则。对于人、地、书名都有标号。凡长篇文字，低格别起以醒眉目。注文用小字，易于观览。其体制可称完备。

（3）各史均有前言及校勘记，为学习和研究提供了方便。

因此，标点本《二十四史》及《清史稿》是目前最适用的一种较好印本。

四

“二十四史”数量如此多，内容如此广，跨度又如此长，研读它是有一定困难的。历来学者为此写过不同体裁的书来帮助人们阅读和学习。这种不同体裁的著述主要有注、补、表、谱和考证等五种。它们始于南北朝、兴于唐宋而大盛于清。

《隋志》小序中说：

> 《史记》、《汉书》，师法相传，并有解释。《三国志》及范晔《后汉》，虽有音注，既近世之作，并读之可知。梁时，明《汉书》有刘显、韦稜；陈时有姚察，隋代有包恺、萧该，并为名家。《史记》传者甚微。今依其世代，聚而编之，以备正史。

《四库提要》正史类小序也说：

> 其他训释音义者，如《史记索隐》之类；掇拾遗缺者，如《补后汉书年表》之类；辨证异同者，如《新唐书纠谬》之类；校正字句者，如《两汉刊误补遗》之类；若别为编次，寻检为繁，即各附本书，用资参证。

据此，则注、补、表、谱考证之体起源甚早，而“以备正史”、“用资考证”正说明这类史籍对正史的辅助作用，所以清末张之洞撰《书目答问》特为之立一小类，附于正史类后，并注称：“此类各书为读正史之资粮”。现分述诸体如次：

（1）注

注即传注。传就是通过对原作《经》的解释以求传示后世，所以有经传之说。《左传》、《诗毛氏传》都有此意。注为注入意，或称著，即说明之意。传注本无区别，大抵汉以前多称传，汉以下多称注。《史记》的《索隐》、《正义》和《集解》被后世统称为三家注。《汉书》从东汉应劭、服虔的《音义》后，陆续有注家，唐颜师古总集南北朝时期二十余家注成汉书注，有功于《汉书》，而清末王先谦的《汉书补注》则又为集唐以来六十余家注而成。《后汉书》始有梁刘昭注及唐李贤传注，清末王先谦复有《后汉书集解》之作，甚便读者。至于裴松之的《三国志注》尤著盛名，与《水经注》、《世说新语注》并称名注。裴注在陈志后一百八十余年，史料比较集中，又经一定沙汰，条件较优。它的注法是条其异同，正其谬误，疏其详略，补其缺漏，引魏晋人著作达150余种，今多佚，故裴注颇为后世所重。近人吴士鉴作《晋书注》是《晋书》的注本。

注本还有音义（如萧该的《汉书音义》，有辑本）、汇注（如《史记汇注考证》）、笺释（如李笠的《汉书艺文志汇注笺释》）、校注（如王绍兰的《汉书地理志校注》）、合注（如王先谦的《新旧唐书合注》）、笺注（如王忠的《唐书南诏传笺注》）、补注（如王先谦的《汉书补注》、集解（如王先谦的《后汉书集解》）等不同的名称和体裁。

（2）补

补就是四库提要所说的掇拾遗阙。宋有钱文子的《补汉兵志》5卷。清代补缺之学甚盛。如侯康的《补三国艺文志》、钱大昕的《补元史艺文志》、郝懿行的《补宋书刑法志》等皆是。这种补体史稿大多自正史记传中及当时著述中辑出有关资料来补足正史所缺。它对了解某一历史时期的典制、艺文等都有裨益。

补体还有校补（如周寿昌的《汉书注校补》）、拾补（如姚振宗的《汉书艺文志拾补》）、拾遗（如钱大昕的《诸史拾遗》）、补脱（如卢文弨的《金史补脱》）、补正（如马君实的《晋书孙恩卢循传补正》）等名称。

（3）表

表在《史》、《汉》中已有，但后起各史未能充分发挥其作用。后世学者多以此体整理正史史料以便省览，表渐成一独立体。如周嘉猷的《南北史表》中包括年表、帝王世系表、世系表等。洪饴孙的《史目录》合编了正史目录。他如齐召南的《历代帝王年表》也颇便翻查，而其中最负盛名的当推万斯同的《历代史表》59卷。这是一部很有用的读史工具书。《四库提要》称它是：

> 其书自正史本纪、志、传以外，参考《唐六典》、《通典》、《通志》、《通鉴》、《册府元龟》诸书以及各家杂史、次第汇载，使列朝掌故，端绪厘然，于史学殊为有助。

清初学者朱彝尊为此书所写序中说：“揽万里于尺寸之内，罗百世于方册之间”。这一评论可称言简意赅。

（4）谱

谱的作用与表相似，但又各得其用，表以系年月为多，谱以类事为主。清人周春的《代北姓谱》、《辽金元姓谱》是记北方少数民族姓氏的谱；沈炳震的《二十一史四谱》类编了纪元、封爵、宰执、谥法等四项典制内容；张穆的《顾亭林年谱》虽也以年月为序，而其宗旨却在布列谱主生平行事；《竹谱》、《兰谱》是名物谱；《锡山秦氏宗谱》则记家族宗脉支派。因此，谱之为体，在使同类事物，聚而布列，俾便检阅。

（5）考证

史籍的考证包括对史籍本身和史籍内容。它既有独成专书的著作，也有散见笔记的杂考。其体宋代甚见发达，如洪迈的《容斋随笔》、王应麟的《汉书艺文志考证》等。清代尤盛，顾炎武的《日知录》开其端，钱大昕、赵翼、王鸣盛等继起，而钱大昕的《廿二史考异》更是考史名作。它对正史的政治、经济、军事、历史、经学、法律、民族、音训、典制各方面的读书心得加以考证。钱大昕从中年开始著《考异》，七十岁方完成。可称一生精力所注之作，他不仅利用正史本身，又参考了许多史籍，仅订正宋史时即引书达60余种。他后来写《诸史拾遗》时又增用了20余种。这是考证群史的。还有单考一史的，如梁玉绳的《史记志疑》、施国祁的《金源札记》。也有考一事的，如杭世骏的《汉爵考》，这类著作是前人花费一定精力的成果，对读正史提供了便利，但大都只就个别文字、事实、名物、地理、典制进行整理、解释和订补。它可以起辅助读史的作用，将研究、著述工作置于坚实可靠的材料基础上，而不能以此代替史学，作为学术的极致。

开明书店《二十五史补编》收印这类著作264种。近人东君撰《二十四史注补表谱考证简目》（《古籍整理出版情况简报》）均便于查询。

五

“二十四史”是我国通贯古今的一套史书，也是传递我国传统文化的主要渠道之一，在世界史学史以至文化史上都居于当之无愧的领先地位。千百年来，我们的先人从中接受知识和吸取精神力量，我们的民族和国家以有这样大量的丰功伟绩的明确记载而感到自豪，所以很有一加翻读的必要，但是，这样一部3000余卷、2700余万字的大书又从何读起呢？如果按日读一卷书计算，大约需要九年之功，这确是一个沉重的负担。其实，在读这样一部大书的时候也还有许多可以省力的地方。在“二十四史”中重点是前四史，这是应该比较详细地阅读的。前四史共445卷，如果两天读一卷，则三年也可全毕。再者，二十四史中有些部分可以略读和缓读，如天文、五行等志比较偏于专史性质，需要具备一定专业知识，可置于缓读地位；年表、月表和地理、职官等志是备检索查考之用的，可作为略读以掌握其查阅方法。二十四史还有一些人物和时代相重复的部分，如《史记》和《汉书》间，两《汉书》间，《后汉书》和《三国志》间，《南史》和宋、齐、梁、陈诸书间，《北史》和北齐、北魏、北周诸书间，既可以比读两部史书；又因为所记事迹重出，易于熟悉，加速了阅读进度。这一大套史书经过这样的用功步骤，不仅能在读书实践过程中提高阅读能力，培养钻研学术的兴趣，而且还对中国数千年历史的主要史迹也能有一个大致的了解，加强对传统文化的选择能力。

附：二十六史书名、作者、卷数表（见附）

原载于《三学集》（南开史学家论丛·来新夏卷）　来新夏著　中华书局2002年版

［附］二十六史书名、作者、卷数表

书名	作者	内容	总卷数	备注
史记	（汉）司马迁	本纪12、表10、书8、世家30、列传70	130	
汉书	（后汉）班固	本纪12、表8、志10、列传70	120	卷多于篇，唐颜师古作注时以篇长而分上下或上中下卷
后汉书	（宋）范晔	本纪10、列传80（梁代加入晋司马彪续志30）	130	帝后纪分12、列传分88、合志30
三国志	（晋）陈寿	魏志30、蜀志15、吴志20	65	前四书合称前四史
晋书	（唐）房玄龄等	本纪10、卷20、列传70、载记30	130	官修正史之始
宋书	（梁）沈约	本纪10、志30、列传60	100	
南齐书	（梁）萧子显	本纪8、志11、列传40	59	
梁书	（唐）姚思廉	本纪6、列传50	56	
陈书	（唐）姚思廉	本纪6、列传30	36	
魏书	（北齐）魏收	本纪12、志10、列传92	130	纪分14、志分20、列传分96
北齐书	（唐）李百药	本纪8、列传42	50	
周书	（唐）令狐德棻	本纪8、列传42	50	
隋书	（唐）魏征等	本纪5、志30、列传50	85	
南史	（唐）李延寿	本纪10、列传70	80	
北史	（唐）李延寿	本纪12、列传88	100	
旧唐书	（后晋）刘昫	本纪20、志30、列传150	200	
新唐书	（宋）欧阳修	本纪10、志60、表15、列传150	225	
旧五代史	（宋）薛居正	本纪61、志12、传77	150	
新五代史	（宋）欧阳修	本纪12、列传44、考3、世家10、十国世家谱1、四夷附录3	74	
宋史	（元）脱脱等	本纪47、志162、表32、列传255	496	
辽史	（元）脱脱等	本纪30、志32、表8、列传45	116	国语解1
金史	（元）脱脱等	本纪19、志39、表4、列传73	135	
元史	（明）宋濂等	本纪47、志58、表8、列传97	210	
新元史	（近）柯劭忞	本纪26、志70、表7、列传154	257	
明史	（清）张廷玉等	本纪24、志75、表13、列传220	332	
清史稿	（近）赵尔巽等	本纪25、志135、表53、列传316	529	

《中华文化的传递》讲授提纲*

一、序论

中华文化历史悠久，内容丰富，久已为世界所承认和称道。弘扬中华文化的基础，首先在于了解这一文化如何代代相传以至于今：从口碑资料发展到文献纪事后，如何利用不同题材记述包括社会、经济各方面的广义文化状况，又如何对大量文献典籍加以搜集、收藏、整理和编纂。这些数量繁多的文化遗产凝聚在不同层次的融汇点上。从启蒙教育的蒙学读物到经史子集等浩如烟海的典籍中蕴藏了中华文化的繁富内容以传之后世，使后学收到得其门径的裨助。

对于传统的中华文化应从如下所述的几点认识观念出发去选择和弘扬。

（1）不能把传统文化视作圣人贤哲的遗留，只能保存、维护而不容去取选择。更不要以逝去的枷锁来束缚后来的发展，成为建设现代化民族的包袱。

（2）传统文化是历史的积累。历史悠久的民族在文化积累过程中自然会有沉渣，因此传统文化势必会泥沙俱下，良莠并存，即使其精华部分也不能说毫无瑕疵，只是随时代和社会的需求不断发生变化和发展。

（3）传统文化不是凝固的。它既有过去源头，又有现实特色，更是未来的起点，所以必有可备选择的，不可轻率地把孩子和洗澡水一起泼掉。

（4）传统文化是多层次全方位的，有物质的、制度的、风习的、思想的、上层的、民间的等等。即使儒家也非单一而是杂陈的。

---

* 此为1991年秋至1992年春在日本独协大学任客座教授时为大学院生授课的提纲之一。

（5）传统文化中有不少与现代社会间有矛盾冲突，如平等与等级，开放与封闭，改革与保守，横向吸收与垂直承受等等。要明辨矛盾，择善而从，并且善于认识和反思传统文化。

（6）对传统文化既要就历史条件作量的描述与记录以显示特定时代的璀璨，也要以发展观点作质的评价和选择以适合现代的需要。

二、从口碑到纪事

（一）远古的口耳相传

远古尚无文字，依靠语言，代代相传，形成传说。女娲补天，钻木取火都是由传说衍变而成，但记忆、转述可能不完善或有遗落，有增添，不能完全取信，所以希望能有形象记事。

（二）结绳，契刻，画图

结绳和契刻都是以实物来记事的方式。

结绳是以绳结的大小形式来表明事情的内容。它既可以保存和帮助记忆，又可以传递交流。它只在远古时用过。

契刻是在木版或骨版上刻符号以记事。

图画是形象记事方式。远古之人由于生活需要常把周围环境与自己有关的事物画在洞穴的石壁上，画得细致生动，后来逐渐简化，用线条组成轮廓，变成意象的代表，这是图画文字，是文字产生的起点。

（三）汉字的产生

文字的产生是出于人们生活的需要而逐步创造形成的。

约在夏代，中华大地已有原始文字，所以有“华夏”一词。商代的甲骨文是一种较成熟的汉字，在此以前一定有过一段较漫长的创制形成过程。汉字大约已有四千余年的历史。甲骨文所使用的单字已有4500多个。

文字产生使人能直接表达抽象思维，打破了时间和空间的约束。文字是文化传递的最重要条件，也是人类进入文明社会的重要标志之一。

（四）甲骨、钟鼎和石器

甲骨文是中国现存最早的文字材料。它是商代的文字。

甲是龟甲，骨是兽骨，刻在甲骨上的文字称甲骨文。它是十九世纪末在河南安阳小屯村出土的。甲骨文字已被认清的有1500个字左右。主要内容是卜辞，也记有俘虏人数、猎获物和地方贡品等内容。

钟鼎是对古代青铜器皿的合称。青铜器大都是礼器（乐器、食器、饮器、洗器等）。器物上有文字，被称为“钟鼎文”或“金文”，开始文字少，只有一二个字，以后记事内容丰富，文字也逐渐增多。公元前536年郑国曾把刑法条款铸在鼎上称为刑鼎。铭文最长的是毛公鼎，有497个字。青铜器的花纹和形态都非常优美，具有很高的工艺价值，它代表着华夏文化的远古成就。

石器刻字比青铜器容易，容字量也较大，所以便成为古代保存和传递文化的重要形式之一。现存最早的刻石是秦国的石鼓，共发现十个，各刻四言诗一首，记秦国国君游猎情况，文字用大篆。汉的熹平石经，唐的三体石经都是以石器作为载体来记事以供传播的。

此外，还有用玉刻记的称玉版，山西侯马曾出土千余片有文字的玉片，距今已有二千五百余年，可能玉器价昂，所以后世使用不如石器。

青铜器和石器对留传文化与甲骨文起着同样的作用，后世往往把它们并称“金石”，而研究这些器物的专学则称为“金石学”。

三、中国典籍的制作

（一）简书

中国正式典籍的最早载体是竹和木。以竹为载体称简策，以木为载体称版牍，也有以木作简称木简的。简策多用以写法令、著作；版牍多用来写信或绘图。由于竹木价廉便用，使中华文化的传递得以步入正常的轨道而逐步向前发展。

简策的使用，据文献记载，可能在西周中期；但至今未发现实物。1953、1972、1975各年，先后在湖南、山东、湖北发现战国及秦的竹简实物，从而证明二千年前中华文化的传递已有了正式的专用载体。

竹简的使用要经过一定的泡制过程。长简约汉尺二尺四寸（约三尺），书写法令和重要典籍；短简八九寸，写次要典籍。简上的字用笔和墨写的，刀是刊改误字之用。每支简自上至下写二十到四十个字。秦简有正反写和分栏写的。每支简写字不多，所以写一个文件或一篇文章要用许多支简。然后按顺序“编”起来，用两三道甚至四五道丝绳或麻绳连成“册”，以末简为中轴，向右卷成一卷保存，这就是一“卷”书。

版是木片，有不同规格，三尺长的称“椠”，二尺长的称“檄”，一尺长的称“牍”，宽是长的三分之一，一尺见方的称“方”，宽度狭只能写一行字的称“札”，即木简。

战国时多用竹简，汉多用木简。

简书对中华文化的保存、传递和奠基诸方面都起过重要的作用。从周秦到魏晋，简书一直作为典籍的主要形式；但是，由于制作过程繁复，携带不方便，收藏占用面积大，编连容易烂脱散落，所以与简书同时并行的还有帛书。

（二）帛书

帛是丝织物的总名。“帛书”又称“缣书”、“缯书”。帛书与简书并行使用，所以古书上说：“书之竹帛”。1942年在中国长沙古墓中发现一件帛画，是二千三百余年前的遗物，用三种颜色绘成各种神怪形象，还有文字。1974年在长沙马王堆汉墓中发现大批帛书，总共有十二万余字。

帛书质地轻软，书写自由，剪裁方便，能绘图制表，所以一直与简书并行；但是帛价昂贵，一般人负担不起，所以至终不能代替简书。纸书出现后，帛逐渐作为书画艺术品的载体，一直沿用到后世。

简书直至东晋末年方被官方正式命令停止使用而由纸书代替。简书和帛书的地位后来虽然被纸书所代替，但它们传递和保存中华文化的功绩是光照后世的。

（三）手写纸书

纸是中国四大发明之一。它的发明使中华文化的传播摆脱了竹简的笨重和缣帛的昂贵而得到顺利的流通。从1933年至1978年，中国的新疆、陕西、甘肃四次出土西汉麻纸，但纸上都没有文字，可能还只能作包物用不能用来书写。东汉时期，纸开始成为可用于书写的载体。1973年在甘肃武威发现写有隶书的东汉古纸。这是中国现有最早写有文字的纸。

纸的改进和发展应当归功于蔡伦，所以相传有“蔡伦造纸”之说。这一说法不十分准确，因为：

①在蔡伦以前已有能书写的纸，蔡伦只是改进者而非始造者。

②蔡伦当时的职务是监造宝剑和各种器械，主管纸、笔、墨用品，由于他是主管者，所以把这个机构所造的纸称为“蔡侯纸”。

但是，蔡伦在纸的问题上还是有一定历史功绩的。因为他总结和提供了新的造纸原料和改进、推广了新的造纸技术。

由于东汉以来造纸术的发展，纸写书逐渐趋向取代简帛。三国时已较多地用纸写书，帛成为高贵的书写材料。晋代用纸更为流行，所以有“洛阳纸贵”的典故。纸不仅普遍使用，还已成为商品了。公元404年，桓玄称楚帝，正式下令废简牍，改用纸书。从此，中华文化的传递进入手写纸书的时代。

晋纸宽约一尺，长尺余。把幅度相等的纸粘连在一起，由末尾向前卷，前后加签和轴，形成卷轴式（卷子本）。现存四世纪至十世纪间纸写书是二十世纪初在敦煌发现，有二万余卷。现在中国收藏的仅万余卷。

中国最早有确切年代的纸写文书写于西晋泰始九年（公元273年）。

中国最早的纸写书是《三国志》残卷（《虞翻传》、《张温传》、《孙权传》和《臧洪传》）。

从隋到唐前期，纸写书比较流行，直到八、九世纪，雕版印刷的发明和使用，印本书的出现，册装形式的流行，手写卷轴纸书才逐渐落后，但并未完全取消。

（四）雕版印书

雕版印刷术也是中国四大发明之一，对推动文化的传递、发展有划时代作用。在此以前，中华文化靠手在简、帛、纸上记录。

钞书活动约始于西汉初年，东汉时已有人佣书为业。南北朝时有人钞书求售。隋时政府募人钞书来填补国家藏书之不足。据统计，当时钞副本达15亿字。钞书活动为传递中华文化付出了艰辛的劳动。但是它的劳动量过大，耗时较多，且易有错字。雕版印刷正是应这种社会需求而产生的。

雕版印刷的出现，减轻了手写的劳动强度，缩短了成书时间，增大了成书量，降低了错误率，使中华文化的传递与传播加速了进程和覆盖面，对世界文化提供了重要发明。

雕版印书究竟起于何时，说法不一。但一种发明往往有一个较长的酝酿过程，要截然划定准确时间比较难。根据文献记载和已见实物，大致可以定在唐朝，即始于七世纪初（公元636年左右），八世纪市场有印纸，九世纪现有实物可证。现存最早的雕印品是唐懿宗咸通九年（公元868年）的《金刚般若波罗蜜多经》，现藏伦敦博物馆。现存国内最早雕印品是成都《陀罗尼经咒》梵文经本。唐代后期市场上已有公开发售的雕印本日用图书。

唐代的雕印中心在四川、淮南等地。成都是全国刻书中心。

唐代雕版印书主要是佛经和民间用书。

五代开始雕印儒家经典。五代从后唐至周经四代二十一年刻成九经。晋宰相和凝自刻所著书。

十国也刻印图书，蜀相毋昭裔出资刻书流传。

宋是雕版印刷发展时期，刻书范围广，刻书地区多，刻书量大，刻书技术高。从宋建国到真宗时（公元960—1005年）四十余年间，国子监藏版由原来的四千块增至十余万块，达二十多倍。宋初用十二年时间刻成汉文佛教典籍的总集——《开宝藏》，共13万块版，有5048卷。

宋讲究雕版工艺，注意版本，版本学逐渐建立。尤袤：《遂初堂书目》是版本目录之始作。“宋版书”成为后世重视的珍品。

由于雕版印刷术的发明和使用，手写纸书状况有所改变，印本纸书的出现，装帧也由卷轴制向册叶制过渡。册装书开始流行。它比卷轴书具有易成、难毁、节费和便藏四大优点。

印本册装纸书，五代时已流行。宋初则处于手写纸书向印本纸书全面转化的时代。北宋盛行册叶，称“纸”或“版”。各版成册时是将有字的一面，以版心线为准内折，再把中缝的背口用糊粘在包背的厚纸中线上。当展开时，很像蝴蝶展开双翅，所以称为蝴蝶装。蝴蝶装是由卷轴走向册叶的第一种形式，也为后世的书册提出了书型的初步规模。

继蝴蝶装之后是包背装。它流行于元明时代。包背装与蝴蝶装正相反。它把印字的一面外折，版心线在书口，后背用书皮包裹，形式上与后来的线装书相似，只是不穿孔钉线，而是把书叶粘糊在包背书皮的中线部分，实际上与现在的平装书基本相同。清代有一部皇室家谱——《玉牒》，有一百五六十斤重，需要两人抬动，是包背装形式，至今二百余年，屡经搬迁而丝毫未损。

明代中叶（约十五世纪）在包背装基础上又出现线装。线装是把包背装的封皮从书背处截为两半，前半是封面，后半是封底，连同书身一起打孔穿线，装订成册。清初广泛采用，一直沿用于后世，甚至被人误以线装书作为古书的代称。线装书的优点在于外观整齐美观，不易散乱，容易改装，便于保管。线装书是纸书中一种进步的型式。

印本纸书流行，并不等于手写纸书绝迹。相反地，手写纸书却日益尊贵，受人重视。从版本学角度看，手写的稿本、写本、钞本、传钞本等往往成为珍藏图书。各朝大型图书也往往手钞，如《永乐大典》和《四库全书》。

不论手写纸书，还是印本纸书，对于传递和传播中华文化都起着重要的作用。中国二千多年纸的历史和一千多年纸书的历史都充分证明中华文化之所以能源远流长和对世界文化作出应有的贡献，确是其来有自。

（五）活字，套印

雕版印刷由于版片笨重，雕版费时费工，保管需要一定面积的书库，用久需要修整，活字印刷便因此应运而生。

活字印刷的发明时间约在北宋仁宗时（公元1041—1048年），比德国人古腾堡的铅活字要早四百余年。发明人是能工巧匠毕昇，用泥制作字模拼版印刷。但只有文字记载，未见印刷品实物，因此有人攻击这只是设想，以泥活字不能印书来否定中国活字的发明。直至清道光间一穷书生翟金生按毕昇方法制泥活字印书流传，方证明泥活字印书的可行性。

元代王祯创木活字，曾造过三万多个字，印过《旌德县志》，六万字仅用一个多月时间印书百部，效率较高。王祯还写了一篇《造活字印书法》传世。

明代活字印刷盛行，遍及江苏、浙江、福建、江西、云南、四川。经史子集都有。铜、铅、木活字并用，以铜活字著称。

清朝大量利用活字印书。雍正初以铜活字印《古今图书集成》万卷，共一亿六千多万个字。乾隆时以木活字印《武英殿聚珍版丛书》134种。私人和坊间以活字印书的也有，以木活字为多。

在雕版和活字印刷发展与完善的过程中，印刷工艺在不断改进。其中最突出的是明代套版彩印和饾版、拱花技术的出现。胡正言的《十竹斋画谱》和《十竹斋笺谱》便是采用这些新工艺，达到了很高的艺术水平。

雕版、活字、套印等的发明是中国印刷事业发展过程中的三个里程碑。它们为文化成果的保存和文化遗产的传递与传播提供了良好的前提。它们为中国文化，甚至世界文化的发展作出了重大的贡献。

四、中国典籍的整理

（一）六分法的出现

中国是世界上最早正规整理典籍并实现分类管理图书的国家。西汉末年的著名学者刘向是第一个承担正规整理国家藏书的重任，并提出了世界上第一个图书分类——六分法。

分类思想和学术分类在刘向之前就已出现，对刘向的分类工作有重要影响。

汉朝从开国以来就注意收集图书，大量的典籍收藏，要求分类管理以便利用。

刘向经过二十来年的努力，终于产生了世界上最早的综合性图书分类目录——《别录》和《七略》。这两部目录是把古代分类思想应用于典籍整理所产生的成果。它们是世界上最早的分类法，对中国珍贵的文化遗产进行有秩序的管理，世代相传，产生社会效应，对后世有重要影响。

《别录》是刘向在公元前26年（汉成帝河平三年）奉命整理典籍，经过十九年的努力写成的一部提要目录。当时，刘向按照典籍内容和性质分成六艺、诸子、诗赋、兵书、数术、方技等六个组，分别由专门人才主持整理编目工作，对每一部书都写一篇提要目录，成为中国古典目录的主要形式之一。这是刘向对中华文化遗产整理和传递的巨大贡献。

刘向死于汉成帝绥和元、二年间（公元前7年—公元前6年）。他的儿子和第一助手刘歆继承其事业，在刘向《别录》的基础上，用了大约两年的时间，撰成了第一部系统分类目录——《七略》，使国家藏书有所统纪。西汉以前的学术文化水平得到一定反映。

《七略》包括六艺、诸子、诗赋、兵书、数术、方技等六略和辑略（总类）。这是中国图书分类中最早出现的分类体系——六分法，比西方分类法早千余年。

《别录》和《七略》在唐末五代动乱时均已亡佚。

（二）第一部史志目录——《汉书艺文志》

刘向父子的成就对中华文化和后世学者都有重要影响。东汉的著名史学家班固便是在他们影响之下而作出卓越贡献的。

班固生于汉光武帝建武八年（公元32年），卒于和帝永元四年（公元92年），是当时著名的学者。班固完成了中国第一部断代史——《汉书》。他把《七略》进行剪裁和编次，在《汉书》中特立了《艺文志》，开创了在史书中收列图书目录的先例，形成了史志目录的新体制。

《汉书艺文志》中有一篇文字不长的总叙，概括了汉前学术概况，汉初至成帝时典籍收集整理情况，刘向父子学术成就评价以及《艺文志》的编纂等。这是汉以前的学术大纲。

《汉书艺文志》按刘向六分法分为六略，下分37种、596家，共13269卷书。

由于《别录》、《七略》的亡佚，《汉书艺文志》便成为查考古代文献记载的唯一文字依据，使后世能了解古代文化学术基本面貌和古籍的存亡流传。

（三）四部分类的确立

魏晋以来，中华文化明显地发展与丰富：佛经传译，五言诗，乐府诗，文学批评著作，起居注，地方志，氏族谱等等纷纷出现。

魏郑默撰《中经》是曹魏的国家藏书目录，推测可能采用四部分类方法。

西晋荀勖撰《中经新簿》，分甲乙丙丁四部，次序是经史子集。

东晋李充正式确立甲乙丙丁的经史子集次序，但仍以甲乙为次，尚未直接以经史子集命名类别。

南朝刘宋王俭编《七志》、梁阮孝绪编《七录》成为分类中的七分法。

隋统一后，整理典籍工作，成绩显著，作了整理、增补、编目等工作。《大业正御书目录》为其代表。

唐经隋后，出现了统一稳定局面，社会经济有所恢复，文化事业得到相应的发展。出现了继《汉书艺文志》之后的另一部主要的史志目录——《隋书经籍志》。

《隋书经籍志》是正式以经史子集定为类名的四部分类法的现存第一部古典目录专著，对后世整理典籍编制目录影响深远。

《隋书经籍志》分经史子集四部。部下分四十细类（经10、史13、子14、集3），另附道佛15类（有类无目，仅记总部卷数），所以隋志实际上还残留着六分法的痕迹，共六部五十五类。

经史子集的四部分类至《隋书经籍志》而地位确立。其排列顺序和类名也都为后世所遵循。唐宋以下整理典籍，编制目录都照此实行。

（四）宋以来的典籍整理工作

宋承五代之后，将从各地搜集到的典籍都进行了整理。编辑了多种官修目录，其中以宋仁宗时的《崇文总目》最著名。

《崇文总目》共66卷，分四部45类，各类有“序”，各书有“释”，共收书30669卷。《崇文总目》虽元初已无完本，明清仅剩简目；但在总括宋以前图书概况便于后世查验存佚方面还是有一定贡献的。

宋代整理古籍值得注意的是私人整理工作。宋代许多学者都参与这项工作。著名的有晁公武的《郡斋读书志》和陈振孙的《直斋书录解题》。这两部书不仅是宋代私家目录的代表作，也是历来被公认的佳作。

明代初年进行图书搜集工作，直至正统六年（公元1441年）才开始整理，编成一部《文渊阁书目》。这部官修目录，后世评价不高，认为只是一种登录簿。它不分经史子集，而将所收书以千字文排序，共录书7297种。

明代私人整理典籍可以祁承㸁（1563—1628）为代表。他著有《庚申整书略例四则》来阐发思想，并将所藏十万余卷书编为《澹生堂书目》，这是明代著名的私家目录。

四分法影响后世最巨者是清乾隆帝整理典籍而编成的《四库全书总目》。总目分担撰写提要者都是当时著名学者，如经部为戴震，史部为邵晋涵，子部为周永年，集部为纪昀，而由纪昀总其成。这是一部篇帙巨大，体例较备，内容丰富和具有一定学术价值而为前所未有的名著。它按四部分类，计经部十类，史部十五类，子部十四类，集部五类，共收书3461种，79309卷；存目6793种，93551卷。各部有总序，各类有小序，各书有提要，对十八世纪以前的中华文化进行了一次总结性的工作，也使四分法的地位益形巩固。

清代私人整理典籍达到相当高的水平，许多与整理古籍有关的学科创立和完善了，如考证学、版本学、校勘学、目录学、辑佚学等等都有一套比较切合实际的程序和方法。人才众多，成果累累，对古籍的整理有校注、汇注、拾补、增订以及工具书、辑佚书等形式。

清代学者孙星衍著有《孙氏祠堂书目》，去掉四部大类，直接分为十二类；

但从其顺序看，只是四部分化，先后次序仍依四部仅无部名而已。七十年代中国制订《中国古籍善本书总目》条例时，也仅在四部外增一丛书类。

从六分到四分，中间还有五分、七分等。它们在不同时期发生着作用，产生了影响，但四分法一直是分类的主要方法。中华文化的丰富遗产正是靠这些分类，得到有次序编排，易于典藏和检索而代代相传，绵延不绝的。

五、中国典籍的收藏与流通

（一）官藏

这是最早的藏书方式，根据古文献推测，周以前可能已有主管藏书的人员。正式有机构和人员是“藏室”和老子。当时的官藏似乎是有范围地对外开放，如孔子曾到周藏室去查阅藏书，主要是各国的史书。各诸侯国也有藏书，秦还设有专职人员。始皇焚书是对官藏的一次清洗。

汉初因受焚书影响，官藏存书不多，于是采取鼓励政策，希望民间献书。惠帝正式宣布废“挟书之令”，文景二帝继续执行，于是天下众书逐渐出现。汉武帝发现国家藏书有缺损，便开展大规模的求书活动，终于达到了“积如丘山”的效果。又经百余年，汉成帝又进行第三次正式征书，并组织人员整理编目。

西汉经过三次大规模的求书运动，图书数量达到13269卷。官藏机构有石渠阁、天禄阁、兰台、石室等等。各部门如太常、太史、博士等也分别有官藏。

东汉立国后，号召献书，官藏数量增加达三倍。藏书处有辟雍、宣明殿、兰台、石室、鸿都宫、东观和仁寿阁等七处。桓帝延熹三年（公元160年）创建了中国第一个主管文化典籍等事业的机构——秘书监。

魏晋南北朝都比较注意官藏建设，但散佚也多。

三国均设专门机构和人员。

西晋初官藏量有二万九千多卷，后期战乱丧失。东晋初仅有三千余卷。经过五十年的努力，勉强恢复到三万余卷。南朝各代都很重视收藏，特别是梁元帝集书十万卷。北朝逊于南朝。

隋统一后，文帝重视官藏质量，征集钞补。炀帝作了几件大事：①增加复本量，②分类管理，③分库收藏，④精选库本。选出的精善本三万七千余卷，称

“正御书”，收藏在洛阳。

唐初，由洛阳运书到西安，在三门峡沉没，损失惨重，经过几朝搜求，玄宗时已有八千余卷。管理制度比较完善。设立秘书省，由秘书监领导，由秘书郎四人分管四部，还有各种工匠。玄宗时，官藏图书对官员开放，进行过一次大规模的抄、校工作，达五万卷。这是对唐以前的文化进行的一次总结性工作。玄宗以后，国情不稳，典籍散乱，唐末官藏已不及万卷了。

宋代是注重文化的一个朝代。它的官藏中心是昭文馆、集贤院、史馆和秘阁四处。藏书量达6705种，73877卷。北宋末年战乱，损失殆尽。南宋尽量搜集，逐渐有所恢复和发展。

南宋时书院发达，有二三百处，都分别有藏书，成为与官藏、私藏鼎立的三大藏书系统之一，即书院藏书。

明代是官藏图书兴盛时期，明宣宗时官藏约二万余种，百余万卷，其中刻本十三，钞本十七，达到前所未有的藏量。藏书处所是文渊阁。以后，历朝不重视，明神宗时藏书已“十不及一”了！

清朝无专设的藏书机构，分藏于内阁、翰林院和国子监。乾隆朝为编《四库全书》广泛征书，官藏得到充实。先后在东南和北方建七阁藏《四库全书》。南三阁允许士人钞阅，对传播文化起了重要作用。书院藏书初期差，经康熙、雍正两朝的恢复，约增十倍。这些书院都有藏书。

（二）私藏

周秦时期随着私学的兴起而出现私人藏书。孔子的讲学和其他许多思想家、政论家为发表政论，都需要参考典籍，所以便有私藏，如惠施的私藏至少“五车”。私藏由私人保管了一部分典籍，使其免于秦火。

西汉学者刘向、扬雄都有私藏。东汉学者班固、蔡邕拥有大量藏书。蔡邕是第一个私藏逾万卷的学者。

三国魏人曹曾为保存好私藏，修建石室，称“曹氏书仓”。有些学者还对所藏进行订正勘误，提高了藏书质量。

西晋盛行私藏，学者张华搬家时“载书三十乘”。范蔚藏书七千余卷，对外开放，还供贫寒之士衣食。

南北朝时纸写书比较流行，私藏量增多。学者任昉、沈约所藏在三万卷左右。

唐朝学者藏书在万卷以上的有十五六人之多。有人自编藏书目录，如吴兢的《西斋书目》。有的藏书家吝惜不外借，如杜暹在所藏书上题句："清俸买来手自校，子孙读之知圣道，鬻及借人为不孝。"唐后期的柳仲郢藏书有质量不同的三种版本。李泌藏书三万卷，是最大的藏书家，对图书保护得很好。韩愈曾有诗颂扬他："邺侯（李泌因功封邺侯）家多书，插架三万轴，一一悬牙签，新若手未触。"

宋代私藏较盛，遍及边远和中原，少则数千，多则逾万。藏书多为学术名家，如宋敏求藏书三万卷，每书均经三、五校。晁公武藏书二万余卷，所撰《郡斋读书志》是古典目录书中的名作。

明代江浙闽广一带著名藏书家颇多，如杨循吉藏书十万卷。王世贞藏书三万卷，其中宋版书三千卷。范钦天一阁藏书七万余卷。嘉靖四十年（公元1561年）建阁，距今四百余年，为现存最早最完整的藏书楼，所藏明志271种，有65%是孤本。进士题名录也很有价值。

清代著名藏书家，据一种统计有497人，占历代总和的一半，很多人都是有学术成就的著名学者，如朱彝尊、黄宗羲、阮元、黄丕烈、卢文弨等。他们在完善自己藏书的过程中，发展了版本学、校勘学、目录学等等专门学科，对保护和传播文化有卓越贡献。后期有四大藏书家，即浙江归安"皕宋楼"陆氏、杭州"八千卷楼"丁氏、江苏常熟"铁琴铜剑楼"瞿氏和山东聊城"海源阁"杨氏，可惜藏书已多散失。

民国以来，私藏渐趋衰落。

（三）流通与传播

春秋时代，官藏有范围地开放，孔子可以到周的"藏室"去查阅各国史书。战国时期，思想活跃，著作流传很快，如秦始皇因读到韩非的著作而想见其人。百家争鸣正反映文化的流通与传播。秦简在云梦的发现也说明流通的情况。汉代学者之间已交换图书。东汉时有"书肆"，成为传播文化的一种渠道，除卖书外，有些寒士因在书肆读书而成为学者，如王充和荀悦等人。

当时图书流通的手段靠钞书，东汉时有专门的佣书人。班超的"投笔从戎"就反映这一现实。魏晋南北朝钞书成为专门行业，许多人既钞书传播文化，又借此充实了自己而成为大学者。东晋和尚僧肇早年因佣书"历观经史，备尽文籍"，后来成为译经活动中的主要人物。有的钞书致富，有的专门钞书贩卖。所有这些都对文化的传播作出了贡献。

魏晋以来还开展对国外交流。三国孙吴曾派康泰等到过柬埔寨，不仅把中华文化传播出去，而且把他们经过的国家、地区和听到的情况写成《扶南异物志》传回来。这些中外文化的交流、融合，对中华文化的发展有推进作用。隋时，介绍国外情况的书籍已有数十种。

中华文化较早地传到日本和朝鲜。西晋时，《论语》传到日本。南北朝时，《千字文》和《五经》都经朝鲜传到日本。朝鲜流传的中国书更多。两国受中华文化影响很大。

佛经的翻译促进了中国与印巴次大陆的文化交流。曹魏时已有僧人去取经。东晋的法显贡献更大。他历时十六年西行至印度，游历三十余国，写了著名的《佛国记》。这是研究古代中亚、印度和南海各地的地理风俗和宗教的重要资料，已有英法译本。

唐朝因雕版印书流行，文化交流传播面广，速度较快，一些民间通俗读物在江南、四川一带刊印流通。白居易的诗也单篇流传。唐朝中外文化交流频繁，长安成为国际性城市。交流对象主要是日本、朝鲜和印度等国。日本正式使团有十三次，每次均在百人左右。九世纪末，日本已有汉文书1979部，16000卷，其中科技书有三千余卷。唐朝高僧玄奘、义净对中印文化的交流贡献很大。尼泊尔、斯里兰卡和阿拉伯国家都与唐朝有往来。

宋朝官私藏书都对读者开放。官藏有一套借阅制度。私藏更是广为流通，但对辽、金、西夏采取封锁政策。可是，辽、金、西夏用高价采买，尽量吸收汉文化。译书活动相当活跃，对中华民族的文化融合有重要作用。

明朝刻书兴盛，在北京、南京、苏州、杭州已形成图书市场。私人藏书外借规定较严。由利玛窦为代表的译西书活动为中华文化增添了新内容，是中西文化融合吸收的开端。明代图书输出较多，派使出访带有图书，来访者也常被赐书。

清朝前期以市场交流为传播文化的主要方式。而以藏书的出借和传钞作补充渠道。南北二京和苏杭二州仍是交流中心。琉璃厂书肆成为有清以来流通图书、传播文化的中心。一些著名藏书楼也可外借。清朝后期，西方文化传入，加速中外文化的交流。私人藏书开放度增大，浙江古越藏书楼公开借阅，开始了为社会服务的趋向。

从古至今，中华文化一直利用不同渠道与手段吸取、选择、融合而使本身日趋丰富；中华文化不是停滞、凝固的，而是善于吸收、完善和更新的。

六、中国典籍的再编纂

（一）类书

文化的传递需要图书，但图书内容包含较广，同类内容又往往散见各书，不便查阅和使用，因此，就把各书中同类或相近类的资料，或按问题分类，或按字分韵，进行再编纂，成为一种便于省览、记忆和检索的资料类编，这就是类书。

①类书的起源：说法多种，比较为多数人所同意的是魏文帝组织编纂的《皇览》。

《皇览》成书于魏黄初年间（公元220—226年）。它是魏文帝曹丕组织刘劭、王象等学者从五经群书中，按类辑录有关资料，分编成四十余部，每部又分几十篇。全书共有千余篇，八百多万字，题名《皇览》。从命名上看，编这样一部大书的目的主要是提供皇帝翻检省览的。可惜这部书早已亡佚，清朝辑佚家孙冯翼曾有辑本一卷，收入《问经堂丛书》。

②类书的发展

从《皇览》以后，类书日益发展，大致可分为三个时期：

A．创始期：从六朝到唐

六朝由于骈俪文兴起，文人讲究辞藻，争相搜求故事僻典，纷纷钞撮字句备用，如六朝有《语对》。唐代又有供施政参考者，成书达万卷，现多亡佚，举现存主要者两种：

《艺文类聚》：唐初欧阳修等奉命撰，100卷，46部，727目。全篇收录，共收唐前古籍1400余种。

《初学记》是唐玄宗为使其皇子作文检索典故，命徐坚等人撰成。30卷，23部，313目。每目分叙事、事对和诗文三部分。

B．发展期：宋代

宋代之特殊发展的原因有三：

一是撰作诗词骈文，需要按类分编的词藻典故以备采择。

二是科举考试，备作试卷检索。

三是安抚降臣，消磨意志。

以《太平御览》影响最大。它始编于太宗太平兴国二年，成书于八年（公元

977—983年）。有李昉、吴淑等十余位大臣和学者参加。原定名《太平总类》，后因经太宗亲阅审定，改名《太平御览》。

全书千卷，资料来自多方面。引用古籍达1690余种（一说2580种左右），其中十之七八宋时已稀见，所以价值很大。

全书分55部，5363类（63附类），总5426类。包括天地人事、州郡职官、礼仪治刑、工艺器物、神鬼妖异等等，可称包罗万象。但引用书名多有错乱异名、误钞难懂等不足之处。

宋代尚有《册府元龟》、《玉海》等书类。

C. 兴盛期：明、清

明编《永乐大典》历时六年［永乐元年至六年（公元1403—1408年）］，采上古至明前古籍八千种，共22877卷，三亿七千万字。这是规模最大、内容最富的类书。是辑录古籍的重要史源。此书仅钞录二部，未刊行。陆续散佚，至清光绪间仅存800余册，八国联军入北京，被烧被抢。1986年中华书局征集到正文797卷，目录60卷，影印出版。

清历康、雍两朝编成《古今图书集成》万卷，总字数一亿六千多万。全书搜罗宏富，体例谨严，所收资料不加删节，对辑佚、校勘有用。也有抄写脱漏、随意节录之弊。

类书在保存和传递文化上有着重要作用。它可借此接触大量图书，又便于省览检索；但也应注意其因辗转相引而造成的讹误。类书是按类钞纂的资料汇编可作查找资料的线索，尽可能寻求原书。可从类书中辑古佚书，但不可以轻易以类书所引乱改存世古书。

（二）丛书

丛书是把若干种典籍编集在一起的图书再编纂方法。它便于收藏和利用。丛书之体始于齐梁间的《地理书》和《地记》；丛书之名始见于唐陆龟蒙的《笠泽丛书》，但它是个人诗文集之名，与总聚群书的体例不符；而现今最早的综合性丛书为宋的《儒学警悟》。

丛书最发展的时期是明清两代，如明代有三种类型丛书：

①包罗四部的巨编：《汉魏丛书》、《宝颜堂秘笈》等。

②专门性质的丛书：《子汇》、《古今逸史》。

③地方性丛书：《盐邑志林》。

明代丛书也有擅改恶习，如《稗海》所收宋叶梦得的《岩下放言》经节录收入后即易题为郑景生的《蒙斋笔谈》。

丛书至清也达到鼎盛，类型齐全，内容精粹。大抵清初开其端，乾嘉求其精，道咸增其类，晚清则专科丛书日备。

清代专科性丛书按学科汇聚有关图书为一书而别标新名，如：

①经籍：《皇清经解》、《通志堂经解》。
②辑佚：《玉函山房辑佚书》。
③考史：《史学丛书》。
④舆地：《麓山精舍丛书》。
⑤科技：《则古昔斋算学丛书》。
⑥词曲：《彊村丛书》。
⑦目录：《玉简斋书目》。
⑧版本：《士礼居丛书》。

这些专科性丛书由于编者都是具有专长的学者，所以质量较高，使用方便，其最具代表性的是《四库全书》。

《四库全书》是清乾隆时期由政府组织编纂的一部大型综合性丛书，它创议于乾隆三十七年。次年即开始工作。《四库全书》共收书3461种，79309卷。与此同时，还从全书中选择精华473种，19930卷，另编一部《四库全书荟要》。

清朝为了日后贮存《四库全书》，在东南和北方建立了七阁，即：

乾隆三十九年至四十一年间建成：

文渊阁——紫禁城内，
文源阁——圆明园，
文津阁——热河避暑山庄。

乾隆四十七年建成：

文溯阁——沈阳。

以上称北四阁。

乾隆四十四年至四十七年间：

文宗阁——镇江金山寺，

文汇阁——扬州大观堂，
文澜阁——杭州大西湖。

以上称南三阁。

七阁的建成和使用充实了东北、华北和东南地区的国家藏书，对保存和传播中国古代文化起到了重要作用。

《四库全书》共写八份，藏于七阁及翰林院；《四库全书荟要》写了两份，藏于内府御花园的摛藻堂和圆明园的味腴书屋。

《四库全书》的编纂对古代文化的保存和传播起过重大的积极作用，使许多有文献价值的珍本秘籍呈现于社会，为后世提供了可贵的资料；但由于清朝还为了加强文化专制统治，所以也有三千多种典籍遭到禁毁的厄运。

民国以来，丛书较多，主要以《四部丛刊》、《四部备要》和《丛书集成》为代表。

丛书的总数无确切统计，1959年出版的《中国丛书综录》收书2797种，尚不包括佛学和新学丛书在内，估计当有三千种左右。

丛书有重要的参考使用价值，但它所包容的各种图书不便检取，从清嘉庆以来就有学者在设法编制工具书来解决检书问题，一直缺乏便于使用的工具书，直至《中国丛书综录》问世，才基本上解决了检用丛书子目的问题。

《中国丛书综录》集合了全国41个图书馆馆藏，共收书2797种，分为三册：第一册是丛书书名的《总目分类目录》并附《全国四十一个主要图书馆收藏情况表》，可反映所收的丛书总情况和收藏处。第二册为《子目分类目录》，计子目七万多条，38891种，以子目为单位按四部分类，部下析为类属，末附《别录》。第三册为《子目书名索引》和《子目著者索引》，使读者可从丛书书名、子目书名、著作分类和著者姓名等任何方面检索所需图书。这部目录的出版使过去的汇刻书目和子目索引之类的工具书基本上可以弃置不用了。

七、中华文化的蒙学教育

知识文化的传递不外口碑相传和文字记载两种途径。而文字记载是更主要的流传途径，要掌握文字记载首先是识字。中国在很早就意识到这一点，所以把识字教育放到蒙学教育的重要位置上。《汉书艺文志》中就著录了十家三十五篇识字课本，其中保存完整、流传至今的是西汉时的《急就篇》。

《急就篇》有2144个字，据说原本只有2016个字，最后的128个字是东汉人所补。它以三言、四言、七言韵语将二千余单字编成有内容含义、便于记诵的句子来识字和传授知识，如“稻黍秫稷粟麻秔，饼饵麦饭甘豆羹”，除认识这十四个字外，还得到农作物和食品的知识。从唐宋以后，《急就篇》渐被后起的识字课本所代替。

继《急就篇》之后的是南梁时期出现的《千字文》和宋朝出现的《百家姓》与《三字经》。这是一整套蒙学读物。明朝就有人主张八岁以下儿童入学“先读《三字经》以广见闻；《百家姓》以便日用；《千字文》亦有义理”。所以相沿至今，习惯上称为三百千。

（一）三字经

它既是识字课本，也是增广见闻的教材。对它的撰作年代和作者有不同说法，但可以肯定它大约成书于南宋，元明以来又经过不断补充而日益普及。

《三字经》的清初本有380句，1140字，后来的通行本有416句，1248字。主要内容包括学习态度、封建道德、日常事务、历史知识等等，如“玉不琢，不成器；人不学，不知义”。“稻粱菽，麦黍稷，此六谷，人所食；马牛羊，鸡犬豕，此六畜，人所饲”。其中最有特色的是叙史部分，仅用了三百字，把历代统系，按事件人物，纵横交错，顺次而下，勾画了几千年的历史轮廓。

《三字经》既有传统文化的有用知识，又有宣扬封建教化的内容，所以成为全民性的读物，同时三字短句，声调和谐，易于上口背诵，因而产生了深远影响。

明清以来有多种《三字经》的注释和图解，甚至还有《蒙汉三字经》和《满汉三字经》等少数民族文字译本。后世也出现了形形色色以《三字经》命名的不同内容的读物，如《太平天国三字经》、《共和新三字经》、《时务三字经》、《医学三字经》、《历史三字经》等等，但其作用与影响都不如原本《三字经》。

（二）百家姓

它是将472个姓氏，按四字一句，联成118句，只便诵读，毫无含义。它是北宋时期的识字课本，大部分字是周围日常容易接触到的，无需理解内容，又便于诵读，所以为学童所乐于接受。

《百家姓》以赵为首，带有宋皇朝色彩，不易为另一皇朝所接受，所以明朝就另编《皇明千家姓》收单姓1768个，复姓200个，共收1968姓，2168个字，以

"朱"开头，如：

朱奉天运　富有万方
圣神文武　道合陶唐
学弘周孔　统绍禹汤……

由于它皇朝色彩过浓，字量增加近五倍，又增加语句含义，超越了蒙童的智力承担量，所以不能取代原有的《百家姓》。

清朝康熙也另编《御制百家姓》，因满洲姓氏不好编排，就标榜尊崇儒学，以孔孟居首，如"孔师阙党，孟席齐梁"，"冉季宗政，游夏文章"等等词句，由于过于抽象概括，所以也未能广泛流传。

有人认为《百家姓》漏姓太多，又无文意，所以主张改编。明朝有人重编过，字数不变，但语有含义，如"尚慕隆古，秀仰盛王，万方弘赖，怀葛虞唐"，语意过于深奥，蒙童无法理解，所以也不能长远流通。

《百家姓》的增补重编各种本子始终未能取代旧本《百家姓》。旧本《百家姓》不仅源远流长地被民间公认为适当的识字课本，而且还有《蒙古字母百家姓》和《女真字母百家姓》等在兄弟民族间流行。

（三）千字文

千字文是三、百、千中成书最早的一种，约撰于梁武帝时。它以四言次韵而成，基本上无重复字，将自然现象、历史名物、修身处世、优美景色等内容都加以描述概括。《千字文》由于立意好，易于上口，所以成书后很快就流通起来。

《千字文》把毫无关联的单字连缀成篇，内容条理连贯，用"天地玄黄，宇宙洪荒"开头，然后再逐条解释天象地貌，还有一些处世信条，如"知过必改，得能莫忘"，"尺璧非宝，寸阴是竞"。这二百五十句词意明显，文字流畅，音节自然，便于背诵记忆。

《千字文》除有识字求知作用外，还被民间用作计数的符号。明《文渊阁书目》即将藏书以千字文排次为序，自天字至往字，凡二十号，分贮五十厨。民间对首屈一指的事往往称"天字第一号"。中国天津用千字文排几条路名。

《千字文》问世后，也出现若干补编和改编本，隋唐时已有五六种，宋以后有几十种，甚至出现《万字文》之类的书。有的以千字文形式编一些专用书，如明李登的《正字千文》则是专辨字的形音，如：

戊戒戍戌　冑胄毋毌　柬生阑鍊
东生栋冻　巳生汜祀　己生忌记
折拆小异　析柝微分

《千字文》不仅有汉字本，还有满汉、蒙汉对照本。日本有《梵语千字文》，刻于享保二年（1727年，清雍正五年），是汉、梵（汉字注音）、日三种文字的对照。它与原本《千字文》编次不同，开头是“天地日月，阴阳圆矩”，可能是日本僧人学习译经时所用。

（四）结语

三百千统加起来不过两千多字，立意也易理解，又有侧重，能不断更换，循序前进。这种偶然的配套恰恰符合初学者识字求知的智力承受力，因此它们一直不被它书所取代。

经过三百千的蒙学教育后，即逐步进入比较系统地学习基本文化知识和诗文写作技巧，有的更进入儒家经典——四书五经的学习。

基本文化知识最流行的读物是明清时人所编的《幼学琼林》。这是一本多学科的综合性蒙学读物。它打破了三字句、四字句的限制，以内容为主。它涉及天文、地舆、人事、鸟兽、花木、饮食等三十三类。目前看来，内容比较陈旧杂乱，但还有不少掌故、成语和格言，如“管中窥豹，所见不多”，“乘患相攻谓之落井下石”，“寒食节是清明前一日，初伏日是夏至第三庚”，“韩信将兵，多多益善”等等都有记忆和背诵价值的。其他还有《千家诗》《文字蒙求》等都是从三百千走向成人教育过渡阶段的读物。

在过去的几千年中，中华文化之所以能一代代相传下来是靠人们掌握文字和最基本的文化知识，逐步深入获得的，而三、百、千和其他一些蒙学读物则是这条通道上最原始的铺路石子，不能因为它们的内容比较陈旧和繁复，甚至有部分不适宜的东西而完全加以摒弃。

八、中华文化的主要汇聚点

经史子集是中国典籍的四大类别。它不仅是中华文化的文献主要汇聚点，也是二千来年中国知识分子的攻读对象和探求中华文化的重要依据。

（一）十三经

这是被中国儒家奉为经典的十三部古书的总称。它包括《周易》、《尚书》、《诗经》、三礼（《周礼》、《仪礼》、《礼记》）、三传（《春秋左氏传》、《春秋公羊传》、《春秋穀梁传》）、《论语》、《孝经》、《孟子》和《尔雅》。

十三经在先秦时期已先后成书，但直到南宋时才把它组织成一部儒家经学丛书而冠以“十三经”之名。它有十四万七千余字，内容涉及哲学、史学、文学、政治学、伦理学等学术领域。现分述十三经如下：

《周易》　它居十三经之首，据说为周人所作，由经与传二部分组成。经包括卦辞和爻辞，传称《十翼》是解释经的。对研究古代的哲学、史学和社会有重要参考价值。

《尚书》　又称《书经》，相传是孔子编选的古代文献汇编。它是我国现存最早的一部古代史书，其中有些誓词、文告和记述性文字很有文学性，所以又被视为“散文的开端”。

《诗经》　它是我国最早的诗歌总集，有诗305篇，是西周初至春秋中叶的作品。它分风、大雅、小雅和颂四部分。

《周礼》　原称《周官》，是周王室的官制和各国制度，也有一些作者的政治理想。近人认为它是战国时代作品。

《仪礼》　亦称《礼经》、《士礼》，直至晋始名《仪礼》，它成书于战国初至中叶。它是古代有关冠、婚、丧、祭等礼仪的要求和程序的汇编。

《礼记》　是一部对秦汉以前各种礼仪进行解释和补充的论述选集，也是西汉学者传授《仪礼》的辅助材料。这是一部研究中国古代社会，了解儒家思想以及古代文物制度的重要参考书。

《春秋左氏传》　简称《左传》，战国初人所编，比《春秋》的下限要长，着重于叙史事，文字简练而富文采，具有极高的史学和文学价值。

《春秋公羊传》　简称《公羊传》，逐字逐句解释《春秋》以阐发《春秋》字里行间的含意。

《春秋穀梁传》　简称《穀梁传》，主要也为阐发《春秋》的微言大义，可借此了解儒家政治观点。

《论语》　这是孔子弟子和再传弟子编纂孔子的言行而成书，是儒家的重要经典，也是研究经学、哲学、教育学、伦理学、文学所必读的古籍。

《孝经》　主要宣扬封建孝道和孝为德本的道理，全书1799字，是十三经中文字最少的一部。

《尔雅》　这是一本专门解释词义的工具书，是中国最早一部按词义系统和事物分类编纂的词典。它基本上成书于战国末年，是当时儒生汇集各种古籍词语训释资料编成的。全书共收13113字。

《孟子》　这是孟轲及弟子讨论问题的论集，内容涉及对人性、政治、教育、修养、处事等方面。文字具有气势感情。

十三经至宋已具备了注、正义、疏、传、笺等不同名称和体例的注解本，对后人研究与学习有很大的帮助。

（二）二十四史

二十四史包含着从《史记》到《明史》的二十四部史书，是中国上起传说时代的黄帝，下迄十七世纪中叶的明朝，共数千年完整连贯的一套史书，是世界文化宝库中绝无仅有的现实。

二十四史总卷数是3266卷（含目录），总字数达2700余万字。卷数最多的《宋史》有496卷，最少的是陈书，仅36卷。清乾隆时二十四史被定为“正史”，得到了尊崇的地位。

正史具有三大特点：

其一，正史记载的对象是历史上的主要朝代。这些朝代大多被认为是正统政权。

其二，正史主要采取纪传体的编纂方法，有纪、传、志、表各种形式。内容涉及政治、经济、社会、文化各方面。

其三，正史包括从黄帝起到明末止的漫长历程，只有重复，没有间断，年代相接，上下贯通。

二十四史中，《史记》是私撰，《汉书》和《三国志》是官方同意的私修。《晋书》以下都是“人君观史，宰相监修”的官修书了。

民国初年，柯劭忞撰成《新元史》，北洋政府大总统徐世昌明令列入“正史”，遂有二十五史之称。《清史稿》撰成后，也有并称为二十六史的。

二十四史的版本，过去比较通行的有清乾隆时官刻的武英殿本和百衲本。现在的通行本是中华书局的标点本。

二十四史数量多，内容广，跨度长，研读有一定困难，从南北朝至清，有不少学者用注、补、表、谱、考证等体裁写了不少著述，可供参考。近人陈乃乾撰《二十四史补注表谱考证书籍简目》收录比较完备，便于查阅使用。

二十四史是中国通贯古今的一套史书，也是传递中国传统文化的主要渠道之一，在世界史学史以至文化史上都居于当之无愧的领先地位。通过对这套书的有重点的阅读，可以对中国数千年历史的主要史迹有一大致了解，加强对传统文化的选择能力。

（三）诸子百家

诸子百家出现在春秋战国时代。当时有儒家、道家、阴阳家、法家、名家、墨家、纵横家、杂家、农家等等。各派的代表人物被尊称为“子”，如孔子、老子、墨子、韩非子等等。《汉书艺文志》说“凡诸子百八十九家”，所以浑称“诸子百家”，乃举成数而言。

①道家：创始人据说是老子（李耳）。他是古代的哲学家，他以“道”来说明宇宙万物的演变，认为一切事物都有正反两面，并能互相转化，但却把这种转化视为简单地循环。又主张倒退到封闭状态以解决社会矛盾。

②儒家：创始人孔子，春秋末期的伟大思想家、政治家和教育家。政治上同情民间疾苦，思想上主张中庸之道，教育上实行有教无类，因材施教；但又竭力维护封建等级制度。

③墨家：创始人墨翟，春秋战国时人，出身于下层。主张“非命”与“兼爱”，提倡“非攻”与“节用”。

④法家：主要代表人物是韩非，吸收道、儒、墨各家理论，建立了以“法治”为中心的专制主义的政治理论。

⑤阴阳家：代表人物是邹衍。他根据当时的自然知识和社会经验，对天地起源和政权衍变进行臆测，扩大了人们对时间空间的观念，活跃了人们的思维。

⑥纵横家：指战国时从事政治、外交活动的一些谋士，代表性人物是苏秦和张仪。

⑦名家：这是战国时以辩论名实为主要内容的学派，主要代表人物是惠施和公孙龙子等，主要论题有“合同异”、“离坚白”等。

⑧杂家：这是战国末期至汉初折衷和杂糅各派思想的一种学派，具有“兼儒墨，合名法”的特点，代表人物有吕不韦、刘安等。

除此以外，还有农家、小说家、兵家、医家等，就不一一缕述了。

（四）集部

集是《隋书经籍志》的四分法中的一个类名，它起源于《七略·诗赋略》。清《四库全书》集部分楚辞、别集、总集、诗文评、词曲等五种。

①楚辞：这是战国时代以屈原为代表的楚国人所创作的诗歌，是一部诸作者作品的总集。楚辞的代表作品是屈原的《离骚》。《离骚》是屈原将其爱国的理想和报国无门的沉痛感情熔铸而成的长篇抒情诗。

②别集：大约起源于东汉。它按诗文类别，内容不同，年代先后的不同体例分编，也有各种体例混用的。

别集都有集名，它多用姓名、字号、官爵、籍贯等命名，如《诸葛亮集》、《孟东野集》、《山谷全集》、《仙屏书屋初集诗录》、《贾长沙集》、《范文正公全集》、《颜鲁公集》、《河东先生集》、《后乐集》等。

③总集：凡诸家作品的综合集称总集。晋挚虞的《文章流别集》是总集的开端。其影响最大的总集是《昭明文选》。它选录了上起周代，下至梁朝近八百年间的诗文辞赋七万多篇。研究《文选》最有价值的代表作是唐李善的《文选注》，共征引群书1689种。

《文选》以后，总集层出不穷，有全集、选集，分别采用按时代、按作品体裁、按文学流派等不同体例编排。

总集保存了大量的文学作品，对后世的研究提供了比较系统与完备的资料。

④诗文评：《四库全书》始置诗文评为一类，是对诗文优劣的评论及诗文创作的理论概括。中国古典文学理论批评的第一部系统专著是《文心雕龙》。

《文心雕龙》是南朝梁刘勰撰，它全面地继承中国一千多年文学理论的成果，系统地总结了自商周至齐梁时期文学创作的经验，建立了比较完整的古代文学理论的体系，对后代文学创作及文艺理论的发展都产生了深远的影响。稍后有梁钟嵘所撰的《诗品》。它系统地论述了从汉魏到南朝的五言诗，并品定了诗人的高下。唐宋以后，有诗话和诗纪事以及评文的论著出现。

⑤词曲：在这类下又分词集、词选、词话、词谱、词韵和南北曲六类。

经史子集内容丰富，是中华文化不可忽视的一座汇聚宝库。

原载于《独协经济》第58号　齐藤 博编集　日本独协大学1992年3月版

历史档案与历史研究

历史档案对教学和科学研究工作、对发展我国的科学文化事业都具有重要的作用。这是因为它们具有如下的特点：

一是有很大的广泛性。历史档案本身涉及的范围不是某一个题目，不是某一个人物，而是涉及不同历史时期的政治、经济、文化、军事、科技等各个方面。

二是它有一种罕见性。一般书刊已为人所易得习见，而历史档案过去人们接触较少。它所记录的内容往往使人产生新鲜的感觉，使人可从这些罕见资料中搜检或发现一些原来未曾想到或并不了解的问题，并在一定条件下得到解决。

三是它的可靠性。我们不能说历史档案百分之百都可靠，其中也有些浮夸和歪曲的地方，但它终究比经过加工或掺杂主观臆断的第二手资料可靠程度大。

民国档案是历史档案的重要组成部分。这部分档案数量非常多，涉及民国时期的政治、经济、军事、外交、文教、群众运动、重要的历史事件、重要的历史人物等各个方面，仅北洋政府时期的档案即达十余万件。回顾这批财富的起源，不能不缅怀范文澜同志，他在北平解放后，很快组织了十余人的小组接管了一大批北洋军阀的函电文件，小组组长是唐彪同志（中国第二历史档案馆原副馆长），王涛（中国第二历史档案馆原副研究馆员）和我当时都是组员。这是新中国第一批历史档案的整理工作者。当时条件比较艰苦，每人只发一个口罩和一副套袖，当麻袋中档案倒出来时暴土扬尘，呛人心肺，我们先把散乱档案扎成捆，然后一捆捆分类整理，按政治、经济、军事、文化大类分档上架，再按类写成专题卡片。在这个整理过程中，既接触了大量原始资料，丰富了知识，又为便于工作而阅读有关书刊，从而引起研究情趣。正是整理北洋档案这项工作引导我进入北洋军阀史的研究领域，奠定了我一生的研究方向，并在1957年写出解放后第一本北洋军阀史，即《北洋军阀史略》（1983年又增订为《北洋军阀史稿》）。书中利用了这批档案中的珍贵史料，比如我曾在这批档案中发现过一个日本黑龙会的油印文件，名《黑龙会对支那问题解决意见书》。这个文件我看后觉得既重要而又熟悉，因为它与后来公开发表的“二十一条”的内容基本相似。这就证明，“二十一条”这一侵华政策，是黑龙会在1914年9、10月间就已经提出来了。黑龙会是日本的秘密的政治阴谋团体。这个文件可以说对当时日本的侵华政策是考虑得非常“周到”的，是希望日本政府对中国进行全面侵略的建议。这个例子说明历史档案与历史研究的联系与作用。后来，这批北洋档案与南京的国民党国史馆档案并合，集中保存在中国第二历史档案馆，成为民国档案的宝库。中国第二历史档案馆不仅接待历史研究者来阅览利用，而且还不断地公布档案。它按照客观需要有计划地整理编辑了两套民国史档案资料：一套是《中华民国史档案资料汇编》，按北洋政府和国民党政府两个时期，分为政治、经济、军事、外交和文教等类编辑成册，并先后出版了《辛亥革命》和《南京临时政府》等书，另一套是《中华民国史档案资料丛刊》，它按重要历史事件、历史人物、企事业机构等专题编辑出版，如《直皖战争》、《北洋军阀统治时期的兵变》等。这些档案的公诸于世，无疑为民国史的研究增加了大量的活力。例如当研究皖系执政，段祺瑞妄想武力统一，而吴佩孚却在湖南撤兵反段这段史事时，从《直皖战争》所收的部分文电档案中就可以看到吴佩孚是如何巧妙地利用电报战进行政治斗争来争取舆论。在另一些藏档中更可以看到吴佩孚在反奉倒梁种种活动中的利用舆论的大量文电。有了这些资料依据，不仅可以使各派军阀争夺战的面貌更深化，而且也显示吴佩孚这个军阀人物的特点。除了中国第二历史档案馆外，各地档案馆和博物馆都藏有民国档案。例如天津市档案馆就藏有解放前比较完整的一套商会档案，包括内政、外交、社会各方面内容，有一位日本留学生在写博士论文《中国商会》时，就曾辗转利用过这部分档案。民初袁世凯制造“北京兵变”，天津也出现动荡，但动荡程度如何？那么天津商会档案中就有各同业公会关于乱兵抢劫商店的报告，甚至还附有市面残破骚乱的照片。据此可以知道袁世凯为了盘踞北京，不肯南下所造成的社会灾难。天津历史博物馆也保存了与徐世昌、黎元洪、吴景濂等人有关的民国档案。徐世昌将其任大总统时秘书厅藏档中的电报，请吴世缃编成一部《秘笈录存》，主要包括巴黎和会与华盛顿会议的文电，比较系统，此书已由博物馆整理出版，为研究这两次国际上对我国有重大影响的会议提供了大量重要的原始资料。至于黎元洪收存的函电译稿等，据我所知当是全国最完整的一份了。其中在黎任期中的译电稿是很有研究价值的。这是他的秘书厅内由专人将国内政局、军事上的问题在外报上的反映翻译过来的，每天一本，用红格纸毛笔正楷缮写，数量很多，内容涉及面广，可以看到当时国内不能或不敢反映的情况。其他如黎元洪的英籍顾问辛博森在1916年9月至次年7月间写给黎的外务报告，涉及第一次世界大战的局势、列强间的关系、德国的潜艇政策、美国的参战、日本的侵华阴谋等问题，对当时北京政府的对德绝交及参战等决策都有过一定的影响，这部分外务报告当时均由伍朝枢等名手译呈，保存比较完整。另有一批各地致黎电揭露地方军阀肆虐，人民困苦情状者。如太原陈廷璋电称："刑不依法，罚无定章，一言贾祸，遽判死刑，一案勒金，动逾数万，死亡逃窜，累累相望，此皆有人可指、有案可稽。"成都王寿塑等揭露陈宧在四川"开县、云阳又烧城外民房二千余家，劫银三十余万，中、交、川三行造币各厂复提银三百余万。"大量罪恶已足见人民在军阀统治下之苦状。天津海关保存的历史档案中有一整套自开关以来的关册，记录着美、英、日在天津的进出口货物的具体数字。从这些数字的升降可以研究帝国主义在华经济势力的消长。不仅大城市，即一般县城也都有意料之外的民国档案，如四川巴县保存有从乾隆二十二年（1757年）到民国三十年（1941年）共184年的完整档案，其中光绪三十三年到民国三十年（1907—1941年）的电报稿及民间诉讼文件达10余万件，主要是民国档案。它记录了帝国主义入侵长江的问题，各式各样的苛捐杂税名目以及地方灾情等，这些资料对于区域性历史的研究提供了重要依据。

历史档案不仅为历史研究提供史料依据，它更重要的还在订正历史的传统陈说，使之更接近或符合历史的真实。例如长期以来对民初孙中山与章太炎的关系问题似乎被认为彼此不能相容，应各负同等责任，但从中国第二历史档案馆发现《孙中山复蔡元培》一函后，可以看到孙中山的胸襟及是非观念。这封信讨论了临时政府组阁的人事原则，兼及对康有为与章太炎的评论问题，信中说："康氏至今犹反对民国之旨，……倘合一炉而冶之，恐不足以服人心，且招天下之反对；至于太炎君等则不过偶于友谊小嫌，决不能与反对民国者作比例。尊隆之道，在所必讲，弟无世俗睚眦之见也。"又说："内阁之设备及其组织用人之道，……唯才能是称，不问其党与省也。"从这可以看到孙中山的政治界限和政治家风度，显然与章太炎有所高下了。又如民初名记者与政论家黄远庸，发表过一些揭露和抨击袁世凯的通讯和政论，1915年12月在旧金山被刺而死，一些历史著作论其被华侨"误认为帝制派"而刺杀。1982年在中国第二历史档案馆发现了黄在二次革命爆发不久，曾正式以书面建议镇压反对党报纸的条陈。这个过去未见过的档案虽不能遽定黄为帝制派，但他亲袁反孙的政治态度在某些历史时期中还是鲜明的，所谓被误杀之说恐难成立，当是事出有因了吧。

历史档案与历史研究联系如此密切，但利用档案进行研究远不如利用书刊之简捷便当。历史档案有不少手写件，不仅是繁体字，还是行书、草书甚至潦草字、简写字等等，那就必须有辨识文字的能力。在档案中还有一些成语、典故、代称、暗语、隐语需要了解。如赣宁之役后，在日本干涉下，袁世凯拟以冯国璋代张勋为江督，而移张任长江巡阅使的长信最后特注“阅讫付丙，幸勿示人”。有人不懂，解释成看完编入丙类，实则是说事关机密，看完用火烧掉，丙者丙丁火也。其他如合肥指段祺瑞、玉帅指吴佩孚、极峰指最高统治者等等皆是。旧档案大多无标点，而标点工作确非易事，如略不经意，往往出错。经过这些基本技能的处理后，可能了解资料内容，但还须经过考辨、甄选、断定其真伪价值而加以使用。特别是要注意历史档案的局限性，因为它们终究是旧政权时所形成，其中有的是个别特例或地域与部门问题，就不能以偏概全；有的是有不实不尽之处或属于故意宣传，如军阀混战时期彼此攻讦的函电就不能轻信。因此它要有历史研究的成果和知识来相辅，要在整理利用中认真研究，这样才能真正发挥档案在研究工作中的作用。

历史研究无疑需要历史档案作重要依据，而历史档案也只有被历史研究所利用才能从沉埋中焕发光彩。披沙拣金，二者不可或缺。愿丰富浩繁的历史档案如大漠广野无私地裸呈在研究者面前；愿历史研究者坚韧刚毅，不畏艰辛，涉足荒漠以发掘宝藏。果能如此，则历史档案的源头活水将为历史研究展现出无尽江山！

原载于《档案工作》1987年第11期

谈中国历史上的年号

一、谈年号

“年号”是中国历史上记述年代的一种特有标识。它经常随着新的元年而变换，所以也称“元号”。于是把建立年号称为“建元”，改换年号称为“改元”，而记述年号的书也多以纪元为名，如《纪元编》、《纪元通考》、《纪元要略》等。

“元”在古代典籍和传统认识上都有重要的地位。《易·乾·文言》和《春秋》中都很重视“元”。因此建元也就成为中国历史上的大事，而在史籍中多有此一笔。清代史学家赵翼在《陔余丛考》卷二五中说：

> 后世始以孔子书元年为春秋大法，遂以改元为重事……董仲舒亦云春秋谓一元之意，万物所从始也。元者，辞之谓大也，谓一为元者，视大始而欲正本也。是建元视为重事，由来久矣。

“元”虽然较早地受到重视，但建元（年）号却始于汉朝。汉文帝是以前、后字样冠于年次之上而有前后元年之称；汉武帝则是在年次上冠以具有含义的称号。据《汉书·武帝纪》建元元年条颜师古注说：“自古帝王未有年号，始起于此。”不过，这一开始是后来所追加的。据《史记·封禅书》和《汉书·武帝纪》等记载：创制年号的事是元鼎四年（公元前113年）开始的。

为什么汉武帝时突然有此创举呢？据《史记·封禅书》说：“有司言，元宜以天瑞命，不宜以一、二数。”换言之，这是当时官吏企图把年号作为歌功颂德新工具的一次行动。从此以后，在两千年来的封建社会里，年号便被用作“章述德美，昭著祥异”、“弥灾厌胜，计功称代”[①]的工具了。但是，应当承认：年号在客观上具有一定的作用。它使我国历史的纪年完全摆脱了呆板枯燥的数字顺序，而是在数字上增加了一个具有一定含义的特殊标识。它给人们的社会生活带来了一些便利。清代史学家赵翼曾一再推重它的作用。他在《陔余丛考》卷二五中说：“……于是上自朝廷，下至里社，书契记载，无不便之，诚千古不易之良法也。”他在《廿二史劄记》卷二《武帝年号系元狩以后追建》条中又说：“至武帝始，创为年号，朝野上下，俱便于记载，实为万世不易之良法。”

今天我们在记述历史事件的年代顺序，历史人物的生卒经历以及考古、版本、校勘等专门学科的研究中，也还常借助于这个特有标识。

年号的字数，一般是两个字，如建元、熹平、永乐、宣统等。也有多字数的，如三字年号有王莽的“始建国”、梁武帝的“中大通”和“中大同”。四字年号有汉光武帝的“建武中元”、唐武则天的“天册万岁”、“万岁登封”和宋太宗的“太平兴国”，六字年号有西夏李元昊的“天授礼法延祚”。

年号的变换，最初较有规律，如汉武帝自建元至元封每六年一改元，太初至征和每四年一改元。其后渐无规律，甚至有一年数改者，一代多号者。武则天在位二十一年中十七改元，晋惠帝在位十七年凡十改元。这种频繁改动完全失去了年号的积极作用而给人们带来了混乱和不便。与此同时，有的帝王终其在位之年只用一号而不改易者，如唐太宗的贞观有二十三年，汉明帝的永平有十八年。这种一帝一号的方法既简要，又便利，可惜未能普遍做到，直到明太祖定洪武一号以后，年号频繁更换的局面始告结束（英宗虽有正统、天顺二号，但这是由于政局变动中间隔了景帝的景泰）。这种良好的纪年方法继续使用到清代宣统。

年号既使用了几千年，便难免重复。细检历代年号，少者二同，数量较多，如晋惠帝与北魏孝武帝都用永熙年号，多者如太平、建平等年号都是八同。清人叶维庚撰《纪元通考》卷九《古今年号相同》节专载此事。今人荣孟源先生的《中国历史纪年》第三编《年号通检》也可查用。这种异代相重的情形，可供考古利用。

异代重复成因，年代相隔久远，失于考察，尚不可怪。其最可怪者，莫如本朝相重。赵翼的《廿二史劄记》卷十九《唐有两上元年号》条说：

---

① 《册府元龟》卷一五。

年号重袭，已见丛考前编，皆异代之君，不知详考，致有误袭前代年号者。至唐则高宗有上元年号，而肃宗亦以上元纪年。高之与肃，相去不过六七十年，耳目相接，朝臣岂无记忆，乃以子孙复其祖宗之号，此何谓耶？元顺帝慕元世祖创业致治，而用其至元纪年，故当时有重纪至元之称。衰乱之朝，不知典故，固无论矣。

这段札记所记高宗、肃宗相重，并非最早，在它之前已有晋惠帝与晋元帝之重建武，惠帝改元建武在甲子七月庚申（公元304年）；元帝改元建武在丁丑三月辛卯（公元317年），相距不过十三年，较高宗、肃宗之相距八十七年为时更近，可见当时之不明典制掌故，而札记所记则失之详考。至于重上一字或下一字的年号则比比皆是。其中有的是有意截取前代年号之上一字或下一字而制成新号，用以缅怀前代盛世者。如唐德宗用李泌建言合贞观、开元之名而制贞元年号。

年号在典籍记载中常有异书，如贞观之作正观，显庆之作光庆、明庆。其主要原因乃由于避讳。明人黄瑜所撰《双槐岁钞》卷四《秦新名讳》节说：“宋仁宗名祯，讳贞为正，如贞观则曰正观，贞元则曰正元。”又顾炎武的《日知录》卷二三《以讳改年号》节也说：“唐中宗讳显，玄宗讳隆基，唐人凡追称高宗显庆年号多云明庆，永隆年号多云永崇；赵元昊以父名改宋明道年号为显道。……”这种以讳改年号的事例，很有助于鉴定版本的刊刻年代。

年号在使用时常有简称者，就是割取相联年号各一字而作合称，如明末之称庆历启祯（隆庆、万历、天启和崇祯），清初之称康雍乾（康熙、雍正和乾隆）等。这对熟悉历史的人，偶从文省，尚无大碍，但对一般人则颇不便利。

年号还有拟议而不用者。这大都只因为不吉祥：或因文字字形、含义不佳，或以拟议后屡呈不祥现象。如唐高宗曾拟用通乾年号，后因不断出现不祥征兆，而文字也不佳，遂废弃不用。《旧唐书》卷五《高宗纪》中说：

（仪凤三年四月）戊申，大赦，改来年正月一日为通乾。……九月……癸亥，侍中张文瓘卒。丙寅，洮河道行军大总管中书令李敬玄、左卫大将军刘审礼与吐蕃战于青海之上，王师败绩，审礼被俘。……十月丙午，徐州刺史密王元晓薨。闰十月戊寅荧惑犯钩钤。十一月乙未，昏雾四塞，连夜不解。丙申，雨水冰。壬子，黄门侍郎同中书门下三品来恒卒。十二月，诏停明年通乾之号，以反语不善故也。

通乾的反语是什么？据《通鉴》胡注释："通乾反语为天穷。"

宋神宗也曾拟议过"丰亨"、"美成"而不用，乃因文字字形不佳摒而不采。清人梁章钜的《浪迹丛谈》卷四《改元》条引王得臣《麈史》说："中书许冲元尝对客言，熙宁末年，神宗欲改元，近臣拟美成、丰亨二名以进，上指美成曰：羊大带戈不可用。又指亨字曰为子不成，可去亨而加元，遂以元丰纪年云。"

年号在使用过程中，曾遭到唐肃宗的反对而一度被废除。《旧唐书》卷十《肃宗纪》曾记其上元二年九月壬寅的命令中说："钦若昊天，定时成岁，春秋五始，义在体元，惟以纪年，更无润色。至于汉武，饰以浮华，非前王之茂典，岂永代而作则。自今以后，朕号惟称皇帝，其年号但称元年，去上元之号。"这一命令可能由于社会习惯势力的抵制，不久又恢复并出现了新的宝应年号。又有经过几次变换而仍用原年号者，如《后汉书·献帝纪》说："（中平六年十二月戊戌）诏除光熹、昭宁、永汉三号，还复中平六年。"

年号不仅封建统治政权使用，农民起义政权也使用，如黄巢之号金统、方腊之号永乐、钟相之号天载、李自成之号永昌、张献忠之号大顺、朱红灯之号天龙等都是。

一些宗教典籍中也使用年号，如道经中有延康、开皇、永寿等号。

年号对中国周边地区和友邻国家也产生一定的影响，如安南有建中、元和、天顺、太和等号，日本有文明、景云、宝历、天元、至德、贞观、贞元、元和、天授等号，新罗有建元、太和等号，高丽有天授、光德等号。它们采用这种年号纪年法，正说明我国历史上年号的影响和它的实际意义。

二、谈改元

改元是使用年号历程中的一个重要问题。自从有年号以后史书中都记载了改元。改元的原因，大致有两种情况。

一种是循例改元。凡改朝换代，新旧交替都照例改元，只是政权更迭时则当年废旧立新，而旧君死新君继则往往逾年改元，旧号可使用到年底。循例改元例子比比皆是，无烦列举。但也有例外情况：

其一是新旧交替，当年改元。如唐睿宗即位于中宗景龙四年六月，七月即改元景云，未按旧例将景龙四年用到年底。这种改变曾引起后人的讥评。明凌扬藻《蠡勺编》卷十三《孙之翰论改元》条说："孙之翰名甫，蜀人，著有《唐论》。杨升庵称其笔力在范祖禹之上。中宗景龙四年，临淄王隆基起兵诛韦氏迎相王，入辅少帝（名重茂，中宗四子，为韦氏所立）。已而睿宗即位（即相王旦，废重茂，复为温王，立隆基为皇太子）。未逾年，即改元景云，之翰去其元字而书景云年，论曰：古之人君继体即位，必逾年而改元者，先君之年，不可不终也；后君继位，不可无始也。一年不可二君也，不终则忘孝矣，不始则无本矣，一年二君则民听惑焉，故书景云年，戒无礼而正不典也。"

其二是新建政权继续沿用旧朝年号。如唐昭宗天复仅四年而前蜀王建沿用到七年十二月。唐昭宣帝天祐四年，而后唐太祖庄宗沿用到二十年四月。秦李茂贞沿用至二十一年四月。吴杨渥、杨隆演沿用至十六年四月。这种沿用旧君年号的目的，多半是自雄一方的割据政权，借用旧君年号以表示它是正统所在，并借此招揽人心，以维护和巩固自己的政权。

另一种情况是由于特殊原因而改订年号，年号的文字也表现了一定的含义。这种原因较多，据史籍记载大致有：

（一）因政局变动而改元：统治集团内部的争夺往往影响政局的动荡。随着这种变动，新的政治集团就要改元以新耳目。如唐昭宗时，宦官刘季述、王仲先等曾在宫中发动政变，以"禽酒肆志"、"喜怒不常"的罪名，废昭宗并幽禁于东内问安宫，另立太子裕监国。这种行动引起某些官僚的反对，于是宰相崔胤等便告难于朱全忠。朱全忠是一个在等待时机篡夺政权的野心军阀，所以毫不迟疑地从定州大营回来，诛杀宦官，恢复昭宗帝位，而他自己也"跻膺重任，绾扼虎符，积功以至使相"，并为达到进一步夺取政权的目的，便"命爪牙，进迁都之议"，把昭宗从长安迁到洛阳，同时改元"天祐"[①]。当时的改元往往与大赦并举，因此，这种改元即表示了新政局的稳定，有借以迷惑人心掩盖他利用迁都以便控制唐政权的阴谋。其他如汉灵帝的光熹，唐僖宗的光启、文德都是类似情况。

废立储君是封建社会中重大的政治事件，所以也改元。如唐高宗于永徽七年废皇太子忠为梁王，立代王弘为皇太子，即改元显庆。调露二年废太子贤为庶人，立英王哲为皇太子，即改元为永隆[②]。

---

① 《新唐书》卷十《昭宗纪》。

② 《旧唐书》卷四、五《高宗纪》上、下。

（二）因制度改革而改元：凡一种新制度的改订和颁布时，往往会改元。它主要是为引起人们对新制度的重视。如汉武帝的“太初”，据《汉书·郊祀志》说：“以正月为岁首，而色上黄，官更印章以五字，因为太初元年。”唐武则天之号“载初”，据《旧唐书》卷六《武则天纪》说：“载初元年，春正月，神皇亲享明堂，大赦天下，依周制，建子月为正月，改永昌元年十一月为载初元年，十二月为腊月，改旧正月为一月。”这都因改订历法而改元。又唐高宗号“总章”，据《旧唐书》卷五《高宗纪》下说：“乾封三年春……二月……丙寅以明堂制度历代不同，汉魏以还弥更讹舛，遂增古今，新制其图，下诏大赦，改元为总章元年。”这是因改订明堂制度而改元者。

（三）因军事胜利而改元：凡军事上的一次胜利标志着政权的暂时稳定或进一步巩固。它们为了计功称伐而改定元号。如武则天之“垂拱”就是因这年击平了反对者徐敬业，从此可以垂拱而治了。汉武帝之号“征和”，则因“征伐四夷而天下和平也”[①]。又如汉元帝之号“竟宁”，据《前汉书》卷九《元帝纪》引诏书说：“匈奴郅支单于背叛礼义，既伏其辜。呼韩邪单于不忘恩德，向慕礼义，复修朝贺之礼，愿保塞传之无穷，边陲长无兵革之事，其改元为竟宁。”“竟宁”者，颜师古解释为“永安宁”之意。应劭、钱大昕、王先谦等人解释竟与境通，即“边境得以安宁之意”。按诸事实，以应劭等说为洽。

（四）因灾异祥瑞而改元：为了昭著祥瑞和祓除不祥而改元，就是想以美好的文字来祈求福祉。祥瑞可以从三方面体现：

其一是天象的祥瑞，如汉武帝追加的“元光”年号，则以当时曾经“三星见”[②]。

其二是物象的祥瑞。龙凤麒麟当时都目为珍禽异兽，它们的出现象征着天降福庥。如汉武帝之号“元狩”、唐高宗之号“麟德”都以“麟见”而改。汉宣帝之号“五凤”、唐高宗之号“仪凤”都以“凤凰见而改”。汉宣帝之号“黄龙”、唐高宗之号“龙朔”都以“龙见”而改。这些所谓祥瑞的出现，是否实有其物，抑或地方官吏的附会逢迎，姑不详论，但它无疑地反映了统治者的精神状态。另一种物象的祥瑞是古器物的发现，也往往解释为“皇天储祉”、“天降之宝”而必须“尚瑞物之象而改元”。汉武帝之号“元鼎”，就因“得宝鼎后土祠旁”。

① 《前汉书》卷六《武帝纪》师古注。

② 《前汉书》卷六《武帝纪》。

其三是人事的祥瑞，如唐高宗之改“开耀”为“永淳”，就因“太子诞皇孙满月”[①]。武则天的“延载”、“证圣”、“天册万岁”等号都因臣下对她上尊称徽号而改；“久视”则因她“所疾康复”而改[②]。

灾异改元的目的是去不祥。这种灾异包括着“自然”和“人事”两个内容。自然灾异往往目为上天示警，必须去旧更新。当时认为上天示警的最主要象征是日食。日食自古以来就受到注意，《诗》、《书》、《春秋》都有所记载，并以此警惕人主修德行政。虽然不是每次日食都改元，但因日食改元的次数也不少，如汉献帝的“延康”、唐高宗的“开耀”、武则天的“如意”、唐文宗的“开成”等号都因“日有食之”而改元。其他天象变化如唐高宗总章三年以“日色出如赭”而“改元为咸亨元年”[③]。武则天嗣圣元年以“彗星见西北方长二丈余，经三十三日乃灭”，而“改元为光宅”[④]。天象以外某些自然灾害的发生或消除也常常用改元来表示庆祝或禳解，如汉宣帝本始四年“郡国四十九地震，或山崩水出”，“于是改元曰地节，欲令地得其节”[⑤]。汉成帝之号“河平”，则以“河决东郡，流漂二州，校尉王廷世堤塞辄平”而改[⑥]。至于人事灾异，往往指人君疾病而言，如唐高宗永淳二年，“（帝）自奉天宫还东都，……疾甚，宰臣以下并不得谒见”，遂改元为“弘道”[⑦]。

（五）因祭祀活动而改元：因祭祀而改元，大致也有三种情况：

其一是封天禅地：封禅之名，首见于《管子·封禅篇》。《汉书·郊祀志》曾解释说：“齐人丁公年九十余，曰：封禅者，古不死之名也。”唐王泾《大唐郊祀录》卷二说：“封者，封高增厚之义；禅者，明以成功相续，故以禅代为称。”它多在功成之后举行。《汉书·郊祀志》说：“元封元年冬，上议曰：古者先振兵释旅，然后封禅。”《白虎通》中也说：“王者，易姓而起，故受命之日，改制应天，功成封禅，告太平也。”封禅的地点多在山岳高地。它不仅为统治者所重视，也为豪绅地主阶级所瞩望。《史记·封禅书》说：“今天子初即位，尤敬鬼神之祀。元年，汉兴已六十余岁矣，天下乂安，缙绅之属，皆望天子

① 《旧唐书》卷五《高宗纪》下。
② 《旧唐书》卷六《则天皇后纪》。
③ 《旧唐书》卷五《高宗纪》下。
④ 《旧唐书》卷六《则天皇后纪》。
⑤ 《前汉书》卷八《宣帝纪》。
⑥ 《前汉书》卷十《成帝纪》。
⑦ 《旧唐书》卷五《高宗纪》下。

封禅改正度也。”甚至如汉太史公司马谈因未获参加祀典而“发愤且卒”，并以此为余恨，遗嘱其子司马迁[①]。足见封禅影响之巨，也就无怪要因它而改元。汉武帝之号“元封”、唐高宗之号“乾封”，都因封禅泰山而改。

其二是享祀明堂：明堂是明政教之堂，祀五帝五神之所，朝诸侯而分尊卑之地。其建制历代各有不同。王泾的《大唐郊祀录》中说：“明堂制度，历代不同，……夏后世曰世室，……周人曰明堂，……蔡邕云以明堂与太庙为一。又马官以议行时令，卢植兼之望云气。……皇唐典制，依周礼以五室为准。”可见明堂制度一直为各代所重视，所以享祀明堂而改元是不足怪的。汉顺帝的永和、汉安帝的永宁，唐武则天的永昌、万岁通天、圣历等号都以享祀明堂而改元。

其三是有事郊庙：郊是统治者祭祀天地的处所，郑玄说：“郊谓祭上帝于南郊”。《汉书·郊祀志》说：“祭天于南郊，就阳之义也；瘗地于北郊，即阴之象也。”历代对郊祀天地都很恭谨，如汉成帝时丞相匡衡等曾奏言：“帝王之事，莫大乎承平之序，莫重于郊祀，故圣王尽心格虑，以建其制。”庙指统治者的宗庙。它除循例的月祭和四时祭之外，遇有重大事件也有告于宗庙之祭，所以祭祀宗庙的典制也既盛且重，而也有因此而改元者，如汉献帝的“建安”，唐穆宗的“长庆”、敬宗的“宝历”、武宗的“会昌”、宣宗的“大中”、懿宗的“咸通”、僖宗的“乾符”等，都是因有事于郊庙而改元者。

上述的几方面原因只是概述。不过，仅就这些可以了解到年号不止是一种特殊的年代标志，而且从年号的含义中还可以反映出某些历史事件和问题。年号和改元是应予以注意的历史现象。

原载于《江海学刊》1983年第6期

① 《史记·太史公自序》。

从《史记》看司马迁的政治思想

本文是笔者就读《史记》时所札录的一些文献材料中所反映的若干具体观点，对与司马迁政治思想有关的问题作一初步的探讨。它涉及了如下的三个问题：（1）司马迁继承了哪些思想资料；（2）司马迁的主要的政治思想观点；（3）司马迁与汉武帝的矛盾问题。

一

司马迁所处的时代是封建社会经过统一、恢复阶段走向繁荣富庶，封建的土地私有制得到一定的发展，并出现了豪强兼并情况的时候；是汉王朝已由稳定趋向强大，而所谓“文景之治”背后隐蔽的矛盾危机却在日益显露的时候；是汉武帝为巩固封建集权统治，积极推行“独尊儒术”政策，儒家学派比其他学派更占优势的时候。这些现实生活无疑对司马迁的思想有着重大的影响。但是，探讨一种思想，“首先得从它之前已经积累的思想资料出发”。（恩格斯：《反杜林论》页13）那时，司马迁所能利用的现成思想资料中，儒家学派的思想资料占了很突出的地位。《史记》所依据的几种主要史料绝大部分是儒家学派的名著。司马迁是把儒家学派的经典著作作为自己写史时博览群籍进行选材依据的。他树立了“夫学者载籍极博，犹考信于六艺”（《伯夷列传》）的去取标准。司马迁的“究天人之际，通古今之变”的指导原则可能就是从“长于变”的《易》和“长于治人”的《春秋》中得到启示而来的。《春秋》更是司马迁心目中的先驱著作，他要以《史记》来接续《春秋》的传统。他在《自序》中借答复壶遂的问难写了大段文字来简述《春秋》的重要意义。虽然，他又写了一段不以壶遂拟《史记》于《春秋》为然的话，但细绎这段文字的涵义，这是司马迁既不愿担“显非当世”的嫌疑，却又按捺不住居然有人能理解到他以《史记》续《春秋》的那种内心喜悦。这段文字是司马迁的一种有意曲折之笔。因为在《十二诸侯年表序》中他反复说明了《春秋》对后来学术、思想的重大影响。把《春秋》的地位抬得很高，泄漏了曲折之笔的真意。

《史记》中把儒家学派也摆到相当重要的地位上。它有许多篇和儒家学派有关的人物传记。孔子是儒家的“先师”，所以位置更为显要。司马迁除了通过体例的安排，把孔子列为世家以示尊贵外，还在论赞中写了一段景仰推崇的话，把孔子推到“至圣”的地位。在《儒林传序》中也有类似性质的赞扬。

《史记》的许多评论中也多引述孔子的论点作为自己的论点。除了《仲尼弟子列传》通篇用孔子的言论来评论孔门诸弟子外，他如《吴世家》中之评太伯，《陈杞世家》中之评楚庄王，《微子世家》中之评微子，《晋世家》中之评董狐、赵宣子，《楚世家》中之评楚昭王，《郑世家》中之评子产和《老子韩非列传》中之评老子等等，都是引用孔子的论述来评论历史人物的。尤其突出的是：世家以吴为首，列传以伯夷为首，都是明明白白地以孔子观点为指导而作出的一种体例安排。

《史记》中除了《孔子世家》集中地记载了孔子事迹外，如周、秦二纪，鲁、燕、陈、卫、晋、郑六世家中都特书孔子的生卒事迹。清代学者梁玉绳解释这种现象是“体例之参错可议者”。（《史记志疑》卷四）我看这既不是体例参错，也不是偶然兴至。这是司马迁重视孔子地位的一种笔法。他把孔子的生卒和重大事迹载入几个政权的历史记录之中，就是用来表示孔子的历史地位的重要，是寓论断于叙事。

当然，我们不能简单地理解司马迁在《史记》中原封不动地照搬了孔子的儒家思想。司马迁承受来的儒家学派的思想资料涂饰了一层时代的色彩。这就是为适应汉初封建地主阶级所需要而加以改造过的汉初之儒。汉初之儒的主要改造者是董仲舒。汉初之儒是董仲舒从先秦儒家学派的思想资料仓库中经过精心挑选，并杂糅进一些阴阳家学派的思想资料而加工改造的变种。司马迁主要地继承了这种思想资料。过去有人为了证实司马迁和董仲舒的相承关系，曾引《太史公自序》中“余闻董生曰”一语中的“生”字来确定二者的师承关系。这是不足凭信的。因为“生”也是对一般读书人的一种尊称，而且《史记》中称贾生、庄生、侯生、卢生、周生等等的大有人在。再说师生关系也并不能完全决定思想继承关系。重要的在于考察二者思想之间的一致之处。董仲舒从儒家学派的公羊学出发所提出的“天人感应论”、“历史循环论”和“大一统思想”等等思想观点在《史记》中都有一定的表达。

司马迁在《史记》中对若干政治问题的解释大抵归之于天命。他认为天上有灾异变化，人间必有相应的大事。这种天人之间的感应关系“未有不先形见而应随之者也”。（《天官书》）他认为秦汉之际的混乱，早在“秦始皇之时，十五年彗星四见，久者八十日，长或竟天”中，已有所昭示。（《天官书》）他总结秦之能“卒并天下”，既非德义，也非兵力，而是“盖若天所助焉”（《六国表序》），是“天方令秦平海内”。（《魏世家》）至于汉的“王迹之兴”，当然更是“受命而帝”，所以他就发出了“岂非天哉！岂非天哉！”（《秦楚之际月表》）的感叹。司马迁既论述了可以影响和解释人间大事的自然现象的“天”，又提出了一个主宰和支配人间大事、颇为神秘的“天”，这两种天人关系看来似乎不一致，实际上，这就是司马迁所“究”的“天人之际”的两个方面。这正是董仲舒“天人感应论”的实际运用和发展。

司马迁认为历史的发展是“三王之道若循环，终而复始”。他并以公羊学的这种三世、三统说来论证汉得天下是“得天统矣”。（《高祖本纪赞》）至于大一统思想，在《史记》中也有明显的表露。这两部分都围绕着“通古今之变”来进行。这和董仲舒所宣扬的“历史循环论”和大一统思想有很多共同之处，但亦有小异，有发展。

司马迁从董仲舒那里承受了不少思想资料，但决不只是董仲舒思想的翻版。他继承了董仲舒汉初之儒的儒家部分思想资料，而批判接受了其中阴阳家部分的思想资料。司马迁在父亲司马谈的影响下和史家掌管天象的实践中，在一定程度上扬弃了阴阳家的“使人拘而多所畏”的神秘主义部分，吸取了阴阳家的“序四时之大顺”的合乎自然实际的成分。所以尽管《史记》中接受了“天人感应论”学说的影响，但在《伯夷列传》中却对“天道”提出了“是邪？非邪？”的怀疑。司马迁没有超出“天人感应论”的范围；不过，他比董仲舒前进了一小步。打开了神秘主义的缺口，这就是司马迁比董仲舒可贵的一点。

那么，是不是司马迁仅是接受了汉初之儒这一单一的思想资料呢？我看还有其他成分。有的同志根据班固对司马迁“先黄老而后六经”的评论和《六家要指》对道家的推崇，而判定了司马迁和道家的相承关系，我看这似乎还可商榷。因为“先黄老而后六经”是班固的一偏之见，实欠公允；而《六家要指》则是司马谈的观点，只能说对司马迁有影响，却不能作为司马迁的观点。我认为这还是应该从《史记》本身文献中去探求。

司马迁是否从道家吸取了思想资料呢？应该说是有的。司马迁受了司马谈一些家学影响；但这正如他从儒家吸取思想资料那样，他所吸取的是汉初所实行的那种“黄老之治”的思想资料。“黄老之治”是汉初适应中小地主阶级要求发展土地私有制的统治术。它的“无为而治”不是“小国寡民，老死不相往来”的不干涉的消极态度，而是以“无为”为表面，以“而治”为实质，是“将欲取之，必先与之”的钓饵榨取政策；它是以“无为”为手段，以“而治”为目的，借以“保护”中小地主阶级发展的积极政策。司马迁只看到“黄老之治”的表面成效，就非常欣赏它的“因循为用”。对于汉初执行“黄老之治”的积极人物曹参，《史记》在本传论赞中就给予了全面的肯定，并在《乐毅列传》之末详述了曹参的师承源流。《货殖列传》中更有多处表露了“因循为用”的思想说：“善者因之”，“人各任其能，竭其力，以得所欲。……各劝其业，乐其事，若水之趋下，日夜无休时；不召而自来，不求而民出之，岂非道之所符，而自然之验邪？”如果在上位者不“因循为用”而与民相争，那在司马迁看来就是“最下者”。

汉初的“黄老之治”虽然发生了适应中小地主阶级要求发展土地私有制和恢复经济的效果，但也产生了一些流弊。这就是《平准书》中所提到的“网疏”之弊。但是，司马迁并不归咎于“黄老之治”，而分析为“物盛而衰，固其然也”。这虽然反映司马迁“通古今之变”的发展观点，实质上是为“黄老之治”辩护。

司马迁吸取黄老思想的资料在《史记》中的另一表现在尚“智”问题上。《史记》中很推崇那些有“权略机变”的人物，欣赏他们能在一点半拨之间完成事业。《越世家》中用了大量笔墨渲染范蠡。它写范蠡如何处理吴越关系，如何劝告文种功成身退，如何安排自己的出路，如何几次经营致富以及如何派中子去救少子出狱的故事等等，无一不是在着意刻画范蠡的“智”。《吴世家》中写季札对晏子、子产、蘧瑗、叔向的出谋画策和挂剑徐君之墓的故事等等，也无一不是在极意描绘季札的“智”。张良使司马迁崇拜的最重要理由仍然在于“智”，《留侯世家》通篇写张良在鸿门宴上的应变、反对立六国后，定都关中、封雍齿和安惠帝诸问题上的才智。这种能运用智慧，弹指间解决重大政治问题的行动，不正是和“智者逸而成，愚者劳而败”的思想如应斯响吗？

所以说，司马迁吸取的思想资料并不单一。他吸取的不是纯儒纯道，而是从经过董仲舒改造的汉初之儒和黄老之治中吸取了经他选择的资料所形成的新结合体。这种新结合体适应了汉朝前期的社会需要，它代表了封建地主阶级政权利益，有利于封建主义中央集权的剥削和榨取，也满足了中小地主阶级的发展要求。

必须说明，司马迁从两方面所吸取的思想资料并非机械地内外结合、对分拼凑。因为司马迁的时代，董仲舒所改造过的汉初之儒已经笼罩一时，渐趋主导地位，形成一种统治思想。作为统治阶级中一员的司马迁很难不为这种统治思想所左右。他只能在比重上有所增减，而无法改变基本倾向。

我认为：司马迁所继承的思想资料是以董仲舒改造过的汉初之儒为主而抽换了董学中的阴阳家部分而易以黄老之治的思想，杂糅孕育出来的新的结合体。这种新的结合体决定了司马迁的基本政治倾向；同时，也埋藏下和武帝产生矛盾的种子。

二

一个阶级的思想家，不管他意识到没有，归根结蒂，总是为本阶级的利益服务和效劳的。地主阶级思想家司马迁也不能例外。他后来虽然和武帝有矛盾，但对汉政权是忠诚的。

司马迁利用董仲舒宣扬、提倡的公羊三统说论证了汉得天下的合理性。《高祖本纪赞》中有一段论述三代政权特征的话说：“夏之政忠。忠之敝，小人以野，故殷人承之以敬。敬之敝，小人以鬼，故周人承之以文。文之敝，小人以僿，故救僿莫若以忠。三王之道若循环，终而复始。周秦之间，可谓文敝矣。秦政不改，反酷刑法，岂不缪乎？故汉兴，承敝易变，使人不倦，得天统矣。”

夏、商、周的盛世是古代政治家和政论家所向往和标榜的理想治世。忠、敬、文是三代各自的特征，即所谓“德”。这三种政权特征（德）相承递变，构成一个环形，沿着“终而复始”的轨迹前进。因此在周的“文德”衰敝之后，应该有一个具有“忠德”的新朝兴起。秦未能表现这种“忠德”，不能承统，只能成为“闰统”，而汉却是能“承敝易变”，于是又出现了“忠德”。这就是说，汉是夏德的第二轮，是的确得到了“天统”的。这种论证，一则表明司马迁是运用了三统说来说明汉得天下之正；二则也说明了司马迁在努力证明汉也将像夏那样，是一种可贵的治世。这是司马迁在《史记》中以汉为正统的最根本的表露。

司马迁不仅以汉得天下为正，而且希望汉政权的巩固和稳定。他在《儒林列传》中写下这样一段故事：景帝时，代表儒家的辕固生和代表道家的黄生曾经发生过一次关于汤、武伐桀、纣的性质问题的争论。辕固生认为这是“受命”，目的在说明汉得天下也如汤、武那样是“受命”；黄生则认为，“非受命，乃弑也”。目的在说明，当前汉已得天下，不需要再谈受命与否，应该尽力消弭各种有害汉政权巩固稳定的任何言论，所以即使如汤、武那样的推翻桀、纣现政权，也是一种“弑”的行为。二者的根本立场都是为了维护汉政权。但仲裁者的景帝却下了个结论说：“言学者无言汤武受命者，不为愚。”意思是说：现代的学者不谈受命问题，不能算错，实际上肯定了黄生的意见。司马迁编纂史记选择史料是有权衡的，他之所以写入这样一段故事，一方面固然说明他因同意黄生和景帝的意见而设法保留下来，而更重要的是反映他同样希望汉政权巩固和稳定的思想感情。

司马迁对于武帝以前的汉初政治局面，具有莫大的热情，他曾不止一次地颂扬汉初恢复发展的“辉煌”成就。《平准书》中说：“汉兴七十余年之间，国家无事，非遇水旱之灾，民则人给家足，都鄙廪庾皆满，而府库余货财。京师之钱累巨万，贯朽而不可校。太仓之粟陈陈相因，充溢露积于外，至腐败不可食。众庶街巷有马，阡陌之间成群”。《律书》中也说：“故百姓无内外之繇，得息肩于田亩。天下殷富，粟至十余钱，鸣鸡吠狗，烟火万里，可谓和乐者乎！”

司马迁赞扬的景象正是对新兴地主阶级政权兴旺发达和中小地主阶级欣欣向荣情景的描绘。这种景象不正是封建土地私有制能够顺利发展的肥土沃壤吗？站在中小地主阶级立场上的司马迁，又怎能不怦然心喜而振笔疾书呢？

司马迁不仅颂扬汉初的政治局面，而且对汉初的几个最高统治者也都在《史记》中留下了不少颂扬和肯定的文献记录。有的同志把司马迁对刘邦的刻画引作他和统治者对立的论据，这是值得重加研讨的。《史记》中刻画刘邦的地方有《高祖本纪》、《项羽本纪》、《张丞相列传》、《郦生陆贾列传》和《黥布列传》等处。主要刻画了刘邦的倨傲和权诈。从《史记》的文献记载看，汉高祖向两种人倨傲过：一是对太公倨傲，司马迁通过写这一倨傲表现了一个“草莽英雄”获得政权后那种踌躇满志的喜悦；而且，汉初还是封建社会的初期，封建的伦常关系还没有极端化。无论是刘邦用倨傲态度对待太公的父子关系，还是司马迁率直刻画高祖的君臣关系，都没有达到像唐宋以后那种凛然不可侵犯的严峻程度。所以，刘邦对太公可以实有其事，司马迁对高祖也可以实写其事，这在彼时本无足怪。即使在《周昌传》（《张丞相列传》）中写了高祖拥戚姬饮酒骑周昌脖子，有些市井无赖气；但其主旨仍在烘托高祖不责怪周昌骂他是桀纣之主的开阔胸襟，描写了一个开国皇帝的宽容大度。言而有据，显非捏造，这正是司马迁卓越可贵处，也正是《史记》信而足征处。可惜后人横加解释，反成为对皇帝的恶意诽谤。汉高祖的另一种倨傲对象是郦食其、随何等“腐儒”。司马迁写这些故事，一方面是着重刻画一个“马上天子”的粗犷性格；另一方面，这类“腐儒”本是司马迁所非议的人物。司马迁在《儒林列传》中对辕固生、兒宽等不切实际的“腐儒”都大加訾议。同时，郦食其一类人物又都带有纵横家的气味。而纵横家正是被司马迁目为不利于巩固政权的“倾危之士”。（《张仪列传赞》）因此，高祖鄙视郦食其、陆贾、随何不正与司马迁的观点一致吗？无怪乎司马迁把这几段故事写得如此栩栩生动呢！《史记》写高祖的权诈主要在处理楚汉关系和解决恃功功臣问题上。楚汉是敌对的双方，使用权诈取胜正表现了智巧，这是司马迁对高祖的颂扬；削除功臣是封建社会中新建王朝必然发生的变故，高祖使用权诈缩小了牵涉面，消弭了使政局动荡的隐患，也是一件好事。况且当时人也认为只有高祖才能解决这批恃功功臣，文帝的郎中令张武曾对文帝说过这些“多谋诈”的功臣只慑服于高祖。这不正是在说明高祖能在一点半拨间完成大事的雄才大略吗？

如上所述，司马迁的刻画高祖毫无恶意，而是如实地塑造了一位开国皇帝的生动形象。但后人却用后人所处时代的封建观点去看司马迁，那岂不是南辕北辙吗？相反地，司马迁对项羽却有多处着意写其好杀致败，借以烘托高祖和王陵讨论汉得天下的道理所在：正是由于有刘邦这样一位孜孜求治的“雄主”。在《秦汉之际月表序》中司马迁更大声颂扬高祖是“受命而帝”的“大圣”。

文帝更是司马迁理想中的“仁君”。他首先肯定文帝由代王入奉宗庙是一种“天命”，“非天命孰能当之？”（《外戚世家》）而《文帝本纪》中通篇主旨在写文帝的“德治”。他用了大量篇幅写文帝省刑、求言、和亲、节俭、开籍田、免田赋种种善政，并且总结性地写了一大段颂扬文帝“毋烦民”、“专务以德化民”等方面成就的文字。这段文字连訾议司马迁的班固也把它移作《汉书·文帝纪》的论赞，作为自己对文帝的评论。

从司马迁以汉为正统，对汉初政治局面和最高统治者的赞扬等等政治态度看，司马迁决非汉政权的对立面，但有的同志还以《史记》立《陈涉世家》为理由，证明司马迁与统治阶级的相反立场，这种看法似欠确切。我认为：司马迁能为陈涉立一席之地确是远较后世史家有“实录”精神，他对陈涉起兵必然性的认识（《淮南衡山列传》中伍被与刘安谈话）、对起义全过程的论述，对陈涉起义功绩的估价（《陈涉世家》和《自序》）等等都确具史识，不愧为我国历史上值得称道的一位伟大史家。但细究其为陈涉立世家一端，却是从“尊汉”观点出发。这一点，清人郭嵩焘的《史记札记》卷四中曾说：“高帝以陈王首事，为置守冢三百户而谥之以隐，则陈涉之为陈王，高帝制诏御史而正其名矣。史公安得置之‘列传’……即知陈涉之入‘世家’，史公之尊照汉制有宜然也。”

唐赞功同志认为郭氏看法“很有见地”，并进而申说：“把陈涉列入世家与一般王侯等同，正是从帝王将相是历史主体的唯心史观出发去看陈涉的，谈不到什么歌颂农民起义。”（1964年4月26日《人民日报》）我认为，唐赞功同志的说法尤有见地，是值得赞同的。

也有的同志根据历来一般扬班抑马论者的传统说法，说《史记》是一部谤书，从而论断司马迁的反统治阶级思想。这也是论据不足的。谤书之名源自班固评论而定名于王允（《三国志·魏志·董卓传注》），这一说法早经宋晁公武、清梁玉绳等人所辩驳。（《史记志疑》卷三六）清代学者钱大昕在《史记志疑序》中对谤书的名称特加辩正说：“或又以谤书短之，不知史公著述，意在尊汉。近黜暴秦，远承三代，于诸表微见其恉。秦虽并天下，无德以延其祚，不过与楚项等。表不称秦汉之际而称秦楚之际，不以汉承秦也。史家以不虚美不隐恶为良。美恶不揜，各从其实，何名为谤？”（《潜研堂文集》卷二四）

这些论辩，前人多有论述，毋庸多赘，这里只从《史记》的流传情况来作点补充，以申明《史记》不是一部谤书。

《史记》在封建社会发展前期，即一切封建伦常关系尚未十分严峻的时候，它倒没有很受重视。所谓“比于班书，微为古质，故汉晋名贤未知见重。”（《史记索隐序》）“事覈而文微，是以后之学者多所未究。”（《史记索隐后序》）相反地，在封建社会各方面逐步加强封建化的唐宋以来，《史记》的地位却日益重要，不仅三家注相继完成，而且研究探讨者大兴，又列入史部正史类的首要地位。清乾隆帝编纂《四库全书》时，正是文网极密之际，对于正史一类规定极严，认为“正史体尊，义与经配”。它规定的二十四部正史都是经过皇帝“钦定”、“睿裁”和“宸断”的。如果《史记》真是对封建社会及其政权的一部谤书，那么，对这些方面颇为敏感的乾隆帝是不会轻率地列之于正史之首的，而钱大昕等学者也决不敢为它辩诬的。

司马迁在以汉为正统的思想基础上，更是中央集权的热烈拥护者。他在《史记》中充分发挥和宣传了浓厚的大一统思想。司马迁不满于秦的暴政；但对秦的统一集权则持肯定态度。他在《史记》的齐、鲁、燕、宋、晋、管蔡、陈杞等世家中都不惮繁地记录了“秦始列为诸侯”。《田敬仲完世家》中更大书一笔“天下壹并于秦，秦王政立号为皇帝”，表示对这个实现中央集权统一局面的政权予以极大的重视。《史记》把秦的先世和始皇分立二纪，过去归有光、孙德谦等认为这是由于秦史料多所致，实际上司马迁的真正立意，或如清何焯所说那样：“以秦行郡县，一改分封，故离而为二。”仍是从统一观点出发。司马迁对秦的暴政是非议的，而且秦统一政权的历史也不长，一般或被忽略。司马迁严厉地批评这种态度说：“学者牵于所闻，见秦在帝位日浅，不察其始终，因举而笑之，不敢道，此与以耳食无异，悲夫！”（《六国表序》）

司马迁主张应向秦吸取经验教训，行郡县以加强中央集权这一措施就是应当吸取的重要经验之一。

司马迁对于汉的统一更是热情歌颂和描绘。《货殖列传》中说：“汉兴，海内为一，开关梁，弛山泽之禁，是以富商大贾周流天下，交易之物莫不通，得其所欲，……”接着，司马迁用了很大的篇幅条举了全国“章章尤异”的繁荣富足的具体事例，文字气势磅礴，一泻千里，笔触所及，司马迁已是喜不自胜，情不自禁了。

司马迁歌颂汉的统一，赞扬汉初的政局，但对汉初的分封过大却有所訾议。他借古喻今地指摘说：“古者诸侯地不过百里，山海不以封。”（《吴王濞列传》）他哀悼因倡议削藩而被杀的晁错。指出这一事件的后果：“是后官者养交安禄而已，莫敢复议。”（《礼书》）他盛赞武帝的“推恩令”说：“盛哉，天子之德！一人有庆，天下赖之。”（《建元以来王子侯者年表》）《史记》对韩信，一反体例常规以淮阴侯名传而不以名，以尊重其功绩，但对韩信破坏统一的罪名却认为是罪有应得。（《淮阴侯列传》）

除了上述这些记事和评论反映了司马迁的大一统思想外，即就《史记》的编制和史料处理上也有明显的体现。《史记》的五体，在其前都各有单体存在，《史记》中常有说明。而五体则是有意识地把各种不同体裁统一在一部书内创立一种反映时代的崭新体裁。在内容的记述范围上，它不仅有政治军事，也有社会经济、学术文化和宗教活动；不仅有帝王将相的事迹，也有社会上各类型代表人物的活动；不仅有汉族的纪事，也有汉族以外少数民族的专传。它所涉及的时

代，上起传说中的五帝，下至当代。司马迁企图把各方面情况统一包容在一部巨著之内，建立一座统一帝国的文化宝库，这无疑地是为适应大一统局面的需要。从史料的剪裁看，《汉书》把郦食其议立六国后及张良八难以制止的故事写入《高祖本纪》，《史记》则或以此事不配在本纪论列就屏而不录。《货殖列传》更是详尽地搜集了统一帝国的风俗、人情、地理、物产、人物各方面的资料，精心绘制了一幅绚丽多彩有立体感的图画，《酷吏列传》旨在抨击汉武的严刻，但对酷吏打击豪强却予以肯定，因为豪强势力是中央集权的对立物，豪强的强盛是削弱中央集权的隐患，打击豪强则可维护中央集权的巩固。酷吏是打击豪强的有力工具，所以司马迁要借武帝"上以为能"的评论来肯定酷吏有成绩的一面。

上述例证说明，司马迁是具有着浓厚的以汉为正统而实现大一统的政治思想的，概括说，就是"尊汉"思想。

三

汉武帝的时代是汉朝显示出一种特异变化的时代。当时，社会经济经过汉初的经营达到了一定的富足；但在这种繁富的帷幕后面，阶级矛盾的尖锐景象也无法遏止地逐步暴露出来，并且已被某些敏感的地主阶级士大夫所察觉而提到议事日程上来。这一现实促使汉武帝不能不认真去考虑对策。汉武帝不能像司马迁那样留恋在汉兴七十年的那种美好景象中，也不能自我陶醉于"汉得天统"的天命攸归中。汉武帝必须从各方面认真寻求一个方案，进一步发展和强化中央集权，把一切权力集中到皇帝手里，以形成一个真正有力量的集权统一局面，来消弭一切有危害的因素。"独尊儒术"，是汉武帝加强集权的最高表现形式。但是，汉武帝毕竟是一个有实际经验的政治实践家。他懂得不能单纯拉大旗当虎皮，他必须有一套实际治术来完成自己的使命；他不能"因循为用"了，他需要针对"网疏"之弊，雷厉风行地实行"霸、王道杂之"的治术，借以钤制臣属黎民；他还需要对内对外展开种种积极活动来转移矛盾、缓和矛盾；他聚集了各个领域的尖子人物在自己的周围，造就一个出色的人才集团。《汉书・公孙弘卜式兒宽传赞》中开列了这个人才集团的名单，并下了"汉之得人，于兹为盛"的结论。司马迁在这个人才集团中占了"文章"方面代表人物的一席之地。他多次参与了武帝的重大兴革事业，如奉使西南、从巡封禅、修治黄河、主持改历等。这类事业都包括在《汉书·武帝纪赞》所述的武帝功业之中，正因为这些工作都是有利于巩固汉朝中央集权和统一的，和司马迁的“尊汉”思想完全一致，所以他热诚拥护和积极参加。

这种一致并不等于在一切具体主张和措施上都毫无分歧，《史记》对武帝是颇致微词的。《平准书》中说，自武帝即位以来，“武力进用，法严令具，兴利之臣自此始也。”《酷吏列传》揭露了武帝的严酷，《封禅书》揭露了武帝的虚诞侈靡和甘受方士的欺诈，《匈奴传》揭露了武帝的所用非人等等。我看许多微词最核心的就是“武力进用、法严令具、兴利之臣自此始也”这三点。司马迁和汉武帝主要就是在用兵、严法、好利这三方面产生较大的分歧；但是，这种分歧并不是该不该、要不要的根本矛盾，而是掌握分寸程度畸轻畸重的具体分歧。司马迁并不认为这些问题完全错了，只是认为武帝做过了头。

汉武帝对四方连年用兵，使全国更加统一和扩大，各地文化交流更频繁，这是扩展封建帝国必然进行的一项事业。司马迁并不是笼统反对用兵。他声明自己不像“世儒”那样，“猥云德化，不当用兵”，以致“大至君辱失守，小乃侵犯削弱”。他主张“诛伐不可偃于天下”，但要用之得当，要“用之有巧拙，行之有逆顺”。如果像桀、纣、二世滥用兵力，那么，“及其威尽势极，闾巷之人为敌国。咎生穷武之不知足，甘得之心不息也。”（《律书》）这是对汉武帝穷兵黩武的警告，这是双方在用兵问题上的分歧所在。

汉武帝实行官营工商业，有发展社会经济、流通货物和加强全国性经济联系的积极一面；而司马迁则是消极地去看它求利的一面。《货殖列传》充分发挥司马迁的求富求利思想，这表明司马迁已能认识到物质生产对政治、经济、阶级地位和思想意识的重要作用，也反映他在一定程度上对人民生活的关心，这是一种可贵的进步思想。他在《货殖列传》中尽致地描写人们追求物质财富的情景是：“天下熙熙，皆为利来；天下攘攘，皆为利往。”他指出追求财富是人的本能情欲，所谓“富者，人之情性，所不学而俱欲者也”。人们富足，不仅“君子富”，可以“好行其德”，就是“小人富”也能“以适其力”。这不正是稳定和巩固的有利因素吗？司马迁把求富手段分为三类：“本富为上，末富次之，奸富最下”。所谓“本富”就是发展农业经济，为封建土地私有制的发展创造有利条件。这种所有制正是封建政权最坚实可靠的基础。“末富”和“奸富”虽被列为“次之”和“最下”，但他不反对这两条致富的道路。他说：“用贫求富，农不如工，工不如商，刺绣文不如倚市门。”所以他赞扬各种恶业、贱行、小业、薄技的“诚壹”致富，也歌颂“千金之家比一都之君，巨万者乃与王者同乐”。他只望能“以末致财，用本守之”，回到他的基本立足点上来。但如一个政权和皇帝去搞“末富”和“奸富”则为司马迁所不满和非议。与民争利遏止了人们的情欲，破坏了人人富足。这是对稳定和巩固政权的不利因素，而舍本逐末也会削弱基础力量；但是，汉武帝不发展工商业经济和从事不正当的卖官鬻爵活动以增加收入，又怎能应付连年用兵的浩繁开支呢？

汉武帝任用酷吏，以严刑峻法打击豪强，司马迁并不完全反对。司马迁只是担心过分酷烈残刻，会造成“官事寖以耗废”，“奸伪萌起”和“上下相遁，至于不振”（《酷吏列传》）等等恶果。所以，他要着重写项羽的好杀致败，（《项羽本纪》），写“张汤死，而民不思”，（《平准书》）写王温舒“好杀伐行威不爱人”而武帝却“以为能”（《酷吏列传》）等等议论来表达自己的不满。但是，武帝必须驱使一批鹰犬去“锄豪强并兼之家，舞文巧诋以辅法”。（《酷吏列传》）以便他聚敛、集权、削除可疑、镇压反抗。这是双方在任法问题上的分歧。

这种分歧是怎样产生的呢？我认为：

第一，一个阶级的政治思想家和政治实践家往往在治术问题上有一定的距离。政治思想家往往看问题比较远，常常从所代表的那个阶级的根本利益和长远利益出发，提出主张和政见，希望实现自己一厢情愿的美好愿望，因此有时被视为迂阔，难救燃眉之急。政治实践家“日理万机”，每天要处理成堆的问题，都是迫在眉睫亟待解决的问题，所以他的主张和政见多半从如何推行政策，如何贯彻法令的角度出发，力求果敢决断，往往被人视为操切、严刻和过分。一个想“治本”，一个只能“治标”，二者之间势必会有分歧和矛盾。

第二，司马迁和武帝在政治思想上有距离。司马迁满足于汉兴七十年以来的政治局面，只希望汉政权的稳定、巩固和完善；汉武帝则要求积极扩充封建的统一帝国。司马迁主张“因循为用”，不要操之过急；汉武帝则急切地要力挽“网疏”之弊。司马迁希望利归于民，使“君子”“好行其德”，“小人”“以适其力”；汉武帝则要掌握重要经济命脉，加强对全国的统治力量。这样，分歧必将扩大，而矛盾也日趋尖锐。

司马迁和汉武帝之间有分歧，有矛盾，但它不是根本对立的矛盾。司马迁并没有集中矛头直指武帝，他直接批评的是“兴利之臣”，直接斥责的是“酷吏”，而认为武帝只是为“浮言”所误。他感到自己人微言轻，希望有直言敢谏的大臣来挽救这种过当的局面。他表示要忻然地为晏子那样敢于犯颜直谏的大臣执鞭。（《管晏列传》）这是司马迁在"尊汉"思想支配下对武帝流露出来的感情。汉武帝不礼重臣下，但对汲黯则"不冠不见也"，所以司马迁为汲黯立专传，盛赞汲黯"正衣冠立于朝廷，而群臣莫敢言浮说，长孺矜焉"。（《自序》）司马迁又是多么希望多出几个汲黯来遏制一下"浮说"！

既然如此，二者之间又怎么会发展到武帝"卒从吏议"，下司马迁腐刑呢？司马迁自己说是"遭李陵之祸"，后世也相沿此说。我看李陵之祸只是一个爆发点。李陵问题从掌握生杀予夺大权的武帝说，处理可轻可重。加以为叛卖者辩解论罪，可以处死；若从越职失言来论，也可薄谴免罪。我看司马迁的"李陵之祸"是他和汉武帝长期政治分歧、矛盾积累的总爆发。司马迁虽然自认为只不过是一个"近乎卜祝之间"、"厕下大夫之列"的太史令，但终究还是在社会上有舆论影响、在决策集团中有发言权的人物。司马迁在政治上的种种异议无疑是汉武帝实现鸿图的阻力，必须扫除，但武帝又不便以政治分歧来加罪。适逢其遇，就利用李陵问题进行了断然处置。下腐刑的结果，使司马迁"身残处秽"，武帝的主要目的在使司马迁"处秽"。这样，打击了司马迁在社会上的舆论影响，剥夺了司马迁的政治发言权。不过，汉武帝还认为司马迁是人才可用，所以"被刑之后"，仍然让他"为中书令，尊宠任职"。而司马迁则自惭形秽，承认自己已是一个"无益于俗"的人了。汉武帝的目的是"如愿以偿"了。

被刑以后，司马迁加深了"郁结"，增长了不满。因此《史记》中有些纪事和议论显得犀利和尖锐，从而使人感到他和武帝的矛盾很大。我看这种不满既有对武帝的不满，也有对世态人情的不满。

司马迁对政治提出异议和评论时，往往偏重于从消极面着眼，因而在暴露封建社会的真相方面无意地遗留下若干可贵的资料。这是司马迁意想不到地留给后世的宝贵遗产。汉武帝在晚年由于认识到过去操切而下了一个"罪己诏"，宣布改变以往的政策，实行与民"休息"，回到了文景时代的某些做法上去。这在某些成分上有可能是司马迁的某些政治异议和评论所播下的种子在一定的社会条件下的萌发。如果司马迁能亲眼见到这种改变，他必然会欣喜万分而大声讴歌的。这又是司马迁意想不到的影响和作用。

原载于《文史哲》1981年第2期

儒家思想与《史记》

《史记》是历经二千余年为人所公认的中国史学巨著，也是中国传统文化宝库中闪烁光辉的瑰宝。儒家思想对这部巨著具有不可低估的影响与作用；同时，这部巨著也反映儒家思想在传统文化中的地位和作用。

从《史记》本身看，司马迁基本上以儒家思想（准确点说是汉初之儒）为编史的指导思想；但他又有所选择，并输入时代精神。从这一实例可以侧视到如何正确对待传统文化。本文即以此为出发点作如次的初步探讨。

一

《太史公自序》既是读《史记》的锁钥，也明确地表述了司马迁修史的指导思想。他在《自序》中把儒家学派的祖师孔子和儒家经典，特别是孔子的亲撰著述《春秋》推崇到极高的地位。他视《春秋》为《史记》的先驱著作，以《史记》来接续《春秋》的传统①。《自序》中曾借答壶遂的问题来阐述《春秋》的意义②。

司马迁在《自序》中不仅用尽美好的词句来赞誉和肯定《春秋》本身，而且还特别强调《春秋》是有国者、为人臣者、为人君父者、为人臣子者所必读的“礼义之大宗”。《自序》中还写了一段司马迁不以壶遂拟《史记》于《春秋》

① 宋郑樵正式提出：“自《春秋》之后，惟《史记》擅制作之规模。”（《通志·总序》）清钱大昕更明确指出：“太史公修《史记》以继《春秋》。”（《史记志疑》序）但邵晋涵则认为：“迁自言继春秋而论次其文，后之学者，疑辨相属。以今考之，其叙事多本左氏春秋所谓古文也。秦汉以来故事，次第增叙焉。”（《南江文钞》卷三《史记提要》）

② “上明三王之道，下辨人事之纪，别嫌疑，明是非，定犹豫，善善恶恶，贤贤贱不肖。存亡国，继绝世，补敝起废，王道之大者也。”“拨乱世反之正，莫近于春秋。春秋文成数万，其指数千，万物之散聚皆在《春秋》。”

为然的话，这固然有司马迁担心涉“显非当世”之嫌的顾虑。但衷心窃喜居然有人理解《史记》是继《春秋》之后的一大著作。

司马迁在《十二诸侯年表》序中更详尽地阐述了《春秋》的纂述缘起和意义[①]。同时，又具体论列了《春秋》的余响及传统，如书则有《左氏春秋》、《铎氏微》、《虞氏春秋》以至《吕氏春秋》；人则有荀卿、孟子、公孙固、韩非以至张苍、董仲舒等都是《春秋》的绪余和受教者，至于司马迁本人在另一处也明确说：“余读《春秋》古文，乃知中国之虞与荆蛮、句吴兄弟也。”[②]

《史记》尊重儒家学派与孔子可以说是在同时代著作中的突出代表。清人王应奎曾揭其事，认为《史记》列孔子为世家，“所以存不朽之统也”；即其“著书本旨，无处不以孔子为归”；所以他认为“汉四百年间，尊孔子者无如子长，……子长之功岂在董子下哉！”[③]实际上把司马迁推到可与董仲舒并列为尊儒术的功臣地位。

从《史记》全书观之，的确如此。它所确定的“究天人之际，通古今之变”的编纂原则应认作是从儒家经典中“长于变”的《易》和“长于治人”的《春秋》中得到启示而来的。《史记》的史源是多方面的，资料搜集相当丰富，但其去取标准，就是“夫学者载籍既博，犹考信于六艺”[④]，意即以儒家经典为依归。

《史记》的体例安排是实现“寓论断于叙事”的一种手段。世家一体本用以记封国诸侯，而孔子以无封邑、无卿士、无甲兵、无号令的一介之儒而居然跻身于世家之列者，乃是“以孔子布衣十余世，学者宗之。自天子王侯，中国言六艺者宗于夫子，可谓至圣，故为世家”[⑤]。这是将孔子置于学术王国的“素王”地位。

在篇目结构上，世家以吴为首，列传以伯夷为首，都是以孔子之是为是的，《吴世家》的论赞中说吴太伯是被孔子称为“至德”的人，而《伯夷列传》中则在传首即标举出“孔子序列古之仁圣贤人，如吴太伯、伯夷之伦详矣。”这就是篇目次序安排的主要依据。

在人物立传上，对儒家派也着墨较多，除《孔子世家》作为主篇论列宗师行事外，《儒林列传》、《仲尼弟子列传》是儒家学派的群体传记，《孟荀列传》

---

① “孔子明王道，干七十余君，莫能用，故西观周室，论史记旧闻，兴于鲁而次《春秋》，上记隐，下至哀之获麟，约其辞文，去其烦重，以制义法，王道备，人事浃。”

② 《吴太伯世家》论赞。按：司马迁曾从孔安国“问故”，受其一定影响，所以“迁书载《尧典》、《禹贡》、《洪范》、《微子》、《金縢》诸篇，多古文说”（《汉书·儒林传》）。

③ 《柳南诗文钞》卷四《司马迁论》。

④ 《伯夷列传》。

⑤ 《孔子世家》。

则是儒家学派嫡系传人的合传。

《史记》中对孔子的推崇可谓已达顶峰。《孔子世家》通篇文字着力勾画了孔子尽美尽善的形象，无论道德、学问，还是政事、人伦都已臻无与伦比的高度，在篇末表述史家论断时，不仅对这位“至圣”是“高山仰止，景行行止”，而且还倾吐了“虽不能至，然心向往之”的仰慕之情。在《儒林列传》中不仅描写孔子是“论次诗书，修起礼乐”和“因史记作春秋，以当王法”的学术至圣，而且还在身后有重要的政治影响与社会影响，以孔子为首的儒家学派几乎成为当时及稍后的强力集团了。

《史记》不仅在《孔子世家》全面地论列孔子生平，而且还在若干本纪、世家中记述孔子的生平行踪，以表示孔子的地位与作用，这在《史记》中是一特例，兹表列如次：

孔子生平与行踪	出处
（周敬王四十一年）“孔子卒。”	《周本纪》
（秦惠公元年）“孔子行鲁相事”。	《秦本纪》
“孔子以（秦）悼公十二年卒”。	
“十五年，孔子相鲁”。	《吴世家》
（襄公）“二十二年，孔丘生”。	《鲁世家》
（定公）“十年，孔子行相事”。	
（哀公十二年）“孔子自卫归鲁”。	
“十六年，孔子卒。”	
（献公）“十四年，孔子卒”。	《燕世家》
（蔡昭侯）“十六年，孔子如楚”。	《管蔡世家》
（陈）“湣公六年，孔子适陈”。	《陈杞世家》
（十三年）“楚昭王卒于城父，时孔子在陈”。	
（二十四年）“孔子卒”。	
“卫灵公三十八年，孔子来，禄之如鲁。后有隙，孔子去。后复来”。	《卫世家》
（出公八年）“孔子自陈入卫”。	
“九年，孔文子问兵于仲尼，仲尼不对，其后鲁迎仲尼，仲尼反鲁”。	
“（卫庄公）二年，鲁孔丘卒”。	
“景公二十五年，孔子过宋，宋司马桓魋恶之，欲杀孔子，孔子微服去。”	《宋世家》
“（晋定公）十二年，孔子相鲁”。	《晋世家》
“三十三年，孔子卒”。	
（昭王）“十六年，孔子相鲁”。	《楚世家》
（声公）“二十二年，楚惠王灭陈，孔子卒”。	《郑世家》
“其后（晋顷公十二年）十四岁而孔子相鲁”。	《魏世家》

《史记》对人物的评论也多以孔子的评论为依据。它在《仲尼弟子列传》中对颜回等二十八位弟子都逐一引述孔子的评语为评语。除此传集中论述外，其他一些世家、传记中也有类似的论述方式。兹表列如次：

出处	孔子的评论
《吴世家》评太伯	“孔子言太伯可谓至德矣，三以天下让，民无得而称焉。”
《陈杞世家》评楚庄王	“孔子读史记至楚复陈曰：贤哉楚庄王，轻千乘之国而重一言。”
《宋世家》评微子等三人	“孔子称微子去之，箕子为之奴，比干谏而死，殷有三仁焉”。
《晋世家》评董狐、赵宣子	“孔子读史记至（晋）文公，曰：‘诸侯无召王’，‘王狩河阳’者，《春秋》讳之也”。“孔子闻之，曰：‘董狐，古之良史也，书法不隐。宣子（赵盾），良大夫也，为法受恶。惜也，出疆乃免。’”
《楚世家》评楚昭王	“孔子在陈闻是言曰：楚昭王通大道矣。其不失国，宜哉！”
《郑世家》评子产	“孔子尝过郑，与子产如兄弟云。及闻子产死，孔子为泣曰：古之遗爱也。”
《老子韩非列传》评老子	“（孔子）谓弟子曰：……吾今日见老子，其犹龙邪？”

司马迁不仅对汉以前王侯评论以孔子评论为标准，其对汉朝诸帝的评论也以是否尊儒为依归。汉高祖是汉朝开国之君，司马迁对其功业有所歌颂，立陈涉为世家也是体现高祖意旨，惟独对高祖鄙视儒者颇致微词，《张丞相列传》及《郦生陆贾传》中都着意刻画高祖倨傲卑儒的劣行。武帝与司马迁存在严重矛盾，但却肯定了武帝的尊儒。①

司马迁自陈承接受了儒家传统，曾自述儒家的道统是“周公卒五百岁而有孔子”而孔子卒后至于今五百岁，“有能绍明世，正易传，继《春秋》，本诗书礼乐之际”的人，虽然没有明指，但“小子何敢让焉”一语已俨然以道统所在自任。事实上，司马迁也确是精研儒学的大家，他十岁就诵古文尚书，成年以后又亲赴齐鲁“观孔子遗风，乡射邹峄”以感受儒家学风。易学是儒家学派中“长于变”而难于掌握的学问，而司马迁却是师承有自的。其父司马谈是直接受《易》于杨何的②。杨何传《易》于司马谈，司马迁禀承家学，一脉相传，渊源有自。

① 《儒林列传》。
② 《儒林列传》。

所有这些例证可证司马迁确是继承了儒家思想中的可选择部分。

二

班固批评《史记》最根本的一点是“先黄老而后六经”，历代学者对此多有论辩。从《史记》本身考察，有大量例证证明《史记》是以儒家思想为主要依据的，班固的批评似不准确。但是，班固的说法也透露一种消息，至少在班固眼中，司马迁从传统文化中吸取的已不止是单一的儒家思想，而且某些儒家思想已非原型。的确，《史记》在很多地方采用了涂有时代色彩的汉初之儒的思想资料。

汉初之儒的主要改造者是董仲舒。他从先秦儒家学派的思想资料仓库中经过精心挑选，并杂糅进一些阴阳学派的思想资料而加工改造成汉初儒学。董仲舒属于儒家中的公羊学派，司马迁对此是有明确认识的，所以在《儒林列传》中正面提出：“董仲舒名为明于《春秋》，其传公羊氏也。”公羊儒家的思想被司马迁所选择[①]，所以董仲舒从公羊学出发所提出的“天人感应论”、“历史循环论”和“大一统思想”等等思想观点在《史记》中都有所表达。

《史记》对若干政治问题的解释大抵归之于天命。司马迁认为天上有灾异变化，人间必有相应的大事。秦汉之际的混乱，早在“秦始皇之时，十五年彗星四见，久者八十日，长或竟天”[②]中，已有所昭示。他总结秦之能“卒并天下”，既非德义，也非兵力，而是“盖若天所助焉”[③]，是“天方令秦平海内”[④]。也就是说形势发展到这一步。至于汉朝“王迹之兴”，当然更是“受命而帝”，所以发出了“岂非天哉！岂非天哉”[⑤]的感慨。司马迁既论述了可以影响和解释人间大事的自然现象的“天”，又提出了一个主宰和支配人间大事颇为神秘的

---

① 清邵晋涵论《史记》说：“其义则取诸公羊春秋，辨文家质家之同异；论定人物，多寓文与而实不与之意，皆公羊氏之法也。迁尝问春秋于董仲舒，仲舒故善公羊之学者，迁能伸明其义例，虽未必尽得圣经之传，要可见汉人经学各有师承矣。”（《南江文钞》卷三，《史记提要》）

② 《天官书》。

③ 《六国表序》。

④ 《魏世家》。

⑤ 《秦楚之际月表》。

“天”，这两种天人关系看来似乎不一致，实际上这就是司马迁所“究”的“天人之际”的两个方面。这正是董仲舒“天人感应论”的实际应用与发展。

司马迁认为历史发展是“三王之道若循环，终而复始”，他并以公羊学的三世、三统说来论证汉得天下的合理性。《高祖本纪》的论赞中有一段论述夏商周三代政权特征的话说：

> 夏之政忠。忠之敝，小人以野，故殷人承之以敬；敬之敝，小人以鬼，故周人承之以文；文之敝，小人以僿，故救僿莫若以忠。三王之道若循环，终而复始。周秦之间，可谓文敝矣。秦政不改，反酷刑法，岂不缪乎？故汉兴，承敝易变，使人不倦，得天统矣。

夏商周的盛世是古代政治家和政论家所向往和标榜的理想治世。忠、敬、文是三代各自的特征，即所谓“德”。这三种政权特征（德）相承递变，构成一个环形，沿着“终而复始”的轨迹前进。因此在周的“文德”衰敝之后，应该有一个具有“忠德”的新朝兴起。秦未能表现这种“忠德”，不能承正统，只能成“闰统”，而汉却是能“承敝易变”，于是又出现了“忠德”。这就是说，汉是夏德的第二轮，是的确得到了“天统”的。

司马迁在《史记》中还充分发挥和宣传了浓厚的大一统思想。司马迁不满于秦的暴政，但对秦的统一集权则加肯定。在齐、鲁、燕、宋、晋、管蔡、陈杞等世家中，他都不惮繁地记录了“秦始列为诸侯”，为表示秦的普遍意义与重要地位。在《田敬仲完世家》中更大书一笔“天下壹并于秦，秦王政立号为皇帝”，表示对这个实现中央集权统一局面的秦予以极大的重视。《史记》把秦先世与始皇帝分立二纪也是以始皇之能实现统一为立论点。司马迁希望汉朝是一个统一富庶的帝国，《货殖列传》就是详尽地搜集了统一帝国的风俗、人情、地理、物产、人物各方面资料，精心绘制了一幅绚丽多姿有立体感的图画。

司马迁对历史发展的观点和大一统思想都围绕着“通古今之变”来进行的。这与董仲舒所宣扬的“历史循环论”和大一统思想虽有很多共同之处，但亦有小异、有发展。

司马迁虽从董仲舒那里承受了不少思想资料，但并不照搬因袭，而是继承董仲舒汉初之儒中的儒学部分，批判接受了其中阴阳家部分的思想资料，即在一定程度上扬弃了阴阳家的“使人拘而多所畏”的神秘主义部分，却吸取了阴阳家的“序四时之大顺”的合乎自然实际的部分。所以尽管他受“天人感应论”学说的影响，但在《伯夷列传》中却对“天道”提出了“是邪？非邪？”的怀疑，对社会生活中的不平现象表示了不满，比董仲舒前进了一步。尤其值得注意的是司马迁在接受董仲舒汉初之儒的同时还从道家中吸取一定的成分。司马迁所吸取的其父《论六家要指》中的道家，也就是汉初的黄老之学。他将儒道学说置于兼收并蓄，接近等同的地位，如《酷吏列传》的开首即并列孔老之说云：

> 孔子曰：“导之以政，齐之以刑，民免而无耻。导之以德，齐之以礼，有耻且格。”老氏称：“上德不德，是以有德；下德不失德，是以无德。法令滋章，盗贼多有。”

接着总括说：“太史公曰：信哉是言也！”对孔老二家均持肯定态度。不过，司马迁从道家学说中有所选择时也和对待儒家学说一样。他所选择的是汉初脱胎于道家的黄老之学。黄老之学是汉初适应中小地主阶级要求发展土地私有制的统治术。它的“无为而治”不是“小国寡民，老死不相往来”的不干涉的消极态度，而是以“无为”为手段，以“而治”为目的，借以保护中小地主阶级发展的积极政策。曹参是汉初执行黄老治术的积极人物，《史记》不仅尊之于世家之列，并在论赞中说：“参为汉相国，清静极言合道，然百姓离秦之酷后，参与休息无为，故天下俱称其美矣。”[①]给曹参以全面的肯定。在《乐毅列传》末更详述了曹参黄老之学的师承源流。

《货殖列传》中更有多处表露了道家“因循为用”的思想，“人各任其能，竭其力，以得所欲。……各劝其业，乐其事，若水之趋下，日夜无休时；不召而自来，不求而民出之，岂非道之所符，而自然之验邪？”如果在上位者不“因循为用”而与民相争，那在司马迁看来就是“最下者”。

司马迁不赞成旧道家的“绝圣弃智”，而欣赏黄老学说中的智者行为。《史记》中很推崇“权略机变”的“智者”，欣赏这些“智者”能在一点半拨之间完成事业：《越世家》中用了大量笔墨渲染范蠡，写范蠡如何处理吴越关系，如何劝告文种功成身退，如何安排自己的出路，如何几次经营致富以及如何派中子去救少子出狱的故事等等。无一不在着意刻画范蠡的“智”。《吴世家》中写季札对晏子、子产、蘧瑗、叔向的出谋划策和挂剑徐君之墓故事等等，也无一不是在极意描绘季札的“智”。《留侯世家》中所记张良在鸿门宴上的应变，反对立

① 《曹相国世家》。

六国后，定都关中，封雍齿和安惠帝诸问题上所表现的“智者”才能曾激发司马迁的崇敬感情。这种能运用智慧，弹指间解决重大政治问题的行动，又正和道家“智者逸而成，愚者劳而败”的思想如响斯应地吻合。

司马迁吸取黄老之学的基本动机在于维护汉朝的统治，他在《儒林列传》中曾写下这样一个故事：景帝时，代表儒家的辕固生和代表道家的黄生曾经发生过一次关于汤、武伐桀、纣性质问题的公开争论。辕固生认为这是“受命”，目的在说明汉得天下也如汤武那样是“受命”；黄生则认为“非受命，乃弑也”，目的在说明当前汉已得天下不需要再谈受命与否，应该尽力消弭各种有害汉政权巩固稳定的任何言论，所以即使如汤武那样推翻桀纣现政权，也只是一种“弑”的行为。二者的根本立场都是为了维护汉政权。但仲裁者景帝却下了结论说：“言学者无言汤武受命，不为愚。”意思是说现代学者不谈受命问题不能算错，实际上肯定了道家黄生的意见。司马迁编纂《史记》选择史料是有所权衡的，他写入儒道争议的目的，一则说明他本人同意了黄生与景帝的意见而设法保留于史册，二则也反映司马迁对传统文化的选择主要立足于是否有利于巩固和稳定汉政权。

不仅如此，《史记》中还不吝笔墨写儒道之间的斗争，如“魏其、武安、赵绾、王臧等推隆儒术，贬道家言”而触怒尊奉道家的窦太后，展开了激烈斗争，终于罢逐赵绾、王臧，魏其、武安也被剥夺权力而以侯家居，使窦太后获胜。景帝时的这场斗争与上述黄生、辕固生间的所谓学术争论正结合成一幅儒道斗争的复杂画面。司马迁对于缘饰儒术的行为更持深恶痛绝的态度。他对面谀逢迎的鄙儒叔孙通不仅写其若干劣行，而且在传末更评论说：“叔孙通希世度务，制礼进退，与时变化，卒为汉家儒宗。‘大直若诎，道固委蛇’，盖谓是乎？”

这些记述与评论足以显现司马迁无所偏倚的史家胸襟。

三

从上两节的论述中，可以得到如下几点初步认识：

（1）儒家思想虽是传统文化的重要组成部分，但它不是以凝固的原型进行历史地传递，而是随着时代的发展，经过筛选、淘汰、保存、继承和发扬而不断创造符合时代需求的新模式。《史记》选择的儒家学说主要是经过董仲舒改造过的汉初之儒，但决不只是董仲舒儒学的翻版。司马迁一方面继承了董仲舒思想中的新儒家部分，并因董仲舒的汉家之儒是应“独尊儒术”的要求而产生的一种居于主导地位的统治思想，司马迁无法逃避地以此为基调；另一方面司马迁却批判地接受董学中阴阳家部分中合乎自然实际的思想资料。

（2）儒家思想是否传统文化核心的问题曾引动过许多学者的思考与议论。有些学者，特别是港台学者多主张以儒家思想为传统文化的核心和主流；西方汉学家也多以儒家概括中国的传统文化。这种说法既失之于泛，又失之于褊。因为儒家并不是单一体，没有“纯”儒可言。在儒家文化出现之前，中国有境内各民族的文化融合；在儒家定于一尊之后，既有董仲舒以儒家公羊学为主、杂糅阴阳家学说而形成的汉初之儒，又有儒家与释道糅合所产生的魏晋玄学与宋明理学等等。儒家事实上已杂糅进多种文化来源，所以早在荀子的《法行篇》中就曾记述过一位学者的质询说：“夫子之门，何其杂也？”所以以儒家来概括中国传统文化似不准确。在世界三大文化传统中，中国的传统文化既不像希腊文化那样注重人与自然的关系，也不像印度文化那样注重人与神的关系，而是如目前一些学者所推崇和主张的乃是以人文主义，更准确点说是以人伦思想为核心的。中国传统文化非常注重人际的现实关系，儒家的注重仁人爱物、人伦纲常和道家的“上知天时、下知地利、中知人事”以及“节民力”等等论题都表现了中国传统文化的核心所在。《史记》所标举的“究天人之际，通古今之变”正是抓到了传统文化的核心。

（3）儒家思想对于未来社会具有一定作用，也应占有重要地位，但原型的沿袭和复原都不符合未来社会的实际需要。近年来，曾出现了一种儒学复兴的主张，而且在海外更为流行。这一主张把儒家作为高度物质文明中医治精神弊病的“良药”，当然其中也包含一部分异国游子寻根意识的轇轕。这种主张可以被认作是认识传统的一种思潮，但由于它把儒家文化视作单一和凝固，把儒家文化部分代替了中国传统文化全体，忽视了儒家文化在中国文化传统中所产生的消极作用而片面地强调了儒家思想的特殊价值，因而，这种主张不仅不能正确地选择传统文化，对建设新文化也似乎无补实际，甚至阻止或削弱对传统文化中已失去生命力的不合理部分的冲击力。

（4）《史记》之所以能有历两千余年而不衰的旺盛生命力，其中主要的一点是能正确地对待传统文化，能审慎地从传统文化中优选。司马迁既自承接续儒家传统而不抱残守缺于凝固的、单一的原型，他似乎意识到文化都是特定历史与社会的产物，存在于一定时空条件之下，因而，必须根据所处时代与社会背景和土壤，选择董仲舒的汉初之儒，却又批判其中神秘内容，更从儒家学说传统中突破出去，选择从道家中蜕化出来的黄老之学，形成了一种新的文化结合体，注入到《史记》中，使《史记》在量的描述和质的评价上都达到所处时代与社会的高峰，为我国传统文化增添熠熠发光的色彩，为儒家思想与《史记》漫长的历史留下了足以睥睨世界的重要学术遗产，为中国文化甚至世界文化树立了丰碑，所有这些都不能不引起我们应当如何正确对待祖国传统文化的深思。

原载于《儒家思想与未来社会》　复旦大学历史系、复旦大学国际交流办公室合编　上海人民出版社1991年版

夜读《史记》 重温题记

《史记》是二十四史中的第一部，虽然它只有52万多字，但它包容了从传说时代到汉武这样漫长的历史空间，记述了上自帝王将相，下至贩夫走卒的事迹，为后世留下了如此丰富的遗产。它熔铸了多少史家文士，是后来任何史书所不能比拟的。也许是一种偏爱，我从读高中时就从一位谢老师处借来一种较好的版本读，很快就被这部书的魅力所吸引，暗下决心，一旦有钱首先就购置《史记》。其他的各种史书虽然也大致翻读过一下，但总不若读《史记》那样投入。50年代初，二十四史还比较便宜，我虽然只是一名大学的助教，但是，节衣缩食加上点小稿费也还买得起。经冯柳漪教授介绍，我终于得到一部廉价的带箱子的五洲同文版二十四史。我把它安置在一面墙下，倒也为我简陋的书房增添了几分亮色。当天夜里，我就把《史记》拿出放在案头，书的馨香诱使我再一次读《史记》。这次确比第一次读得认真，从此自定日课，每饭后灯下，即展卷而读，偶有所得，虽不似宋朝学者苏舜钦读《汉书》遇会心处辄浮一大白那么豪迈，却也击案称快，笔之于书端，或有不解即起而查阅他籍，设藏书不足难以解惑则另作小笺，夹于书中，俟翌日到图书馆查清。凡此皆以墨笔记于书端。历时二月，全数读讫，乃以别纸写题记云：

> 《史记》原名《太史公书》，它是我国伟大的史学家司马迁以毕生精力所撰成的第一部纪传体史书，上起黄帝，下迄汉武帝时期，记述了共约三千年的历史。
>
> 司马迁字子长，西汉左冯翊夏阳人（今陕西韩城）。汉景帝中元五年（公元前145年），或者更晚一些时候，司马迁出生在一个掌管国家典籍、档案的史官家庭里。他的父亲司马谈是一位学识渊博、对各家学术均有深湛

研究的学者，也是一位通贯古今、从事通史撰写工作的史学家。可惜，司马谈在生前没有完成撰写通史的宏愿。汉武帝元封元年（公元前110年），司马谈在临终的时候，把自己撰写通史的愿望和准备下的一些资料遗留给了儿子。司马迁接受了这份宝贵的遗产，并表示了“请悉论先人所次旧闻，弗敢阙”的决心。

三年以后——汉武帝元封三年（公元前108年），司马迁任太史令。他得到检读国家所藏图书、档册和文件的便利。于是“紬史记，金匮石室之书”，广泛地搜集了文献资料，并结合过去到各地游历访问所采集的口碑资料进行研究。他又参加了汉朝政府的一些兴革事宜，丰富了政治实践的知识。经过这样多方面的努力，司马迁为撰写一部两世倾注精力的通史，作好了准备。

大约在武帝太初年间，司马迁开始了撰史工作。天汉三年（公元前98年），汉武帝借司马迁为李陵辩护而妄加罪名，处以“腐刑”。太始元年（公元前96年）武帝又任司马迁为中书令，“尊宠任职”。这是当时由宦官担任的职务，致使司马迁自认为已处于一种“无益于俗”的屈辱生活中；可是他为实现父亲的遗愿，也为了把自己一生所见所闻的历史面貌以及自己的观点和理想留传给后世，不顾屈辱，毅然继续进行撰史工作。大约在征和二年（公元前91年），司马迁基本上完成了自己多年辛勤劳作的这部史学名著。不久，司马迁就离开了人世，其具体卒年已无从查考了。

《史记》是我国纪传体史书的开创性著作，也是汉武帝大一统政权的产物，在我国文化史上产生了巨大的影响。司马迁把本纪、世家、表、书（志）、列传五种不同形式统一在一部书内，创立了一种便于反映时代特点的崭新史体。《史记》的内容不仅有政治、军事，也有社会经济、学术文化和宗教活动。不仅有帝王将相的事迹，也有社会上各种类型人物的成就和建树。不仅有汉族的记事，也有汉族以外少数民族的专传。司马迁企图把各方面情况统一包容在这一部巨著之内，使之成为统一帝国的一座文化宝库。

《史记》130篇包括本纪12篇、表10篇、书8篇、世家30篇、列传70篇；但在《汉书》的《司马迁传》和《艺文志》的著录中，已说10篇有录无书。所缺各篇乃是褚少孙等人所补。《史记》的旧注，据说以东汉延笃的音义为最古，但久佚不存。今存旧注以南朝宋裴骃的《集解》为最早，继起者是唐张守节的《正义》和司马贞的《索隐》。一般惯称为三家注，原来都刻单

> 行，北宋时始散注于正文之下。
>
> 《史记》古本仅有断简残卷。三家注本全者，当以南宋绍熙间黄善夫本为第一。涵芬楼百衲本二十四史的《史记》即据此本影印。明代廖铠、柯维熊、王延喆、朱维焯四本都从黄善夫本出，而不如原本之善。明代的尚有嘉靖万历年间南、北监刻的二十一史本和毛晋汲古阁刻的十七史本等多种。清代通行的是乾隆四年武英殿刻的二十四史本，通称殿本。还有各种据殿本复刻、翻刻和影印的本子。同治五年至九年间，金陵书局印行了由清代校勘学家张文虎等人校刻的《史记集解索隐正义合刻本》130卷。这个校本是清代后期校勘精审的善本，后来简称为金陵局本。今中华书局标点本既以金陵局本为底本，又进行合理编排，分段标点而成。

这篇题记前后写了三个晚上，还参考了一些书，自我感觉良好。读完一本书或一部书，写篇题记已成为我的一种读书习惯。始作时较难，但积之日久也不以为劳。写好后夹在书中，以备温故和不时之需。

1966年夏天，我的线装藏书不幸遭到了意想不到的劫难。一个炎热的下午，一群年轻后生闯入家中，声言扫四旧，而且自称按最高指示办事，我当然习惯性地认为这是应该的，没有什么不同意的表示。年轻的勇士们首先看中倚墙巍立的那整套二十四史。争先恐后地搬到家门前那一小方地，把书倒出，把樟木小书匣摔成木片，架在一起点着。樟木易燃，火势熊熊，整抱的史书一次次地抛到火堆上，我只能痴痴地在旁垂手而立，不敢乱说乱动。书箱和书多少年来像亲兄弟那样，相依为命，从未分离。我呆呆地看着火势，内心悲切地目送这些朝夕相处的亲兄弟同归于尽。我忽地想到“煮豆燃豆萁”的故事，虽然不是书箱对史书的“相煎何太急”，但仍然隐约地听到若断若续的“豆在釜中泣”那种书的呻吟。勇士们“得胜回朝”地走了，我从烬余中抢出一些没有燃尽的书，像从死亡边缘上抢救出垂危者那样庆幸，一时忘却了大量线装书的被毁。一经整理，啊，天佑我也！原来我曾加过若干眉批的《史记》除了有些烟熏火燎的气味外，竟然完整地保存下来。也许它在乱抛中被其他书所压裹而幸免于难。我急忙翻开书，看到那篇题记好像不问世事的老人一样，安详地躺在书页间，我欣喜地重读了一遍，又夹入书中，把这套完整的《史记》安置在许多洋装书的后面，免得再遭“扫四旧”之厄。我没有想到，刚刚进入90年代，中华书局就邀我主编《中国史学名著选》中的《史记选》。编选标注工作结束时，照例由主编写篇前言。我想起我三十年前写的那篇题记，赶忙找出来，一看尚不过时，只要穿靴戴帽一番，就立成一前言。语云“闲时准备忙时用”，确是前辈的经验之谈。

春节前后，家人不能再姑息容忍我乱摊乱放的恶习，比较婉转地“勒令”我清扫整理，于是我收拾书包过新年，把横七竖八的书放整齐，翻开的书则夹上条子放回原地，一时间书房书桌立见清明。但是书还是要读的，蓦然想起，近几年有些过去爱读的书被时新的书挤掉而有点生疏了。我想到曾共遭劫难的那部《史记》，于是从书架上拿下来，整整齐齐地端放在书桌的一个角上，一篇篇地翻读，主要是玩味三十年前的那些眉批，有时竟兴高采烈地笑起来，自我陶醉于个人的“高见”，甚至按捺不住地想告诉家人，我三十年前的见解就如此高明，至今也不过时，确是经受了时间的验证，但终于控制住没有说出来。除夕之夜，我翻读到《太史公自序》这篇作为开动全书之锁钥的最后一卷。我最钟情于这一卷，因为它几乎是全书的缩本。奉劝愿读书者，如不能读全部《史记》，至少读读这篇自序。我曾为这篇自序写过几万字的笺注，虽未达到问世的水平，但确有助于我读这样一部史学名著。就在书的末尾，我又重见了这篇题记，故友重逢于除夕夜，非缘云何？虽然我几乎已能全文背诵，但仍然像刚放下笔的新作，摇头咂舌地反复温读，回复到几十年前的图景中。三十多年的韶光已逝，一切似梦般地过去了，但我仍然情动乎中地濡笔记其经纬。但愿人间不再有那么些令人心悸的日子和景象，让更多的司马迁写出更多的《史记》吧！

原载于《枫林唱晚》（学识走笔·大学生文库）　来新夏著　南开大学出版社1998年版

《太史公自序》讲义

前言

《太史公自序》是全部史记的纲要，它不仅使我们从中了解到司马迁的家世、学术观点和史记的体制，而且又扼要地介绍了所有纪、表、书、传的主要内容，是《史记》全书的提要目录。

前人对这篇巨作有过研究，《史记汇注考证》对此作过一些汇集的工作，颇便参考，其单独笺释考证此文的，当以高步瀛先生《史记太史公自序笺证》最为宏富，广征诸家而能审是定非，于钻研此文，尤有裨益。

近人对史记传记文字选注甚多，而选及自序者甚少，仅王晓传注《史记选注》收有此文，其注繁细，虽有助于疏通阅读，但间有讹误与原意不尽符合之处，尚不能称详备。

我在读书与教学过程中，曾数次循读，益感此文于研究史记，极为重要，久已有心根据前人成果，粗加汇集，迁延时日，直至今春，才决心着笔，终于尽三十日朝夕之功草成《笺释》一卷。

《笺释》主要依据泷川资言之《史记汇注考证》、郭嵩焘之《史记札记》、朱东润之《史记考索》、李笠《史记订补》、高步瀛之《史记太史公自序笺证》、王晓传之《太史公自序注》及今人著作等十余种，并翻核各纪传。其体例主要是释词、释语、通意，间有附列众说者。凡有愚见则以“愚按”别之。文成匆匆，学殖浅薄，疏漏舛误，所在多有，亟有待于良工之化腐朽。

一九六三年五月十一日自记于稿成之翌晨

《太史公自序》[①]讲义

昔在颛顼[②]，命南正重以司天，北正黎以司地[③]。唐虞之际，

① 《太史公自序》是《史记》最后的一篇，即卷一百三十、列传第七十。这篇自序由两大部分组成：前半为大序，自叙家世、父谈的学术见解（论六家要指）、编纂史记提要的源起和史记的宗旨、断限等等；后半为小序，分篇论列要点，实际上是史记的一篇目录。清人卢文弨在《钟山札记》卷四中就说："太史公自序，即史记之目录也；班固之叙传，即汉书之目录也。"并认为这种体裁是仿照易序卦传的。俞樾在《湖楼笔谈》中又认为仿照尚书序的。司马迁是有广泛汲取精神的，这些说法都有可能，但不必拘泥于究竟仿何书的问题上。由此可见，现在史记前面的目录，乃是后人因翻检麻烦而又为它条列在书前的，而根据《隋书经籍志》"史记一百三十卷"条下注称"目录一卷"，可知书前目录，在唐以前便已有了。清程余庆对改动自序目录颇致微词云："《史记目录》已见于《太史公自序》中，而诸本往往改之，致有毫厘千里之差。一曰《吕太后本纪》：以吕后专政于惠帝、少帝之世，故曰太后也；乃改为《吕后本纪》，似高帝之时吕后已专政矣，一谬也。一曰《今上本纪》：以史迁卒于武帝之前，故不得以谥书；乃改为《武帝本纪》，似武帝卒于迁前也者，二谬也。一曰《魏公子列传》：夫四君俱有传，而信陵独系之以国，称曰公子者，特笔以褒之也；乃改为《信陵君列传》，何以见史公善善之意乎？三谬也。一曰《太史公书序》：太史令，官名也；公者，迁尊其父之辞也；《太史公书》者，迁以此书乃其父之书，而己不敢自擅，所以继志述事之善者也；《太史公书序》者，迁以为此书乃父之书，而己序之，盖曰太史公书之《序》耳，乃改为《太史公自序》，是仍以太史公属之迁也，四谬也。其他所改者尚多，今悉正之，一遵《太史公书序》之旧云。"（《历代名家评注史记集说》）

司马迁在《史记》中立自序的体例，曾为后世许多史学家所承袭，如班固、司马彪、华峤、沈约、魏收、李沿寿等人在所著史书中都有类似性质的篇卷，而唐、宋以来，因官修史书的出现，便不再在史书中沿用这一体例了。清钱大昕《廿二史考异》卷五中曾详细论及，可参阅。《史记志疑》卷三十六云："史公自序在七十列传中，《索隐》本作《太史公自序传》是也。各本篇题俱缺传字。"（转下页）

绍[①]重黎之后，使复典之[②]，至于夏、商，故重黎氏世序天地。其在周，程伯休甫其后也[③]。当周宣王时，失其守而为司马氏[④]。司马氏世

(续上页注②)“颛顼”是传说中上古五帝之一，黄帝孙，名高阳，继黄帝而立，称为帝颛顼。清梁玉绳以颛顼非出黄帝，其说详见《史记志疑》卷一。

(续上页注③)关于南正重、北正黎的解释，前人说法不一，这里只选择一说，南正和北正是古代官名，重是人名，上古五帝少昊之子，黎也是人名，颛顼的后代。司天是主管天事，司地是主管土地。又北正应作火正。清梁玉绳《史记志疑》卷三十六：今本《国语》及经疏中所引，《史记·历书序》，颜师古、司马贞据《郑语》与班固《幽通赋》、《路史·后记八》注，应劭、张晏等诸说均作火正。朱东润《史记序传质疑》：“分重黎为二人，与《楚世家》之言‘高阳生称，称生卷章，卷章生重黎，重黎为帝喾高辛居火正’者不合。故崔适论为古文家据《楚语》窜改，又误火正为北正。其言详矣。”(《史记考索》)李笠《史记订补》：“古文作‘火’字，非也。”并正《索隐》文字之错乱。

① 绍，继续，这里有恢复和重新起用的意思。

② 典，掌管，意思是尧舜的时候，又恢复了重黎后人掌管天地事务的地位，也就是说重新起用他们来掌管天地事务。

③ 程，国名，在今陕西咸阳东；伯，封号名；休甫，《国语·楚语》作休父，是人的字。

④ 守，职守；《汉书》迁本传说：“当宣王时，官失其守而为司马氏”，颜注：“失其所守之职。”愚按：失去了掌管天地事务之职。司马氏，程伯休父在宣王时被任为大司马，于是就以官名为氏，称司马氏；日人中井积德说：“尝有为司马者，因氏焉。”愚按：此说可取，司马迁记此，为说明司马氏姓氏的起源在周宣王的时候，并非指官名而言。全句文意是，周宣王时，我的祖先丢掉了掌管天地事务的职位，有一位祖先被任命为大司马，就用这个官名作氏名，他们姓司马的是从这儿起源的。朱东润《史记序传质疑》：“程伯休父见《大雅·常武》，《毛传》：程伯休父始命为大司马，毛诗未兴以前，度三家《诗》亦言之，故史公有是说，然司马之官不典史，则所谓世典周史者，不知何据。”(《史记考索》)

典周史[①]。惠、襄之间[②]，司马氏去周适晋[③]。晋中军随会奔秦[④]，而司马氏入少梁[⑤]。

自司马氏去周适晋，分散，或在卫，或在赵，或在秦。其在卫者，相中山[⑥]。在赵者，以传剑论显[⑦]，蒯聩[⑧]其后也。在秦者名错，与张仪争论，于是惠王使错将伐蜀，遂拔，因而守之[⑨]。错孙靳[⑩]，

① 司马氏，司马迁的祖先。世典周史，世世代代管理周的国史。这句话的意思可能是：宣王以后，司马迁的祖先又调去管理国史，以后一直担任下来，而那个因大司马官而得的姓氏却沿用不改了。李笠《史记订补》卷八："索隐本'世'作'代'，避讳也"。

② 惠，周惠王姬阆；襄，周襄王姬郑，惠王子。

③ 周惠王、襄王间，周有子穨、叔带的乱事，所以司马氏离开周而到晋去。

④ 随会，士会封于随，即范武子，鲁文公七年（公元前620年）曾随先蔑奔秦，当时随会还不是中军将，因为中军将是上、中、下三军的主帅，地位很高，随会要从秦再返晋以后，方做到此官，这是史家用其人以后的官职来称呼的办法。清人齐召南在《汉书考证》中说："随会奔秦时，未为中军将也，史文以后官冠其名。"又《汉书》迁本传作"晋中军随会奔魏"，齐召南认为是秦之误。《索隐》：案左氏，随会自晋奔秦，后乃奔魏，自魏还晋，故汉书云会奔秦、魏也。愚按：司马迁此语，是表明司马氏入少梁的时间，在随会奔秦那一年，即鲁文公七年、晋灵公元年，即公元前620年。

⑤ 少梁，古梁国，当时属晋，后为魏邑，复为秦灭，秦惠王十一年，更名夏阳，在今陕西韩城市南。王国维《太史公行年考》云："自司马氏入少梁，讫史公之生，凡四百七十五年。"（《观堂集林》卷十一）

⑥ 指司马喜而言，曾做中山国的相。

⑦ 指司马凯而言。传剑，击剑；论，被人称道；显，出名。在赵国的司马凯，因善于击剑被人称道而出名。一说以传授剑术之论而显名，也可通。

⑧ 《正义》："如淳云：刺客传之蒯聩也。"

⑨ 秦惠文王时，在秦的司马错曾因伐蜀问题与张仪争论，后来惠王听错的建议伐蜀，攻取蜀地，错即留镇该地。

⑩ 《汉书》迁本传作蕲。清梁玉绳《史记志疑》卷三十六亦以蕲为是。

事武安君白起。而少梁更名曰夏阳[①]。靳与武安君坑赵长平军[②]，还而与之俱赐死杜邮[③]，葬于华池[④]。靳孙昌，昌为秦主铁官，当始皇之时[⑤]。蒯聩玄孙卬[⑥]为武信君将[⑦]而徇朝歌[⑧]。诸侯之相王，王卬

---

① 秦本纪称改少梁为夏阳，在惠文王十二年，即公元前326年。王先谦《汉书补注》称，在秦惠文称王后九年，即公元前316年。愚按：此语与前后文不相连属，疑与靳事白起有时间联系，就是说在司马靳作白起部属那一年，少梁改名夏阳。又司马迁特别重视少梁而一再涉及，因他是少梁一支的嫡系，少梁是祖茔所在。《史记会注考证》曾说："夏阳，史公先茔之地，故详之。"

② 司马靳与白起曾在长平坑杀赵国降卒。

③ 杜邮，咸阳西。司马靳与白起胜利回秦，被秦昭襄王则赐死在杜邮。《索隐》："后改为李里也。"李笠《史记订补》卷八："李里二字，殿本、古香斋本俱误倒"。张文虎《校注史记三家注札记》卷五："旧刻讹陲"。

④ 华池，陕西韩城西南七十里。《集解》："晋灼曰：地名，在鄠县。"《索隐》："晋灼曰在鄠县，非也。案司马迁碑在夏阳西北四里。"《正义》："《括地志》云：华池在同州韩城西南七十里，在夏阳故城西北四里。"王国维：《太史公行年考》案曰："水经，河水注陶渠水，又东南径华池南，地方三百六十步，在夏阳城西北四里许。故司马迁碑文云：高门华池在兹夏阳城西北，汉阳太守殷济精舍四里所，此索隐所本也。"李笠引《汉书》注作池名（《史记订补》卷八）。《历代名家评注史记集说》编撰者按称："（华池）在今陕西省韩城市西南二十二里"。

⑤ 司马昌在秦任掌管铁产的官职，正当秦始皇的时候。《汉书》迁传作"王铁官"，疑误。张文虎《校刊史记三家注札记》卷五："南宋本主作王，疑讹"。"当秦始皇之时"一语，诸标点本都作属下读，但与司马卬为武臣将时间不合。高步瀛先生《史记太史公自序笺证》认为此语属上读，与卬无涉，很有道理，所以据高说断于"当始皇之时"下。

⑥ 《索隐》说："蒯聩生昭豫，昭豫生宪，宪生卬。"愚按：据《索隐》说，卬当为蒯聩之曾孙，而非玄孙。又从此语至河内郡是插入一段，记司马氏在赵一支的后裔。

⑦ 武信君即武臣，陈涉部将。武臣未称赵王前号武信君。

⑧ 朝歌，今河南淇县东北。

于殷[1]。汉之伐楚，卬归汉，以其地为河内郡[2]。昌生无泽[3]，无泽为汉市长[4]。无泽生喜，喜为五大夫[5]，卒，皆葬高门[6]。喜生谈，谈为太史公[7]。

---

① 诸侯争相称王的时候，项羽封司马卬为殷王。清程余庆云："迁自以系出司马错，则蒯聩以后当略，此复插入司马卬者，以其显，不欲遗也。"（《历代名家评注史记集说》）

② 河内郡，汉郡名，今河南省黄河以北与山西省比邻一带。

③ 《索隐》所据《汉书》作"毋怿"，并音亦。李笠《史记订补》卷八案："今汉书作'毋怿'，疑后人以今音改汉读也。"

④ 汉首都长安有四市，每市有长，据百官表，市长属内史。

⑤ 百官表列爵二十等，五大夫为第九等爵。清梁玉绳《史记志疑》卷三十六"无泽生喜"条云："案喜为史公之祖，然其先之相中山者为司马喜，奈何与前祖同名乎？"李笠《史记订补》卷八曾引证以驳梁说。

⑥ 高门，在今陕西韩城市西南。《集解》苏林曰：长安北门也。瓒曰：长安城无高门。《索隐》："苏说非也，案迁碑在夏阳西北，去华池三里。王国维《太史公行年考》：水经河水注陶渠水，又南径高门原，盖层峦隳缺，故流高门之称矣。又云：高门源东去华池三里。《太平寰宇记》同州韩城县下引《水经注》高门原南有傍阜，秀出云表，俗称马门原。"《正义》曰：《括地志》云：高门原俗名马门原，在同州韩城县西南十八里。汉司马迁墓在韩城县南二十二里。夏阳县故城东南有司马迁冢，在高门原上也。王国维又案："盖亦本古本水经注，马门原或以司马氏冢地名矣。"《历代名家评注史记集说》编者按："司马迁墓距离高门祖茔尚有八里，亦在陕西省韩城市西南。"

⑦ 太史公之称，说法不一，汉卫宏、清钱大昕、清梁玉绳等都认为是官名，此从钱、梁说。又自此太史公以下的六称太史公都是指司马谈而言。朱东润《太史公名称考》有较详考述，可参阅（《史记考索》）。清方苞曰：《史记》世表曰太史公，读者谓其父也，故于己所称曰"余读"以别之。其他书传篇首及中间标以"太史公曰"者，则褚少孙之妄耳。故凡篇中去此四字，文正相续。惟是篇"先人有言"与上不相承，盖按之本二篇也。其前篇，迁之家传也。其父欲论次《史记》，而迁为太史令，紬石室金匮之书，其先世世掌天官，而迁改天历，建于明堂，则传之辞事毕矣。后篇则自述作书之旨也。自黄帝始（转下页）

（续上页注⑦）以上，通论其大体，犹《诗》之有大序也。百三十篇各系数语，犹《诗》之有小序也。本纪十二曰“著”者，其父所科条也；余书曰“作”者，己所论载也。总之，曰《太史公书序》者，明是书乃其父之书，而己不敢专也。其本传曰“请悉论先人所次旧闻，不敢阙”，故序书既终，而特以是揭其义焉。其复出“余述历黄帝以来至太初而迄，百三十篇”。盖举其凡计，缀于篇终，犹《卫霍列传》特标左方两大将军及诸裨将名耳。自少孙于首尾加“太史公曰”，而中答壶遂及遭李陵之祸，并增太史公三字，遂使世表称太史公，读者几不辨其为何人。而是篇所述，辞旨暧昧，不可别白。夫是篇迁之家传也，故于其父始称名，而继则以爵易焉。乃复自称爵以混，于其父可乎？此以知为少孙所增易也。古书篇帙既有伪乱，学者从百世下凭臆以决之，所恃者义、意有可寻耳。然世士溺于所传旧矣，知其解者，果可以旦暮遇之耶？（清程余庆：《历代名家评注史记集说》）姚鼐《史记笔记》云：“太史公系后人尊称之词。《汉官仪》乃云：其官本名太史公，此谬说也。汉书臣瓒注引茂陵书，司马谈以太史丞为令。又孔北海告高密县曰：昔太史公、廷尉吴公、谒者仆射邓公，皆汉之名臣，世嘉其高，皆悉称公。然则公者，仁德之正号，不必三事大夫也。据此则凡史记内以太史公称谈者，即子长所加。以称子长者，皆后人所益，又何疑焉。若《文选》载《报任安书》首云太史公牛马走，公字乃令字之误耳。称太史公犹后人之列衔，称牛马走犹后人称仆、称弟之类。”（《惜抱轩集》笔记四）太史公之称，说者纷纭。清梁玉绳《史记志疑》卷一集众说而辨之云：“太史公之称，补今上纪及自序传注引《桓谭新论》云：‘东方朔所署’，又引韦昭云‘迁外孙杨恽所加’，又引卫宏《汉仪注》谓‘太史公，武帝置，位在丞相上，迁死后，宣帝以其官为令，行文书而已’。又引虞喜《志林》谓‘古主天官者，皆上公。自周至汉，其职转卑，然朝会坐位犹居公上，其官属仍以旧名尊之’。考《史记》迁死后稍出，至宣帝时始宣布，东方朔安得见之？索隐非之矣。迁传有杨恽祖述其书之语，韦昭所本，索隐亦从之，但一部史记均称太史公，惟自序中迁为太史令一句称令，然《正义》引史作公，疑今本传讹，或依《汉书》改，岂尽恽增之邪？《索隐》以为姚察非之矣。”盖太史公是官名，卫宏汉人，其言可信。《西京杂记》、《隋书经籍志》、《史通·史官建置篇》、宋三刘（敞、邠、奉世）《两汉刊误》并同卫宏也。或问晋灼，《汉书》司马迁传注曰：“百官表无太史公左丞相上，卫宏不实。”《索隐》亦言宏谬。又宋祁《笔记》曰：“迁与任安书，

太史公学天官[①]于唐都[②]，受易于杨何[③]，习道论于黄子[④]。太史公

（续上页注⑦）自言仆之先人文史星历，近乎卜祝之间，因主上所戏弄，倡优所畜，流俗之所轻。若其位在丞相上，安得此言。”唐颜师古迁传注谓：“迁尊其父。以公为家公之公。”宋吴仁杰《两汉刊误补遗》谓迁父子官为令而云公者，邑令称公之比。诸说然否，曰非也。汉官之不见于表者甚多，不独太史公，况宣帝已改为令，属于太常，表固宜无之，奈何据以驳卫宏？《史记》中太史公大半迁自称之，不皆指其父，何尊之有。《后汉书·郑康成传》载孔融告高密立郑公乡云：“太史公者，仁德之正号，不必三事大夫，此尊之说也。”而东吴顾氏炎武《日知录》卷二十讥之。（梁昭明太子萧统《文选》载《报任少卿书》太史公牛马走，司马迁亦是自称其官。）县公僭称，他人呼之犹可，自号则不可。明于慎行《读史漫录》以为朝会立处在人主左右以纪言动，如唐宋螭头记注之制，非爵秩之位，乃朝著之位，前人多误释，惟《正义》以虞喜为长，而《志林》实与汉仪注相通，明戏弄而倡优畜之，政以其在人主左右耳。（《补遗》谓位在丞相上，但可施于张苍，亦非。）至宋苏洵《嘉祐集》史论，议迁与父无异称为失，更不然。史记祇天官书，太史公推占天变及封禅书两称，太史公自序前篇六称太史公指司马谈。文义显白，余皆自谓，苏氏何所疑而讥其失哉！（今本《西京杂记》作位在丞相下，恐讹。）清程余庆云：“太史令，太常属官，秩六百石，掌天时星历。凡岁将终，奏新年历。凡国祭祀丧娶之事，掌奏良日及时节禁忌。凡国有瑞应灾异，掌记之。公者，迁尊其父之辞。”（《历代名家评注史记集说》）

① 天官，天文学。

② 唐都，汉历学家，方士，曾参加造太初历。《纬书》、《天官书》、《汉书·律历志》及《公孙弘传》论均言唐都为造历方士。王国维《太史公行年考》云：“唐都实与太初改历之役”。（《观堂集林》卷十一）

③ 杨何，字叔元，淄川人（山东寿光），通《易》学，事见《儒林列传》。

④ 道论，道家的理论。黄子，一称黄生，好黄老之学，事见《儒林列传》。王国维《太史公行年考》：“案：传云：辕固生孝景时为博士，与黄生争论，是黄生与司马谈时代略相当。”又云：“谈既习道论，故论六家要旨颇右道家，与史公无与，乃扬雄云：司马子长有言，五经不如老子之约。班彪讥公先黄老而后六经，是认司马谈之说为史公之说矣。”（《观堂集林》卷十一）

仕于建元、元封之间，愍学者之不达其意而师悖[①]，乃论六家之要指曰[②]：

易大传[③]："天下一致而百虑，同归而殊涂。"夫阴阳、儒、墨、名、法、道德，此务为治者也，直所从言之异路[④]，有省不省耳[⑤]。尝窃观阴阳之术，大祥而众忌讳[⑥]，使人拘而多所畏[⑦]；然其序四时之大顺，不可

---

① 悖与誖通，不相同的道理；师誖，以誖为师。誖，《正义》：布内反。颜云："誖，惑也，各习师书，（《汉书注》作"法"。）惑于所见也。"李笠《史记订补》卷八案："师悖者，谓以誖为师也。小颜说未是。"又案："此'师'字与'师心自用'之'师'同，作动词用，犹言效法也，'师悖'犹言效法于悖"。

② 六家之要指，司马谈对阴阳、儒、墨、名、法、道家所进行的扼要评论，谈特别推崇道家，而议论五家短长。清梁玉绳《史记志疑》卷三十六"论六家要旨"条云："《困学纪闻》十一曰：'西山真氏云：列儒者于阴阳、墨、名、法、道家之间，是谓儒者特六家之一耳。不知儒者，无所不该，五家之所长，皆有之，其短者，吾道之所弃也。'谈之学本于黄老，故其论如此。"

③ 易大传，即《易系辞》。下二句即《易系辞》文。

④ 直，仅仅，只是；从，途径；言，传习；异路，不同的道路。此指学术流派。

⑤ 省，省察，熟究。《索隐》："六家同归于正，然所从之道殊途，学或有传习省察，或有不省者耳。"清钱大昕引《尔雅》："省，善也。""有省不省"犹言有善有不善。（《廿二史考异》卷五）清程余庆云："直，但也。言六家发迹虽殊，同归于治，但学者不能省察，昧其端緒耳。"（《历代名家评注史记集说》）

⑥ 大，夸大；详，灾祥，吉凶的预兆。《汉书》迁本传写作详，那么大详是太繁琐的意思。众，增多。《史记志疑》卷三十六云："二字古通，见《别雅》"。《集解》引徐广曰："祥作详"。《索隐》称"《汉书》作详，言我观阴阳之术大详，而今此作祥，于义为疏也。"清钱大昕引古书称"祥"、"详"通用（《廿二史考异》卷五）。近人钱锺书曰："按：司马谈此篇以前，于一世学术能概观而综论者，荀况《非十二子》篇与庄周《天下》篇而已。"（《管锥编》第一册页389—390）

⑦ 拘，约束。阴阳家夸大了灾祥，并且弄了许多要忌讳的事情，使人受到拘束，也产生了畏惧。《正义》："言拘束于日时，令人有所忌畏也。"

失也[①]。儒者博而寡要，劳而少功，是以其事难尽从[②]；然其序君臣父子之礼，列夫妇长幼之别，不可易也[③]。墨者俭而难遵，是以其事不可偏循[④]；然其强本节用，不可废也[⑤]。法家严而少恩；然其正君臣上下之分，不可改矣[⑥]。名家使人俭而善失真[⑦]；然其正名实，不可不察也[⑧]。道家使人精神专一，动合无形，赡足万物[⑨]。其为术也，因阴阳

---

① 阴阳家排列的四时顺序，却是不能违背的。清程余庆云："司马谈职在天官，故序阴阳在于儒上。"（《历代名家评注史记集说》）

② 儒家知识广博而很少抓住要点，付出劳力多而收获少，所以它的道理不完全可根据。清程余庆云："二句亦自中后世俗儒之病，道学章句，俱不免此。"（《历代名家评注史记集说》）

③ 儒家所制定的君臣父子的礼法，所区别的夫妇长幼关系，是不能改变的。

④ 墨家的节约主张很难照办，所以它的主张不能全部实行。《索隐》："偏循，言难尽用也。"

⑤ 墨家的加强国家根本，节制费用的主张，却是不能废除的。

⑥ 法家是严酷而很少讲感情的，但是它所规定的君臣上下的名分却是不能改变的。

⑦ 俭，据前人考证，当作检，拘束的意思。名家往往使人被（事物的）名（形式）所拘束，而迷失了（事物的）真实（内容）。《索隐》云："名家流于礼官，古者名位不同，礼亦异数。"孔子"必也正名乎？"又案：名家知礼，亦异数，是俭也。受命不受辞，或失其真也。《史记志疑》卷三十六名"家使人俭"条云："名家言俭，未的。董份以为检之误写。"

⑧ 名家注意搞好名（形式）和实（内容）的关系这一点，却是不容忽视的。

⑨ 赡足，满足。《汉书》迁本传作澹，古赡字，《索隐》："赡（单本作上）音市艳反。《汉书》作澹，古今字异。"满足。道家使人精力集中，一切举动却合乎自然，并能满足各种事务的需要。司马谈推崇道家学说，所以在论六家要指中有过分夸大道家学说作用的倾向。邵懿辰《书太史公自叙后》云："余读六家要指之篇而知谈之言亦有为而发也。谈意若曰武帝崇儒，宜度越往昔，而治效顾不为文景尚黄老时。故曰：道家使人精神专一，动合无形，赡足万物，指约而易操，事少而功多。"（《半岩庐遗集》卷上）李笠《史记订补》卷八案："赡当从单行本，《索隐》作'瞻'，与《班书》作澹，并赡之借字也。小司马何庸作音乎？"

之大顺，采儒墨之善，撮名法之要[①]，与时迁移，应物变化[②]，立俗施事，无所不宜[③]，指约而易操，事少而功多[④]。儒者则不然。以为人主天下之仪表也[⑤]，主倡而臣和，主先而臣随[⑥]。如此则主劳而臣逸。至于大道之要，去健羡[⑦]，绌聪明[⑧]，释此而任术[⑨]。夫神大用则竭，形大劳则敝。形神骚动[⑩]，欲与天地长久，非所闻也。

---

① 因，凭借，根据；大顺，总的变化顺序，主要的（变化）规律，根据阴阳变化的主要规律。近人钱锺书云："按：言道家并包备五家之长，集其大成。"（《管锥编》第一册页391）

② 随着时代的不同而转换（对策），按照万物的不同要求而改变（办法）。

③ （道家）在建立风气，处理事务等方面，是没有行不通的地方的。

④ （道家）的主要思想比较简要而容易掌握，能够不着痕迹地收到很大的功效。清程余庆评司马谈论道家："独无贬辞。"（《历代名家评注史记集说》）

⑤ 仪表，表率。

⑥ 这句话的意思是，一切事情都由君主决断，臣下则毫不动脑筋地随声附和。

⑦ 健羡，非常羡慕，引申为贪欲。《集解》："如淳曰：知雄守雌是去健也；不见可欲，使心不乱，是去羡也。"近人钱锺书以如淳之解甚确，并云："《汉书·司马迁传》服虔、晋灼等注以'健'为'楗'，迂凿极矣。'健'是一事，'羡'又是一事。犹耳之聪，目之明，各为一事。'去羡'者，老子所谓'少私寡欲'、'不欲以静'、'常无欲也'；'去健'者，老子所谓'专气致柔'、'果而勿强'、'柔弱胜刚强'、'强梁者，不得其死'、'守柔曰强'、'坚强者死之徒，柔弱者生之徒'、'弱之胜强，弱之胜刚'也。"（《管锥编》第一册页391—392）

⑧ 绌，《汉书》迁本传作黜，取消。《索隐》：如淳云："不尚贤"，"绝圣弃智也"。近人钱锺书云："'绌聪明'亦即《货殖列传》驳老子之'涂民耳目'。"（《管锥编》第一册页392）

⑨ 这句话是司马迁对儒家的批评，意思是儒家不采取道家"去健羡，绌聪明"（"此"即指这两句话）的要义，而用儒家自己的方法。（其结果就是下文所说的形神敝竭。）

⑩ 骚动，动摇，受到损害。汉书作"蚤衰"。

夫阴阳四时、八位、十二度、二十四节[①]各有教令[②]，顺之者昌，逆之者不死则亡[③]，未必然也，故曰“使人拘而多畏”。夫春生夏长，秋收冬藏，此天道之大经也，弗顺则无以为天下纲纪，故曰“四时之大顺，不可失也”。

夫儒者以六艺[④]为法。六艺经传[⑤]以千万数[⑥]，累世不能通其学，当年不能究其礼[⑦]，故曰“博而寡要，劳而少功”。若夫列君臣父子之礼，序夫妇长幼之别，虽百家弗能易也。

---

① 四时，春夏秋冬；八位，八卦方位；十二度，十二次，古人把周天分为十二次，为诸星所居的地方，并利用十二次的方位观测日月五星的运行和节气早晚。十二星次的名称是：寿星、大火、析木、星纪、玄枵、娵訾、降娄、大梁、实沈、鹑首、鹑火、鹑尾。二十四节气，一年有二十四节气，又从这段以下，司马谈更进一步来阐述六家的学说，并加分析。

② “教令”，规定，禁忌。

③ 亡，即无，引申为损失。《汉书》迁本传作“逆之者亡”。

④ 六艺，礼、乐、射、御、书、数，一作诗、书、礼、乐、易、春秋。这里似指后者而言。

⑤ 传，对经的解释。

⑥ 数，平声，计算。

⑦ 当年，在有生之年，一生。近人钱锺书云：“按：‘累世’二语已见《孔子世家》引晏子。《法言·寡见》篇：‘司马子长有言曰：‘《五经》不如老子之约也，当年不能极其变，终身不能究其业。’未识扬雄何本。窃意即援引谈此数语而误其主名耳。迁录谈之《论》入《自序》，别具首尾，界画井然，初非如水乳之难分而有待于鹅王也。乃历年无几，论者已混父子而等同之，嫁谈之言于迁，且从而督过焉。彪、固父子，先后讥迁‘崇黄老而薄《五经》’，‘先黄老而后《六经》’，一如不知其说之出于谈之《论》者，可谓班氏之子助父传讹，而司马氏之子代父受咎矣。刘昭《后汉书注补志序》‘迁承考’、‘固资父’之语，又得新解！扬雄之言与彪、固所云，同为厚诬。”（《管锥编》第一册页392）

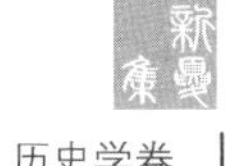

墨者亦尚[1]尧舜道，言其德行曰[2]："堂高三尺，土阶三等[3]，茅茨不翦[4]，采椽不刮[5]。食土簋[6]，啜土刑[7]，粝粱之食[8]，藜藿之羹[9]。夏日葛衣[10]，冬日鹿裘[11]。"其送死，桐棺三寸[12]，举音不尽其

---

① 尚，《汉书》迁本传作上，重视。

② 这段文字用"曰"字，是表示引文。这段引文，《索隐》认为转引自《韩非子》，高步瀛先生《史记太史公自序笺证》认为，韩非子所述虽文字相似，而语意不同，应该是出自《墨子·节用篇》。

③ 古代整所房子主要建筑物的内部空间分堂、室、房。前部分是堂，一般是行礼的地方，不住人。堂后的室才住人。整个房子建筑在一个高出地面的台基上，堂前有阶上下。堂高三尺指台基的高度，言堂屋低矮，土阶三等，言土质台阶不高（只有三蹬），说明居住条件不奢侈。

④ 茅，草；茨，屋盖；翦，整理。用茅草盖在屋顶上，也不再加以整理。

⑤ 采，《汉书》迁本传作椞。椽，屋椽。刮，加工刮削。《汉书》迁本传作斵。采取来作屋椽的木材没有经过刮削。清程余庆云："以栎木为榱，不刮削也。"（《历代名家评注史记集说》）

⑥ 土，土器，即瓦制器；簋，音规，饭具。用瓦盆吃饭。

⑦ 啜，喝；刑，型之初文，汤具。用瓦盆喝汤。清梁玉绳《史记志疑》卷五"啜土形"条云："附案：李斯传作铏，古形与刑通而又旁省金字，遂作形耳。"清程余庆云："钘通。簋以盛饭，铏以盛羹，皆烧土为瓦器。"（《历代名家评注史记集说》）

⑧ 粝，粗粮；粱，据清王念孙考证，应作粢，细粮。张文虎《校刊史记三家注札记》卷五："《杂志》云：粝粗粱精，不得连文，粱当为粢。李斯传'粢粝之食'，《韩非子·五蠹篇》、《淮南·精神篇》《人间篇》皆粝粢与藜藿并举，其证也。"清程余庆云："粝，音赖，一斛粟七斗米为粝。"（《历代名家评注史记集说》）

⑨ 藿，豆叶；藜，像藿而表面发红。

⑩ 葛衣，麻布衣，麻布质粗。

⑪ 鹿裘，鹿布袄，鹿布质薄。

⑫ 桐木作棺材，厚度只有三寸。

哀[①]。教丧礼，必以此为万民之率。使天下法若此，则尊卑无别也[②]。夫世异时移，事业不必同，故曰“俭而难遵”。要曰[③]强本节用，则人给家足之道也。此墨子之所长，虽百家弗能废也。[④]

法家不别亲疏，不殊[⑤]贵贱，一断于法[⑥]，则亲亲尊尊之恩绝矣[⑦]。可以行一时之计，而不可长用也，故曰“严而少恩”。若尊主卑臣，明分职[⑧]不得相逾越，虽百家弗能改也。

名家苛察缴绕[⑨]，使人不得反其意[⑩]，专决于名而失人情[⑪]，故

① 音，哀痛的哭声；尽，极。意思是说，不要哀痛过分。清人程余庆认为以上论墨家语乃“引韩非语”（《历代名家评注史记集说》）。

② 如果丧礼不隆重，就不能表明尊卑的地位。又“使天下法若此”句，《汉书》迁本传作“故天下共若此”。

③ 要曰，总之。

④ 给，足，富裕。邵懿辰《书太史公自叙后》云：“六家中举墨氏为详，土阶茅茨之云、与营建建章，作通天台，适相反。曰世异时移，事业不必同，犹云帝王各殊礼而异务，并抑损之微言也。要曰强本节用，则人给家足之道，言虽墨氏学审行之，宏羊平準可不作，而德行亦如尧舜矣！”（《半岩庐遗集》）

⑤ 殊，区别。

⑥ 一，全都；断，判断，处理。意思是说：法家不管亲疏关系和贵贱地位，全都是依法处理。又“一”字《汉书》迁本传作“壹”。

⑦ 亲亲，父子的关系；尊尊，君臣的关系。（法家专讲究依法办事）那样就断绝了对君父尊重的应有恩情。

⑧ 明，区别；分职，应份的职守。

⑨ 苛察，注视细微的地方；缴绕，纠缠。纠缠小节而忽略大体。张文虎《校刊史记三家注札记》卷五：“中统本缴作缭，非。”《集解》：“服虔曰：‘缴音近叫，谓烦也。’如淳曰：‘缴绕犹缠绕，不通大体也。’”

⑩ 反，表达出来。人不能表达自己的真意。

⑪ 决，判断。（名家）专门用形式来判断问题，往往不近人情。又《汉书》迁本传“专”作“剸”，“而”作“时”。

曰“使人俭而善失真”。若夫控名责实[1]，参伍不失[2]，此不可不察也。

道家无为，又曰无不为[3]，其实易行[4]，其辞难知[5]。其术以虚无为本，以因循为用[6]。无成埶，无常形，故能究万物之情[7]。不为物先，不为物后，故能为万物主[8]。有法无法，因时为业；有度无度，

---

① 控，引，循；责，要求，考察。按照形式来考察内容。愚按：这句话的意思是说名家要求名实一致。

② 参，参错；伍，交互，比较；不失，得到。意思是说：用比较不同形式（名）的方法究明事情，定能得到真实的。

③ 无为，守清净。无不为，重功利。《正义》曰：“无为者守清净，无不为者，生育万物也。”清程余庆云：“无为守静一也”，“无不为，功利大也”。（《历代名家评注史记集说》）

④ 实，实践活动；易行，容易做到。道家的实践活动是各守本分，所以容易做到。清程余庆云：“各守其分故易行”（《历代名家评注史记集说》）。

⑤ 辞，文辞，理论；难知，不易了解。道家的理论，不容易了解。清程余庆云：“幽深微妙，故难知”（《历代名家评注史记集说》）。

⑥ 虚无，无为；本，根本；因循，适应；用，手段。清程余庆云：因循为用“任自然也”（《历代名家评注史记集说》）。

⑦ 成埶，一成不变的形势。“常形”，终古不灭的存在。愚按：道家对于万物没有固定不变的看法，所以它能彻底了解万物的真实情况。

⑧ “不为物先”，不走在事物发展规律的前面。“不为物后”，不落在事物发展规律的后面。《集解》：“韦昭曰：‘因物为制’。”愚按：道家能掌握分寸，恰到好处，所以能做到万物的主宰。又“不为物先，不为物后”句，《汉书》迁本传作“不为物先后”，《史记会注考证》认为是脱文。愚按：这段文字的结构都用相对成文的形式，当是脱文。清程余庆云：“因物为制”（《历代名家评注史记集说》）。

因物与合[①]。故曰“圣人不朽，时变是守[②]。虚者道之常也，因者君之纲”[③]也。群臣并至，使各自明也[④]。其实中其声者谓之端，实不中其声者谓之窾[⑤]。窾言不听，奸乃不生，贤不肖自分，白黑乃形。在所欲

---

① “有法”、“有度”，是说道家是有自己法度的；“无法”、“无度”，是说道家并不专门拘泥于已有的法度。因，依照，根据；业，从事；合，适合，顺应。《汉书》迁本传作“因物兴舍”，《史记会注考证》认为以“因物与合”为是，从之。愚按：这句话的意思是，道家虽有法度，但并不单靠法度，而是根据时代需要做事，并和物的自然相顺应。《正义》：“因时之物，成法为业。”又：“因其万物之形成度与合也”。《史记志疑》卷三十六“因物与合”条云：《汉书》作兴舍。《后汉书·冯衍传》下引作“与物趋舍”。盖舍字是。清程余庆云：“因万物之形成，度与合也”（《历代名家评注史记集说》）。

② “朽”，《汉书》迁本传作“巧”，清王念孙考证，也认为应是“巧”，从之，机巧之心。守，奉行。圣人是没有机巧之心的，而奉行随时而变的道理。张文虎《校刊史记三家注札记》卷五：“汉传作巧，颜师古云‘无机巧之心’。《读书杂志》云：‘史本作朽者，后人改之。巧字古读若糗，正与守韵’”。

③ 虚，虚无；常，根本。因，顺应自然，因循；纲，要领。无为是道家的根本，适应民情是为君治民的要领。清程余庆云：“因民之心而治，唯执行其纲而已。”（《历代名家评注史记集说》）

④ 自明，各自表述意见。

⑤ 实，言论的内容；声，名，论题；中，合乎，符合；端，端正，正确；窾，空，《汉书》迁本传作“款”。清钱大昕云：“款，空声相近。”（《廿二史考异》卷五）清程余庆云：“音款，空也。言实不称名，空有其声也。”（《历代名家评注史记集说》）愚按：言论的内容和论题相合便是正确的言论，不相合的便是空论。

用耳，何事不成[①]。乃合大道，混混冥冥[②]。光耀天下，复反无名[③]。凡人所生者神也，所託者形也。神大用则竭，形大劳则敝，形神离则死。死者不可复生，离者不可复反，故圣人重之。由是观之，神者生之本也，形者生之具也[④]。不先定其神［形］[⑤]，而曰“我有以治天下”，何由哉？[⑥]

太史公既掌天官，不治民。有子曰迁。

---

① 愚按：这一段话是司马谈论述道家如何处理君臣关系的议论，他认为臣要各抒己见，君要善于择取，而重要的在于君善用，那么，就可以无事不成了。

② 混混，浑厚，质朴；冥冥，心思深奥。“混混冥冥”，融合成一个不可分割的整体。此句是形容上文“大道”的。

③ 反，归还；无名，不可捉摸的境界。复反无名，也就是归真返璞的意思。

④ 神，声气。本，根本。形，肢体；具，依托。张文虎《校刊史记三家注札记》卷五：“毛本神误人”。

⑤ 《汉书》迁本传有“形”字，中华书局标点本增入，从之。清梁玉绳《史记志疑》卷三十六云：“神下脱形字，汉书有。”清邵懿辰：《书太史公自叙后》云：“又曰虚者道之常，因者君之纲，窾言不听，奸乃不生，凡是道家之常言而施之建元、元封间，则皆切时之药石也，常求神仙方术而形神骚动，故讽以先实其神，以谓养身之道，在彼不在此。”（《半岩庐遗集》卷上）

⑥ 清程余庆云：“明李廷机曰：‘司马谈论六家，于儒不取，于道家甚详。意者习见汉初曹参以清静治而民不扰，自后儒者变更纷纭，而卒无补，以故陋汉儒耳。此谈之不免汉初习气处。若迁则论《诗》《书》《礼》《乐》《易》《春秋》，以为学者至今宗之，岂为后《六经》哉！’”（《历代名家评注史记集说》）

迁生龙门①，耕牧河山之阳②。年十岁则诵古文③。二十而南游江、淮，上会稽，探禹穴④，窥九疑⑤，浮于沅、湘⑥；北涉汶、泗⑦，讲业齐、鲁之都⑧，观孔子之遗风，乡射邹、峄⑨；戹困鄱、薛、彭

---

① 《史通·杂说篇》讥不书迁字为大忘。《史记志疑》卷三十六“有子曰迁”条博征典籍中所载迁字子长之文，文烦不录。“龙门”，山名，在今山西河津市西北和陕西韩城市东北。清程余庆云：“龙门山在韩城县东北五十里（按在今陕西省韩城市境）”（《历代名家评注史记集说》）。王国维云：“所谓龙门，固指山南河曲数十里间矣。”（《观堂集林》卷十一）

② 阳，山南水北；“河山之阳”，黄河以北，龙门山以南。

③ 古文，战国时六国所用文字，秦灭六国统一文字时所罢。“汉人以六艺之书皆用此种文字，又其文字为当日所已废，故谓之古文。”（《战国时秦用籀文，六国用古文说》，见《观堂集林》卷七）史记所谓古文，乃指“凡先秦六国遗书，非当时写本者，皆谓之古文”，亦即“先秦写本旧书而言”（《史记所谓古文说》见《观堂集林》卷七）。这里指《尚书》、《左传》、《国语》。

④ 禹穴，夏禹的坟墓，相传在今浙江会稽山。清梁玉绳《史记志疑》卷三十六以禹穴之事难信。又《史记志疑》卷二“帝禹东巡狩，至于会稽而崩”条，详加辨析，征引《论衡》等多书，以攻其事之非。并以此为后世之附会。又退而言之，“即或是大禹古迹，亦必因德被六合，殂落之后，虽异域殊方，无不起坟土以致其哀敬。”此亦揣测之词，未足凭信。

⑤ 九疑，山名，在今湖南宁远县境南，相传虞舜葬于此。清程余庆云：“盖以先圣葬处，或有古册文，故探窥之，亦搜采远矣。”（《历代名家评注史记集说》）

⑥ “沅、湘”，二水名，在今湖南境内。

⑦ “汶、泗”，二水名，在今山东境内。

⑧ 讲业，研究学问；齐都，在今山东临淄；鲁都，在今山东曲阜。

⑨ 乡射，古代州长在春秋二季以礼会民于州习射称乡射。邹，今山东邹城市；峄，山名，在邹城市。

城[1]，过梁、楚以归。于是迁仕为郎中[2]，奉使西征[3]巴、蜀以南，南略[4]邛、笮、昆明[5]，还报命[6]。

是岁[7]天子始建汉家之封[8]，而太史公留滞周南[9]，不得与从事[10]，

---

① 鄱，今山东滕州，《汉书》迁本传作“蕃”，即汉志鲁国蕃县，清梁玉绳《史记志疑》卷三十六“戹困鄱”条云：“此作鄱，以形声相近而讹。”薛，今山东滕州东南四十四里；彭城，今江苏铜山。王国维《太史公行年考》云：“自序所纪，亦不尽以游之先后为次。其次当先浮沅湘，窥九疑，然后上会稽。自是北涉汶泗，过楚及梁而归。否则既东复西，又折而之东北，殆无是理。”又云：“此行殆为宦学，而非奉使。”并汇录《史记》中述史公游踪之文。

② 郎中，官名，郎中令属官。《百官公卿表》称：“郎中比三百石”。

③ 征，行。司马迁奉使西南的时间，据王国维说，当在元鼎六年汉平西南夷，设武都、牂柯、越嶲、沈黎、文山诸郡以后。愚按：元鼎六年次年，为元封元年，就是武帝行封禅之年。司马迁到西南去，或当在元鼎六年下半年，而于元封元年返回。

④ 略，巡行。《汉书》迁本传无“南”字，疑脱。

⑤ 邛、笮、昆明，都是西南少数民族在四川、云南所建的政权。

⑥ 据王国维《太史公年考》说，司马迁还报命的时间当在元封元年春间（《观堂集林》卷十一）。愚按：以上一段是司马迁自述游踪，其纪传八书中所述尤为详细，可互相参阅，借以了解司马迁史料来源之一。

⑦ 是岁，汉武帝元封元年（公元前110年）。

⑧ 封，封禅，一种祭告天地的礼仪，目的是夸耀功绩。

⑨ 周南，洛阳。

⑩ 从事，参与其事，这里指随行人员。清程余庆云：“由天子绌诸儒，故太史谈亦遂不得从行也。”（《历代名家评注史记集说》）

故发愤且卒[①]。而子迁适使反，见父于河洛之间[②]。太史公执迁手而泣曰："余先周室之太史也。自上世尝显功名于虞夏，典天官事。后世中衰，绝于予乎？汝复为太史，则续吾祖矣。今天子接千岁之统，封泰山，而余不得从行，是命也夫，命也夫！余死，汝必为太史；为太史，无忘吾所欲论著矣。且夫孝始于事亲，中于事君，终于立身。扬名于后世，以显父母，此孝之大者。夫天下称诵周公，言其能论歌文武之德，宣周邵之风[③]，达太王、王季[④]之思虑，爰及公刘[⑤]，以尊后稷也[⑥]。

---

① 关于司马谈发愤而卒的问题，清梁玉绳《史记志疑》卷三十六"发愤且卒"条引《偲闻录》说："太史谈且死，以不及与封禅为恨。"而清方苞于《史记注补正》中则说："盖以天子建三封，接千岁之统，乃重为方士所愚迷，恨已不得从行而辨明其事也。"一则以未能参与这次盛典而引以为恨，一则以不能辨明封禅之谬为恨，二说立意不同，按之司马迁对封禅的态度，则此处着笔的意旨，或与方说为近。《汉书》迁本传"发愤且卒"前无"故字"。清方苞：《书太史公自序后》："盖封禅用事虽希旷，其礼仪不可得而详，然以是为合不死之名，致怪物，接仙人、蓬莱士之术，则夫人而知其妄矣。子长恨群儒不能辨明为天下笑，故寓其义于自序，以明其父未尝与此，而所为发愤以死者，盖以天子建汉家之封，接千岁之统，乃重为方士所愚迷，恨已不得从行而辨明其事也。"（《望溪先生文集》卷二）清程余庆云："愤上之绌诸儒也。"（《历代名家评注史记集说》）愚按：司马谈重黄老而轻儒术，汉武帝独尊儒术，程氏所论"绌"，未是。

② 河，洛之间，黄河、洛水即周南地方。

③ 周，周公姬旦；"邵"，邵公姬奭，《汉书》迁本传作"召"；风，道德。

④ 太王，姬亶父，一称古公亶父，周文王之祖；"王季"，姬季历，周文王之父。

⑤ 公刘，周始祖。

⑥ 后稷，古农官名，周祖先弃在尧舜时曾任此官，所以称他为后稷，经十五世到武王。

幽厉之后，王道缺，礼乐衰[①]，孔子修旧起废，论《诗》《书》，作《春秋》，则学者至今则之[②]。自获麟以来四百有余岁[③]，而诸侯相兼，史记放绝。今汉兴，海内一统，明主贤君忠臣死义之士[④]，余为太史而弗[⑤]论载，废天下之史文[⑥]，余甚惧焉，汝其念哉！”迁俯首流涕曰：“小子不敏，请悉论先人所次旧闻，弗敢阙。”

卒三岁而迁为太史令[⑦]，紬[⑧]史记石室金匮[⑨]之书。五年而当太初

---

① 幽，周幽王姬宫涅（厉王之孙）；厉，周厉王姬胡。此处幽在厉前，可能是为行文方便。张文虎《校刊史记三家注札记》卷五：“南宋本，乐作义。”

② 修旧起废，整理和挖掘旧存和散失的文献。则之，效法他。清程余庆云：“归到孔子作《春秋》，究竟是儒家事，乃知太史公所诮，乃后世之儒，而非孔子之道也。”（《历代名家评注史记集说》）

③ 鲁哀公十四年（公元前481年），猎获一只麟，孔子写作《春秋》的工作就在这一年停下来。从这一年到元封元年，据清梁玉绳《史记志疑》卷三十六“自获麒麟以来四百余岁”条云：“鲁哀公十四年获麟，至元封元年封泰山，凡三百七十二年”。清钱大昕：《廿二史考异》卷五也说：“不盈四百岁也。”愚按：司马迁于此或以非确指而有所疏忽，或四字为三字之讹。

④ 《汉书》迁本传作“忠臣义士”。

⑤ 《汉书》迁本传作“不”字。

⑥ 《汉书》迁本传无“史”字。

⑦ “卒三岁”，司马谈卒后三岁。宋吴仁杰《两汉刊误补疑》称：“子长嗣父职，在元封三年。”太史令，据清钱大昕《廿二史考异》卷五称：“令当作公。”清梁玉绳《史记志疑》卷三十六“迁为太史令”条云“令乃公之讹”，说在《五帝纪》太史公条。可参本书页174注⑦。清程余庆引《博物志》云：“太史令茂陵显武里大夫司马年三十八，三年乙卯除。”（《历代名家评注史记集说》）

⑧ 紬，籀，读。清程余庆云：“音胄，谓缀集之也。”（《历代名家评注史记集说》）

⑨ 石室金匮，国家藏书处。

元年①，十一月甲子朔旦冬至②，天历始改，建于明堂③，诸神受纪④。

① 《集解》引李奇注说："迁为太史，后五年适当于武帝太初元年，此时述史记。"愚按：自序明言太初元年"论次其文"，李奇称"此时述史记"为是，但他说司马迁为太史后五年为太初元年，实误。自序明言司马谈仕于建元、元封间，又以不得从事封禅"发愤且卒"，是司马谈最早应卒于元封元年，经三年司马迁为太史令，又经五年而著史记，则著史记之年距司马谈之死已八年，而至元封仅六年，是著史记将为太初二年，与自序文不合，所以此五年，统上文通读，可知仍指司马谈卒后之五年，则与太初元年之文可合。

② 愚按：此十一月为太初元年正月前的十一月，汉在行太初历以前，使用秦历，以十月为岁首。元封六年至九月岁满，十月应开始使用新元，而当时年号尚未定。《汉书·武帝纪》称："太初元年……夏五月，正历，以正月为岁首。"汉应劭于太初元年下注称："初用夏正，以正月为岁首，故改年为太初也。"年号改完，就用它冠于甲子朔日的十一月上，是太初元年有两个十、十一、十二月，一在正月前，一在正月后，《汉书》武纪太初元年仍以冬十月为纪事之首可证，二年起皆以春正月为始。

③ 天历，历法，天字是对当代的尊称；始改，开始修改。《汉书·武帝纪》称五月正历，疑十一月动手改历，五月完成颁布。明堂，明政教之堂，可以朝见诸侯，祭祀神祖、讨论典制，太初历便在这里修建。

④ 纪，历法中纪年的单位，如十二年称一纪，因此也可作历法讲，历法不仅是人们所使用，对神的祭祀时间也受历法规定的约束，所以说诸神也同样接受这种历法。又司马迁在自序著史记的开始时，特别标举太初历的制定，是有意义的。清郭嵩焘《史记札记》说："太初元年改历正岁，揭而著之篇，以明其著书之始，说来如许郑重。"郭说颇得作者意旨。清方苞在《又书太史公自序后》一文中认为此文是分篇界限，文云："是篇先人有言与上不相承，盖按之本二篇也。其前篇迁之家传也，其父欲论次史记而迁为太史令，紬石室金匮之书，其先世世掌天官，而迁改天历建于明堂，则传之辞事毕矣，后篇则自述作书之指也。"（《望溪先生文集》卷二）

太史公曰："先人有言[①]：'自周公卒五百岁而有孔子。孔子卒后至于今五百岁[②]，有能绍明世[③]，正《易传》[④]，继《春秋》，本《诗书》、《礼乐》之际？'意在斯乎！意在斯乎！小子何敢让焉[⑤]。"

上大夫壶遂[⑥]曰："昔孔子何为[⑦]而作《春秋》哉？"太史公曰：

---

① 先人，指司马谈而言。又清王鸣盛：《十七史商榷》称，自此太史公以后，"凡四称太史公，皆自谓"。清方苞：《又书太史公自序后》："以此四称太史公褚少孙所增，其文云：少孙于首尾加太史公曰而中答壶遂及遭李陵之祸并增太史公三字……是篇为迁之家传也，故于其文始称名而继则以爵易焉，乃复自称以混于其父，可乎？此以知为少孙所增易也。"（《望溪先生文集》卷二）

② 愚按：孔子卒于鲁哀公十六年，至太初元年为三百七十五年，而此称五百岁者，据清钱大昕称其为误，清王鸣盛称其言夸。日人中井积德说："孔子卒至元封元年，三百七十五年，而云五百岁，牵合夸张之言耳。"司马迁为牵合孟子所说尧舜至汤五百余岁，汤至文王五百余岁，文王至孔子五百余岁而信笔著文，难避夸张之讥。惟孔子卒至元封元年为三百六十九年，中井误太初为元封。清梁玉绳《史记志疑》卷三十六谓"此语略取于孟子，非事实也"。

③ 绍，继承；明世，盛世。《汉书》迁本传作"绍而明之。"清程余庆云："接大道昌明之世。"（《历代名家评注史记集说》）

④ 正，修正；引申为整理；《易传》，《易系辞》。愚按：司马迁不把易放在诗书礼乐之间，而特别提出加以强调，疑其定有深意。易传以庖牺创八卦，尊为首位。司马迁则以史官始于黄帝，故以黄帝作首篇，因此，正易传之语，正以表明司马迁撰史的意旨。

⑤ 清程余庆云："此言欲以《史记》继春秋。"（《历代名家评注史记集说》）又"让"字，《汉书》迁本传作"攘"，颜注称"攘，古讓字也"。清邵懿辰《书太史公自叙后》以此语证明："谈所以自期子者粹然，一禀周孔而不少杂黄老道德之说，居可知矣。"（《半岩庐遗集》）愚按：这一段话是太史公隐然以孔子继承者自命，并表明其史记之作将是继《春秋》之后的一大著作。

⑥ 上大夫，《索隐》称壶遂为詹事，秩二千石，故位上大夫，似上大夫为官秩。清钱大昕《廿二史考异》卷五说："似汉时本有上大夫之官。"则似上大夫为官名。壶遂，人名，由韩安国举廉入仕，曾与司马迁共同参加修改历法。

⑦ 《汉书》迁本传作"为何"。

“余闻董生[①]曰：‘周道衰废，孔子为鲁司寇[②]，诸侯害之[③]，大夫壅之[④]。孔子知言[⑤]之不用，道[⑥]之不行也，是非[⑦]二百四十二年[⑧]之中，以为天下仪表，贬天子，退诸侯[⑨]，讨大夫，以达王事而已矣。’子曰：‘我欲载之空言[⑩]，不如见之于行事之深切著明也[⑪]。’夫《春

---

① 生，先生；董生，董仲舒。《汉书》迁本传闻下有“之”字。

② 司寇，官名，掌管司法的主官。

③ 孔子周游各国经常遇到各国诸侯的迫害，如到卫，灵公派人守备警卫；在陈、蔡之间受困等等，详见《史记·孔子世家》。

④ 孔子也经常被一些大夫们堵塞了出路，如齐景公要以尼溪田封孔子，晏婴阻之。楚昭王要以书社地七百里封孔子，令尹子西阻止等等，详见《史记·孔子世家》。

⑤ 《汉书》迁本传，“言”字作“时”。

⑥ 道，政治理想。

⑦ 是非，评论，褒贬。

⑧ 二百四十二年，指《春秋》自始至终记事包括的总年数。也指春秋这一时代而言。

⑨ 《汉书》迁本传无“天子退”三字，李笠《史记订补》卷八称：“‘贬天子’三字误衍，孔子作《春秋》，所以扶君抑臣，明上下之分，故曰‘达王事’也，‘贬天子’非其义矣。《汉书》作‘贬诸侯’，‘讨大夫’，无‘贬天子’三字，当据删。”王先谦《汉书补注》说：“盖班氏删之。”高步瀛先生《太史公自序笺证》以公羊传何注中释贬天子的地方有多处为例，认为班固是穀梁学派，而穀梁学说与公羊学说不同，所以班固删去，而以“李氏订补，以三字为衍文，非也”。此仍从自序。

⑩ 空言，空论，褒贬是非的议论。此指作《春秋》。

⑪ 清程余庆云：“二句见《春秋纬》。空言，如他经空以言垂训也。行事，即《春秋》所载行过事迹，当褒当贬，尤使人易晓也。”（《历代名家评注史记集说》）愚按：这句话的意思是，空立一个褒贬是非的标准，不如就事论断，更为透彻明白。又以上这段话，当是董生之言。

秋》，上明三王之道，下辨人事之纪[①]，别嫌疑[②]，明是非，定犹豫[③]，善善恶恶[④]，贤贤贱不肖[⑤]，存亡国，继绝世[⑥]，补敝起废，王道之大者也[⑦]。《易》著天地阴阳四时五行，故长于变[⑧]；《礼》经纪人伦，故长于行[⑨]；《书》记先王之事，故长于政[⑩]；《诗》记山川、谿谷、禽兽、草木、牝牡、雌雄，故长于风[⑪]；《乐》乐所以立，故长于和[⑫]；《春秋》辩是非，故长于治人[⑬]。是故《礼》以节人[⑭]，《乐》

---

① 纪，纲纪。李笠《史记订补》卷八案："《汉书》上有'经'字，盖涉下文，'经纪人伦'句，误衍。"

② 别，判断辨别；嫌疑，疑似之事。

③ 犹豫，不决之事。

④ 善，褒奖；善，善者。恶，音乌（wù），贬斥；恶（è），恶者。

⑤ 贤，尊重；贤，贤者。贱，卑视；不肖，不好者。

⑥ 恢复已亡的国家，延续已绝的世系。

⑦ 清程余庆云："此言作《春秋》之意。"（《历代名家评注史记集说》）愚按：补敝，补救衰敝；起废，振发败坏。

⑧ 清程余庆云："以天道为人事之准，变化出于其中。"（《历代名家评注史记集说》）愚按：《易》擅长在谈变化的道理。

⑨ 清程余庆云："以五伦为六行之品节。"（《历代名家评注史记集说》）《礼》擅长在指导人们的行动。

⑩ 清程余庆云："帝王事迹所以为法制禁令者。"（《历代名家评注史记集说》）愚按：《书》记前代史事，所以擅长于供为政者参考。

⑪ 清程余庆云："借物讽喻，所以达意。"（《历代名家评注史记集说》）愚按：《诗》擅长于讽谏。

⑫ 清程余庆云："因何而乐，发为声音。"（《历代名家评注史记集说》）愚按：《乐》擅长于调和。

⑬ 清程余庆云："褒贬通于赏罚。"（《历代名家评注史记集说》）愚按：《春秋》擅长于治理人事。

⑭ 《礼》是用来节制人的。

以发和[①]，《书》以道事[②]，《诗》以达意[③]，《易》以道化[④]，《春秋》以道义[⑤]。拨乱世反之正，莫近于《春秋》[⑥]。《春秋》文成数万，其指数千[⑦]。万物之散聚皆在《春秋》[⑧]。《春秋》之中，弑君三十六，亡国五十二[⑨]，诸侯奔走不得保其社稷者不可胜数。察其所

---

① 《乐》是用来发抒调和作用的。

② 《书》是用来说明史事的。

③ 《诗》是用来表达思想的。

④ 《易》是用来说明变化的。

⑤ 《春秋》是用来说明是非的。义，宜，是非。清程余庆云："分言六经之用。"（《历代名家评注史记集说》）

⑥ 清程余庆云："《春秋》所书，皆乱世之事。辨是非以明义，拨乱反正，莫切近于此，不比五经之统言治乱而已也。"（《历代名家评注史记集说》）拨，去掉；反，恢复。愚按：这句话虽是推崇《春秋》的地位，实则司马迁正以此说明《史记》的重要地位，因为《史记》是继《春秋》而作。

⑦ 清程余庆云："史公述仲舒之言。仲舒治公羊经传，凡四万四千余字。"（《历代名家评注史记集说》）愚按：数，平声，计算。文，文字；指，大义。春秋文字以万来计，大义也可以千来计。如数为若干意，则春秋文只有万八千余字（一说万六千六百余字），何得说数万？清梁玉绳《史记志疑》卷三十六"春秋文成数万"条，引张晏、裴骃、颜师古、《学林》、《通考》诸说而论定曰："经字之的数无从知之矣。"

⑧ 物，事。春秋时万事的散聚变化状况都记在《春秋》一书内。

⑨ 弑君亡国的数目，诸书所载多有不同。高步瀛先生《太史公自序笺证》曾详加考证，文长不录。清梁玉绳《史记志疑》卷三十六"驳诸家异说"条，可参阅。近人钱锺书云："然此特亡、弑之数耳；欲明马迁之意，当求之《韩非子·备内》引《桃左春秋》曰：……"（《管锥编》第一册页393）

以，皆失其本已[①]。故易曰‘失之豪厘，差以千里[②]’。故曰‘臣弑君，子弑父，非一旦一夕之故也，其渐久矣[③]’。故有国者不可以不知《春秋》，前有谗而弗见，后有贼而不知[④]。为人臣者不可以不知《春秋》，守经事而不知其宜，遭变事而不知其权[⑤]。为人君父而不通于《春秋》之义者，必蒙首恶之名[⑥]。为人臣子而不通于《春秋》之义者，必陷篡弑之诛，死罪之名[⑦]。其实皆以为善，为之不知其义，被之

---

① 本，根本，纲纪伦常，仁义之道。清程余庆云："言弑君亡国及奔走者，皆由失其是非道义之本也。"又云："所挈甚曰。"（《历代名家评注史记集说》）

② 《集解》引徐广曰："一云'差以毫厘'，一云'缪以千里'"。并称《易》无此语，《易纬》有之。清程余庆云："《礼记·经解篇》：《易》曰'君子慎始，差若毫厘，谬以千里'，言一失即远而至于乱。"（《历代名家评注史记集说》）李笠《史记订补》卷八案："'一云'二字误衍。"《汉书》作"差以毫厘，缪以千里"。

③ 清程余庆云"《易·坤卦·文言》之辞，言乱未即乱，由微而著"，又云"两引《易》辞，以明本之不可失，拨乱反正者所当知也"。（《历代名家评注史记集说》）《汉书》迁本传无"曰"字、"也"字。

④ 谗，谗言，说别人坏话；"弗见"，不能洞察。贼，阴谋残害；不知，不能事先了解。

⑤ 经事，日常工作；宜，相宜的办法。变事，猝然发生的事件；权，随机应变。

⑥ 蒙，受；首恶，大恶。张文虎《校刊史记三家注札记》卷五"必蒙，中统本讹冢，疑本作冢"。李笠《史记订补》卷八案："张说非，《汉书注》，师古曰：'蒙犹被也，不为冢字，审矣'。"清程余庆云："不见谗贼所致，如杀申生之类。"（《历代名家评注史记集说》）

⑦ 诛，口诛。名，罪名。清程余庆云："不知经权所致，如赵盾弑君，许止弑父之类。"（《历代名家评注史记集说》）

空言而不敢辞[①]。夫不通礼义之旨，至于君不君，臣不臣，父不父，子不子。夫君不君则犯[②]，臣不臣则诛，父不父则无道，子不子则不孝。此四行者，天下之大过也。以天下之大过予之，则受而弗敢辞。故《春秋》者，礼义之大宗也[③]。夫礼禁未然之前，法施已然之后；法之所为用者易见，而礼之所为禁者难知。”

壶遂曰：“孔子之时，上无明君，下不得任用，故作《春秋》，垂空文以断礼义，当一王之法[④]。今夫子上遇明天子，下得守职，万事既具，咸各序其宜，夫子所论，欲以何明[⑤]？”

---

① 做事的动机本来以为很好，但是做的时候不掌握《春秋》中所说的那些是非道理，结果只能接受批评指责而不能推卸责任。愚按：此可以“晋赵盾弑其君夷獔”事为例，赵穿弑君，赵盾为正卿，逃亡没有离开国境，还朝以后又不惩治凶手，因此太史董狐即在史册上记载了赵盾弑君的贬斥之词，而赵盾只能蒙受这种罪名无法推脱掉。

② 犯，干犯，臣下对君上的冒犯。

③ 宋苏轼释“礼义之大宗”云：“孔子因鲁史记为《春秋》，一断于礼。凡《春秋》之所褒者，礼之所与也；其所贬者，礼之所否也。《记》曰：礼者所以别嫌明微，定犹与也，而《春秋》一取断焉。故凡天下之邪正，君子之疑而不能决者，皆至于《春秋》而定。非定于《春秋》，定于礼也。故太史公曰‘《春秋》者，礼义之大宗也’。”（《历代名家评注史记集说》）

④ 一，统一；一王，统一天下的王者。春秋时，诸国分立，法制纷乱，孔子作《春秋》，定出一套治国治人的是非标准，当作统一王者的法制标准。

⑤ 愚按：这一段话当是史公假设之辞，辞婉而讽。他一方面假壶遂之口说明孔子与当前时代不同，那么做《史记》究竟为何，以引起下面更多的发挥意见；另一方面实际上他处处以《春秋》为法，暗示自己也是在孔子所遭遇到的条件下撰写《史记》的。又明柯维麒曰：“司马迁述其父推尊道家之指于前，采庄周所论《六经》之义于后，然前后之文本是两篇，初不相蒙，班固讥其先黄老而后《六经》，过矣。”（《历代名家评注史记集说》）

太史公曰："唯唯，否否，不然[①]。余闻之先人曰：'伏羲至纯厚，作《易·八卦》。尧舜之盛，《尚书》载之，礼乐作焉[②]。汤武之隆，诗人歌之[③]。《春秋》采善贬恶，推三代之德[④]，褒周室，非独刺讥而已也[⑤]。'汉兴以来，至明天子[⑥]，获符瑞[⑦]，封禅[⑧]，改正朔[⑨]，易服色[⑩]，受命于穆清[⑪]，泽流罔极[⑫]，海外殊俗，重译款塞[⑬]，请来献见者[⑭]，不可胜道。臣下百官力诵圣德[⑮]，犹不能宣尽其意。且士贤能而

① 愚按：这是司马迁文笔生动的地方，唯唯，是口头答应而并不同意的对人的一种礼貌。否否已经约略表示不同意，不然则表示了绝对不同意的态度，把自己那种说话的形态刻画得很有声色。近人钱锺书云："《集解》：晋灼曰'唯唯，谦应也；否否，不通者也。'按晋解是也。主意为'否'，故接以不然。""晋灼所谓'谦应'，盖不欲径否其说，姑以'唯'先之，聊减峻拒之语气。"（《管锥编》第一册页393）

② 尚书记载了尧和舜的盛德。并且制作了礼乐。

③ 诗经中诗人们歌颂了商汤、周武王的兴旺局面。

④ 推，推崇；三代，夏、商、周。

⑤ 非独，不仅。刺讥，贬斥，批评。

⑥ 明天子，指汉武帝。

⑦ 符瑞，古人认为自然界出现的某些现象或事物是与人间某些事物相应的，他们把这些现象或事物叫做符瑞。汉武帝、得金鼎、获麟兽、大星见等都属于符瑞。

⑧ 封禅，一种祭告天地的礼仪。

⑨ 改用太初历，即用夏正建寅之历。

⑩ 汉武帝太初元年夏五月改服色，色上黄。

⑪ 清程余庆云："穆，美也。言天子有美德，而致化清也。"（《历代名家评注史记集说》）穆清，天。

⑫ 泽，德泽；流，及；罔极，无边。

⑬ 殊俗，不同风俗。重译，经过几次翻译。都是指中国本土以外的国家。款，叩；塞，边塞。

⑭ 献，献贡物；见，求见。

⑮ 力，尽力，不断；诵，颂扬；圣德，君主的德泽。

不用，有国者之耻[①]；主上明圣而[②]德不布闻，有司之过也。且余尝掌其官[③]，废明圣盛德不载，灭功臣世家贤大夫之业不述，堕先人所言，罪莫大焉。余所谓述故事[④]，整齐其世传[⑤]，非所谓作也，而君比之于《春秋》，谬矣[⑥]。”

---

① 《汉书》迁本传，“贤能”下有“矣”字，“之耻”作“耻也”。

② 《汉书》迁本传，无“而”字。

③ 官，史官的职守。李笠《史记订补》卷八案：“太史非暂任之官，迁为太史，亦非既往之事，尝字未安，盖即掌字之误衍也。《汉书》无‘尝’字。”

④ 述，叙述，不是有创见的著作；故事，往事，前代的史事。愚按：这是司马迁的谦词，说自己只是说说往事而已。古人对于述作等的界限很严，王充《论衡·对作篇》自称其书说：“非作也，亦非述也，论也。论者，述之次也。王经之典，可谓作矣；太史公书，可谓述矣。”

⑤ 整齐，整理；世传，世系传记，司马迁所根据的史料来源之一。

⑥ 明赵恒：“上大夫壶遂曰云云，至‘礼之所为禁折难知’，则下文遂之所言‘上无明君’云云，至‘当一王之法’，已得《春秋》之所为作矣，而尚未知《史记》之所为作，故又有下问云云也。答以《春秋》采善贬恶，推三代之德以褒周室，《史记》窃比《春秋》，亦非独刺讥也，然岂敢比于《春秋》哉？此段有包周身之防，而隐讳以避患之意。”（清程余庆：《历代名家评注史记集说》）愚按：司马迁在这段文字中力辨《史记》与《春秋》不同，实际上，欲盖弥彰，此司马迁有意之笔。

于是论次其文。七年[①]而太史公遭李陵之祸[②]，幽于缧绁[③]。乃喟然而叹曰："是余之罪也夫！是余之罪也夫！身毁不用矣。"退而深

---

① 七年，《汉书》迁本传作"十年"。清梁玉绳《史记志疑》卷三十六"七年而太史公遭李陵之祸"条云："案汉书七年讹十年。七年者自太初之元至天汉三年也。观《报任安书》史公征和中尚存，其史成于天汉而实以太初为限。《汉书》迁传赞谓"史讫天汉"。张守节《正义序》、吴仁杰《刊误补遗》从之，殊失考。史公《高祖功臣表序》云：'至太初'，此传云'汉兴至太初百年'。又云'至太初而讫'。他若荀纪、《后书·班彪传》及《史通·六家篇·古今正史篇》皆云'讫太初'，即《后汉书·叙传》亦云'太初以后，阙而不录'，则迁传赞辞，明属妄谈。盖误以李陵之降为断，复见诸处后人增加之语，遂认史不终太初矣。"梁说有误，此七为十之讹，一也；班传天汉为大汉，二也；太初天汉为两同之说，三也。王国维《太史公行年考》以论次其文上承小子何敢让焉，而谓太初元年为史记经始之年云："史公作《史记》虽受父谈遗命，然其经始则在是年（太初元年），盖造历事毕，述作之功乃始也。"（《观堂集林》卷十一）又《李将军传》、《匈奴列传》及《汉书·武帝纪·李陵传》陵降匈奴在天汉二年，此距太初元年，只五年或六年不得云七年，故七字讹。又明赵恒曰："七年而遭李陵之祸云云至末，虽自谦不敢比于《春秋》，然又以孔子之厄陈蔡，作《春秋》自况，则其自任之意，益见其不敢让之矣。今观《史记》一书，散编年之法而为纪、传、书、表，前此未之有也。始创者难为力，后之人咸取则焉。文直事核，不虚美，不隐恶，杨、班人称为良史，则虽谓之作亦可也。"（清程余庆：《历代名家评注史记集说》）

② 天汉二年，李陵降匈奴，司马迁为他申辩，触怒武帝而得罪。王国维《太史公行年考》云："史公以二年下吏，至三年尚在缧绁，其受腐刑亦当在三年而不在二年也。"（《观堂集林》卷十一）

③ 缧，系；绁，长绳；用绳捆犯人之意思，因此也作监狱的代称。

惟曰："夫《诗》、《书》隐约者[①]，欲遂其志之思也[②]。昔西伯拘羑里[③]，演《周易》[④]；孔子戹陈蔡，作《春秋》[⑤]；屈原放逐，著《离骚》[⑥]；左丘失明，厥有《国语》[⑦]；孙子膑脚，而论兵法[⑧]；不韦迁

---

① 清程余庆云："隐，忧也。约，曲也。"（《历代名家评注史记集说》）隐约，词旨不明显，含蓄。

② 遂志，达到目的。愚按：欲遂志，必隐约，正是司马迁著《史记》的手法，读《史记》必应注意司马迁行文中的隐约之旨。又从此以下列举故实一段，汉书不载。

③ 羑里，狱名，在河南汤阴。西伯，周文王。

④ 演，演绎。文王在狱中推演《周易》为六十四卦。

⑤ 戹，困。孔子作春秋不在戹陈蔡之时。李笠《史记订补》卷八案："《孔子世家》、《儒林传叙》谓春秋作于获麟之岁，正文也。此以困扼著书之意。运事连类，多属谲词。如左丘失明，不韦迁蜀，韩非囚秦，皆以意近为之，非实录也。说又详《志疑》"。

⑥ 屈原，楚三闾大夫。《离骚》是他的著作。

⑦ 左丘，左丘明，鲁之史官，《国语》相传是他所作。清梁玉绳《史记志疑》卷三十六"厥有《国语》"条，以《国语》非丘明所作，并称："何以失明而乃著书耶？"

⑧ 孙子，战国时齐人孙膑；"膑脚"，孙子因被同学庞涓妒忌遭到断足之辱，曾论述兵法，即《孙膑兵法》。按：《孙膑兵法》已失传千余年。1972年4月，它和其他先秦著作同时从山东临沂银雀山西汉前期墓葬中发现。

蜀，世传《吕览》[①]；韩非囚秦，《说难》、《孤愤》[②]；《诗》三百篇，大抵贤圣发愤之所为作也。此人皆意有所郁结，不得通其道也，故述往事，思来者[③]。”于是卒述陶唐[④]以来，至于麟止[⑤]，自

---

① 吕览，即《吕氏春秋》，秦相吕不韦集宾客所撰。吕不韦后因罪迁蜀。《吕览》成于迁蜀以前。清梁玉绳《史记志疑》卷三十六曾辨其误云：“囚秦之后，何暇著书哉。”

② 韩非，韩国公子，入秦被同学李斯陷害囚狱。《说难》、《孤愤》是韩非的二篇著作，成于入秦以前。清梁玉绳《史记志疑》卷三十六称：“囚秦之后何暇著录？”愚按：司马迁述诸作者遭厄，而有著作，其时间多有矛盾，而于诸作者之本传后言之确凿，前人每攻此事，唐刘知幾《史通·杂说篇》曾攻此短，清人朱琦曾反驳说：“史公自负绝人之才，竟受肉刑；愤懑积胸，拉杂书此，以见古来能述作者，多致蹇塞，然自有可传耳，无庸论著书与遭难之先后。”高步瀛先生《太史公自序笺证》以朱说为是，并称“大抵此等处，皆当不以辞害意，以意逆志，是为得之，不必沾于兹事实之合乎也”。朱、高二说，圆通可从。李笠《史记订补》卷八案：“《说难》、《孤愤》系篇名，上无动词，似不成辞，此盖承上文而省‘传’字耳。”

③ 清程余庆云：“所以为欲遂其志之思也。寐寤见作者之意。”（《历代名家评注史记集说》）来者，后人。

④ 卒，终于；陶唐，尧起于陶，国号称唐。《索隐》引服注说，称“卒述陶唐”者，因司马迁虽以黄帝为五帝之首，但史料多来自传说，“其言不雅驯”，而自尧始则有尚书可据，所以称起于陶唐。

⑤ 麟止的解释，说者纷纭：（一）《集解》引张晏说：“武帝获麟，迁以为述事之端，上纪黄帝，下至麟止，犹春秋止于获麟也”，其说未免拘滞。（二）吴仁杰《两汉勘误补遗》认为“麟止”应为“麟趾”，是汉武太始二年为纪念获麟之瑞而更黄金为“麟趾”之事，因获麟在元狩，当时史公尚未任史官，“安得以为述事之端”，未免牵强。（三）清梁玉绳《史记志疑》卷三十六，也以麟止为麟趾，乃追纪前瑞，认为这是“史公藉以终其史，假设之辞耳”，较吴说为圆。（四）清王先谦《汉书补注》认为这是“迁仰希圣经，取义绝笔，文人恢奇，难可拘阂”。此说颇近史迁之志。（五）清崔适《史记探源》解麟止为获麟而止，从而认为元狩元年冬十月以后事皆后人窜入，此说与自序“至太初而讫”者难通，不可从。愚按：读史于此，万不可拘泥沾滞，获麟是武帝时大事，自然可作武帝时代的标识，而司马迁竭力标榜《春秋》，也自然引麟止为说，以我看来，麟止不妨释作至武帝而止为近理。

黄帝始[①]。

维昔黄帝[②]，法天则地[③]，四圣遵序[④]，各成法度；唐尧逊位，虞舜不台[⑤]；厥美帝功，万世载之。作《五帝本纪》第一[⑥]。

维禹之功，九州攸同[⑦]，光唐虞际[⑧]，德流苗裔[⑨]；夏桀淫骄，乃放鸣条[⑩]。作《夏本纪》第二。

---

① 史记以五帝本纪为始，五帝以黄帝为首，所称“自黄帝始”，正说明史记的上限。清梁玉绳《史记志疑》卷一以史记自黄帝始乃“误仍大戴礼”。清方苞《又书太史公自序后》云：“自黄帝始以上，通论其大体，犹诗之有大序也。百三十篇各系数言，犹诗之有小序也。”（《望溪先生文集》卷二）《史记》所举五帝，后多议之。《史记志疑》卷一称：“谓其遗羲、农者有之，谓其缺少昊者有之。”梁氏以为：“先儒举三皇之名不一……凡斯众说，半归诬诞，总以年代悠邈，莫由译定，自应削而不记，故曰略三皇可也。少昊、颛、喾三君，仅持其世，未有制作……且系词孔子之言而不及少昊、颛、喾，当奚讥史之无少昊也。若羲、农实与黄帝、尧、舜为五帝，安得遗之……画卦名官，教耕尝药，即此四端，德业敻绝，非少昊、颛、喾之能几矣。”

② 维，发语词。

③ 法、则，都是动词，效法，取法。

④ “四圣”指颛顼、帝喾、尧、舜，《史记》以此四人与黄帝合称五帝。

⑤ 台，怡，悦。尧让位于舜，舜不高兴。清梁玉绳《史记志疑》卷一“舜让于德不怿”条下云：“不怿，自序作台，盖怡者作台而怿即怡也。”清钱大昕《廿二史考异》卷五云：“台，古怡”。

⑥ 本纪是司马迁编纂历史的一种体裁，本是世系，纪是年月和史事的记录，本纪是记一定时期内最高统治者的史迹，是这类人物以时代为次序的传记。史记有十二本纪。

⑦ 攸，所。禹治水之功，九州都同样得到利益。

⑧ 光，发扬光大，禹把尧、舜之间的事业进一步发展。

⑨ 苗裔，后代。

⑩ 鸣条，地名，今山西安邑。桀被汤放逐于此而死。

维契[①]作商，爰及成汤；太甲居桐[②]，德盛阿衡[③]；武丁得说，乃称高宗[④]；帝辛湛湎[⑤]，诸侯不享[⑥]。作《殷本纪》第三。

维弃作稷[⑦]，德盛西伯[⑧]；武王牧野，实抚天下[⑨]；幽厉昏乱，既丧酆镐[⑩]；陵迟至赧，洛邑不祀[⑪]。作《周本纪》第四。

---

① 契，商的始祖。

② 太甲，成汤嫡长孙；桐，桐宫，地名，汤坟墓所在地，在今山西万荣县。太甲即位后，因行为不好，被伊尹放逐到桐宫去反省。

③ 德盛，盛德；阿衡，官名，伊尹曾任此官，故用代称。太甲被放三年，知所悔改，伊尹又迎回他来继续作君，这是被历来统治者所赞赏的，所以这里说伊尹是有盛德的人。

④ 武丁，商第二十二代君；说，傅说（yuè），商武丁贤臣；高宗，武丁的庙号。

⑤ 帝辛，殷纣王名；湛湎，沉溺酒色。

⑥ 享，飨，以下奉上，引申为服从。《史记志疑》卷三十六“作殷纪第三”条云：“案：契封于商，而汤亦以商为代号，其称殷者，子孙所改也。准义验情，当书曰商本纪”。又卷二“殷契”条云：“殷商可兼称，然不得以子孙所改之号易始祖受封之名”。

⑦ 弃，周的祖先；稷，古农官名。

⑧ 西伯，文王姬昌。周的势力（德）在文王时兴盛起来。清梁玉绳《史记志疑》卷三：“文王之为西伯，因于王季……非文王始为之也。”

⑨ 牧野，地名，商都朝歌（河南淇县）南七十里，周武王与纣王在这里进行最后一次决战。抚，临，引申为统治。

⑩ 厉，周厉王，周第十代君，行暴政被逐；幽，周幽王，厉王之孙，周的第十二代君，在位时政治腐败，连年天灾，任用奸佞，宠爱褒姒，最后被申侯联合吕、鄫两国和犬戎攻杀于骊山，西周遂亡，子平王东迁至河洛，称为东周。酆，今陕西西安鄠邑区东，文王都邑；镐，今陕西西安长安区西南，武王都邑。酆、镐都是周的都邑。西周经厉王变乱到幽王灭国，便丧失了酆、镐都邑之地，意思是西周政权覆灭了。

⑪ 陵迟，衰微；赧，周赧王，东周最末一个君，这时，周赧王已是一个名存实亡的天子，五十九年（公元前256年）赧王死，以后连这样空头天子也没有了。赧王五十九年昭王灭西周，旋秦庄襄王灭东周。秦把东周显王二年以后分裂成的小东、西周政权相继灭掉。案：王城为西周，成周为东周。不祀，不再行祭祀，这是指政权覆灭而言。

维秦之先，伯翳佐禹①；穆公思义，悼豪之旅②；以人为殉，诗歌《黄鸟》③；昭襄业帝④。作《秦本纪》第五。

始皇既立，并兼六国，销锋铸鐻⑤，维偃干革⑥，尊号称帝⑦，矜武任力⑧；二世受运⑨，子婴降虏⑩。作《始皇本纪》第六⑪。

---

① 伯翳，秦的祖先，一名大费，一作柏翳，曾助禹平水土，佐舜调驯鸟兽，舜赐姓嬴氏。

② 穆公，秦穆公，秦的霸业实际上从穆公开始，所以目录提要中着重说穆公事迹。豪，崤的异音；清梁玉绳《史记志疑》卷三十六“悼豪之旅”条云：“豪乃崤之讹。”清武亿《授堂文钞》卷二《题土豪镇壁》考订土豪即土崤，言崤有豪音。秦晋崤之战，秦兵大败。旅，军队。愚按：这句话是说秦穆公讲究义气，悼念那些在崤山战死的将士。

③ 黄鸟，《诗经·秦风》中诗篇名，内容痛悼为穆公殉葬的三个人（穆公以子车氏三子奄息、仲行、鍼虎殉葬）。愚按：这两句是指出穆公以人为殉之非。

④ 昭襄，秦昭襄王；案：《赵世家》，昭襄名稷。业帝，嗣位为帝。清郭嵩焘《史记札记》称：昭襄业帝一句，语未尽，疑下有脱文。朱东润《史记序传质疑》称：“昭襄业帝为单句，语不可解，故论者疑有脱误，篇中脱句失韵如此例者是多。”（《史记考索》）愚按：据句法及语意，昭襄业帝一句确似未完。清梁玉绳《史记志疑》卷三十六“作秦本纪第五”条，以秦分二纪与例不合，“当并始皇作一篇为允。倘因事繁文重，则依《史通》、《索隐》之说，降为秦世家”。

⑤ 销，销毁；锋，武器；鐻，钟。

⑥ 偃，息；干革，兵事。

⑦ 始皇二十六年，议尊号，决定称“始皇帝”。

⑧ 矜，夸耀，自恃；任，自信。

⑨ 运，国运；受运，继承帝位。

⑩ 子婴，二世之子。

⑪ 愚按：司马迁于秦本纪外复立始皇本纪，事迹繁多，固然是一种理由，但由此也可见司马迁对始皇功业的重视。

秦失其道，豪桀并扰；项梁业之[①]，子羽接之[②]；杀庆救赵[③]，诸侯立之[④]；诛婴背怀，天下非之[⑤]。作《项羽本纪》第七[⑥]。

子羽暴虐，汉行功德；愤发蜀汉[⑦]，还定三秦[⑧]；诛籍业帝[⑨]，天下惟宁，改制易俗[⑩]。作《高祖本纪》第八。

---

① 业，创业。

② 子羽，项羽之字；接，接续，继承。

③ 庆，同卿，指卿子冠军宋义。卿子，当时对贵族的尊称，如称公子一样，冠军是第一，宋义为上将，所以称卿子冠军。赵，楚汉之际的赵，当时赵歇为王，陈余为将，张耳为相，被秦将章邯围于巨鹿。张文虎《校刊史记三家注札记》卷五："中统版本，吴校金版作卿。"

④ 项羽杀宋义后而为上将军，出兵救赵，当时诸侯兵救赵者有十余座壁垒，都作壁上观，项羽独以楚军救赵，威震诸侯，于是为诸侯上将军，诸侯军均属部下。

⑤ 项羽入咸阳后，杀降王子婴，不久又以怀王为义帝，从至郴县，而阴令衡山、临江王击杀义帝于江中，项羽这两件事受到当时人的非难。

⑥ 愚按：项羽按例不应入本纪，而司马迁为他立本纪，并着重渲染项羽英勇风采和反秦功绩，其目的显然是扬项抑刘，并表明其不以成败论英雄的意旨。清梁玉绳《史记志疑》卷三十六"作《项羽本纪》第七"条，引班彪、司马贞、刘知幾、洪迈等说，以羽不得入本纪。又引《路史·后记二》：谓"高祖之王，出于项籍，天下之势在籍，高祖固出其下，以《史记》纪籍为得编年之法"，梁氏嗤之为妄，实则《路史》得史公之意。

⑦ 项羽立刘邦为汉王，王巴、蜀、汉中，都于南郑，刘邦即以此为基地而发展。

⑧ 三秦，项羽将秦地分为三部分，王秦降将。咸阳以西地立章邯为雍王，咸阳以东地立司马欣为塞王，上郡地立董翳为翟王。后均为刘邦所并。

⑨ 籍，项羽名；业帝，成就帝业。

⑩ 汉统一后命萧何次律令，韩信申军法，张苍定章程，叔孙通制礼仪，陆贾造新语，都是改制易俗的活动。愚按：清郭嵩焘《史记札记》以此语语意未尽，其说颇是。张文虎：《校刊史记三家注札记》卷五"毛本祖作帝"。清梁玉绳《史记志疑》卷三十六"作《高祖本纪》第八"条云："高祖者，臣下总谥号之称，不可为典要……《尚书古文疏证》四曰：太祖其号，高帝其谥，史忽讹为高祖。班固正之曰高帝纪，但史文未尽厘正耳。"

惠之早霣[①]，诸吕不台[②]；崇强禄、产[③]，诸侯谋之[④]；杀隐幽友[⑤]，大臣洞疑[⑥]，遂及宗祸[⑦]。作《吕太后本纪》第九[⑧]。

汉既初兴，继嗣不明，迎王践祚[⑨]，天下归心；蠲除肉刑[⑩]，开通关梁[⑪]，广恩博施，厥称太宗[⑫]。作《孝文本纪》第十。

诸侯骄恣，吴首为乱[⑬]，京师行诛，七国伏辜[⑭]，天下翕然，大安

---

① 惠，汉惠帝；霣，落，死。

② 诸吕，吕后的族党；不台，不悦。惠帝为吕后子，惠帝死，吕后族党怕失权，所以不悦。

③ 崇，提高；强，加强；禄，吕禄；产，吕产。加强和提高吕禄、吕产的地位。

④ 谋之，据清王念孙考证说，本作“之谋”；之，是也。诸侯之谋，即诸侯是谋，言吕后阴谋对付刘氏诸侯。

⑤ 隐，赵隐王如意；幽友，赵幽王友被囚禁而死。愚按：幽当作幽禁解，友与如意对称。

⑥ 洞疑，洞同恫，恐惧疑虑。清王念孙《读书杂志》云：洞读为恫。《索隐》释为洞达，《史记志疑》卷三十六驳云：“既洞达矣，又何疑乎。”从《杂志》为是。

⑦ 遂及，终至于；宗祸，灭族之祸。

⑧ 愚按：吕后女主，司马迁略惠帝而立吕后，正说明他观察问题是从当时实际政权掌握者着眼。《汉书》迁本传无“太”字。清梁玉绳《史记志疑》卷三十六“作吕太后本纪第九”条云：“史以吕后作纪，全没惠帝及两少帝，附见牝朝，未免乖违。”又考《后汉书·张衡传》，欲为元后作本纪，《路史》立女娲纪，《史通·鉴识篇》以史公合时宜等说为“俱属诡错”。

⑨ 王，汉文帝未即位前为代王；祚，天子祭祀时所立之位，帝位。

⑩ 蠲除，废除；肉刑，指黥（面上刻字）、劓（割掉鼻子）、刖（割断脚筋）等三刑。

⑪ 关梁，水陆要道。

⑫ 太宗，汉文帝庙号。

⑬ 吴楚七国之乱，吴王濞为祸首。

⑭ 辜，罪。

殷富。作《孝景本纪》第十一。

汉兴五世[①]，隆在建元[②]，外攘夷狄[③]，内修法度[④]，封禅，改正朔，易服色[⑤]。作《今上本纪》第十二[⑥]。

维三代尚[⑦]矣，年纪不可考，盖取之谱牒旧闻[⑧]，本于兹，于是略推[⑨]，作《三代世表》第一[⑩]。

幽厉之后，周室衰微，诸侯专政[⑪]，《春秋》有所不纪；而谱牒经略[⑫]，五霸更盛衰，欲睹周世相先后之意，作《十二诸侯年表》第

---

① 五世，高帝、惠帝、文帝、景帝、武帝。

② 建元，汉武帝年号，年号之始。但它是元鼎间所追加。隆，兴盛。清程余庆云：“观此序，知纪申不作毁谤语，亦春秋所见异辞之旨也。”（《历代名家评注史记集说》）

③ 攘，抵制；夷狄，指周边的少数民族如匈奴、西域、西南夷等。

④ 法度，法令制度。

⑤ 易服色，与阴阳五行理论有关，涉及政权的合法性与等级问题。

⑥ 今上，指汉武帝：朱东润《史记序传质疑》：“据此知史公原作，于武帝之安内攘外者，言之必详；改正朔为元封六年事，史迁身与其间，《史记》记于太初，于此必有所记述。本篇既亡，褚先生取封禅书补之，其不相称明矣。”（《史记考索》）

⑦ 尚，通上，久远。

⑧ 谱牒，指记载历代帝王世系和谥法的书。

⑨ 略推，大致推算。

⑩ 世表是太史公表体中的一种。凡材料缺略不能以年月排比者，以世系记载，内容简略。《通志》谓“《史记》一书，功在十表”；《史通·杂说》：“表历可考”。

⑪ 指春秋时期。

⑫ 经略，简略。

二[①]。

春秋之后，陪臣秉政[②]，强国相王[③]；以至于秦，卒并诸夏，灭封地，擅其号[④]。作《六国年表》第三。

秦既暴虐，楚人发难[⑤]，项氏遂乱[⑥]，汉乃扶义征伐[⑦]；八年之间，天下三嬗[⑧]，事繁变众，故详著《秦楚之际月表》第四[⑨]。

汉兴已来，至于太初[⑩]百年，诸侯废立分削，谱纪不明，有司靡

---

① 年表以年为经，以事为纬，为表体常例。清梁玉绳《史记志疑》卷三十六以十二诸侯当作十三，以下六国当作七国。《史记志疑》卷八又云："表实十三国而云十二，《天官书》及自序传亦皆言十二，殊不可解。《索隐》谓'贱夷狄不数吴'，苏洵《论史汉》主此说。余深以为不然，吴为太伯之后，安得以夷狄外之，此春秋三传之谬论耳。如以夷狄外之，则楚亦夷狄，乃进异性而斥宗亲，宁有是理？且世家又奚以首吴耶？《天官书》称，秦、楚、吴、越为夷狄，言四国在戎夷之地，非外之之词也。"清程余庆云："非有论世巨眼者，不能为此言。"（《历代名家评注史记集说》）

② 陪臣，诸侯之臣；秉政，掌握政权。

③ 相王，争相称王，指战国时期。

④ 擅，专有；号，帝号。《史记志疑》卷三十六"天下三擅"条云："擅与嬗、禅同，《荀子·正论》凡禅让皆作擅字。"《史记志疑》卷九又云："表实列七国，所谓'七雄'也。《天官书》亦言'七国相王'（《正义》以汉七王当之，非也）而乃曰六国，盖与十三侯表称十二侯同误已。"

⑤ 楚人，指陈涉、吴广起义，陈涉建国号为楚。

⑥ 乱，动乱。

⑦ 扶义，仗义。

⑧ 嬗，禅，替代，八年之间，连续替换了陈涉、项羽、刘邦三个统治者。张文虎《校刊史记三家注札记》卷五："南宋毛本嬗，它本作擅"。

⑨ 月表以月为经，以事为纬，是司马迁驾驭史料多，事迹纷繁的一种表体。

⑩ 太初，汉武帝年号。

踵[①]，强弱之原云以世[②]。作《汉兴已来诸侯年表》第五[③]。

维高祖[④]元功，辅臣股肱[⑤]，剖符而爵[⑥]，泽流苗裔，忘其昭穆[⑦]，或杀身陨国[⑧]。作《高祖功臣侯者年表》第六。

惠景之间，维申[⑨]功臣宗属爵邑，作《惠景间侯者年表》第七[⑩]。

北讨强胡，南诛劲越[⑪]，征伐夷蛮，武功爰列。作《建元以来侯者年表》第八。

---

① 有司，史官；靡，不能；踵，因，依据。愚按：这句话应是司马迁对史料缺略的说明。语意是：诸侯废立分封的情况，谱系上记载得不够清楚，使史官无所依据。

② 强弱，强本干，弱枝叶，指汉武帝推恩分封之事。原，始末；云以世，《索隐》称"以字当作已，世当作也"，并称"云、已、也，皆语助之辞也"，其已也义近理，惟云字解作述说为顺。愚按：这句话的意思是（这个年表由于史料不足，不能详记），只能谈谈武帝行推恩令强本弱枝的原委罢了。

③ 《汉书》迁本传作《汉诸侯年表》。《史记志疑》卷三十六以迁传为是，认为"兴已来"三字，"此后人所增"，并引《索隐》本侯下有王字（中华本《索隐》无此文），以为"史文必云汉诸侯王年表"。清程余庆云："言汉兴百年，诸侯废立分削，谱记不能明其嗣，有司无所踵承。论强弱之原，但以世计而已，此年表之不得不作也。"（《历代名家评注史记集说》）

④ 据清王念孙考证，无祖字。

⑤ 股，大腿；肱，手臂；身体行动之所恃，所以用它来比喻君主的辅佐大臣。

⑥ 剖符，分符以为凭信；爵，封爵。

⑦ 昭穆，古宗庙制度，始祖庙居中，左为父称昭，右为子称穆，以下左右顺次排列。这里引申作祖先解。

⑧ 陨，落，失；陨国，失国。张文虎《校刊史记三家注札记》卷五"南宋本毛本作陨，它本作殒"。迁传无诸侯二字，《史记志疑》卷三十六以为非。

⑨ 申，说明。

⑩ 清梁玉绳《史记志疑》卷三十六"作惠景间侯者年表第七"条说："此表不曰功臣者，蒙前表少之也"，迁传作惠景间功臣年表，非。

⑪ 强胡，匈奴；劲越，闽越。

诸侯既强，七国为从[①]，子弟众多，无爵封邑[②]，推恩行义，其埶销弱，德归京师[③]。作《王子侯者年表》第九[④]。

国有贤相良将，民之师表也。维见汉兴以来将相名臣年表[⑤]，贤者记其治，不贤者彰其事[⑥]。作《汉兴以来将相名臣年表》第十。

维三代之礼，所损益各殊务[⑦]，然要以近性情，通王道[⑧]，故礼因人质为之节文[⑨]，略协古今之变。作《礼书》第一[⑩]。

乐者，所以移风易俗也。自《雅》、《颂》声兴，则已好

---

① 七国，吴、楚、赵、胶西、胶东、淄川、济南；从，合从，联合。即第八、第九，七国都在关东，自南而北，正如战国时六国合从抗秦形势一样，所以也用为从之词来说明。

② 爵，动词，封爵；封邑，分封的领邑。由于诸侯王子弟，数目日增，已经没有领邑可以封赏给他们了。李笠《史记订补》卷八："案封字疑在邑下，与上句从字为韵。"

③ 推恩，推恩令，是主父偃削弱诸侯势力的献策，就是"众建诸侯而少其力"的办法。埶，诸侯的势力。德，恩德，新受封的贵族对武帝的感恩怀德；京师，指中央政权。

④ 愚按：十表中，汉兴以来的事迹占六表，而单列武帝时期事迹者有二表，即第八、第九，一方面可见司马迁详今略古的精神，另一方面也表明对武帝的评论，以对外战争与销弱诸侯为武帝二大事功。《史记志疑》卷三十六"作王子侯者年表第九"条云："王子上并无建元以来四字，承前表省之。"

⑤ 愚按此司马迁所据档册，如后世人事异动表。

⑥ 治，治行，事功。彰，揭示；事，过错，如称"汤有罪自杀"等。

⑦ 殊，不同；务，目的。

⑧ 通，达；王道，儒家最高的政治理想。

⑨ 因，按照；人质，人的本性；为之，制定；节文，礼节仪文。

⑩ 书是司马迁撰史体裁的一种。是史记的综论部分，记述社会经济、政治制度。天文宗教各方面的演变发展，可补纪传的不足，后代史书改称志，类今之专史，史记有八书。

《郑》、《卫》之音[①]，《郑》、《卫》之音所从来久矣。人情之所感，远俗则怀[②]。比《乐书》以述来古[③]，作《乐书》第二。

非兵不强，非德不昌[④]，黄帝、汤、武以兴[⑤]，桀、纣、二世以崩[⑥]，可不慎欤？司马法所从来尚矣[⑦]，太公、孙、吴、王子[⑧]能绍而明之，切近世，极人变[⑨]。作《律书》第三[⑩]。

律居阴而治阳，历居阳而治阴[⑪]，律历更相治，间不容翲忽[⑫]。五

---

① 雅、颂是诗经中二类诗，是宗庙贵族的诗歌；风是诗经中的另一类诗，是地方民间的诗歌，郑、卫是风中所包括的二国诗篇，用郑卫代风的称呼。

② 清程余庆云："乐所以感人情。人情既感，则远方殊俗莫不怀柔向化也。"（《历代名家评注史记集说》）愚按：远俗，古代风俗；怀，思念，羡慕。

③ 比，排比；《乐书》，以往有关乐的记载；来古，古来。排比过去有关乐的记载以叙述自古以来音乐的发展。

④ 清程余庆云："此《律书》之序，而云非兵不强。古者师出以律，凡出兵皆听律声，故云闻声效胜负也。"（《历代名家评注史记集说》）愚按：兵，武力；强，同强。德，仁政；昌，兴盛。

⑤ 黄帝、汤、武既有武力，又行仁政，便藉此兴起。

⑥ 桀、纣、二世缺乏兵和德，因此便灭亡了。

⑦ 司马法，《司马兵法》。

⑧ 太公，吕尚；孙，孙武；吴，吴起；王子，王子成甫：都是古代的军事家。

⑨ 切，切合；近世，当前的情况。极，穷究；人变，人情变化。

⑩ 《律书》即《兵书》，古代师出以律，凡军队都听律声。

⑪ 律，气候变化的规律，使人知气候变化而有所准备，它是天地间微妙而不能明显看到的，但对人与万物有关，所以说居阴而治阳。历是利用明显的象数来推算不可见的自然现象，所以说居阳而治阴。

⑫ 间，差距；翲忽，翲同秒，与忽都是最小的计算单位，细致。《史记志疑》卷三十六"间不容翲忽"条云："此出大戴礼，曾子天圆率作闲不容发，故《索隐》云翲恐衍字。《正义》曰字当作秒"。清钱大昕《廿二史考异》卷五："翲当为藁。"《淮南·天文训》："秋分藁定，藁定而禾熟，故十二藁为一粟。"汉高诱云："藁古文作秒也。"清程余庆云："翲，当作秒。秒，禾芒表也。忽，一蚕吐丝也。律历相治之间，不容此微细之物，言其致一也。"（《历代名家评注史记集说》）

家之文怫异[①]，维太初之元论[②]。作《历书》第四。

星气之书，多杂禨祥，不经[③]；推其文，考其应，不殊[④]。比集论其行事，验于轨度以次[⑤]，作《天官书》第五[⑥]。

受命而王，封禅之符罕用[⑦]，用则万灵罔不禋祀[⑧]。追本诸神名山大川礼[⑨]，作《封禅书》第六。

维禹浚川，九州攸宁[⑩]；爰及宣防[⑪]，决渎通沟[⑫]。作《河渠书》第七。

---

① 五家，黄帝、颛顼、夏、殷、周五代；文，历法；怫异，悖异，不合。五代的历法多有与自然不合之处。

② 元论，至善之论。只有太初历是最完美无缺的历法。

③ 星气，星宿云气。多，大部分；杂，参杂；禨祥，吉凶征兆。不经，荒诞无据。愚按：这些是司马迁写《天官书》要扬弃的材料。

④ 推，推究；文，文字记载。考，核查；应，自然的反应。不殊，没有不同的地方。愚按：这些是司马迁采入史篇的材料。

⑤ 比集，纂辑材料；论，研究；行事，自然界的行事，自然变化的情况。验，验证；轨，行星绕日之道；度，法则；轨度，指自然界的变化规律；次，编次。这两句话的意思是，搜集材料研究自然现象的变化情况，并与自然规律相证而确切以后，再加以编次。

⑥ 《天官书》，即天文志。

⑦ 罕用，不经常举行。《史记志疑》卷十六附案云：“三代以前无封禅，乃燕、齐方士所伪造，昉于秦始，侈于汉武。”

⑧ 万灵，万物；罔，无；禋祀，絜祀。

⑨ 礼，祭法的一种。指卿大夫须要遵守的一种祭法，即祭祀自己的嫡系祖先。此外，有采地的卿大夫可以和诸侯一样，祭司命、中霤、门、行、厉等五祀；没有采地的只能祭门、行、厉三祀。

⑩ 攸，所；宁，平静。

⑪ 宣，宣泄，疏通；防，堤防。这是两种不同的治河方法。

⑫ 渎，独流入海者，江、河、淮、济为四渎；沟，小河道。

维币之行[①]，以通农商；其极则玩巧[②]，并兼兹殖[③]，争于机利[④]，去本趋末[⑤]。作《平准书》以观事变，第八。

太伯避历[⑥]，江蛮是适[⑦]；文武攸兴，古公王迹[⑧]。阖庐弑僚，宾服荆楚[⑨]；夫差克齐，子胥鸱夷[⑩]；信嚭亲越[⑪]，吴国既灭。嘉伯之让[⑫]，

---

① 币，货币；行，流通。

② 极，极端；玩巧，滥用。

③ 兹，滋长；殖，繁息。

④ 争，相争，争先恐后；机利，投机取利。

⑤ 本，农业；末，商业。

⑥ 太伯，吴太伯，古公亶父长子；历，季历，古公少子，子姬昌即文王。吴太伯为了使季历之子姬昌得以嗣位，自己退避，把继承权让给季历。

⑦ 江蛮，江南蛮夷之地；适，往。太伯逃往江南。

⑧ 攸，由；王迹，王业。文王、武王因而兴起，兴起了自古公亶父经营以来的王业。

⑨ 阖庐，吴王名；僚，王余昧之子，太伯后裔。宾服，归服。吴王阖庐杀掉王僚以后即位，并征服了楚国。《吴世家》云："七年，吴王夫差闻齐景公死而大臣争宠，新君弱，乃兴师北伐齐。"《史记志疑》卷十七云："是年无伐齐事，伐齐在鲁哀公十年，当夫差十一年。且吴之伐齐，因前年齐悼公与吴谋伐鲁，既而齐与鲁平，吴恨之，反与鲁谋伐齐，其事去齐景公之卒已四年矣。此及子胥传同误，而即以此为艾陵之役，则更误矣。"

⑩ 子胥，伍员，吴王夫差大臣；鸱夷，皮制酒袋，使用时能容纳很多酒，不用时可以卷放怀中。吴王夫差因与伍子胥反对亲越的政见不合，在战胜齐国以后，便杀掉子胥，装在皮酒袋中，扔到钱塘江里。

⑪ 嚭，伯嚭，吴王夫差的大臣。主张亲越。

⑫ 嘉，赞美。因赞美太伯的谦让，而为他立《吴世家》。愚按：司马迁在世家和列传的叙录最后都用"嘉……"，以说明其立传的根据。《史记志疑》卷三十六"作吴世家第一"条下云："诸世家各摘一事以著作史之由，虽是举重言之，然岂因嘉一事而作乎？小司马及王若虚曾讥之矣。吴下脱泰伯二字，迁传及《索隐》本有。"

作《吴世家》第一[①]。

申、吕肖矣[②]，尚父侧微[③]，卒归西伯，文武是师[④]；功冠群公，缪权于幽[⑤]；番番黄发[⑥]，爰飨营丘[⑦]。不背柯盟[⑧]，桓公以昌，九合诸

---

① 世家是史记撰史体裁的一种，是司马迁对掌握一方统治权而世代相承的诸侯的传记，也是对贵族集团的描写（孔子与陈涉为特例，说详后）。愚按：司马迁以太伯为世家首篇，伯夷为列传首篇，疑与孔子主张有关，《伯夷列传》明言之："孔子序列古之仁圣贤人，为吴太伯，伯夷之论详矣。"可证。

② 申、吕，吕尚的祖先，虞夏时封于吕，一说封于申，申、吕均在南阳宛县一带，申、吕本为一事，既非二国，亦非始封继封，而是司马迁慎重两存之意，所以《齐太公世家》称："封于吕，或封于申。"肖，三家注均解作衰微。张文虎《校刊史记三家注札记》引顾炎武《日知录》说："肖乃削字脱其旁，与孟子'鲁之削'同。"《史记志疑》卷三十六亦引顾说。其说也有衰微之意；惟清郭嵩焘《史记札记》则说："案申、吕，太岳之后，世有封国，至周犹存，何以谓之衰微。肖，谓克绍其业也。"惟循读《齐太公世家》，明言："夏商之时，申、吕或封枝庶，子孙或为庶人"，是郭说未可从。清程余庆云："肖乃削字脱其旁耳。言尚父之祖封于申、吕，申、吕削弱，故尚父微贱也。"（《历代名家评注史记集说》）

③ 尚父，吕尚，武王事之如父；侧微，微贱。

④ 文王，武王都以吕尚为师。

⑤ 缪，绸缪，筹划；权，权智，权谋；幽，暗昧不显，秘密。意思是筹划密谋。清程余庆云："言太公绸缪于幽权之策，谓《六韬》、《三略》、《阴符》、《七术》之类也。"（《历代名家评注史记集说》）

⑥ 番番，音婆，黄发貌，老人发白而转黄。

⑦ 飨，享祀，引申为受封；营丘，山东营丘。受封于齐。《史记志疑》卷十七引赵氏水经注释廿六云："太公始封之营邱，在北海宜陵。迨献公徙临淄，取营邱旧名以号临淄。"

⑧ 齐桓公五年，齐鲁交战，会盟于柯，鲁人曹沫用匕首劫桓公于坛，要求退回侵地，桓公应允，事后又想悔约，管仲劝桓公不要失信，于是退回侵地，诸侯都信附桓公，桓公霸业得以昌盛。《史记志疑》卷三十六："案不背曹子之事，非实也，说在《刺客传》。"

侯，霸功显彰[①]。田阚争宠，姜姓解亡[②]。嘉父之谋[③]，作《齐太公世家》第二。

依之违之，周公绥之[④]；愤发文德，天下和之[⑤]；辅翼成王[⑥]，诸侯宗周。隐桓之际，是独何哉[⑦]？三桓争强[⑧]，鲁乃不昌。嘉旦《金縢》，作《周公世家》第三[⑨]。

---

① 桓公曾经九次会合诸侯（兵车之会三，乘车之会六）来维持周天子无实权的共主地位。他的霸业更加显著了。清梁玉绳《史记志疑》卷十六："九之为言多也。"《丹铅录》："九为阳数之极，书传称九者，皆极言之，此解甚惬。"并引《左传》之夷于九县，公羊之叛者九国，《楚辞》之九歌，《孙子》之九天之上，九地之下，以及九原、九泉之类，皆非实指为证。

② 田阚，齐简公时田常（恒）阚止争权，田常杀阚止，复杀简公，齐又历数世而终于被田氏所代。解亡，据清王念孙考证，解与斯通，即斯亡。《读书杂志》云：能当为解，解之言斯也，《释言》曰，斯，离也。

③ 赞美尚父的谋划。

④ 依，顺从；违，反对。绥，抚绥，安定。不论服从周的或是反对周的，周公都要设法安抚。

⑤ 周公努力发扬文王的仁德，天下都拥护周。

⑥ 成王，武王子姬诵。辅翼，辅佐羽翼。

⑦ 鲁隐公姬息和鲁桓公姬允年间，桓公杀隐公自立，这又是什么道理呢？愚按：司马迁此语，极寓感慨之情，应循上文辅翼成王句比读求义。他的意思是，周公能这样谦德，他的后裔怎么出了隐、桓这类自相残杀的败类，是什么道理呢？

⑧ 三桓，鲁桓公族人仲孙、叔孙、季孙。三桓的子孙争强，造成鲁国的衰弱。

⑨ 金縢，縢，束，藏于匮，缄以金。周武王病，周公告太王、王季、文王之神，愿以身代，并将告策藏于金匮，武王病果愈。后来，周公因受到流言退居，成王发匮见策，深受感动，迎周公复位。《书经·金縢篇》即记此事。愚按：司马迁嘉周公金縢之事，非嘉记周公事之金縢篇，中华书局标点本金縢旁之书名号，应删去。《史记志疑》卷三十六"作周公世家第三"条云："周公上缺鲁字，迁传《索隐》本有。"

武王克纣，天下未协而崩[①]。成王既幼[②]，管蔡疑之[③]，淮夷叛之[④]，于是召公率德[⑤]，安集王室，以宁东土[⑥]。燕（易）〔哙〕之禅[⑦]，乃成祸乱。嘉《甘棠》之诗[⑧]，作《燕世家》第四[⑨]。

---

① 协，和洽；崩，天子死称崩。

② 成王，武王子；既幼，成王即位时年幼。

③ 管，管叔鲜；蔡，蔡叔度。都是文王之子，武王之弟。周灭殷后，命管、蔡监视纣子武庚及殷遗民。疑之，武王死，成王年幼，周公辅政，管、蔡疑周公将不利于成王，遂作乱。

④ 淮夷，淮河两岸近海地区的少数族。

⑤ 召公，召公奭；率，用。

⑥ 宁，平定、安抚。东土，东方，指管、蔡、武庚、淮夷等反叛势力。由于召公在内部安定团结王室，使周公得以平定东方的叛乱。

⑦ 燕（易）〔哙〕，据清梁玉绳《史记志疑》卷三十六“燕易为之禅，乃成祸乱”条称：“禅位致乱者是王哙，非易王也。易字必哙之误。”愚按：易王是王哙之父，故梁氏解易字为易王，其实，本文未必作名词，梁氏先定易为易王之易，然后再正易王为非，而改为哙字，此法不可取，因解易为变易，又何尝不可通。高步瀛先生《史记太史公自序笺证》即称：“易字当为变易之易，非易王，亦非王哙也。燕易之禅犹言燕易以禅耳。”愚按：惟循史记于叙录中多称具体人，而不以一笼统时代立说，所以将易字作哙字，是亦可从。中华书局标点本从哙而存易，慎重对待，尤足取法。朱东润《〈史记〉序传质疑》称：“燕之祸乱成于燕哙之禅子之，与易王无涉也。《序传》与本篇不合。”

⑧ 召公奭巡行乡邑，有棠树，便在树下决狱理事，使民不扰，又使人们都各得其所，《燕世家》记其事。死后，人们思念他的善政，作《甘棠》诗来歌颂他。《甘棠》诗见《诗经·召南》。司马迁嘉美召公有《甘棠》诗这种称誉。《史记志疑》卷十九云：“树下决狱之说，史公有所本……疑树下非听讼之所，周初盛规，不应简陋如是。”以听讼之说为“史公妄耳”。

⑨ 愚按：史公小序中各条叙录多与本文相合，惟此条除燕哙之禅、甘棠之诗外，其外纪事缺载，不解其故。《史记志疑》卷三十六“燕世家第四”条云：“燕下缺召公二字，迁传、《索隐》本有”。

管蔡相武庚，将宁旧商[①]；及旦摄政，二叔不飨[②]；杀鲜放度[③]，周公为盟[④]；大任十子[⑤]，周以宗强。嘉仲悔过，作《管蔡世家》第五[⑥]。

王后不绝，舜禹是说[⑦]；维德休明，苗裔蒙烈[⑧]。百世享祀，爰周陈杞，楚实灭之[⑨]。齐田既起，舜何人哉[⑩]？作《陈杞世家》第六。

---

① 宁，安抚；旧商，纣子武庚及商遗民。

② 二叔，管叔鲜、蔡叔度；飨，服从。

③ 周公东征，杀管叔鲜，流放蔡叔度。

④ 盟，明，以事告于神明。这句话的意思是：周公杀鲜放度后，把事情经过公开上告于神明，以明己无他。

⑤ 大任，文王后，生武王等兄弟十人即：伯邑考、武王发、管叔鲜、周公旦、蔡叔度、成叔武、曹叔振铎、霍叔处、康叔封、冉季载。

⑥ 仲，蔡叔子胡。蔡叔被放而死，胡悔过自新，周公便推荐他任鲁国卿士，有成绩，周公建议成王，复封胡于蔡，称蔡仲。管、蔡身死国削，本已失去立世家的资格。司马迁嘉美蔡仲悔过又封于蔡而为之立世家。《史记志疑》卷三十六“作《管蔡世家》第五”条云：“当作《曹蔡世家》。说在世家中。”

⑦ 说，解说。这句话的意思是：凡王者必有后，可以用舜、禹有后的事实作解释。

⑧ 休，美好；明，光明。苗裔，后代；蒙，承受；烈，业，创业。

⑨ 爰，乃；周，周封……；陈，武王克殷后求舜后妫满，封之于陈；杞，武王克殷后求禹后东楼公，封之于杞。爰用陈、杞，周武王封舜、禹之后于陈、杞。陈、杞后均灭于楚。

⑩ 陈被楚灭亡以后，后裔入齐为田氏，最后篡夺姜齐政权为田齐。舜的禅让闻世，想不到出了篡夺行为的子孙。“舜何人哉！”是司马迁的感叹：舜是何等样的人啊！

收殷余民，叔封始邑[①]，申以商乱，《酒材》是告[②]，及朔之生，卫顷不宁[③]；南子恶蒯聩，子父易名[④]。周德卑微，战国既强，卫以小弱，角独后亡[⑤]。嘉彼《康诰》，作《卫世家》第七[⑥]。

嗟箕子乎！嗟箕子乎！正言不用，乃反为奴[⑦]。武庚既死，周封微

---

① 收，管理。叔，康叔封，封于殷地为卫国；始邑，开始建立都邑，即立国之意。张文虎《校刊史记三家注札记》卷五："柯本，毛本作收。周纪亦云：颇收殷遗民，各本作收，非。"

② 酒材，《尚书·酒诰》及《梓材》篇。周公作《酒诰》等篇，以纣的失德行事告诫康叔。

③ 朔，卫惠公，卫宣公之子；倾，《索隐》称"卫顷公也"；清梁玉绳《史记志疑》卷三十六"卫顷不宁"条称："此言卫之倾危，由于惠公朔也。《索隐》以为卫倾公，谬甚。卫有倾公乎？"高步瀛先生《太史公自序笺证》以为倾、顷古通用。愚按：梁、高说为是，卫有顷侯，卫贞伯之子，周夷王始命为侯，并无顷公，而顷侯距惠公，中经厘侯，共伯、武公、庄公、桓公、宣公数世，达一百余年，二者何能并论。卫宣公取太子伋聘妇齐女生朔，朔谗太子伋于宣公，并阴谋劫杀太子伋，自此兄弟争位，政局混乱，所以说卫倾乱而不安宁了。张文虎《校刊史记三家注札记》卷五："《索隐》本顷，各本作倾。"

④ 南子，卫灵公夫人；蒯聩，灵公太子，与南子有怨，欲谋杀南子，事未成，逃往宋。易，去掉；名，名分。父子易名，去掉了父子的名义，指父子断绝关系而言。

⑤ 角，卫君角，是卫最后一个君，在位二十一年，秦二世元年始被废为庶人。

⑥ 《康诰》，周公因康叔年少，特作《康诰》，用殷的兴亡经验告诫康叔。康叔能遵照行事，安民治国。司马迁赞美他这一点。清梁玉绳《史记志疑》卷三十六"作《卫世家》第七"条云："诰乃书册，何嘉之有？卫下缺康叔二字。"

⑦ 正言，诤言。为奴，箕子谏诤殷纣无效，于是伪装疯狂去做奴仆来避祸。

子[①]。襄公伤于泓，君子孰称[②]。景公谦德，荧惑退行[③]。剔成暴虐[④]，宋乃灭亡[⑤]。嘉微子问太师[⑥]，作《宋世家》第八。

---

① 武庚，纣子，武王封武庚于殷，奉殷祀，后作乱被杀；周更立微子启为殷后。微子，名启，纣庶兄，有贤名，武庚被诛后，周立微子启。今本宋世家启作开。《索隐》称避景帝讳，但他处称启并不讳。清梁玉绳《史记志疑》卷三十六称“微子非封于武庚死后，说在殷纪”。

② 襄公，宋襄公，名兹甫。宋襄公十三年，与楚成王战于泓（河南柘城县北有泓水），宋襄公固执“君子不困人于阨，不鼓不成列”的迂说，坐失战机，结果大败，自己也受伤。孰，虚美之言，君子以襄公在春秋之时尚能于战阵中讲礼，所以赞美宋襄公，此解可参证《宋世家》赞。

③ 荧惑，火星别名。宋景公十七年，发现荧惑守心的现象，心是宋的分野，即宋在太空中所应处的地位，也就是宋的自然界标识。荧惑是客星，出现在分野，是不祥之兆，宋天文官建议把这种不祥转移到相、到民、到年成上去，景公都不同意，天文官认为景公有这样好的品德，会感动上天，果然荧惑自动移开了。

④ 剔成，宋君，被弟偃所攻去位。据世家记载，剔成君四十一年，弟偃攻袭，剔成君奔齐，偃自立，十一年又自称王，暴虐荒淫，诸侯都称为桀宋。世家所载为偃暴虐事。可见暴虐是王偃而非剔成，“剔成暴虐”一语疑误。清梁玉绳《史记志疑》卷三十六“剔成暴虐，宋乃灭亡”条称：“疑剔成乃王偃之讹”。《集解》引徐广曰：“一云偃，宋剔成君生偃。”愚按：偃宋之说，或徐广所见一本作是，唯称之为剔成之子，则误。朱东润《史记序传质疑》辩“剔成不得有暴虐之名《序传》与本篇不合”。（《史记考索》）

⑤ 宋王偃四十七年（年表称立四十三年），齐、魏、楚灭宋而三分其地。《史记志疑》卷二十云：“偃立六十一年，灭也。”卷九云：“宋偃在位之年，所书各类，表作四十三，世家四十七，《吕子·顺说篇》注云四十五，而皇王大纪独以为六十一，大纪是也。盖偃以威王三十三年立，至此适得六十一年，其余所书皆误。”又卷二十辩“齐湣王灭宋，未尝与楚、魏共伐而三分其地”甚误，文烦不录。

⑥ 微子在纣时，看到无法谏诤，所以便考虑死或走的两条出路，无法决定，就去问太师，太师劝他出走，于是微子便逃亡了。司马迁赞美微子能问太师出路这一点。《史记志疑》卷三十六“作《宋世家》第八”条云：“迁传、《索隐》本，宋下有微子二字，此缺。”

武王既崩，叔虞邑唐[①]。君子讥名[②]，卒灭武公[③]。骊姬之爱，乱者五世[④]；重耳不得意，乃能成霸[⑤]。六卿专权[⑥]，晋国以秏[⑦]。嘉文公锡珪鬯[⑧]，作《晋世家》第九[⑨]。

---

① 叔虞，武王子，成王弟。成王即位时，年少，和叔虞相戏，成王削桐叶成珪形给叔虞，并称封他，根据君无戏言的原则，史官就把这件事认真办起来，最后，只得封叔虞于唐地，唐在今山西翼城县西。叔虞是后来晋的始封者。

② 叔虞后人穆侯给太子起名仇，少子起名成师，晋人师服批评这种命名不对，仇字有仇敌的意思，成字有成就的意思，讥笑穆侯错用了字意。愚按：太子是合法继承者，应希望他有成，他子往往会是有国者另一种敌对势力，有成仇人的可能，所以说名字用颠倒了。

③ 武公，晋武公，成师后人；卒，终于。晋穆侯死，太子仇立，称文侯。文侯封成师于曲沃，曲沃封邑大，而成师后人又颇得民心，势力日强，屡与晋为难，到曲沃武公时，终于并晋，并赂赠周襄王，承认其合法地位，改称晋武公。这句话意思是，太子仇的后人终于被成师后人曲沃武公所灭。

④ 骊姬，晋献公宠姬，曾谋立己子奚齐而谗诸子，太子申生自杀，重耳、夷吾出奔。五世：申生、奚齐、奚齐异母弟悼子（骊姬女弟之子）、夷吾（晋惠公）、夷吾之子圉（晋怀公），这五世晋状况较乱，直至重耳（晋文公）才安定下来。

⑤ 重耳流亡国外十九年，有些国家不礼遇他，又要担心受暗害，所以说是不得志。回国以后，励精图治，遂成五霸之一。

⑥ 六卿：晋有六家重臣，即知、范、中行、韩、赵、魏；专权，擅权。

⑦ 秏，耗。

⑧ 锡，赐；珪，瑞玉，诸侯朝王时所执。张文虎《校刊史记三家注札记》卷五："南宋珪作圭。"鬯，香酒。晋、楚城濮之战，晋胜，献俘于周，周襄王使人命晋侯为伯，并赐珪、鬯等物。事详见《左传》。司马迁赞美晋文公的尊王。

⑨ 清梁玉绳《史记志疑》卷三十六"作《晋世家》第九"条云：以叔虞封唐，"不得以子孙所改之号易始祖受封之名"。应作"唐叔世家"。

重黎业之，吴回接之[①]；殷之季世，粥子牒之[②]。周用熊绎，熊渠是续[③]。庄王之贤，乃复国陈[④]；既赦郑伯[⑤]，班师华元[⑥]。怀王客死，兰咎屈原[⑦]；好谀信谗[⑧]，楚并于秦。嘉庄王之义，作《楚世

---

① 重黎，指火正黎而言，以火正为业，帝喾时因罪被杀。后来，其弟吴回又接续作火正。清梁玉绳《史记志疑》卷二十二以帝喾诛重黎为“史公之妄记也”。

② 吴回生陆终，陆终有子六人，其三名彭祖，在殷末被灭，后代衰微；周文王时，陆终第六子季连的后裔熊鬻。子事文王。粥子即熊鬻，楚的祖先从熊鬻以后谱牒世系才有所考。

③ 熊绎，熊鬻的后代，周成王时封以子男之田，楚开始有封爵；熊渠，熊绎的后代，在周夷王时，接续前人事业有所发展，奠定楚的基础。清梁玉绳《史记志疑》卷二十二以“绎之前已建国楚地，成王盖因而封之，非成王封绎始有国耳”。

④ 庄王，楚庄王熊侣。楚庄王十六年以夏征舒弑君为理由伐陈，陈破，兼其地。大夫申叔谏称，既以讨乱臣贼子为名，是仁义的行为，但破国以后，兼并陈国是不对的。庄王纳谏，又恢复了陈国的地位。司马迁以庄王能纳谏而称其贤。

⑤ 楚庄王十七年伐郑，郑伯请罪，庄王认为郑伯能得民心，便撤兵与郑和。

⑥ 楚庄王二十年，因宋杀楚使围宋，被围五月，城中食尽，易子而食、析骨而炊，宋大夫华元告庄王城中的实情，庄王认为华元是诚实君子，也罢兵而回，班师，胜利回军。

⑦ 怀王，楚怀王。楚怀王三十年，秦昭王诈约怀王入秦会盟，怀王犹豫，王子子兰劝行，怀王入秦被扣留，终于死在秦国。怀王被劫，其子顷襄王立，以子兰为令尹。当时楚人都埋怨子兰，屈原虽已不担任重要职务，但依然一心怀念国家安危，再三表达自己爱国嫉恶的意志。这样，子兰必须设法陷害屈原来掩盖自己的过错，他终于使上官大夫在顷襄王面前说屈原坏话，顷襄王怒而把屈原流放出去。

⑧ 愚按：好谀信谗疑指楚顷襄王而言。好谀，顷襄王十八年楚人有好以弱弓微缴加归雁之上者，顷襄王和他谈话，他借弋射的道理来称誉楚王，顷襄王受激遣使于诸侯，复谋合纵，并欲伐秦图周，均未成功。信谗，令尹子兰嫉妒屈原，命上官大夫进谗，顷襄王信之而流放了屈原。

家》第十。①

少康之子，实宾南海②，文身断发③，鼋鱓与处④，既守封禺⑤，奉禹之祀。句践困彼，乃用种、蠡⑥。嘉句践夷蛮能修其德，灭强吴以尊周室，作《越王句践世家》第十一。

桓公之东，太史是庸⑦。及侵周禾，王人是议⑧。祭仲要盟，郑久

---

① 清梁玉绳《史记志疑》卷三十六“作《楚世家》第十”条：“当书曰楚熊绎世家。蛮夷不书爵，无谥与字，故书名。《越勾践世家》其例也。”

② “少康之子”，越的祖先是夏少康的庶子；清梁玉绳《史记志疑》谓《夏纪》及《世家》以“越非少康之裔”。宾，摈除；南海，南方近海之地，此指会稽。张文虎《校刊史记三家注札记》卷五：“王脱宾字，柯本作居，案此文亦当读为摈”。

③ 文身，在身上刺上花纹；断，截成短发。这是当时被认为蛮夷之人的习俗。

④ 鼋，大鳖；鱓，鳝；与处，共处。

⑤ 封禺，山名，在浙江德清县武康镇南。

⑥ 彼，外，外敌，指吴而言；种，文种；蠡，范蠡。清梁玉绳《史记志疑》卷三十六“作《越王句践世家》第十一”条云：“越僭号为王，例不应书。观陈涉不书王可见，此后人妄加之，当删王字。迁传作《越世家》，又脱句践二字。”

⑦ 桓公，郑桓公姬友，周厉王少子，宣王庶弟，初封于郧县（在陕西），幽王时任司徒。之东，幽王宠褒姒，政治黑暗，桓公问太史自全之道，太史为他分析了形势，建议他徙居洛阳之东，黄河、济水之南，桓公用太史的建议东徙雒东（河南新郑）。庸，用。

⑧ 王人，王室之人，指周桓公。《六国年表》：郑庄公二十四年侵周取禾。《史记志疑》卷八云：“隐二年，左传曰，郑祭足帅师取温之麦，又取成周之禾，乃此言侵周取禾，而不书取麦何也？世家言侵周地取禾，既失书取麦而妄增侵地，又何也。”庄公二十七年，庄公朝周，周桓王因抢禾的嫌怨，不加礼遇。周桓公论其事，认为周室东迁，主要依靠晋、郑，优礼郑以鼓励其他各国，还怕来不及，何况不加礼遇呢！郑一定不会来朝了。

不昌[①]。子产之仁，绍世称贤[②]。三晋侵伐，郑纳于韩[③]。嘉厉公纳惠王[④]，作《郑世家》第十二。

维骥騄耳，乃章造父[⑤]。赵夙事献，衰续厥绪[⑥]。佐文尊王，卒为

---

① 祭仲，郑大夫。郑庄公有三子：忽、突、子亹。庄公死，忽立为昭公，突是宋国外甥，宋诱执祭仲，使立突为君，约盟而归，昭公闻讯奔卫，突立为厉公，要想杀掉祭仲，祭仲又去拥立忽，以后诸公子相杀，国势削弱，最后厉公复位。

② 子产，郑成公少子，郑简公相，行仁政，有仁人之称。绍世，继世，后世；称贤，有贤能之称。

③ 纳，吞并。郑被韩所灭。

④ 周惠王二年，王子颓作乱，周王出奔，郑厉公与虢叔袭杀王子颓，送惠王回国。司马迁赞美厉公这种尊王的行为。《史记志疑》卷三十六云："当书曰郑桓公世家。"

⑤ 骥，良马；騄耳，马名。张文虎《校刊史记三家注札记》卷五"中统游本騄作绿"。章，表彰；造父，赵之先人，善相马，造父为周穆王物色到一匹名騄耳的良马，穆王赐他赵城，以表彰功绩。

⑥ 献，晋献公诡诸；夙臣事献公，《世家》曰："赵夙为将"，《史记志疑》卷二十三云"为将乃为御之讹"，献公赐夙耿地（山西皮氏县），赵姓开始兴盛。夙生共孟，共孟生衰。厥，指赵夙；绪，后。愚按：《史记汇注考证》称："赵衰，夙子。"《赵世家·索隐》称世本云：公明生共盟及赵夙，夙生成季、衰。又引《左传》云："衰，赵夙弟。"《赵世家》曰："夙生共孟，共盟生赵衰。"此依《赵世家》本义。《史记志疑》卷二十三："《晋语》，赵衰，夙之弟。故《左传》文六年称成季。韦昭曰：衰，公明之少子。杜注《左传》亦从《晋语》云。夙，赵衰兄。则夙与衰皆共孟子。公明、共孟音相近，其实一人也。此误从世本，而《索隐》引世本谓公明生共孟及夙，夙生衰，尤误。惠氏《左传补注》反依世本。又引《易林》革之夬言：伯夙奏献，衰续厥绪，以为非兄弟之证，殊未然。"

晋辅[①]。襄子困辱，乃禽智伯[②]。主父生缚，饿死探爵[③]。王迁辟淫，良将是斥[④]。嘉鞅讨周乱[⑤]，作《赵世家》第十三。

毕万爵魏，卜人知之[⑥]。及绛戮干，戎翟和之[⑦]。文侯慕义，子夏师之[⑧]。惠王自矜，齐秦攻之[⑨]。既疑信陵，诸侯罢之[⑩]。卒亡大梁，

---

① 文，晋文公。卒，终于。此指赵衰事。

② 襄子，赵襄子毋恤；困辱，智伯率韩、魏之师围困襄子于晋阳。禽，擒通；乃禽智伯，赵襄子被困岁余，使人离间韩、魏与智伯关系，终于解围，并擒获智伯。

③ 主父，赵武灵王雍让位其少子惠文王何，自称主父；生缚，指武灵王被围于沙丘异宫而言。爵，小鸟。主父与惠文王游沙丘异宫，长子章作乱围宫，公子成与李兑起兵平难，章投奔主父，主父容纳他藏匿，成、兑便围主父宫，章死，成、兑惧罪，不解围，主父欲出不得，又不能得食，采取小鸟充饥，经三月余而饿死。

④ 王迁，赵幽缪王迁；辟淫，邪辟无行。良将，赵名将李牧；是斥，赵幽缪王信郭开谗言，杀李牧。

⑤ 周敬王姬匄时，王子朝作乱，敬王奔晋，赵简子鞅率师平乱，送敬王返周，司马迁赞美赵鞅的尊王行为。《史记志疑》卷三十六云："三晋俱篡国，当依《田完世家》称名之例，书曰'《赵籍世家》'、'《魏斯世家》'、'《韩虎世家》'。"

⑥ 毕万，魏的先人，臣事晋献公；爵，封爵；魏，陕西芮城县北，晋献公始封毕万于此。卜人，卜偃；知之，卜偃占卜，预言毕万后人必定昌盛。

⑦ 绛，魏绛，事晋悼公；干，晋悼公弟杨干，悼公三年会诸侯，杨干乱行列，魏绛戮杨干之仆以辱杨干。戎翟，戎狄，西方和北方的少数民族；和之，和洽关系。

⑧ 文侯，魏文侯都，一称名斯，魏之贤君；慕义，向往仁义；子夏，孔子弟子；师之，以子夏为师。

⑨ 惠王，梁惠王，魏至惠王三十一年徙治大梁，称梁。自矜，自负。攻之，齐秦攻魏。

⑩ 信陵，魏信陵君无忌；既疑，魏安釐王三十年，信陵君联合诸侯败秦，秦行反间，以信陵将王魏，使魏王猜忌，终而解除信陵君的兵权。诸侯罢兵，即解散联合。

王假廝之[①]。嘉武佐晋文申霸道[②]，作《魏世家》第十四。

韩厥阴德，赵武攸兴[③]。绍绝立废，晋人宗之[④]。昭侯显列，申子庸之[⑤]。疑非不信，秦人袭之[⑥]。嘉厥辅晋，匡周天子之赋[⑦]，作《韩世家》第十五。

完子避难，适齐为援[⑧]，阴施五世，齐人歌之[⑨]。成子得政，田

---

① 卒，终于；亡，动词，灭亡；大梁，魏都，秦攻占大梁，指灭魏而言。王假，魏最末一个王，名假；斯之，《史记会注考证》称："秦虏魏王假为廝养卒"。高步瀛先生《太史公自序笺证》以廝与斯同"散也"，又通澌"尽也"。愚按：世家本文，不载为廝卒之事，仅称"虏王假，遂灭魏"，言至王假而魏澌灭，高说于意为近。

② 武，魏武子準，曾佐事晋文公；晋文，晋文公重耳；申霸道，成霸业。

③ 韩厥，韩的先人，事晋景公，号韩献子。阴德，晋司寇屠岸贾族灭赵盾全家，程婴保存了赵氏孤儿赵武，韩厥知其事。景公十七年，韩厥遇机向景公陈述此事，于是赵武得复立，并报了家仇，这是韩厥的阴德。赵武，赵氏孤儿；攸，所。清梁玉绳《史记志疑》卷三十六'韩厥阴德'条云："下官之事灵也，说在赵世家"。清方苞《史记评语》云："韩厥阴德，于传无考。"（《望溪先生文集》补遗二）

④ 绍绝，继续绝世；立废，恢复废斥。宗之，仰望他。

⑤ 昭侯，韩昭侯；显列，显名于诸侯。昭侯用申不害后，国内以治，诸侯不来侵伐。申子，申不害，法家，相韩昭侯；庸之，任用申不害。

⑥ 非，韩非，韩公子；不信，韩非在韩王安（韩最后一个君）时，见国势削弱，数次上书进谏，不被信用，王安五年，秦攻韩危急，韩派韩非为使入秦，被扣留，终死于秦。袭之，王安九年，秦攻韩，虏王安，灭韩。

⑦ 晋周争田，韩厥劝晋厉公勿争。朱东润《史记序传质疑》称："按世家韩厥无辅晋匡天子之赋事。即晋亦无匡赋之事也，《序传》与本篇不合，疑世家有脱误。"（《史记考索》）

⑧ 完子，陈完，陈厉公少子，与陈宣公太子御寇友善，宣公杀太子，完惧祸奔齐，到齐以后，以陈田声近，改姓田氏，卒谥敬仲。

⑨ 阴施，暗地里作好事；五世，自田敬仲完以后五代。歌之，齐人歌颂田氏之德。

和为侯[①]。王建动心，乃迁于共[②]。嘉威、宣能拨浊世而独宗周[③]，作《田敬仲完[④]世家》第十六。

周室既衰，诸侯恣行。仲尼悼礼废乐崩，追修经术，以达王道[⑤]，匡乱世反之于正[⑥]，见其文辞[⑦]，为天下制仪法，垂六艺之统纪于后世[⑧]。作《孔子世家》第十七。

---

① 成子，田常，卒谥成子；得政，田常相齐简公。田和，田太公，相齐宣公；为侯，齐康公十九年，田和立为齐侯，列于周室。

② 王建，田齐最后一个君；动心，动私心，秦攻五国，王建有私心，不加援助。迁于共，王建四十四年，秦灭齐，迁王建于共（河南共城）。

③ 威，齐威王因齐；宣，齐宣王辟疆，威王子。

④ 田敬仲完，敬仲谥法，《汉书》迁本传作田完世家。清梁玉绳《史记志疑》称："史记篇题，未有名谥兼书者，此必后人妄增。迁传无敬仲二字。《滑稽传》曰：'语在《田完世家》中'，尤可证已。"又称：不当"以后代之篡，追崇其先祖，齿列诸侯"，而曰"当书田和世家"。又"陈改田在春秋后，史谓始于陈完，直称田完亦非，说在《年表》"。

⑤ 达，表达，宣扬；王道，儒家理想中的政治局面。

⑥ 匡，挽救；反，还。

⑦ 文辞，指春秋而言。

⑧ 垂，流传；六艺，六经，统纪，统纲纪。清梁玉绳《史记志疑》卷三十六："史公叙孔子于《世家》，以表尊崇之义。盖谓有土者以国世其家。孔子以德世其家，小司马深然之。而王安石云'仲尼之才，帝王可也。何特公侯哉！仲尼之道，世天下可也，何特世其家哉！处之《世家》，仲尼之道不从而大；置之列传，仲尼之道不从而小，而迁也自乱其例'，宋王厚斋录入《困学纪闻》。苏氏《古史》因改为列传。然宋晁补之《鸡肋集》辨其非，以为宋乃殷后，至桀偃而绝，贤如正考夫，圣如孔子，岂不可以继宋，则亦与有土之世家同'。清慈溪姜氏宸英《湛园集》又谓'史公之意，以孔子尊周之功最大。尊周者，诸侯之事，故附孔子于世家'。二公之论虽殊，而识胜苏、王远矣。"

桀、纣失其道而汤、武作，周失其道而《春秋》作[①]。秦失其政，而陈涉发迹[②]，诸侯作难，风起云蒸，卒亡秦族。天下之端，自涉发难[③]。作《陈涉世家》第十八。

成皋之台，薄氏始基[④]。诎意适代[⑤]，厥崇诸窦[⑥]。栗姬偩贵[⑦]，王

① 愚按：司马迁把《春秋》寓褒贬和拨乱反正的作用，看成和汤武革命、陈涉起义同等重要，一则提高《春秋》地位，正所以提高《史记》的地位，再则以《春秋》的地位来衬托陈涉起义的重要性。

② 发迹，发难，《史记志疑》卷三十六于此语引《困学纪闻》十一载郑樵云："汤武仗大义平残贼，易谓顺天应人，乌可与陈涉同日而并议哉！"

③ 愚按：天下之端，自涉发难，是高度评价陈涉起义的历史意义，也是列陈涉于世家的根据。《史记志疑》卷三十六、班彪、司马贞、《史通》、《后汉书》注、《续古今考》、《示儿编》引多说而主"宜与项羽同传也"。清程余庆云："三代后以匹夫起兵者，自陈涉创之。史公比之汤武《春秋》，虽非伦乎，著所始则一也。"（《历代名家评注史记集说》）

④ 成皋，台名，在河南成皋。薄氏，高祖姬，文帝母；始基，开始奠立基础。汉高祖坐河南宫成皋台，两美人管夫人与赵子儿少时与薄姬相爱，并约"先贵无相忘"，这时互相笑语过去的约定，汉高祖听到后问清缘故，便召幸薄姬，生子为代王，即后之文帝，所以说薄姬以后的地位是奠基在成皋一笑之时。

⑤ 诎意，屈意，不得意，薄姬不是宠幸的姬人。张文虎《校刊史记三家注札记》卷五："凌本诎作绌"；适代，高祖死，宠幸妃姬，都被吕后杀幽，薄姬是个不得志的姬人，所以让她出宫；随着儿子到代去就国。

⑥ 诸窦，文帝后窦氏，原为宫人，吕后出宫人时，窦氏分配至代，代王宠幸，代王入承帝位，立为后，其昆弟子侄诸窦皆因后而贵，窦氏凡三人为侯。

⑦ 栗姬，景帝宠姬；偩，同负，自恃；贵，栗姬所出子荣为太子，栗姬恃此傲人，终不得立为后，以忧而死。

氏乃遂[①]。陈后太骄[②]，卒尊子夫[③]。嘉夫德若斯，作《外戚世家》第十九[④]。

汉既谲谋，禽信于陈[⑤]；越荆剽轻[⑥]，乃封弟交为楚王[⑦]，爰都彭城[⑧]，以强淮泗，为汉宗藩[⑨]。戊溺于邪，礼复绍之[⑩]。嘉游辅祖[⑪]，作《楚元王世家》第二十。

维祖师旅，刘贾是与[⑫]；为布所袭，丧其荆、吴[⑬]。营陵激吕，乃

① 王氏，景帝皇后。遂，达到目的，王氏入宫为美人，颇与景帝姊长公主交欢，终于达到被立为后的目的，子即武帝。

② 陈后，武帝皇后，长公主女，武帝之立，长公主有力，所以陈后常以此骄傲，终于被废。

③ 子夫，武帝卫皇后，字子夫，初为武帝姊平阳公主家讴者，后得幸于武帝，武帝废陈后而立子夫为后。

④ 愚按：此语意不分明，难解其意，疑下有脱误。《史记志疑》卷三十六引吴棫言，以嘉妇德若斯为“此语欠明”，并称“后妃止宜在列传，若谓代有封爵，不妨侪之世家，亦应书《后妃世家》不当标题‘外戚’”。

⑤ 谲谋，诈谋。禽，擒；信，韩信，时封楚王。汉高祖伪游云梦，擒韩信于陈。

⑥ 剽轻，骠悍轻生，指民风强悍。

⑦ 交，汉高祖之弟。高祖擒信以后，立弟交为楚王。

⑧ 彭城，地名，今江苏徐州市铜山区，楚王都此。

⑨ 强，加强；淮、泗，水名，指淮泗流域一带。宗藩，宗室藩属，屏障。

⑩ 戊，刘交之孙，袭楚王封；溺于邪，刘戊在薄太后丧服期间犯奸行，得到削郡处分，后参与吴楚七国之乱，兵败自杀。礼，楚元王别子，任汉宗正，七国乱平，立为楚王。

⑪ 游，楚元王刘交之子；祖，高祖。

⑫ 师旅，军队；刘贾，高祖族人，世家曰：“荆王刘贾，诸刘者，不知其何属。”高祖还定三秦时，已在军中任将军，有战功；与，参与。《史记志疑》卷二十六云：“钱唐张孝廉云璈曰：《汉书》贾传及楚元王传言贾为高帝从父兄，诸侯王表作从父弟，虽兄弟小异，然可补史缺。”

⑬ 布，淮南王黥布。高祖十一年，黥布反，以兵击荆，刘贾败死，失其封地。

王琅邪[1]；怵午信齐，往而不归，遂西入关，遭立孝文，获复王燕[2]。天下未集，贾、泽以族，为汉藩辅[3]。作《荆燕世家》第二十一。

天下已平，亲属既寡；悼惠先壮，实镇东土[4]。哀王擅兴，发怒诸吕[5]，驷钧暴戾，京师弗许[6]。厉之内淫，祸成主父[7]。嘉肥股肱[8]，作《齐悼惠王世家》第二十二。

楚人围我荥阳，相守三年[9]；萧何填抚山西[10]，推计踵兵[11]，给粮食不绝，使百姓爱汉，不乐为楚。作《萧相国世家》第二十三。

---

① 营陵，燕王刘泽，初封营陵侯。刘泽客田生，厚结吕后幸宦张卿，并通过张卿建议吕后封诸吕为王，又建议为巩固诸侯地位宜王刘泽，吕后堕计，便封刘泽为琅玡王。

② 怵，诱；午，齐王刘襄内史祝午。琅玡王刘泽被齐王刘襄使者祝午甘言诈诱入齐，被劫留而不能回，后泽请求入关为齐王谋帝位，齐王允诺，具车送行，刘泽至长安与诸大臣议立代王，文帝即位，徙刘泽于燕，封燕王。愚按：叙录语不见《荆燕世家》而具载《齐世家》，此又司马迁互见之例。

③ 集，安定；以族，以族人的关系；藩辅，屏藩辅佐。《史记志疑》卷三十六："迁传作'荆燕王'，是也，此脱王字。"

④ 悼惠，齐悼惠王刘肥；先壮，刘肥是汉高祖庶长子。镇，镇守；东土，东方。

⑤ 哀王，悼惠王子刘襄。刘襄以诸吕专政遂起兵。

⑥ 驷钧，哀王舅父，性情暴戾，京师弗许，京师议立时，琅玡王刘泽及诸大臣以驷钧暴戾，恐重蹈诸吕覆辙，不赞成立齐王。

⑦ 厉，齐厉王次景；内淫，厉王与其姊纪翁主有淫行。主父，齐人主父偃，有幸于武帝，因齐王不纳其女，有隙，所以进言于帝，武帝命主父偃为齐相，偃至齐，追查厉王与翁主奸情，厉王惧罪自杀。

⑧ 肥，悼惠王刘肥。

⑨ 荥阳，今河南荥阳。楚汉在此相持三年。

⑩ 填，同镇；山西，华山以西关中之地。

⑪ 推计，推算计划；踵兵，继续派兵，补充兵源。

与信定魏，破赵拔齐，遂弱楚人①。续何相国②，不变不革，黎庶攸宁③。嘉参不伐功矜能④，作《曹相国世家》第二十四。

运筹帷幄之中⑤，制胜于无形⑥，子房计谋其事，无知名，无勇功，图难于易，为大于细⑦。作《留侯世家》第二十五。

六奇既用，诸侯宾从于汉⑧；吕氏之事，平为本谋，终安宗庙，定社稷⑨。作《陈丞相世家》第二十六。

诸吕为从，谋弱京师⑩，而勃反经合于权⑪；吴楚之兵，亚夫驻于昌邑，以戹齐赵，而出委以梁⑫。作《绛侯世家》第二十七。

七国叛逆，蕃屏京师，唯梁为扞⑬；偩爱矜功，几获于祸⑭。嘉其

---

① 弱，削弱。

② 继萧何任相国。

③ 不变不革，依照萧何成规不加改变。黎庶，平民百姓；攸宁，所安。

④ 伐，夸耀；矜，自负。

⑤ 帷幄，军帐。

⑥ 无形，不着痕迹。

⑦ 愚按：张良谋划事情，既不享有被人知道的名望，又不是直接建立勇猛的战功，他把艰难的事情变成容易处理，做大事时也不忽略细节。

⑧ 六奇，陈平曾六出奇计。宾从，服从。

⑨ 吕氏之事，平诸吕的事件。本谋，主谋。宗庙、社稷，都是国家的代称。

⑩ 从，联合。弱，消弱；京师，中央政权所在地，此指刘氏政权。

⑪ 勃，周勃封绛侯；经，经常之道；反经，违背常理的行事；合，相合；权，权宜之计。周勃在诸吕当政时，违反常理，与诸吕相安无事（以勃的地位不应如此，所以说反经），后来，诛诸吕时，周勃因此得以起重要的作用，看来，他过去的作法是合乎权宜之计的。

⑫ 亚夫，周勃子周亚夫；昌邑，地名，山东金乡西北。戹，扼守；出委，遗弃，以梁付与吴楚，意思是先以梁抵拒以削弱吴楚。

⑬ 梁，梁孝王刘武封国；扞，捍，抵御；为扞，梁孝王守睢阳，抵抗吴楚，捍卫汉室。

⑭ 偩爱，恃爱，梁孝王抵御吴楚有功，又为窦太后少子，颇受宠爱，自己也恃爱而骄，拟于天子，景帝疑忌日甚，几乎遭到大祸。

能距[1]吴楚，作《梁孝王世家》第二十八。

五宗既王[2]，亲属洽和[3]，诸侯大小为藩[4]，爰得其宜，僭拟之事稍衰贬矣。作《五宗世家》第二十九。

三子之王[5]，文辞可观[6]。作《三王世家》第三十。

末世争利[7]，维彼奔义[8]；让国饿死，天下称之[9]。作《伯夷列传》第一[10]。

晏子俭矣[11]，夷吾则奢[12]；齐桓以霸，景公以治。作《管晏列传》

---

① 距，拒。《史记志疑》卷三十六："孝王及五宗三王，帝胄也。而混于诸侯之中，以时为次，似乎非体，当叙三世家于齐悼惠王世家下。然后之史臣，皆仿此例矣！"

② 五宗，同母所生为宗亲，景帝十三子（除武帝外）为五母所生，所以称五宗。既王，景十三子均封王。

③ 洽和，洽一作协，和协。张文虎《校刊史记三家注札记》卷五："凌本洽作协。"

④ 藩，藩国。

⑤ 三子，武帝三子：齐怀王闳、燕刺王旦、广陵王胥。

⑥ 文辞，三王世家所载是请封三王之疏和三篇对策，文辞疑指疏策而言；可观，可参阅。愚按：清王鸣盛"《十七史商榷》，以'三王世家'为司马迁未成之笔。褚先生自称窃从长老好故事者。取其封策书，编列其事而传之。疑史迁著述，无独取策书文辞之理，特以世家亡去一篇，褚先生乃举三王封策之文以实之，取其便于剪裁，与取封禅者书以当孝武本纪者同一作法"。清梁玉绳《史记志疑》卷二十六云"史缺三王，褚先生从长老好故事者取迁廷议封策补之，论亦伪托"，并指出纪事之误及月日亦驳，而以此补文"有失史裁，辞亦浮浅"。

⑦ 末世，殷之末世；争利，舍义争利。

⑧ 彼，伯夷、叔齐；奔，向往，趋。

⑨ 称，赞扬。

⑩ 愚按：司马迁以伯夷为列传之首，似受孔子思想影响。

⑪ 晏子，晏婴，齐景公相，自奉俭约。

⑫ 夷吾，管仲，齐桓公相，生活奢侈。张文虎《校刊史记三家注札记》卷五："中统游本以作亦。"

第二。

李耳无为自化[①]，清净自正；韩非揣事情，循埶理[②]。作《老子韩非列传》第三[③]。

自古王者而有司马法，穰苴能申明之[④]。作《司马穰苴列传》第四。

非信廉仁勇不能传兵论剑，与道同符[⑤]，内可以治身，外可以应变，君子比德焉[⑥]。作《孙子吴起[⑦]列传》第五。

---

① 化，消除；正，归于正道。愚按：这是司马迁对老子思想的总结语。老子看到社会矛盾的存在，但并不积极去推动解决，而是主张社会停滞，使矛盾无从发展，所以老子认为无为就自然而然可以消除矛盾，清净就自然而就使事务归于正途。世家中有此二语。杭世骏《疏证》引南昌万承苍云："此二句是叙传中语，误入于此"。

② 揣，度；事情，事务情况。循，依据；埶理，形势事理。

③ 愚按：本传题《老庄申韩列传》，因此传包括老子、庄子、申不害、韩非四人。王俭、刘知幾、小司马均訾老、韩不宜同传。清梁玉绳《史记志疑》卷三十六："申韩本于黄老，史公之论，自不可易，并非强合，况韩子有《解老》、《喻老》二篇，其《解老》篇创为训注体，实五千文释诂之祖，安知史公之意不又在斯乎？前贤妄规之也。"

④ 穰苴，田氏，以官大司马，改以司马为氏，齐名将，军事家。司马法，古代相传兵法。申明，有所发明。

⑤ 没有信、廉、仁、勇四种品德，就不能传授兵法、讲论剑术，达到和兵法剑术原理（道）相符的地步。张文虎《校刊史记三家注札记》卷五："《杂志》引顾子明曰：本作非信仁廉勇不能传剑论兵书，上文在赵者以传剑论显，《集解》是其证。今本上下错乱，又脱书字。"

⑥ 愚按：史公言"兵法、剑术"内而可以保身，外而可以对敌，能与君子之德相比并。

⑦ 孙子，孙武，吴名将、军事家，善兵法；吴起，魏名将、军事家。

维建遇谗[1]，爰及子奢[2]，尚既匡父[3]，伍员奔吴[4]。作《伍子胥列传》第六。

孔氏述文，弟子兴业，咸为师傅，崇仁厉义[5]。作《仲尼弟子列传》第七。

鞅去卫适秦[6]，能明其术，强霸孝公[7]，后世遵其法。作《商君列传》第八[8]。

天下患衡秦毋餍[9]，而苏子能存诸侯[10]，约从以抑贪强[11]。作《苏秦列传》第九。

六国既从亲，而张仪能明其说[12]，复散解诸侯[13]。作《张仪列传》

---

① 建，楚平王太子。遇谗，平王听费无忌谗言，强占太子妇秦女，并出建守城父，费无忌又进谗，说太子谋作乱，最后逼使太子奔宋。

② 奢，伍奢，太子建之太傅，因太子建而牵连得罪；子，古时称师为子。

③ 尚，伍尚，伍奢长子；匡，救父。伍尚闻父召，虽明知往则与父俱死，但恐遭世非笑，而应命就死。

④ 伍员，字子胥，伍奢次子，知父命为被迫，往必俱死，便逃亡至吴，谋复仇机会。

⑤ 崇，崇尚，提倡；厉，砥砺。

⑥ 鞅，商鞅，姓公孙氏，称公孙鞅，卫人，一称卫鞅，入秦封于商於之地，号商君。商鞅在卫不被用，离卫往秦。

⑦ 明，阐述；术，帝王术。强霸，使国强称霸；孝公，秦孝公。

⑧ 愚按：司马迁认为商鞅人虽被诛，但其法还被后世所遵用，有立传的资格。《史记志疑》卷三十六：“商君，爵号也，而以称鞅，似失史法，当书曰卫鞅。”

⑨ 衡，连横；衡秦，以连横事秦。各国以用连横政策事奉秦而秦贪得无厌为患。

⑩ 苏子，苏秦，战国时合纵政策倡导者；能存诸侯，能维护诸侯之立国。

⑪ 约从，合纵之约；抑，抵制；贪强，指秦国而言。

⑫ 张仪，战国时策士，连横政策的倡导者；明其说，阐述他的连横说。

⑬ 张仪用连横政策破坏诸侯的从约。

第十。

秦所以东攘[①]雄诸侯，樗里[②]、甘茂[③]之策。作《樗里甘茂列传》第十一。

苞河山[④]，围大梁[⑤]，使诸侯敛手而事秦者，魏冄之功[⑥]。作《穰侯列传》第十二。

南拔鄢郢，北摧长平，遂围邯郸，武安为率[⑦]；破荆灭赵，王翦之计[⑧]。作《白起王翦列传》第十三。

---

① 攘，夺取；攘雄，称雄。《集解》："徐广曰，攘，作襄。"朱东润《史记徐广本异文考证》："案《龟策传》：西攘大宛，徐广本亦作襄，《尔雅》：襄，除也。字应作襄。"（《史记考索》）

② 樗里，樗里疾，秦惠王弟，有智囊之称，因葬于渭南阴乡樗里，故俗称樗里子。

③ 甘茂，事秦惠王、武王、昭王为丞相，后被谗去秦。

④ 苞，包举；河，黄河；山，华山。秦的实力包括了黄河、华山一带。

⑤ 大梁，魏都，今河南开封。

⑥ 魏冄，秦昭王母宣太后弟，封穰侯。

⑦ 鄢，楚地名，今湖北宜城市；郢，楚都，今湖北江陵县。长平，赵地名，白起大败赵括军于此，也即坑赵降卒四十五万人之处，今山西高平市。武安，白起封武安君；率，帅。《史记志疑》卷三十六："武安因不肯攻邯郸，遂有杜邮之赐，何云武安为帅乎？"

⑧ 荆，楚；王翦，秦将。

猎儒墨之遗文，明礼义之统纪，绝惠王利端，列往世兴衰[①]。作《孟子荀卿列传》第十四。

好客喜士，士归于薛[②]，为齐扞楚魏[③]。作《孟尝君列传》第

---

① 愚按：《孟荀列传》叙录所指，释者不一：（一）宋王应麟《困学纪闻》引郑樵之说，以儒墨相异，孟子不能猎墨遗文。（二）清何焯《义门读书记》称："猎儒墨之遗文，谓附见传中诸子也。明礼义之统纪，谓荀；绝惠王利端，谓孟。"（三）清方苞《史记注补正》："传称天下方务纵横战伐，而孟子乃述唐虞三代之德；荀卿序列儒墨道德之行事兴坏。则猎儒墨之遗文，谓荀卿也。明礼义之统纪，谓孟子也；绝惠王利端，谓孟子也；列往世兴衰，谓荀卿也。史记序所称先后多错综。"（四）清梁玉绳《史记志疑》卷三十六以"此当次仲尼弟子列传第七之后，不应在第十四也"。又称："上二句指荀卿，即传所谓荀子推儒墨道德之行事兴坏著数万言者。下二句指孟子。《儒林传》言孟子、荀卿咸遵夫子之业，非孟、荀并列之证与？夫荀况尝非孟子矣，岂可并吾孟子哉？"（五）清吴汝纶《点勘史记》称："方侍郎谓此四语分言孟荀，非也。皆言孟子耳。孟荀传以孟为主，鲁仲连邹阳传以鲁为主。屈原贾谊传以屈为主。故止论一人。（六）李笠《史记订补》卷八称："'猎儒墨遗文，明礼义统纪'二句，总孟荀而言，下'绝利端'，始专指孟子，'列兴衰'，始专指荀子，分合甚明，无烦曲说。何氏、梁氏说俱非也。"并称"荀之非孟子亦学人常度耳，何害其为儒家乎！比而传之何疑"。《史记汇注考证》主此说。上述诸家，各自成理，然也各有所偏，难从一说。愚又按：此四语似可分二段，前二句系司马迁自明立传的意旨，意思是"我在涉猎了儒墨各家所遗留的文献以后，决定在本传中阐明儒家礼义方面的大要"，所以本传虽传多人，但只突出儒家中孟荀二派；后二句是司马迁突出孟荀以呼应立传意旨，"绝惠王利端"则诸家均无疑义，本传前序也具述此事，确指孟子拒绝梁惠王言利之事；"列往世兴衰"句，虽说者不一，但荀子本传已明言其"推儒墨道德之行事兴坏，序列著数万言"。兴衰即兴坏，列即序列，其意均近，所以说此句指荀子言，应无疑义。李笠于后二语的解释，甚可取。

② 薛，孟尝君封地，今山东滕州市东南。

③ 扞，捍御。

十五[①]。

争冯亭以权[②]，如楚以救邯郸之围[③]，使其君复称于诸侯。作《平原君虞卿[④]列传》第十六。

能以富贵下贫贱，贤能诎于不肖[⑤]，唯信陵君[⑥]为能行之。作《魏公子列传》第十七。

以身徇君，遂脱强秦[⑦]，使驰说之士南乡走楚者[⑧]，黄歇之义[⑨]。

---

① 孟尝君，田文，齐公子，封号孟尝君，战国时以好客著称，是战国四公子之一。《史记志疑》卷三十六：云“昔人称四公子以原、尝、春、陵为次（见班固《西都赋》），史以尝、原、陵、春为次，其实陵当居首也。迁传以《孟尝君列传》为第十六，《平原君虞卿列传》为第十五，而‘平原’下无‘君’字，并非”。

② 冯亭，韩国上党守；权，权宜之计，从权。秦昭王四十五年，秦攻占韩之野王、上党，与韩断绝，上党守冯亭，便谋以上党归赵。这样，激怒秦必定攻赵，赵被攻，则必与韩联合共抗秦，于是向赵通意，赵平阳君认为受之祸大于所得，平原君则认为无故得一郡，便从权接受了冯亭的要求，结果，造成了秦对赵的进攻。愚按：此事本传不记，具载于《白起王翦列传》，似司马迁因此事为平原君之过而讳之，但又不愿没其事，故别见他传，而于本传论赞中评称：“平原君翩翩浊世之佳公子也，然未睹大体，鄙语曰利令智昏，平原君贪冯亭邪说，使赵陷长平兵四十余万众，邯郸几亡。”

③ 秦围邯郸，平原君奉命赴楚求救。

④ 平原君，赵胜，赵公子，战国四公子之一。虞卿，战国时策士，曾为赵上卿。

⑤ 下，用谦下的态度对待。诎，屈身奉人。

⑥ 信陵君，魏无忌，魏昭王少子，战国四公子之一。

⑦ 春申君黄歇曾伴随楚太子熊完为质于秦，楚顷襄王熊横病，太子不得归，春申君设计，使太子微服出关，脱离强秦的羁绊返楚，而留己于秦，并以死来应付秦，秦人无奈，只得也遣春申君回国。

⑧ 驰说之士，策士；乡，向。

⑨ 黄歇，楚人，以脱太子完于秦有功，太子即位为考烈王，以歇为相，封春申君。与齐孟尝、赵平原、魏信陵并称。

作《春申君列传》第十八。

能忍訽于魏齐[①]，而信威于强秦[②]，推贤让位，二子有之[③]。作《范雎蔡泽列传》第十九。

率行其谋[④]，连五国兵[⑤]，为弱燕报强齐之雠，雪其先君之耻[⑥]。作《乐毅列传》第二十。

能信意强秦[⑦]，而屈体廉子[⑧]，用徇其君，俱重于诸侯[⑨]。作《廉颇蔺相如列传》第二十一。

湣王既失临淄而奔莒[⑩]，唯田单用即墨破走骑劫[⑪]，遂存齐社稷。

---

① 訽，诟，耻辱；魏齐，魏相。范雎初事魏中大夫须贾，随从出使到齐，齐国馈赠范雎礼物，须贾以为范雎泄露机密，回国后报告魏齐。魏齐重打范雎垂死，又肆意污辱他，范雎承受了这种耻辱。

② 信威，伸威，发挥作用。范雎后来得到郑安平、王稽的帮助脱险到秦，在秦发挥才能，相秦昭王，封应侯。

③ 二子，指范雎、蔡泽。范雎曾荐蔡泽之才，自谢相印；蔡泽继相数月也谢病归相印，所以司马迁称他们推贤让位。

④ 率行，直行；率行其谋，直接按自己的计谋去做。

⑤ 五国，赵、楚、韩、魏、燕。连，联合；兵，军队。清梁玉绳《史记志疑》卷三十六："破齐者，六国之兵也，说在秦纪。"

⑥ 先君，燕王哙；先君之耻，燕王哙轻信其相子之的话，效法尧舜，让位于子之，燕国大乱，公元前314年齐乘燕乱攻燕，燕王哙及子之均死于战乱中。

⑦ 信，伸；意，意志；蔺相如在完璧归赵渑池之会二次事件中，都能伸张自己的意志来对付强大的秦国。

⑧ 屈体，屈身，降低自己的身份对人；廉子，廉颇，赵名将。

⑨ 用，以，因为。徇，效力。俱，指蔺、廉二人；重，被重视。廉、蔺以效忠其君，都受到诸侯的重视。

⑩ 湣王，齐湣王；临淄，齐国都，今山东临淄；莒，今山东莒县。燕乐毅攻齐，湣王失国，都逃往莒邑。

⑪ 田单，齐国王室远宗，原任临淄市掾、后以奇计胜燕有功，显名于世。用，凭借；即墨，齐邑，今山东平度东南。骑劫，燕将，燕惠王中齐反间，以骑劫代替乐毅，被田单战败，为乱军所杀。

作《田单列传》第二十二。

能设诡说解患于围城[①]，轻爵禄，乐肆志[②]。作《鲁仲连邹阳列传》第二十三。

作辞以讽谏，连类以争义[③]，《离骚》有之。作《屈原贾生列传》第二十四。

结子楚亲[④]，使诸侯之士[⑤]斐然争入事秦。作《吕不韦列传》第二十五。

---

① 诡说，诡辩之说；设诡说，用一种说法。秦围赵邯郸，魏派辛垣衍入赵，说赵帝秦，鲁仲连用一种说辞，说服辛垣衍，不再劝赵帝秦，秦国见于赵之坚决守城，稍撤围城军队，适逢魏无忌夺晋鄙军救赵，秦军败，赵邯郸之围得解。

② 轻，轻视。鲁仲连解赵围有功，平原君拟封赠爵禄，被鲁仲连拒绝。乐，以……为乐；肆志，随自己意志而行。清梁玉绳《史记志疑》卷三十六，以邹阳为附传，非合传，“篇题‘邹阳’二字乃后人妄加，非史原文，观迁传作鲁仲连列传可证。”

③ 作辞，作文辞，写文章。连，比附；类，物类；连类，用事物的比喻；争，诤。用文章来讽谏，用事物的比喻来诤义。愚按：这两句话是说明《离骚》中的主旨，即下文所说的“离骚有之”的意思。

④ 子楚，秦公子，秦始皇的父亲，初为质于赵，后返国，即庄襄王；亲，亲信，信任。吕不韦交结子楚，得到子楚的信任。

⑤ 诸侯之士，各国的士人；斐然，斐通靡，靡然是相随而至的样子；入，入关。各国士子都相随争先入关来事奉秦。

曹子匕首，鲁获其田，齐明其信[①]；豫让义不为二心[②]。作《刺客列传》第二十六[③]。

① 曹子，曹沫；匕首，齐鲁会盟于柯，曹沫用匕首劫持齐桓公允归鲁地。鲁获其田，鲁得到被齐侵夺的土地。齐明其信，齐表明了他的信用。《史记志疑》卷三十六云："刼桓之事，非实，说在传。"《史记志疑》卷三十一云："曹子之名，《左》、《穀》及《人表》、《管子·大匡》皆作刿。《吕览·贵信》作翙，《齐》、《燕策》与史俱作沫，盖声近而字异耳。"又云："刼桓归地一节，《年表》、《齐》、《鲁世家》、《管仲》、《鲁连》、《自序传》皆述之。此传（刺客）尤详。"荆轲传载燕丹语仍《国策》并及其事，盖本公羊也。《公羊》汉始著竹帛，不足尽信，即如归汶阳田在齐顷公时，当鲁成二年，乃公羊以为桓公盟柯，因曹子劫而归之，其妄可见。况鲁未尝战败失地，何用要劫，曹子非操匕首之人，春秋初时亦无操匕首之习，前贤谓战国好事者为之耳。仲连遗燕将书云："亡地五百里"。《吕览·贵信》云："封以汶南四百里"。（管子多后人羼入，而其《大匡篇》但云"舆地以汶为竟也"。）《齐策》及《淮南·氾论》云"丧地千里"，鲁地安得如此之广，汶阳安得如此之大。不辨而知其诬诞矣。（叶梦得《春秋考》以曹刿、曹沫为二人，非也。）

② 豫让，晋卿智伯门客，赵襄子灭智氏，豫让谋复仇，甚至毁容残身，友人劝他伪事襄子，再乘机报复，豫让认为如委身事人，就不应再有二心。司马迁认为这是一种义行。

③ 愚按：此为司马迁列传中的类传体制，一传中包括若干行迹相近的人物，此传除叙录中标举的曹沫和豫让外，还有专诸、聂政和荆轲等人。《史记志疑》卷三十六云："十一传（指《儒林》、《循吏》等十一篇合传）当在司马相如传后。以儒林、循吏、酷吏、货殖（与平准相表里）、刺客、游侠、滑稽、佞幸、医方、日者、龟策为次，（《史通·编次篇》言，龟策异物，宜与八书齐列，非也。史公乃传能占龟策之人耳。）至刺客之为传，说在传中。"

能明其画[①]，因时推秦[②]，遂得意于海内，斯为谋首[③]。作《李斯列传》第二十七。

为秦开地益众，北靡匈奴，据河为塞，因山为固，建榆中[④]。作《蒙恬列传》第二十八。

填赵塞常山以广河内[⑤]，弱楚权[⑥]，明汉王之信于天下[⑦]。作《张耳陈余列传》第二十九。

收西河、上党之兵，从至彭城[⑧]；越之侵掠梁地以苦项羽[⑨]。作《魏豹彭越列传》第三十。

---

① 明，明确，公开表明；画，计画，引申为理想。李斯能公开表示自己的理想。愚按：本传之首记李斯在楚从荀卿学成后，曾估计楚王不足共事，六国又弱不能建立功业，便准备入秦去实现自己的理想，在辞别荀卿时曾公开表示自己要到秦去游说的计画。司马迁叙录此语，当系指此。

② 因时，借机会，碰到机会。愚按：李斯曾表示过“得时无怠”（抓住机会就不要放弃）的思想，此因事即得时之意。推，扶，辅佐。李斯抓住了扶助秦的机会。

③ 使秦达到吞并诸侯统一天下的目的，李斯是主要的谋划者。

④ 开地，开拓土地；益众，更广。靡，羁縻。塞、固，都是险要的意思。榆中，郡名，前人说法不一，张守节以为在胜州北河北岸，今内蒙古河套东北岸。

⑤ 填，镇；塞，险要；广，扩大，有屏障的意思。刘邦得赵地，立张耳为赵王，居赵旧地，所以说镇赵，而以常山为险要，作为河内郡的屏障。

⑥ 弱，削弱；权，力量。陈余攻张耳，张耳归附于汉，这样实际上增强了汉的力量，而削弱了楚的力量。

⑦ 明，昭明；信，信义。刘邦与张耳有故旧，张耳归汉，邦厚遇之，并封张耳为赵王。这件事使刘邦顾念故旧的信义之行昭示于天下了。

⑧ 西河、上党，魏地名，张文虎《校刊史记三家注札记》卷五“毛本西作两”；兵，军队。魏豹集合了魏地的军队归汉，并随汉攻楚于彭城。

⑨ 越，彭越；苦，困；侵掠梁地，汉王三年，刘邦已败于彭城，彭越常往来为汉游兵，袭击楚，并抢粮，断绝楚从梁所得的补足粮食，给项羽造成了困难。梁地，在楚汉相持之间的地方。

以淮南叛楚归汉，汉用得大司马殷，卒破子羽于垓下[①]。作《黥布列传》第三十一。

楚人迫我京索[②]，而信拔魏赵，定燕齐，使汉三分天下有其二，以灭项籍。作《淮阴侯列传》第三十二[③]。

楚汉相距巩洛[④]，而韩信为填颍川[⑤]，卢绾绝籍粮饷[⑥]。作《韩信

---

① 淮南，黥布所据地，黥布听汉使随何谋，以淮南地方全部归汉。汉四年立为淮南王。用，凭借。大司马殷，楚大司马周殷。汉朝靠着英布的关系召降了在九江（寿县）地区的周殷，并让殷参加了破楚战役。卒，终于；垓下，地名，今安徽灵璧县东南。张文虎《校刊史记三家注札记》卷五："中统、游、王、柯、毛本垓作陔。"愚按：周殷降汉事，观《荆楚世家》，其功在刘贾。布传及叙则功在黥布，应以叙传为是。《荆楚世家》记琅玡王入关事与齐悼惠王世家不同。刘伯庄论云："燕齐两史各言其主立功之迹，太史公闻疑传疑，遂各记之，则所谓实录。"（《索隐》）清梁玉绳《史记志疑》卷三十六"作黥布列传第三十一"条引《史通·称谓篇》曰："英布而曰黥布，赵佗而曰尉佗，皆出于当代，史臣编录，无复弛张。盖取叶随时，不藉稽古。"朱东润《史记序传质疑》以黥布传所云为"史迁之定论也"（《史记考索》）。

② 京索，京原是春秋郑邑，汉改京县，今河南荥阳东南，索是索亭，在京县境内。

③ 愚按：读司马迁诸列传，其传主身死爵削，则传名多不署爵而直呼其名，惟韩信仍以淮阴侯传为名，疑司马迁为表示重视韩信功绩的作法。本传赞中虽评韩信伐功矜能，但也认为他对于汉朝的功绩可与周、召、太公相比。因此，韩信无论如何至少应该保留一个侯的地位，用这样的传名来讥讽汉朝对韩信的处理太过。清梁玉绳《史记志疑》已启其疑，卷三十六云"史公于本朝诸臣以罪诛黜者，例不称爵。惟淮阴之死为冤，故书其贬降之爵而不名，以微见意云。"

④ 距，对敌，对峙；巩，今河南巩义市西南。

⑤ 填，镇抚；韩信，韩王信，非淮阴侯韩信；颍川，郡名，今河南中部南部地区。

⑥ 愚按：本传中未言卢绾绝羽粮饷事。张文虎《校刊史记三家注札记》卷五："南宋游、凌本韩下有王字。"《史记志疑》卷三十六云："《索隐》本无王字，震泽本同，则迁传及诸史记本有王字者，妄加之也。盖叛臣削爵，即卢绾不称燕王可见。"

卢绾列传》第三十三。

诸侯畔项王[①]，唯齐连子羽城阳[②]，汉得以间遂入彭城[③]。作《田儋列传》第三十四。

攻城野战，获功归报，哙、商有力焉[④]，非独鞭策，又与之脱难[⑤]。作《樊郦列传》第三十五[⑥]。

汉既初定，文理未明，苍为主计，整齐度量，序律历[⑦]。作《张丞相列传》第三十六[⑧]。

结言通使，约怀诸侯[⑨]；诸侯咸亲，归汉为藩辅。作《郦生[⑩]陆贾列传》第三十七[⑪]。

---

① 畔，叛。

② 连，黏，牵制；城阳，地名，今山东鄄城县。齐田横曾收集齐散兵数万人反击项羽于城阳，把项羽兵力牵制住了。

③ 间，间隙，引申为机会，汉因齐牵制了项羽兵力，所以才有机会攻入彭城。

④ 哙，樊哙；商，郦商。此言樊、郦二人是有战功的。

⑤ 鞭策，供驱使；脱难，樊哙曾脱刘邦鸿门宴之危难。

⑥ 愚按：此传应名《樊郦滕灌列传》，此简称，包括樊哙、郦商、夏侯婴及灌婴四人，夏侯婴不称姓而称封号滕，是由于复姓不便称。《史记志疑》卷三十六云："郦下脱滕灌二字，各处皆有。"

⑦ 苍，张苍；主计，掌管郡国簿书，是汉初应需要设立的官号。整齐，统一；度量，度量衡制度。序，编次。

⑧ 愚按：此传虽以张苍名，但其传中除苍外，尚附有周昌、任敖、申屠嘉三人传，又按此传叙张苍事次序不清，序至苍任御史大夫，即记周、任行事，然后又记苍为丞相以后事，疑文有颠乱。《史记志疑》卷三十六云："迁传误增仓字，各处无之。"

⑨ 结言，用外交辞令相交结；结言通使，指办外交而言。约，受汉约束；怀，怀汉威德。

⑩ 郦生，郦食其，高祖谋士。

⑪ 愚按：此传附有朱建传，惟建传之后又记郦食其见高祖故事。清王鸣盛《十七史商榷》称此为"悉褚先生妄附益耳"。

欲详知秦楚之事，维周緤常从高祖，平定诸侯[①]。作《傅靳蒯成列传》第三十八[②]。

徙强族，都关中，和约匈奴[③]；明朝廷礼，次宗庙仪法[④]。作《刘敬叔孙通列传》第三十九[⑤]。

能摧刚作柔，卒为列臣[⑥]；栾公不劫于埶而倍死[⑦]。作《季布栾布列传》第四十。

---

① 周緤，常为高祖参乘，从起兵以来，不论军事利与不利，都不离高祖左右，随从高祖平定了诸侯，所以他是知道秦楚间事情最详细的人。后以功封蒯成侯。

② 此传包括阳陵侯傅宽、信武侯靳歙、蒯成侯周绁三人。愚按：傅靳称姓而周绁以爵，司马迁重周绁的始终如一。清梁玉绳《史记志疑》卷三十六案：“‘蒯’当作‘蒯’，说见表，迁传成下有‘□’字，非。合传无书‘侯’者。”朱东润《史记序传质疑》按：“本篇张晏以为已亡，为元成之间所补。又《功臣表》信武侯靳歙功位第十一，阳陵侯傅宽功位第十，蒯成侯周功位第二十一。不得以蒯成上掩靳传也。疑有脱误。序传中如是类者不一。”（《史记考索》）李笠《史记订补》卷八案：“《索引》本蒯作蒯，是。”

③ 迁豪族、建都关中、与匈奴和亲，这三件事都是刘敬的献策。

④ 制定朝仪礼法是叔孙通的行事。

⑤ 愚按：刘敬和匈奴策是媚外，叔孙通制朝仪是媚内，所以司马迁用媚的共同点把二人合在一传。

⑥ 季布为项羽将，屡窘高祖，羽灭，高祖以千金购求，通过朱家、夏侯婴等人设法，高祖终于赦免季布，并任用他作臣子，当时人很称道他的摧刚作柔，就是说高祖把严厉的搜捕变成赦免任用。

⑦ 栾公，栾布；不劫，不受……威胁；埶，威势；倍，背弃；死，此指被高祖所杀的彭越。高祖杀彭越，禁人收视。栾布与彭越有旧，不因这种威势的威胁而背弃了有交谊的死者，到彭越头下去祀哭。

敢犯颜色以达主义[①]，不顾其身，为国家树长画[②]。作《袁盎晁错列传》第四十一。

守法不失大理[③]，言古贤人，增主之明[④]。作《张释之冯唐列传》第四十二。

敦厚慈孝，讷于言，敏于行，务在鞠躬，君子长者[⑤]。作《万石[⑥]张叔列传》第四十三[⑦]。

守节切直，义足以言廉[⑧]，行足以厉贤[⑨]，任重权不可以非理

---

① 此条指袁盎事迹。袁盎能冒犯君主的颜色，使君主作应该做的事；义，宜，应该做的事和行为。汉文帝对待周勃过分礼遇，袁盎认为不合适，不管文帝愿意不愿意，谏诤文帝应该掌握为君的分寸。

② 此条指晁错事迹。晁错看到诸侯强大，中央政权力量不足，主张削弱诸国，加强中央集权。他明知此事会引起矛盾，危及自己的身家性命，但他不顾这些，而为国家树立长久之计。张文虎《校刊史记三家注札记》卷五“游本晁错”。清梁玉绳《史记志疑》卷三十六云：“《经史问答》曰：爰晁合传，失史法。错虽以急切更张，蒙谤杀身，然其料七国则非过也，盎直小人之尤，但当附见晁传。”

③ 此条指张释之事迹。张释之任廷尉，谨守成法，而不违背公理。如有人惊文帝乘马，释文依法处以罚金，文帝认为太轻，应处死刑，释之守法，不肯违理而行。

④ 此条指冯唐事迹。冯唐向文帝议论廉颇、李牧的成就，以影射文帝不能用将，藉以增广文帝知人之明。

⑤ 此条指传中诸人立身事君态度之共同点。重点指石奋、卫绾、张欧三人。“务在鞠躬，君子长者”，鞠躬，刘宝楠论语乡党注，解释此二字较详。

⑥ 万石，石奋。石奋与其子四人，官皆至二千石，景帝称奋为万石君。

⑦ 此传记石奋、卫绾、直不疑、周文、张欧（张叔）五人行事。

⑧ 守节，有操守；切直，恳切率直。义，宜，正当的行为；廉，一丝不苟，田叔任赵王张敖郎中数年，有“切直廉平”之称。田叔持身有操守，言词恳切率直，他的义行可以说得上是一丝不苟。

⑨ 行，行为；厉，砥砺。田叔的行为足以砥砺贤者。

挠[1]。作《田叔列传》第四十四。

扁鹊言医，为方者宗[2]，守数精明[3]；后世（修）〔循〕序[4]，弗能易也，而仓公可谓近之矣[5]。作《扁鹊仓公列传》第四十五。

维仲之省[6]，厥濞王吴[7]，遭汉初定，以填抚江淮之间[8]。作《吴王濞列传》第四十六。

吴楚为乱，宗属唯婴贤而喜士，士乡之，率师抗山东荥阳[9]。作

---

① 任重权，委任重责。田叔被托重任后，便不能用非理去阻挠他。如任鲁相时，很忠尽职守，绝不因鲁王许多非理的行为阻挠了自己去尽职。

② 方者，方伎之事，医者；宗，取法。

③ 数，术；守数，掌握医术。

④ 修，清王念孙考证：修当作循。隶书循修相似，传写易讹，标点本增入循字。此从王说。序，绪。后世都遵循扁鹊的余论，不能有所改变。

⑤ 仓公，淳于意，任齐太仓长，所以称太仓公；近之，与扁鹊医理有接近之处。

⑥ 仲，高祖兄刘仲；省，善。汉七年，封刘仲为代王，匈奴攻伐，仲弃国走雒阳，夺王爵，废为郃阳侯，虽然如此，高祖仍然善待他，封他的儿子濞作吴王。

⑦ 濞，吴王濞，刘仲之子；王，动词，封王。

⑧ 填，镇；江淮之间，吴地。《史记志疑》卷三十六："濞与淮南、衡山俱帝胄大邦，不但当以类从，亦当皆次于齐悼惠王世家下，乃置濞四十六，淮南、衡山五十八，何也？若以谋反，贬在列传，则彼在世家者皆不反之王乎，又何相隔之远也？且淮南、衡山削王字，吴何以王，何以濞独名，均所未晓。班彪讥迁黜淮南、衡山，条列不经（章怀亦言其进退之失）而不及濞。小司马谓濞宜与楚元王为一篇，淮南宜与齐悼惠为一篇，庶几允洽。《学史》言：史叙淮南、衡山在东越、朝鲜、西南夷后，以二国固荆地，并有合于《春秋》用夷礼则夷之义，殊非。"

⑨ 婴，窦婴，文帝窦后从兄之子，封魏其侯。乡，向。山东，崤山函谷关以东；荥阳，河南荥阳。窦婴率军抵抗崤山函谷关以东的叛乱势力，驻守荥阳以监督进攻齐赵的军队。

《魏其武安列传》第四十七[①]。

智足以应近世之变，宽足用得人[②]。作《韩长孺列传》第四十八。

勇于当敌，仁爱士卒，号令不烦，师徒乡之[③]。作《李将军列传》第四十九[④]。

自三代以来，匈奴常为中国患害；欲知强弱之时，设备征讨[⑤]，作《匈奴列传》第五十。

直曲塞，广河南，破祁连，通西国，靡北胡[⑥]。作《卫将军骠骑列

---

① 魏其，窦婴封魏齐侯；武安，田蚡封武安侯。《史记志疑》卷三十六云："《经史答问》曰：窦田熏莸，相去远甚。窦本不以外戚封而争梁王，争粟太子，大节甚著，不善处进退之间，自是无学术。田蚡特竖子，无一可称，晚有交通淮南之大逆，只合黜之。史公喜道人盛衰荣枯之际，自写其不平而不论史法，故以灌夫之故，强合窦田为一传也。"

② 愚按：韩安国（字长孺）的智能足以应付当时的事变，如在梁时，设法协调梁孝王与景帝、地方政权与中央政权的关系。他秉性宽厚，使他有足够条件去物色人才，如他所推荐的壶遂、臧固、郅他都是天下的名士。

③ 师徒，士卒；乡之，拥护他。

④ 李将军，李广，汉名将。

⑤ 强弱之时，指匈奴强和弱的时机。设备，防守；征讨，进攻。愚按：此二语是司马迁立传的依据，是说为了要了解匈奴强或弱的时机，以便决定战或守的对策，所以作匈奴列传。《史记志疑》卷三十六云："史诠谓'匈奴，南越、东越、朝鲜、西南夷，大宛，四夷也。以类相从，当在杂传之后'，此说是。小司马亦云：司马相如，汲郑不宜在西南夷下，大宛不合在酷吏、游侠之间。又迁传卫将军，骠骑列传第五十，平津、主父列传第五十一，匈奴列传第五十二，则今本史记有讹。《正义》反谓旧本匈奴传在第五十，非也。说者遂言司马相如开西南夷者，故次西南夷后。匈奴传后继以卫霍、公孙弘，而全录主父偃谏伐匈奴书，史公有深意，并曲解耳。"案匈奴传、卫将军传、平津侯传，与汉书迁传所载次序不合。《匈奴传·正义》："此卷或有本，次平津侯后五十二。今第五十者，先生旧本如此。是唐时史记本序列多从《汉书》。"

⑥ 直，改直；曲塞，曲折的边塞。广，开拓；河南，河套地方。靡，羁靡。

传》第五十一[①]。

大臣宗室以侈靡相高[②]，唯弘用节衣食为百吏先[③]。作《平津侯列传》第五十二[④]。

汉既平中国，而佗能集杨越以保南藩[⑤]，纳贡职[⑥]。作《南越列传》第五十三[⑦]。

吴之叛逆，瓯人斩濞[⑧]，葆守封禺为臣[⑨]。作《东越列传》第五十四。

---

① 卫将军，卫青，大将军；骠骑，霍去病，骠骑将军。

② 侈靡，奢侈；相高，互相争夸。

③ 弘，公孙弘，以儒术得武帝信任，为丞相，封平津侯；用，以；节衣食，公孙弘尝称人主病不广大，人臣病不俭节，自奉俭约，布被，食不重肉。百吏，百官；先，倡导。

④ 愚按：本传题《平津侯主父列传》，以公孙弘之外，当附主父偃之事迹。《史记志疑》卷三十六云："《索隐》本作平津侯主父列传，迁传亦作'平津主父'，但缺'侯'字耳，则此脱'主父'二字。史诠曰：'太史公《平津传》附主父偃、徐乐、严安三人，然行事终不相合，主父以下当别为一传。'"

⑤ 佗，赵佗，秦末为南海尉，秦灭，自立为南越武王。汉兴，遣陆贾立为南越王。集，安定；杨越，南越属扬州；南藩，南部屏障。

⑥ 纳贡职，尽献纳进贡之职。

⑦ 愚按：本传题《南越尉佗列传》。

⑧ 瓯，东瓯，高祖封越东海王摇为东海王，都东瓯（浙江永宁），俗称东瓯王；斩濞，吴王濞反，从吴，吴败，又受汉收买杀吴王濞。

⑨ 封禺，山名；闽越曾受吴王濞子子驹怂恿，攻东瓯，东瓯困守告急，汉发兵往救，未至而闽越撤兵，东瓯仍能保有其地。为臣，东瓯请举国内徙，全部迁到江淮之间，成为汉的臣属。《史记志疑》卷三十六云："迁传作闽越，是也。此误东。"

燕丹散乱辽间[1]，满收其亡民[2]，厥聚海东，以集真藩[3]，葆塞为外臣[4]。作《朝鲜列传》第五十五。

唐蒙使略通夜郎，而邛笮之君请为内臣受吏[5]。作《西南夷列传》第五十六。

《子虚》之事，《大人》赋说[6]，靡丽多夸[7]，然其指风谏，归于无为[8]。作《司马相如列传》第五十七。

黥布叛逆，子长国之[9]，以填江淮之南，安剽楚庶民[10]。作《淮南衡山列传》第五十八。

---

① 燕丹，燕太子丹；散乱，散失混乱；辽间，辽东地区。秦因燕太子丹刺秦事件，于二十九年攻燕，燕王喜逃亡迁徙到辽东地区，人民散失，情况混乱。

② 满，朝鲜王卫满，本燕人。收，聚集；亡民，卫满乘楚汉之间紊乱，收集齐燕的亡命者。

③ 海东，辽东。集，安定；真藩，辽东小国名。卫满在辽东地区聚集势力，并抚佞真藩等国。

④ 葆塞，保护边塞，不使塞外少数族侵边；外臣，外藩之臣。

⑤ 唐蒙，汉郎中将，奉命通西南少数民族；使，奉命；略通，略地开通。夜郎、邛、笮，都是西南少数民族政权名；内臣，与外臣相对而言，要求不作外藩之臣，而和直接臣属一样看待；受吏，接受汉朝委派的官吏，表示臣属的意思。

⑥ 子虚、大人，司马相如所作赋名。

⑦ 靡丽，文辞绮丽多采；多夸，内容的事物和议论大都是虚夸的。

⑧ 指，文章的主题思想；风，讽。无为，听其自然。

⑨ 长，高祖少子，封淮南王。国之，封之以国，淮南王黥布叛乱失败后，汉封刘长为淮南王。

⑩ 填，镇静。剽，剽悍。

奉法循理之吏，不伐功矜能[①]，百姓无称，亦无过行[②]。作《循吏列传》第五十九。

正衣冠立于朝廷，而群臣莫敢言浮说，长孺矜焉[③]；好荐人，称长者，壮有溉[④]。作《汲郑列传》第六十。

---

① 伐功矜能，夸耀功绩，自负才能。

② 称，赞扬。过行，错误行为。《史记志疑》三十五云：“史公传《循吏》无汉以下，传《酷吏》无秦以前，深所难晓。又所举仅五人，而为相者居其三，吏事不责公卿，何以入此。孙叔、子产、公仪子当与管、晏并传为允也。《偲闻录》曰：‘循吏五人而不及汉，春秋列国贤臣尚多，而独传叔敖、子产、公仪，不太略乎？百奢、李离以死奉法，岂曰非贤？于循吏未甚当也。且叙事寥寥，绝无光焰’。史诠曰：‘汉之循吏，莫若吴公、文翁，子长不为作传，亦一缺事。”朱东润《史记序传质疑》：“按《循吏传》孙叔敖，子产，不得言奉法循理。百姓无称也。盖史本有是传而后亡之，后人扩拾补缀，不知其与《序传》不合也。余作《纪传书表世家传说例》，尝因篇第，疑《循吏列传》之为伪窜，观于此而益信。”（《史记考索》）

③ 愚按：此系指汲郑的事迹。正衣冠，整齐衣冠，武帝遇群臣，不太重礼貌，如倚在床边接见卫青，丞相公孙弘进见时，有时他衣冠不整，很随便，但因汲黯为人方正严肃，所以武帝“不冠不见也”，这里表示敬重的意思。就是说，汲黯立身于朝廷间很受武帝敬重。浮说，虚浮荒诞的话。长孺，汲黯字长孺；矜，矜式，楷模。

④ 此条指郑当时的事迹。壮通莊，郑当时字莊。《史记志疑》云：“壮即莊字，郑当时字也”。溉，此字释者不一：（一）《集解》说，溉一作慨。（二）《正义》说，溉，量也。（三）张文虎《校刊史记三家注札记》称“溉下疑有焉字，与上长孺矜焉对”。（四）清梁玉绳：《史记志疑》卷三十六说：“溉即既字……既者已也，助语词。”（五）清郭嵩焘《史记札记》称：“言郑莊荐士，其泽能溉于人也。”愚按：循叙录文字，张文虎之补焉字，旧注之释气量，于义为近；梁说失意，郭说未免牵合。张文虎《校刊史记三家注札记》卷五“南宋毛本郑作黯”，《史记志疑》卷三十六引班固、王应麟“汲、郑不当同传”之说，并主“汲黯传宜在韩长孺传之前”。

自孔子卒，京师莫崇庠序[①]，唯建元、元狩之间，文辞粲如也[②]。作《儒林列传》第六十一。

民倍本多巧，奸轨弄法[③]，善人不能化，唯一切严削为能齐之[④]。作《酷吏列传》第六十二。

汉既通使大夏[⑤]，而西极远蛮，引领内乡，欲观中国[⑥]。作《大宛列传》第六十三[⑦]。

救人于戹[⑧]，振人不赡[⑨]，仁者有乎；不既信[⑩]，不倍言[⑪]，义者有取焉。作《游侠列传》第六十四。

---

① 庠序，国家教育机关，乡学的名称，殷称序，周称庠。此指学术教化而言。

② 愚按：文辞粲如，即文采斐然之意，武帝黜百家，尊儒术，而司马迁小言之为文辞粲如，意思是武帝之时，学术不过文辞而已，是一种褒词贬意的手法，清方苞在《史记注补正》中揭示这一点说："伤武帝不能依古崇庠序以兴教化，而儒术反变为文辞之学也。"

③ 倍本，背离本业，指弃农；多巧，好投机取利，指趋商。奸轨，奸宄；弄法，玩法。

④ 化，感化。严削，严刑峻法；齐，约束。愚按：清方苞《史记注补正》以此语为"辞若褒美，而义存讥刺也。"方氏所言略泥，司马迁此语似有褒酷吏惩豪强大猾之功而怜悯他们得"酷吏"恶名之不得已。

⑤ 大夏，西域国名，位于大月氏西南，今阿富汗境内。

⑥ 西极，到最西方。引领，伸颈；内乡，向往中国内地。观，观光。张文虎《校刊史记三家注札记》卷五："毛本观作亲。"

⑦ 大宛，西域国名，今乌兹别克斯坦共和国费尔干盆地。愚按：此传记西域各国情况。

⑧ 救，挽救；戹，困难，危险。

⑨ 振，赈，救济；赡，丰足。

⑩ 既，失；既信，失信。《读书杂志》云：《方言》、《广雅》并云：既，失也。

⑪ 倍，背，违背；言，诺言。宋王应麟《困学纪闻》卷十一引郑樵说："游侠之徒，未足为煦煦孑孑之万一，况能当仁义之重名乎？"

夫事人君能说主耳目，和主颜色[①]，而获亲近，非独色爱，能亦各有所长[②]。作《佞幸列传》第六十五。

不流世俗，不争埶利，上下无所凝滞[③]，人莫之害，以道之用[④]。作《滑稽列传》第六十六。

齐、楚、秦、赵为日者，各有俗所用[⑤]。欲循观其大旨[⑥]，作《日者列传》第六十七。

三王不同龟[⑦]，四夷各异卜[⑧]，然各以决吉凶。略窥其要，作《龟策列传》第六十八[⑨]。

布衣匹夫之人，不害于政，不妨百姓，取与以时而息财富[⑩]，智者

---

① 说，悦；和，乐；都是迎合、讨人喜欢的意思。

② 非独，不仅；色爱，以色取爱。能，才能；所长，所擅长。各有所长，如韩嫣善射，李延年善歌。《读书杂志》云：能，乃也。

③ 埶利，势力。上下，往来的意思；凝滞，阻碍。

④ 害，妨害，不利。以，由于；道，滑稽之道，善用言辞讽谏之道；用，使用。此传后有褚少孙所补续传六章。

⑤ 都各按照风俗的不同而用不同的占卜方法。

⑥ 愚按：此语是司马迁立传的说明，因为要想考察日者的总的意旨，所以写《日者列传》。清梁玉绳《史记志疑》三十五卷："史缺此传，褚生取记司马季主事补之，序论亦伪记，然其文汪洋恣肆，颇可爱颂。"

⑦ 龟，龟甲，卜筮时所用的工具。三王所占卜的龟是不同的。

⑧ 四夷，四方各少数民族；异卜，占卜方法不同。

⑨ 愚按：此传纯系褚少孙所妄补，内容烦芜凌杂，又按：日者言人，龟策言事，二者实无分列必要。《索隐》云："三王不同龟，四夷各异卜。其书既王，无以纪其异，今褚少孙唯取太卜占龟之杂说，词甚烦芜，不能翦裁，妄加穿凿，此篇不才之甚也。"《史记志疑》卷三十五云："附案，史公此传亡，褚生补之，而其序则托之史公者也。"

⑩ 取与，买卖；以时，按照时间不同的需要；息，增长，滋息。这句话的意思是：富贾们按照客观的需要（不同的时间有不同的需要）作买卖，来增加自己的财富。

有采焉。作《货殖列传》第六十九[①]。

维我汉继五帝末流，接三代（统）〔绝〕业[②]。周道废，秦拨去古文，焚灭诗书[③]，故明堂石室[④]金匮玉版[⑤]图籍散乱。于是汉兴，萧何次律令[⑥]，韩信申军法[⑦]，张苍为章程[⑧]，叔孙通定礼仪[⑨]，则文学

---

① 愚按：此传是司马迁有深刻寓意的一篇文章。班固在迁本传中讥评司马迁："述货殖，则崇势利而羞贫贱。"元王若虚甚至认为司马迁在这篇文章中议论是"罪不容诛"。这都是肤浅的污词；清郭嵩焘《史记札记》称"史公传货殖，自写其湮郁，而揽括天下大势，上下古今，星罗棋布，惟所指画。前后分立数传，要自一气灌输，是一篇整段文字，中间指数关中、巴、蜀、天水、北地、上郡列郡情形，为一大枢纽，亦见汉世承六国之遗，抚临郡国，相奖势力，尽天下皆然，而能者遂以致富，高掌远蹠，睥睨千古。此自史公发摅生平一段胸臆，与他传体全别，班固讥之，故为不伦"。郭氏此论，确有卓识。司马迁之所以能写此巨制，正以身遭非刑，"家贫财赂不足以自赎"的经历，而发出这种愤激言论。

② 统业，汉书迁本传作绝业，王念孙考证认为应作绝业，标点本补入绝字，此从之。《读书杂志》云："统当从《汉书》作绝，绝业与末流对。《文选》头陀寺碑注引史记，正作绝。"

③ 此二语是绝业的进一步说明。拨，废除。

④ 国家藏书所在。

⑤ 金匮，以金为匮，藏书的地方；玉版，用文字刻在玉版上的重要文件。

⑥ 萧何编次法律。清程余庆云："《刑法志》'萧何采摭秦法，取其宜于时者，作律九章。'"（《历代名家评注史记集说》）

⑦ 韩信阐述兵法。清程余庆云："《艺文志》《韩信》三篇，在兵法权谋家。"（《历代名家评注史记集说》）

⑧ 张苍订定制度。清程余庆云："章，历数之章术。程，权衡丈尺斛斗之平法。《张苍》十六篇，在阴阳家。"（《历代名家评注史记集说》）

⑨ 叔孙通制定礼节。

彬彬稍进[①]，《诗》、《书》往往间出矣[②]。自曹参荐盖公言黄老[③]，而贾生、晁错明申、商[④]，公孙弘以儒显[⑤]，百年之间[⑥]，天下遗文古事[⑦]靡不毕集太史公。太史公仍父子相续纂其职[⑧]。曰："於戏[⑨]！余维先人尝掌斯事，显于唐虞，至于周，复典之，故司马氏世主天官[⑩]。至于余乎，钦念哉！钦念哉[⑪]！"罔罗天下放失旧闻[⑫]，王迹所兴，原始察终[⑬]，见盛观衰[⑭]，论考之行事[⑮]，略推三代，录秦汉[⑯]，上记轩辕[⑰]，

---

① 文学，文化；彬彬，文质相合，既有好的形式，也有丰富的内涵。

② 间出，不断出现。

③ 盖公，齐胶西人，言黄老之学。事见《曹相国世家》。

④ 贾生，贾谊。《史记志疑》卷三十六云："史公言贾生明申商，与晁并称，似未当。"清程余庆云："《贾谊》五十八篇，在儒家。《晁错》三十一篇，在法家。"（《历代名家评注史记集说》）申、商：申不害与商鞅。

⑤ 公孙弘以提倡儒术而贵。清程余庆云："公孙弘十篇，在儒家。"（《历代名家评注史记集说》）

⑥ 汉统一至武帝太初年间。

⑦ 遗文，流传下来的文献；古事，旧事。

⑧ 纂，通缵，继续。

⑨ 於戏，呜呼。

⑩ 指史官的职务。

⑪ 钦，敬；钦念哉，好好地记住吧！

⑫ 罔，通网；放失，散失；旧闻，故事。清程余庆云："旧闻有放失者，网罗而考论之。"（《历代名家评注史记集说》）

⑬ 王迹，王业。原，推原；始，兴起；察，考察；终，衰亡。分析研究兴起衰落的原理。

⑭ 见，表现出；观，看到。显示出盛衰的情况。

⑮ 论，论述；考，验证；行事，具体史事。把论述和史实相验证。

⑯ 三代，夏、商、周。三代史料缺乏，所以大致推考一下。秦汉史料丰富，所以详细记录。

⑰ 轩辕，黄帝。

下至于兹[①]，著十二本纪，既科条之矣[②]。并时异世，年差不明[③]，作十表。礼乐损益[④]，律历改易[⑤]，兵权山川鬼神[⑥]，天人之际[⑦]，承敝

---

① 兹，汉武帝时。

② 科条，科分条例，立大纲之意。此指本纪已成，大纲已立。清方苞《又书太史公自序后》云："本纪十二曰著者，其父所科条也。余书曰作者，已所论载也。总之曰太史公序者，明是书乃其父之书而己不敢专也。其本传曰：'请悉论先人所次旧闻，不敢阙，故序书既终，而特以是揭其义焉。'"（《望溪先生文集》卷二）

③ 并时，当代；异世，过去；年差，年次；不明，不清楚。

④ 指《礼书》、《乐书》。

⑤ 指《历书》。张文虎《校刊史记三家注札记》卷五："历字，毛本作数。"

⑥ 兵权指《律书》，山川指《河渠书》，鬼神指《封禅书》。李笠《史记订补》卷八案："《汉书》云：'十篇缺，有录无书'。注：张晏谓'迁没后，亡《兵书》'。师古曰'序目本无《兵书》'，张云亡失，非也。刘奉世云：'《兵书》即《律书》'。今按：上文序《律书》云：'非兵不强'。《索隐》云：此《律书》之《赞》而云'非兵不强'者，则此《律书》即《兵书》也'。古者师出以律，则凡出军皆听律声，故曰：'闻声效胜负，望敌知吉凶也'。此注云《兵书》亡，少孙以《律书》补之，是复以兵律歧而为二，非仅为小颜所非，抑亦前后矛盾矣。《索隐》本'即《兵书》也'，'兵'作'律'（局本已据改）无'迁没……补之'十三字，'今'上有'其云兵'三字，较是。然《赞》云百三十篇，《索隐》亦云《兵书》亡不补，略述律而言兵，误同。"清梁玉绳《史记志疑》卷三十六谓："兵权即《律书》，似复初，当衍'兵权'二字（《索隐》言《兵书》亡，妄也。）山川谓《河渠书》，然史有《河渠》而无地理，遂使自秦已前山野分画，郡邑沿革，与夫名山之割隶开通，川源之迁移厄塞，皆湮没无考。《河渠》一书，岂足以概山川哉！"

⑦ 指《天官书》。

通变[①]，作八书。二十八宿环北辰[②]，三十辐共一毂[③]，运行无穷[④]，辅拂股肱之臣配焉[⑤]，忠信行道，以奉主上[⑥]，作三十世家。扶义俶傥[⑦]，不令己失时[⑧]，立功名于天下[⑨]，作七十列传[⑩]。凡百三十篇，

---

① 指《平准书》。

② 北辰，北极，星名，诸星都围绕它。二十八宿，我国古代天文家将周天行星分划为二十八个星座。此用北辰喻君，诸星喻臣。

③ 辐，车辐；毂，车轮轴心；车辐聚于车轮轴心。此用毂喻君，辐喻臣。

④ 星与轮都是周而复始运转不尽的，比喻臣以君为中心，也同样是无穷尽的。

⑤ 清程余庆云：“拂，弼也。言文武之臣辅佐天子，如众星拱绕北辰，诸辐咸归一毂也。”（《历代名家评注史记集说》）辅拂，拂通弼，辅弼；股肱，股是大腿，肱是手臂从肘到腕的部分。这是人体活动最不可缺少的部分，以比喻辅佐得力的大臣。配，相合。

⑥ 奉，奉事；主上，君主。《史记志疑》卷三十六评《史记》世家诸篇“似不得其序”，并定一次序。又以吴芮不列世家为缺。

⑦ 扶义，持义，扶持正义；俶傥，不平常，出色人才。

⑧ 失时，失掉机会。

⑨ 清程余庆云：“言扶义俶傥之士，能立功名于当代，不后于时也。”（《历代名家评注史记集说》）

⑩ 《史记志疑》卷三十六“作七十列传”条，以史记列传有失次，有应传不传者，为未晓其“去取之义”。愚按：史公草纪传未遑完备，且仁智各有所见，固未可以后人而绳前贤也。惟《史记志疑》卷三十六“凡百三十篇”条曾总评史记，以其“变编年之例，突起门户”，有凿荒开创之功，驳班固对史记之讥评。

五十二万六千五百字，为《太史公书》[①]。序略[②]，以拾遗补艺[③]，成

---

① 太史公书非定名，史记全书字数系司马迁自记的数字，后来经过删补改动，所以与现在《史记》全书总数字不符。清梁玉绳《史记志疑》卷三十六认为史公所述字数与今本不合的原因，是“今本史记历经后人增删，非史公之旧。增者犹可辨其伪，删者无从得其真”。《汉志·春秋家》著录太史公百三十篇，是以太史公官名为书名，《五行志》及《后汉书·班彪传》有《史记》之名，清钱大昕《廿二史考异》卷五非之，言“此范蔚宗增益，非东观旧文”，是以史记名迁书之始，但亦似指史籍而言，《汉书考异》：“班固所云史记非太史公书，古列国之史俱称史记也。”《史记志疑》卷三十六云：“《史记》之名，当起叔皮父子，观《汉·五行志》及《后汉·班彪传》可见，盖取古史记之名以名迁之书，尊之也。”清钱大昕《廿二史考异》卷五：“子长述先人之业，作书继《春秋》之后，成一家言，故曰《太史公书》，以官名之者，承父志也。”清程余庆云：“言《史记》乃其父所著书，而己序之也。”（《历代名家评注史记集说》）隋志以《史记》之名正式著录，以后相沿使用《史记》。朱东润《史记考索·史记名称考》云：“称《太史公书》为《史记》者，其起于班、范之间乎？”遂成太史公书的定名。张文虎《校刊史记三家注札记》卷五：“《索隐》本引上五字不连序字，疑当属下句。”近人钱锺书：除记大昕之说外，又引“桓谭、《汉·志》、《后汉·范升传》、《杨终传》俱称《太史公》，无称《史记》者”。又按“光聪谐《有不为斋随笔》卷甲谓钱（大昕）氏漏引《法言·问神》及《君子篇》、《晋书·刘殷传》、《魏书·崔鸿传》等，《后汉书·班彪传》‘司马迁著史记’是泛言作史，故下文又云《太史公书》。光氏复引《周本纪》、《陈杞世家》、《十二诸侯年表》、《老韩列传》及《汉书·五行志》以驳《史通》言‘迁因旧目，名之《史记》’，谓其‘上句是而下句失考’。”（《管锥编》第一册页394）

② 序略，言其大概，引申作总括大意。愚按：或有云“序略”二字，“序”属上，“略”属下。

③ 拾遗，收集遗文；补艺，《索隐》云：《汉书》迁本传作补阙，补六经的不足。李笠《史记订补》卷八案：“今《汉书》亦作蓺，注：孟康曰：蓺音褋，谓裳下怀褋。李奇曰蓺，六蓺也。师古曰：蓺古艺字。以诸说核之，《汉书》不作阙可知。《集解》取李说亦是班马同文之证。宋宋祁校《汉书》曰：越本补下有阙字，阙蓺字连，不成文义，小司马所见之误本即宋代所传之越本乎？”

一家之言[①]，厥协六经异传[②]，整齐百家杂语[③]，藏之名山[④]，副在京师[⑤]，俟后世圣人君子[⑥]。第七十[⑦]。

太史公曰：余述历黄帝以来至太初而讫[⑧]，百三十篇[⑨]。

---

① 把许多材料，经过删削加工，编次成自成体系的著述。

② 协，调和；异传，不同解释，不同意见。司马迁折衷诸说，自成一说，希望这一说能调协各家之说。

③ 整齐，整理编次。

④ 名山，国家藏书处。所藏可防流失。

⑤ 副，副本；在京师，流传于京师。

⑥ 清王念孙考证，此句本作"以俟后圣君子"。张文虎《校刊史记三家注札记》卷五："汉传作以俟后圣君子，与《索隐》本同。《杂志》云：今本无以字，有世人二字，皆后人所改。"

⑦ 愚按：此段文字系自序的叙录，重复叙述史记之编纂、体制、作用等等。

⑧ 朱东润《史记终于太初考》称："史迁视元狩、元鼎、元封直至太初改定新历，为一整个之时期。获白麟、得宝鼎，为受命之起点；封泰山、禅梁父，为受命之中峰；而改正朔，易服色，为受命之终极，所以同时并陈而归命于穆清者此也。就此整个时期之起点而言，则曰"至于麟止"；就此整个时期之终点而言，则曰'太初而讫'。""然在今日，必为《史记》立一断限，自不得不据此时期之终点而言，故曰'终于太初'，此则证之本书而可信者也。"（《史记考索》）

⑨ 王国维《太史公行年考》云："史公所著百三十篇，后世谓之《史记》，《史记》非公所自名也。史公屡称'史记'，非自谓所著书。……汉人所谓'史记'，皆泛言古史，不指太史公书……称太史公书为史记，盖始于《魏志·王肃传》，乃太史公记之略语。"（《观堂集林》卷十一）史记一百三十篇，汉志称十篇有录无书，《索隐》、《正义》均引张晏说，迁没以后，亡景纪、武纪，礼书、乐书、律书、汉兴以来将相年表，日者列传，三王世家、龟策列传、傅荆蒯成列传。元成之间，褚先生补阙，作武帝纪、三王世家、龟策、日者列传，言辞鄙陋，非迁本意也。清吴见思曰："《史记》自黄帝本纪起一百三十，合而论之，总是一篇。篇终必须收束得尽，承载得起，方无虎头鼠尾之病。此篇以自序世系，逐层卸下，而中载两论，气势已极崇隆，后乃排出一百三十段，行行列列，整整齐齐，而中间复错综变化作一层，无往不收，无微不尽，作书至此，无遗憾矣。"（《历代名家评注史记集说》）清方苞《又书太史公自序后》云："其复出余述历黄帝以来至太初而迄百三十篇，盖举其凡计缀于篇终。犹《卫霍列传》特标左方两大将军及诸裨将名耳。"（《望溪先生文集》卷二）

主要参考书

1. 泷川资言：《史记会注考证》
2. 程余庆：《历代名家评注史记集说》
3. 方苞：《史记评论》（《望溪先生文集》）
4. 姚鼐：《史记笔记》（《惜抱轩集》）
5. 梁玉绳：《史记志疑》
6. 邵懿辰：《书太史公自叙后》（《半岩庐遗集》）
7. 沈修：《史记自序书后》（《未园集略》卷七）
8. 郭嵩焘：《史记札记》
9. 王国维：《观堂集林》
10. 高步瀛：《史记太史公自序笺证》
11. 朱东润：《史记考索》
12. 李笠：《史记订补》
13. 王晓传：《太史公自序注》（《史记选注》）
14. 张文虎：《校刊史记集解索隐正义札记》（引用时简称《校刊史记三家注札记》）

后记

少好读史，《史记》为读史第一种。中学时代，谢国捷老师命读前四史，并告以读《史记》当先读《自序》，得其大要，然后读纪、传、书、表。迨上世纪四十年代中期，负笈京华，就读辅仁大学，受业于新会陈援庵老师，又命读《史记》，并告以先读《自序》，始悟此为前辈学者经验之谈，乃潜心读《自序》，并随手札录有关问题，旁参群籍，成札记多则。其后与学生及青年学人曾多次讲论《太史公自序》，皆有订补。上世纪六十年代渐成《太史公自序笺释》一文，约五六万字，藏之柜箧。今夏整理废旧丛稿，得此旧作，字多漫漶，文亦残缺。粗加整理，得注释解说700余条，自视浅陋，不敢以《笺释》名篇，乃易称《太史公自序讲义》，并重加增订，付之书刊，以求正于贤达。

《太史公自序讲义》经多次增订整理，多承天津图书馆常虹女士襄助，为我节省精力，特致谢意！

二〇一二年十二月修订稿

原载于《中国典籍与文化论丛》第十五辑　全国高等院校古籍整理研究委员会主办、《中国典籍与文化》编辑部编　凤凰出版社2013年版

清代前期的商业

——读清人笔记札记之一

清代前期的商业在农业和手工业发展的促进下是比较发达的，商业资本也比较活跃。它不仅有交易繁盛、转输频数的商业中心，还有为数不少的中小商业城市；商业资本在农业、手工业生产领域中的活动痕迹也比较明显；南北城乡各地还拥有一些不同形式的集市，作为封建经济的补充渠道和人民生活中的交换纽带。同时，随着商业的兴盛，社会风气也有所变化。这些历史上的社会现象，过去的官书、正史中没有足够地给予重视和记述，而作为私家档案性质的若干笔记杂著中所记纵然不够全面，却还可以大略勾画出某些方面的轮廓。本文主要根据检读清人笔记所及，爬梳钩辑，撰次成文，或可供需者参证。

一、“四聚”等商业中心的繁盛

清代前期有分布在东南西北的四个主要商业城市，称为“四聚”。刘献廷的《广阳杂记》卷四曾记称：

> 天下有四聚：北则京师、南则佛山、东则苏州、西则汉口。然东海之滨，苏州而外，更有芜湖、扬州、江宁、杭州以分其势。西则唯汉口耳！

“四聚”中的京师是一个街市繁华、人烟阜盛的政治、经济和文化的中心。它从明以来就是“八方兼四海，无处不来行”的商业名城。自康熙以来，为适应商业活动需要的著名戏馆酒园就有太平园、四宜园、查家楼、月明楼、方壶斋、蓬莱轩、升平轩等多处[①]。道光时人杨静亭所编的《都门纪略》是从社会各方面来描绘京师繁荣景象的。作者在自序中申明著书目的是“统为客商所便”。它虽然成书稍晚，但社会上既然出现了专门导游的著述直接为各地到京师的客商服务，则京师长期以来的繁盛情状自可想见。书中对康乾时期京师戏剧行业的兴旺曾作了明确的追记说：

> 我朝开国伊始，都人尽尚高腔，延及乾隆年，六大名班，九门轮转，称极盛焉。其各班各种脚色亦复会萃一时。

商人会馆，乾隆时也“各省争建”，甚至“大县亦建一馆”，以致前三门会馆麇集之区的地价，一时腾涌[②]。这些不正反映了商业城市的一种繁荣景象吗?

苏州是东南地区“商贾云集”、“五方杂处”的胜地[③]。它“人烟稠密，贸易之盛，甲于天下”[④]。苏州城里是“洋货、皮货、绸缎、衣饰、金玉、珠宝、参药诸铺，戏园、游船、酒肆、茶店，如山如林，不知几千万人”[⑤]。葑门、盘门地区在乾隆末年已成“人居稠密”、“地值寸金”[⑥]的繁华闹市。五十年前“减价求售”的华屋，这时也成了“求之不得”的争逐物了[⑦]。有些地方在明代还是荒旷之地，而到了清代前期就兴旺发达成为人阜物丰之地，所住居民多为殷实富户了。如：

> 苏州府城阊门外，南濠之黄家巷——古名雁宕里。……明时尚系近城旷地，烟户甚稀。至国朝生齿日繁，人物殷富，闾阎且千，鳞比栉次矣。[⑧]

苏州这座城市在乾嘉时已有“最繁华，除是京师吴下有”的盛誉。它实际上已是一座“濠通南北之船，山列东西之篓；百货之所杂陈，万商之所必走”，次于北京的第二大城市了[⑨]。有的杂记中甚至认为苏州繁盛胜于京师、极口赞誉苏州“阊

---

① 戴璐：《藤荫杂记》卷五、卷九。
② 汪启淑：《水曹清暇录》卷十。
③ 钱泳：《履园丛话》卷一《安顿穷人》。
④ 顾禄：《清嘉录》卷五《关帝生日》。
⑤ 顾公燮：《消夏闲记摘抄》（上），页二七。
⑥ 顾公燮：《消夏闲记摘抄》（中），页十三。
⑦ 叶梦珠：《阅世编》卷四《宦迹》。
⑧ 徐锡麟：《熙朝新语》卷十六。
⑨ 佚名：《韵鹤轩杂著》。

门内外，居货山积，行人流水，列肆招牌，灿若云锦。语其繁华，都门不逮”[①]。

南方的佛山是由一个村镇发展起来的新兴城市。它的繁盛据说已超过了省会广州而成为南方的一聚。曾经亲历其地的吴震方曾记称：

> 佛山镇离广州四十里，天下商贾皆聚焉。烟火万家，百货骈集，会城百不及一也。[②]

正是这个新兴的商业中心吸引着更多的人口涌进来，使它成为拥有几十万人口的城镇。李调元的《南越笔记》卷五说：

> 佛山有真武庙，岁三月上巳，举镇数十万人，竞为醮会。

这个数字虽不一定确切，但佛山镇的人烟密集则是无可置疑的。

西聚的汉口处于“湖北冲要之地”，已是一处“商贾毕集、帆樯满江”的大都会[③]，被称为“船码头”。它“不特为楚省咽喉，而云贵、四川、湖南、广西、陕西、河南、江西之货，皆于此焉转输。虽欲不雄天下，不可得也”[④]。所以范锴在《汉口丛谈》卷三中描写说：

> 汉镇人烟数十里，贾户数千家，鹾商典库咸数十处，千樯万舶之所归，货宝珍奇之所聚。

四聚之外，全国各地还有一些够得上称为商业中心的城市。如：

北方的天津不仅百货齐备，还是水产品的聚散地。当时目睹其盛的人就说它是：“镇城百货交集，鱼虾蟹鳙并贱。”[⑤]

江南则有更多商业城市。如：

南京彩霞街与评事街交会的果子行口，是“肉腻鱼腥，米盐糅杂，市廛所集，万口一嚣”的市场；珠宝廊一带，自“嘉道以还，物力全盛，明珰翠珥，炫耀市廛”[⑥]。秦淮河上的利涉、武定两桥之间，“茶寮酒肆，东西林立”[⑦]。

---

① 孙嘉淦：《南游录》卷一。
② 吴震方：《岭南杂记》上卷。
③ 钱泳：《履园丛话》卷十四《汉口镇火》。
④ 刘献廷：《广阳杂记》卷四。
⑤ 谈迁：《北游录·纪程》。
⑥ 陈作霖：《运渎桥道小志》。
⑦ 余怀：《板桥杂记》上卷。

杭州是“百货所聚”的浙江省会，它向各地客商供应为四方所珍的土特产：

如杭之茶、藕粉、纺绸、纸扇、剪刀；湖之笔、绉纱；嘉之铜炉；金之火腿；台之金桔、鲞鱼：亦皆擅土宜之胜，而为四方之所珍者。[①]

扬州由于盐业、漕运的发展推动了商业的兴盛。如“多子街即缎子街，两畔皆缎铺”。每年四月二十日就在此批发绸缎，每货至缎子街，“先归绸庄缎行，然后发铺，谓之抄号”，当时被称为“镇江会”[②]。海味也以此为聚散地，有咸货行、腌切行、八鲜行、鱼行等批发行业。北门桥、虹桥附近还集中了为商业服务的茶楼酒馆。扬州的商业兴盛面貌在李斗的《扬州画舫录》中曾得到了较充分的反映。

中原地区的亳州（今安徽亳县）也成为富商巨贾的居留地。他们征歌逐舞，豪奢一时。钮琇的《觚賸》中记其景象说：

亳之地为扬、豫水陆之衝。豪商富贾，比屋而居；高舸大艑，连樯而集。[③]

商州（今陕西商县）也成为商业要衝，严如熤的《三省山内风土杂识》有如下的记载：

商州城外，地势平敞，宜麦、粟各种，间亦有稻田。东为豫省丁字关，扼秦、豫之冲。东南为龙驹寨，小河一道，可通舟楫，直达襄阳之老河口。西商之贸易东南者，多于此买舟雇骡，人烟稠密，亦小都会焉。

南方的名城广州，繁盛不亚于江南，有“金山珠海，天子南库”之称[④]。城南濠水对岸的濠畔街“有百货之肆，五都之市，天下商贾聚焉”。“当盛平时，香珠犀象如山，花鸟如海，番夷辐辏，日费数千万金。饮食之盛，歌舞之多，过于秦淮数倍。”[⑤]

西南边陲地区，如昆明南关外的金马碧鸡坊，就是一个“百货汇聚，人烟辏集之所也，富庶有江浙风”的闹市中心。昆明全城也是“烟火万家，楼阁参差”

---

① 陆以湉：《冷庐杂识》卷八《土物》。

② 李斗：《扬州画舫录》卷九。

③ 钮琇：《觚賸》卷五《牡丹述》。

④ 屈大均：《广东新语》卷十五《货语》。

⑤ 屈大均：《广东新语》卷十七《宫语·濠畔朱楼》。

的繁华城市。而贵阳一城，如果置身于城西二里的栖霞山上“遥瞻”一下，也是“烟火万家，历历在目”[①]。东北的宁古塔虽是遣戍之所，但也成为特产聚散中心，“凡崔峰、乌苏里、三姓、红旗街、黑龙江、新城各处所产之人参、东珠、貂皮、元狐、一切箭杆弓料之物。每岁秋冬皆货于此。江南各省之人亦万里而来，乃一小都会也”[②]。

各地还有一些小城镇也成为人口密集、商业繁兴的中心，如江苏吴江西南的盛泽镇，“居民以锦绫为业。今商贾自远辐辏，气象蕃阜，户口万余。诸镇推为第一”[③]。山西介休县的张兰镇成为“城堞完整，商贾丛集，山右第一富庶之区”。山西猗氏县（今临猗县）的油村镇也是“油聚之所，繁荣不减北向”[④]。云南大理城外的白崖、迷都也都是“烟火万家”、“百货俱集”的商聚了[⑤]。

商业中心与城镇的兴起和繁盛反映了商品经济的发展。

二、商业资本的活跃

清代前期的商业资本比较活跃。商业的主要类型大致有四种：

一是凭借政治势力的垄断性商业，如盐商、铜商和行商等。

二是资本雄厚、活动范围广的大商业，如米商、布商、批发商和贩运商。

三是一般铺户，是面向消费者的各行各业。

四是小商小贩，包括集市交易的摊商和走街串巷的挑贩。

关于这四种类型商业，我在另一篇札记《清代前期的商人及其地位》（《中国文化》创刊号）中有较详的论述。这四种类型商业是一般商业的正常现象，而更值得探讨的是上述活动外，商业资本已伸展它的经济活力到农业的经济作物和手工业成品上去了。

商业资本在占有经济作物的活动中，基本上采取“买青”和转输以求利的方式。福建的荔枝和龙眼是当地的特产，就被吴越的商贾所觊觎。他们在春天果木

① 陈鼎：《滇黔纪游》。

② 冯一鹏：《塞外杂识》。

③ 张大纯：《姑苏采风类记》。

④ 祁韵士：《万里行程记》。

⑤ 陈鼎：《滇黔纪游》。

未熟时就入赀估园。这种情况当时已经普遍存在，所以福建方言中专称这一活动为“檏”。清初学者、曾在福建任布、按多年的周亮工在所著《闽小纪》中说：

闽种荔枝龙眼家，多不自采。吴越贾人，春时即入赀，估计其园。吴越人曰断，闽人曰檏。有荔荏者、檏孕者、檏青者。树主与檏者，倩惯估乡老为互人。互人环树指示曰：某树得干几许，某少差，某较胜，虽以见时之多寡言，而后日之风雨、之肥瘠，互人皆意而得之。他日摘焙，与所估不甚远。估时两家贿互人，树家属多，檏家属少。[①]

商业资本这种活动的结果之一产生了一种类似公证人的行业，即所谓“互人”。这些“互人”既是行家，又是从双方获利的经纪人。

吴桭臣的《闽游偶记》就引录了《闽小纪》中这段记载的全文，一直到道光时施鸿保所撰的《闽杂记》中仍记载这种活动，并说另有“判卖”的专称。

这种先付钱、后取货的买青活动，实际上是对农产品的包买，已包含着某种程度的资本主义经营方式。

在转输经济作物方面，贩进贩出，懋迁有无，如“广州以荔枝、龙眼为果岁。夏至日，贾人以板箱载荔枝、龙眼而北曰果箱”[②]。而广州的牡丹花，则是“每岁河南花估持根而至”，时谚说“花估持来远，兼金买几枝”，正指这一活动[③]。

这种转输活动把全国各地联结成为一个统一市场。如“（福建）泉漳人满，每告籴于粤，航海而至”[④]。福建生产的牵牛花子、使君子、钗石斛和泽泻等药材也都“贩江浙间，获利颇夥”[⑤]。纪昀的家乡河间产枣，乡人以南北贩运为恒业，他在《阅微草堂笔记》卷十三《槐西杂志三》中说：

余乡产枣，北以车运供京师，南随漕舶以贩鬻于诸省，土人多以为恒业。

至于内地和边陲也都采运频繁。王士祯的《陇蜀余闻》中记载了内地茶商到西南少数民族地区的采购情况说：

---

① 周亮工：《闽小纪》卷上《檏荔》。

② 屈大均：《广东新语》卷二五《木语·果日》。

③ 屈大均：《广东新语》卷二五《木语·牡丹》。

④ 王沄：《漫游纪略》卷一《闽游·广漆》。

⑤ 施鸿保：《闽杂记》。

打箭炉在建昌西南，地与番蛮喇嘛相接，与雅州、荥经名山亦近。江南、江西、湖广等茶商、利彝货，多往焉。

商业资本在手工业生产方面的活动，主要在三个方面，即：（一）运销手工业产品，即从事商品买卖；（二）开始转向手工业生产；（三）并支配家庭手工业的小生产。

首先，商业资本通过甲地采购、乙地销售的贩运手段来增殖利润。棉布是运销品中的大宗，如“闽不畜蚕，不植木棉，布帛皆自吴越至”[①]。

广东则是：“冬布多至自吴、楚。松江之梭布、咸宁之大布，估人络绎而来，与棉花皆为正货。”[②]

黑龙江的布疋也多来自北京和江南。西清的《黑龙江外纪》卷五说：

棉花非土产，布来自奉天，皆南货。亦有贩京货者，毛兰、足青等布是已，然皆呼为京靛，而江南来者号抽机布。

有的名产也通过商业资本的活动而遍及全国，南京贡缎就是如此，它行销的市场是：

北趋京师，东并辽沈，西北走晋绛，逾大河，上秦雍甘凉，西抵巴蜀，西南之滇黔，南越五岭、湖湘、豫章、两浙、七闽，泝淮泗，通汝洛：冠服鞾履，非贡缎，人或目笑之。[③]

从徽州木商聚居“金陵上河”[④]的情况也可推测当时南京地区木商转贩之盛。

不仅如此，连小手工业制品也被卷进到商业资本的罗网之中，如：

齐齐哈尔卖香囊者，河南人，夏来秋去。卖通草花者，宝坻人，冬来春去。所卖皆闺阁物，得利最厚。[⑤]

其次，商业资本转向手工业生产，其最典型例子莫过于三省老林内的各种手

① 王澐：《漫游纪略》卷一《闽游》。

② 屈大均：《广东新语》卷十五《货语·葛布》。

③ 陈作霖：《凤麓小志》卷三《志事·记机立第七》。

④ 采蘅子：《虫鸣漫录》卷一。

⑤ 西清：《黑龙江外纪》卷五。

工工场。清代“边防”专家严如熤的著作中言之綦详，如在川陕鄂三省边界的大圆木厂的情况是：

> 开厂出资本商人住西安、盩厔（今陕西周至县）、汉中城，其总理总管之人曰掌柜，曰当家；挂记账目、经营包揽承赁字据曰书办；水次揽运头人曰领岸；水陆领夫之人曰包头。[①]

其他各厂的情况是：

> 铁厂、板厂、纸厂、耳菌厂皆厚赀商人出本，交给厂头雇募匠作，厂民自食其力。[②]

严氏的另一著述《三省山内风土杂识》中也同样地记述了商业资本对各厂的直接控制。

南京的丝织业机户也为商业资本所操纵。乾隆时的程先甲曾写过一篇《金陵赋》，其中有几句描写了商业资本与织缎业的关系说：

> 机声轧轧，比户喧阗，万家篝火，世业相传，商贾云集，于此懋迁。

程氏并自注说：

> 金陵贡缎、宁绸之名甲于天下。开机者谓之帐房，亦曰缎号，代客买卖者曰缎行，机匠领织曰代料。

支配家庭手工业的小生产是商业资本在手工业生产中活动的第三个方面。它通过单纯收购，原料抵换和委托加工等等具有支配力量的手段来起作用。如无锡家庭手工业者生产三种布：三丈成疋的称“长头”，二丈成疋的称“短头”，用来换回棉花从事再生产。二丈四尺成疋的称“放长”，用来易米及钱。这些产品，统由“坐贾收之，捆载而贸于淮阳高宝等，一岁所交易，不下数十百万”。其繁盛程度致使无锡成为当时有名的“布马头”。前二种布是以花换布的原料抵换，后一种布则是单纯收购。为了更便于收购，收购商出庄到郊外。当时人张春华曾写过一首衢歌描述这种情景说：

① 严如熤：《三省边防备览》卷九《山货》。

② 严如熤：《三省边防备览》卷十四《艺文》下《老林说》。

耐晓寒侵健踏霜，隔宵结伴趁星光，揭来指认西风里，远郭红灯早出庄。

作者自注说：

贫家往往待织妇举火，布成漏或四下矣。其夫若子负之出，虽霜雪不敢惮也。村行苦寂必有伴侣。布市列城市售取，每不便。于郭外静处觅屋半间，天未明，遣人于此收售为出庄。[①]

商业资本如水银落地，无孔不入，它张开罗网等待着家庭小生产的手工业产品的投入。不仅如此，它还通过转贩，把原料、商品、手工业生产都连结在一起以牟利。如：

闽粤人于二、三月载糖霜来卖，秋则不买布而只买花衣以归，楼船千百，皆装布囊累累，盖彼中自能纺织也。每晨至午，小东门外为市，乡农负担求售者肩相摩，袂相接焉。[②]

有的则是以原料抵换成品，钱泳记其族人的经营状况说：

余族人有名焜者，住居无锡城北门外，以数百金开棉花庄换布以为生理。[③]

小生产者的力量微弱，只能忍受商业资本的蚕食。商业资本在这种活动中最易致富，所以当时无锡有人已经看到这一现象而记称“无锡坐贾之开花布行者，不数年即可致富”[④]。

商业资本从在农业和手工业生产的活动中获取了利润，积累了资本，但它没有更多地转向工业生产，进行扩大再生产，而是转向农业资本，乘机掠买土地；转向高利贷资本，进行重利盘剥。

商业资本往往乘农田少人过问的机会，利用余资，夺取土地。这和传统的重本轻末思想有关，时谚“庄户钱万万年，开店钱六十年”正反映了这种思想。乾隆时的钱泳曾主张：“凡置产业自当以田地为上，市廛次之，典当铺又次

① 《沪城岁事衢歌》。

② 褚华：《木棉谱》。

③ 钱泳：《履园丛话》卷二三《杂记上·换棉花》。

④ 黄印：《锡金识小录》卷一《备考上》。

之”[①]。康熙时的叶梦珠在所著《阅世编》卷一论及当时田产之一变说：

> 谷贱伤农，流离初复，无暇向产；于是有心计之家，乘机广收，遂有一户之田连数万亩，次则三四五万至一二万者，亦田产之一变也。

所谓“有心计之家”至少包含有一部分持筹握算的商家。而从这段资料也看到了商业资本向土地活动的一些踪影。

又上海赵某在运营贸易致富后，“临终嘱其二子收业，尽以置产，产亦百亩”[②]。这是更直接的例证。

商业资本的另一转向是高利贷资本，如新安程、汪二姓，“以贾起家，积财巨万”后，就“以重利权子母，持筹握算，锱铢必较”[③]。这是转化为高利贷资本的典型例证。一般商家也多放债，债期、债利都较苛刻。西清的《黑龙江外纪》卷五记称：

> 商家放债，取利三分，至轻也。春秋二仲，算还子母，至缓也。然三月借者，秋取六个月利；七月借者，秋亦取六个月利。春季仿此，则似轻实重，似缓实急。

更有甚者是放实物取利，刘玉书的《常谈》卷四记粮商放粮取利的实例说：

> 今镇市乡井有粮商计农夫亩之多寡，春夏贷之籽种食用，秋成加息取偿，即青苗之遗义……惟取息过重（原注：其法以春夏之交，粮贵出贷，如斗直一千为本，至秋粮贱，斗直五百，则以二斗作为一千归本，以外加息），农夫救一时之急，致终岁勤动，不足补偿者有之，诚堪怜悯。

从上述资料考察，清代前期商业资本的活动范围相当广，而能量也是比较大的。它虽然在商业资本转化为农业资本与高利贷资本方面，依然起着维持封建经济的作用，但更值得注意的却是对日趋后期的封建社会曾产生了破坏自然经济的积极作用。

---

① 钱泳：《履园丛话》卷七《臆论·产业》。

② 许仲元：《三异笔谈》卷三《布利》。

③ 董含：《三冈识略》卷八《积财贻害》。

三、集市的遍及全国

集市起源甚早，《诗经》中的“抱布贸丝”，《管子·小匡》中的“处商必就市井”，都说明有集市贸易，历代相沿不废。清初的集市遍及全国，按其性质，大体可分二种：

一种是专业性的集市。花市是比较普遍的一种。如在扬州：

> 天福居在牌楼口，有花市。……近年梅花岭、傍花村、堡城、小茅山、雷塘皆有花院。每旦入城聚卖于市。每花朝于对门张秀才家作百花会，四乡名花聚焉。①

> 画舫有市有会：春为梅花、桃花二市；夏为牡丹、芍药、荷花三市；秋为桂花、芙蓉二市。②

广州则有专供过年摆设需要的花市：

> 每届岁暮，广州城内双门底卖吊钟花与水仙花成市，如云如霞，大家小户，售供座几，以娱岁华。③

有的地方则按行业不同而同时分地集市，如南京有柴市和鱼市：

> 金陵人家素无三日之储，故每晨必有市，而西南隅得其二：一曰柴市（柴草名略），或担以人，或驮以驴，率于小西门鸣阳街仓门口卖之，亦不过上浮桥而北也。……一曰鱼市，自镇淮桥口至沙湾饮马巷口，半里而近，夹道皆鱼盆也（鱼名略）。每当南门乍启，市声沸腾，荆棘钩衣，路如膏滑，非举足便捷者不敢行。逮至日逾亭午，始能雅步从容，不与人畜争路。盖交易者于以退焉。忽聚忽散，如雷电之过。④

广东则有固定的专业性集市四处，即：

---

① 李斗：《扬州画舫录》卷四。

② 李斗：《扬州画舫录》卷十一。

③ 张心泰：《粤游小志》。

④ 陈作霖：《凤麓小志》卷三《志事·记诸市第八》。

一曰药市，在罗浮冲虚观左，亦曰洞天药市。……一曰香市，在东莞之寥步，凡莞香生熟诸品皆聚焉。一曰花市，在广州七门，所卖止素馨，无别花，亦犹雒阳但称牡丹曰花也。一曰珠市，在廉州城西卖鱼桥畔，盛平时，蚌壳堆积有如玉阜，土人多以珠肉餉客，杂薑齏食之，味甚甘美。其细珠若粱粟者亦多实于腹中矣。[①]

另一种是遍及南北城乡各地的定期性综合集市。它们的名称各异，以称墟、集、场者为多，如：

市井之地，其名各省不同，南方谓之牙行……牙音似衙；……北方谓之集……声转亦谓之积；西蜀谓之痎；……岭南谓之虚；又有谓之亥者；……南中诸夷谓之场。[②]

蜀人谓之场，滇人谓之街，岭南谓之务，河北谓之集。[③]

两粤市谓之墟……北人谓之亼，亼字见说文，音集。[④]

市肆：岭南谓之墟，齐赵谓之集，蜀谓之亥，滇谓之街子，以其日支名之。[⑤]

从这些记载看到集市的名称有牙（衙）、集（积）、虚（墟）、亥、场、街、务等。

参加这种集市交易的活动，各地也有不同的称呼。

交易于市者，南方谓之趁墟，北方谓之赶集，又谓之赶会，京师则谓之赶庙。[⑥]

（北方）谓之赶集，两粤则谓之赶墟。[⑦]

苗人……呼上市为赶场。[⑧]

城乡皆间数日为市，北人谓赶集，滇人谓赶街子，有虎街、猪街等名；

① 屈大均：《广东新语》卷二《地语·四市》。
② 褚人获：《坚瓠四集》卷三《市名》。
③ 施鸿保：《闽杂记》卷三《虚场》。
④ 张心泰：《粤游小志》。
⑤ 曹树翘：《滇南杂志》。
⑥ 佚名：《燕京杂记》。
⑦ 张心泰：《粤游小志》。
⑧ 许缵曾：《滇行纪程》。

即其日子名之，即趁墟也。[1]

这些不同名称的定期集市，集期不一，有按年、有按节令、有按日、有按时者。兹表列集市情况如次：

地区	集市地点	集期	集名	集市内容	出处
北京	大明门两旁	不论日	朝前市		谈迁：《北游录》《纪闻下·定水带》
	东华门外（顺治十一年移至正阳门外）	元节前后十日	灯市		
	东华门内	每月三日	内市		
	正阳门桥上	每日晡刻	穷汉市	“窭人子以琐杂坐售”	
	刑部街西都城隍庙（后移外城报国寺）	每月朔、望及念五日			谈迁：《北游录》《纪游上·都市》
	灵佑宫（顺治十一年增）	每月八日			
	南城土地庙	每月逢三		“凡人家器用等物，靡不毕具，而最多者为鸡毛帚子，短者尺余，高者丈余，望之如长林毛竹。”	佚名：《燕京杂记》
	西四牌楼护国寺	月之逢七、八日		“珠玉云屯，锦绣山积，花衣丽服，修短随人合度，珍奇玩器，至有人所未覩者”	
	东四牌楼隆福寺	月之逢九、十日		“俱卖衣服、椅桌、玩器等物，而东市皮服尤多，平壤数十里，一望如百兽交卧。……西小市不燃灯烛，暗中摸索，随意酬值。……此皆穿窬夜盗夜售。”	
	外城东		东小市		
	外城西		西小市（黑市）		
	西小市之西	五更垂尽时往此鬻之，天乍曙即散去矣	穷汉市	“穷困小民，日在道上所拾烂皮溷纸。”	
	东小市之西		穷汉市	“破衣烂帽”	

① 齐学裘：《见闻续录》卷一《摆夷》。

（续表）

地区	集市地点	集期	集名	集市内容	出处
北京	慈仁寺（宣武门外下斜街）	每月初一、十五、二十五日		“每月朔望及下浣五日，百货集慈仁寺，书摊只五六，往时间有秘本，二十年来绝无之”	王士祯《香祖笔记》、戴璐：《藤荫杂记》
	厂甸	元旦至十六日		“（窑厂）门外隙地，博戏聚焉，每于新正元旦至十六日，百货云集，灯屏琉璃，万盏棚；玉轴牙签千门联络，图书充栋，宝玩填街。更有秦楼楚馆遍笙歌，宝马香车游士女。”	潘荣陛：《帝京岁时纪胜》
直隶	鄚州城外药王庙	每年四月		“河淮以北，秦晋以东，各方商贾，辇运珍异、菽粟之属，入城为市，妙妓杂乐，无不毕陈，云贺药王生日，幕帘遍野，声乐震天，每日搭盖棚厂，尺寸地非数千钱不能得，贸易游览，阅两旬方散。”	高士奇：《扈从西巡日录》
江苏	扬州平山堂	“日晨为市，日夕而归”		“以布帐竹棚为市庐。”“所鬻皆小儿嘻戏之物。”	李斗：《扬州画舫录》卷十六
	扬州天宁门至北门	南巡需要	买卖街	“沿河北岸建河房，仿京师长连、短连、廊下房及前门荷包棚、帽子棚做法……令各方商贾辇运珍异，随营为市。”	李斗：《扬州画舫录》卷四
	朱桥镇	五鼓毕集黎明而散	布市		吴芗厈：《客窗间话》初集卷三《谈鬼》
福建	上诸府乡镇间	或二七日，或三八日，或四九日		“百货皆聚”	施鸿保：《闽杂记》
广西	灵川	三日一墟		“至则蚁屯，去则鸟散，其地荒僻，米薪诸物，全赖墟期徧买之，以储三日粮。”	张心泰：《粤游小志》

（续表）

地区	集市地点	集期	集名	集市内容	出处
云南	腾越村城	每五日一街，村城不同日，土司地方皆同			曹树翘：《滇南杂志》
	剑川：沙溪甸尾	每日	夜市	“悄悄长昼，烟冷街衢，日落黄昏，百货乃集，村人蚁附，手然松节曰明子，高低远近，如莹如磷，负女携男，趋市买卖……届二鼓，始扶醉渐散者半”	张泓：《滇南新语》
	大理西门外教场	每年三月十四至十六日	大街子	“百货俱集，结节如阛阓”	陈鼎：《滇游记》
		逢二五八	小街子	“聚于各市，午过则散”	
宁夏	西宁之西五十里曰多坝		大市	“细而东珠玛瑙，粗而氆氇藏香，中外商贾咸集”	冯一鹏：《塞外杂识》

这些遍及全国城乡的集市贸易，从其基本性质看，仍然是作为封建经济的一种补充渠道，但它在活跃城乡经济，调节人民供求关系等方面还是有一定作用的。

四、商业兴盛后的社会风尚

随着商业的兴盛，商品经济的活跃，商人从各方面吮吸着利润，一掷千金无吝色的豪侈，严重地影响整个社会风尚，历来所谓的“克勤克俭”的风气已在日趋奢靡淫佚。在那些频繁交往、酬酢宴乐的商业活动中，在服饰、饮食、游乐等方面，都互相争奇斗胜，夸耀财富。而东南地区尤为突出。

在服饰方面，一改布素而求绮罗锦绣，如无锡的情况是：

方康熙时，衣服冠履，犹尚古朴，常服多用布，冬月衣裘者百中二三。……今（乾隆）则以布为耻，绫缎绸纱，争新色新样。……间有老成不改布素者则目指讪笑之。[①]

① 黄印：《锡金识小录》卷一《备参上·风俗变迁》。

又如苏州的情况是：

余五六岁时，吾乡风俗尚朴素。……今隔五十余年，则不论贫富贵贱，在乡在城，俱是轻裘，女人俱是锦绣，货愈贵而服饰者愈多，不知其故也。[①]

在饮食方面，暴殄天物，无所吝惜。如苏州的情况是：

吴门之戏馆，当开席时，哗然杂遝，上下千百人，一时齐集。真所谓酒池肉林，饮食如流者也。尤在五、七月内，天气蒸熟之时，虽山珍海错，顷刻变味，随即弃之，至于狗彘不能食。[②]

居人有宴会，皆入戏园，为待客之便，击牲烹鲜，宾朋满座。[③]

又如杭州的情况是：

余幼时（乾隆）见凡宴客者，约则五簋，丰则十品，若仓卒之客不过小九盘而已。其后日渐盛设，用碗必如盆，居山必以鱼鳖，居泽必以鹿兔；所费已倍往昔矣。近年以来（嘉庆），吾杭富人，一席之费几至六七千文，盖又务为精致相高，虽罗列数十品，绝无一常味也，甚而有某姓者，尝以钱五十千治一席，又以十千买初出鲥鱼二尾为尝新，则何曾父子亦何足道哉！[④]

又如浙江吴兴的情况是：

吾乡风俗，本尚俭朴，簪缨世胄，咸谨守礼法，无敢僭侈，即如宴会，予十数岁时，见晟舍之视履堂、奕庆堂、抱宏堂；前坵之葆素堂、丰澍堂；竹墩之受祉堂；我族之滑叶堂、章庆堂、仁寿堂诸尊长家，殽不过十簋，先用冷殽四簋压棹，坐既定，陈设六簋，酒十数巡而罢，绝无罗列珍错，号呶长夜之饮。康熙乙卯年，先中翰公宴新太守陈公一夔，锡亲见呼杨姓庖人戒之曰：我每簋纹银四两，汝须加意丰洁，俱用可二新碗，不可苟简草率。宴太守之席不过如此。相去未及六十年，竟以可二为家常日用之器，设有用以供客者，咸嗤为村俗鄙吝，动辄用五大簋，每殽非数百文不办，

① 钱泳：《履园丛话》卷七《骄奢》。

② 钱泳：《履园丛话》卷七《骄奢》。

③ 顾禄：《清嘉录》卷七《青龙戏》。

④ 沈赤然：《寒夜丛谈》卷三。

一席之费，或至三四金，而恒产不及前人十之二三。……风俗颓坏，何时得返朴还醇哉！[①]

在游乐方面，游乐场所大量出现，笙歌乐舞，挥金如土，江南的名城尤甚，如作“狭邪”之游的集中地：

在江宁则秦淮河上，在苏州则虎邱山塘，在扬州则天宁门外之平山堂：画船箫鼓，殆无虚日。[②]

即以苏州一地为例，就因“商贾云集，晏会无时”，而有“戏馆、酒馆凡数十处”[③]。

在日用品方面：由于洋货的渗入内地，因而摒弃土产，崇尚洋货之风甚盛。这种“崇洋”之风引起了乾嘉之际著名学者陈鳣的极大感慨。他说：

夫居处之雕镂，服御之文绣，器用之华美，古之所谓奢也，今则视为平庸无奇，而以外洋之物是尚。如房屋舟舆，无不用玻璃；衣服帷幙，无不用呢羽；甚至食物器具曰洋铜、曰洋磁、曰洋漆、曰洋锦、曰洋布、曰洋青、曰洋红、曰洋貂、曰洋獭、曰洋纸、曰洋画、曰洋扇。遽数之不能终其物。而南方诸省，则通行洋钱，大都自日本、流求、红毛、英吉利诸国来者，内地出其布帛菽粟——民间至不可少之物，与之交易。有识者方惜其为远方所欺，无如世风见异思迁，一人非之，不敌众人慕之。其始达官贵人尚之，浸假而至于仆隶舆台；浸假而至于倡优婢嫔。外洋奇巧之物日多，民间布帛菽粟日少，以致积储空虚，民穷财尽，可胜叹哉！[④]

在社会风气变化的同时，商业本身的经营方式也在发生变化。它为了逐利，满足对货币的欲望，为了相互竞争，就要采取虚夸、迎合等等机巧虚伪的经营手段。据现有的资料看，比较明显地采取了二种手段：

一是装饰铺面，宣传自己，吸引顾客的注意。北京各种铺面的竞相争奇是比较突出的：

① 姚世锡：《前徽录》。
② 钱泳：《履园丛话》卷七《醉乡》。
③ 钱泳：《履园丛话》卷一《安顿穷人》。
④ 梁章钜：《退庵随笔》卷七《政事二》。

京师市店，素讲局面，雕红刻翠，锦窗绣户，招牌至有高三丈者。夜则燃灯，数十纱笼角灯照耀如白日。其在东西四牌楼及正阳门大栅栏尤为卓越。中有茶叶店高甍巨桷，细槅宏窗，刻以人物，铺以黄金，绚云映日，洵是伟观。总之，母钱或百万，或千万，俱用为修饰之具。茶叶则贷于茶客，亦视其店之局面，华丽者即无母钱存贮亦信而不疑；倘局面黯淡，虽椟积千万亦不敢贷矣。①

有了好铺面不仅可以招来顾客，还可以空手贷货，否则“椟积千万”也无用，这不很像资本主义经营方式中以华丽外表掩盖内部空虚的虚诈作风吗？

另一种经营手段则是丰富货源，突出特色，多从讨好顾客着手，或赠送些小礼品来逗引顾客的兴趣。苏州的店铺多在这方面下功夫。顾禄的《清嘉录》中详细描述说：

年夜已来，市肆购置南北杂货，备居民岁晚人事之需，俗称六十日头店。熟食铺豚蹄、鸡鸭较常货买有加；纸马香烛铺预印路头，财马、纸糊元宝、缎疋，多浇巨蜡、束名香。……酒肆、药铺各以酒糟、苍术、辟瘟丹之属馈遗于主顾家。

所有这些豪华、奢侈、放荡和机巧的社会风尚正在吞噬着旧有的封建道德，腐蚀着封建的生活方式，在一定程度上破坏了旧有的封建秩序。这不能不引起封建统治者的重视，雍正帝在元年八月的上谕中就指道：

然奢靡之习莫甚商人，内实空虚而外事奢侈。衣服屋宇，穷极华丽，饮食器皿，备求工巧。俳优伎乐，醉舞酣歌，宴会嬉游，殆无虚日。甚至悍仆豪奴，服食起居，同于仕宦，越礼犯分，罔知自检，各处昏然，淮阳尤甚，使愚民尤而效之，其弊不可胜言。②

这段极为概括的话虽专指盐商而发，但也可见奢靡风尚的影响所及已相当严重而使雍正帝不能不采取钳制手段了。

① 佚名：《燕京杂记》。

② 萧奭：《永宪录》卷二下。

*　　*

如上所述，从商业城市的繁盛，商业资本的活跃和集市的遍及全国都反映了清代前期商业的兴旺，为清代前期这一封建社会后期回光返照的景象涂抹上薄薄一层绚丽的色彩。但是商业资本的活跃和随着商业兴旺而形成的社会风尚的变化，确对自然经济起着逐渐破坏的积极作用。这种作用必不可免地会对封建经济的基础从各方面起着潜移默化的消蚀作用，而对新的生产方式的萌芽滋长又起着一定的促进作用。

一九八二年九月初稿
一九八三年二月修改稿

原载于《社会科学战线》1983年第4期

清代前期的商人和社会风尚

——读清人笔记札记之二

清代前期，我国已进入封建社会晚期，这时，资本主义生产关系的萌芽已经产生，我国历来轻视商人的社会风尚也随着有所改变。

一

清代前期的商人可大致区分为四种不同类型，就是垄断性商人、大商人、一般铺户商人和小商小贩。

垄断性商人凭借国家赋予的特权，垄断了某些行业，成为一种有特殊身份的商人。他们之中有盐商、铜商和行商等，一般都有政治凭借和经济实力（盐引、铜本），如明珠的家奴安三就倚明珠的特权，使其子孙成为盐商致富。

> 明太傅擅权时，其巨仆名安图，最为豪横……其子孙居津门，世为醝商，家乃巨富。①

袁枚的《续子不语》卷六《张赵斗富》条中所记向河道总督赵世显夸奇斗胜的盐商安麓村可能就是安三的后人。

当时与安氏并有南安西亢之称的另一盐商亢氏，在本乡山西平阳建亢家园，亲见其规模的人说：

---

① 昭梿：《啸亭杂录》卷三《安三》。

园大十里，树石池台，幽深如画，间有婢媵出窥，皆吴中装束也。……康熙中长生殿传奇新出，命家伶演之，一切器用费镪四十余万，他举称是。雍正末，所居火，凡十七昼夜，珍宝一空。[①]

亢氏还在扬州的小秦淮构造亢园，其规模是：

长里许，自头敌台起至四敌台止，临河造屋一百间，土人呼为百间房。[②]

铜商也是拥有特殊权益的垄断商，佚名著的《东倭考》中就指明它是三大垄断商之一说：

铜商之豪富，甲于南中，与粤之洋商、淮之盐商相埒。

垄断对外贸易的洋商，有官商之称，是包揽贸易的组织。它既销进口洋货，也购土货出口。康熙二十三年广东诗人屈大均曾为此写过一首竹枝词说：

洋船争出是官商，十字门开向二洋，五丝八丝广缎好，银钱堆满十三行。[③]

王澐到福建游历时就见到这种互市货物。他写道：

商贾贸丝者，大都为海航互市；其肆中所列，若哆啰呢、哔叽、琐袱之类，皆自海舶至者也。[④]

第二种类型是大商人，是一些拥有较充裕资金的行商坐贾，如米商、布商、典商、批发商和长途贩运商等都属这一类型。

米商如京师祝氏，“自明代起家，富逾王侯，其家屋宇至千余间，园亭瑰丽，人游十日，未尽其居”[⑤]。

布商的主要经营方式是坐庄收购和代客运营。《木棉谱》作者褚华的先人就是坐庄收购取利而致巨富的。他说：

① 梁恭辰：《池上草堂笔记·劝戒近录》卷三《季亢二家》。
② 李斗：《扬州画舫录》卷九。
③ 屈大均：《广东新语》卷十五《纱缎》。
④ 王澐：《漫游纪略》卷一《闽游》。
⑤ 昭梿：《啸亭续录》卷二《本朝富民之多》。

明季，从六世祖赠长史公精于陶猗之术。秦晋布商皆主于家，门下客常数十人，为之设肆收买，俟其将戒行李时，始估银与布捆载而去，其利甚厚，以故富甲一邑，至国初犹然。

这条资料说明褚氏从明末至清初在上海经营坐庄代客收购的业务一直不衰。这些坐庄户所收布匹除直接来自织户外，另一来源是有些资金微薄的小户用原料换成品，集中成批交售的，钱泳曾记其族人经营这种行业说：

余族人有名焜者，位居无锡城北门外，以数百金开棉花庄换布以为生理。[①]

有的坐庄户不是代客收购而是自行贩运。这也很快就能致富。黄卬《锡金识小录》记无锡的情况说：

布有三等：……坐贾收之，捆载而贸于淮、扬、高、宝等处。一岁所交易，不下数十百万。尝有徽人言，……无锡为布马头。言虽鄙俗，当不妄也。坐贾之开花布行者，不数年即可致富。[②]

上海张氏也是以此致富累巨万的。张氏每天“五更篝灯，收布千匹，运售阊门，每匹可赢五十文，计一晨得五十金”[③]。

有的坐商为了取信客商，开展业务，不惜主动承担客户的意外损失，如：

吴门陆采侯者，伉爽人也。顺治年间，有某商主其家，置绸缎货已毕，欲束装行。采侯止之曰：诘朝重阳佳节，客不囊萸山上，而反载月船头，不诚太煞风景耶？商颔之，乃移货贮他寓为便利计。明日携斗酒，登治平寺。相与尽一日欢。晚归，他寓火，千金物付之一炬。采侯叹惋。且伤客之荡尽也。语商云：是非客之过，我贻之咎，若货未登舟，货犹我货也。且我若不强留，又安及火，竟偿其值，商感谢而去。[④]

典商是对货币贪欲强烈、善于聚敛财货者，已具有高利贷资本性质的一类大商人。它的资本来源有原为富商而转营典业的，如扬州的吴老典：

① 钱泳：《履园丛话》卷二三《杂记上·换棉花》。
② 黄卬：《锡金识小录》卷一《备参上·力作之利》。
③ 沈仲元：《三异笔谈》卷三《布利》。
④ 曾衍东：《小豆棚》卷三《墙折弄》。

> 吴老典初为富室，居旧城，以质库名其家，家有小典。江北之富，未有出其右者，故谓之为老典。[①]

有的官僚资本也投向典业，如和珅有当铺七十五座，本银达三千万两；其家人刘、马二姓有当铺四座，本银有一百二十万两[②]。

典商中以徽人为多，极有财势，如有资料说：

> 近来业典当者最多徽人，其掌柜者则谓之朝奉。若辈最为势利。观其形容，不啻以官长自居。言之令人痛恨。[③]

贩运商的足迹遍天下，贩运货物不像布商、米商那样单一经营而是品种繁多。屈大均曾记述广东的某些贩运活动说：

> 广州望县人多业贾，与时逐，以香、糖、果箱、铁器、藤蜡、番椒、苏木、蒲葵诸货，北走豫章、吴浙，西北走长沙、汉口。其黠者南走澳门，至于红毛、日本、琉球、暹罗、斛、吕宋。帆踔二洋，倏忽数千万里，以中国珍丽之物相贸易，获大赢利。[④]
>
> 顺德多龙眼。南海、东莞多荔枝，多水枝；增城多山枝。每岁估人鬻者，水枝七之，山枝三四之。载以栲箱，束以黄白藤，与诸瑰货向台关而北，腊岭而西北者，舟船弗绝也。然率以荔枝、龙眼为正货。挟诸瑰货必挟荔枝、龙眼，正为表而奇为里。[⑤]

福建地方有收购土产药材去浙江贩运的如：

> 牵牛花福州以上各处有之，其子入药。延建邵人冬月收买，与使君子、钗石斛、泽泻等贩江浙间，其利颇夥。[⑥]

而福建所需的粮、布则靠贩运商从粤、吴运来。

河北省河间的名产枣也行销南北：

---

① 李斗：《扬州画舫录》卷十三。

② 薛福成：《庸盦笔记》卷三《查抄和珅住宅花园清单》。

③ 程麟：《此中人语》卷三《张先生》。

④ 屈大均：《广东新语》卷十四《谷》。

⑤ 屈大均：《广东新语》卷二五《荔枝》。

⑥ 施鸿保：《闽杂记》。

北以车运供京师，南随漕舶以贩鬻于诸省，土人多以为恒业。[①]

南京的上新河则萃聚着徽州木商，程先甲《金陵赋》中所说“上新河前，木商所驻”即指此而言。

西南边疆和少数民族地区则通过以物易物的方式换取贩运当地特产，张泓的《滇南新语》中记其事说：

自昔药品珍雅连，密刺外匝，折之出轻烟，中心作菊花状而重逾数十星，历未前闻。滇之维西、丽江、中甸接壤打箭炉，与川为近。猓猓夷地亦产连，枝壮刺疏，色深黄。章江贾携细布绒线易之，杂雅产以货。

批发商一般都以苏州孙春阳为典型代表。钱泳的《履园丛话》说，这是从明初一家小铺发展起来，到清初已是规模宏大的南货批发商了。钱泳记其事说：

其为铺也如州县署，亦有六房：曰南北货房、海货房、腌腊房、酱货房、蜜饯房、蜡烛房，售者由柜上给钱取一票自往各房发货而总管者掌其纲，一日一小结，一年一大结。自明至今已二百三四十年，子孙尚食其利，无他姓顶代者。吴中五方杂处，为东南一大都会，群货聚集，何啻数十万家，惟孙春阳为前明旧业。其店规之严、选制之精，合郡无有也。[②]

从这段资料看到，它已是一家有悠久历史、有严格制度，有细密分工的批发商。它反映着商业的繁盛和商业资本的活跃，是研究资本主义萌芽生长发展的好例证。

其他如：

——扬州黄金壩有专门批发鹹鱼的“鹹货”和“腌切”二行。

另有专门批发水产和果品的“八鲜行”。所谓“八鲜”，指“菱、藕、芋、柿、虾、蟹、蜂螯（音车敖，蛤类海货）、萝卜”[③]。

——杭州有一种具有经纪性质，直接在船埠包买鱼船，及时向行贩批售的“冰鲜行”。

杭州之江鱼船来自宁波等海口，路途天热，鱼皆藏于水内，无论何时到

① 纪昀：《阅微草堂笔记》卷十三《槐西杂志》三。

② 钱泳：《履园丛话》卷二四《孙春阳》。

③ 李斗：《扬州画舫录》卷一。

地，江干设有冰鲜行，雇人肩挑大锣一面，其一头挂大灯笼一盏，号冰鲜行字号，遍引城厢内外上下段各路。如到船一只则敲锣两下，两只三下，通知各行贩前往贩卖。去者先于行中买筹，每根五百文，然后持筹往船上取鱼。其中贵贱以鱼之多寡合算。鲥鱼、鳓鱼、鲳鱼、乌贼等皆以此冰船而来。三、四月起，夏至后绝迹矣。①

——广州有专门批发果品的“果栏”，栏是当地的方言名称，其情况是：

广州凡货物所聚皆命曰栏，贩者从栏中买取，乃以鬻诸城内外。栏之称惟两粤有之。粤东之栏以居物，粤西之栏以居人。居物者以果栏为上。果蓏之实，四时间百品芬甘，少乾多湿，可爱也。②

上述的米商、布商、典商、批发商、长途贩运商等，都是资本比较雄厚，经营业务和活动范围比较广，所以应属于大商人这一类型。

第三种类型是一般铺户商人，他们多在商业城市开设各种行业的店铺，基本上是面向城市居民，供应日常食、用需要，有一定数量资金，固定的店址，但还够不上富商大贾，而胜过小商小贩，现把北京、扬州、南京、杭州等地的铺户商人列举如下：

北京正阳门外西河沿设有“书肆”③。琉璃厂的字画店，“宋元明真迹不少而赝者殊多。每入一店，披览竟日，尚不能尽其十之一二”④。外城有日俭居的熟肉、六必居的豆油、都一处的酒、同仁堂的药、李自实的笔，内城有长安斋的靴、启盛的金顶等，这些铺户，“皆致巨富”⑤。

扬州街西有扑缸春（酒店），“游履入城，山色湖光，带于眉宇，烹鱼煮笋，尽饮纵谈，率在于是”⑥。多子街有天瑞堂（药店），“旌德江氏，世药也”。亢家花园有合欣园（茶店），“以酥儿烧饼见称于市”。翠花街有珠翠首饰铺，“有蝴蝶、望月，花篮、折项、罗汉鬏、懒梳头、双飞燕、到枕松、八面

① 范祖述：《杭俗遗风》。

② 屈大均：《广东新语》卷十四《舟楫为食》。

③ 王士禛：《香祖笔记》卷三。

④ 佚名：《燕京杂记》。

⑤ 佚名：《燕京杂记》。

⑥ 李斗：《扬州画舫录》卷四。

观音诸义髻及貂复额，渔婆勒子诸式”[①]。

南京秦淮河利涉桥的阳春斋和淮青桥的四美斋（茶食店），“画舫者争相货卖，诸姬凡款客馈人，亦必需此。两斋皆嘉兴人，制作装潢，较之本地，倍加精美”。利涉桥的便宜馆和淮清河桥河沿的新顺馆（饭馆）“最为著名”，“新顺盖吴人，盘馔极为丰腆”。姚家巷利涉桥桃叶渡头的星货铺（百货店），“所鬻手绢、鼻菸、风兜、雨伞、纱绉衣领、皮绒衣领……洋印花巾袖、云肩油衣、结子荷包、刻丝荷包、珊瑚荷包、珍珠荷包……炫心夺目，闺中之物，十居其九。”[②]状元境的书坊，“比屋而居，有二十余家，大半皆江右人。”奇望街的汪天然（包头店），“自明迄今，世守其业”[③]。夫子庙前街的书肆，“缩本充架，铅印溢簏，听镂板之迂拙，悝巾本之繁数”[④]。

杭州西湖的五柳居，“酒果珍馐咸备”，“醋溜鱼一种，西湖独擅其长”。城内有素仪店，“出卖一切丧服，出税一切丧具”。城隍山对岸的放怀楼、景江楼、见沧楼、望江楼、兰馨楼、映山居、紫云轩，“其室金壁交辉，雕梁画栋、匾额对联，单条屏幅，悉臻幽雅。悬挂各式灯景，玻璃窗棂。即瓷器均皆精致，并有定烧店号，桌凳亦极光鲜”[⑤]。

第四种类型是小商小贩。这种小商贩按其经营情况又可分为两种：

一种是集市上的小商贩，他们是各地集市上的主要组成者。所贩各货，有的是自产，有的是转贩。这便构成了集市上熙来攘往的繁荣景象。如：

——苏州在“腊后春前……坊甲、街里、皋桥、中市一带，货郎出售各色花灯，精奇百出”。在圆妙观中，有“卖画张者，聚市于三清殿，乡人争买芒神春牛图”。另有一些“支布幕为庐”的商贩，“晨集暮散，所鬻多糖果小吃，琐碎玩具，间及什物而已，而橄榄尤为聚处”[⑥]。还有一些卖玩具者“铺红毡，货人物花鸟吹笙诸弄物”[⑦]。

——在南京，鱼贩从渔人所网得诸鱼，“受之以转鬻于市”，当时有“南市

① 李斗：《扬州画舫录》卷九。
② 捧花生：《画舫余潭》。
③ 甘熙：《白下琐言》卷二。
④ 程光甲：《金陵赋》。
⑤ 范祖述：《杭俗遗风》。
⑥ 顾禄：《清嘉录》卷一《新年》。
⑦ 张大纯：《姑苏采风类记》。

在沙湾、中市在行口，北市在北门桥，夹道布列，皆鱼盆也”①。

——在广州濒海的茭塘，“凡朝虚夕市，贩夫贩妇，各以其所捕海鲜，连筐而至。氓家之所有则以钱易之；蛋人之所有，则以米易”②。

这些小商贩也有逐渐上升为大商人的，如王文虎其人就是由菜摊小贩，上升为铺户商人，终成为置产开行的富贾。《池上草堂笔记》中记其事说：

> 李铁桥廉访未遇时，有所用工人王文虎。廉访既仕，稍润助之，初与其兄文龙，就市头设地摆摊卖果菜；继而积资渐裕，则赁铺屋贩京菓南货。迨廉访归里，复贷以千金，遂置业开行，居然称富贾。……兄弟二人开张三大行店，曰万祥、曰大有、曰恒记，鼎峙于城中之大江桥街。③

另一种是串街走巷，甚至登门入户的小商贩。这些人多半是小本经营以谋升斗的。叫卖之物以吃食、日用品和玩意儿为主。如：

——在广州，“春夏之交，市上有卖大胡蝶者，每枚数十钱，大仅五六寸许，悬竹竿上”④。

——在南京，果饵中的“煮熟菱藕糖芋之属”和粉粢中的“茯苓糕、黄松糕、甑儿糕之属”，都由“市人担而卖之”。又“有以油炸小蟹细鱼者，或面裹虾炸之为虾饼，或屑藕团炸之为藕饼，担于市，摇小铜鼓以为号，闻声则出买之”⑤。

——在扬州，有自称果子王的王惠芳，“以卖果子为业。清晨以大柳器贮各色果子，先货于苏式小饮酒肆，次及各肆，其余则于长堤尽之”。“其子八哥儿卖槟榔，一日可得数百钱。”⑥

——在苏州，这种小商小贩尤众，所贩品种形形色色，有蔬菜、鲜鱼、凉粉、芥辣、麻布、草席、竹席、藤枕、萤火虫灯、凉冰、簪戴花卉、盆景、供花、西瓜、饧糖、年货等等。这些用品，或由“市人担卖，四时不绝于市”，或“街坊担卖”，或“往来于河港叫卖”，或“寒宵担卖，锣声铿然”⑦。

---

① 陈作霖：《金陵物产风土志·本境动物品学》。

② 屈大均：《广东新语》卷二《茭塘》。

③ 梁恭辰：《池上草堂笔记·劝诫四录》卷二《王文虎》。

④ 屈大均：《广东新语》卷二四《大胡蝶》。

⑤ 陈作霖：《金陵物产风土志》。

⑥ 李斗：《扬州画舫录》卷十一。

⑦ 顾禄：《清嘉录》卷四、六、七、十一、十二。

——在京师，有的女商贩还抱物登门卖者，俗名之曰卖婆。“珠翠满箱，遨游贵宠，常得其妇女欢，如欲奇难宝物皆可立至。……多有致巨富者”。另外，“有荷两筐击小鼓以收物者，谓之打鼓，交错于道，鼓音不绝。……打鼓旋得旋卖。”有“卖冰者以二铜盏叠之作响以为号”等等[①]。

这些小商小贩在解决城市居民生活需要上发挥了应有的供应作用。

二

经商历来被认为是舍本逐末，商人地位历来低下，所谓“市籍”、“末富”等等都是在封建社会受歧视为人所不屑一顾的鄙称，社会地位列于四民之末。但是，清初以来的商人除小商小贩外，其他从大商人到一般商人的地位都显然有所提高，社会风尚也有了改变。本文仅从四个方面作一些初步的考察。

第一，官僚、士子和商人的互相融合。官僚经商一直被认为是与民争利，是不应为或不屑为的事情。但在清初，官僚经商已是习见而不为怪了。屈大均曾对此深致感慨地说：

> 今之官于东粤者，无分大小，率务朘民以自封。既得重赀，则使其亲串与民为市，而百十奸民，从而羽翼之，为之垄断而罔利。于是民之贾十三，而官之贾十七。官之贾，本多而废居易，以其奇策，绝流而渔，其利尝获数倍。民之贾虽极勤苦而不能与争。于是民之贾日穷，而官之贾日富。官之贾日富而官之贾日多，遍于山河之间，或坐或行。近而广之十郡，远而东西二洋，无不有也。民贾于官，官复贾于民，官与贾固无别也，官与贾亦复无别。无官不贾，且又无贾而不官。民畏官亦复畏贾，畏官者以其官而贾也，畏贾者以其贾而官也。于是而民之死于官之贾者十之三，死于贾之官者十之七矣。[②]

屈大均把官与商的相互融合关系揭露得很彻底。他虽指广东，实际上到处如此。康熙时，高士奇与王鸿绪都是有地位、有声望的大官僚；但他们却恬然不顾地在苏松淮扬等地合夥经商，开设缎店等等以“寄顿各处贿银”，“动辄数十万

① 佚名：《燕京杂记》。
② 屈大均：《广东新语》卷九《事语·贪吏》。

以至百余万”[①]。雍正时的大将军年羹尧公然派庄浪典史朱尚文为他经商，把四川所产楠木等，“运至湖广、江南、浙江发卖，获利数十万”[②]。乾隆时的权臣和珅开当铺七十五座，本银三千万两；银号四十二座，本银四千万两；古玩铺十三座，本银二十万两[③]。有些官僚为了赚钱，甚至不惜从事“贱业”，如曾任湖南学政的褚廷璋（筠心）是个诗人，卸职告归后，即“以宦囊开凶肆，以其利溥，人争笑之而先生不顾也”[④]。

士子经商大多由于仕途不达，乃从事贸迁经营，个人既不以为降格以求，他人也并不以其持筹握算而屏绝往来，其中有些人还是学术上有相当造诣者，如钮树玉是著名经学家，又是贩运木棉的行商。《扬州画舫录》记其事说：

> 钮树玉，字匪石。元和人。业贾贩木棉，舟船车骡之间，必载经史自随。归则寂坐一室，著书终日。每负贩往来，必经邗上，留与邑中经学之士讲论数日乃去。[⑤]

有的在得到秀才功名以后，由于屡试不售，家境贫苦，遂转而经商，加入了商人行列，如：

> 屠继序，字淇篁，号凫园，鄞人。年十七，补诸生，刻意治进士业。既屡试不获售，则弃去，思以读书自娱。然家贫，不能多得书，则设书肆市中。[⑥]
>
> 徐北溟（鲲，后阮相国师易其字曰白民），邑东南杨树庄人。补县学生。家酷贫，无以自给，乃赴杭州贩书度日。[⑦]

有的士人还由经商而致富，如：

> 董子玉，祖籍北方而生长南地。其先人官于吴，遂家松江。读书不达而货殖焉。遂商旅于闽、广间，贩丝丝贵，贩米米昂，不五六年，奇

① 昭梿：《啸亭杂录》卷三《郭刘二疏》。
② 萧奭：《永宪录》卷三。
③ 薛福成：《庸盦笔记》卷三。
④ 昭梿：《啸亭续录》卷二《褚筠心》。
⑤ 李斗：《扬州画舫录》卷十。
⑥ 吴德旋：《初月楼闻见录》卷五。
⑦ 王端履：《重论文斋笔录》卷六。

赢十倍。[1]

另一方面，商人凭借财力溷迹官场也反映了地位的变化。这已经不是个别现象，而是相当普遍，以致引起某些缙绅人物的感叹，如苏松地区自明以来的巨室董氏家族一成员就悲叹这种世风的变化说：

> 近开捐纳之例，于是纨绔之子，村市之夫，辇资而往，归家以缙绅自命，张盖乘舆，仆从如云，持大字刺，充斥衢巷，扬扬自得。此又人心之漓者愈漓，而世道之下者更下也。[2]

这里所指包括着一部分商人。具体的事例如：雍正四年山西巨商王廷扬就“以知州捐赀报效军前”[3]。乾隆时扬州药商陆见山，就由“卖药邗上”起家，“开有青芝堂药材，为扬城第一铺。得郑侍御休园为别业，捐同知衔，居然列于诸缙绅商人之间。每有喜庆宴会，辄着天青褂五品补服”[4]。又如新安汪氏是经营布业十年而富甲诸商的巨富，后亦“宦游”[5]。这个汪氏可能就是入赀为郎，撰著过《印人传》、《水曹清暇录》的汪启淑家族。

第二，社会上对商人看法所发生的变化也反映了商人地位的变化。商人过去为士大夫所不屑一顾，现在则被倾心接纳，以礼相待。这是一种很重要的变化。这种变化同样引起世代相传而希望凝固其缙绅地位的一些人所不满，他们大加非议和指斥，如董含说：

> 曩昔士大夫以清望为重，乡里富人，羞与为伍，有攀附者必峻绝之。今人崇尚财货，见有拥厚资者，反屈体降志，或订忘形之交，或结婚姻之雅，而窥其处心积虑，不过利我财耳，遂使此辈忘其本来，足高气扬，傲然自得。[6]

浙江吴兴人姚世锡曾记述了从康熙中到乾隆中六十年间的这种变化说：

---

① 曾衍东：《小豆棚》卷八《董子玉一家》。
② 董含：《三冈识略》卷六《三吴风俗十六则》。
③ 萧奭：《永宪录》卷四。
④ 钱泳：《履园丛话》卷二一《笑柄·陆见山》。
⑤ 许仲元：《三异笔谈》卷三《布利》。
⑥ 董含：《三冈识略》卷六《三吴风俗十六则》。

> 潘彦徽先生，康熙己卯孝廉。……己卯（康熙三十八年）计偕，家贫艰于脂秣。一日，问同年凌端臣先生曰：‘盐、当商可拜否？’端臣先生曰：‘所获不过数十金，何可丧此名节’。先生极口称是。……今（乾隆二十五年）则士风日下，有一新贵，家本素封，乃用晚生帖拜当商，仅获三星之赠而论者不以往拜为非，曷胜浩叹。①

这不仅东南繁华之地如此，边远之地亦复如此，如东北的宁古塔戍地：

> 凡东西关之贾者，皆汉人。满洲官兵贫，衣食皆向熟贾赊取，俟月饷到乃偿直，是以平居礼貌必极恭敬，否则恐贾者之莫与也。②

第三，商人生活的奢靡享乐也反映了他们超越一般人所处的地位。最突出的是像盐商那些垄断民生日用的吸血鬼。他们豪华奢侈，志得意满，其骄态自侔于封疆大吏，《扬州画舫录》淋漓尽致地刻画了扬州盐商超乎常情的豪侈淫佚生活说：

> 初，扬州盐务，竞尚奢丽，一婚嫁丧葬，堂室饮食，衣服舆马，动辄费数十万。有某姓者，每食，庖人备席十数类，临食时，夫妇并坐堂上，侍者抬席置于前，自茶面荤素等色，凡不食者摇其颐，侍者审色则更易其他类。或好马，蓄马数百，每马日费数十金，朝自内出城，暮自城外入，五花璨著，观者目眩。或好兰，自门以至于内室，置兰殆遍。或以木作裸体妇人，动以机关，置诸斋阁，往往座客为之惊避。其先以安绿村为最盛，其后起之家，更有足异者。有欲以万金一时费去者，门下客以金尽买金箔，载至金山塔上，向风飏之，顷刻而散，沿之草树之间，不可收复。又有三千金尽买苏州不倒翁，流于水中，波为之塞。有喜美者，自司阍以至灶婢，皆选十数龄清秀之辈，或反之而极，尽用奇丑者，自镜以为不称，毁其面，以酱敷之，暴于日中。有好大者，以铜为溺器，高五、六尺，夜欲溺，起就之。一时争奇斗异。不可胜记……③

袁枚的《续子不语》中也有一段故事描写盐商安麓村宴请河道总督赵世显时

---

① 姚世锡：《前徽录》。

② 杨宾：《柳边纪略》卷三。

③ 李斗：《扬州画舫录》卷六。

的豪侈说：

> 盐商安麓村请（河道总督）赵（世显）饮。十里之外，灯彩如云。至其家，东厢西舍，珍奇古玩，罗列无算。[①]

其他商人也多过着穷奢极侈的生活，如苏州富商的淫靡豪侈生活：

> 豪民富贾，竞买镫舫，至虎丘山滨，各占柳荫深处，浮瓜沈李，赌酒征歌，腻客逍遥，名姝谈笑，雾縠水纨，争妍斗艳。四窗八拓，放乎中流，往而复回，篙橹相应，谓之水辔头。日晡络绎于冶芳浜中，行则鱼贯，泊则雁排。迫暮施烛，焜煌照彻，月辉与波光，相激射舟中，酒炙纷陈，管弦竞奏，往往通夕而罢。[②]

商人的这种奢靡生活并没有遭到指摘，相反地，甚至有人论证它的合理性，肯定这是一种养穷人之法。这种荒谬绝伦的主张正是出于乾隆时著名学者和诗人法式善之口。他说：

> 富商大贾，豪家巨室，自侈其富室、车马、饮食、衣服之奉，正使以力食者，得以分其利，得以均其不平。孟子所谓通功易事是也。上之人从而禁之，则富者益富，贫者益贫也。吴俗尚奢，而苏杭细民多易为生。越俗尚俭，而宁、绍、金、衢诸小民，恒不能自给，半游食于四方，此可见矣。[③]

这种谬论实际上反映了商人在人们心目中的地位。

第四，商人有了一定的社会地位，就要努力维护共同利益，减少本行业的竞争，进而垄断本行业商品流通的过程，于是就有组织团体的必要。会馆、行帮的迅速发展正表明商人地位在日益形成一股不可忽视的力量。

这些会馆和行帮主要分二种类型。

一种是地区性的，它依靠封建的乡土观念组织起来，有坐商的，也有客商的，而以后者为多。苏州有当地商号的团体：

> 府城隍庙，俗称大庙。郡中市肆，悬旌八行以及聚规、罚规皆在庙台。[④]

---

① 袁枚：《续子不语》卷六《张赵斗富》。

② 顾禄：《清嘉录》卷六《虎丘镫船》。

③ 法式善：《陶庐杂录》卷五。

④ 顾禄：《清嘉录》卷三《犯人香》。

也有他省商贾的共同团体：

> 吴城五方杂处，人烟稠密，贸易之盛，甲于天下。他省商贾，各建关帝祠于城西，为主客公议规条之所，栋宇壮丽，号为会馆。[①]

这种会馆成为外省商人和本地商人进行谈判会商的主要场所。

南京的客商地域性会馆很多，上起省区，下至府县，并且都有较好的建筑。主要的有：

> 金陵五方杂处，会馆之设，甲于他省。中州在糯米巷，三楚在赛虹桥，旌德在党家巷，太平在甘雨巷，陕西在明瓦廊，贵池在黄公祠，新安在马府街，洞庭在徐家巷，崇明在江东门，庐江、三河在窑湾，规模尚小。若评事街之江西、武定桥之石埭、牛市之湖州、安德门之浙东、颜料坊之山西、天妃宫之全闽、陡门桥之山东、百花巷之泾县，殿阁堂楹，极其轮奂。江西会馆大门外花白楼一座皆以磁砌成，尤为壮丽。[②]

另一种是行业性的，如北京有玉行会馆、书行会馆[③]、颜料会馆和烟行会馆[④]。扬州有木商会馆[⑤]。

会馆的普遍建立反映商业的发达，但它也对商业起着约束钤制的作用，又有利于封建经济的稳定。

从以上四个方面可以肯定清代前期商人的地位已显著提高，轻视商人的社会风尚也有了明显的改变。雍正帝宣布四民平等正是这一情况的集中表现。

原载于《中国文化研究集刊》第一辑　丁守和主编　复旦大学出版社1984年版

---

① 顾禄：《清嘉录》卷五《关帝生日》。

② 甘熙：《白下琐言》卷二。

③ 叶德辉：《书林清话》。

④ 吴长元：《宸垣识略》。

⑤ 李斗：《扬州画舫录》卷三。

关于清代前期地主阶级结构的变化问题

——读清人笔记札记之三

清代前期地主阶级的结构，由于政权转移、社会变动而出现了某些变化。过去曾有些同志根据官书、档册、方志等资料作过一些论述。本文仅就检读到的清人笔记资料对结构中的有关部分的变化情况略事钩辑论次。

一

清代前期的地主阶级与前此封建社会各时期地主阶级的最明显变化是在汉族地主阶级之外又崛起了一个满族的旗地地主阶级。它是新建清王朝的共同命运者。它凭借着胜利者的声威和统治者的政治暴力昂首阔步地迈进了清代前期地主阶级的行列。它以一种特有的圈占形式占有了土地——旗地。这种掠夺性的占有活动在顺治、康熙期间在畿辅地区大规模地进行过三次，直到康熙八年始基本停止。时人史学家谈迁曾在他的游记性著述中记称：

> 初徙辽人，圈顺天、永平、保定、河间之田，凡腴亩华宅俱占去。[①]

当时的圈占标准是：

> 当日原圈地，每人六赏，一赏六亩，共地三十六亩。如家有壮丁二名，

---

① 《北游录·记闻下·圈田》。

> 该地七十赏，人多者照数加增，当差照人算数。[①]

这段记载不包括皇室在内。皇室可以任意选地圈占设立“皇庄”。所谓“人多者照数加增”是指王公、官员、兵丁都按标准实行“计丁授田”，即按所属壮丁数目分配土地，人多则按标准递加。而“当差照人算数”则指王公、官员与一般兵丁的不同待遇，即王公、官员在壮丁地之外，还按爵秩地位另给“园地”，而兵丁则只分给壮丁地。

圈地的最大得益者当然是皇室。“皇庄”（或称“官庄”）就是他们野蛮掠夺而来作为享乐挥霍财源的私产。其中内务府皇庄是它的主要部分，分布在畿辅、奉天一带。其分布设庄的情况是：

> 会计司掌领皇庄田亩诸事。田地各有等地。盛京庄八十有四：一等庄三十五、二等庄十，三等庄八、四等庄三十四。山海关外庄二百十有一：一等庄六十六、二等庄四、三等庄二十、四等庄百二十一。喜峰口、古北口外庄百三十八，均一等。归化城庄十有三。畿辅庄三百二十有二：一等五十七、二等十有六、三等三十八、四等二百十有一、半庄七十一。每庄设庄长一人，瓜田菜圃置长亦如之。庄赋共地一万三千二百七十二顷八十亩有奇。赋粮九万三千四百四十石，菽二千二百二十五石，刍八万一千九百四十束有奇。[②]

圈地的生产状况并不佳，有的由于“其人惰，田不甚垦，多荒”，[③]有的则被“斥为牧场”[④]，因而破坏了原有的封建性农业经济，旗地地主所得经济效益不大，因而又有再圈地的活动，而圈地数量也随着不断地扩大。

在圈地活动中，被圈地区有些民人或因田地将被圈，或因苛征难负，被迫携带土地投靠新起的贵族豪门，出现了所谓“投充”现象。于是在一圈再圈的“圈地”数量上又增加了“投充地”，造成了旗地所有制的巨大占田量，据一种统计，清代前期的旗地占田量已占总耕地面积的百分之三十。这就必然使旗地地主成为清代前期地主阶级队伍中的最强力部分。

---

① 刘献廷：《广阳杂记》卷一。

② 昭梿：《啸亭杂录》卷八《内务府定制》。

③ 谈迁：《北游录·记闻下·圈田》。

④ 王庆云：《石渠余纪》卷四《纪牧场》。

二

搢绅地主的力量是次于旗地地主而高于其他者，但必须把它区别为两部分。

一部分是新朝显贵，有政治身份和特权，或有这些条件可凭借者。它们是比较强力的部分。有的满洲亲贵、官员在旗地之外，又凭借特权，通过买卖手段置买田产而渐具搢绅地主的身份，如恒恪亲王弘晊，“其俸粢除日用外，皆置买田产、屋庐，岁收其利”[①]。雍正时累任督抚的查郎阿就“尝置产容城”[②]。又如年羹尧因与孔府联姻，“在汶上买庄田十九顷”作为陪嫁，付交给女婿孔传镛[③]。这个孔传镛无疑是一个十足的搢绅地主。

有的官僚原本出身寒微，但一旦受到皇帝特达知遇，平步青云后，也很快地挤入搢绅地主行列。如康熙的宫廷学者高士奇发迹后即“于本乡平湖县置田千顷”[④]。这些人土地资本的来源大多出自纳贿搜刮，如高士奇的贪黩秽声久为人所熟知。另一个有学者之名的毕沅任湖广总督时，谣称“毕如蝙蝠，身不动摇，惟吸所过虫蚁”[⑤]。湖南布政使郑源琦卖缺纳贿，“以缺之高下，定价之低昂，大抵总在万金内外”[⑥]。这部分人土地扩大和收益增殖的速度都比较快。他们对于剥削所得的处理是两种极端办法：

一种是投资到力求改善土地经营上去以保产保富，增加土地资本的积累。这对加强封建土地所有制有利。比较集中反映这种思想的是张英的《恒产琐言》[⑦]，张英提出了许多如何善于经营土地的想法。如他阐述了土地更新、变劣为优的具体措施说：

> 田之为物，虽百年千年而常新。即或农力不勤，土敝产薄，一经粪溉则新矣；即或荒芜草毛，一经垦辟则新矣。多兴陂地则枯者可以使之润，勤薅荼蓼则瘠者可以使肥。

---

① 昭梿：《啸亭杂录》卷六《恒王置产》。

② 昭梿：《啸亭杂录》卷十《查相国》。

③ 萧奭：《永宪录》卷三。

④ 昭梿：《啸亭杂录》卷三《郭刘二疏》。

⑤ 昭梿：《啸亭杂录》卷十《湖北谣》。

⑥ 姚元之：《竹叶亭杂记》卷二。

⑦ 贺长龄、魏源：《皇朝经世文编》卷三六。

他又提出要选择善于管理土地而富有经验的“良佃”以增进农业生产的效益。他说：

尽地利之道有二。一在择庄田，一在兴水利。谚云：良田不如良佃，此是确论。良佃之益有三：一在耕耘及时，一在培壅有力，一在蓄泄有方。早犁一月，有一月之益，冬最早，春次之。早种一日，有一日之益，故晚禾必在秋前。至培壅则古人所云百亩之粪。诗云：“荼蓼朽止，黍稷茂止”，用力如此，一亩可得二亩之入。蓄水用水，最有缓急先后，惟有老农知之。劣农之病有三：一在耕稼失时，一在培壅无力，一在蓄泄无方。若遇丰稔之年，雨泽应时，劣农亦隐藏其害，一遇干旱，则优劣立见。

不仅如此，他还要求子弟直接管理田产，要亲自收租和勘查地界，他说：

人家子弟，每年春秋，当自往庄佃看收。第一当知田界，田界不易识也。今老农指示一次不能记而再三四，大约五六次便熟，有疑虑便问之。

张英的这些思想没有逾越土地经营的范围，旨在改善封建的农业经济以加强封建地主土地所有制。

另一种办法则是奢靡挥霍以消耗积累，如杭州沈氏于顺治十四年经营园林，历时七年而成，号为“庾园”。厉鹗的《东城杂记》曾记其盛状说：

其中叠石为山，疏泉为沼，间从竹木，错以亭台，即一花一草，必使位置得宜，详略有法，室宇落成，少不当意，即毁而更张之，鸠匠庀材，縻以万计，园亭之盛，甲于会城。芳醞盈罍，嘉宾满座。主人方秉烛夜游，乐以忘返。①

搢绅地主中的著名人物泰兴季氏之奢靡更是遐迩驰名，据记载说：

季自沧苇以御史回籍后，尤称豪侈。其居绕墙数里，周有复道，月巡健儿执铃柝者共六十人，月粮以外，每夕犒高邮酒十瓮，烧肉三十盘。康熙九年霖雨连旬，恐霉气浸浣，命典衣者曝裘于庭，张而击之，紫貂、青狐、银鼠、舍利孙之属，脱手积地厚三寸许。家有女乐三部，悉称音姿妙逸，阁谳

① 厉鹗：《东城杂记》卷下《庾园》。

宾筵，更番佐酒，珠冠象笏，绣袍锦靴，一妓之饰，千金具焉。[①]

甚至仅有举人身份的人物也有“竭尽心力”订地经营园亭，如：

> 当湖有冯孝廉者，家甚富，于郊外营一园亭，竭尽心力，五十余年始落成，广袤凡二百亩。[②]

奢靡挥霍固然是剥削阶级的根性，但也由于社会经济的发展为其提供了消费的余地。它折光式地反映了封建土地所有制在被商品经济和货币资本的活跃能量所逐渐消蚀。总之，不论前者的保产保富还是后者的奢靡挥霍，都在一定程度上反映了封建社会晚期的地主阶级思想。

搢绅地主中还有一种是勋贵部属，往往倚势欺人；但在更大权势人面前则又屈身相从。如吴三桂的侍卫赵某在苏州城居，豪横无比，对邻居“富甲三吴”的朱姓百般欺凌，“朱不敢与较”，看来朱可能是没有政治身份的商人地主或庶民地主。最后朱“以重币”招吴三桂婿王永康来“谳饮”，才借势压倒和逼迁了赵某。后来朱姓之子“入翰林，常与王（永康）往来”，已跻身于搢绅之列，自然就不再受欺了。

还有一种地方上的豪强土棍，虽然政治身份不高，但他们潜势力很强，凭借“衙门”势力，溷迹于搢绅之间，而搢绅们也把这些人网罗为从属物，相互为用，正如《履园丛话》所记称：

> 国初苏州大猾有施商余、袁槐客、沈继贤；吴县光复镇则有徐掌明，俱揽居要津，与巡抚、两司、一府、二县，声息相通，鱼肉乡里，人人侧目。[③]

他如广东的势豪家每每强占沙田的浮生部分和潮田的子田。屈大均《广东新语》曾记其事说：

> 粤之田，其濒海者，或数年，或数十年，辄有浮生。势豪家名为承饷，而影占他人已熟之田为己物者，往往而有，是谓占沙。秋稼将登，则统率打手，驾大船，列刃张旗以往，多所杀伤，是谓抢割。斯二者，大为民害。

---

① 钮琇：《觚賸续编》卷三《季氏之富》。

② 董含：《三冈识略》卷六《陆园胜概》。

③ 钱泳：《履园丛话》卷十七《报应·孽报》。

> 香山之田凡五等……五曰潮田，潮漫汐乾，汐乾而禾苗乃见。每西潦东注，流块下积，则沙坦渐高，以篑单植其上，三年即成子田。子田成然后报税，其利颇多。然豪右寄庄者，巧立名色，指东谓西，母子相连则横截而夺之，往往拘讼，至于杀人。[①]

不过，搢绅地主中变化大更值得注意和研究的却是另一部分自明以来的旧搢绅地主。他们由于改朝换代失去了政治特权，特别是东南地区的搢绅地主由于种种政治原因受到新朝的裁抑而明显地式微凌替，如松江地区显赫一方的徐阶家族，从徐阶起直至五世孙澹宁止都是明代的显宦，在家乡横行霸道，依恃政治特权，维护和搜夺经济财势；但入清以后，情况顿变，失去了政治凭借，一落千丈，如澹宁的儿子就因“奏销案”而“逋粮殒命”[②]，松江的顾威明是故明搢绅后裔，拥田四万五千亩，虽由于“性豪侈，喜博，又酷好梨园”而日益败落，但“卒以逋赋为县官所拘，自缢于狱”，与徐阶后人落得同样的命运[③]。娄县的王在晋，明末曾任兵部尚书，其孙入清后沦为优伶，王家桢《研堂见闻杂记》记其始末甚详：

> 吾娄王大司马在晋，当哲皇帝朝，经略蓟辽，赐蟒玉尚方剑；入中枢，为娄中第一显官。……有一孙号宸章者，习俳优，善为新声。家业既破，僦一小屋，日与伶人狎。吾镇周将军（恒祁）承幕府檄，治兵沙溪。一日开宴，呼伶人祗候，宸章即侧身其间，捧版而歌，与鲍老参军之属，共为狡猃变幻，时周将军与里中客，岸然上座，而宸章则氍毹旋舞不羞也。有观者叹曰：是固大司马文孙也，使王大司马在，且奔走匍匐，叩头恐后，固无敢仰视腰玉贵人。即宸章贵公子敢一涕唾其旁。而今且傲睨行爵自如，宸章不过在羯鼓琵琶队中，博座间一笑，图酒肉一犒而已。嗟乎！沧桑陵谷，近在十年。……

更有甚者，如徐达长子魏国公辉祖的后裔徐青君则由翩翩贵公子的穷奢极欲生活沦为到衙门中代人受刑的境地。曹家驹《说梦》卷二有《徐七官代人受杖》专条记其事，但不若余怀《板桥杂记》所记为详。《板桥杂记》卷下记其事说：

---

① 屈大均：《广东新语》卷二《地语·沙田》。

② 曹家驹：《说梦》卷一《君子之泽》。

③ 王应奎：《柳南续笔》卷二《剃须偿米》。

> 中山公子徐青君，魏国介弟也。家资钜万，性豪侈，自奉甚丰，广蓄姬妾，造园大动坊侧，树石亭台，拟于平泉金台，每当夏月，置宴河房，选名妓四、五人。邀宾侑酒，木瓜佛手，堆积如山，茉莉芝兰，芳香似雪，夜以继日，把酒酣歌，纶巾鹤氅，真神仙中人也。弘光朝加中府都督，前驱班列，呵导入朝，愈荣显矣。乙酉鼎革，籍没田产，遂无立锥，群姬雨散，一身孑然，与佣丐为伍，乃至为人代杖。其居第易为兵道衙门。一日与当刑人约定杖数，计偿若干。受杖时其数过倍，青君大呼曰：我徐青君也。兵宪林公骇问左右，有哀王孙者跪而对曰：此魏国公之公子徐青君也，穷苦为人代杖，此堂乃其家厅，不觉伤心呼号耳！林公怜而释之，慰藉甚至，且曰：君尚有非钦产可清还者，本道当为查给以终余生。青君跪谢曰：花园是某自造，非钦产也。林公唯唯，厚赠遗之，查还其园，卖花石、货柱础以自活。

有些旧搢绅地主景况尚不甚如此凄惨，甚或已得新朝一官者，但在清政权的裁抑政策下也在日趋败落。清政权是从政治、经济各方面来裁抑东南旧搢绅地主的。这在当时当地某些搢绅著述中多有记载，其中以叶梦珠的《阅世编》及董含的《三冈识略》所记最详。在经济上一是加重赋税，苏松尤为重税区，所以叶梦珠大声疾呼：

> 吾乡赋税甲于天下。苏州一府赢于浙江全省。松属地方抵苏十分之三而赋额乃半于苏，则是江南之赋税莫重于苏松而松为尤甚矣。[①]

董含的《三冈识略》中也说“江南赋役，百倍他省，而苏松尤重”，结果造成“旧赋未清，新饷已近，积逋常数十万”。

重赋之下遇有需用，还要加征，如康熙十五年根据御史张惟赤的建议：“凡搢绅本户钱粮原额之外加征十分之三以助军需”，“于是在任在籍及贡监诸生不论已未出仕者，无不遍及，白银每两加额三钱，漕粮每石加征三斗，白粮白折亦如之”。这虽有普遍性，但“吴中粮重，约计每亩增银六七分，增米五六升”，已有“官不如民之叹”[②]，更何况旧搢绅地主政治经济地位的下降，益有沉重之感[③]。

---

① 叶梦珠：《阅世编》卷六《赋税》。

② 叶梦珠：《阅世编》卷六《赋税》。

③ 董含：《三冈识略》卷七《鬼谴》条亦记其事，足堪征信。

二是征发徭役。清初的大役“止有收税”而“破家亡身者十之九”[①]，于是顺治十五年废收兑，而改行小役里催，孰知“里催之累更甚于大役”，其具体苦累之状具见《阅世编》卷六《赋税》、《徭役》诸篇。此外尚有“杂差”，所费更难应付，以致康熙三、四年间，因役累“比户弃业逃遁”[②]，所以当时的经世学者刘献廷才得出“杂役之派，有倍于赋税者矣”的结论[③]。在征发徭役时，暴力凌辱，致使非常注重搢绅身份体面的董宦子孙董含大发慨叹地说：

> 近来征徭之害，遍及横经，群邑下僚皆得而辱之，鞭挞缧绁，与奴隶无异，诗书礼乐之风荡然矣。[④]

清政权对东南旧搢绅地主又屡兴大狱进行政治迫害，“哭庙”、“奏销”和“通海”诸案无一不是针对搢绅而发。如顺治十八年奏销案发生的前一年正月，福州地区就奉到上谕宣布赦免钱粮至顺治十四年止，但“只赦小民，绅衿不赦”[⑤]。顺治十八年奏销案起，福建闽县地方官比粮，凡“百两欠二两者俱责六十，生员监追，凡监禁生员六十余人，适遇岁考，不放，详提学道，俟粮完清，放出补考”[⑥]。不久，“部文至，钱粮欠二两者，绅衿解京定罪”，而“催粮于生员家十倍凶狠……生员反平民不若也”[⑦]。江苏地区拖欠钱粮最为严重的嘉定，“按籍追擒”的结果：“凡欠百金以上者一百七十余人，绅衿俱在其中，其百金以下者则千计”。结果，在地方官督促下补完额课而恩赦免提，给以革去衣顶等照例处分。及奏销案一起，大肆罗织。凡“实欠未免者，有完而总书未经注销者，有实未欠粮而为他人影冒立户者，有本邑无欠而他邑为人冒欠者，有十分全完总书以纤忽反造十分全欠者”[⑧]。此案牵连人数甚多，即“苏松常镇四郡并溧阳一县绅士共得三千七百人”[⑨]，而江宁巡抚朱国治大加罗织，悉列欠赋绅衿达“一万三千余人，号曰抗粮。既而尽行褫革，发本处枷责，鞭扑纷纷，衣冠

---

① 董含：《三冈识略》卷二《均田均役》。

② 叶梦珠：《阅世编》卷六《赋税》。

③ 刘献廷：《广阳杂记》卷三。

④ 董含：《三冈识略》卷六《三吴风俗十六则》。

⑤ 海外散人：《榕城纪闻》，见《清史资料》第一辑第14页。

⑥ 海外散人：《榕城纪闻》，见《清史资料》第一辑第19页。

⑦ 海外散人：《榕城纪闻》，见《清史资料》第一辑第21页。

⑧ 王家桢：《研堂见闻杂记》。

⑨ 王家桢：《研堂见闻杂记》。

扫地。如某探花欠一文钱，亦被黜，民间有‘探花不值一文钱’之谣”[①]。康熙初年，追欠仍在继续，依然直指播绅，据福建莆田目击者记康熙元年的情况说：

> 奉旨严追未完钱粮，欠在民者准允，欠在绅衿者不准。绅不完者，不论在任在家，俱革职比追。衿不完者，黜退，解京凌迟。[②]

这种处罚不可谓不重。一地如此，其他皆可想见。其严刑追比，已足令人心悸。而地方官在具体执行中更辱及人身，如长洲县令彭某曾制纸枷纸半臂，“使欠粮者衣而荷之，有损则加责罚”，引起怨愤，而在县衙墙上出现匿名揭帖诗，诗的内容描绘了受辱的哀叹说：

> 长邑低区多瘠田，经催粮长役纷然，纸枷扎作白蝴蝶，布棍染成红杜鹃。日落生员敲凳上（时抚院宋国治奏销之后，辄以抗粮为名而扑责之），夜归皂隶闹门前。人生有产当须卖，一粒何曾到口边。[③]

雍正间，无锡地区仍有“汇追旧欠”的记载，致使当地“凡系旧家，大抵皆破”[④]。此所谓“旧家”，似指旧有绅富之家。于此可见清政权裁抑政策的长期持续性。

“通海案”是体现裁抑政策的纯政治性事件，即以金坛为例，借顺治十六年郑成功舟师至镇江，诸绅多有勾连，事后，“遂罗织绅衿数十人，抚臣请于朝，亦同发勘臣就讯。既抵，五毒备至，后骈斩，妻子发上阳。”[⑤]这些被牵连的“绅衿”疑是与旧朝有瓜葛的旧播绅地主。

旧的播绅地主遭受经济、政治的裁抑而发生较大的变化，所以康熙时的旧播绅地主董含还在发“贫者益贫，即富者亦有日蹙之势”的嗟叹[⑥]。

---

① 董含：《三冈识略》。

② 陈鸿等：《（清初）莆变小乘》，《清史资料》第一辑第81页。

③ 褚人获：《坚瓠四集》卷三《长洲酷令》。

④ 黄印：《锡金识小录》卷一《备考上·风俗变迁》。

⑤ 王家桢：《研堂见闻杂记》。

⑥ 董含：《三冈识略》卷六《三吴风俗十六则》。

三

商人地主是清代前期利用动乱时机应运而兴的一个构成部分。他们随着清代前期商业兴盛，商业资本比较活跃，资金积累比较快的优势，乘着动乱未定、负担沉重、谷价偏低，无人置田的机会，把商业资本向农业资本转化，纷纷投向土地，徽商、晋商、苏商都对土地产生了兴趣，叶梦珠在论及清初田产之一变时曾概括地说：

> 谷贱伤农，流离初复，无暇问产；于是有心计之家，秉机广收，遂有一户之田连数万亩，次则三四五万至一二万者，亦田产之一变也。①

这种“有心计之家”，有人解释为自耕农的升格成中小地主的扩大，但亩数以万计，恐非这些人有能力问津者，所以应是指搢绅与商人，至少其中包括一部分商人地主。具体的例证也时有所见，如乾隆四十年，由于江南遭灾，（江苏）“溧阳巨族争以田产就（武阳商人薛）梧冈质钱”，薛家佃户负债，至被迫以女儿给他作妾抵债②。这一恶行也反映当时商人地主的财势。又如吴江以贩运起家的商人柳峙安也“有田数千亩”，并兼“开典与酱园”③，体现了地主、商人、高利贷者三结合的特色。

四

庶民地主是在清代前期有明显发展的。它是指无政治身份、占田量不巨大的那一部分。其形成的原因，是多方面而又曲折的。

一批荒地的出现是庶民地主增长的重要前提之一。如历来被目为“壤狭田少”的福建，过去为解决耕地缺少问题，都在山脚下治理陇亩，称为“磳田”。即使这种可珍贵的人造田，清初也因“丧乱以来，逃亡略尽，磳田荒秽

① 叶梦珠：《阅世编》卷一。

② 吴德旋：《初月楼闻见录》卷八。

③ 费善庆：《垂虹识小录》抄本，南开大学图书馆藏。

尽矣”[1]。顺治时的山西，据一种统计，免科荒田就有二万八千多顷[2]。康熙初年，一些自耕农和中小地主还因无法负担沉重的赋役而弃田逃亡。号称富庶的江南地区也是“里中小户有田三亩、五亩者，役及毫厘，中人之产化为乌有……视南亩为畏途，相率以有田为戒矣，往往空书契券，求送搢绅，力拒坚却，并归大户，若将浼焉，不得已委而弃之，逃避他乡”[3]。这就为土地买卖提供了可能，而土地买卖恰恰正是庶民地主形成、发展的重要条件之一。

有某些庶民地主是从旧搢绅地主败落的痛苦中建立起自己的幸福，如谈迁于顺治十三年乘船过河北故城县郑家口时曾见到一户树有旗杆的鼎盛人家而询问篙人，所得的答复是：

> 此权氏，为余姻。明季贫甚，尝事外戚田都督，没其资致富，子弟补诸生，树旗者也。噫！田氏败，宜权氏兴矣。[4]

这家从战乱中贪得不义之财而发家，刚刚取得秀才身份的暴发户似仍应属于庶民地主之列。

但是随着清政权的逐步稳定，雍正以前那种“迫于追呼”而出现的“弃田之家多而置田之家少”的现象有了重大变化。从乾隆以来，由于“大赦旧欠，闾阎无扰，又米价涨涌，益见田之为利，故今置田之家多而弃田之家少”[5]。“置田之家多”正说明土地买卖的频繁。钱泳曾总括其事说：

> 俗语云“百年田地转三家”，言百年之内，兴废无常，必有转售其田至三家也，今则不然。……十年之内，已易数主。[6]

土地权的频繁转换，土地商品化程度的提高，证明了地主阶级内部排列组合的变化，至少说明庶民地主也在增加。

此外，遗产继承的分解也造成田亩占有量减少而庶民地主增加的结果，如清初著名学者朱彝尊原有“瘠田荒地八十四亩零”，晚年“会同亲族分拨付桂孙、

---

① 周亮工：《闽小纪》卷上《磳田》。
② 王庆云：《石渠余纪》卷一。
③ 叶梦珠：《阅世编》卷一《田产一》。
④ 谈迁：《北游录·后纪程》。
⑤ 黄印：《锡金识小录》卷一《备考上·风俗变迁》。
⑥ 钱泳：《履园丛话》卷四。

稻孙分管办粮收息”[①]。这样，一变为三，庶民地主量的扩大往往也由于此。

五

清代前期地主阶级结构中还有一类为数不多但确已出现的所谓“经营地主”，他们比较活跃，能量较大，重要的特征则多从事于商业性农业活动。最明显的例子莫过于经营供点缀城市生活的莳花业，如北京丰台的芍药花业是极负盛名而又历时不衰的。早在康熙时的王士祯在其《香祖笔记》卷一中记称：

> 京师鬻花者，以丰台芍药为最。南中所产，惟梅、桂、建兰、茉莉、栀子之属。近日亦有佛桑、榕树。榕在闽广，其大有荫一亩者，今乃小株，仅供盆盎之玩。

继而阮葵生在《茶余客话》中记称：

> 丰台为养花之地，园圃相望，竹篱板屋，辘轳之声不断，芍药尤盛。春时游人车马纷至。然圃翁贪利，花蕊未放即剪，担头虹紫，团中止绿叶而已。[②]

在紫桑的《京师偶记》中也记称：

> 丰台芍药最盛，园丁折以入市者，日几千万朵，花较江南者更大。丰台在京师南郭，是处皆贵戚苑圃，不减洛阳名。

南方名胜扬州的芍园是乾隆年间汪姓人靠卖茶种花发家而营建的一座名园。从芍园的构造和种花的安排看出这位汪姓“种花人”确是匠心独运地在经营：

> 是园水廊十余间，湖光潋滟，映带几席，廊内芍药十数畦。……廊后构屋三间，中间不置窗棂，随地皆使风月透明，外以三角几安长板，上置盆景，高下浅深，层折无算，下多大瓮，分波养鱼，分雨养花。[③]

---

① 黄协埙：《锄经书舍零墨》卷一《朱竹坨析产券》。

② 阮葵生：《茶余客话》卷八《丰台花事》。

③ 李斗：《扬州画舫录》卷六。

《扬州画舫录》中还记载着另一个名叫朱标者经营花木金鱼，更可见苦心经营之旨：

> 标善养花种鱼。门前栽柳，内周土垣，植四时花树。盆花度以红漆木架，罗列棋布，高下合宜，城中富家以花事为陈设，更替以时，出标手者独多。柳下置砂缸蓄鱼，有文鱼、蛋鱼、睡鱼、水晶鱼诸类。……上等选充金鱼贡，次之游人多买为土宜，其余则用白粉盆养之，令园丁鬻于市。[①]

朱标既杂养花鱼，各取其宜，又区分等类，牟取赢利。这是注精力于物的例子；还有注意于人的使用，善于役使僮仆者，如周生《扬州梦》卷三即记一卖花翁的“用人之道”说：

> 卖花翁课僮仆种花，使其子馈饭食，夏并使为障日驱蚊，驭子甚严，而遇僮仆甚厚，或疑其失亲疏之道。翁曰：僮佣余养生之本也。为进食、为驱蚊，正欲其一心事花耳。驭子严犹恐其恃亲恃尊虐我僮仆，况纵之乎？僮仆感我，我子孙受其福矣。

在东南地区，商业性农业的经营更为普通，如广东东莞地区的种香树，“富者千树……高曾所贻，数世亦享其利”[②]。这种“香田之农，甚胜于艺黍稷也”[③]。顺德的陈村则多以种植龙眼、荔枝、柑橙、橄榄等“以致末富”[④]。所谓“末富”即指商业性农业的经济收入。顺德的桑园围地区更是一个经营蚕桑业的专业区，其“周回百余里，居民数十万户，田地一千数百余顷，种植桑树以饲春蚕”[⑤]。其中当不乏一批经营地主。他如福州地区的种橘、浙江钱塘的种枇杷、杨梅，待成熟开园无不繁盛兴旺[⑥]。又如江苏嘉定蔡翁，原本仅种田一二亩，因经营鲜菌这一名贵多产的经济作物，经过十年经营而“积资千金，以之买田得屋”，成为“有田数百亩”的经营地主[⑦]。

果木特产的经营收入固然远胜于黍稷等粮食作物，但也不能忽视官府对他们

---

① 李斗：《扬州画舫录》卷三。
② 屈大均：《广东新语》卷二《地语·菜园》。
③ 屈大均：《广东新语》卷二六《香语·莞香》。
④ 屈大均：《广东新语》卷二《地语·陈村》。
⑤ 张鉴等：《雷塘盦主弟子记》卷五。
⑥ 施鸿保：《闽杂记》。
⑦ 钱泳：《履园丛话》卷六《景贤·乡贤一》。

的勒取。如广东增城的香柚，“香液饴津，甘浆浸齿”，但“近为贪令所苦，每出教，取至万枚，需金以代，今树亦且尽矣”[①]。上海的水蜜桃，“垂熟，官票封园，胥役从中渔利，乃高其价以售之民”[②]。洞庭东山的碧螺春茶也是“地方大吏岁必采办”的名产[③]。

这部分人根据其经营方式和殷实的经济地位，似已不同于一般庶民地主，但又以多无政治身份而与搢绅地主有别。他们应属庶民地主。

六

从清人笔记的资料来看，清代前期地主阶级的结构大体上包括前述的旗地地主、搢绅地主、商人地主、庶民地主和经营地主等部分。当然，这是就检读到的资料归纳而得，并不十分准确与完整；而且，各部分之间又时有分合变化。这些情况将有待于从更广范围搜求更多的资料来作出说明。

原载于《中国古代地主阶级研究论集》 南开大学历史系中国古代史教研室编 南开大学出版社1984年版

① 屈大均：《广东新语》卷二五《木语·橘柚》。

② 杨光辅：《淞南乐府》。

③ 王应奎：《柳南续笔》卷二。

清代前期江浙地区的饮食行业

——读清人笔记札记之四

清代前期江浙地区的商业已相当繁盛，如苏州就是“商贾云集”、“五方杂处”的胜地。杭州是“百货所聚”之地。南京有“肉腻鱼腥，米盐糅杂”的市场。随着商业的繁兴，饮食之类的服务性行业也相应地发达起来，在清人笔记中有不少这方面的记载。本文只就扬州、南京、苏州、杭州等地零拾若干则资料以备进一步研究者的检证。

扬州有名为“五云馆”的细点铺。这些细点有鹅油和椒盐等不同品种，每觔一百六十文到一百九十文不等。这种价格等差反映它的细点花色品种繁多，货档齐全。在街西有“扑缸春”酒店，游客回城后可以在这里“烹鱼煮笋，尽饮纵谈”。在小东门街还有一家熟羊肉店，生意很兴隆，顾客要起早去等待就食。它先以羊杂碎供客称为“小吃”，然后进羊肉羹饭一碗。吃剩可以重烩称为“走锅”，撇掉上面的浮油称为“剪尾”。这是一种别有风味的吃法，当时人称赞说：“此嚼不恶”。在著名的亢家花园旧址有“合欣园”茶店。由林姓母女经营操持，以卖酥儿烧饼著称。该店招待周到，游人纷集，林氏母女因而致富。[①]

南京的饮食行业大多集中在秦淮河一带。茶食店有利涉桥的“阳春斋”和淮青桥的“四美斋”。这两家都由嘉兴人经营，以把茶食装潢精美宜于款客馈人取胜。酒楼以利涉桥的“便宜馆”和淮青桥的“新顺馆”两家最为著名。“新顺馆”盘馔极丰腆，而“便宜馆”的“扣肉、徽圆、荷包蛋、咸鱼、焖肉、煮面筋、螺羹以及酒碟之鲜洁，酒味之醇厚”，均擅名一时。它们还承应酒菜，每当

① 李斗：《扬州画舫录》卷九。

夕阳西下，秦淮画舫齐集店阑干外，只需报明“某船某人，需某菜若干、酒若干、碟若干”，虽“万声齐沸”，但也可“俄顷胥致，不爽分毫也”。茶店有文星阁东首的“鸿福园”和“春河园”。这两家“座客常满”，备物齐全。烟有水烟、旱烟；茶有云雾、龙井、珠兰、梅片、毛尖，都可“随客所欲”；辅佐零食有酱干、花生、瓜子、小果碟、酥烧饼、春卷、水晶糕花、猪肉烧卖、饺儿、糖油馒首等。[①]

杭州西湖的“五柳居”是一座“酒果珍馐咸备”的著名酒楼，而以“醋溜鱼”独擅其长，至今犹有佳肴之名。在城隍山对岸则有茶馆多处，如“放怀楼”、“景江楼”、“见沧楼”、“望江楼”、“兰馨馆”、“映山居”、“紫云轩”等都极幽雅细致，“茶则木山为最，饼则蓑衣著名。此外瓜子、花生、酸梅干、风腐干而已，其他薤菜饼、鸡豆等类，及时添售”[②]。

苏州以虎丘斟酌桥的“三山馆”历史最久。它在清初只不过是一所供过客避风雨的饭歇铺而已。由于操业的赵姓“烹饪之技，为时所称”而日益兴旺发达。到了乾隆时就发展成为“冰盘牙箸，美酒精肴”的著名酒楼。它还开创了吃饭前先招待顾客“佳荈”（好茶）的经营服务作风。另外在虎丘还为“山景园”，因设在交通要道上，所以“宴会祖饯，春秋览古”的人多在此聚饮。清嘉庆时在塔影桥畔又有李姓开设“李家馆”，后更名“聚景园”。这三家当时形成鼎足之势，但又有不同的特点。“三山馆”是“四时不继庖厨，以山前后居民有婚丧宴会之事，多资于是”。而“山景园”和“聚景园”则只为供应春秋游客，所以是季节性经营，每年清明前后开炉安锅，十月节后就收市。这些酒楼所办满汉大席、汤炒小吃、点心盆碟都是花样繁多，品色齐备。当时有一张较详的菜名单，虽无做法，但仅从菜名也可窥知佳肴美味的概况，特附录如文后，以供关心满汉大席者参考。

江浙地区的饮食行业除了酒楼茶馆外，还有许多串街走巷、登门入户的食品小贩来满足人们生活上的需要。

在南京，果饵中的煮熟菱、藕、糖芋；粉粢中的茯苓糕、黄松糕、甑儿糕等都由“市人担而卖之”。又有油炸小蟹、细鱼，炸面裹虾的虾饼，炸藕团为藕饼，担到市巷去卖，并摇小鼓为号，人们闻声出买[③]。

① 棒花生：《画舫余谭》。

② 范祖述：《杭俗遗风》。

③ 陈作霖：《金陵物产风土志》。

在扬州，有一个自称果子王的王蕙芳，每天清晨用大柳器贮各色果子，先到苏式小酒馆去卖，后至各店，最后在长堤把果子卖完。[①]

在苏州，蔬果、鲜鱼、凉粉、芥辣、凉冰，西瓜、饧糖等食品，或“市人担卖，四时不绝于市”，或“街坊担卖”，或“往来于河港叫卖”，或“寒宵担卖，锣声铿然”[②]。

江浙地区饮食行业的兴盛，固然对城市居民的生活需求发挥了供应作用。但过分的酬酢宴乐也在严重地影响社会风尚的日趋奢靡，腐蚀着整个社会肌体。这不能不是研究历代饮食烹调史料应注意问题的两个方面。

【附录】据顾禄《桐桥倚棹录》卷十中记载：“所卖满汉大菜及汤炒小吃则有：烧小猪、哈儿巴肉、烧肉、烧鸭、烧鸡、烧肝、红炖肉、萸香肉、木犀肉、口蘑肉、金银肉、高丽肉、东坡肉、香菜肉、果子肉、麻酥肉、火夹肉、白切肉、白片肉、酒闷踵、硝盐踵、风鱼踵、绉纱踵、熝火踵、蜜炙火踵、葱椒火踵、酱踵、大肉圆、炸圆子、溜圆子、拌圆子、上三鲜、汤三鲜、炒三鲜、小炒、熝火腿、熝火爪、炸排骨、熝紫盖、炸八块、炸里脊、炸肠、烩肠、爆肚、汤爆肚、醋溜肚、芥辣肚、烩肚丝、片肚、十丝大菜、鱼翅三丝、汤三丝、拌三丝、黄芽三丝、清炖鸡，黄焖鸡、麻酥鸡、口蘑鸡、溜渗鸡、片火鸡、火夹鸡、海参鸡、芥辣鸡、白片鸡、手撕鸡、风鱼鸡、滑鸡片、鸡尾搧、炖鸭、火夹鸭、海参鸭、八宝鸭、黄焖鸭、风鱼鸭、口蘑鸭、香菜鸭、京冬菜鸭、胡葱鸭、鸭羹、汤野鸭、酱汁野鸭、炒野鸡、醋溜鱼、爆参鱼、参糟鱼、煎糟鱼、豆豉鱼、炒鱼片、炖江鲚、煎江鲚、炖鲥鱼、汤鲥鱼、剥皮黄鱼、汤黄鱼、煎黄鱼、汤著甲、黄焖著甲、斑鱼汤、蟹粉汤、炒蟹斑、汤蟹斑、鱼翅蟹粉、鱼翅肉丝、清汤鱼翅、烩鱼翅、黄焖鱼翅、拌鱼翅、炒鱼翅、烩鱼肚、烩海参、十景海参、蝴蝶海参、炒海参、拌海参、烩鸭掌、炒鸭掌、拌鸭掌、炒腰子、炒虾仁、炒虾腰、拆炖、炖吊子、黄菜、溜卞蛋、芙蓉蛋、金银蛋、蛋膏、烩口蘑、炒口蘑、蘑菇汤、烩带丝、炒笋、萸肉、汤素、炒素、鸭腐、鸡粥、十锦豆腐、杏酪豆腐、炒肫肝、炸肫肝、烂熓脚鱼、出骨脚鱼、生爆脚鱼、炸面筋、拌胡菜、口蘑细肠。点心则有：八宝饭、水饺子、烧卖、馒头、包子、清汤面、卤

① 李斗：《扬州画舫录》卷十一。

② 顾禄：《清嘉录》卷四。

子面、清油饼、夹油饼、合子饼、葱花饼、馅儿饼、家常饼、荷叶饼、荷叶卷蒸、薄饼、片儿汤、饽饽、拉糕、扁豆糕、蜜橙糕、米丰糕、寿桃、韭合、春卷、油饺等，不可胜纪。”

原载于《中国烹饪》1982年第3期

从《阅世编》看明清之际的物价

——读清人笔记札记之五

物价史料，在正史中记载不多，即有也往往只作些“物价腾涌”之类的不够具体的记录，使人无从捉摸。但是，在笔记杂著中却时有所记，而且还比较生动具体。这些记载对于研究社会经济和人民生活的状况是足资参考的。《阅世编》就是记载物价史料比较丰富的一部著名笔记。

《阅世编》的作者叶梦珠，字滨江，号梅亭。上海人而著籍娄县学。他生于明季，大致卒于清康熙中叶。叶梦珠虽然主要生活在清代，但由于清初对东南地区汉族地主阶级所采取的政策，触及了他的利益，所以他要把“阅世”六十余年所见闻的世务，写成《阅世编》，以发泄自己内心的愤懑。

《阅世编》十卷，所记内容“大而郡国政要，世风升降；小而门祚兴替，里巷琐闻；旁及水旱天灾，物价低昂”[①]。看来，记录物价还是该书的主要内容之一。这部笔记主要记载松江地区（包括上海、华亭、南汇诸县）情况。其卷一《田产》门记田价；卷七《食货》门记米、豆、麦、棉、布、柴、盐、茶、糖、肉、纸张、药材、干鲜果品、眼镜、顾绣等生活必需品和手工艺品的价格，都比较具体详备。作者还比较了各年的价格升降，以反映清初顺治、康熙时期土地和民生的状况。这一点是同时代它书所不及的。

叶梦珠不仅记录了多种物价的具体数字，而且还对价格贵贱的变化作了些初步分析。他的总看法是把物价变化和社会“治”“乱”联系起来考虑的。他说：

> 大约四方无事，则生聚广而贸迁易，贵亦贱之征也；疆圉多故，则土产

① 《上海掌故丛书》本跋。

荒而道涂梗，贱亦贵之机也。

他还把物价的低昂看作是“誌风俗之变迁，验民生之休戚”的标尺。

在叶梦珠看来，物价的贵和贱是形势不靖，变乱动荡所造成。因为变乱时期，即使“糟糠秕秆，价亦骤贵”。如明清之交木棉跌价的主要原因是“甲申以后，因南北间隔，布商不行，棉花百觔一担，不过值钱二千文，准银五、六钱而已。”这种价格只是崇祯初年每担四、五两银子的十分之一；但是，很快在顺治六年间由于社会大致稳定，花价又回升到每担三两四、五钱。又如康熙十三年，福建的竹纸，由于“闽中兵变，价复骤长”，每刀纸（75或70张）由康熙六年的一刀八厘长了八倍而至每刀一钱四、五分，甚至还用浙中所制次品充卖。这里所说的“闽中兵变”，指“三藩之乱”中耿精忠在福建起兵响应吴三桂。但到康熙十五年“耿藩归正”后，竹纸便又恢复到每刀三分五厘，而到康熙二十六年，因经过一段相对安定便回落到每刀二分。从这两种物价的分析看：变乱不靖造成商品流通不畅，由于商品短缺不能满足需求而在市场上出现商品涨价，正如书中所说：“商旅不行，物价腾涌”。与此同时，动乱使商品制造衰落，原料就因供过于求而贱价，因此，从原料的贱可以看到商品贵的先机；相反地，如果四方无事，商品流畅，制造繁兴，原料因需求量大而涨，商品则因来源广而贱，因此，原料的贵又是商品贱的征兆。这正是作者认识到的原料与商品在价格上的辩证关系。

叶梦珠还认为生产资料的价格往往随产品价格的低昂而有所变动，如米价与地价的关系。他有如下的一段记事：

康熙十九年，庚申春，因米价腾贵，田价骤长，如吾邑七斗起租之田，价至二两一亩，甚至有田地方，各就近争买者，价至二两五钱以至三钱。华娄石四五斗起租之田，价至七、八两一亩。昔年贱价之田，加价回赎者蠭起。至次年辛酉，米价顿减，其风始息。

叶梦珠记录物价还好用比较法，如记崇祯十四年米豆关系是“粜米一石可粜豆二石”，顺治六年冬则“米价石银不过一两，而豆则石价两八钱，犹是米二石准豆一石也”。用以说明两种物品间的关系。

《阅世编》中的物价史料涉及品种较广，并能注意到升降变化，是值得注意的资料。为了便于参考，特根据所记资料制表附后。

[附：明清之际物价表]

（一）米

时间	品名	单位	价格	备注
明崇祯五年夏	白米	斗	一百二十文	值银一钱
崇祯五年秋	早米	石	六百五十至六百六十文	
崇祯十一至十二年	米	斗	三百文	值银一钱八、九分
崇祯十五年春	米	石	五两	钱十二千（每千值银四钱几分）
清顺治三年	米	石	一千文	准银五、六钱
顺治四年	米	石	纹银四两	
顺治六年	糯米	石	一两二钱	
	川珠米	石	九钱	
顺治七年二月	白米	石	一两	
顺治七年九月	新米	石	二两	
	糯米	石	一两八钱	
	白米	石	二两五钱	
顺治八年二月	白米	石	三两	
顺治八年三月	白米	石	三两五钱	
顺治八年三月	白米	石	四两	
顺治八年六月	白米	石	四两八、九钱至五两	
顺治八年七月	新谷	石	二两	
顺治九年夏	白米	石	四两	
顺治九年秋	米	石	二两五至六钱	
顺治十四年十一月	米	石	八钱、六至七钱	
顺治十六年闰三月	米	石	二两	
顺治十八年十月	白米	石	一两五钱	
	新米	石	一两三钱	
顺治十八年十一月	白米	石	二两	
	新米	石	一两八钱	

（续表）

时间	品名	单位	价格	备注
康熙元年正月	白米	石	二两一钱	
	糙米	石	一两九钱	
康熙元年七月	早米	石	一两二钱	
	糯米	石	一两三至四钱	
康熙八年	新米	石	六至五钱	
康熙八年四至六月	米	石	三钱一至二分	这是预借米钱秋后还米的折价
康熙九年六月	白米	石	一两三钱	
康熙九年八月	新米	石	九钱	
康熙九年九月中	新米	石	八钱	
	糯米	石	七钱	
康熙九年十月	米	石	九钱	
	糯米	石	八钱余	
康熙九年十月底	米	石	一两三钱	
康熙十年	早米	石	一千三百文	折银一两一钱
康熙十二年	新米	石	七百文	计银六钱三分
康熙十七年	早新米	石	七钱三分	
康熙十八年春	早新米	石	一两四至五钱	
康熙十八年八月	早新米	石	一两七钱	
	米	石	二两	
康熙十九年夏	白米	石	二两	
康熙二十一年五月	白米	石	八钱五分	
康熙二十一年冬	新糙米	石	五钱六至七分	
	新糙米	石	五钱一至二分	此为苏州价格
	白米	石	九钱上下	
康熙二十二年秋	糙米	石	八至九钱	

（二）豆

时间	品名	单位	价格	备注
清顺治六年八月	早豆	石	三两五钱	
顺治六年冬	早豆	石	一两八钱	米二石准豆一石
顺治七年二月	豆	石	二两	当时米每石一两
顺治七年九月	豆	石	一两五钱	新米二两
顺治八年三月	豆	石	一两五钱	白米石价三两四钱
顺治八年四月	豆	石	一两二钱	白米四两
顺治八年六月	豆	石	一两六钱	白米五两
顺治八年七月	豆	石	三两二钱	与新米价等
顺治十四年十一月	豆	石	八钱	米亦如之
顺治十六年闰八月	豆	石	二两	与白米等
顺治十八年	豆	石	八钱	新米价一两三钱
顺治十八年冬	豆	石	一两二至三钱	白米价二两
康熙二年十月	豆	石	五钱	米价九钱
	荡豆	石	四钱，后涨到六至八钱	
康熙十八年三月	豆	石	一两二、三钱	
康熙十八年四月	豆	石	一两四钱五分	未几减至一两一、二钱
康熙十八年秋	新豆	石	七钱有奇	
康熙十八年十一月	新豆	石	一两二钱	
康熙十九年春	新豆	石	一两三钱五分	后减至一两
康熙二十一年春	新豆	石	七钱	
康熙二十一年五月	新豆	石	六钱	
康熙二十三年冬	新豆	石	一两内外	

（三）麦

时间	品名	单位	价格	备注
明崇祯十五年	园麦	石	六千文	计银二两五、六钱
	小麦	石	六千文	
	大麦	石	三千至四千文	
清顺治五年二月	园麦	石	二两一钱	
顺治八年	园麦	石	二两二钱	
	大麦	石	一两五钱	
顺治八年四月	新小麦	石	一两五钱	
	园麦	石	一两三钱	
顺治八年六月	园麦	石	二两	
顺治十六年闰三月	麦	石	一两	
顺治十八年冬	麦	石	一两三钱	
康熙元年六月	麦	石	五钱	
康熙九年	园麦	石	六钱	
	小麦	石	七钱	
康熙十七年	小麦	石	一两二至三钱	价出白米之上
康熙十九年	园麦	石	一两五钱	小麦将熟时涨至二两外
	新麦	石	八至九钱	
康熙二十一年夏	园麦	石	三百五十文	准银三钱一分五厘
	小麦	石	五百三十文	
	大麦	石	二百五十文	

（四）木棉

时间	品名	单位	价格	备注
明崇祯初年	木棉	担	四至五两	百觔为一担
清顺治初年	木棉	担	二千文	准银五至六钱
顺治六年	木棉	担	三两四、五钱	
顺治七年九月	木棉	担	五两	
顺治八年三月	木棉	担	九两	
顺治十四年	木棉	担	二两五钱	
顺治十六年闰三月	木棉	担	四两五钱	
顺治十八年冬	木棉	担	二两	
康熙元年正月	木棉	担	三两	
康熙元年七月以后	木棉	担	二两	
康熙九年秋	木棉	担	一两七至八钱涨至二两五钱	
康熙九年十月	木棉	担	三两有奇	
康熙九年十月底	木棉	担	四两	
康熙十年十一月	木棉	担	三千三百文	准银不下三两
康熙十三年	木棉	担	一两九钱	上上花之价
康熙十六年	木棉	担	二两六至七钱	上者直至三两
康熙十八年秋	木棉	担	一两五至六钱	
康熙十九年夏	木棉	担	三两	
康熙二十年夏	木棉	担	三两五至六钱	
康熙二十一年五月	木棉	担	四两一钱	上白花价
康熙二十三年秋	木棉	担	一两三至四钱	上白好花

（五）棉布

时间	品名	单位	价格	备注
明末	标布	匹	一钱五至六分 一钱七至八分到二钱（最精）	上阔尖细者曰标布
	小布		六至七分	阔不过尺余，长不过十六尺曰小布
明清之际	标布	匹	二百至三百文	准银不及一钱
清顺治八年	标布	匹	三钱三分	
顺治九至十年	小布	匹	二钱	
顺治十一年十二月	标布	匹	四至五钱	
康熙元年到三年	小布	匹	八至九分到一钱	
康熙二十一年	中机布	匹	三钱上下	较标布稍狭而长者曰中机
康熙二十三年	标布	匹	二钱上下（上上者） 一钱三至五分（粗者）	

（六）盐

时间	品名	单位	价格	备注
明崇祯初年	盐	百觔	一钱五至六分	平秤约一百二十觔
崇祯十六年夏	盐	觔	五分	
清顺治八年春	盐	觔	一钱	
顺治八年四月后	盐	觔	六至七分	
康熙二十二年三月	盐	觔	三分二厘	
康熙二十七年	盐	觔	六至七厘	

（七）猪肉

时间	品名	单位	价格	备注
明崇祯初	猪肉	觔	二分上下	
清顺治二年冬	猪肉	觔	一千文	准银一钱二分
顺治六至八年	猪肉	觔	七分	
康熙十二年	猪肉	觔	二分五厘	
康熙十九年	猪肉	觔	五分	

（八）茶

时间	品名	单位	价格	备注
清顺治初	松萝	觔	一两后减至八至五钱	此为徽茶佳品
顺治四至五年	岕片	觔	二两	
康熙九至十年	岕片	觔	一两二钱	
康熙十七年	岕片	觔	二钱	此在江阴
康熙中	松萝	觔	二至三钱	此为上好者

（九）纸

时间	品名	单位	价格	备注
明末	竹纸	刀（75张）	二分	荆川太史连、古筐将乐纸
明清之交	竹纸	刀（70张）	一钱五分	政权更迭
清康熙六年	竹纸	刀	一分八厘	
康熙十三年	竹纸	刀	一钱四至五分	“三藩之乱”
康熙十五年九月	竹纸	刀	三分五厘	
康熙二十年	竹纸	刀	二分	

（十）心红标朱

时间	品名	单位	价格	备注
明末	心红标朱	匣	四至五钱	每匣十四两
清顺治四至五年	心红标朱	匣	八至九两	
顺治八至十年	心红标朱	匣	二至三两	
康熙初年	心红标朱	匣	二钱五分	此为上好朱价
康熙十三至十四年	心红标朱	匣	三钱	
康熙十九至二十年	心红标朱	匣	六钱至一两一钱、二钱	
康熙二十三年	心红标朱	匣	一两六、七钱	
康熙二十六年	心红标朱	匣	四钱	

（十一）白糖

时间	品名	单位	价格	备注
明末	上白糖	觔	八至四分	
清顺治初	白糖	觔	四钱	
康熙二十年冬	白糖	觔	三至二分	
	黄黑糖	觔	一分上下	

（十二）檀香

时间	品名	单位	价格	备注
明末	檀香	觔	四至五钱	
清顺治初	檀香	觔	二至三两	
康熙十八年冬	檀香	觔	二钱	

（十三）附子（药材）

时间	品名	单位	价格	备注
明末	附子	只	一至二钱	每只重一两
清顺治初	附子	只	数十两	急需者不惜百金
康熙中	附子	只	一钱	

（十四）法制藕粉

时间	品名	单位	价格	备注
清顺治初	藕粉	觔	一两五至六钱	后减至一两二钱
顺治九年	藕粉	觔	八钱	
顺治十二至十三年	藕粉	觔	六至七分	半和伪物

各表资料来源：《阅世编》卷七《食货》。

【附注】表中价格凡写两、钱、分、厘者指纹银，凡写文者指铜钱。银钱比价，随着社会上的不同原因在不同时间不同地方而有高低的变化。为了有助于了解当时的价格，现据《阅世编》卷七《钱法》摘录有关银钱比价的资料如下：

（1）明崇祯初在京师钱千文价银一两二钱，外省钱千文兑银九钱。

（2）明崇祯十三年夏钱千文价银六钱。这一年百货腾贵。

（3）明崇祯十三年至十四年之间，钱千文减至银四、五钱。

（4）明崇祯十六年以后，钱千文兑银不过三钱有奇。

（5）清顺治二年，明朝之钱，废而不用，每千文值银不过一钱二分，还不及铜价本身。

（6）清初颁行顺治通宝，官定每钱千文准银一两，但奉行甚难。

（7）清顺治八年，每钱千文止值钱四钱八分，其后渐增，亦不能至五、六钱。

（8）清康熙初铸钱，价定每钱千文值银一两，规定民间完纳钱粮，十分之七是银，十分之三是钱，钱价顿长，市面上每钱千文可兑银九钱有奇。民间日用一文钱合银一厘（即钱一千文可兑银一两）称为“厘钱”。

（9）清康熙十二年四月，三藩事件发生，三吴钱价顿长，开始时尚能钱千丈值银五、六钱，后递减至三钱。

（10）清康熙十五年以后，社会逐渐安定，钱价又渐长。

（11）清康熙十七、八年之间，每钱千文兑银至八钱七、八分及九钱二、三分，几乎已达到“厘钱”的水准了（即每千文可兑银一两）。

（12）清康熙二十年以后，私铸钱每千文值银八钱余。官局“厘钱”每千文价银几及一两，甚有一两另四分者。

（13）清康熙二十三年，严禁私铸，私钱顿贱，官钱每千文值纹银一两二钱。

（14）清康熙二十六年后，私钱复渐流行，官钱价遂递减。

（15）清康熙二十八、九年间，每钱千文不值银一两。

（16）清康熙二十九年二月，严禁私钱，制钱每千文价至纹银一两二、三分。

原载于《价格理论与实践》1981年第5期

清人笔记中的经济学史料

清人笔记既有较长发展的历史基础，更有大量的储存可供开采，可惜相沿为传统观念所囿，视笔记为丛残杂书，使它长期遭受漠视。即有读者，也不过以之作遣兴谈助，而真正作为史源大量采撷者，尚不多见。这笔遗产究其蕴藏量若干，一时尚难做出估计。但仅就我历年经眼的近四百种清人笔记中，可供论述史事的史料，殆过千条以上。我曾据此撰文五篇（《清代前期的商业》、《清代前期的商人和社会风尚》、《清代前期地主阶级结构的变化问题》、《清代前期江浙地区的饮食行业》、《从〈阅世编〉看明清之际的物价》）。又在翻读清人笔记时，见有可备证史之经济史料，颇足征信。乃随手札录，积存若干。所录史料，未可货弃于地，遂去芜删繁，辑成《清人笔记中社会经济史料辑录》附于拙作《清人笔记随录》之尾，而未见广泛运用，深以为憾。适《北京日报》黄月平女士见此心喜，邀为一文，以资提倡。乃应其请，略述概要，以供需用者参考。

一、关于土地所有制

土地所有制为封建经济的基础，但官书、正史语焉不详，其具体情况更少论述，若欲知占有土地之巧取豪夺手段及经济地位之升降等细节，即需从笔记中求索。如黄印《锡金识小录》、叶梦珠《阅世编》记置田、弃田之心态变化。王家桢《研堂见闻杂记》、谈迁《北游录》等论世家之沦落。而叶梦珠《阅世编》卷一论置田、弃田之变易尤详，可备参证。

政治动荡变革，土地随之易主，有的世家迅速败落，失去土地，而新兴暴发户则崛起而占有土地，如因失去土地而致沦落者，王家桢《研堂见闻杂记》即记明末兵部尚书娄县王在晋家事，其孙王宸章于清初就因为家道破落而沦为“在羯鼓琵琶队中，博座间一笑，图酒肉一饱而已”的优伶。尤为可怜的是明徐达后裔徐青君竟由翩翩贵公子的穷奢极欲生活沦为到衙门中代人受刑的悲惨境地。余怀《板桥杂记》颇留心于沧桑陵谷，所以记此事特详。清初不止一书记此事，可见尚非猎奇之说。

二、关于物价问题

物价是经济生活中的重要问题，一些记载失之于笼统，往往多作“物价腾涌”等文人之笔，而笔记中则记载较为具体，颇可采择。叶梦珠《阅世编》卷一记清初上海、华亭、南汇等县十余种生活必需品和手工艺品的物价极细。并以比较各年的价格涨落，来论断顺、康时期的土地和民生状况。他把物价的变化和社会的动乱联系起来考虑，得出结论说：“大约四方无事则生聚广而贸迁易，贵亦贱之征也；疆圉多故则土产荒而道途梗，贱亦贵之机也”。

这一结论的意思是：动乱使商品制造衰落，原料就因供过于求而价贱。因此，从原料的贱可以看到商品贵的先机；如四方无事，商品流畅，制造繁兴，原料就因需求量大而涨价，商品则因来源广而贱。因此原料贵又是商品贱的征兆。这正是作者认识到的原料与商品在价格上的辩证关系。

三、关于商品经济的发展趋向

农业经济中商品经济的发展趋向，从清初以来就见载于笔记。如京师丰台的芍药业，诗人王士祯《香祖笔记》卷一就较早地注意及此，他说：“京师鬻花者，以丰台芍药为最。南中所产，惟梅、桂、建兰、茉莉、栀子之属，近日亦有扶桑、榕树”。继而阮葵生在所著《茶余客话》卷八中也有记称：“丰台为养花之地，园圃相望，竹篱板屋，辘轳之声不断，芍药尤盛。春时游人车马纷至，然圃翁贪利，花未放即剪，担头红紫，园中只绿叶而已”。稍晚的柴桑在所著《京师偶记》中也记其事曰：“丰台芍药最盛，园丁折以入市者，日几千万朵，花较江南者更大。丰台在京师南郊，是处皆贵戚，苑囿不减洛阳名园”。多人记一事，足见其盛。

广州的花木种植业，尤为兴盛。清初屈大均在《广东新语》卷二记茶园、香树以及荔、蔗、橘、柚、蕉、柑、龙眼、橄榄等属的种植贩运情况，特为详备，可证清初广州一带农业中商品经济的兴旺。

四、关于重农轻商思想

商业由于重农轻商思想所影响，所以一些正史专著多不论或少所涉及，致使研究商业状况难于着笔，但清人笔记，尤其是风土笔记中，多好记市井状况。大至于富商巨贾，小至于肩挑摊贩，各色活动，均有描述。如商业中心的繁盛商业资本的活跃以及地方集市的交易等都可以从笔记中得到参考资料。甚而钩辑成文，填补空白，其史料价值自不待言。即以商业资本的活动去向为例，周亮工《闽小纪》卷上，记吴越商人以买青方式包买经济作物的情况说：“闽种荔枝龙眼家，多不自采。吴越贾人，春时即入资，估计其园。吴越人曰断，闽人曰檏，有檏花者，有檏孕者，有檏青者”。

还有不少商业资本转向土地，如上海布商赵某经过十年经营致富后，临终“嘱二子收业，尽以置产，产亦万亩”。其转为高利贷资本者，如新安富人程、汪二姓“以贾起家，积财巨万，性鄙吝，虽产日广而自奉弥俭。以重利权子母，持筹握算，锱铢必较”。

五、关于手工业经济

关于手工业经济的记载，当推屈大均《广东新语》为最，范围既广，描述亦详。举凡铸铁、采铜、酿酒、染整、制陶、织葛、制香及制纸诸业的操作，均有详细记载。若干论文均多所引证。他如特种工艺往往被视为雕虫小技，难登大雅而遭漠视，而王士祯则在他的《池北偶谈》卷十七《一技》条记及有一技之长的手工业者说：“近日一技之长，如雕竹则濮仲谦，螺甸则姜千里，嘉兴铜炉则张鸣岐，宜兴泥壶则时大彬，浮梁流霞盏则吴十九，号壶隐道人，江宁扇则伊莘野，仰侍川装潢书画则庄希叔皆知名海内”。其后阮葵生所撰《茶余客话》卷十《一艺成名》条亦有当时详细工匠名单。在风土笔记中，此类史料保存尤丰。如周生《扬州梦》卷三记扬州漆器，周亮工《闽小纪》卷上记福建五种工艺绝技皆是。

六、关于高利贷资本

高利贷资本的剥削形式在笔记中可见多种，最常见而为人所熟知者为典当。安徽人多好营此业。程麟在《此中人语》卷三中记称："近来以典当者，最多徽人，其掌柜者则谓之朝奉，若辈最为势利。观其形容，不啻以官长自居，言之令人痛恨。"扬州有一高利贷者以营典当而富甲江北，李斗《扬州画舫录》卷十三曾记其事说："吴老典初为富室，居旧城，以质库名其家，家有小典。江北之富无有出其右者，故谓之为老典。"其次以实物取高利，如广东的放糖取利，屈大均《广东新语》卷十四记之颇详。又其次候铨者在京师穷乏而借贷，谓之"京债"，一旦得任，即随任索债，影响及于吏治。梁章钜回翔仕途多年，所见盖非偶尔，特在其所著《退庵随笔》卷七著其事称："今赴铨守候者，所假京债之息，以九扣三分为常。甚有对扣四扣三扣者、得缺莅任之初，债主已相随而至。剩下不足，则借库藏以偿之。欲求其为良吏、循吏，其势甚难，则'京债'之为害大矣！"更有甚者有依仗权势勒取高利者，如顺治初，为完纳拖欠钱粮而向营兵借"营借"，"每月利息加二加三，稍退一日，则利上又复起利，有'月钱'、'雷钱'诸名"，"一月之后，营兵追索，引类呼朋，百亩之家，举家中日用器皿，房屋人口而籍没之，尚不足以清理。鞭笞絷缚，窘急万状"。叶梦珠《阅世编》卷六言其事甚详。这些嗜利者以其贪婪残刻手段以致豪富者，不乏其人。曾衍东《小豆棚》卷三曾记一高利贷者之发家曰："单有益，宛平人，重利放债，算折秋毫。凡有远省铨选，借伊银钱，甚至三扣，人号为单算盘，与之交者，无不吃亏。凡人一器一物，亦设计攫取。因而家遂丰，起盖房屋，陈设玩好，居然富豪。家有一妻四妾，三子一女，而且婢仆车马，无不如意"。

七、结语

笔记之体，始于汉魏，兴于唐宋，盛于明清。其数量之夥，难以确指。余以专攻清史及近代史，乃不时浏览清人笔记，历经年所，见其所记内容，有关学术、典制、人事、风情、传闻、异说、物产、奇技者，无所不包，几如身入宝山，目不暇给。随读有得，辄札录于小笺。数十年间，积累颇多，而经济史料尤令人瞩目，各种经济领域状况，多可自笔记中得其梗概，惜经济学研究中少所涉及，今依类举例，撰写一文，庶读者节翻检之劳，而得利便之乐。

二〇一二年十一月写于南开大学邃谷行年九十

原载于《北京日报》2012年12月10日

继续加强清史研究

清朝是我国历史上最末一个封建王朝，既是中华民族的融合者，也是封建文化的总括者。过去由于辛亥革命时期反清宣传的某些影响，清史研究没有得到应有的重视。近年来，清史研究工作颇见进展，取得一定成果。但我以为，对于清史的研究，应该进一步加强。

一、研究新课题

近年来清史的研究范围比较广泛。但还有许多新课题亟待开拓。如阶级结构问题，近年来的文章以论述农民、地主、雇工和游民较多，但对商人却论述较少。康雍乾时期的商人，我看主要有垄断商人（盐商、铜商、行商）、大商人（米商、茶商、布商、批发商）、一般铺户商人和小商、小贩等四类。对这四种类型的基本情况就缺乏完整的描述。当时商人地位有所提高，但提高程度究竟如何？是否可从官僚士人经商、商人作宦以及社会意识观念的变化等方面作些探讨呢？又如对城市居民中的医生、塾师、办婚丧事者、家庭手工业者、包办酒席的厨师、埠夫等也缺乏具体剖析。而对于游民，则多注意其穿州过县的游民群和南山棚民，而对游民的其他去处则未多顾及，如说唱艺人、跑马卖解者、乞丐、迷信职业者、地痞流氓（这类人遍及全国，各有专称，福建称“聊落”、江南称“泼皮”、江西称“棍子”、广东称“泥腿”，他们对社会起了破坏作用）等。在政治方面，研究事件典制者多，但有些问题需要更多的探讨。如中央集权的估价问题究竟是强化统治呢？还是表明统治力量的削弱？统治阶级内部斗争除康熙与鳌拜问题、雍正夺位问题涉及较多，其他如乾隆时党争、道光时政争、咸同间的“祺祥政变”、光绪朝的帝后之争等等都需要进一步考察。在文化方面，除了乾嘉学派的问题，有些课题还可以深入研究，如校勘、考证、版本、训诂、音韵诸学是否有阶级属性，还是一种纯技能；辑佚学之恢复古书面貌是否对乾隆的禁毁古籍在客观上起到抵制与反抗的作用等等。

二、发掘新史源

研究历史需要史料已是常识问题。正经正史等基本史料应该首先掌握也勿庸置疑。清代档案数量浩繁，即以中国第一历史档案馆而论就拥有档册千万件左右，是取用不竭的宝库。近年来很多论文加以采录，有许多同志穷年累月搜检研讨取得成效。这是亟待开掘的重要史源。

方志占古籍十分之一，清志又为方志总数的百分之八十即六千五百余种。虽有糟粕，但可用之处甚多。凡风俗习惯、民生利病一切不详载于正史者都借方志而获保存。如嘉庆《增城县志》记载的客民来历，光绪《潮阳县志》中的畲民，乾隆《新安县志》中的工匠日价，湖北《竹溪县志》、陕西《大荔县志》和河北《东光县志》等的记同治元年、十年二次北极光的出现等都是珍贵史料。

谱牒是近年来开始受到注意的一种史源。现存宗谱无准确统计，仅从国家档案局的存目看约四千多种。有的宗谱很完整，如宜兴任氏家谱自明景泰以来直至民国十六年，经二十六代，重修十三次。从宗谱中不仅可以看出社会状况、人口状况，而且有的宗谱还附了年谱、碑传和文集等等，颇资参证。如《华亭王氏族谱》所附《鹤间草堂主人自述苦状》一篇就解决《溃痈流毒》一书的辑者问题。清人年谱数量很多，当在千种左右，也记了一些有用的资料，有的为一般记述所未及。

笔记是一种具有私人档案性质的著述。它的材料经过验证后都较生动具体。其所涉及的面也较广。如《阅世编》一书记康熙元年至二十七年十四种物资的价格，可以从中看到当时物价的升降。文集数量既多，内容也丰富，实为不可漠视的史源。如《内自讼斋文集》之记王聪儿始末，《春融堂集》之记军机处典制以及钱大昕、洪亮吉和汪士铎等人文集中均有政治、文化等方面的记述。

三、编制新的工具书

工欲善其事，必先利其器。过去虽有一些有关清史的工具书（如《清代职官表》等等），但还不够。这项工作不仅为研究工作铺路搭梯子，而且本身就是一项研究工作。福建师大图书馆同志殚数年之力编了二十八种通志人名索引，很有用。我在开始进入清史研究领域时，亦撰成《近三百年人物年谱知见录》，为他人节翻检之劳。目前，编制新工具书的天地很广阔，例如清人文集，其确数难知，仅就我所知者有二千余种。过去王重民先生编的篇目索引仅收四百余种。张舜徽先生的《清人文集别录》亦在六百余种，大有重编之必要。日人有《中国随笔索引》，清人笔记条目所收不多，我们为什么不可以编制一部《清人笔记条目索引》呢?

近年来，清史研究更趋活跃，每年有上百篇的论文问世，出版了不少著作、资料和清史专门刊物，建立了一些研究机构。1982年秋天，全国研究清史的专家、学者云集北戴河，商讨编纂大型《清史》事宜。加强清史研究为编纂《清史》提供有利条件，而《清史》的编纂则又推动清史的深入研究。

原载于《文汇报》1983年3月28日

关于编纂新《清史》的体裁体例问题

清朝是我国历史上最末一个封建王朝，同时它既是中华民族的融合者，也是中华传统文化的总括者。过去由于辛亥革命时期反清宣传过度的影响，清朝历史没有得到应有的准确认识和表述。上世纪20年代编纂的《清史稿》又未尽如人意。因此，为世界瞩目的中国正史，一直没有一部足以为二十五史殿后的高水平清史出现，这实在是中国这样一个历来非常重视历史的国度的缺憾。新朝为旧朝编史是中国历史编纂事业中的重要传统。新中国成立后，即肩负着编纂清史与民国史的重任，而二百余年之清史的编纂，尤为当务之急。但数十年来由于种种人所周知的原因，未能早日启动，久已成为广大史学工作者魂牵梦萦的心事。近年，虽曰蹒跚，终有足音。2003年初，纂修《清史》作为新世纪一项标志性文化工程，全面启动，正式面世。主事诸公深明发凡起例为著述首要，乃于二三月间，于南北分别召开有关体裁体例座谈会，多方听取意见。我有幸应邀与会，敬聆谠言善论，略陈一得之愚，或可备纂修诸公采择。

一、新《清史》的定位

欲论新《清史》之体裁、体例，必先明新《清史》之地位，即所谓定位问题。

新《清史》所写对象为中国封建社会最后一个王朝的历史，是写以清王朝为标志的清代历史，是历代封建王朝“正史”的组成部分。这一位置是客观存在，要保持整套正史类型的大体一致。

“正史”之名，始见南梁阮孝绪《正史削繁》卷九六，《隋志》著录此书。

但其特定地位则为清乾隆帝之"宸断"，《四库全书·史部·正史类》小序中有明确的规定说："正史体尊，义与经配，非悬诸令典，莫敢私增。"从乾隆四十年（1775年）之后，至明而止的二十四部史书正式合成为一整体，得"正史"之名。民初徐世昌以民国大总统之名义明令将《新元史》入"正史"之列，称二十五史。正史历来地位尊贵，作用亦大。今国家清史编纂委员会主任戴逸先生所作《构建新世纪标志性文化工程》一文中，曾高度评价正史说：

> 在我国的众多史籍中，有"正史"之名的纪传体史书共二十五部，系统详细而不间断地记录了自五帝以来数千年的中国史。这是中华民族的重要的文化载体。是人们了解研究我们国家和民族形成发展的百科全书，是建设中国特色社会主义的智慧宝库。

这是对正史的正确评估，虽然过去对正史有过这样和那样的批评，论其不足，但从总体看，更多值得注意的是历代修史积累的经验。这些经验证明，正史之体是一种容量大、易于操作的体裁，对新编《清史》具有足资参考的价值。

因此，我认为新编《清史》应定位于：采用"正史"所使用的纪传体来撰写以清王朝为标志的清代历史。不过，随着时代发展，无论体例和内容都曾有所改易。清代社会尤有巨变，当然在继承旧形式情况下，更要面对实际，各种体例，必当有所变化，也就是说，应该以"移步而不变形"的原则制定编撰体裁与体例。

二、关于体裁问题

新编《清史》既已作如上定位，则体裁自应采用纪传体。纪传体是正史主要采用的编撰方法，它有纪、传、志、表各种形式，便于表达内容。它记载范围较广，涉及政治、经济、社会、文化、军事等各个方面，搜集资料也比较丰富，是极便于保存和参考的资料宝库。这次讨论会上，也有主张采用章节体的说法。章节体在近代以来曾有人用之撰写史书。它虽体系贯穿，眉目清楚；但一般内涵容量较小，易见专题，不易见综括，物多而人少，用于大型史书，恐难负荷。其多数人意见，基本上偏重于纪传体。但时代不同，无法避免新事物的出现，所以不能墨守成规，只知继承，不知创新。因此我赞同《清史编纂体裁体例调研大纲》

中关于体裁的第三条建议，即：“大体以传统的纪传体为主要框架，再加以现代的改造、补充和发展。”

三、关于体例问题

既已采用正史纪传体，但其体例则应给予充分考虑。即以《史记》为例，有十二本纪写帝王事迹，起大事记的作用；十表排列错综复杂的史事；八书记典章制度；三十世家讲诸侯封国；七十列传即人物传记。史记130篇，司马迁即用此五体纵横交错地反映了自黄帝至汉武的这一大段历史，包含了整个国事社情诸方面，为后世纪传体史书创立了典型。但后来各朝史书亦有所变更，如书改成志，表不仅用于记事。也有未全采五体者，如《三国志》、《梁书》、《陈书》、《后周书》、《北齐书》、《南史》和《北史》等七部书都无志。《后汉书》本无表，后以宋熊方《补后汉书年表》十卷补入。从《三国志》到《旧唐书》和《旧五代史》均无表。梁、陈、齐、周四书，虽无志，但因各史同修于唐初，其典制均分见《隋书》各志。可见五体传统已在随时变化。因此，新编《清史》完全可以有所改进和发展。根据清代历史现实可采纪、表、志、图、列传五体，并加附录。兹分述如次：

（一）纪

此纪非原正史中之本纪。本纪是二十五史中为显示各朝帝王至尊地位而设置。实则帝王亦系一历史人物，可与其他历史人物共入人物传，叙其行事，明其业绩，足矣。不必单立本纪，故可废本纪一体，但需另立一“总纪”。

“总纪”或有称“总论”、“综述”、“概述”等者，后三者早为新编方志所创意而已通用，不宜使用。似以总纪之名为善。总纪功能是：

（1）“总纪”为全书总要，当囊括有清一代所有问题，概而论之，置于全书卷首，有开宗明义之效。

（2）“总纪”叙事方法可有多样，其写法约有三端：一是全史浓缩法，总纂通览全史，以高屋建瓴之势，浓缩提炼，一气呵成，成全史纂要之篇，置于卷首。二是特点勾勒法，将有清一代的特点，要言不繁，写意勾勒，不过十数万字，即提纲挈领，得其大要。三是分段提要法，将清史分为政事、经济、军事、

文化、宗教、民族等几大方面，分别撰写提要性论述，字数容量可较多。三者是非优劣，尚待讨论；但必须是能概一代之要和一书之要，而最要者是达到既俯瞰全局，又“引而不发”的境界，问题说到宏观，但不进而微观。读“总纪”将使读者有了解清代历史究竟，了解全书撰述如何等要求，斯为上乘！

（3）“总纪”无论采用何种写法，都应融合编年与纪事本末二体，使时间脉络清楚，起到大事记作用。“总纪”与本文不得有矛盾处。

（4）别纪：戴公在《关于清史编纂体例的几点补充意见》中建议“为南明、太平天国、准噶尔作《载记》”。这几个政权与清朝政权确曾呈敌对状态，但未臣属于清朝，自成体系，具有比较完整的政权形式，应单独立纪，但不宜立《载记》。《载记》是《晋书》创体，是用于当时十六国政权的，是以正统观念视各政权为僭窃，含有贬义。新编《清史》应为各对立政权立《别纪》。《别纪》者，表示不为《总纪》所涵盖，而是另一政权之纪事。可立南明、准噶尔、太平天国等《别纪》。又郑成功亦未臣属于清，收复台湾后，曾建立政权，传世三代，颇有建树，是否也应立一《别纪》。至于吴三桂早已降清，并接受爵禄，三藩事起，虽相持八年，但应属叛乱分裂活动，不能为之立《别纪》，但可将吴三桂及耿精忠、尚可喜等三人入列传，归于一卷。

（二）表

表为《史记》五体之一，司马迁用之解决繁杂的人物活动。如《汉兴以来诸侯王年表》、《惠景间侯者年表》和《汉兴以来将相名臣年表》等，即将汉初那些传不胜传而事又难没的历史人物，以表存其事，既省文字，又与世家列传相补充。《汉书》的《古今人表》含有评论历史人物之意义。后世学者更有用表体来整理正史史料，采撷史事以便省览者，如清万斯同的《历代史表》，广加征引，表列数千年史事而眉目清楚，是以朱彝尊誉之为“揽万里于尺寸之内，罗百世于方册之间”。表之为用，由此可见。新《清史》万不可废此体。表不厌其多，表多则志可简而传可省。惟时代不同，表当有所增删。如《汉书》古今人表之评论人物，未免过于简单化，不宜沿袭。有些事务则可增设表，如《自然灾害表》、《康熙诸子表》、《会计表》、《湘军将领表》、《新建陆军将领表》等等。

表除单成一体外，还可在志中附表，如《人口志》中可附《历年丁口表》，《财政志》可附《度支表》，《物产志》可附《土特产表》或《植物表》、《矿物表》，至于何者单立，何者附入，当进一步探讨。

（三）志

史经志纬，足见志在史书中的地位。史书有志，方能使历史立体化。马书班志久有垂范，一朝典制无志则无所容纳，而后世亦将无所借鉴。新《清史》既保存志体，但亦当有所变易。志书增废定名，约有几种不同情况。

史书基干为天地人三者，上为自然天象所覆，下为地形、地貌、疆域、区划所载，人居其中，生养繁息，迁徙流动，形成各种社会活动，故天文、地理、人口三志不可废。或曰天文为自然现象非关社会历史，须知“正史”为时代之全史，并非社会活动之专著。理应包括自然与人文两端，且自然现象与人文社会现象何能隔离，如自然灾害为自然现象，但其于人文社会历史影响至巨。或曰前史有天文源于“天人感应”之说，具有迷信色彩。“天人感应”之说，是否纯为迷信，尚待研究。天象人事互为影响，在科学昌明之今日，多可从中得一定科学解释，河海潮汐与月之圆缺有关，水土流失与沙尘扬暴有关。且中国有数千年天文记录，历代相沿成志，不能中断。地方志中有关灾异祥瑞之记载，多有与天文有关之资料，如河北、河南、山西地方志中，曾记同治间天象怪异，经科学解释，实为极光现象。再者，清初中外天文学家对天象观测的争议，以及乾隆以后许多天算家（包括若干女性）对天象观测和实验，均有发现与发明，可充实《天文志》内容。此志近于专门，可由国家天文专门机构研究撰写。至于地理、人口二志之必设，其义自明，不待赘言。

有些志已不宜沿用，如《五行志》等，即使清代曾有类似内容，亦应取有科学解释者，写入其他部分。

有些志应保留，如以原志内容过多，则可分解立志，如《艺文志》必须有，但清代著述作品，数量过大，据现有一种统计，将近十万种，实难全部入志。其解决办法是：一将原《艺文志》分立为《学术志》与《文学志》，分别著录学术著作和诗文小说等创作。二是组织专人根据现有文献筛选初步目录，广泛送请有关人士斟酌。

有些志可改名而当扩大内涵，如《兵志》可改称《军事志》，不仅记述八旗、绿营、湘淮及新建陆军等军制，亦可记入各种军事活动。《河渠志》可改称《水利志》，不仅记述河渠，更着重于如何利用水资源以及防范措施等。

有些新事物则应增设新志，如《邮电志》记驿递、邮政、电信等，《交通志》记铁路、公路、内河航运、海运、交通工具（原《舆服志》舆的部分内容可入此）等，《外交志》记述对外政策、建交遣使、交涉谈判以及各种外事活动等，《实业志》记述新型企业开厂办矿等。

各志应设、应删、应改易、应分立，难以尽述。近二十年，全国新编志书在专志设置上，多有创意，可引作他山之助。至于志书篇目之设，当另作讨论。

（四）图

左图右史是中国悠久的传统文化，历代史书目录及出土文物，时有图的著录和发现。古地方志即称“图经”，示有图有文。宋郑樵《通志》有《图谱略》，视图谱为撰史要务。新编《清史》似应增此一体。图在史书中可有三类：一地图，自晋裴秀绘制地图，历来多有绘制，清代尤盛，地学已成专学。地图包括疆域图、区划图、地貌图、山川图、地质图等。二是器物图，包括古物图录、版刻图录、珍善藏品图录等。三是艺术图，凡书画、篆刻、工艺、特技的作品图录等皆属之。尤其是现代印刷技术的高科技发展程度，已为设图一体提供极大便利，也显示当代人修史之特色。

（五）列传

人物为史书之灵魂，若无人物则历史舞台如何有声有色？中华历史则显然苍白，了无生气，是以史志典籍皆以人物为重点。历代正史人物列传，多谱可歌可泣之事，存当代之精英，惠后世以激励。原《清史稿》收人物8000余人，所收是多是少？所收是否恰当？俱在可议之列。

列传首要问题是收录标准问题，《清代人物传稿》曾订收录范围若干条，基本可采，但有一点似应补充。列传人物当然以收正面人物为主，但大奸巨慝亦应考虑，因历史总有正反两面，事物绝无纯之又纯，无奸不能显忠，无恶何以见善？人物标准主要视其推动历史发展抑阻碍历史发展，褒前者所为流芳百世，贬后者所为遗臭万年，二者同尽历史教化作用，但必须注意二者比重。

入传人物时限如何定？我认为既是清史，必以清人为准，其收录之时限标准是：

（1）以卒年为基本标准，凡生于明而卒于清者，作为清人入传，生于清而卒于清者当然入传，生于清而卒于民国者为民国人，无论在清代有何事功，皆不入传，这一标准只视时间不论事功，必须严格遵守，如有个案处理，则争论纷扰，将无宁日。

（2）所谓清人，必须是在清政权统治之下生活者，其人虽卒于清政权建立之后，但未生活于清政权之下者，如刘宗周、张煌言等。或流亡海外生活者，如朱舜水、释隆琦等，均不得入传。其人事迹可叙于《南明别纪》中。

（3）凡生于清而卒于民国者，如在清无事功自然不入传，如其在清时事功足够入传者如孙中山、袁世凯、徐世昌、唐绍仪及北洋著名人物等，亦概不入传。因这些人在民国历史舞台上将是非常重要人物，两者衡量，其在民国时事功较在清时尤胜，自当入民国史传，而不得入清史传，至于其在清事功，可用“以事系人”史笔处理，如孙中山可在《总纪》中涉及辛亥革命前活动时记及，袁、徐可在新建陆军中记及。其为民国出力但卒于清者如邹容、陈天华、秋瑾等烈士，则应入清史传。其传中尚可涉及在清建有事功而卒于民国者之事迹。

（4）入传人数不宜过多，绝不可越万，甚至可删《清史稿》之人物数。其难以入传而事功尚有足述者，可制表以容纳之。可将《清史稿》、《清代人物传稿》等有关清代人物著作中之人物目录，印发专家圈选增删，然后集中核定草目，再讨论审定施行。

列传内容应包括姓名、字号、生卒、籍贯、学历（科第）、仕历、主要事功及主要著作。其子孙有事功但不足以立传者，可附于传尾，字数不得超过传主。

列传有类而不立类名，事迹相同或相近者可在一卷中，如吴历、恽南田可入一卷；邹容、陈天华、秋瑾等可成一卷。排序以传主生年为序，而不以卒年为序，以免祖孙、父子倒次。

清代诸帝不立本纪，均应入列传，并居于卷首，以示为有清历史。入关前二帝应入传，可立《关外二帝传》或《努尔哈赤皇太极传》，置于最前。因素来有清十三朝之说，设太祖、太宗传，则使清史完整。前代正史本纪中也有追述前代者。后妃应择其有特殊功业者如孝庄后立传，一般后妃可列表，诸皇子也作如此处理。

列传后必须有类似论赞体之评论，可由初稿撰稿人写出史家评论，文字不宜过长，经专家反复讨论，以客观、科学为准绳，取得共识，并经总纂裁定，作为结论，如有不同意见，可另撰文争议。因史有褒贬，不能仅存史实而无史家见解。

（六）附录

纪传体除历来通用体例之外，尚有个别史书独有体例，应加参酌，或沿用，或增入，约有三项：

（1）国语解：《辽史》最后有《国语解》，其小序有云："史之所载，官制、宫卫、部族、地理，率以（辽）国语为之称号。不有注释以辨之，则世何从而知，后何从而考哉！今即本史参互研究，撰次《辽国语解》以附其后，庶几读者无龃龉之患云。"并按帝纪、志、表、列传等分别类次条目，加以注释。又《金史》最后有《金国语解》，其小序有云："《金史》所载本国之语，得诸重译，而可解者何可阙焉？"所以有《金国语解》之作，"存诸篇终，以备考索"，并按官称、人事、物象、物类、姓氏等类而列目解释。清为后金，其清语汉译之入史者，必不可免。新编《清史》应仿辽、金史前例，增《清国语解》一篇，对本史所涉及之清语给以解释。

（2）附录：正史中多有于书后附录有关本史纂修经过及凡例者，如《晋书》附《修晋书诏》，《宋史》附《进宋史表》及凡例，《元史》附《进元史表》及凡例。《辽史》附《修三史诏》及《三史凡例》。《金史》附录中有《金史公文》。新编《清史》应在附录中列入《纂修清史文献》、《纂修始末》及《凡例》等。

（3）编制索引：索引旧称通检或备检，也有称引得者。这是专为检索著述内容来源的工具，当前已为中外重要著述不可或缺之部分。新编《清史》，卷帙浩繁，初步约定在二三千万字之间，而该书又非逐字逐句诵读之书，内容包罗甚广，必当有综合索引，方能便于检索。编纂者于全书告成之日，应编制人物、地名、官职、典实、词语、事件等综合索引，准确注明页数，可大增清史之使用率。

这些体例之设想，只是启动时的断想。若启动时体例既定，也不可视为一成不变的定型。因为如此漫长的十年工程，不能奢望一锤定音。在启动后的实践中，必定会逐步纠谬、完善、创新，而总结出一种既继承又创新的新体例。

四、其他

略言与编纂体例有关数事，以供参考。

（一）文体

使用浅近古文，固然能典雅简练，但当前撰者与读者均难完全接受和实行。

所以可采用通行语体文，但文字必须避免拖沓，文风当求朴实，叙事逻辑严密，尽力做到要言不烦，不用和少用无谓的形容词和语气词如“的了吗啊”等词。

（二）字数

正史（二十四史）总卷数是3266卷，总字数是2700余万字。新编《清史》，无论如何，不能超过二十四史的总和。近定二三千万字，已属过大。姑定2000万字，如此巨大工程，至少需三稿定案，则总工作量为6000万字。以十年计，每年应完成经三审定稿之字数为600万字，每月应完成50万字，这是机械计算。而文字工作往往难以如此计算，旷日持久，是否能始终如一，至堪忧虑。

（三）出注

正史成书无注，司马迁《史记》所引用资料，据《司马迁所见书考》一书可证，甚为丰富，而成书中却无一注，但不能排斥初稿即无注。新《清史》文献成果数量极大，纂修时势必征引，应如何处理方妥？我认为纂修工作必须有两类稿：一类为送审稿，一律加注，越详越好，以备查证审读。各级送审稿，必须存档，以明责任。另一类是定稿，即付印稿，应将注全部取消，以保持全书整洁并减少大量文字数。有人提及今人著述版权问题，因纂修《清史》非私人著述，而是国家文化工程，可以文件形式制定具体办法。凡已超版权时限，则成果为社会公有，无权利问题；如在时限内，则视引用程度商定付酬；如采用未发表著述，应按规定付稿酬。如其人著述基本符合清史需要，而原作者尚在世，不妨请原作者按《清史》纂修要求，撰写成稿，其报酬按撰稿人对待。

上述浅见，只就思考所及，甚不完备，尚请贤达指正！

附 件

清史类次简目

总目录

总纪

别纪

表
志
图
列传
附录
　清国语解
　纂修清史文献汇存
　纂修始末
　凡例
综合索引

原载于《清史编纂体裁体例讨论集》　国家清史编纂委员会体裁体例工作小组编　中国人民大学出版社2004年版

对《清史》典志类总目的我见

2006年4月间，郭成康先生邀评《清史》典志总目，通阅全稿，略有所感，得20条，列其大要于记事本。会后置之书箧，历时七年。今秋整理旧物，得此稿，已有残缺，重读之下，尚有所见。乃尽一周之力，整理补正成文，出以示人，以明对新编《清史》之关注。

1. 记历史上的事，如图人之躯干；传述历史上的人，如赋人以灵魂，而经纬历史上的典制则为贯通人之经络。二十四史除个别外，基本上都有志以记典制，史记称“书”，其后皆称“志”。唐修《隋书》，鉴前代史书无志，而纳诸事入《隋书》各志，而有“五代史志”之称。新编《清史》重视典志是完全正确的。

2. 典志门类：志书为政书，记典章制度，反映国政大要。故门类应尽量求完备，《清史稿》设十五志，新《清史》设四十志。增多近三倍。其所增门类多为时代发展的真实反映，很有必要。

3. 文献为一代史事之所据，故正史中八史有《经籍》或《艺文》志，而清人复为各朝增补《艺文》各志，《清史稿》亦设有《艺文志》，可见历代史家之注重一代文献之保存。《汉书》有《艺文志》而后世得见汉前学术文献之状况。新编《清史》无《艺文》一志，致使各志时有设专章论文献者，而大多志书无类似专章。如此，既难反映一代文献之概貌，又使典志体例不一。《文献丛刊》中虽有《清代著述总目》，但既非典志所包容，又篇帙过大，难以入志。如何解决？请考虑。

4. 志目排序问题：现有两种排序。一是戴公所排，一是典志组所排。二者各有优长，戴所排序，暗含分组，以类相从，有助理解思路发展。典志组所排序，有所变动，亦有可采之处。我认为宗族、华侨均属于“人”的范畴，可按戴公之排序，而宗教、教门会党及民俗等志属于社会类，可按典志组排序，置于《漕钱盐志》之后。又《水利志》两种排法均在39位，似乎过后，建议移至《漕钱盐志》之后，新移《宗教志》之前。因水利包含河工，与漕钱盐均为清代大政。

5．各志体例是否一致：总篇目有几个不一致。一是志与志形式上不统一，如志下设篇是统一的，但有个别志分上下卷，各含若干篇，应划一不分卷。二是志内各篇不统一，如《朴学志》每篇一学科，但《史地篇》分上下，《校勘辑佚篇》分上下，与它篇不一致。实则这两篇分上下，毫无意义。因上下各有一学科，不如去掉上下，而使学科独立成篇，如《史地篇》上下，不妨各立《考史篇》与《释地篇》两篇。《校勘辑佚篇》上下不妨分立《校勘篇》与《辑佚篇》，以求全志之一致。又如《文学艺术志》之《诗词篇》有典籍目，而散文诸篇则无典籍子目。三是各志论述不一致，有的志以事为经，有的志以人为经。有的志于人物生平较详，有的志则较略，甚或不及生平。

6．《概述》的设置问题：现有各志之首均有《概述》，篇目中的叙述有多有少，难以判断各《概述》之优劣。但是否用《概述》之名，则尚可考虑。历代史书各志，都有总序和小序之设。《概述》为新编方志新创体例，写法各异。有简述各大类情况和撰写说明，以之作前言者；有分段叙述所含各内容要点，类似内容提要；有综合全书要点作写意式概括。均有参考价值。我意不用“概述”之名。为与正史衔接，仍用总序与小序形式，小序亦可作无题序。

7．总序与小序对志书有钩玄纂要之效，且能补门类分述之不足。应特别注意其写作方式。文字不要过长，叙述不能太多、太细，应使读者既能从中得全志轮廓，又能引发读者有求读全志之需要。《汉书·艺文志》总序文字简要，但已概括汉前与汉以来文献基本状况并述及本志之论述内涵，而各部之后的小序亦有助读者了解该部之大要。《四库全书》四部大类前有总叙，各部小类有无题小序，均可供《清史》各志各篇参考。

8．论述方式：读过总篇目和一些样稿，较突出的问题是志书与论文专著的写作方式的混同。有若干志论著的痕迹较浓。这可能因这方面的专家对某一志的内容有精深的研究，也有现成的成果，即以之入志。我认为典志与论著的最大区别在于编次上，论著以记事专题为主，而典志则是编年与纪事本末二体之结合，而以编年为纲，以记事为目，纲举则目张，历来编志大多类此。

9．志书内容：应以资料为根据，以事实作论述，井然有序，结构严密。秉笔者不加臆断，不作词费。基本内容应是典章制度及国政大要，大部分段落以纪年开端，使志文头绪清楚，叙事条贯，从而与论著体砉然分开。

10. 志书篇、章及所属各子目标题，是全志的“标识”。必须简洁扼要，精练明确。决不能用一句话作标题。字数宜短小不宜冗长。如《农业志》开始有《清初垦政及其成效》一目，令人感到罗嗦和拖沓。后改为“清初垦政”，字数减少一半，立意明快。浓缩度较高。因内容是讲清初垦政，成效是必然叙及的内容，无需在子目中标出。

11. 标题用语，如在大多数志中均涉及某一同类事物，则标题应力求相近，如“政策法令”许多篇均列专章，而现用标题很不一致。有的标题晦涩不明。如《诗词篇》论流派中有“并称群体”一目，就不易了解内涵。有的标题体现作者观点过于明显。如《散文篇》论流派似以桐城派为中心。第一目为《桐城派兴起之前》，第二目为《方苞与桐城派之开宗》，第四目为《姚鼐与桐城派之发展》以及后面曾国藩与桐城等均与桐城有直接关联，而其他流派则分量似较轻，因此建议是否可将第一目改为“清初散文”。

12. 标题层次不宜过多，有的志有六层标题，除篇章目之下更有不同数码标示。层次过多易使叙事松散。三级标题不一致，大体有三类：一是作者用自己的文字编标题；二是引成文加引号作题名；三是题名下加括号说明，以解释题名者。应大致划一。

13. 资料是典志编写的基础。资料的有无、多少、是非、正误、真伪、曲直，可以决定志书的质量。资料要经过搜集、整理、鉴别、考辨，而后付之利用。过去陈垣老师曾说过写文章要经过三步。“第一是搜集资料，第二考证及整理材料，第三则连缀成文”。他又说：“第一步需用长时间，第二步亦须有十分之三时间，第三步则十分之二可矣。”那就是说，成文以前要用十分之八的时间，足见资料工作有如何重要的地位！这种资料准备工作要落实在长编上。编写典志是否需有长编，各志尚有不同看法。但大多数有长编。

14. 有的篇目和样稿都较符合要求。其主要原因在于有好的长编基础。长编与志文的数量比例，几乎达到八与一之比。长编应付出较多时间和精力，对资料搜集虽未能达到“竭泽而渔”的地步，但亦应使凡与本志有关资料大体完备。我认为：要写好典志，首先要编好长编。长编编次精审则志文大致已成初稿。而志书完成后如能汇总各志长编稍加划一点定，则其用途可与志书比美。既为《清史》增一成果，而又可嘉惠后学。长编之作，万不可漠视。

15. 在总篇目材料之后所附各志说明，是很重要的措施。因为有说明可以看出撰者对所论述内容主旨的认识，也是样稿本身的简要提示。同时也对本课题的研究现状及资料基础，显示其一定的考察过程。说明中所提示的样稿重点和编写体会，对审稿者有重要参考价值，应对所有志均有此要求。

16. 论述重复问题：有几种重复现象，应明确规范化。一是一志内篇与他篇的重复，如顾炎武、黄宗羲、焦循等人，多次出现在各篇中，如何恰当分割整合，如何既分属于各种思潮中，又能体现人物的完整思想，写法上应有大体一致的规范。二是志与志之间的重复。典志有《京师志》、《城市志》、《台湾志》等专志，而在《地理志》中又有《京师直隶篇》、《福建台湾篇》以及各省专篇。因未见样稿，难以判断，但重复势必存在，应如何协调？三是志与纪传的重复。如《思潮篇》中所列《切问斋文钞》稿，涉及陆燿其人甚多，于陆之生平言之颇详，估计陆当入传记。必将出现志传重复。应考虑人物在志传间的重复、交叉与繁简问题。

17. 文体问题：志书行文，力求平实而不多加藻饰。主要用直接论述，而不用作者引导语句。如《切问斋文钞》的编撰宗旨，陆燿有所论及，则用陆本人论述，而作者所加“关于《切问斋文钞》的编纂宗旨，陆燿多有阐述”引导语，属词费，可删去。关于人名入文时，应有统一规定，现用法多样，有加官职者，有加籍贯者，有称名而不冠姓者。这似应规范化。行文不用含混语及疑似词。如论某学者的学术成果“见于后人记录”。又论学术不同见解时说，“有些是非，尚待后来者为之判决”。词义含混。后人、后来者是谁，交代不清。也许撰者知其人，但应考虑读者的接受程度，不能从撰者的知识基础出发，给读史者留疑问。

18. 仅读篇目，难以见其架构是否完整。应附有样稿或部分长编，至少应有总序及小序的完整内容。有些篇目尚有缺项，应及时补全。

19. 志书水平问题：从三四级组编撰初稿，二级组的修改，以至编审组的定稿，都应掌握同一标准。我认为检验标尺应是“四标准，二对照”。四标准是政治、资料、论述、文字。二对照一是与前此的清史著述相对照，特别是台编《新清史》和《清史稿》；二是与当前有关本课题的新成果相对照。两相对照，可以见到差距，可以拾遗补阙，可以纠谬正误。

20. 建立定期入住制度：历史上的重大文化工程，都开馆纳士，专一修纂。如四库馆、一统志馆等等，有众多专业人士应征入馆，层层修订，相与商榷，及时解决问题，尚难免存有差错。新《清史》之修，限于机制，难以开馆。而项目主持人又散在各方，各有所事，相互交流，仅靠通信传递，一来一往，困难殊多。如此而希望完美，实有难处。为补救计，不妨试行定期入住制度，其项目主持人于阶段性成稿上交前，申请入住，时间视内容繁复程度及文字数量多少而定，少则一二月，多则数月，入住后完全屏除外务，专心致志，与二级组有关改稿人员，或邀请同行专家数人，共议共改，反三复四，而成定稿。编审组人员亦可到会，取得基本认识，增强验收意念。是否可行，请编委会定夺。

二〇〇六年四月十二日发言稿
二〇一三年十二月整理订正稿

原载于《中国典籍与文化》2014年第2期　全国高等院校古籍整理研究工作委员会主办、《中国典籍与文化》编辑部　凤凰出版社2014年版

读《清史·朴学志》管见

新编《清史》为近年国家学术工程的一大重点，历时十余年，耗资以亿计，聚有关领域学人。近期闻将杀青，欣喜莫名。我曾受委托通读《朴学志》全稿。此书在祁龙威教授主持指导下，田汉云先生多方协助，参与者认真撰作，取得了一定成绩，也为前此有关著述所未见之篇目，有筚路蓝缕之功。全志基本已成定稿，我不学略陈管见，未免有吹求之嫌，尚望撰者谅之。

一、全志的评议

全志共分九篇，通观之，前五篇以四部典籍（集部除外）为篇名，后四篇以朴学主要治学方法为篇名，似嫌体例不一。不如分为上下卷，前五后四，并在概述中说明为何如此分法。

朴学内容前贤多有规定，如清段玉裁云："用好版本作底本，是治学第一步。"顾千里云："不讲版本，是自欺欺人。"梁启超曾标举"朴学"之名，并陈述朴学之内容有"史学、天算学、地理学、音韵学、律吕学、金石学、校勘学、目录学"。即以此相衡，《朴学志》尚有缺项。应有"版本学"与"天算学"二章。

《版本学》为清代朴学重要支柱之一，为朴学家治学之根本。叶德辉以目录、校勘、版本三学，为清学"根底"。此志可将版本学并入目录学专章，改称"版本目录学"章。

全志论述多以人与著作为主，而以学居次，似感欠妥。应以本门学术发展、沿革为经，而不是重点讲述某几位学者及其有关著述。这样，有可能漏掉一些有关的学术成就。建议篇前加强对本学术领域的论述。

各章章名体例不一，有以典籍为章名者，如《经解篇》则以儒家经典为章名，有以学者为章名者，如《史地篇》上以王鸣盛、钱大昕等五人名为章名。有以专书为章名者，如《目录篇》以《读书敏求记》、《书目答问》等五书为章名。

新编《清史》应反映时代差异。如今修《清史》与民初修《清史稿》当如何体现差异，如何体现提高？关键在于今修《清史》是否将当前的水平渗透入志。简言之，即今修《清史》是否吸收后来的有价值成果。本志很少看到这方面的内容。至少长编应有征引书目，供审议者查阅。

全志内容多引用前人成说，而缺乏撰写者的创新论断，因此很难反映时代特点。写史志者不能泥于“志不论断”的陈说。司马迁《货殖列传》处处有议论，人称名志。应寓论断于叙事，有史家高屋建瓴的论断，不能仅铺陈成说。

对学者称谓，应统一体例。如有的称全名，有的有名无姓，有的有姓无名，有的全名前加籍贯者。如《钱大昕的金石学》章有言曰“对宋以来欧、赵、洪、都及清初顾炎武、朱彝尊诸人”，据余猜测，其欧指欧阳修、赵指赵明诚、洪指洪适、都指都穆，不知是否对。又如扬雄字“子云”，一些读者多不熟悉，故用全名为宜。本志征引清代学者较多，一些享有盛名者，大多能知其大概，而一般学者则难知其时代、籍贯，故应于首次见志之学者，于名后括号内，至少应注明公元生卒年及籍贯。

总观《朴学志》的写法，是以时代前后为序，选若干名家名著，单篇论述。对某些人可能详尽，但对朴学总体及所属各学，不能得明确的认识。另有一些值得入志的朴学家及其名著，究应如何处理，尚请研究。

二、概述篇

朴学之又名，仅收汉学与考据学二词。汉郑玄曾“囊括大典，网罗众家，删裁繁芜，刊改漏失”，故乾嘉学者多标举“郑学”或“许郑之学”。只有说明“郑学”，“汉学”亦才有根据。朴学又有“古学”之名。清汪中云：“古学之兴，顾炎武开其端”。本志既以顾炎武为“朴学”之始，则“古学”之名不能失。对皖、吴两派的特色与异同，特别是异同，应增补内容，以便读者掌握朴学纲要。而对其学术弱点也应有所指明，朴学家中如焦循即有批评言论。

论考据方法之始源，应涉及孟子论《尚书·武成》不足信之说，因此为考据学中之理证法。本志言考据盛于宋。但对宋以前应有笔墨述及唐之义疏之学。五经义疏，皆出唐代，为考据学发展之一阶段，不可漏述。无唐之义疏，则宋不得盛考据。

评论顾炎武朴学的开山地位，应涉及江藩《汉学师承记》降低炎武地位的问题。

三、经解篇

全志记述内容不够统一，如《经解篇》下三礼章后有附篇《大戴礼记》，《小学篇》第一章下附清代雅学著作要目，《诸子篇》各章后均有著作要目，而后四章则无，是否于正文之外即无其他重要著作？还是另有原因。但应在《引言》中有所交待。既以经解名篇，又定义经解即笺注之属，则应有关于经解缘起、纂集经过、收录体例、对朴学的推动作用等内容的专章论述，但仅在引言中提及《通志堂经解》、正续《皇清经解》等书名而已，似应增补些内容。讲解朴学中的经解之学。

志书当求真求实。页11称徐乾学与纳兰成德遴选历代释经之书，编为《通志堂经解》，有失真实。实际上是徐所作而冠纳兰名以取悦明珠，乾隆曾斥其事，应点明此事。

此篇《周易》章，内容充实，将“易学”演变述之甚详，惟文字略显艰涩，于易学以传解经与经传分观之争执宜再加阐明。《尚书》一章，层次分明，代表人物突出，并有新意，文字通畅。借用成语应取原始用词，不轻易改动，如页30用“新知深邃”一语明显化自朱熹“旧学商量加邃密，新知探求转深沉”，则“深邃”应作“深沉”。

对朴学“考古而非复古”，定位于进化思想，似欠妥。因进化多用于自然学科，且发展思想接近科学发展。作为正式志书，引用一些论点，最好用实名制，不用“有人说”。史书不为后人留疑点，要为后人作论据。应注意标点符号之使用，如页29倒第二段“渊源有自”后应有逗号。倒第二段“东京一代”后应有逗号，文句不宜太长，希原作者再循读一遍。

引文所据版本，应是佳本，如《四库总目》用海南出版社本欠妥，用文渊阁或文津阁本为佳。引用书名应全称。如《艺文志》为多史所有。此志页31应作《汉书·艺文志》。页59所附清儒对三家诗的辑录和考释存目，及其他篇章所附存目，均录自成书，如在文字中略标出处，即可以节省篇幅，如需丰富内容，最好增作者时代和刊本年、月，以便读者求书。

《经解篇》所述实即经部，应为十三经。但《孝经》、《尔雅》二经又被格于外。《引言》中虽有“《孝经》简短浅易，清儒考证之功不著，今从略；《尔雅》为训诂专书，故置于《小学篇》”。前者尚能接受，后者似有遗憾。《尔雅》之剔出经部，因其为训诂书。但《经解篇》何一非经解耶？建议《经解篇》应保持十三经原型。

四、小学篇

小学为经部下分类，似可设于《经解篇》内，即使专设一篇，也不应置于《史地篇》与《诸子篇》之间，而应置于《经解》与《史地》二篇之间。《小学篇》于群经外，独设一篇，列《尔雅》、说文、声韵三学，与《经解》、《史地》并列，有乱学术层次。《尔雅》本在经类，又为读经先行，且其考证专著甚多，宜在《经解篇》下设尔雅专章，以说文、音韵作附篇，较为顺畅。在《引言》中，应多及幼学之用，以明识字为小学之基础。

《尔雅篇》所设《雅学专著要目》，过简。其他各学均有大量专著，足可立目，不知何故，有设、有不设。

《汉志》著录的原起著述，应有所涉及。如最早的《史籀篇》及三苍。另汉有《凡将篇》与《训纂篇》以及今所见之史游《急就篇》等，均为小学基本书，无论存佚，均应有所述及。

五、尔雅学

《尔雅》之界定，似可再补充点内容，特别是在世界文化史上的地位。建议增入“《尔雅》是中国古代第一部大致按照词义系统和事物分类而编纂的词典。

在世界文化史上，不但是最早期的词典和小百科全书词典的雏形，而其编纂法对后来亦颇具影响”之类内容的文字。

戴震对尔雅学的零星考证一段，“见于后人记录”，词义含混。后人是谁，交待不清。未指出一言解纷的根据。建议撰写者在行文中，应考虑读者的接受程度。不能以撰写者的知识基础为准，否则易给读者以模糊印象。

对尔雅学的研究成就，没有明确的概括说明。如对字义的注疏与考证，训诂方法的研究，音义关系的探讨等。对邢、邵、郝等人的尔雅旧注中未能避免的缺憾，撰写者不妨略致感慨。如可惜他们未能有利用甲骨探求古义的机会。

《尔雅》与经的关系是否可涉及一下，清钱大昕言：“欲穷六经之旨必自《尔雅》始”。宋翔凤称“《尔雅》为五经之梯航”等等。《尔雅》的清人考证研究对后世、对撰写人时代的学术影响，可否写入。这是反映时代特色的一种写法。

对人物名字应统一用全名，如对“戴震”时而用“戴”，时而用“震”，体例不一。对“卢文弨”用“文弨”，读者生疏。

引例证不宜用“谨按”依次排列，应写入行文中。例证引用，不要罗列太多，以一当十，精选有力证据，使文字通达，摆脱论文习惯。志书应混成一文，上下通贯，如叙加“按”，则类似学案写法。

《释名疏证》署毕沅撰。毕沅称由“江声审正”，李慈铭定为“江声为之属稿”。此段可不入志。历来著述由幕客、门人属稿者多多。阮元所著，亦多属吏门人属稿。入志应以正式署名为准。志书中不宜入小考证，应取论定之说。引书名应用全名，如“详见《养新录》”，应作“详见《十驾斋养新录》”。

六、史地篇（上）

史地篇上所属各章，均以人名对诸史书名，而不及各家代表作书名，其实所述内容即为各书。与其他篇章标题不一致，更不与本篇引言以三名著立论相合。宜改为《王鸣盛与〈十七史商榷〉》、《钱大昕与〈廿二史考异〉》及《赵翼与〈廿二史劄记〉》与本志其他篇章命名较合。至于赵翼所著，名为廿二史，实为廿四史之事，可于文中叙明，则读者更易了解。

引用例证最好不重复，如三豕涉河一例，《史地篇上》与《校勘篇》均重复引用，宜删前存后。

词义褒贬为史家笔墨，《史地篇》引言，对王、钱、赵三家名著评曰“号称三大考史名著”。“号称”含有一定贬义。如“号称雄师百万”为不足百万之讥评。此处涉及三书总评价，或取消“号”字，或改为“世称”。

考史订经无不与版本有关，如称王鸣盛的校勘方法“较为完善”，主要是因为兼用版本，因此，本志应有版本专篇，或在目录专篇下设版本专章，改《目录篇》名为《版本目录篇》。

以学者为章名，自当叙其个人德言事功，易与纪传冲突，如一律以书名篇，则可节省笔墨，如王、钱、赵等即是。对黄宗羲的治史，应提出“穷经兼史”的主张。钱大昕身体力行，兼顾经史，并引赵翼为同调。钱还提出“经与史，岂有二学哉！”

王鸣盛对所著《十七史商榷》自视甚高。曾说：“海内能读此书者，不过十数人”。应增同时代学者的确评，可参见钱大昕的《西沚先生墓志》及王昶之《王鸣盛传》。论王鸣盛考史方法六，成就七，较允洽。论王鸣盛缺陷，除志中已列外，我认为尚有下列二点：一是粗疏有误，陈垣师曾著文论《十七史商榷》第一条四百余字，即有四误（可参见《陈垣史学论著选》页549—550）。二是讥弹前贤，对顾炎武、朱彝尊、胡渭、何焯等，多有过分讥评。

对赵翼的史学成就，全面论述比较切实。但在结尾处应对赵翼有简括的总评以体现撰史者的时代特色（对王鸣盛亦然）。《史地篇》上仅立五人，似嫌过狭。五人皆为个人论著，且亦不能概括清代史学全貌。各史补志为前朝所少见，清大有成绩。既为有清一代之史则官修史学不能不入志，不宜略去，如修明史、修各类方略，多为修史大事。

七、史地篇（下）

此篇为释地之作，但仅论三章，即二顾之开风气、校考《水经注》及边疆史地，实感不足。清代地志之修，成全国之势，以考证治地理、地情之著述，占历朝一半以上。一统志、通志、州、县、山水、水道等著述，颇多名著。著名学者洪亮吉、李兆洛、章学诚、祁韵士等多与其事。其间创立规模、制定章程、议论方法、相互驳论等，于《朴学志》中皆当有所涉及。域外地志为清代地学始创，中西交通著述，不能不著一字。如《英吉利记》、《四洲志》、《瀛寰志略》等。

《史地篇》下第一章标题作《顾炎武率先考证史地》。“率先”二字，用于口语及行文均可，但不能用于标题。

学术互有歧见，甚至一方显然不能成说，只能驳论其谬误错讹，但不宜用“拨乱反正”等政治术语。

八、诸子篇

述先秦“诸子百家”，应加《汉志》所云：“凡诸子百九十七家”，以相应人们熟知的“诸子百家”之说。清初诸子学应以傅山、刘献廷为代表。但引言中用“从者寥寥”立论，似乎发挥不够，应对二人在当时的特色和对后世影响有所论述，否则清代诸子学将难见脉络。晚清诸子学之发扬光大，但以诸子名篇未显出代表人物，与前几部分写法不同。卢文弨、俞樾、孙诒让、王先谦等，只是作为对子书的笺注者，看不出对诸子学发展有所贡献的痕迹。

学术志应有该门学术的概括叙述，如仅条列各家著述，类似论文或提要，似不合体例。但一处改动将影响全体，请慎重考虑。

《诸子篇》仅列荀、庄、韩、墨、淮南等五家，即儒、道、法、墨、杂，似嫌简略。诸子学为清代兴盛之学，此篇则未能全面反映。兵家、纵横家、农家等，应在引言中有所涉及，方显诸子百家之态势。或以论六家要旨立论也未为不可。如仅有清人对五家之笺注、考证，似感不足。

对有些墨学研究有成就而为一般读者所不熟悉的学者，是否应有简介，至少有生卒年及籍贯。如“苏时学”、“王景羲”等。案：苏时学为嘉道间广西藤县人，王景羲为清末民初浙江瑞安人（此人是否列入清史之中待研究）。

《墨子间诂》虽为墨学研究之巨作，但志中论述过多，与其他墨学学者不相平衡。对于《墨子》、《淮南子》归属何家，应有说明，以与诸子之说吻合。

九、目录篇

《四库总目》章叙述详尽，颇多可采。

清学者为各史补撰经籍、艺文等志，水平较高，为正史补缺漏，宜增一附表。

《书目答问》成书后，有王秉恩改正贵阳本，有江人度《书目答问笺补》本，有叶德辉《书目答问校补》本，诸本对原目补益甚大。本篇应有所涉及。

十、校勘篇

对刘向校勘的原则、程序和方法，应说明这三点的具体内容。这是清人基本恪守的信条。

引言跨度太大，中间空缺一大块。应补入唐代校勘学这一中兴阶段。不仅政府有多次大规模的校书活动，私人校书亦甚兴盛。如韦述聚书二万卷，“皆自校定铅椠，虽御府不逮也”。宋代是校勘成专学的时代。除拥有若干大校勘家外，不应忽略政府的政策规定。应补入政府校勘则例，可参《南宋馆阁录》。

第一章《清代校勘学总论》，仅为一四部简要书目，并无总论之内涵。在体例上与各篇章体例不合，或废除，或重写。清代立校勘学之端的，应是顾炎武的《九经误字》，其自序有详尽阐述，应在引言中增加内容。

《校勘篇》对学者成就的论述内容，综述成说较多，但缺乏更多新意。如论各家的缺失异同。《校勘篇》设经验总结专章，其他各篇中均无此例，且其经验总结亦极简单浅近，为一般人所熟知。为何设此与其他不同专章，实不可解。

十一、辑佚篇

全篇叙述，近于零散。辑佚至清为何成为专门之学？是否与四库禁毁有关？与一部分学者逆反心理是否有关？

对辑佚方法叙述不详，对辑佚的不足处未见论述。

全志结尾戛然而止，既无撰文者对全书的总括，亦无结束语之类的申说，使人有未终篇的感觉。文字与文字之间衔接不足，应在文字通贯上加工。

十二、结语

《朴学志》为独立一志，内容多少不一，篇章当有大小。综计全志共429页。有关经部前五篇占320页，约占全志四分之三强，后四篇仅占109页，占四分之一。似感失衡。要求绝对平衡既不可能，也不现实，只能尽量适当调整，但不能为求平衡而伤及内容。

全志结尾突然，应补写一结语。大写意式地勾画清代朴学大轮廓。前概述概一志之要，后结语为全志煞尾。

二〇一〇年伏日写此

二〇一三年伏日删定

原载于《文化学刊》2014年第3期

王鸣盛学术述评

王鸣盛字凤喈，一字礼堂，自号西庄，晚年改号西沚。江苏太仓州嘉定县人。清康熙六十一年（1722年）生，嘉庆二年（1797年）卒，年七十六岁。幼年时随祖父在丹徒学署任。乾隆二年（1737年）十六岁（此据年谱，墓志铭作十七岁），补嘉定县学生，乾隆九年（二十三岁）入紫阳书院肄业。乾隆十二年（1747年）中举；十九年（1754年）与妹婿钱大昕同成进士，而王鸣盛以第二人及第即授翰林院编修，时年三十三岁。乾隆二十三年（1758年），擢任侍讲学士；次年充福建正考官，旋授内阁学士兼礼部侍郎，返京后因去闽途中细行不检被劾，降光禄寺卿。乾隆二十八年（1763年，四十二岁），以母丧父老告归。自此以后，卜居苏州。尝主讲震泽书院，并以诗文著述自娱而终。①

王鸣盛是乾嘉时期比较淹通的学者，著述闳富，为学术界所推重。他曾自负所学说：

> 我于经有《尚书后案》，于史有《十七史商榷》，于子有《蛾术编》，于集有诗文，以敌弇州四部，其庶几乎？②

这段话虽有自诩夸大的成分，但他所说这四方面确可以概括他一生的学术成就。

---

① 王鸣盛生平参见钱大昕《西沚先生墓志铭》（《潜研堂文集》卷四八）及黄文相《王西庄年谱》（《辅仁学志》第十五卷第一至二期）。

② 王鸣盛：《蛾术编》沈懋德序。

一、吴派汉学健将——《尚书后案》

“汉学”，是清代乾嘉时期以考据学为特色、标榜师法汉儒，以东汉郑玄为宗师的一个学派。它有两大流派，即吴派和皖派。两派虽都在汉学大旗之下，但又各有特色，近人章炳麟曾论其异同说：

> 吴始惠栋，其学好博而尊闻；皖南始江永、戴震，综形名、任裁断，此其所异也。[①]

吴派就是以惠栋为代表的一批汉学家。他们的治学态度是“谨守家法，笃信汉儒”，中心宗旨是求古，而汉最近古，所以主张以汉代学者许慎、郑玄为师，提出“墨守许郑”的口号，形成了“凡古必真，凡汉皆好”[②]的学派特色，带来了“见异于今者皆从之，大都不论是非”[③]的严重后果。

聚集在吴派旗帜下的学者有沈彤、余仲霖、朱楷、江声[④]，而以王鸣盛为翘楚。王鸣盛是乾嘉学派中享有盛名的学者，与吴派宗师惠栋处于师友之间，而其笃信汉儒又过于惠栋而成为吴派汉学的健将。在解决伪古文尚书争议问题上，他把惠栋推崇到与阎若璩并列的地位。他认为：伪古文尚书“自唐贞观以后，无一人识破，直至太原阎先生若璩、吴郡惠先生栋始著其说，实足解千古疑团”，而他自己则“得而述之”撰《尚书后案》[⑤]。这就是说阎若璩的《古文尚书疏证》、惠栋的《古文尚书考》和他所撰的《尚书后案》是击破伪古文尚书的三发重型炮弹，而伪古文尚书这一公案至此始大局底定。这一段话也说明王鸣盛虽以吴派后劲自居，但并不明确承认自己与惠栋有师承关系。相反地，他还在有些地方直接标明“亡友惠定宇”[⑥]、“吾友惠征士栋”[⑦]等等字样，以示彼此间并无师生关系。江藩在标榜汉学门户的《汉学师承记》一书中记惠栋学术传灯次序时也只说：

---

① 章太炎：《清儒》（《章氏丛书》中篇检论）。

② 梁启超：《清代学术概论》。

③ 王行之：《与焦理堂书》（《王文简公集》卷四）。

④ 王昶：《惠定宇先生墓志铭》（《春融堂集》卷五五）。

⑤ 王鸣盛：《蛾术编》卷四《尚书今古文》。

⑥ 王鸣盛：《十七史商権》卷九八《论十国春秋》。

⑦ 王鸣盛：《蛾术编》卷二《采集群书引用古书》。

> 弟子最知名者：余古农、同宗艮庭两先生。如王光禄鸣盛，钱少詹大昕……皆执经问难，以师礼事之。①

江藩明确指出惠栋的弟子只是余萧客和江声，而王、钱只不过是“执经问难”，按后学师事前辈的礼貌尊奉惠栋而不言其为弟子。当然，是否弟子并不影响于学派的归属，只要彼此学术宗旨、主张及治学方法基本一致就可视作同一学派。

王鸣盛的学术宗旨是一本吴派的尊汉宗郑主张。他迷信汉儒胜于惠栋。他在《十七史商榷》的自序中特别表明其尊汉的态度说：

> 治经断不敢驳经……经文艰奥难通……但当墨守汉人家法，定从一师而不敢他徙。

他的“墨守汉人家法”，质言之，就是“墨守康成”，主张郑学。他把郑玄推到宗师地位，始则说：

> 西汉经生猥起，传注麻列，人专一经，经专一师。直至汉末有郑康成，方兼众经。自非康成，谁敢囊括大典，网罗众家，删裁繁诬，刊改漏失，使学者知所归乎？②

继而又推郑玄为集仲尼弟子以来大成者而自承宗郑的坚决态度说：

> 汉儒说经各有家法，一人专一经，一经专一师，郑则兼通众经，会合众师，择善而不守家法，在郑自宜然。盖其人生于汉季而其学博而且精，自七十子以下集其大成而裁断之。自汉至唐千余年天下所共宗仰，予小子则守郑氏家法者也。③

正因如此，他对汉学中“实事求是，不主一家”，以戴震为首的皖派汉学表示了强烈的不满。他公开声明自己与戴震是“道不同不相为谋”而严立壁垒。他认为戴震“为人信心自是，眼空千古……必谓郑康成注不如己说精也”，因而十分愤然地指斥“戴于汉儒所谓家法，竟不识为何物”，他责骂“戴氏狂而几于妄

① 江藩：《汉学师承记·惠栋传》。

② 王鸣盛：《蛾术编》卷二《刘焯刘炫会通南北汉学亡半其罪甚大》。

③ 王鸣盛：《蛾术编》卷四《光被》。

者乎？”实际上，这句话正是王鸣盛的自我写照，他已狂妄到大骂“岂惟戴震，今天下无人不说经，无一人知家法也”[①]。换言之，只有他最知汉儒家法以说经。王鸣盛这种目无余子，狂妄自恃的言词在许多地方都可以看到。

王鸣盛既一意标榜郑学，那就必须要选择一部足以宣扬郑学的著作来作武器。伪古文尚书是经学中长期以来聚讼纷纭的中心，直至清初始告澄清。抓住这一题目作文章对尊郑极为有利。王鸣盛决定纂辑一部题为《尚书后案》的著作来发扬郑学。他并不讳言自己的目的，在《尚书后案》的自序中开宗明义地宣称：

> 《尚书后案》何为作也？所以发挥郑氏康成一家之学也。……自安国递传至卫宏、贾逵；马融及郑氏皆为之注，王肃亦注之，惟郑师祖孔学，独得其真。……予遍观群书，搜罗郑注，惜已残缺，聊取马、王传疏益之。又作案以释郑义。马王传疏与郑异者条晰其非，折中于郑氏。名曰《后案》者，言最后所存之案也。

《尚书后案》是王鸣盛奠定经学家地位的早期著作。它草创于乾隆十年二十四岁时，中经三十余年，直到乾隆四十四年五十八岁时始完成。脱稿以后，又就正于惠栋的亲传弟子江声而后成书。《尚书后案》一书与惠栋的《古文尚书考》的主要论点是完全一致的，都是为了证实郑注尚书各篇实为孔壁真古文以抬高郑玄的地位。所以在成书后，王鸣盛即自负这是定案之作，并志得意满地说：“予于郑氏一家之学，可谓尽心焉耳。”[②]《尚书后案》引书凡经史子集四部达一百三十一种，除辑郑注，酌取马、王传疏，复加个人见解按语外，又对注疏释文及史汉等书有关文字加以考辨。这部书使王鸣盛在吴派汉学中得一重要席位，在昌明郑学上作出了应有的贡献，正如杭世骏评论那样：

> 光禄卿王西庄，当世之能为郑学者也，戚然忧之，钻研群籍，爬罗剔抉。凡一言一字之出于郑者，悉甄而录之，勒成数万言，使世知有郑氏之注，并使世知希郑氏之学。[③]

王鸣盛的这项学术成就在身后论定时尚作为一项重要内容，如赵翼的挽诗中犹称道说“儒林果失郑康成”、“搜遍汉末遗文碎（原注：公最精郑

① 王鸣盛：《蛾术编》卷四《光被》。
② 王鸣盛：《尚书后案》自序。
③ 杭世骏：《尚书后案》序（《通古堂文集》卷四）。

学）”[①]，直以西庄为康成第二；与王鸣盛同有江左七子诗名的至友王昶所写悼诗中的“古文案定千秋业”[②]一语即指此书。这些谀辞在论定他发扬郑学这点上是合乎事实的，但不免有溢美的成分。素以谨严著称的钱大昕确乎有超越余子之处。钱王关系之密切人所共知，而钱并未以私情而曲笔，在为王鸣盛所写的《墓志铭》中以含蓄的笔法写下了比较恰当的评论说：

> 所撰《尚书后案》专宗郑康成。郑注亡逸者采马王补之。孔传虽伪，其训诂犹有传授，非尽向壁虚造，间亦取焉。经营二十余年，自谓存古之功，与惠氏《周易述》相埒。[③]

这段评论肯定了搜辑之功，但对其整个贡献却轻轻以“自谓”一二字微示贬意。从《尚书后案》的实际价值看，钱评应该说是比较公允的，这部书的主要成就就在于辑佚。王鸣盛晚年的自我总结正可作明证，他自称：

> 古学已亡，后人从群书中所引采集成编，此法始于宋王应麟周易郑康成注及诗考，昔吾友惠征士栋仿而行之，采郑氏尚书注嫁名于王以为重。予为补缀，并补马融、王肃二家入之《后案》，并取一切杂书益之。然逐条下但采其最在前之书名注于下以明所出，如此已足；若宋元人书亦多罗列，徒以炫博，予甚悔之，然书已行世，不及删改。[④]

这种辑佚性的工作，是乾嘉汉学的组成部分之一，王鸣盛对《尚书后案》自我估计较高并以此取得汉学学派中的重要学术地位正说明乾嘉汉学的弱点所在——往往把一些技能性的工作视为学问的极致。

二、乾嘉史学大师——《十七史商榷》

清初学术以治经为主；但黄宗羲已提出穷经兼史的主张，认为：

> 故学问者必先穷经，经术所以经世。不为迂儒，必兼读史。读史不多，

① 赵翼：《王西庄光禄挽诗》（《瓯北诗钞》七言律五）。
② 王昶：《闻凤喈讣》（《春融堂集》卷二二）。
③ 钱大昕：《西沚先生墓志铭》（《潜研堂文卷》卷四八）。
④ 王鸣盛：《蛾术编》卷二《采集群书引用古书》。

无以证理之变化，多而不求于心，则为俗学。[①]

黄宗羲的兼顾经史主张到乾嘉时期日益受到重视。钱大昕就是这一主张的身体力行者，他不仅自撰《廿二史考异》，而且还引撰《廿二史劄记》的赵翼为“生平嗜好”相同，并在为《廿二史劄记》所写的叙言中提出了“经与史岂有二学哉！”的重要论题，他反对“经精而史粗”、“经正而史杂”等等“陋史而荣经”的怪论，他认为班马之史，“其文与六经并传而不愧”[②]，这在当时说经之风弥漫一时的乾嘉时期确是大胆的卓识。王鸣盛的《十七史商榷》就在这一时机，成为与钱赵二作鼎立为三的乾嘉史学名著。

《十七史商榷》在当时虽不若《尚书后案》那样受重视，但从它对后来的影响所显示出来的学术价值却远远超过了《尚书后案》，王鸣盛正是主要以《十七史商榷》这一坚实壁垒取得清代学术史上的重要地位。王鸣盛自己也对此书有极高的评价，他认为“海内能读此书者不过十数人”[③]。这固然是王鸣盛的言大而夸，但也多少反映出乾隆学术的狭仄。同时代的学者也有所评论，钱大昕虽然未被邀作序，但在王鸣盛身后仍推重此书考证的功力说：

又撰《十七史商榷》百卷，主于校勘本文，补正讹脱，审事迹之虚实，辨纪传之异同，于舆地职官、典章名物，每致详焉。独不喜褒贬人物，以为空言无益实用也。[④]

这段话除了不喜褒贬人物一端是钱大昕为王鸣盛所欺蒙未察外，所论全书考辨之功力是比较符合实际的。他如王昶在撰《王鸣盛传》时也有内容大致相类的论述[⑤]。当时对于《廿二史考异》、《廿二史劄记》和《十七史商榷》这三部考史名著是不便有所轩轾的，但到清季，李慈铭就把《十七史商榷》凌驾于其他二书之上。李慈铭虽对《商榷》有“持议颇有过苛者”的讥评，但仍是以扬为主，而且扬之甚高，如称：

---

① 《清史稿》卷四八〇《黄宗羲传》。

② 钱大昕：《廿二史劄记》序。按：此文《潜研堂文集》未收。柴青峰师以为“也许他以这篇文章措词太激烈，怕得罪人。不如割爱”。

③ 《西庄致竹汀书》（《昭代名人尺牍》二二册）。

④ 钱大昕：《西沚先生墓志铭》（《潜研堂文集》卷四八）。

⑤ 王昶：《王鸣盛传》（《春融堂集》卷六五）。

> 此书与钱先生《廿二史考异》、赵先生翼《廿二史劄记》皆为读史者之津梁。赵书意主贯串，便于初学记诵；此与钱书则钩稽抉摭，考辨为多，而议论淹洽，又非钱之专事校订者比矣。

李慈铭在另一处又称：

> 《十七史商榷》一百卷，考核精审，议论淹通，多足决千古之疑，着一字之重，与钱辛楣少詹《廿二史考异》、赵云松观察《廿二史劄记》皆为读史者必读之书。自来论史者，从未有此宏纤毕赅，良竄悉见也。……此书有《旧唐书》、《五代史》，实十九史，而合旧于新仍十七史之目。……钱专考订，鲜及评议；赵主贯串，罕事引证；兼之者惟此书，故尤为可贵。①

李慈铭是当时交游较广而又轻不许人的“狂士”，他的评论是代表了一部分人意见的。

《十七史商榷》是王鸣盛于乾隆二十八年休官退居后所始作，中经二十四年，至乾隆五十二年全书刊成时，已六十六岁。这可以说是中年以后学术趋向成熟的力作，这也正是这部著述能在后世具有超越他所撰作的其他著述的原因所在。王鸣盛没有请任何人为《十七史商榷》写序，而是自己写了一篇很精彩的序，这是他有意写给人看的一篇学术自传。这篇序包含的内容比较丰富，撮其大要有三：

其一论经史之异同以明学术宗旨。自序论经史之同在于“经以明道，而求道者不必空执义理以求之也；但当正文字、辨音读、释训诂、通传注，则义理自见而道在其中矣”。而“读史者不必以议论求法戒，但当考其典制之实，不必以褒贬为与夺而但当考其事迹之实，亦犹是也”。至于经史之异则在于“治经断不敢驳经，而史则虽子长、孟坚苟有所失，无妨箴而贬之”；于经“但当墨守汉人家法，定从一师，而不敢他徙”。于史则“当择善而从，无庸遍徇”。二者归于一宗即“总归于务求切实之意”。王鸣盛的经史异同论远逊于钱大昕的经史无二学论。

其二叙成书经过以明治学方法。自序对上起史记、下迄五代史等十九部正史，“为改讹文，补脱文、去衍文。又举其中典制事迹，诠解蒙滞，审核踳驳，以成是书”。他自述成书经过是：

---

① 王利器辑：《越缦堂读书简端记》。

> 尝谓好著书不如多读书，欲读书必先精校书，校之未精而遽读，恐读亦多误矣。读之不勤而轻著，恐著且多妄矣。……既校始读，亦随读随校，购借善本，再三雠勘。又搜罗偏霸杂史，稗官野乘，山经地志，谱牒簿录；以及诸子百家，小说笔记，诗文别集，释老异教；旁及于钟鼎尊彝之款识，山林冢墓、祠庙伽蓝、碑碣断缺之文，尽取以供佐证，参伍错综，比物连类，以互相检照，所谓考其典制事迹之实也。……凡所考者，皆在简眉牍尾，字如黑蚁，久之皆满，无可复容，乃誊于别帙，而写成净本，都为一编。……闲馆自携，寒灯细展，指瑕索瘢，重加点窜，至屡易稿始定。噫嘻！予岂有意于著书者哉！不过出其读书、校书之所得，标举之以诒后人，初未尝别出新意，卓然自著为一书也。

这段话既说明了他的治学方法，即经历了读书、校书、考证以至求实的四个步骤；又条举了全书取材范围之广以见其博涉；还叙述了成书原委。借此可以了解王鸣盛学术专致之所在。

其三自我评论以显著作之成就。自序述成书之艰巨说：

> 暗砌蛩吟，晓窗鸡唱，细书歃格，夹注跳行。每当目轮火爆，肩山石压，犹且吮残墨而凝神，搦秃毫而忘倦。时复默坐而翫之，缓步而绎之，仰眠床上而寻其曲折，忽然有得，跃起书之，鸟入云，鱼纵渊，不足喻其疾也。顾视案上，有藜羹一杯，粝饭一盂，于是乎引饭进羹，登春台，飨太牢，不足喻其适也。

这一段生动的描写表明作者为写这本著作所付出的艰苦劳动，其目的在于作育后学，所以在序的结尾部又反复指明说：

> 学者每苦正史繁塞难读，或遇典制茫昧，事迹樛葛，地理职官，眼眯心瞀，试以予书为孤行之老马，置于其旁而参阅之，疏通而证明之，不觉如关开节解，筋转脉摇，殆或不无小助也欤。夫以予任其劳，而使后人受其逸；予居其难，而使后人乐其易，不亦善乎？以予之识暗才懦，碌碌无可自见，猥以校订之役，穿穴故纸堆中，实事求是，庶几启导后人，则予怀其亦可以稍有自慰矣夫！

自序中的这三段虽不免有夸示自炫的意味，但基本上还是实际情况，对启迪后学以门径有所裨益，但自序中一再申明“读史者不必横生意见，驰骋议论”，“不必强立文法，擅加与夺以为褒贬也”，“若者可褒，若者可贬，听之天下之公论焉可矣”，“盖学问之道求于虚不如求于实，议论褒贬，皆虚文耳”等等内容以示纯粹求实而无所褒贬，则既非事实亦无可能，究其实只是自欺欺人语，仅就《十七史商榷》而论，又何处无议论，李慈铭之推崇就在于此书有议论。试一翻检，如卷二《项氏谬计四》条论项羽之失；《刘项俱观始皇》条是抑项扬刘；卷四《陈平邪说》条讥陈平“揣时附势”，“计甚庸鄙”；卷五《信反而攻故主》条讥韩信“唯利是视，诚反复小人”。他如讥何焯“读汉书太善忘矣”①；指责陆德明、张守节是“无知之辈，谬妄殊甚”②。李延寿是“任意删削，舛谬之极”③，“于经非但不见门庭，并尚未窥藩溷，公然肆行芟肆，十去其九，甚矣庸且妄也”④。他以郑樵为“妄人”⑤、“妄谈”⑥，以陈振孙为“宋南渡后微末小儒”⑦，等等，都证明《十七史商榷》书中决非仅考事迹而无所议论。不仅在此书中，就在《蛾术编》中也在在可见抨击议论。在钱大昕致王鸣盛的一封信中也透露了这一信息，并委婉其辞地加以规劝说：

> 得手教，以所撰述于昆山顾氏、秀水朱氏、德清胡氏、长州何氏，间有驳正，恐观者以诋诃前哲为咎，愚以为学问乃千秋事，订讹规过，非以訾毁前人，实以嘉惠后学，但议论须平允，词气须谦和。一事之失，无妨全体之善，不可效宋儒所云一有差失则余无足观耳！……言之不足传者，其得失固不足辨，既自命为立言矣，千虑容有一失，后人或因其言而信之，其贻累于古人者不少。去其一非，成其百是，古人可作，当乐有诤友，不乐有佞臣也。且其言而诚误耶？吾虽不言，后必有言之者，虽欲掩之，恶得而掩之。所虑者，古人本不误，而吾从而误驳之，此则无损于古人而适以成吾之妄，王介甫、郑渔仲辈皆坐此病，而后来宜引以为戒者也。《十七史商榷》闻已

---

① 卷十八《地理杂辨证一》。
② 卷五一《三江扬都》。
③ 卷六十《三年丧请用郑氏》。
④ 卷六二《陆澄议置诸经学》。
⑤ 卷六八《后妃传论》。
⑥ 卷九四《改戊为武》。
⑦ 卷九四《闵帝改愍》。

刊成，或有讹字，且未便刷印，乞将样本寄下。[①]

从这封信可以看到王鸣盛已议论到近儒顾炎武、朱彝尊、胡渭、何焯。钱大昕委婉地劝告王鸣盛不要意气用事，攻其一点，更不要攻错。钱大昕可能已发现《十七史商榷》有错讹，但又深知王鸣盛狂傲自负，所以托词为改正讹字，希望帮助这位至亲好友更趋完善；不过，王鸣盛并不以此为意，而以“其不及尽改者，总入《蛾术编》可也”[②]为托词辜负了钱大昕的好意，结果书中遗留些不应有的错误，陈垣老师曾写专文摘误，如论其第一条四百余字即有误四，即误李汧公为“李沂公”、误桐孙为“桐丝”、误汉志太史公百三十篇为“汉志史记百三十篇”、误裴骃集解乃合百三十篇成八十卷为“裴骃集解则分八十卷”，所以论定王鸣盛是“开口便错”[③]，其他误处尚有[④]。不过，统观全书，王鸣盛也还有些具有史识的议论，如论汉高祖杀项羽后“以鲁公礼葬，为发丧，泣之而去”，则评论说：“天下岂有我杀之即我哭之者，不知何处为此一副急泪，千载下读之笑来。”[⑤]又论田横自杀后，“高帝为流涕葬以王礼”，则评论说：“高帝惯有此一副急泪，藉以欺人屡矣，不独于田横为然，心实幸其死，非真惜而哀之也。”[⑥]在封建专制主义钤束力甚强的乾嘉时期竟能正面讥评封建帝王，实为难得。至于对十九部正史史书的评骘与史事的考辨，如不以一失而妨全体，则对后学读史探求仍有其重要的参考价值。

三、林下群推渠帅——《蛾术编》

乾隆二十八年，王鸣盛以四十二岁的壮年，辞官归卧林下，卜居苏州。他以名宦兼学者所具有的号召力，使“学者望风麇至”，即如钱大昕、吴泰来等著名

① 钱大昕：《答王西庄书》（《潜研堂文集》卷三五）。

② 《西庄致竹汀书》（《昭代名人尺牍》二二册）。

③ 陈垣：《书十七史商榷第一条后》（1946年10月16日《大公报·文史周刊》）。

④ 陈垣：《书十七史商榷齐高帝纪增添皆非条后》（《陈垣史学论著选》页五四九至五五〇）。

⑤ 卷二《为羽发哀》。

⑥ 卷五《田荣击杀田市》。

学者、诗人也都“群推鸣盛为渠帅”[①]。王鸣盛的退休生活究竟如何？据江藩在《汉学师承记》中说：

> 家本寒素，卖文谀墓以自给，余则一介不取也。[②]

这是不尽合乎事实的一种谀辞，因为休官后的王鸣盛具有仕与学的双重身份，他满可以以诗文待价，博取优裕的生活。他的友人、史学家赵翼于乾隆五十三年过苏州晤王鸣盛时所写诗中有句说“喜听贫官作富人”，原注称“君生事颇足”[③]，这句诗和注明白地道破王鸣盛并非寒素。赵翼在论定王鸣盛身后的挽诗中还不厌其烦地又把王鸣盛卖文鬻字以及善于经营的致富行迹写进去说：

> 风趣长康半点痴，牙筹不讳手亲持。出门误认仪同宅，筑室遥催录事赀。皇甫三都求作序，李邕四裔乞书碑。即论致富惟文字，前辈高风亦可思。[④]

这首诗明确地说王鸣盛亲自持筹握算，文字致富，因此，其生活必然优裕，所以赵翼才在相晤后写诗说：“形容别久犹堪认，知是闲居养益驯”[⑤]。有钱有闲给休官后的王鸣盛提供了从事著述的物质条件，《十七史商榷》和《蛾术编》都是在这一条件下撰写的著作。前者于撰者卒前十年完成并付刊问世，而《蛾术编》则直至逝世尚未定稿。二书估计是并行从事的，因为在《十七史商榷》中曾有如下一段记载：

> 予别有《蛾术编》，分十门，第一门说录，全以艺文志为根本，就中尚书古文是予专门之业，而小学则尤其切要者，今先摘论之，余在蛾术，此不具。[⑥]

这段话虽然文字不多，但可看出撰者的学术宗旨所在——即以目录学为基础，以经学为专攻，以文字训诂为门径。王鸣盛的这一宗旨在其他著作中也随处可见。

王鸣盛的三部学术著作，《尚书后案》是青年时期的著述，《十七史商榷》

---

① 王昶：《王鸣盛传》，又钱大昕自承受教于王鸣盛，在《习菴先生诗序》中说：“西庄长予六岁，而学成最早，予得闻其绪论，稍知古学之门径。”

② 江藩：《汉学师承记》卷三《王鸣盛传》。

③ 赵翼：《阊门晤王西庄话旧》（《瓯北诗钞》七言律四）。

④ 赵翼：《王西庄光禄挽诗》（《瓯北诗钞》七言律五》。

⑤ 赵翼：《阊门晤王西庄话旧》（《瓯北诗钞》七言律四）。

⑥ 王鸣盛：《十七史商榷》卷二二《三卷以下诸家》。

是中老年时期的撰作，但都作为定稿付刊。唯有《蛾术编》是晚年有待于订正的力作，王鸣盛对此书“自谓积三十年之功始克就”[①]。因此，不能因其混杂而忽视其价值。

《蛾术编》是王鸣盛于晚年“取平时著述汇为一编，分说制、说地、说字、说录、说刻、说人、说集、说物、说通、说系十门。其书囊括经史，牢笼百家，为先生生平得意之作”，但一直待订未刊。道光元年，王鸣盛的外孙姚承绪从王鸣盛的孙子耐轩兄弟处传抄一通，即所谓九十五卷本，并请两江总督陶澍审订，希望陶澍运用政治影响，饬令本县能鸠工镌版，但未获结果，只由陶于道光九年为全书写序一篇。道光十九年春沈楙德始见到姚钞本，即欲付刊，值同邑迮鹤寿见过，愿任勘校，以原抄本九十五卷中《说刻》门十卷详载历代金石，已见收于王昶《金石萃编》；《说系》门三卷，间有迮氏案语，二十一年末付刊，二十三年竣事，即今之传本。[②]

《蛾术编》是王鸣盛殿后的一部学术著作，他自称：“是编之成，一生心力实耗于此，当有知我于异世之后者。”[③]而时人对此书也有所评论，如陶澍在原序中称其书为“网罗繁富，六艺百氏，旁推交通，靡非洞畅”。这部书的最大特点是不厌其烦地阐述自己的学术宗旨，力推郑学。他除在《说录》门中多次发扬郑学外，还在《说人》门中专有五八、五九两卷谈论郑玄及郑学，其卷五八第一则即阐明宗旨说：

> 余说经以先师汉郑氏为宗，将考其行迹为作年谱，随所见辄钞录，积之既多，欲加编叙，而其事之不可以年为谱者居多，乃改分十二目，各以类次之。内著述类已详《说录》。[④]

王鸣盛在这两卷中对郑玄的世系、出处、著述、师友、传学、轶事、冢墓、碑碣等等都作了专条论述，可谓表彰郑学不遗余力。

其次，《蛾术编》是王鸣盛对自己生平著述的补苴、订误之作。《十七史商榷》止于宋史，而《蛾术编》则于卷十一补述辽金元史数条。《尚书后案》

---

① 陶澍道光九年《蛾术编》原序。

② 道光十八年姚承绪跋，《蛾术编》凡例一。沈楙德识语。按，姚跋说：“《金石萃编》所取《说刻》殆半。”可证并非全收。

③ 道光十八年姚承绪跋引语。

④ 王鸣盛：《蛾术编》卷五八《郑康成》。

发扬郑学尚有不足，而《蛾术编》则于《说录》、《说人》诸门以多则反复陈述。凡《十七史商榷》中言之不确或讹误，“其不及尽改者，总入《蛾术编》可也”[①]。陈师曾例言其事说：

> 《蛾术编》九有《史记但称太史公》条，言汉艺文志春秋类有《太史公百三十篇》即《史记》也，而不名《史记》，则《史记》之名起于后人云。西庄盖自知《十七史商榷》之失言，而思以此弥缝之也。又书名商榷，搉当从手不从木，西庄亦辨之于《蛾术编》三十，认前此误引木部，其书已行，不及追改云。[②]

但是，《蛾术编》也依然明显地表露出王鸣盛在学术上的狂傲。刘向父子在创建我国古典目录学方面是有重要贡献的，其著作至今仍具参考价值，而王鸣盛则詈刘向为“西汉之俗儒，其书传世甚多，颇俚鄙而附会，远不如其子歆”[③]。这一评论实欠公允，刘向的学术成就，久有公论，刘歆学术造诣甚高，所撰《七略》为综合图书目录肇端，后人至将其与《史记》并誉为西汉二大学术巨著，但不能否认其多承家学。设无刘向的先行撰录，则刘歆何得于三二年间成《七略》。诸如此类，于刊书时已有持异议者。如赵彦修所写的一篇长序，虽自称是“略抒所见，顺其篇章，条例于左，或可为读光禄书者搜讨之助”。实际上，这篇序主要是对全书的批评。它对《蛾术编》的疏漏、偏颇以及错谬之处指陈多处，如驳其攻刘向一则说：

> 夫刘向校书天禄，每一书已，辄条其篇目，撮其指意，录而奏之，后代目录之学所由昉。向非中垒，则经典日就淹没耳，且其所上章疏封事，原本经术，即贾董无以过。至《新序》、《说苑》、《列女传》诸书，博采传记以为鉴戒，尤具深心，而遗文逸事，多赖以传，足资考证，谓之鄙俚附会，是其立论不无少偏哉！

王鸣盛对其他学者也多所雌黄。他不仅对远者如李延寿、王应麟；近者如顾亭林、朱彝尊、戴震等肆加轻薄，即其同时代同流派而并未享盛名的人也多加苛求。他抨击余萧客所撰《古经解钩沈》说：

---

① 《西庄致竹汀书》（《昭代名人尺牍》二二册）。

② 陈垣：《书十七史商榷第一条后》（1946年10月16日《大公报·文史周刊》）。

③ 王鸣盛：《蛾术编》卷十二《刘向所著》。

> 近日余萧客辑汉人经注之亡者为钩沈，有本系后人语妄摭入者。有本是汉注反割弃者。书不可乱读，必有识方可以有学，无识者观书虽多仍不足以言学。[①]

这种批评是值得辑佚工作所注意，但后半部分的讥嘲尖刻有失学者胸襟。这正是王鸣盛贻后世评论的疵瑕。

《蛾术编》尽管是撰者尚待订正的著述，但作为一部杂考性的著述还是具有一定学术价值的：

其一：《蛾术编》对研究古代文献典籍提供了若干有所裨助的资料——对研究方法有所折衷，对古籍内容有所评介。如卷十二对地方志书的评论，颇具卓识；卷十四条述丛书，可略知丛书的源流发展。至于具体到某书则更有多则。这些在全书中占有较大比重。

其二：《蛾术编》也表述了王鸣盛的某些独特的史识，如卷六十《宋太宗》一则说宋太宗“与赵普谋拥戴太祖，借太祖威名以服众，以太祖为孤注，事不成太祖首当其祸，事成己安享其福”。卷七七《温庭筠》条为晚唐诗人李商隐、温庭筠辨“无行”之诬说：“凡新旧书所载，李温之过皆空滑无实，动云为执政所鄙，当途所薄，如此而已。”类此都表明王鸣盛是一位读书有识，善于提出新见的学者。

其三：《蛾术编》是王鸣盛历经瞽而复明，依然修订不辍的未完之作，可惜至死未能卒业，所以钱大昕深致感慨地说：“谁知蛾术编抄毕，不得深宁手自校。”[②]这可以看出撰者日求进益的治学精神，致使此书终不失为正讹补误，开阔视野的学术著作。全书涉及内容广博，可以知撰者搜求之勤，所以其友人曾赞誉他“夹漈奇书肆冥搜”[③]，《汉学师承记》也称“其书辨博详明，与洪容斋、王深宁不相上下”[④]。而赵翼更写诗全面评价了《蛾术编》成书的艰辛及其对后世的影响说：

> 重翻插架书，快比故旧逢，生平未定稿，戢戢束万筒（时方排纂《蛾术编》），绳头积细碎，牛毛散氄毨，挑灯自排纂，缕缕入纪缀，订讹朦奏

---

① 王鸣盛：《蛾术编》卷二《采集群书引用古书》。

② 钱大昕：《潜研堂诗续集》卷八。

③ 徐以坤：《寄酬王凤喈孝廉》（《苕芩集》卷一五）。

④ 江藩：《汉学师承记》卷三。

叟，指迷瞽导童，遂使天下目，障翳尽扫空。[①]

这首诗说明了撰者在视力困难情况下用力之勤，而其书对后人所起的启智祛疑的重要作用。这种描述应当认为基本上是一篇写实之作。

四、余论

《尚书后案》、《十七史商榷》和《蛾术编》是王鸣盛三大主要学术著作，从中已可看出他的学术宗旨与成就，但从对学者的传统观念出发，还必须具备一定的文采；否则，便会遭到"言之无文，行而不远"的命运，使饱学无从表现。王鸣盛不仅能文，而且还少有诗名，这就使他博得更大的声誉，所以无论是身前的赞誉和身后的论定都把他的学术与文采并论。如汪缙（字大绅、号受庐，吴县人，诸生）有《赠王西庄光禄》诗说：

键户穷经得此身，作诗余事见天真；怪他世上悠悠者，但说西江社里人。[②]

又如雷国楫（字松丹，蒲城人，官州判）有《奉赠王光禄西庄先生》诗说：

昭代文坛主，高名四海驰；固知饱经术，讵止擅鸿词；典窜风骚内，追随汉魏时；平生深仰止，何幸奉光仪。[③]

王鸣盛的至亲与学侣钱大昕也以"经传马郑专门学，文溯欧曾客气驯"来论定他于身后。即如主盟乾隆诗坛的沈德潜也极重其诗。乾隆十八年，沈德潜特从王鸣盛、钱大昕、王昶、曹仁虎、赵文哲、吴泰来、黄文莲等七人诗中选编一部《江左七子诗选》十四卷，人各二卷，收诗八百首，并各写一序刊行。他亲撰总序，以此七人"才又足与古人敌，殆踵（明）前后七子之风而兴起者也"，这在当时应是最高的奖评。越二年，这部诗选流传到日本也得到好评。而这年王鸣盛只有三十二岁，即在成进士的前一年。次年在京候试的春日，还捃摭旧闻，描

① 赵翼：《瓯北诗钞》五言古三。

② 《苔芩集》卷三。

③ 《苔芩集》卷五。

述故乡景物，写成《练川杂咏》六十首绝句，提供了乡土材料，得到了钱大昕、曹仁虎等诗人的倡和。那就是说，王鸣盛在入仕以前已经被目为可与明七子媲美、具有诗名的青年诗人了。王鸣盛把休官以前的诗文集刊为《西庄始存稿》，内多应酬文字。他还选编了一部《苔芩集》，收录了钱大昕、王昶、吴泰来、曹仁虎、高成鋐、徐希亮等人的诗作，有同辈人，也有后学，大都是和他酬唱的作品，虽不免有自我标榜之嫌，但还可以从中寻求有关生平行迹的资料，不失其参考价值。在他身后编定的《西沚居士集》二四卷，收录了五七言的古、律、绝诗，乐府和赋。刊成于道光三年，录有沈德潜，齐召南、萧芝和张焘等序和吴云的跋。沈序是乾隆十四年为王鸣盛的《曲台丛稿》付刊所撰，对青年王鸣盛的学术诗文已作了颇高的评价说：

既读其竹素园诗及日下集若干卷，知其平日学可以贯穿经史，识可以论断古今，才可以包孕余子，意不在诗而发而为诗，宜其无意求工而不能不工也。[①]

“无意求工而不能不工”是对诗的极高评价。王鸣盛诗初不主一代一家而卓然自成一家[②]。其后乃宗晚唐李义山，所以吴云跋中说他“谓诗以李义山为最，将尽改生平所作效其体制”[③]。这就无怪他要为温李辨诬了。

《西沚居士集》的刊行距王鸣盛的卒年已达二十五年多。所收与《始存稿》有重复处，但它是一部较完备的诗集。诗集中虽有一些应酬、家事、写景、纪游之作，但也还有一些能反映其思想的作品可供研究。

卷一的《猛虎行》名为写虎，实际上是指斥猛于虎的机心，所以有“机心杀人城市多，猛虎尚在深山阿”，猛虎虽可怕，但还在远离人群的深山，而麇集城市的人与人之间的尔虞我诈则比猛虎更多“杀人”。

卷八的《响盏谣》借京师卖凉盏的情景来讽刺那些奔走权门，热中利禄的人，诗中说：

响盏响盏而何为，冰浆残屑红玫瑰。九衢侵晓市门闭，土锉一灯红穗

① 《西沚居士集》沈德潜序。

② 《西庄始存稿》九《题庆孝廉璞斋诗卷诗》注称：“予来武昌，楚中名士毕集。一客问诗当学唐耶？学宋耶？予曰：皆不足学。客大骇曰：究当谁学？予徐徐曰：学我而已！”

③ 《西沚居士集》吴云后跋。

细。火云徐起赤日高，盏声卖遍喧儿曹。长安热客疲往返，得此一剂清凉散。饮罢挥汗冲飚尘，驱车仍踏侯家门。吁嗟顷刻清凉亦何益，热客之热救不得。

又一首《采煤叹》表现了作者更深度的思想意境，直接同情处于社会底层的西山采煤工的辛苦，其诗称：

小车轧轧黄尘下，云是西山采煤者。天寒日暮采不休，面目黧黑泥没踝。南人用薪劳担肩，北人用煤煤更难。长安城中几万户，朱门金盏酒肉腐，吁嗟谁怜采煤苦。

王鸣盛除了这些社会诗外，还写有劝诫诗。这类诗虽不免有说教气息，但也能从诗中看出他的学术宗旨、治学态度及对后学的期望，如卷五《杂诗四首》中的一首是：

书能益神智，六籍皆膏腴。汉廷二千石，类用通经儒。士不通一经，学术总荒芜。爱博反遗精，涉猎徒得粗。譬如八宝山，弃玉取碔砆。就傅授一编，雒诵力亦劬。浮沈十余年，所益良无殊。从兹恣搜讨，毋使岁月徂。作针磨巨杵，至理要非诬。君看废学人，老大徒嗟吁！

当然，王鸣盛的狂傲也不会不在诗中流露，他在去福建任考差离京时，曾次钱大昕送行诗韵写七律留别诗中就有句说："牛耳平生每互持，江东无我卿独驰"。前一句表示二人是儒林诗坛的巨子，但这是客气话；而后一句则明言凌驾于钱氏之上，这是真实思想的表露。不过这在王鸣盛说来，既很自然，也不足怪。他的诗应当仍是研究他思想的重要参考资料。

王鸣盛以少年诗才，又掬博取精，致力于经史，完成《尚书后案》、《十七史商榷》和《蛾术编》共二百余卷的巨制，虽尚有可议之处，但无论从史才、史学，抑或史识上都取得一定的成就，以他和钱大昕、赵翼并列为乾嘉时期的三大史学家当无愧色。对他的著述不仅要批判地继承、吸取、借鉴，而且还应当更好地研究和评述。本文仅作了一点初步的粗浅评述，希望能得到指正。

原载于《南开史学》1982年第2期

纪晓岚是个值得纪念和研究的历史人物*

非常荣幸能够参加沧县纪晓岚研究会成立大会。我虽然年龄大了些，今年八十岁，但对于今天这个关乎弘扬民族传统文化的盛会，我认为应该参加，所以就应邀而至了。今天我主要想讲一个问题，就是我们今天为什么要纪念和研究纪晓岚。对于这个问题，我从两个方面发表一些看法。

第一，纪晓岚在清朝乾嘉时代居于高位，负有盛名，学问淹贯，而且有关他的民间传说之丰富，在整个封建社会像他这样地位的人当中是罕见的。有许多名人往往容易被人"造神"，无论是名官巨宦，还是文人学者，他们有两种情况，一种是被人民所厌恶的，往往被人们传播一些传说，编造一些笑话，来讥讽嘲弄；一种是为人民所景仰的，人们会对他的一些事迹、一些思想造出一些神奇的传说来颂赞。纪晓岚属于后者。他以他的聪明睿智，博得人们的敬爱，更重要的是关于他的传说，相当部分是反映了人民的意愿，其中大部分牵涉到乾隆皇帝。人民通过纪晓岚这样一个代表人物来应对皇帝，来说明人民的智慧是高于皇帝的。但是，后来有人把纪晓岚的形象给歪曲了。甚至有人把纪晓岚的一些小节夸大成他生活的全部，这是对纪晓岚的严重歪曲。所以我觉得研究纪晓岚，很重要的一点就是要还纪晓岚以本来的真实形象，真实面貌。

第二，纪晓岚是在中国文化史上有重大贡献的文献学者，是一位文化巨人。纪晓岚在整个中国文化史上所做的贡献是突出的。

纪晓岚在文化事业上做了两件大事。

一是编纂了《四库全书》。《四库全书》的编纂，是在清代盛世的一次大的举动。在此之前，经过了康雍两朝和乾隆的前期，到了乾隆中期，国力日益充

* 本文是来新夏先生2003年1月9日在沧县纪晓岚研究会成立大会上所作的演讲，据现场录音整理。标题为编者所加。

实，三藩也平定了，台湾也收复了，西北也归顺了，中国大一统的局面已经形成了。一个朝代在开始的时候首先要稳定政权。政治稳定之后，就将进入经济、文化发展时期。乾隆皇帝要通过文化来体现、表达一种气象，一种祖国大一统的气象。《四库全书》就是为了反映大一统局面的结晶。而且这部全书的编纂，也成了中国文献史上的一个重要里程碑。中国是一个有着优秀文化传统，保存着丰富文献资料的国家，屹立于世界之林，具有不可动摇的地位。中国的文献在历史上经过了三次大的总结。一次是在汉朝，出现了《史记》、《汉书》等，总括了前史的文献，记述了千年的历史。从公元初到九世纪的隋唐时期，在唐初出现贞观之治，这时就要总结以前几个世纪的文献，所以就出现了《隋书·经籍志》。《隋书·经籍志》又把近千年的文献作了一次总括。从九世纪到十八世纪中叶，是中国封建社会走向兴盛又慢慢衰弱的时期。这又是近千年的历史，中国虽然经历了许多战乱，但基本上保持了大一统局面，中国的文献得到了很丰富的庋藏。在乾隆时期出现了中国文献史料的第三次大的结集。《四库全书》担负了这一历史使命。在开始编《四库全书》以前，清朝一些学者继承明代学者曹学佺的创议已经有了动议，要编一部儒家的汇总性的图书。当时有人提出，道家有《道藏》、佛家有《佛藏》，而儒家则没有一部《儒藏》。所以在乾隆初期，就出现了周永年的“儒藏”说。他们提出要把儒家经典汇编在一起，成为完整地体现中国主流思想的一套大的丛书。这个问题后来就落实为编纂《四库全书》。《四库全书》的编纂责任交给谁了呢？就交给了纪晓岚。当时朝廷下了文件，要各省把社会上的书籍征集起来送到中央来。这是中国历代都有过的一种行为。通过征书来充实国家藏书，然后再在这些藏书中选择编纂《四库全书》。当然对于《四库全书》的编纂，研究者当中也有些非议，因为在编书过程中也毁掉了一些书，所以有一种说法叫“功魁祸首”，即对保存文化典籍有功，但是对摧残文化也做了一些灾难性的事情。这个事情如果从政治学的角度上来分析，无可厚非。一个统治者总要用一种主流思想来维系自己的统治。如果不符合时代的要求，他总是要把它毁掉，或者是删改。历代都有这种现象。如果从功过上来分析，它还是功大于过。《四库全书》的编纂，保存了中国的历史文献，而且能够广泛流通。至今海内外一提《四库全书》，可以说稍有学识者无不知之。在这当中纪晓岚花了很大的精力。在编书过程中有很多事情值得我们学习。其中一个是他善于遴选人才。这部书分经、史、子、集四部，他要选顶级人物来负责分部的工作。当时选的，经部戴震，是经学大师；史部邵晋涵，是当时著名史学家；子部周永年，是当时编纂《四库全书》的提议者之一，也是提倡藏书向社会公开的倡导者之一；集部，纪晓岚自己承担。经史子集的主持人都是当时在学术界最有声望、学识最渊博、底蕴最深厚的几位学者，总其成的是纪晓岚。纪晓岚不但选拔了当时各方面最有学识、最有功底的学者，而且他还可以领导、驾驭这些顶级人物。当时还有许多二三流学者，馆员三千人，是很大的机构，所以他也是一个相当有组织才能的人。

在编纂《四库全书》这个问题上，清代有的学者，曾经有过异议。有人说他对《四库全书》的贡献不像人们想象的那么大。但在他的身后，一位曾经与他共过事，在朝廷很有地位的人叫朱珪，给他写了一篇祭文，那是死后的定论了。他有四句话，概括了纪晓岚的贡献："生入玉关，总持四库，万卷提纲，一手编注。"纪晓岚曾因涉案被发配到新疆，后又被赐还，所以朱珪讲他生入玉关，总持是总负责的意思，他又一手编注了万卷提纲，即《总目提要》。这四句话是朱珪对纪晓岚最沉痛、最扼要的论断。这书编好之后，誊写了七套，在南北"七阁"中分别存藏。《四库全书》的编纂，对各地文化起到了很重要的推动作用，南方的阁藏，人们甚至可以去里边抄写。

在编书过程中，因为要辨别这些书，决定取舍，所以每一部书进呈上来之后，都要有主持者写一篇提要。这些提要汇总起来，就形成了编纂《四库全书》的一个副产品，叫《四库全书总目提要》，简称《四库提要》。《四库全书总目提要》实际上是一部学术史，对每一部书的源流、价值等都作了介绍。它成为后来学者研究这些古书的一个切入点。很多大学者都承认，他们是从《四库全书总目提要》入手做学问的。《四库全书》近八万卷，人们读是不容易的，而《提要》总共二百卷，这就可以读了。当时又考虑到一般读者仍不方便，于是又编了《四库全书简明目录》，简称《四库简明目录》，就成了一小册了。所以《四库总目》有繁简二本。在中国历史上，为国家藏书编目录的历代都有，但同时编繁简两种目录的惟有纪晓岚。他不但为治学做了楷模，而且为使学术让更多的人易于接受，树立了一个榜样。所以说，《四库全书》的编纂，纪晓岚在中国文化学术事业上，特别是在文献结集上，做出了前无古人的贡献。后来虽有人作过一些"续"、"补"等工作，但无论在规模上、深度上都还没有人超过纪晓岚。所以我们说"尚无来者"。《四库全书》的编纂是纪晓岚在文化史上的第一大功绩。

第二大功绩是著《阅微草堂笔记》。《阅微草堂笔记》是他的晚年之作，是在《四库全书》编就之后，在收尾工作期间，他写的一部随笔体著作。在这部书中，他写了他的许多见闻，也有一些是他假借狐怪之事来劝诫人们，还有一些是对一些事件的考据。比如说沧县这地方产枣，他在书中就讲到“余乡多产枣，北以车运京师，南随漕船以贩鬻于诸省，土人多以为恒业”。是说从那时纪氏故乡崔尔庄这个地方就有很多人以卖枣为固定职业。到现在，这一带还是个产枣区，还是个枣产品集散地，而且如今枣的销售范围更广。还有朝中的一些掌故，如怎么样考试，怎么样发榜，怎么样唱榜，也都有所反映。

清代文言小说，最著名的还有蒲松龄的《聊斋志异》。早在清代，就已经有人把《阅微草堂笔记》与蒲松龄的《聊斋志异》并称。在清代学者中，对这两个人、这两部著作也有不同看法，有人扬纪抑蒲，有人扬蒲抑纪。我们说，这两部书在清代小说杂记中，都是不可磨灭的巨作。各有代表意义，可以并存。我们不必要说哪一个好，哪一个劣，它们在内容上也有些不同。对《阅微草堂笔记》的评论，最公允的当属鲁迅先生的《中国小说史略》。他给该书下了一个结论：“后来无人能夺其席”。就是说，后来人再按这种体裁著书，没有人能超过它。后来确实有不少人写过这种笔记，像许仲元的《三异笔谈》、乐钧的《耳食录》、俞樾的《右台仙馆笔记》等。蒲松龄的《聊斋》基本上都是志鬼怪，是志异小说，应入小说家。而纪晓岚的《阅微草堂笔记》不单是志鬼怪，则应入杂家。在古典图书分类中，它们不属一类。可以说《阅微草堂笔记》在清代随笔体杂记中是不刊之作，它是没有办法修改的重要作品。所以我们说，纪晓岚在以上两项文化业绩上做了重要贡献。

后人对纪晓岚编《四库全书》看得重，而对他著《阅微草堂笔记》似乎看得略微轻了一点，但这部书在民间流传很广。自清以来，《阅微草堂笔记》的刊本包括私印本，大概不下二十来种，有的书还做了一些注解，这些注本有很多注典故、注词语，做得还是可以的。但是它们有很大一个缺点，因为作注的人都不是当地人，所以他们对当地一些情况的注，就出现了有些违背的地方。比如“高川”这个名词有的不加注，有的就认为是一片高高的地方，但是问问沧县人就知道，“高川”是个村名，沧县就有高川村。所以有人问我，我们结合当地的人、事和地名，对《阅微草堂笔记》做一个详注有没有必要？我说这是天大的好事。我非常希望纪晓岚研究会能把这件事列入研究课题之中，这个注本出来以后，那是纪晓岚故乡的后人来注纪晓岚的书，我想一定会非常贴切。注释过程可以把前人的成果吸收进去，那么这个注本将成为沧县纪晓岚研究会的惊世之作，可以说是个标准本。

对纪晓岚这样一个人物，应该给他一个评价，应该还其真实面貌，应该对他在中国文化事业上的贡献给予充分的肯定。2002年上半年北京修纪晓岚故居，下半年沧县成立了研究会，这都是应该做的好事。因为纪晓岚无论从民间传说所反映的人民意愿，还是他在文化史上所做的绝大贡献，无疑是一位中国名人，而且他也是世界名人。今天我们来纪念他、研究他，具有足够的重要意义，一者以正社会视听，二者以阐释他的文化成就。我就讲这些看法。

原载于《纪晓岚研究》创刊号（2003年3月）　河北省沧县纪晓岚研究会编

《破邪详辩》初探

宝卷是明末以来，河北民间流传较广的秘密教门——白莲教及其支派的政治宣传品。它对研究秘密社会是一种极为重要的资料。由于它是秘密教门的宣传品和教科书，虽然流传较广，但多为隐蔽散发或辗转传播，以致保存传世颇为不易。不过在道光年间，却有一位留心社会问题、忠于封建统治的地方官吏黄育楩曾倾毕生精力一意从事破除秘密教门经卷的工作。他采取了一种摘引语句，逐条批驳的形式，经七年时间，先后四次续写《破邪详辩》，为后世保留了若干可资研究的宝卷珍贵资料。这部专著曾为已故史学家向达推崇为："欲识初期的宝卷文学梗概，此书可算是一个宝库。""这些初期的宝卷文学，倒是研究明清之际白莲教一类秘密教门的一宗好资料。"（《明清之际宝卷文学与白莲教》，见《唐代长安与西域文明》，三联版）

当然，这个宝库决不限于研究宝卷文学梗概和教门本身所资借，而更重要的是它具有可供探讨政治和社会意义的价值。《破邪详辩》这样一部著作过去虽有过某些研究，但它确还值得作进一步的探讨。

一、《破邪详辩》的作者

《破邪详辩》的作者黄育楩，其生平不甚详知，据推算，大约生于乾隆，卒于道光，曾在河北任州县官多年。在他原籍和仕履所经的地方志书中都有大体相似的简历记载，其中比较详细的是光绪十二年六月刊本《钜鹿县志》，该书卷八《官师》篇记称："黄育楩，甘肃人。举人。道光间任县令，崇学校，毁淫祠、创立广泽书院以培人才。时蝗生，亲督捕瘗，月余始尽，民乃有秋。擢沧州牧。”

从这段记载中可知黄育楩的著籍、仕历和施政。他是一个应被封建史家列入《循吏传》的人物。如再参以其他方志就能有更具体的了解，如他是甘肃狄道人，系嘉庆九年甲子科举人（道光《兰州府志》卷十一《选举志》），字壬谷（《破邪详辩》序）。道光十年任河北清河县令（同治《清河县志》卷二《职官》）。十三年任钜鹿县令（《钜鹿县志》）。十七年，在钜鹿兴建广泽书院（《钜鹿县志》卷三《学校》）。十九年春初，擢任沧州知州（《续刻破邪详辩》序）。道光二十二年后的活动尚无可供参证的文献资料，可能已经退休，终老田园，或已辞世。

黄育楩的仕历是一位始终临民的地方官，因此，他必然有机会能接触社会实际问题。他不是浑浑噩噩的庸吏，而是据自己临民所得，把一生精力投放到消除社会“隐患”上。他采取各种措施来禁绝民间秘密教门——“邪教”，成为一个效力于巩固封建统治的策士。黄育楩之成为封建策士并非偶然，主要是他所处社会时势所造成。黄育楩大致生活在川楚教军起义的风暴后由盛转衰的乾嘉道时代，也正是鸦片战争前后社会发生大变动的时期。在这种历史大变动时期必然会产生某些需要回答的社会课题。黄育楩就是面临这些课题，从中选择自认为急需解决者来谋求对策以应帝王的。他的这一选择与同时一代略早的严如熤颇有相似之处。严如熤是以县令起家，并参与镇压三省起义达二十年之久。他面对三省边防严重的广大流民问题而筹谋对策，撰写《三省边防备览》及《三省山内风土杂识》等书，提出“抚辑流民”的方案，几乎倾一生精力于解决流民问题，成为乾嘉时期的边防专家；黄育楩则面临着“邪教渊薮”的河北各地白莲教派的频繁活动而谋求禁绝“邪教”也先后达二十余年。他在自命“阅透邪经”的基础上陆续撰写《破邪详辩》四刻，企图以此从思想上瓦解“邪教”，而使自己成为对付秘密社会的专家。但是，为他们二人始料所不及的乃是他们的献策书和治安策都为后世保留了若干足资参证的社会资料。

黄育楩的撰著《破邪详辩》及其所积极推行的禁教活动也是清朝统治者统治政策的体现。清统治者从镇压三省教军起义的实践中已经领悟到单凭查拿手段并非良策，因而在嘉庆五六年间曾不断以上谕形式申明此意，主要在划分白莲教众中有反抗行动者与单纯信教者的界限，如嘉庆六年正月御制邪教说中称：“夫官军所诛者，叛逆也。未习教而抗拒者杀无赦。习教而在家持诵者，原无罪也。”“白莲教为逆者，法在必诛。未谋逆之白莲教，岂忍尽行剿洗耶？白莲教与叛逆不同之理既明，则五年以来办理者，一叛逆大案也，非欲除邪教也”（《清仁宗实录》卷七十八）。

同时，清政府还对白莲教经典的内容也尽力说明其无悖逆之处，如嘉庆五年八月十五日的上谕中即曾说：“至于白莲教名目由来已久，即据刘计办所诵经典大意不过劝人为善，并无悖逆字样。”（《剿平三省邪教方略》卷一九八）这是在尚未全部完成镇压活动时为瓦解反抗者的群众基础而采取的一种极为毒辣的权宜手段；而一旦在“敉平底定”时就需进一步解决那一部分无反抗行动的白莲教徒的问题。解决这一问题比单纯武力手段需要更细致而周密的对策。这正为黄育楩提供了选择社会课题的客观条件。黄育楩针对这种政治需求，采取从破除“邪教”理论基础入手，即他自诩的从“治本”角度来消除封建社会中的不安定因素。

黄育楩从事反教门理论的工作始于道光十年任清河县令时。他在到任之初即刊布严禁“邪教”告示三万余份遍发各村。不过，这次告示内容的资料依据主要是案卷供述资料。他对此感到很不满足，所以后来在初刻《破邪详辩》时曾回忆此事说：“辩驳邪教之处，惟视案卷为证据，而于邪教经卷，未曾见及。”（《破邪详辩》序，道光十四年正月）及道光十二年移任“邪教出没之薮”的钜鹿县后，他第一次接触到“邪教经卷”，进行了研究、辨析、驳斥，并开始初刊《破邪详辩》。他在初刊本序中曾简要地概述了发现缘由及“经卷”的形式与内容，说：“于民间抄出邪教经卷，并前任所贮库者，共二十种。系刊版大字，印造成帙，经皮卷套，锦缎装饰。经之首尾，绘就佛经。一切款式亦与真正佛经相似。查其年限，系在万历、崇祯等年。阅其文词则妖妄悖谬，烦冗错杂，总不离乎‘真空家乡，无生父母’之语。”（《破邪详辩》序，道光十四年正月）这段资料使人们对宝卷的基本情况获得了比较完整而清晰的概念。从此开始，黄育楩年出俸金数百两刻书。他对“邪经”是随见随研究驳辩、随刊行。从道光十四年至二十一年的先后七年中，曾四次刊行。他搜集了“经卷”百数十部，去其重复，尚得六十八种。黄育楩即以此作为资料依据，倾其毕生精力，对这批为时人所不齿及的民间俚俗作品的教理学说进行了研究，摘引语句，逐条辩驳，作出自己“不可信也”的结论。这样，《破邪详辩》便成为研究明清以来白莲教教义的唯一参考书籍，即海外学者也称此书为明清以来“唯一无二之专著”（日・泽田瑞穗：《破邪详辩》解说）。

黄育楩除从“破”的方面着手外，还做了若干“立”的工作，如清保甲、创书院等。他以刑与教的“立”来保证“破”的顺利推进，作出了很大的成绩，很快地得到擢升。这正说明黄育楩所进行的“破邪”工作正是清统治者所急需解决的社会课题之一。

二、《破邪详辩》的刊行与流传

《破邪详辩》初刻成于道光十四年正月，共三卷，主要著录黄在钜鹿县任上所获“邪经”二十种，并摘引辞句，加以辩驳，特别是对《古佛天真考证龙华宝经》二十四品进行了详细的辩驳。初刻本卷首胪列圣谕、律例、上谕等，“俾民知立法之严”。卷一著录《古佛天真考证龙华宝经》八种，卷二著录《混元红阳显性结果经》等十二种。这两卷都由作者摘录原有经文，逐条详辩，以示“非出于臆说焉”。卷三是《邪教通论》，即由作者“总会邪经及近世邪教之言，出以总断，俾民知余引经据典，酌理准情，惟欲判邪正之分，明祸福之原而不使轻罹法网焉”（《破邪详辩》序）。

初刻三卷问世后，作者又得到甘肃安化人宗王化所撰《教邪阴报录》。宗王化其人是秘密教门的背叛者，其父宗法曾“习教传徒”，乾隆四十二年被处死。宗王化即以其父行事下场为戒编为鼓词体的故事以“劝世”。这份“教材”被黄育楩认为是“破邪”最有力的宣传材料，于是迅加刊印流传，并雇说书人到各地宣讲来推动其“破邪”工作。

初刻问世后，黄育楩除自费刻印流传外，还呼吁各地州县官据版翻印“遍施民间”。

道光十九年春初，黄育楩擢任沧州后，在城内和四郊寺庙中陆续搜得“邪经”三十一种，去重五种后得《三义护国佑民伏魔功案宝卷》等二十六种，加以著录而成《续刻破邪详辩》一卷。二十一年，又搜获《混元红阳临凡飘高经》等十八种加以著录，五月间成《又续破邪详辩》一卷。接着在七月间又追加《苦功悟通卷略解》四种，成《三续破邪详辩》一卷。这样从道光十四年正月起到二十一年七月止，完成四刻共六卷，均由北京琉璃厂西门内五云堂镌版陆续刊印。黄育楩对这些版片全部公开，并在各刻序中一再呼吁地方官员使用此版翻印流传。黄育楩之不惮烦地四刻《破邪详辩》是有其一定的政治宗旨的。他曾明言其事说：“若不续刻《详辩》，恐将来邪教仍复传徒，将以已辩者为邪经，未辩者非邪经。恐初刻《详辩》尚不足以力挽恶风，曲全民命。此《详辩》之不可不续刻也。”（《续刻破邪详辩》卷一）“世之邪民每得一经即借一经以传徒，余故偶得一经必辩一经以防患。”（《三续破邪详辩》序，道光二十一年七月）这完全是一种针锋相对的斗争。他还在各刻序文中一再申明“详辩”对“破邪”工作的重要性。

由五云堂分四次刊行的《破邪详辩》四刻是该书的原刻本。光绪九年荆州将军宗室祥亨又据五云堂本重刊此书。即所谓荆州将军署本。祥亨之重刻此书并非偶然地兴之所至。他与原著者有同样的意图，是为对付“邪教”。祥亨早在居京时就因重视《破邪详辩》的价值而珍藏它。他曾在重刻此书时作过如下的回忆说：“余曩在都门，见甘肃黄君壬谷《破邪详辩》一书，尽搜邪教经典书籍凡数十种，即就彼书中，摘其尤为荒谬悖乱者，一一抉剔，以彼之矛攻彼之盾，痛快详明，真足以醒世而觉迷，名曰《详辩》。呜呼！其辩详，其心苦矣。洵为有功世道之书，因什袭藏之。”（《重刻破邪详辩》序，光绪九年十二月）

光绪八年，祥亨赴任荆州。次年湖北省城发生“教匪”谋乱，虽很快扑灭，但祥亨却在考虑如何“攻心”。他的结论是刻书流传。这种意图在重刻本序中即明确宣称：“八年衔命来楚……逾年即有鄂垣教匪谋乱一事，赖朝廷威灵，该匪等前期败露，而人心惶惑，仍数月未已。余因于箧中检出此书，函付手民，以广流传，于世道人心，不无小补。”（《重刻破邪详辩》序）

祥亨的重刻本是《破邪详辩》的第二种版本。先后五十年间，刻印两次，亦足见此书之颇具影响。但光绪以来，渐被漠视。直到1928年始因郑振铎先生从研究俗文学角度而涉及宝卷文学，从而引发对《破邪详辩》的注意。最早研究《破邪详辩》的是向达在1934年所写的《明清之际宝卷文学与白莲教》一文。此文对《破邪详辩》的著者和著录情况作一介绍。据向氏在文中自称道：“我所能说的只是介绍一部与初期宝卷文学有关而不大为近人所知的书——黄育楩著《破邪详辩》——以及这部书中所举的初期宝卷文学的一些名目。”（《唐代长安与西域文明》）

稍晚有魏建猷先生于1936年所撰的《八卦教残余经典述略》（《逸经》第10期，1936年），叙述了《破邪详辩》的编著经过，并为初刻《破邪详辩》所收的二十种宝卷写成提要。他如傅惜华《宝卷总录》曾采录此书；十堂撰《无生老母的信息》（《杂志》第15卷第4期，1945年）曾据此书资料论述对无生老母的崇拜。这些都说明解放前已开始对《破邪详辩》进行研究，但成果尚不大。解放后，这项研究工作仍在继续。李世瑜学长是一位收藏宝卷并进行专门研究的学者。1957年他所撰的《宝卷新研》（《文学遗产》第四辑）一文，不仅对郑振铎的早期宝卷研究提出了新意，而且还条列了《破邪详辩》及其他目录书的著录而写成新录以补《中国俗文学史》的不足。1961年，李氏又就其知见的现存宝卷作品，记录名称、卷数、年代、版本、收藏者及著录情况等汇成《宝卷综录》（中华书局，1961年）。这是一部前所未有的较为完备的宝卷目录，而《破邪详辩》正是他所采录参考书中最早的一种。他并评论《破邪详辩》是将“邪教”经卷“著为篇籍，加以挞伐”的，是“以严禁邪教的立场将查抄之明末清初刊本宝卷六十八种，各作一扼要介绍，并将其中之邪妄处录出原文加以辩驳者”（《宝卷综录》）。在六十年代农民战争与秘密宗教关系的讨论中，熊德基撰写了一篇题为《中国农民战争与宗教及其相关诸问题》的论文，不同流俗地提出了精辟的创见。文中较多地运用《破邪详辩》的资料作为论证的依据，特别是第三部分《宗教经卷和教义有无革命思想》。《破邪详辩》所著录的经卷资料正有利于作者所下的结论，即“既没有足以称为农民革命理论的经卷，也没有具有革命思想的宗教教义”（《历史论丛》第一辑，中华书局，1964年）。这就把对《破邪详辩》的学术研究工作提高了一步。但作出令人赞赏成绩的则是日本天理大学泽田瑞穗教授所著的《校注破邪详辩》。这是一部并未仅停留在校注原作而是对原作进行了认真细致研究的专著。卷首的《解说》应说是泽田教授对《破邪详辩》进行研究后而撰写的一篇出色论文。这篇论文对《破邪详辩》的作者、撰著缘起以及秘密教门的有关问题等均有所阐述。在校注方面也颇有益于学者。他以宝卷原文比较引文之删节，考订著录版本的存佚残整、校正文字讹误，如校定“总未谋逆”为“纵未谋逆”，一字之差，程度大为不同。他并为便于日本学人研究使用而对若干语词进行说明。这种校注本对原著来说确已尽到了补充原文、考订版本、校正文字、详加注释的职责。书后附有泽田教授研究秘密教门教义和经典的论文。泽田教授对《破邪详辩》一书确是作出了应有的贡献，不愧是黄育楩百余年后的知音。但对中国学术界来说，决不能满足于原著已在国外产生影响，而亟待于对《破邪详辩》这一专著作出更有质量的整理与研究。

三、《破邪详辩》的研究价值

《破邪详辩》的研究价值主要在两方面：一是它以提要目录形式著录了明清之间秘密教门的部分经卷资料，可供研究教派源流、教义仪式、经卷内容等问题的参考；二是它赤裸裸地陈述了著者黄育楩对待"邪教"的政治观点，可供研究秘密教门的社会作用、秘密教门与"内忧外患"的关系以及清政府的某些对策等的参考。

《破邪详辩》四刻著录"邪经"六十八种，虽不能见到宝卷全貌，但从所摘引内容也可略窥一二，起到了一定的提要目录的作用，是宗教目录中别具特色的目录书。

在初刻卷一的一篇主要宝卷《古佛天真考证龙华宝经》中曾列出十六个教派与教祖是："红阳教、飘高祖。净定教、净空僧。无为教、四维祖。西大乘、吕菩萨。黄天教、普静祖。龙天教、米菩萨。南无教、孙祖师。南阳教、南阳母。悟明教、悟明祖。金山教、悲相祖。顿悟教、顿悟祖。金蝉教、金蝉祖。还源教、还源祖。大乘教、石佛祖。圆顿教、菩善祖。收源教、收源祖。"（《破邪详辩》卷一）在续刻卷一中又把这些教派推源到后汉张角等人说："邪教一流，始自后汉妖人张角、张梁、张宝。下迨晋、隋、唐、宋、元、明，历代皆有邪教，从未闻有供奉无生老母者。至明末万历以后，有飘高、净空、无为、四维、普明、普静、悟明、悲相、顿悟、金蝉、还源、石佛、普善、收源、吕菩萨、米菩萨、孙祖师、南阳母等，一时并出，始奉无生老母为教主，可见无生出自明末，原无疑义。"（《续破邪详辩》卷一）

这些佛祖本多无稽。向达在《明清之际宝卷文学与白莲教》一文也仅对飘高、吕菩萨、还源等略考出身，而称"其他人名不尽可考"（《唐代长安与西域文明》）。

黄育楩又通过批判形式揭示了秘密教门中所实行的一套修持工夫——坐功运气、上供升表、考选挂号而达到"上天"的目的。黄育楩认为这些修持功夫不过是痴心、谄心、狂心和妄心等"坏心"，而总括为"不可信也"的"邪心"。

秘密教门中的经卷形式多借佛经形式流传，如佛经中有的《开经偈》云："天上甚深微妙法，百千万劫难遭遇，我今见闻得授持，愿解如来真实意。"而教门经卷亦有之，所以黄育楩说它是"欲借佛教以饰邪教也"（《又续破邪详辩》卷一）。这些宝卷的形式体裁在卷下有品，卷或品末附有曲牌写成的小曲。据黄育楩的研究认为多同于戏文："尝观民间演戏，有昆腔班戏，多用《清江引》、《驻云飞》、《黄莺儿》、《白莲词》等种种曲名；今邪经亦用此等曲名，按拍合版，便于歌唱，全与昆腔戏文相似。又观梆子腔戏，多用三字两句、四字一句、名为十字乱谈，今邪经亦三字两句、四字一句，重三复四，杂乱无章，全与梆子腔戏文字似。再查邪经白文，鄙陋不堪，恰似戏上发白之语，又似鼓儿词中之语。邪经中《哭五更》曲，卷卷皆有，粗俗更甚，又似民间打拾不闲，打莲花落者所唱之语。至于邪经人物，凡古来实有其人，而为戏中常唱者，即为经中所常有。戏中所罕见者，即为经中所不录。……"（《破邪详辩》卷三）这虽为贬低宝卷只是一种俚俗鄙陋之作，不堪入目以清除其影响，但从这段批判文字中却使人较全面地了解宝卷的体裁，非常明确地说明了宝卷实是一种富有生活气息、通俗易懂、形式多样，并可琅琅上口的民间文学作品。这也正是它能以在教众中广泛流传而不减其生命力的原因所在。

这些"邪经"的内容除了宣扬理想世界和仪规要求外，主要是一些道德规范，如赞成"答报双亲"，"养气存身"，"人之富贵贫贱，命皆一定，不可强求"等等；反对"不孝父母、欠债不还"、"明瞒暗骗，隐害好人"、"横行放荡，骂天骂地"、"路途之中，邀击他人"等等。无论赞成，还是反对，其中心只在诱劝人"安分"，即如黄育楩也不得不承认："邪经四十余种，并无谋逆之说。"（《续破邪详辩》卷一）因此，熊德基对若干宝卷所作的结论："要说这类宝卷中有什么革命意识或朴素的平等思想，无论从思想实质上甚至字句上，都是缺乏确据的"（《历史论丛》第一辑，中华书局，1964年），是正确而可以被接受的。

《破邪详辩》的价值之二在于它反映了作者的政治观，从而透出当时"邪教"的危机所在及统治者的政策措施。

黄育楩既承认邪经四十余种并无谋逆之说，并讥笑说"此等邪经，只可付之一笑而已"，那么，他又为何竭全力来搜经、详辩、刊印、流传呢？主要是他认为"邪经为邪教根源"，禁"经"的目的是禁"教"，这在初刻《破邪详辩》序中就开宗明义地宣称过："窃谓严禁邪教，而不将邪经中语，详为辩驳，民既不知邪经之非，自不知邪教之非。虽尽法惩治而陷溺已深，急难挽救。余因于邪经中，择其主意所在之处，详为辩驳，务使有奸必发，无弊不搜，名之曰《破邪详辩》而总断之以'不可信'。"而且他认为禁"经"是除根的办法，因为"近日无邪教，而邪经不尽，能保后来匪类，不据邪经以仍复传徒乎？”（《又续破邪详辩》卷一）因此《破邪详辩》的立意也应理解为详辩“邪经”以破除“邪教”。这是黄育楩对经教关系的基本观点。

黄育楩认为“经”的本身“无谋逆之说”，但却可用来吸引群众，“聚众”是封建统治者认为最感威胁的社会现象，是动乱的源泉。所以他把“邪经”—“聚众”—“谋逆”三者联系在一起，在各刻中一再强调说：“谋逆之原，由于聚众；聚众之原，由于邪经。是邪经虽未言谋逆，实为谋逆所自始。”（《破邪详辩》卷三）“谋逆之原，由于聚众，为教首者，又惑以劫数，诱以逆书，复以符咒迷人，而同教自乐从逆矣。”（《续破邪详辩》）“（以经）传徒之术穷，即聚众之机阻。”（《又续破邪详辩》序）“若印造邪经，煽惑愚民，遂致聚众传徒。”（《三续破邪详辩》卷一）

四刻中都以“聚众”为谋逆症结所在，因为“不复有聚众传徒，又何至于谋为不轨”（《续刻破邪详辩》卷一，后语）。“聚众”可以造成“内忧”，而当外敌临境，又应注意到内忧外患之相呼应。又续《破邪详辩》时正是英国发动鸦片战争之际，黄育楩注视时事变化立即提出要防内说：“邪教不可不防，当此英逆未靖之时，内地邪教，尤不可不防。直隶拱卫京师，向为邪教渊薮，更不可不防。”（《又续破邪详辩》序）

这种政治敏感证明黄育楩确是封建政权的忠臣，他担忧“英逆未靖，而邪匪亦蠢蠢欲动也”（《又续破邪详辩》序）。他以这样的警语而加重其“禁教”的必要性。那么，如何来禁“邪教”呢？黄育楩提出“刑教兼施”的方针。他说：“务期刑教兼施，始终不倦，则邪教根株，不难尽绝矣。”（《又续破邪详辩》序）

刑包括两个方面，一是严刑峻法，“凡遇邪教犯案，枷杖徒流，绞斩凌迟”，但其结果往往是“法虽极严，习终难变”（《续刻破邪详辩》序），这只不过是一种治标之法；二是清查保甲，这是用“法”的预防手段，黄育楩视保甲为“严禁邪教，莫善于保甲”，他不仅在初刻中详细记载了清查保甲之法，并将保甲法置于首要地位，他说：“其法于禁邪为尤要，此《详辩》之首重保甲也。”（《续刻破邪详辩》序）

教也包括两方面：一是“详辩”“邪经”来“启其愚而开其悟”。他认为这是“禁邪之一道”，因为这样就使“在不习邪教者，即深知其非而不为所惑；在习邪教者，亦自觉可丑而逐渐生其改悔之机”（《破邪详辩》卷三）。二是以兴办学校来宣讲谕旨律例并进行正面教化。道光十七年，他在钜鹿创建广泽书院就是作为“禁邪之要务”而办的。因为办学校可“俾士类咸知感奋，兼可借为宣讲圣谕之所”（《续刻破邪详辩》卷一）。

刑与教是黄育楩“兼施”的两种政权职能。黄育楩从研究宝卷及结合临民实际中深感二者缺一不可，遂提出一套较全面的“禁邪之法”说：“窃谓禁邪之法，惟将《破邪详辩》遍给绅士，俾作常谈。又将《阴报录》遍给各村，令人共晓，并觅唱鼓词人，到处歌唱，犹易感动。为官长者，每于临民之际，即以《详辩》与《阴报录》中之语，随便开导。若遇犯案即尽法惩治，决不轻纵。再以栽培学校、清查保甲，总欲民知长长之心，刻刻以禁邪为务。”（《又续破邪详辩》卷一）

基于上述两种价值，遂使这部中国近代唯一的秘密教门的文献汇集至今仍具有重要的研究意义。

原载于《安徽史学》1985年第3期

反清的秘密结社

清代有很多反清的秘密结社，道光十五年（1835年）黄爵滋在敬陈六事疏中曾提到一些他所知道的名号说："以臣所闻，直隶、山东、山西之'教匪'，河南之'捻匪'，四川之'啯匪'，江北之'盐枭'，江西福建之'担匪'，'刀匪'，及随地所有不著名目之'棍匪'，'窃匪'。"①实际当不止此。

在许多秘密结社中，主要的有白莲教、天地会和哥老会。这三个著名的秘密结社，目标虽都是反抗清朝的统治，但是，"教"与"会"之间的源流、组织和活动区域却各有不同。

白莲教是在清朝以前就已经在中国社会上存在着的一个秘密结社。在十四世纪时，它已将摩尼教、弥勒教、佛教、道教以及各种各样的民间宗教杂糅在一起，形成了自己的教义；并用这种教义把被压迫者团结和组织起来，向元朝统治集团和地主阶级进行斗争。它在元末农民大起义中曾起过重要的战斗作用。以后，经过明代，一直流传到清初，便发展成为反清的秘密结社之一。

白莲教是用宗教信仰组织群众，用迷信职业和传授拳术的方式进行活动。参加的基本群众是农民。入教者纳粟或钱后，即发给凭单。内部依靠宗教信仰巩固组织，其上下之间的界限谨严，事权统一于领导者，行动时逐级指挥，教众必须严格保守本团体的秘密。但因受迷信影响，在思想上和行动中有着一定的局限。白莲教的活动地区，开始于湖北一带，逐渐伸张势力到河南，形成白莲教聚会的中心，然后又向皖北、淮北、山东、直隶、山西各地发展。在这些地区活动的一些秘密结社如闻香教、八卦教（一名天理教）、神拳教、在礼教以及其他种种名目之教，都属于白莲教的支派。由此可见，白莲教乃是流传于中国北方地区（主

① 黄爵滋：《黄少司寇奏疏》卷五。

要是黄河以北），凭借宗教信仰组织群众进行反抗清朝统治的一个最老的秘密结社[①]。

天地会或称三合会、三点会和洪门。其名称虽不一，实为同一团体。这些不同名称都各有一定的含义。称天地会者，因它尊崇天地，入会时拜天为父，拜地为母，所以取为会名，并在“拜天地会”诗中把会名正式写出来（这首诗是藏头诗，把每句首字联读即成“拜天地会”四字），这是它的对外总名称。称三合会者，因在传说中他们结盟拜会的地方是三合河；一说它与“洪”字有关，在“桥边饮水诗”中有句称：“三河合水万年流，二十一人共壹舟”，三合水指“氵”，二十一人指“共”，“氵”和“共”合成“洪”字，以表会众团结之意。称三点会者，因相传始祖万云龙墓碑上十六字各有三点水旁，以后许多文件中的字也多加三点水，以便于暗递消息；一说取意于洪的三点水旁。这些都是它的对外名称。另外会众内部自称洪门，隐寓“洪武”之意。又为免被会外人识破，把会名写作“𣶐𣴘㳒”（天地会），凡是它的旗帜和腰凭上都有这种字样，作为标记[②]。

天地会据说创始于康熙十三年（1674年）[③]。它的创意，据它的文献看来，显然是由于公开反抗失败后，为蓄积和组织力量、徐图再起而组织的[④]。它虽与白莲教并称为反清的二大秘密团体，但仍有其区别，因为它是“专务攘除胡貉而与宗教分离，扶义倜傥，不依物怪，视白莲教为近正”[⑤]。它所表现的民族意识比在宗教外衣掩盖下的白莲教尤为鲜明。它从开始就明确地提出了“反清复明”的口号，主张推翻清朝，恢复明朝。它的理想领导者是明朝皇帝的后裔，这是天地会的一大特色。据天地会本身文献的记载，起义前，在起义地方的一条水中浮起了一个白锭香炉，炉底即有“反汨（清）复泪（明）”四字。然后就结盟拜

---

① 参阅陶成章：《教会源流考》。

② 参阅萧一山：《天地会起源考》和《近代秘密社会史料》中天地会本身有关文件。

③ 天地会创立年代说法不一。《清稗类钞》、平山周的《中国秘密社会史》、温雄飞的《南洋华侨通史》、罗尔纲的《水浒传与天地会》等均主张康熙十三年，当代一般著作也多采此说，似尚可信，本文从之。

④ 西鲁序中记载万云龙（会中的大哥）战死后，陈近南（会中的先生，传说即郑成功手下的陈永华）说：“不若众兄弟分散，各省隐藏埋名，等天数应灭，顺天行道，设下天地㳒一个五色旗号、诗句、口白，日后得来认识相逢，反汨复明。”平山周的《中国秘密社会史》第18页有更详细的叙述。

⑤ 平山周：《中国秘密社会史》章炳麟序言。

会，决定起义。在天地会的图象旗帜诗句中到处都可看到反清复明的字样，如“绝氵月河”、“扶氵日河”等图象；诗句有“反氵月复明第一功”（万云彪把守桥尾诗），“反氵月复明合天心”（改发诗），“反氵月复明报冤仇”（一拜持）等等。这些都可以说明天地会反清复明的宗旨[①]。

天地会的反清情绪不仅渗透在它的文件中，同时还强烈地表现在入会仪式和书写文字上，陶成章在《教会源流考》中作了详细的叙述：

> 凡新兄弟入会之始，必披其发，因此辫非我中国之物。歃血盟时，我祖宗实式临之，不当以满洲形式见我祖宗也。故蒞会执事人员，其成例当取古衣冠服之，亦即此意，又用草束象人形，或用图画象人形者，一以为满洲皇帝，新入会者对之射三矢，誓杀满洲皇帝以示不敢忘仇也。大清者，满洲人之国号，与我中国人无涉，大清之皇帝，仇人之首也，故不当承认其为我中国之皇帝，以故洪门中之兄弟写清必作氵月，是谓清无主。虽然，为我仇者，不仅清帝一人，凡满洲人，皆我仇也，势无两立，必尽杀之。故洪门中兄弟，凡写满字尽作氵两，称之曰满无头。

天地会不像白莲教那样依靠宗教信仰组织群众，而是依靠内部纪律组织群众和巩固组织的。它的内部订有严格的纪律，最重要的便是三十六誓，其内容有：在反清斗争中要勇敢；要注重团结讲究义气，不得出卖弟兄；戒贪淫；不得泄漏组织和会内的秘密，一切暗号不能私传，如果违犯这些纪律将会遭受严厉的处罚。

天地会的基本群众是破产农民、小手工业者和城市游民。凡是“苟存忠义之志，思反清复明者”都可入会。对满人则界限分明，严格禁止。会众入会以后，即发给证明称为“腰凭”[②]。另外传授隐语手式口白等等作为会众彼此联络交往之标记。入会后，会众彼此平等，不论职位高下、入会先后均称兄弟。这与白莲教之严等级有所不同。因之，天地会发展较快，但也因为彼此不相统属，逐渐形成山堂林立、力量分散的缺点。

---

① 均见萧一山：《近代秘密社会史料》。

② 平山周《中国秘密社会史》称：“腰平或称八卦，所以为会员之保证，入会后，由会中付给，有大、小、白、赤、黄数种。多以布片印成八角形文字，居中则捺公所之朱印，文字连缀法，有种种不同，成一句中颠倒其文字，或多句互相错综，务令外人难于索解。”

天地会的活动地区，广东最盛，其次是广西、福建、江西、湖南各省[①]。以后又在南洋一带华侨中发展，海外华侨中的会员，不仅以倾覆清朝为宗旨，又有贫病死丧互相援助之义，还在当地支持反抗压迫的活动[②]。在南方和海外活动的另一些秘密结社如清水会、小刀会、致公堂等，都属于它的支派。由此可见，天地会乃是流传于中国南方地区（主要是长江以南），后来又在南洋一带发展的一个秘密结社，它凭借严格纪律组织群众，具有鲜明的"反清复明"的民族意识，它是在清朝入关后为进行反清斗争而产生的。

哥老会或称哥弟会，约成立于乾隆年间[③]，也是反清秘密结社之一，与天地会有关[④]。它的宗旨除反清复仇外，尚以侠义自许，故严禁窃攘，不害良民；惟袭劫不义之豪富与不正之官吏，平山周《中国秘密社会史》中所载李鸿章之弟，由广东回京之官赃被哥老会劫取的故事便是一个具体事例。哥老会的活动地区，在湖北、湖南、四川、浙江、云南、安徽、山西、陕西、甘肃、新疆、山东、直隶各省。几乎遍达全国，而以长江流域为尤盛。

哥老会的基本群众是破产农民、小手工业者、江湖游民和兵勇（曾国藩湘军中鲍超和刘松山部，哥老会众最多）。凡入会者，须经会员介绍，特别注意出身清白与否，由介绍人负责，不清白者虽介绍入会后也可令之退会，一般有志于反清复明的人都可入会，但是剃头者、抬肩舆者等不得入会。入会后，彼此平等，重义气，所谓"异姓相约为昆弟，同祸福，结盟立会，千里相应"[⑤]即系指此。同治初，湘军在镇压太平军以后，被大量裁撤，其中有不少哥老会众，又有许多人在解散后参加了哥老会。这些人游散各地，传布哥老会，扩大势力，哥老会从此大盛，形成为清代晚期具有一定力量的社会潜流。

这些秘密结社在鸦片战争前清代的封建社会里，曾经连续组织和发动人民进行反清活动。在天地会领导下的有康熙六十年（1721年）台湾朱一贵起义，乾隆五十一年（1786年）台湾林爽文起义。在白莲教领导下的有从嘉庆元年（1796年）到九年（1804年）的湖北、四川、河南、陕西、甘肃的教军起义，嘉庆十八年（1813年）林清、李文成的天理教起义等。这些起义活动虽然和各族人民的反

---

① 陶成章：《教会源流考》。

② 参阅温雄飞：《南洋华侨通史》第十四章。

③ 平山周：《中国秘密社会史》。

④ 陶成章：《教会源流考》。

⑤ 《清史稿》忠义传七陈景沧。

清起义同样的在清朝的屠杀和镇压下失败；但是，不可避免，清朝的统治力量也遭到一定的打击和削弱，即如林爽文起义，清朝竟两易统帅，耗七省兵力（曾征调广东、浙江、福建、四川、湖南、广西、贵州七省兵力）才镇压下去。教军起义的威力也曾迫使负责镇压的那彦成束手无策而发出胜败付之命运的哀鸣，他在复嘉庆的询问中说："贼匪譬如蝗虫，非人力所能捕净，况此事总关劫数。如果劫数已尽，即见在守卡无用之兵，一人也能杀贼十数人，若劫数未完，即有健将如扎克塔尔、庆成等，带领精兵，亦不能得力。"[①]反清斗争的力量在日益增长，秘密结社在近代的反抗斗争中仍发挥组织和战斗作用。

鸦片战争后的近代社会里，秘密结社的力量由于战争和外国势力侵入的影响而壮大，在两广、湖南一带天地会势力的发展表现得尤为清楚，咸丰初年广西一个地方官员严正基在《论粤西贼情兵事始末》一文中曾触及这个问题，他说："自暎夷滋事以来，粤东水陆撤勇逸盗，或潜入梧浔江水面行劫，或迭出南太边境掳掠。勾结本省土匪及各省游匪，水陆横行，势渐鸱张。至道光二十七八年间，楚匪之雷再浩、李沅发，两次阑入粤境；土匪陈亚溃等相继滋事，小之开角打单，大之攻城劫狱，寖成燎原之势。"[②]文中所说"水陆撤勇逸盗"、"土匪"、"游匪"，正是在"暎夷滋事以来"所造成的一批江湖流浪者，他们成为秘密结社（主要是天地会）成员的最大来源，而且绝大部分已属秘密结社的成员。因之，鸦片战争后，在南方地区由天地会领导的反抗活动层出不穷。根据清朝官书记载可以举出的如道光二十一年（1841年）湖北崇阳锺人杰起义，道光二十四年（1844年）台湾嘉义洪协等起义，湖南耒阳杨大鹏起义，道光二十七年（1847年）湖南新宁雷再浩起义，道光二十九年（1849年）湖南新宁李沅发起义等，这些地区的这种零星不断的大小起义，成为太平天国革命爆发的社会条件之一，同时也是太平天国革命势力所以能迅速地由广西、湖南向北发展的一个重要因素。除此以外，全国各地尚有各种名目的秘密结社进行反抗活动，据清朝官书记载，自道光二十四年（1844年）到道光二十九年（1849年）清政府严令各地督抚拿"匪"的命令中，就有"啯匪"（对哥老会的诬称）、"教匪"、"捻匪"、"会匪"、"洋盗"等[③]。到太平天国革命时，又有1853年福建海澄的黄德美起义，上海的刘丽川起义（小刀会），1854年广东佛山的陈开、李云茂起义

① 嘉庆五年五月那彦成答语（《东华续录》嘉庆九）。

② 葛士濬辑：《皇朝经世文续编》卷八十一兵政二十。

③ 参阅《东华续录》道光。

（称红巾军，属天地会）等，都起了声援革命、牵掣敌人的作用。白莲教系统的一些教派也同样地在发挥它的作用，其中最震铄一时的是义和拳（义和团）的活动。义和团是白莲教别派八卦教中的一个小派，以练习神拳在民间取得信仰，它们组织群众御侮自卫，并针对十九世纪六十年代以后外国教会势力嚣张的现状，来反对那些进行侵略活动的教会和逞凶的洋教士以及依教作恶的教民，后来，它成为对抗侵略者瓜分野心的义和团反帝运动的主力。哥老会在鸦片战争以后也有很大发展，特别是四川省，有很多地方建立组织，吸收会众。到光绪初年（1875年），四川已经是“会匪、啯匪充斥四郊”了[①]。它们在各地不断发动反抗封建压迫和外国教堂的起义。其中最著名的是四川大足余栋臣的武装起义，余栋臣是哥老会会员，中日甲午战争前，曾发动过反抗教堂的斗争，战后，愤于民族危机加深，地方上教会、教士、教民的凌辱与恶行，又遭到清政府官吏的陷害，乃于1898年举行武装起义，以“扶清灭洋”为宗旨。这次起义，不仅四川的内江、璧山、铜梁、江津、合川、南充等地起来响应，并且还影响了湖北的某些地区。这些活动证明：秘密结社在新的历史时期里丰富了自己的斗争内容，它们不仅反对封建统治，同时又在反帝斗争中发挥力量了。

在清末民族革命运动中，反清秘密结社如洪门、哥老会等会党都贡献了很大的力量。清末的许多次起义都与之有关，如1906年的萍浏醴起义，1907年黄冈、惠州、钦廉各地的起义，都有会党成员参加。那时的革命组织都曾与会党进行联络和结合，如兴中会“当时在国内注意三点会哥老会等，美洲注意于洪门致公堂”[②]。约在1904年，孙中山先生经檀香山赴美时，在檀香山曾与当地洪门致公堂作进一步的联络，使其实行革命，到旧金山时，因得到致公堂党员的帮助而登岸，后遍游各地联络洪门，并代订致公堂章程[③]。兴中会的会员二百七十九人中，会党活动分子共有三十四人，占12%[④]。又如光复会的创立人之一陶成章，曾将浙江、福建、江苏、江西、安徽五省的哥老会联合起来组织龙华会，他并手订可以代表光复会思想的龙华会章程，阐述了“要把田地改作大家公有财产，也不准富豪们霸占”的彻底的反封建主张，比同盟会纲领中“平均地权”的主张

① 丁宝桢：《丁文诚公奏稿》卷十三，第8页。

② 邹鲁：《中国国民党史稿》第一册，第24页。

③ 邹鲁：《中国国民党史稿》第一册，第21页。

④ 冯自由：《革命逸史》第四卷。

尤为急进和坚决[①]。又如华兴会曾联合会党首领马福益策划起事。兴中会、光复会、华兴会便是后来构成同盟会的三个主要革命团体。1909年，有一部分同盟会会员如焦达峰、孙武等专为联络会党而组织一个“共进会”，把各省哥老会、三合会等联合起来，在长江中上游和两湖地区进行反清活动。武昌起义就是在“共进会”与另一革命团体“文学社”联合组织的机关指挥之下发动而获得成功的。武昌起义后，“共进会”的领袖之一焦达峰又依靠会党力量在湖南起义响应，使武昌起义得到更迅速的发展[②]。此外，海外的会党组织和成员都曾经容纳过革命者的逃亡和在经济上资助革命活动。

反清的秘密结社，在清朝两百多年的统治时期里，在反封建反帝斗争的历史上，在民主民族革命的历史上都起了一定的革命作用。但是这些秘密结社，由于成分不纯和缺乏明确的政治纲领，有的还受迷信限制和组织散漫的影响，因而，许多次的起义都以失败而告终。甚至也有叛变或被流氓利用去进行一些不利于人民革命活动的事情，这一点也是应当加以注意的。

原载于《历史教学》1956年10月号

① 平山周：《中国秘密社会史》。

② 参阅张难先的《湖北革命知之录》、冯自由的《中国革命二十六年组织史》和章裕昆的《文学社武昌首义纪实》。

试论清光绪末年的广西人民大起义

清朝光绪末年，由于经历了多次的国内的反抗和对外战争，统治阶级的政治危机日益严重，被压迫阶级的不满得到了爆发的间隙；同时被压迫者所遭到的剥削榨取、天灾人祸等灾难也异常严重起来。这样便迫使以农民阶级为主体的人民大众在各地采取了反抗性的行动。广西人民大起义便是那时规模最大、影响最巨的一次反抗斗争。本文试就文献资料对有关这次斗争的爆发诱因、经过始末以及影响诸问题作一初步的探讨。

一、促成大起义爆发的诱因

广西虽然地处边陲，素称贫瘠；但同样有地丁、米石、租课三项的田赋负担，并且由于清朝财政上的“量出为入”的原则，所以赋率却比其他肥腴省份为高。当时人吴贯因曾在《田赋私议》中指出这种不公平的情形说：“广东下等田赋额八厘一毫，米六合五勺，广西下等田为二分四厘，米三升七合。今广东地味当优于广西，而赋额仅及三分之一。”[①]广西不仅赋率高，而且在征赋时还有种种弊端，除已成常例随正赋而征的“耗羡”外，各县又有“名目纷歧，久为定例”而随正供附征的各款：“若折粮（苍梧、藤县、崇善、河池），若折簟（永康、西林），若膳租（平乐），若鱼课（贺县），若路费（修仁），若均徭（来宾），若地利（崇善），若地亩（天河、西林），若胖袄（平乐、河池），若翎毛（天河），若陋规（西隆），若肆差（义宁、平乐及太平各属），

① 《清朝续文献通考》卷四《田赋》四，页七五三六。

若贰差（天河），若洲园草场（临桂），若竹苞地租（兴安），若马丁田租（怀集），若铺垫水脚（平乐、天河、河池及太平各属）”。其名目之繁多，“即起老农而问之，亦将数典忘祖矣”。此外，又有大批的所谓“征比、里书、粮书、粮差、粮现、团总”等负责征赋的人，他们采取了或加收房费，或科重小户，或折算奇零，或抑价浮收，或包收代完等等勒索形式来进行敲剥。因此，赋税的负担就相当沉重了。我们知道，征收赋税的直接对象是地主和中小农民（自耕农或半自耕农）。那时，一般称地主为“大户”，称中小农民为“小户”。对于“大户”、“小户”也有所谓“大户科轻，小户科重”的不同的征收态度，结果是所谓“小户”的中小农民便“于输赋以外，所余几何，仰事俯蓄之不足，则必割弃基本之财产以为取偿，如是则中户渐为下户，下户渐流为无业之游氓”[①]。至于所谓“大户”的地主阶级，则以更为沉重的地租形式把他的负担转嫁给佃农。那些佃农对于地主阶级除了负担地租、押租、力役以外，更有些不合理的科派，如光绪二十四年，陆川县因地方上时有反抗而设“练勇”，这些“练勇”的月薪曾规定所谓“按租加捐谷”的办法来解决，即“每冬每租一石（意即可收一石地租者）捐谷五升”，而这五升竟又规定“主佃各半”[②]。因此，农民生活必然十分困苦，所谓“农人每岁所入，除输租而外，所余无几，终年食粥，尚多不敷。每当青黄不接，惟藉薯芋杂粮充饥，其年壮有力者，或采樵以资弥补，老弱者多典当衣被过渡，至获稻则卖新谷赎之，勤苦之状，亦殊可悯”[③]。由此可见，农民对封建政权和地主阶级的矛盾确是当时社会的基本矛盾。但是必须指出，这个矛盾仍是整个封建社会的基本矛盾。从而，它是封建社会中每一农民起义的基本原因，而非某一具体事件的直接诱因。因此，我认为在研究某一具体事件时，必须于这个基本原因之外再来探讨引发事件的直接诱因。我对广西人民大起义的诱因的初步考察，认为有以下三点：

第一，因中央摊款负担加重而引起苛捐杂税的加重。广西在财政上原系仅敷省份。在甲午战争前，没有负担中央摊款。甲午战争后，中央摊款的负担却日益沉重。这种摊款大致有以下四项。

（一）摊还汇丰镑款：清政府因中日甲午战争的军需，曾向汇丰银行举借了

---

① 刘庚先等编：《广西财政沿革利弊说明书》卷二。

② 《陆川县志》卷八《团练》，1924年刊。

③ 《陆川县志》卷四《风俗》，1924年刊。

三百万镑，这批债款由户部摊定各省关按年解还，广西应摊数是四万两。[①]

（二）摊还俄法、英德洋款：清政府在中日甲午战争后，为偿付赔款向俄法、英德相继借款，这些借款也由各省摊还，广西每年应派拨还俄法本息银七万两，英德本息银八万两；后又因这两项借款的“佛郎镑价昂贵”，又加摊俄法借款一七五〇〇两、英德借款二万两。前后共计摊还俄法借款八七五〇〇两、英德借款十万两。[②]

（三）摊还庚子赔款：清政府在辛丑条约中的巨额赔款也由各省摊还。广西应摊赔款是三十万两[③]。但在奉派摊还额外，还要“加以补平、补色、汇费各项”。合计年摊款达三十四万余两。[④]

（四）新政负担：庚子以后，清政府为缓和当时社会矛盾形势，进行某些假维新措施，因而需要一笔大支出。练兵便是“新政”的一种，光绪二十九年，清政府设练兵处，大举练兵，派定各省每年于整顿烟酒税及丁漕税契中饱筹补项上解拨，全国各地应拨解九六六万两，广西派定烟酒税十万两，中饱十万两，共二十万两。[⑤]

这四项负担合计广西每年为中央负担的款项总数达七十余万两之多。于是，各级地方官吏便借摊解这些派款的机会来加重捐税。捐税繁重是庚子后的普遍情况，当时梁启超在《中国国债史》一文中曾列举多种新捐税名目，并说：“其余各种杂税，省省不同，府府不同，县县不同，名目不下百数十……不能悉举。”[⑥]具体到广西来说，在清末整理广西财政时，曾开列有国税八项、省税十五项，共二十三项[⑦]。但这也没有概括全部，据陆川县志载，当地于光绪二十九年尚开办过“屠捐”一项，年可征银四千余元，又在二十三项之外[⑧]。可

---

① 《中国国债赔款清单》，《东方杂志》第三卷第五期。

② 光绪癸卯年三月二十六日广西巡抚王之春奏：《谕折汇存》；又见《中国国债赔款清单》，《东方杂志》第三卷第五期。

③ 光绪癸卯年三月二十六日广西巡抚王之春奏：《谕折汇存》。

④ 光绪二十八年六月乙未丁振铎奏，《东华续录》光绪一四七，页一。其补平、补色、汇费各项尚未找到具体数字，惟光绪癸卯年三月二十六日王之春奏折中提到赔款补平具体数字是“每百两加补水库平银一两六钱四分三厘”（《论折汇存》），附此以供参考。

⑤ 《练兵处筹款清单》，《东方杂志》第三卷第二期，财政。

⑥ 《饮冰室文集》第二集卷二十四，第20—21页，中华书局版。

⑦ 刘庚先等编：《广西财政沿革利弊说明书》卷一，总论。

⑧ 《陆川县志》卷七《宦迹录》，1924年刊。

见苛捐杂税之多，已至不能毕举的程度。所有这些捐税的总和，自必相当惊人。把这些沉重的负担“施之民贫盗炽之广西”，正如当时地方官所称：“诚恐力有不逮。”[①]这种竭力搜括的事实无疑地是促进大起义爆发的一个诱因。清末整理广西财政时对于苛捐杂税所引起的严重后果曾有如下一段值得注意的论述：

> 至庚子一役，广西财政之艰窘，乃达极点矣。倡官捐也，整顿契税也，加重饷押捐款也，仓米折价也，兵饷节色也，停支世俸也，酒锅油糖榨领帖也，浔厂改章也，其甚者乃至筹赌饷，开闱姓。当此之时，市镇村舍，游民所集会，蜂屯蚁聚，气势逼人，不可向迩。富贵之子，乳臭之童，下至耕夫牧竖，皆醉心大利，举国若狂；不幸失败，中人则破家荡产，无赖则亡命为盗，赌局未终，匪乱日起，竭三省之力，糜数百万之饷，历时数载，仅乃定之。推原乱本，皆当时罗掘者阶之厉耳！[②]

由此可知，因中央摊款而引起苛捐杂税的加重，便成为促成大起义爆发的一个诱因。

第二，由于连年不断地发生自然灾害，加深了人民生活的困苦状况。根据文献记载，广西各地曾连年不断地发生各种灾患，其数量之多和范围之广，颇难悉举。兹仅就手头现有资料以光绪二十八年（1902年）为例作如下的说明：

> （全省及武缘、宁城等地）武缘县及宁城现染瘟疫，死者数已不少，自去秋至今，久旱无雨春耕全无，现值秋种之候，通省皆苦旱。[③]
>
> （全省）水旱迭伤……饥民亿万，待哺嗷嗷，卖妻鬻子，惨不忍言。[④]
>
> （全省及柳州、桂林等地）六月二十日前后，全省大雨，闻柳州府被水冲去数街，死人数百。桂林、平乐，瘟疫流行，现计桂林城内遭疫死者，已有千余人。[⑤]
>
> （同正）秋大旱，杂粮俱荒；冬，瘟疫霍乱。[⑥]

① 光绪二十八年六月乙未丁振铎奏，《东华续录》光绪一七四，页一。

② 刘庚先等编：《广西财政沿革利弊说明书》卷一。

③ 1903年7月14日天津《大公报》第28号，第4—5页。

④ 光绪癸卯年三月二十六日广西巡抚王之春片，《谕折汇存》。

⑤ 1902年8月25日天津《大公报》第70号，第5页。

⑥ 《同正县志》卷五《灾异》，1932年刊。

(钟山)夏，瘟疫流行，死亡枕藉。[①]

(昭平)春，大旱。[②]

(贵县、上思等处)疫症流行，不但人口死亡，即猪牛、牲畜亦瘟毙不少云。[③]

(柳州)柳州府属水灾。[④]

繁重的自然灾害，破坏了农业生产和农民生活，迫使大多数农民陷于极端困苦和无以为生的境地，成为促使起义爆发和扩大的另一诱因。

第三，由于政治腐败，吏治不修，激起人民直接起来进行反抗压迫的斗争。广西吏治之坏，当时极为突出，许多清朝官吏在其奏章及著述中也多以此作为“酿祸”之源。首先是统兵大员的剋饷贿赂，从而造成军队祸民以激乱之恶果。当时任两广总督的岑春煊在其自述性的《乐斋漫笔》一书中曾说：

> 桂省乱事潜伏日久，本由提督苏元春纳贿中朝，尽以兵饷充苞苴之用。兵既无饷，则任其通匪行劫，驯至兵匪不分，全省骚动。地方官所获抢犯，往往由提督索取纵释，故敢放胆横行，官吏转为受贿包庇。当时有五匪之目，谓官匪、绅匪、兵匪、民匪、土匪也。聚此五匪，遂成全匪世界。[⑤]

另一个官吏周树模更在其奏折中具体地指明了苏元春剋饷情况及所造成的恶果，他说：“臣闻该军(苏元春军)二十五营，缺额大半，张甲、李乙，止存空籍，即仅留一二营哨，亦复经年累月不给饷项，往往饥军乏食，脱巾狂噪、无以应之，则暗中授意令其打单为活。初犹明火执械，渐乃白昼横行，其穿号衣者不可胜计，时或累月离营拜会，发财仍复归营，或归不逾时，又复出营行劫，变换离奇，不可思议，奸淫抢夺，习为故常。”营官阮朝宗之子“抢劫过客烟土银物，迫令其挑夫肩入营内”。营弁周兆月“在宾州境内，纠众屡行抢劫”。苏元春之族侄在梧州“私运军火”。种种情况，“推究祸端，实因该提督以扣饷之故，不能不纵兵，以纵兵之故，不能不庇匪，遂使难发于边军，流毒于全

① 《钟山县志》卷十六，1931年刊。

② 《昭平县志》卷五《祥异》，1934年刊。

③ 1902年7月18日天津《大公报》第32号，第6页。

④ 光绪二十八年八月癸卯广西巡抚丁振铎奏，《清德宗实录》卷五〇四，页十二。

⑤ 岑春煊：《乐斋漫笔》，《中和月刊》第四卷第五期。

省”[①]。

其次是各级地方官吏之贪暴不仁，岑春煊在光绪二十九年十二月初七的奏折中称：

> 查广西匪乱，悉由于吏治不修。吏治之弊，大率不出阘冗贪酷两途。阘冗者，比比皆是；其著能名如陈景华等者，则惟是一味滥杂，惨酷不仁。阘冗者为匪所玩，能使匪焰日张，贪酷者民怨日深，直是驱民为匪。……兹据余诚格来禀称惠荣（前南宁府知府）办匪，责本村缴出庄红，动辄押勒，有廖启基、黄友青被押，缴过洋银七百九十元，事经审实。此外勒索之款尚多，人证死亡，一时未能质审。其兵勇下乡，往往牵人耕牛，指为匪赃，惠荣不甚根问，或发局用，或转卖充赏，先后所牵牛只以千计。宣化乌朗墟，有匪数人，惠荣率队前往，绅民开闸公迎，府勇前队向后放枪，以为乌朗抗拒，惠荣不分皂白，挥兵入墟，击毙四十余命，财物一空，屋庐焚毁，至今满目灰烬，怨声未艾。[②]

又如桂林知府孙钦晃“盘踞首要，纳贿招权”，过生日时“演戏张筵，僚属馈遗，礼至钜万”。候补道张荫棠在临桂县任剿办郁林“土匪”时，“遇寨民自守，则以为抗拒官军；遇迁徙赀重，则谓其劫掠所得。不分良莠，纵肆杀戮，民间恨怨刺骨”。平乐县知县徐步瀛“纵其子及门丁龙姓干预公事，骫法殃民。……办理团练，任意苛派，动加锁押，又倒悬人手足于木架上，或重杖后洒以盐水，种种非刑，无非为索贿不遂而设。赃款充盈，怨声载道”[③]。甚至如广西学政刘家模也是贪鄙不堪，“所至之处，增索棚规供应，并任听船户满载私盐，被缉私厂拏获，该学政谓有衣物寄放在船，电请查追，一时传为笑柄”[④]。吏治之坏，一至如此，当时遂有“广西无一好官”之称[⑤]，这样便造成了“官逼民反”的必然形势了。

由此可见，政治腐败和吏治不修是更有力地促成了人民大起义的爆发。

---

① 光绪二十九年三月壬午周树模奏，《东华续录》光绪一七九，页六至七。

② 光绪癸卯年十二月七日两广总督岑春煊奏，《谕折汇存》。

③ 光绪癸卯年三月二十八日掌广东道监察御史蒋式瑆奏，《谕折汇存》。

④ 光绪二十七年十二月癸巳上谕，《清德宗实录》卷四九一，页二。

⑤ 光绪癸卯年三月二十八日掌广东道监察御史蒋式瑆奏，《谕折汇存》。

二、大起义的基本群众

广西人民大起义是以会党为组织核心，以农民士兵为主体的一次大起义。广西一向是天地会活动频繁的地区。天地会在太平天国革命前后所进行的组织活动尤为显著。这种组织群众的活动称为“拜台”，一称“拜会”。然而似有以“拜台”为广西会党之名称者。

民国《上思县志》中曾称：“（咸丰三年冬）西乡那乐村罗国祥、东乡枯厚村陆高鸿等，在平阶墟倡为‘拜台’，即江西洪江会，川陕哥老会之谓。”

这一段记载似以“拜台”作广西会党之名称了。

但在另一些记载中又有不同。

如在上引之《上思县志》同一段记载中称：“（咸丰）四年春夏间，拜台者愈众，西南一带几于无地无之。”[①]

又如光绪二十三年陆川“天地会党复炽”，有“李立亭、廖十八等拜会”。次年又有王秉南在大桥墟“开始拜会”，另外乌石墟地方也开始“拜会”[②]。

又如光绪二十七年夏，上思县地方会党有王四、王五、韩亚贵、梁亚恭、黄廷光等又倡“拜台”，活动的结果是“拜台日盛，‘匪势’愈张，几于无地不有”[③]。

又如光绪二十八年“广西省南宁、太平、泗城、镇安等属，自去冬至今……（会党）每每入乡迫民拜台”[④]。

又如光绪三十年是起义势力蓬勃发展的一年。太平、宁明、思恩、柳州、庆远、贵县、武宣等地均有邀人“拜台”的记载[⑤]。

从以上这些记载来看，所谓“拜台”者，意与“拜会”同，系指会党所进行的组织活动和群众参加会党之组织而言，间或习用为会党的代称，但并非广西会党之专称。

广西会党的名称各地不一，这与天地会的山堂林立，互不统属的习惯是相

---

① 《上思县志》卷五《兵戈》，1915年刊。

② 《陆川县志》卷二一《兵事编》，1924年刊。

③ 《上思县志》卷五《兵戈》，1915年刊。

④ 1902年7月12日天津《大公报》第26号，第6页。

⑤ 参阅《东方杂志》第一卷各期，军事。

符的。如武宣“专以三点会煽惑乡愚”[①]。东兰会党“伪名洪会”[②]。思恩会党“取名大胜”[③]等等。但是不论其或用天地会之别称三点会，或别采会名，要其为天地会系统之会党，则毫无疑问。

当时广西会党的具体情况，由于缺乏本身的原件资料而颇难详述，只能据接触到的一点文献记录来略加说明。如光绪二十七年武鸣会党曾有保国王、东鲁王等称号[④]。光绪三十年清军在太平州、宁明州一带捕获一个挑夫，曾从其身上搜得“拜会伪件”[⑤]。同年，在距宣化县城一百六十余里的新村、玉洞等处的会党，其“装束诡异，头目皆满留长发，各党胸前扎红布一条约长二三寸，所执大旗写‘劫富济贫’字样”[⑥]。“劫富济贫”是天地会惯用的口号。又会党中“呼官军为白牛，乡团兵为麻疯，百姓为豆豉，‘女匪’则称为皇娘，‘匪’目则称为大元帅云”[⑦]。从这些简单的记载中，可以约略地窥知会党的组织、口号和对敌态度等方面的一点痕迹。

会党所组织的群众的最主要部分是各地农民，虽然没有正面记载的说明，但从统治阶级的记载中完全可以得到说明。光绪二十六年广西提督苏元春奏称“土民勾同‘游匪’拜台入会”[⑧]。《同正县志》也称“是年下半、坡只两村渐

---

① 《武宣县志》卷十三《军务》，1914年刊。

② 《东方杂志》第一卷第八期，军事。

③ 《东方杂志》第一卷第十期，军事。大胜的名称，非当时新立的名称，咸丰初年，广西天地会已有大胜的堂名，如“平乐、思恩、柳州、浔州、太平等处，均有股匪滋扰，立有大胜、福义等堂名，各镌图章，以为记认。”（咸丰元年正月初十日，“广西土匪情形”，见谢兴尧：《太平天国丛书》十三种第一辑）

④ 《武鸣县志》卷十《前事考》，1915年刊。

⑤ 《东方杂志》第一卷第五期，军事。

⑥ 《东方杂志》第一卷第十期，军事。

⑦ 《东方杂志》第一卷第九期，军事。“这些称呼是会党中的隐语，会党中隐语很多，《海底》一书中所记也不甚完备”。如“豆豉”一词，据广西太平天国文史调查团同志们的调查，就是一个隐语。有一位八十一岁的老人傅秀文告诉调查者说：“我也参加过拜三点，三点会的隐语很多……拦路打劫叫‘打鹧鸪’，放一根竹子横在路中，过路的如果是自己会中人，说：‘一脚踏过青头龙，任你两边游’，就跨竹而过；如果你不会说，那拦路的喊一声‘豆豉蒸猪肉’，就向你打劫剥衣服了。”（《太平天国起义调查报告》页八〇，三联书店版）据此“猪肉”一词似指敌方（即被剥者），而“豆豉”一词则似指自己这方面人，与“百姓”之称相合。

⑧ 光绪二十九年五月丁卯苏元春奏，《东华续录》光绪一六〇，页六。

有人通匪”[①]。光绪二十九年岑春煊奏称：“现在‘匪’患日深，除桂、平、梧三属外，几于无地不‘匪’。”[②]光绪三十年广西巡抚柯逢时奏折中称：“……柳州、度远、思恩三府疆界毗连，‘匪党’麕集，几于无村无‘匪’，情形极为吃重。”[③]光绪三十一年岑春煊奏中追述称：“……广西游土各‘匪’，四起勾合，除桂平梧郁四属粗安外，其南、泗、镇、色、柳、庆、思、浔、太平、恩顺等属，无地不‘匪’，大者千余为一股，小者数十为一股，‘匪’巢‘匪’首，奚止百千，加以比岁不登，饥民为‘匪’裹胁，及甘心从‘匪’以徼幸一日之生者，所在皆是。”[④]同年广西边防大臣郑孝胥奏中称：“……以无业无智之民，穷不聊生，相聚为盗自救，一日之饥寒，其情极为可悯，其患亦不可胜言。”[⑤]尤应注意的是少数民族地区农民的参加反抗，所谓“土属苗‘猺’之地，多系种山椎鲁之民，……每有聚众扰害，一经派营剿捕，逃散不知所往，是随时拿办，总难净尽”[⑥]。这些记载都说明会党所发动起来组织起来的是“土民”，是散布各村的“民”，是“饥民”，是“穷不聊生，无业无智”的民，是“种山椎鲁之民”，他们无疑的不是乡村中的农民，便是破产而流浪的农民。也就是他们，组成了反抗的队伍进行着反抗活动。

广西大起义的另一部分力量是清军的士兵。所谓“兵多通‘匪’，溃兵散勇与‘匪’相合”等说，皆系指此[⑦]。光绪三十年夏，柳州“叛兵”，更联合会党，攻破了距桂林百里之永福县，而桂林因之而戒严[⑧]。马平一带的起义领袖韦明照即是“兵变之役，率队同叛者”。[⑨]

这里必须指出妇女在这次大起义中的活动，我从所接触到的史料中几乎随处都可以看到妇女参加斗争的史实。她们或是起义的领导者，或是起义领袖的家属；但是不论地位如何，却都亲身参与和清军战斗，所谓“匪党妇女亦能骑马

① 《同正县志》卷十《盗乱》，1932年刊。

② 光绪二十九年七月辛卯岑春煊奏，《东华续录》光绪一八一，页十至十一。

③ 广西巡抚何逢时奏《添募常备军前营饬赴柳州会剿片》，《东方杂志》第一卷第四期。

④ 光绪三十一年九月辛卯岑春煊奏，《东华续录》光绪一九六，页九。

⑤ 广西边防大臣郑奏《桂省边防应行分年筹办各事宜》，《东方杂志》第二卷第六期。

⑥ 光绪二十六年四月戊子黄槐森奏，《东华续录》光绪一五九，页十四。

⑦ 光绪二十九年七月甲申柯逢时奏，《东华续录》光绪一八一，页八。

⑧ 《东方杂志》第一卷第七期，军事。

⑨ 《东方杂志》第一卷第六期，军事。

出阵，抵抗官兵”[①]。有些还成为勇敢的出名人物，如南宁的胡大娘、顾二嫂等“巢穴山谷，所恃者无烟快抢，凶悍异常”，其他各地尚有奔来参加的，于是势力强大，“负隅踞险，官军无法剿捕”。庆远黄九姑的部下“有苗妇千余，甚矫健”[②]。另外又有些妇女接替了丈夫的工作，继续战斗，如南宁著名的起义领袖关云培被官军杀戮后，“其妻仍聚党七八百人”[③]；隆安附近的妇女领袖覃伍氏“因其夫为官军所杀，誓死报仇，招聚乱党数百人，大张旗帜，上书统领伍后代夫报仇等字，妇有二女，长年二十余岁，次年约十八九岁，尤强悍，每出必先导旗，上书先锋大营，皆衣男服”[④]。其他有具体姓名的妇女领袖还可找到甚多。从这些记载中看到：妇女不论年长年轻，都勇敢积极地进行战斗，特别是少数民族妇女的参加，更是应该予以一定注意的。广西妇女大量地参加大起义的一个主要原因，是与广西妇女一向是正式担当主要劳动的情况相关联，她们身体健壮有力，又是天足，在劳动中又身受剥削之苦，因而，有可能奋起参加了战斗的行列。

如上所述，我们认为广西人民大起义的组织核心是会党，他们以“劫富济贫”的口号，把各村的农民群众卷入到斗争浪潮之中，并在战斗过程中又吸引了清军士兵的纷纷参加，农民和士兵成为大起义的基本群众，而妇女群众更是大起义中一支不容忽视的力量。这支以农民士兵为主体的队伍便在自己的领袖的领导下向清朝统治者展开了反抗斗争。

三、大起义的经过

广西人民大起义的起迄，有人认为是1903—1905年[⑤]，其实，在1903年以前，斗争形势已在酝酿和发展。因此，从革命的持续意义上看，它应该是十九世纪末到二十世纪初（即光绪末年）的一次大起义。光绪二十九年广东道监察御史蒋式理曾在奏折中概括了这个过程说：

广西自戊戌年间郁林会匪残破州县，数年以来，遗孽未靖，加以游勇之

① 1902年7月12日天津《大公报》第26号，第6页。

② 《东方杂志》第一卷第九期，军事。

③ 《东方杂志》第一卷第五期，军事。

④ 《东方杂志》第一卷第三期，军事。

⑤ 《综合大学中国通史——半殖民地、半封建社会时代教学大纲》（上部）。

患，愈酿愈炽，本年遂成燎原。[①]

蒋式瑆所指的戊戌郁林之役系指光绪二十四年（1898年）陆川县爆发的李立亭起义而言，民国《陆川县志》卷二〇至卷二一《兵事编》记载了这次起义的大致情况。

光绪二十三年（1897年）冬，陆川县“天地会党复炽”，开始有那些被诬称为“无赖之徒”的人进行“拜会”活动，有了很大的发展，所谓“羽翼日众，势焰颇张”。于是共推该县中塘堡大园村人李立亭为领袖。这些活动由于地方官吏的隐讳贪懦而“日益滋蔓”。次年三月“会匪愈夥”，地方官吏方派人“查办”，捕立亭之兄，并悬赏勒拿立亭。立亭见“祸难逃脱”，遂邀约容县甘木和北流凉亭刘凤云，东华圩谢华轩等于是年五月初十日同时起事。届时李立亭率部二千余踞平乐圩，攻破石狗寨；谢华轩应约攻陆川县城，得城内吕士松等内应，不攻而破；但在破城以后，谢华轩因与吕士松不睦，于十五日又率部返东华圩。在此同时，陆川的大桥圩、乌石圩也起事。北流、容县又在旬日之间相继攻破。于是李立亭便率部万余人前往围攻郁林、博白等地，“声势浩大，两广震动”，引起了清朝中央政权的注意。这次起义与同年发生的四川大足的余栋臣起义同样地使光绪帝感到了极大的忧虑[②]。清两广总督谭钟麟亟调兵进攻。五月下旬，陆川、北流、容县复被清军攻陷。郁林、博白之围解。李立亭经北流、信宜、罗定而亡命于南洋；吕士松、廖十八等均牺牲。陆川地方即分别由广西边防军统领马盛治和分统陈桂林率部驻扎。马、陈两人本系奉调到郁林来“解围”的军队，他们原“以为此项军务，可立奇功，及至郁林，则陆、北、容均已收复，郁、博围解，立亭远飏，余匪散逸，大失所望，乃虚报陆川尚有大股匪，宜雕剿”，而在陆川驻地残暴地抢掠。他们“不分玉石，纵兵杀焚掳掠，捏报邀功，残毒更甚于贼，当时县北遭兵祸者，指不胜屈”。其马盛治在驻地平乐圩更“将李立亭、廖十八、芦三所住之村，尽行剿洗，屋均焚毁，大园村踏为平地”。其“陈桂林驻马坡两月，计所杀不下二三千，焚屋数百家，抢掠牛只衣物无算”。清朝军队的这种镇压和滥杀的罪恶，使《陆川县志》的作者也不得不发出极大的愤慨说：“光绪戊戌之事，匪乱不满一月，兵乱将近半年，被‘匪’害者百之一二，受兵

① 光绪癸卯年三月二八日掌广东道监察御史蒋式瑆奏，《谕折汇存》。

② 胡思敬：《戊戌履霜录》卷一《政变月纪》，见《戊戌变法》，《中国近代史资料丛刊》，第364页。

害者十之一二，古人云：贼梳兵篦，信然！”

李立亭起义虽然失败，但其余部却散在广东钦、廉各地，“或百余，或数十，分股甚多，均藏山中”。对于广东地方的威胁颇大[①]。同年，左右江地区的会党活动也极为活跃，“由左江之兴宁驮卢跨过右江之隆安那桐，逼胁拜台，渐至滋蔓各县”。地方官吏采用了积极办团的办法以应付[②]。

光绪二十五年（1899年）武鸣有苏贞松起义。苏贞松与外来势力联合进行活动，地方官吏“缉捕未获”。不久，该县西路坡造、四塘一带，下至北路小良寺墟等地团练也多“拜会”，“势颇猖獗”。苏贞松一直在武鸣活动，而地方上“无敢与敌者”。武鸣在广西人民大起义的整个过程中是起义活动较频繁的一个地方[③]。同年，右江地区会党也“拜台啸聚”，经清军进攻，多退往“滇黔边界”，而当官军回防时，“其焰又张”。另外，郁林、柳州一带起义者的余部也活动于“深山穷谷”之中，“虽地方官吏严加巡缉”，“总未能拔尽根株”。由于起义势力是如此的“地面辽阔”，因此，负责广西军事的广西提督苏元春乃建议“厚集兵力步步为营，行坚壁清野之法”[④]。

光绪二十六年（1900年），起义势力蓬勃发展，西南边界地区有更多的反抗发生，在清朝官吏的公文中不断有所谓“土民勾同‘游匪’拜台入会”，“游土滋扰，道路不靖”，“‘匪’势已成”，“游以土为巢穴，土以游为护符，兵来‘匪’匿，兵撤‘匪’来”等记载[⑤]。甚至于四月初一日有四百余人曾攻入西隆州城[⑥]。十一日，永淳会党与外来势力相结合，活动于横州交界之处，曾有数千人围困当地的防营哨弁，并在永淳的灵竹墟竖旗聚众。当时由于遍地反抗，府治南宁已“无勇可援”，致使地方官吏感到“贼众团弱”，而不得不请求广东钦、廉地方拨勇救援[⑦]。这种情况引起了清朝中央政府的注意，它在上谕中曾着重指出说：“粤西‘游匪’，久为边患，势甚鸱张，极宜协力剿办，以清萌孽”[⑧]。

光绪二十七年（1901年），西南地区的反抗仍然继续，其中如上思的“‘拜

① 1902年7月16日天津《大公报》第92号，附张。

② 《同正县志》卷十《盗乱》，1932年刊。

③ 《武鸣县志》卷十《前事考》，1915年刊。

④ 南宁苏提督来电，《李文忠公全集》电稿卷二二，页二。

⑤ 光绪二十六年五月丁卯苏元春奏，《东华续录》光绪一六〇，页五六。

⑥ 光绪二十六年十月丁未黄槐森奏，《东华续录》光绪一六三，页二。

⑦ 横州惠守来电，《李文忠公全集》电稿卷二二，页十二。

⑧ 光绪二十六年十二月甲寅谕军机大臣等，《清德宗实录》卷七七四，页二。

台'日盛，'匪'势愈张，几于无地不有"[①]。隆安的"迄无宁日"[②]。而武鸣团练势力的加强，也正反映了斗争的日趋尖锐[③]。并且这种声势已经使云南地方官吏感到有"更定营制，酌增行饷"的必要了[④]。

光绪二十八年（1902年），起义势力又进一步高涨。活动范围遍及于广西南部西部，如隆安、西林、泗城、百色、镇边、归顺、镇安、隆安、太平、南宁、上思、郁林、浔州、梧州、上林、迁江、宾州等城，同时广东高、廉、钦一带的会党也与广西各地起义势力取得联系[⑤]。因此势力甚大。他们屡次击败官兵，其中如上思县起义领袖黄三曾联合广东钦州和广西江州的起义势力约有七八千人，在上思县四乡大为活动[⑥]。左江地区据称有一路约有五六万人，都是"兵精粮足"[⑦]。清政府面对这样高涨的势力，也采取了一些镇压的措施：四月间广西巡抚丁振铎建议增募兵丁，改练新操[⑧]。六月间，当王之春调任广西巡抚时，一面"请调安徽楚军两营随赴该省，以资防剿"，一面又提议由云南、贵州、广东派兵"会剿"[⑨]；九月间两广总督陶模更建议"筹剿广西'土匪'，以南宁为居中策应之地"[⑩]；十一月间，清政府乃定三省会剿之议，"以滇师进剿西林，以黔师进剿西隆，与粤师约期并进。……彼此合力，迅歼'丑类'"。[⑪]虽然，清政府十分注意，并采取各种政策，企图解决广西的反抗，但是，广西各地的起义活动并未因之稍戢。

光绪二十九年（1903年），起义区域愈广，势力愈强，除西南之武鸣、上林等地外，西北之南丹、东兰及北部之柳州、桂林地区都纷纷起义。并且邻省也在这种影响之下局势甚为不稳，湖南、云南、广东均有变乱情况发生[⑫]。甚至如湖南衡阳的反抗势力，原已失败，但在广西起义势力日炽的鼓舞下，"复招集党

① 《上思县志》卷五《兵戈》，1915年刊。

② 1902年7月21日天津《大公报》第35号，第6页。

③ 《武鸣县志》卷十《前事考》，1915年刊。

④ 光绪二十七年九月壬午署云贵总督丁振铎奏，《清德宗实录》卷四七八，页十。

⑤ 光绪二十八年三月丁丑两广总督陶模奏，《清德宗实录》卷四九七，页十三。

⑥ 《上思县志》卷五《兵戈》，1915年刊。

⑦ 1902年7月21日天津《大公报》第35号，第7页。

⑧ 光绪二十八年四月丙申广西巡抚丁振铎奏，《清德宗实录》卷四九八，页四。

⑨ 光绪二十八年六月丁酉上谕，《清德宗实录》卷五〇〇，页六。

⑩ 光绪二十八年九月甲戌两广总督陶模等奏，《清德宗实录》卷五〇五，页十四。

⑪ 光绪二十八年十一月乙亥上谕，《清德宗实录》卷五〇八，页二。

⑫ 《东方杂志》1904年第一期，杂俎，光绪二十九年《中国纪事》。

徒，欲往广西与‘匪’接应，合为一股”[①]。广西的起义势力曾屡次击败官军和团练：三四月间，武鸣团练与起义势力作战屡次“失利”和“毫无奏效”，而起义势力则“所向无敌”。[②]闰五月初一，东兰再度为起义势力所攻克[③]。七、八月间，起义势力“渐逼省城”，桂林情势一时紧张[④]。十一月间，上林、宾州、武缘各地联合起义，清朝曾经派官兵镇压，“凡历数载，其患始平”[⑤]。十二月间，柳州地区的雒容县、马平县、忻城县等地也与官军和团练发生激战[⑥]。清政府之所以未能“削平”广西的反抗，据当时负镇压之责之两广总督岑春煊分析有四难，即：“熟察匪势匪情，则有兵来则民，兵去乃‘匪’，兵已疲于奔命，‘匪’转以逸待劳，此民‘匪’不分，其难一；枪支弹药可售诸‘匪’而得财，子女玉帛可藉剿‘匪’而肆掠，兵与‘匪’狎，两利俱存，虽号称数十营，实不得一兵之用，此兵‘匪’不分，其难二；‘匪’之窟穴，必在深山，箐密林深，路尤险绝，‘匪’已习惯，捷若猿猱，客军初来，拙如牛豕，且方当夏时，草木掩翳，‘匪’得所蔽，反乘官军，此‘匪巢’险固，其难三；叠峰横盘，动辄百里，路径丛杂，不易合围，此方进攻，彼已他适，此山路纷岐，其难四。”[⑦]岑春煊所指的四难，实际上说明了广西起义势力在群众中具有深厚基础，并能适当地利用广西自然条件上的便利，这也正是广西起义势力能延续数年而获得不断发展的原因所在。

光绪三十年（1904年）是大起义最高潮的一年，全省烽火遍燃，已呈不可收拾的局面。从现有的资料考察，起义地区遍于全省。这些起义形成两个势力最大的起义中心。

一个是以柳州为中心。这是当时势力最强的一部分。它的活动范围包括柳城、雒容、罗城、永宁、永福、思恩、天河、河池、南丹、马平、庆远、象州、中流各地。它以五月中旬陆亚发领导的“柳州兵变”事件划分为前后两段。“柳州兵变”前，当地起义势力已经非常强大，大者千余人，小者也有数百人。如罗城县曾有起义群众千余人进攻天河县之东乡，虽然该县附近各乡闻警集练堵

① 署湖南巡抚陆奏拿办会匪汇案造报折，《东方杂志》第二卷第三期。

② 《武鸣县志》卷十《前事考》，1915年刊。

③ 光绪二十九年六月丁巳岑春煊电外务部，《东华续录》光绪一八一，页二。

④ 光绪二十九年八月甲寅上谕，《东华续录》光绪一八二，页一。

⑤ 《上林县志》卷四《军事》，1934年刊。

⑥ 《东方杂志》第一卷第二、三期，军事。

⑦ 光绪二十九年七月辛卯岑春煊奏，《东华续录》一八一，页十一。

守，但势不能敌而被攻入大小岭各村，后经天河县派官军助团，起义群众始退回罗城。妇女领袖黄九姑曾率党数百人纵横于雒容、罗城、永宁、永福等地；又联合侯五、邓甫唐等部共千余人在罗城附近铜匠村与官军激战，并用火药包烧毙城内团总李某[①]。又如"柳州、庆远、思恩三府疆界毗连，'匪'党麇集，几于无村无'匪'"[②]。这些起义势力因"柳州兵变"而得到进一步的发展。"柳州兵变"爆发于是年五月初十日夜，那时一度降清的起义领袖陆亚发因鉴于另一些降清的起义领袖如黄飞凤、梁果周等遭到杀害而"深惧有变"，乃率部于柳城起事。次日晨，"即将城门紧闭，抢劫电局、割断电线、攻毁县衙、释放监犯"，并击败城内各处驻军。陆亚发等据城三日后，即取饷二十余万两、枪械无算离城而去，踞守于号称奇险的四十八峒地方[③]。由于有这样一次大波涛的掀起，柳州所属各地的会党，纷纷起来响应，清政府大为震动，于是由两广总督岑春煊带兵西征，随调边防军黄忠立、省防军杨发贵、绥靖军宋尚杰等各带部队去"围剿"[④]。陆亚发等自柳州兵变后即与附近各地会党势力联合，他们所采取用以应付清军进攻的战略有二："一为固防险阻，以抗官军，一为乘虚进袭，得地弗守"。因而，除主力坚据四十八峒外，又在以柳州为中心的各地与清军流动作战。据当时报载，他们的进军路线大致有三："由东北者，大抵由雒容、永福各县境，越桂林而东，直达广东肇庆；由西南者，大抵越庆远、思恩，分扰迁江、上林一带；由西北者，大抵越融县、罗城，分扰湖南、贵州边境。"[⑤]他们都各拥有相当雄厚的实力，如永宁、永福、雒容一带，起义群众遍布于自柳城至屏山长达百余里的地带，人数超愈万人，械精且多，并准备进攻省城。他们在以柳州为中心的一些地方如三隍（永宁县属）、中渡（在永宁、永福、雒容交界处，现为县）、大埔墟、雒崖墟（柳城县属）等地都与清军发生过战斗，其中如进攻省城的一路在中渡曾击败清军二营，攻破距桂林百里之永福县，桂林因之戒严。其中一部又西攻，克庆远；一部续克永宁，并有部分进入湖南边界，以致迫使清政府急电两广、湖南、云、贵"会剿"。[⑥]又当永宁告急时，广西省方曾派军一营

---

① 《东方杂志》第一卷第五期，军事。

② 广西巡抚柯奏添募常备军前营饬赴柳州会剿片，《东方杂志》第一卷第四期。

③ 《东方杂志》第一卷第三期，军事；《雒容县志》卷下《前事》，1934年刊。

④ 《雒容县志》卷下《前事》，1934年刊。

⑤ 《论广西会党之难平》，《东方杂志》第一卷第九期。

⑥ 《东方杂志》第一卷第七期，军事。

前往堵截，但行至三隍即被围攻，结果清军失败，三隍也失，清军士兵大半归附于起义者，清军枪械尽失，甚至率兵的统领也不知下落。后因官军的增援，进攻省城的一路才被迫折而往西，省垣使“危而复安”[①]。除此之外，还有一些地方的起义势力与陆亚发相互声援。如柳州以西的怀远地方，有欧四、褚大一部，拥众万余人，并有快枪大枪千余支，沿溶江百余里皆设栅防守，八月中旬，欧四曾率部二千余人攻破罗城，由各地来会者达七八千人。清军调重兵进攻，双方在罗城周围连续血战四五日，始复将县城攻陷，部众向西南而去，欧四后为官军所俘杀[②]。其在柳州以东者，有四大峒的杨履亨部，有众千余人，活动于永福、雒容、修仁交界处，以牵制进攻四十八峒陆亚发的官军[③]。至于踞守于四十八峒的陆亚发部，也经常出击并与各地不断汇合，七月中旬曾有一部五六百人由四十八峒的油麻峒出击永宁，势颇凶猛，经清军合击，方不支退回[④]。八、九月间另一部曾由柳州经来宾至贵县与当地会党千余人会合，“势颇凶勇”；另外在武宣有由马平、雒容、象州三处汇集而来的二千余人[⑤]。清政府对于以柳州为中心的起义势力，除继续坚持以往三省会剿方针外，又于七月初开始进攻四十八峒地区，有部分起义势力分别进入贵州、湖南境内活动[⑥]。十月初集中力量进攻四十八峒，十月中旬在清军优势兵力的进攻下，陆亚发所据之四十八峒的中心——油麻峒被攻陷，亚发肩背受枪伤，向西迁至庆远一带五十二峒地区，继续抵抗。十一月初七日被中渡团总张振德所俘，十一日被凌迟处死[⑦]。余部向黔边移动，清廷“谕饬两广、滇、黔各督抚，合力痛剿”，直至十二月底，才“渐次荡平”[⑧]。清政府自攻破四十八峒后，察看形势，认为“非设官镇抚驻以营哨不可”，于是拟议将桂林同知移驻四十八峒，并募勇一营，常年驻扎峒中办理清乡团练保甲诸事[⑨]。十月下旬，盘旋于思恩县罗汉山、鹰山一带之褚大部，也遭到清军龙

① 《东方杂志》第一卷第八期，军事。

② 署两广总督岑春煊等会奏收复罗城县城剿匪获胜请奖尤为出力各员折，《东方杂志》第二卷第二期。

③ 《东方杂志》第一卷第十期，军事。

④ 《东方杂志》第一卷第九期，军事。

⑤ 《东方杂志》第一卷第十二期，军事。

⑥ 《东方杂志》第一卷第八、十一期，军事。

⑦ 《东方杂志》第二卷第一期，军事。

⑧ 《东方杂志》第二卷第一期，杂俎，光绪三十年《中国纪事》。

⑨ 《东方杂志》第二卷第二期，内务。

济光部的进攻，以褚大战死而失败[①]。十一、十二月间，清军又在南丹、河池、马平、庆远、罗城、融县各地肆行镇压，许多起义领袖惨遭杀害[②]。有一部分进入贵州活动[③]。以柳州为中心的起义势力的主力虽遭镇压，但分散的反抗仍在继续。

另一个是以南宁为中心。而以左江地区为尤著，其活动范围有宣化、隆安、武鸣、上林、宾州、武缘、上思、崇善、宁明、归顺等地。主要领袖有黄五肥、王和顺、关云培等人。他们少者数百人，多者数部联合达数千人，在各地与清军及地方团练作战。由于左江地区是广西大起义的起源地，所以清朝在柳州兵变前对广西用兵即十分注意于左江。清朝自光绪二十九年即任丁槐署理广西提督以镇压起义。丁槐自受事以后，即“整顿营伍，筑建碉卡”，采取“剿抚兼施”方针。三十年丁槐在有了一定的准备后，即大举进攻各地起义。岑春煊奏中曾叙述丁槐镇压左江起义的简单经过说：

> 三十年三月初间，黄五肥股众三千余，盘踞永康州罗阳士司一带，丁槐会合思恩、南宁各营八路齐进，痛加歼击，黄五肥被枪毙，余党之幸存者，狂窜上思，匿于广东交界之十万大山，丁槐率队跟踪，复与东军会合围困，匪粮不继，饥死无算，其动出者悉为我军歼毙，附近各村反正安业者数以万计。由是兵威所慑，民团亦起振作，捕匪御盗以助官兵所不及，左江渐就肃清。[④]

清军在镇压左江起义的过程中，曾遇到了激烈的反抗，如丁槐曾在上思大缆村与该地著名领袖蒲正义所部相遇，双方鏖战两日夜，官军迄未得手，不得已而败退，蒲部虽有损失，但仍有二千余人据守该处附近地方[⑤]。因此，丁槐便采取“一面招抚，一面捕诛”的毒辣谲诈的对策来镇压，并将起义群众四面“剿围”于山中，结果，起义群众“饿死者以千数，擒斩者以千数，就抚者亦以千数”[⑥]。

当时，丁槐所镇压的只是左江地区，也即南宁西南边界地区；其南宁以北起

---

① 《东方杂志》第二卷第一期，军事。

② 《东方杂志》第二卷第一至三期，军事。

③ 两广总督岑奏柳州叛匪在思恩县属全股歼灭折，《东方杂志》第二卷第五期。

④ 两广总督岑奏剿办思恩府及柳庆南境土匪迭获著要折，《东方杂志》第二卷第五期。

⑤ 《东方杂志》第一卷第五期，军事。

⑥ 《上思县志》卷五《兵戈》，1915年刊。

义势力则仍然相当活跃，如上林、宾州、武缘一带便是“土游各党相聚日众”，地方上因“兵力单薄而不能剿办”，曾向南宁告急，但也因军队“无可再调”，因之“各处乱党日炽”①。又如南宁著名领袖关云培虽被官军杀害，但“其妻仍聚党七八百人”继续活动②。这些事件表明以南宁为中心的起义势力仍然是对清朝的一种威胁。正在清朝政府庆幸“左江渐就肃清”之际，“柳州兵变”突然爆发。这样，不仅迫使清朝将兵力专注于柳城、融、怀，而且南部的起义势力也因而复炽。以柳州为中心的起义势力和以南宁为中心的起义势力之间，彼此互相呼应，在柳州至南宁一线上，起义者游动频繁，踪迹飘忽不定，清军在柳州地区既牵重兵，因此乃命丁槐北攻。八月间，丁槐率队进攻宾州，在来宾、宾州、迁江一带大肆杀戮，许多起义领袖，如滕正宜（原在思恩庆远交界处活动，后南下迁江被杀）、王春林、侯四、陆八等（宾州贵县一带的著名领袖）都被杀害。经过清军的残酷镇压，于是“宾州、迁江、来宾一带渐次静谧”。十月间，丁槐又分四路进攻忻城、理苗地区，与在庆远进攻五十二峒之龙济光部相呼应，十余日间，丁槐连续攻破起义据点二十余处，当地一些领袖人物如覃火生、覃三、覃四、覃肖孺相继被俘杀。十二月，由忻城一带逃往来宾之陈社求也被杀死③。另外，清政府又利用诱降杀害的手段来对付起义者，如十一月间武缘地区的领袖周治岐（即周三）、王月秀（即特燕）、陆彩邦、韦冠廷（即韦二）等即被诱降而遭杀害。以南宁为中心的起义势力，由于丁槐的“往来扫荡”而日就衰落了。

这里，必须指明，文中所以提出柳州和南宁两个中心的目的，是为便于说明情况，一方面绝非表明这两个中心的隔离，因为二者之间是有一定联系的，如南宁附近的起义势力也有北走而至庆远一带，而柳州附近的起义势力也有南下至迁江宾州一带的。甚至还有有意的联合而使力量加大起来的情况，如南宁地区妇女领袖胡大娘、顾二嫂原在南宁“巢穴山谷”，配备有无烟快枪等武器，被清朝政府认为是“凶悍异常”的一股势力；“柳州兵变”后，就有一部“叛兵”带着大量军火来投，双方联合起来以后，势力大增，于是便在山地“负嵎踞险”，使“官军无法剿捕”④。另一方面，又绝非表明在此二中心以外即无反抗，例如广西东南部的横山、郁林，东部的怀集等地均不断起来反抗，其中怀集的起义势力

① 《东方杂志》第一卷第三期，军事。

② 《东方杂志》第一卷第五期，军事。

③ 两广总督岑奏剿办思恩府及柳庆南境土匪迭获著要折，《东方杂志》第二卷第五期。

④ 《武鸣县志》卷十《前事考》，1915年刊。

曾聚众攻城屡败官军，并占领城郊的许多地方，其声势之大，致使广东之广宁、开建等地亦为之而戒严，后因遭清军的镇压而失败[①]。

如上所述，光绪三十年的广西已呈全境动荡的局面，清政府在这一年中也确实付出了极大的代价。其在财政上，不仅由户部解拨一百万两，尚由广东、湖北等省协解八十余万两[②]；甚至在“柳州兵变”以后，因兵饷无可开支，岑春煊还请求清廷允开官捐一百万两，以裕饷源[③]。其在军事上，除本省军队外，有广东、湖南、云南、湖北各省派军协剿，据是年九月份统计，广西防剿主客各军共有115营、12哨、13旗、7队之多[④]，人数不下数十万人[⑤]。当然，起义势力在这一年是遭到了沉重的打击，但是清朝并没有完全扑灭广西全境的反抗，其负责镇压广西大起义之两广总督岑春煊在向清朝政府报告中也只承认是“大致肃清”而已[⑥]。

光绪三十一年（1905年）的广西情况是“大股匪甫经击散，小股随处窜扰”[⑦]。综合这一年各地反抗情形，大致有三点值得注意：其一，原来以柳州、南宁为中心的起义势力，仍在不断活动，他们或系“潜匿僻处，煽惑乡愚，拜台入会”[⑧]，或系“‘匪’党潜匿，屡次捕剿，均未廓清”者，或系“伺隙復逞”者[⑨]。人数已经不多，少者数十人，多亦不过百余人。是年八、九月间，各地的起义势力即先后被镇压。其二，许多起义势力渐向边界移动，因此边界地区势力又起，如东部的平乐、贺县、梧州、藤县，西北边界延及于黔边，西南则向滇边“窜越”。清政府命令有关省份堵截。其三，由于清政府的杀降，以致有若干投降者复“叛”，如龙济光杀侯五、王芝祥杀郭十二之事发生后，丁槐所招降者，“本怀愤怨，自闻此信，群即哗噪，挟枪叛去”[⑩]。这些叛者固遭到“迅速

① 《东方杂志》第一卷第九期，军事。

② 《东方杂志》第一卷第十一期，军事。

③ 《东方杂志》第一卷第一期，军事；胡钧重编：《张文襄公年谱》卷五，页十一。

④ 户部奏遵义署两广总督岑电奏请开办广西实官等项捐输或借用洋款折，《东方杂志》第一卷第十期。

⑤ 广西防剿主客各军表，《东方杂志》第一卷第十一期。

⑥ 光绪三十一年正月丙申岑春煊奏，《东华续录》光绪一九一，页十八。

⑦ 光绪二十一年三月甲戌广西巡抚李经羲奏，《清德宗实录》卷五四三，页二。

⑧ 《东方杂志》第二卷第八期，军事。

⑨ 《东方杂志》第二卷第十二期，军事。

⑩ 《东方杂志》第二卷第八期，军事。

捕剿”，即有些降而未叛者也在“难免不图復叛”的藉口下被杀[①]。广西的起义势力经过这些残酷的屠杀，势力大减，九月间，岑春煊即以“广西全省股匪一律肃清”报告清政府，而清政府也以岑春煊、李经羲、丁槐等“将各路游土各‘匪’，次第荡平，全省一律肃清”之功，赏赉有差[②]。但是，清政府所谓“全省一律肃清”的估计，与事实并不全符，根据光绪三十二年的记载，广西某些地区如宜山、平乐、象州、梧州、来宾、郁林、柳州、桂林、贵县、镇安，仍不断有反抗[③]，其中有些规模还甚大，如妇女领袖莫大姑所率领的一部，从象州到武宣、贵县、平南、藤县一带活动，就有“党羽千人，势颇猖獗”[④]。因此，所谓“一律肃清”只不过是奏折中之文字藻饰而已。惟自三十二年以后，广西频年发生由资产阶级革命派——同盟会所领导和发动的起义，这些起义的声势超过了旧有的起义，广西人民的起义步入了另一个新的阶段。但是，必须注意，这些起义所依靠的主力还是这些以会党为核心的反抗力量。

四、大起义的影响

广西人民大起义前后经过几近十年，地区以广西为中心而影响于云、贵、湘、粤四省，清政府为此而用兵达数十万，糜款达三百八十六万余两[⑤]。其规模不可谓不大，而其影响也至巨，综其大要，约有二端。

首先，这次大起义证明了清朝统治力量的日趋衰落。在此以前，清朝对外战争虽屡次失败，然仍以御外不足平内有余自慰。广西大起义的事实击破了清朝政府的幻想——“平内”也已无力了。在光绪二十八年的《大公报》上曾有一篇论说指陈这一点说：

> 中国屡与外兵交绥，屡遭覆败，遂强出一言，以慰人曰：吾御外侮则不足，吾平内乱则有余，此语吾闻之三十年，殆无人不以为定论者。每见兵勇

---

① 《东方杂志》第三卷第一期，军事。

② 《东方杂志》第二卷第十二期，谕旨。

③ 参阅《东方杂志》第三卷第一至十期，军事。

④ 《东方杂志》第三卷第八期，军事。

⑤ 此数系指自光绪二十九年五月起至三十一年九月止所用银，全部耗银必当逾此，以无统计，故缺。

> 征调之时，若闻与洋人交战，则相率宵夜窜逃，不待战而已成溃败之势；若一闻往平某处土匪，则将卒踊跃效令，以为从此得保举发大财，恃枪炮之利，破乌合之众，如汤之沃雪，固天地间易易事也。顾何以广西之乱，迁延岁月，廷旨切责，自庚子夏西林等处起事，至今已二年余，犹未报肃清也。近虽言人人殊，或言蔓延之势不可向迩，或言小丑跳梁指日可灭，要之，其乱未平，明也。

论说的作者更怀疑到清朝政府的统治力量说："呜呼！处今之世，中国之兵，其亦内乱不足平定乎？"因此，论说的作者不得不为清朝政府担忧，他意味深长地感慨道："吾恐广西之乱，将不仅广西已也。"[①]事实上，当时全国各地确已开始动荡。

这篇论说是公开发表于报端的，因而它在一定程度上反映了当时社会上对清朝政府统治权已有日趋衰落之感了！

这种日趋衰落的危机，更明显地表现在广西地方上。光绪三十二年清政府户部在议复广西善后问题的奏折中曾概括了这种危机称：

> 广西难治，自古已然，上溯百余年间，兵燹已十余次。所谓平定，殆皆粗安，非久靖也。可危可虑，究未如今日之甚者。元气过伤，余孽遍地，人才消乏，财政困难，辗转相因，几成莫可救药之势。何则？地险而贫，俗悍且惰。今则贫而又贫，悍而愈悍。匪乱以来，焚劫无算，荒芜无算，加以兵差所累，团费难停，水旱不时，统税增重，工商则资本亏耗，每歇业而坐食，农业则籽种缺乏，多游手而辍耕。他省之匪，不过健壮，兹乃老稚亦然，不过男丁，兹乃妇女皆是，不过游惰，兹乃绅团不免。所以肃清已逾半年，州县尚驰逐四乡，莫能稍息。数年以来，杀匪又千余矣。然小如鱼艇，快如轮船，仍或被劫，且有一案，盗至百余名者，乘间窃发之形，当不待问，尤可畏者，派员清乡，莫保善良，乃知民力如许拮据，既半耗于被匪，又半耗于防匪。枪械如此繁夥，民用之，固可以御匪；匪得之，即可以害民，可为危虑，孰过于此。论善后，固首在得人，亲民之官，莫如州县，然州县精力祇于此数，急于捕匪，他顾不遑，欲图兴举，费先无出。向之所藉以办公者，今则赌规尽革，税契无余，杂款移以办学，优缺亦皆以匀提。

① 《论广西之乱》，1902年7月26日天津《大公报》第40号第2页《论说》。

且因缉匪而赔夫马、增费用、养眼线、赔花红，种种苦累，辄有口实，用人之难如此。历年因办匪之故，其提之官者已舐糠及米，其取之商者更竭泽而渔，出入本属不敷，而去冬起，每月又加认东军十余万之饷，本年之膏捐统税，又复异常短收。虽已议裁防营，而体察情形，非重兵不足以资镇慑，且无可消纳，即万难骤然多裁，不然部臣且代虞不给，岂有困难至此而不自急燃眉乎？财政之难又如此。……[①]

广西地方除了上述的财政、治安各方面的危机，还有外国侵略势力的乘机扩张。法帝国主义曾乘大起义的机会，一方面向起义者出卖枪炮等物[②]，企图假手于起义势力来削弱清朝的统治力量；另一方面，它又借口法军被杀的理由，向清廷表示“欲藉水兵五百名助剿匪乱”[③]，并在龙州柳州等地以“保护商民”为名驻兵[④]。因此，当时的广西已经处于“内讧外侮大有纷乘之势”的情况之下了。

其次，这次大起义鼓舞了资产阶级民主革命派的革命活动。当时民主革命派的革命家都十分重视广西大起义。如章太炎由于这次大起义的斗争锋芒系直接指向清朝的统治，当时民主革命派所鼓吹的反清革命的意旨正相吻合，而给它以极高的评价说：

义和团初起时，惟言扶清灭洋，而景廷宾之师则知扫清灭洋矣，今日广西会党则知不必开衅于西人而先以扑灭满洲剿除官吏为能事矣。唐才常初起时深信英人密约，漏情乃卒为其所卖。今日广西会党则知己为主体而西人为客体矣。人心进化，孟晋不已，以名号言，以方略言，经一竞争必有胜于前者。今之广西会党，其成败虽不可知，要之继之而起者，必视广西会党为尤胜，可豫言也。[⑤]

章太炎的论点，主要在阐明二十世纪初以来的各次起义运动，在反清问题上是日有进步的，而资产阶级民主革命运动乃是继承了这种革命传统而来进行反清革命的，也即承认广西大起义在民主革命上所起的先驱作用了。

---

① 户部奏议复广西巡抚林奏善后须款办法折，《东方杂志》第三卷第十期。

② 参阅《东方杂志》第一卷第八期，《中外交涉汇志》；《东方杂志》第二卷第十期，军事。

③ 《桂抚谢法人助战论》，1902年8月13日《大公报》第58号第2页《论说》。

④ 《东方杂志》第三卷第一期，杂俎。

⑤ 章太炎：《驳康有为论革命书》，《太炎文录初编》卷二，章氏丛书。

伟大的民主主义革命家孙中山，也极重视广西人民大起义在反清斗争中作用，他强调指出要从中汲取取得斗争胜利的信心和力量。他在一篇论文中直接提出来说：

> 从最近的经验中可以清楚地看到，满清军队在任何战场上都不足与我们匹敌，目前爱国分子在广西的起义就是一个明显的例证，他们距海岸非常遥远，武器弹药的供应没有任何来源，他们得到这些物资的惟一办法乃是完全依靠于从敌人方面去俘获；即使如此，他们业已连续进行了三年的战斗，并且一再打败由全国各地调来的官军对他们的屡次征讨。他们既然有出奇的战斗力，那末，如果给以足够的供应，谁还能说他们无法从中国消灭满清的势力呢？[①]

从章、孙二氏的论点中可以看出，资产阶级民主革命派对于广西人民大起义给予了一定的评价，并且他们的思想也因之受到相当的影响。他们从这个现实的例证中更加坚定了获得反清革命胜利的信心。他们不仅在思想言论中有接受影响的线索存在，并且在革命实践活动中也有直接的联系可寻，如在同盟会成立以前作为同盟会组成成分之一的华兴会，曾在光绪三十年因广西人民大起义蓬勃发展的影响，而拟乘机在长沙起义。这次起义以事前谋泄而失败。华兴会中负责联系会党的领袖马福益事前曾与广西的会党发生组织上的关系，给予委任，失败后即逃亡广西，不久又由桂返湘谋再举，不幸被捕牺牲。同时，在广西遭到失败的一部分起义势力曾由桂入湘来参加会党活动，准备支援华兴会的起义[②]。因此，二者之间确已发生直接的关系了。1905年，同盟会在正式成立后，曾经组织和领导过多次起义活动。这些起义的地区大部分在两广地区。这些起义不只是在群众基础上主要依靠过去经过战斗锻炼的会党和当地一些贫苦群众外，甚至还联络了过去广西人民大起义中的领袖，共同策动新的起义。1907年的防城之役和镇南关之役，1908年的河口之役，广西人民大起义中的领袖王和顺在孙中山先生的指挥下参与了策划和进攻。由于他们在这些地区有长期活动的经验和深厚的群众基础，

---

① 孙中山：《中国问题的真解决》，《孙中山选集》上卷，第63页，人民出版社版。

② 参阅署湖南巡抚陆奏拿办会匪汇案造报折，《东方杂志》第二卷第三期；邹鲁：《中国国民党史稿》第三篇《革命》（甲）第五章。

所以都能取得一定的胜利[①]。虽然，同盟会所组织和发动的几次起义都由于枪械不继、计划不周而失败，然而，不容否认，这些起义把资产阶级民主革命推向了更为成熟的阶段。因此说，广西人民大起义在推动民主革命的向前发展上，是有一定的功绩的。

五、小结

从上面几段的叙述中，可以有以下几点的认识：

（1）广西人民大起义是在天灾流行的情况下为反抗清朝政治压迫和经济上的勒索而爆发的，它的斗争锋芒径直地指向清朝政府。

（2）广西人民大起义是以会党为组织核心，以被压迫被剥削的人民群众（主要是农民和士兵）为主体的一次大起义，妇女在这次起义中发挥了很大的作用。

（3）广西人民大起义是由局部酝酿爆发而蔓延汇合，形成为全境，甚至影响于湘、粤、滇、黔各省的一次大起义。

（4）清朝政府十分重视这次大起义，曾经调动大量兵力，耗费一定的兵饷来镇压，但其结果并未能完全扑灭。两相权衡，清朝政府在这个问题上是得不偿失的。

（5）广西人民大起义一方面使清朝政府暴露了自己的腐败无能，另一方面又鼓舞了资产阶级民主革命派的积极活动。二者都起着促使清朝政权崩溃的作用。因此说广西人民大起义是清朝政府灭亡的一个信号也未为不可。

（6）广西人民大起义就其本身的组成成分和要求看来，显然是反对清朝统治、反对剥削制度的一次农民自发的革命运动。此后，便由资产阶级来领导革命运动。虽然资产阶级领导的革命的主力依然是农民，但是单纯的农民自发的革命运动应该是以广西人民大起义为结束。

以上一些不成熟的意见，希望同志们批评指教。

---

① 参阅邹鲁：《中国国民党史稿》第三篇《革命》（甲）第十三章、第十四章；冯自由：《革命逸史》第二集《南军都督王和顺》，第216—221页。

【附记】

（一）本文写作过程中承李炳东同志协助搜集和抄录了一部分资料，在此加以申明和致谢。

（二）本文只是根据能接触到的一点资料，加以整理而写成的，有些问题如起义失败问题、起义性质问题等，由于没有接触更充分更具体的史料，所以没有论及和论述得不够，希望能借此文发表的机会获得更多教益，特别是熟悉广西近代史事的同志的指导！

一九五七年六月脱稿

原载于《历史研究》1957年第11期

读流人的书

流刑是古代五刑之一，是一种轻于死刑，重于徒刑的惩罚手段。传说舜时已用流刑代替肉刑。汉成帝时帝舅王凤在乞退时仍以流刑作为一种宽宥。隋唐以来，即正式以流刑入于“笞、杖、徒、流、死”的五刑之一。于是，有许多人便以政治或刑事原因受到这种惩处，受到流刑的人便被称为流人。清代受流刑的官民较多。其中以方拱乾家族前后两次赴戍为最著名。

方拱乾，初名策若，字肃之，号坦庵，晚号甦庵。安徽桐城望族。生于明万历二十四年，卒于清康熙五年，终年七十一岁。崇祯元年进士，官少詹事。入清后官至内翰林国史院侍讲学士。顺治十四年受南闱科场牵连；次年，与长子孝标等入狱，被流徙宁古塔。顺治十六年七月抵戍所，十八年赦归，辑在戍期间诗作近千首为《何陋居集》。又就在戍时所知见，撰写《宁古塔志》。

《宁古塔志》虽成书于赦归后之康熙二年，但有意著述及搜集资料当在戍所。全书分立七目：有流传、天时、土地、宫室、树畜、风俗、饮食等目。文字质朴而记事翔实，可备研究东北史地之参考。

其《流传》一目中记宁古塔得名的传说云：

> 相传当年曾有六人坐于阜。满呼六为宁公，坐为特，一讹为宁公台，再讹为宁古塔矣。固无台无塔也。

其《土地》一目记东北耕地情况说：

随山可耕，官给人耕地四亩，一行如中华五亩，无赋税焉。地贵开荒，一岁锄之，犹荒也，再岁则熟，三四五岁则腴，六七岁则弃之而别锄矣。

其《风俗》一目记当地之以物易物情况说：

不用银钱，银则买仆妇田庐或用之；钱则外夷来贡时求作头耳之饰。至粟豆交易，或针或线或烟筒，大则布，裕如也。

类此尚有若干足资考证者。清初人董含所撰《三冈识略》卷三《宁古塔》条曾记宁古塔的居住与种植情况，并称："桐城方孝廉膏茂曾戍其地，为余道其详如此。"膏茂为方拱乾第四子，曾随父远戍宁古塔。

是书《说铃前集》嘉庆本题作《绝域纪略》，为同书异名也。

与方拱乾同案同时被流徙宁古塔者，另有诗人吴兆骞。吴兆骞（1631—1684年）字汉槎，江苏吴江人。他出身于父子兄弟皆有诗名的官宦之家，时有"兄弟皆名世，诗篇尽擅场"之誉。兆骞少慧狂傲，以才华横溢而享名于士坛。顺治十四年以南闱科场案牵连入狱，次年判处流徙宁古塔。顺治十六年春，与方拱乾全家及其他几位文士同路起行赴戍。清末朱克敬撰《儒林琐记》收人不多，而吴兆骞与焉，并记其轶事一则说：

吴兆骞字汉槎，江苏吴江人。幼慧，傲放自矜。在塾中见同辈所脱帽，辄取溺之。塾师责问，兆骞曰：居俗人头，何如盛溺。师叹曰：他日必以高名贾祸。顺治十三年，举办乡试，坐通榜，谪戍宁古塔，居塞外廿余年不得归。其友顾贞观素善明珠子成德，时时为请，又以语激之，德为尽力，久之得赦归。兆骞诗风格道上，如"山空春雨白，江迥暮潮青"，"羌笛关山千里暮，江云鸿雁万家秋"，皆一时传颂。

康熙二年春，其妻葛氏到戍所。次年秋，其子振臣生于戍所。经友人顾贞观等的活动，于康熙十九年纳金赎归，次年九月起行入关，其子振臣年已十八，随父同归。十一月中始抵京师，与在京学者文士诗文酬唱，杯酒交欢，并在明珠宅授读。二十一年底归省吴江，二十二年春抵苏州，父兄均已去世，仅存老母。六月间，又携振臣返京。二十三年十月，兆骞病逝于京师。振臣自回归后，又历时四十年，振臣年已五十八岁，始就戍所见闻，撰写《宁古塔纪略》一书，以记其父汉槎遣戍往还始末为主，间及当地风情物产，而所记设置、官守、史地等情况则语焉不详，颇逊于杨宾之《柳边纪略》及西清之《黑龙江外纪》等书之足资参考，仅可备浏览参阅而已。

清人叶廷琯在所著《吹网录》卷四有《宁古塔纪略》专条，评论其书，并述兆骞遣戍事。颇得要领，特录其内容云：

> 与大瓢（《柳边纪略》撰者杨宾）同时有吴汉槎之子振臣撰《宁古塔纪略》一卷，志其父出塞入塞颠末，亦及其地之山川、城郭、物产、土风，而不如《柳边纪略》之详备。书中称其父顺治丁酉秋获隽，变起萧墙，横被诬陷。以戊戌八月赴戍宁古塔。其母葛日夕悲苦，必欲出塞省视。其祖燕勒公哀而壮之，为料理行计。庚子冬，自吴江起行，辛丑二月五日到戍所。振臣以康熙三年甲辰十月生于宁古塔，至辛酉十八岁乃随父归。书则著于六十年辛丑时，其齿已五十有八矣。振臣之归在大瓢出塞之前数载，而其著书反在大瓢之后（杨书成于丁亥年，见林桐序）。所记视大瓢仅得二三，盖童年阅历，未知延访，衰龄撰述，又不免遗忘，人事所限，固无怪其然耳。至汉槎赐环之事，振臣言同社诸公，如宋右之相国、徐健庵司寇、立斋相国、顾梁汾舍人、成容若侍卫，不忘故旧，而其中足跰舌敝，以成兹举者，则大冯三兄之力居多。又言洎乎《长白山赋》入，天心赞叹，温诏下颁。卷首张尚瑗序亦言汉槎《秋笳集》，昆山司寇公为刊行，更以所著《长白山赋》进呈御览，并辇下诸故人大僚，醵赀代赎，遂得以辛酉入塞。归甫四（原钞四下一字漫灭，不知是年是月）疾卒。旧传汉槎归后即殁，或云在京，或云在途溺水，其说不一。今观纪略，只云文人薄命，溘焉捐馆，未著何年何地，而张序则已明言归后疾卒。又大瓢书中记汉槎还，病且死，犹思食宁古塔所居篱下蘑菇，则非在途溺水可信。惟大冯三兄，振臣但言壬子拔贡，在京考选教习，迄未详其里籍名字也。

振臣别有《闽游偶记》见收于《小方壶斋舆地丛钞》补编第九帙。振臣生于戍所，曾历经“边山沙漠、黑松林、乌龙建及辽金遗迹”。入塞后即游食于亲友间。康熙四十六年应其戚福建汀州府冯协一（疑此人或即大冯三兄）之邀入幕；五十二年，冯调守台湾，振臣偕往。《闽游偶记》即在此时所写之风土杂录。《闽游偶记》记福建、台湾二省之设置、风俗、人情、物产及传说等，尚简要可信。所有吴越商人预买福建龙眼、荔枝，福建的茶产，闽台间的海道及台湾少数民族情况等条均有可资参考之处。

康熙五十年，方拱乾之孙方登峄因《南山集》案及父方孝标《滇黔纪闻》一书牵连，孝标已殁仍被戮尸，登峄则入狱。五十二年底，登峄携全家赴戍卜奎（齐齐哈尔附近），这是桐城方氏继方拱乾科场案全家被遣戍之后的第二次全家被遣戍，登峄子方式济即在戍所撰成《龙沙纪略》一书。方式济（1676—1717年），字屋源，号沃园。康熙四十八年成进士，授中书舍人。后随父赴戍，并在戍所"据所见闻，考核古迹"，著《龙沙纪略》，为世所重。清末学者李慈铭曾赞其书说："其书记载详核有法，于山川尤考证致慎，为言北塞所必需。"龙沙之名源起《后汉书》班超传赞中"咫尺龙沙"一语，后即沿为塞外通称，方式济即以之言黑龙江情事。《龙沙纪略》分方隅、山川、经制、时令、风俗、饮食、供赋、物产、屋宇等九门，共144条，所记皆为耳闻目见，并经稽考群籍，实舆地不可少之书。是书版本较多，有泽古斋钞本、《昭代丛书》本、借月山房本、《述本堂诗集》附刻本、《朔方备乘》本、《小方壶斋舆地丛钞》第一帙本，近人林传甲辑印之《龙沙六种》本等。式济子方观承又撰《卜魁风土记》，虽不过十数则，但仍可补《纪略》之不足。卜魁者，即卜奎，台站名称，在今齐齐哈尔附近。康熙三十八年后，黑龙江将军驻扎此地。其以"卜魁"名书者，盖指黑龙江而言。另有英和撰《卜魁纪略》也以记黑龙江之建置、设官、风俗、物产等为主要内容。

这些流人的书不仅存知识分子流人的艰辛困苦之状，也为研究东北史地提供有用资料。但还有一部比这些书内容更丰富的书，那就是杨宾所撰的《柳边纪略》。杨宾（1650—1720年），字可师，号耕夫，别号大瓢山人。康熙二年，其父杨越因牵连通海案被遣戍宁古塔，其母偕行。杨宾时年十三岁，在家照料弟妹。成人后即游幕四方。康熙二十八年，杨宾四十岁时，值康熙南巡，曾吁请代父就戍，因牵连通海案，罪重不允。于是决定赴戍省亲，于当年九月启程，十一月上旬抵戍所，二十余年，始获一聚，悲喜交集。在省亲途中，他周览岩疆要地，访问坠闻逸事，对道里、城郭、屯堡、民情、土俗、方言及河山之险巇厄塞，都加以记录。这些调查为日后撰著《柳边纪略》奠定了充实的资料基础。杨宾在戍所仅停留三月，即为谋求父母赎回而奔走，不幸其父于康熙三十年病殁于戍所，按清朝规定，流人不得归葬，于是杨宾又历经一年余的反复请求，始获准返葬。在丧葬完毕后，杨宾即根据多年积累的资料，着手撰写《柳边纪略》，直至康熙四十六年全书完稿。《柳边纪略》内容丰富，资料确切，叙述详明，所记柳边沿革及东北地区情况都有重要的参考价值，是东北流人著作中的佳作，曾被全祖望等著名学者所征引，后世学者如梁启超等也誉其为开研究边疆地理风气的学术名著。康熙五十九年，杨宾卒，年七十一岁。

《柳边纪略》有道光《昭代丛书》壬集补编和《小方壶斋舆地丛钞》第一帙的一卷本，还有光绪《仰视千七百二十九鹤斋丛书》、《辽海丛书》第一集和《丛书集成》的五卷本。

读这些流人的书，不禁感叹他们在文化专制主义和高压政策下的悲惨遭遇。但他们仍能在困苦环境中，不忘其社会职责，竭尽全力地调查研究，著书立说，为后世遗留足资参考的珍贵历史资料。这种不畏艰巨的拼搏精神，既体现中国士人的韧性，也很值得后人敬佩！

原载于《文史杂志》1998年第3期

清代的书吏政治

清代吏治之坏，坏于大权旁落。由于主官甩手，左右弄权，欺上压下，终至民怨。这就是涉足清史者探讨清代吏治问题时所谓的书吏政治。有人认为这是晚清的弊政，实则清自建政之始即有书吏参与制定基本大法——《大清律》之举。谈迁是清初有学有识的大学者，所著《国榷》一书久为学史者所钦慕。他在杂著《北游录·大清律》条中就如实地揭示说："《大清律》即《大明律》改定也，虽刚令奏定，实出胥吏手。"以致造成笑柄，如云"依大诰减等"，而大诰乃明初所颁，清何得依明诰行事。当时任兵部侍郎的孙光祀曾正式上疏，揭露各部吏役掌权，上下其手，内外勾结而出现的怪现象是："仕途之功罪无凭，钱粮之多寡易混，交移之迟速由己，财用之乾没不清。"其手段可以障目蔽天，收贿能够盈千逾万（《切问斋文钞》卷十四）。到了清代中叶，连皇帝都深感"堂官不如司官，司官不如书吏"之弊。嘉庆九年六月，上谕中就说："自大学士、尚书、侍郎以及百司庶尹唯诺成风，皆听命于书吏，举一例牢不可破，出一言唯令是从。"道光十年夏，连发数道上谕指出中央和地方书吏掌权作恶之大弊。

因为书吏是权利之薮，所以书吏人数大为膨胀，道光时山东州县差役，大县千余，小县数百，成群虎狼，四窜噬人。甚至退役之后，还可凭藉原有势力，"招摇影射，玩法营私"。当时福建监察御史陈功于道光十一年上奏揭发福建地方书吏的豪横说："书役罔法横行，陷害乡里，其尤横者无过安溪之县书吴珍，厦门之总差陶亨、陈意等，盘踞官署，把持公事，以故身充贱役而家资积至数十万之多。"（《福建通志》总卷三十四）清人许仲元于道光初所撰《三异笔谈》卷二《王二先生》条中记云南书吏王立人之气焰是"督及抚尚可折简招，道府以下，有君前，无士前也"。家中厅堂、园林、戏台具备，每日午后，"谒贵者于斯，访友者于斯，审案者亦于斯，娱戏者尤必于斯。一厅则敲扑喧哗，一厅则笙歌婀娜，不相闻，不相混”。此亦不啻一权力中心矣。

书吏之所以能擅权，据清人分析是由于官不久任，频繁调动，所谓“廨有十年之吏，堂无百日之官”正指此而言。但更重要的原因是官不熟悉业务，乃为书吏所乘，所谓“官生吏熟，官暗吏明，线索在下，百弊丛兴”。看来，施政者只求青云直上，加官晋爵而不明施政要领，不娴条令规则欲有所作为。必定手足无措，势非求计于左右，委事于下属不可。其结果必然“官阶日崇”而“政事日坏矣”。

原载于《依然集》（当代学者文史丛谈）　来新夏著　山西古籍出版社、山西教育出版社1998年版

《历代人物年里碑传综表》清人部分校记

姜亮夫先生纂《历代人物年里碑传综表》（以下简称《综表》）初刊于1937年，修订重刊于1959年。全书收列人物达一万一千余人，上下历时二千余年。表分姓氏、字号、籍贯、岁数、生年、卒年及备考（即碑传出处）七栏。全书起迄时间之长，所收人物范围之广，至今尚无第二本书，而成书之后，纂者又重加增订补正，足徵不吝精力，期于完善的用心。但因人物记载歧出，资料收罗难备，间有讹差，也所难免。积年浏览清人年谱，每喜与《综表》比校，频有致疑，随手札录眉端。深知首创为难，摘瑕乃易；岁顾存讹延误，谅非纂者初衷。采撮眉注，略加条次，分六类若干条：

一、一人两载之误例

《综表》序例称："一人两载的事，不出两种原因：一是碑传中名号不一，因而歧出；一是碑传中有生卒皆书者，有只书卒年者，各据入录，遂致歧出。这是最难扫清的一件事。"实则两载之人，往往行篇相连，若细加校核，是易于发现的，兹举四例：

（1）《综表》页485分列李天植、李确二条，中间仅隔一李清。两条所记生卒年尽同，其相异部分是：

李天植　字因仲　平湖人

李　确　字潜夫　乍浦人

【按】　李确条备考栏注称："原名天植，字园仲，后更今名，号蜃园。"据此即可判定天植与确为一人。罗继祖编：《李蜃园先生年谱》载谱主李天植，字因仲，后更名确，字潜夫，浙江乍浦人。前后名字了然，而乍浦是平湖县属东南港口，则李天植与李确本为一人，不应两载。

（2）《综表》页511分列钱汝霖、何汝霖两条，中间隔四人。二汝霖生卒得年均为明神宗万历四十六年（戊午，1618）至清康熙二十八年（己巳，1689），得年七十二。其相异部分是：

钱汝霖　字云士　海盐人　备考栏注称：钱象仁撰紫云先生年谱

何汝霖　字商隐　缺籍贯　备考栏注称：清有两何汝霖

【按】　钱汝霖六世孙钱聚仁于道光七年曾撰《紫云先生年谱》，一题《商隐公年谱》。谱载谱主钱汝霖，字云耜，号商隐，浙江海盐人。《综表》所据即此谱，但讹误有四：①钱汝霖本姓何，先世育于钱，遂承钱姓。此何汝霖实为钱汝霖之本名；二者实即一人；②云士与云耜音同，或两用，但应以谱载为准；③钱象仁应作钱聚仁；④备考注称“清有两何汝霖”。所谓另一何汝霖据《知所止斋自订年谱》称：谱主何汝霖字雨人，又字润之，江苏江宁人。清乾隆四十六年生，咸丰二年卒，年七十二岁。而明清之际何汝霖乃钱汝霖本姓之名。

（3）《综表》页690例王权、王源通为两条，中间仅隔二人。二条生卒年相同。其相异部分是：

王　权　缺字及里贯　备考栏注称：王廷鼎作府君年谱

王源通　蟾生　震泽人　备考栏注称：初名权　俞樾王蟾生传

【按】　王权之子王廷鼎撰《王蟾生年谱》二卷（原题《府君年谱》），谱称谱主王权，后更名源通，小名传声，因谐其声曰蟾生而为字。谱前即附俞樾撰传一篇。《综表》既于王源通条注称“初名权”，又于王权条注引府君年谱，其误极易核正。此二条应并作一条，其式可作：

王源通　字蟾生　震泽人　备考注称：初名权。王廷鼎：《府君年谱》。

（4）《综表》页642载：

钱杜　叔美　仁和　八二　清高宗乾隆二九甲申一七六四　清宣宗道光二五乙巳一八四五　备考栏注：初名榆，号松壶，或作卒道光二十四年　清画家诗史己下　清代学者象传四　墨香居画识九　程序伯文集。

又页732载：

钱杜　叔美　仁和　缺岁数及生卒　备考注称：初名榆，号松壶　墨香居画识九　清画家诗史己下　清代学者象传卷四　或作卒道光二十四年。

【按】 此误似即《综表·序例》中所称“碑传中有生卒皆书者，有只书卒年者，各据入录，遂致歧出”而“最难扫清者”。但此二条所据碑传基本相同，不应致误。

二、名号缺误例

《综表·序例》称：“一人名、字、号，往往有记载互异者，兹以所用碑传为主，其异说或亦偶尔采入。但一人别号有至数十个者，则非本书所能容纳，故采入者以通行的为主。”但名号仍有缺误者。兹举十七例：

（1）《综表》页493载：

陶汝鼐　字燮友　备考栏注称：号密庵。

【按】 梅英杰：《陶密庵先生年谱》称：谱主陶汝鼐字仲调，一字燮友，别号密庵。如此，则应以字仲调为是。

（2）《综表》页494载：

万寿祺　字介石　备考栏注称：号年少。

【按】 罗振玉：《万年少先生年谱》称：谱主万寿祺，字介若，一字年少，则《综表》之字介石当为介若之误。

（3）《综表》页561载：

唐执玉　字益功　备考栏注称：又字苏门。

【按】 唐鼎元：《清大司马蓟门唐公年谱》称：谱主唐执玉，字益功，号蓟门。苏门为蓟门之误。

（4）《综表》页563载：

沈近思　字阇斋　备考栏注称：又字位山，号俟斋。

【按】 清沈曰富撰《沈端恪公年谱》二卷，谱称：谱主沈近思，字位山，号阇斋，又号俟轩。是《综表》将字号误倒，而俟斋又为俟轩之误。

（5）《综表》页563载：

张朝晋　字华皋　备考栏注称：号北湖。

【按】 清张京颜：《先府君北湖公年谱》称：谱主张朝晋，字莘皋，号北湖。此华皋当为莘皋之误。

（6）《综表》页571载：

王恕　字安中。

【按】　王恕自编：《楼山省身录》称：王恕，字中安。此安中当为中安之颠倒。

（7）《综表》页594载：

陈大化　缺字　备考栏注称：陈诗撰《廉访陈公年谱》。

【按】　陈诗：《廉访公年谱》称谱主陈大化字鳌士，号葑池，一作葑池。《综表》所据即此谱，不知为何付缺。

（8）《综表》页595载：

阿桂　字文成　备考栏注称：王昶等纂《阿公成公年谱》34卷。

【按】　王昶等纂：《阿文成公年谱》称：谱主阿桂，姓章佳氏，字广庭，号云岩，卒谥文成。是文成为谥号而《综表》误作为字。

（9）《综表》页621载：

孙蔚　缺字　备考栏注称：《逸云居士年谱》（自订）。

【按】　孙蔚自编：《逸云居士年谱》称：谱主孙蔚，初名家模，字受全，后更今名，别字守荃，号逸云居士。谱载字号甚详，而《综表》缺而未载。

（10）《综表》页640载：

昇寅　缺字　备考栏注称："昇勤直公年谱，子宝林、宝珣同撰。"

【按】　宝琳宝珣编：《昇勤直公年谱》明著谱主昇寅，姓马佳，字宾旭，号晋斋。《综表》缺而未载。

（11）《综表》页663载：

斋清阿　缺字　备考栏注称："斋常恩《斋威烈公年谱》"。

【按】　常恩编：《斋威烈公年谱》称谱主斋清阿姓纳喇氏，字祝澄，号竹塍。《综表》虽据此谱而未载字、号。又常恩作斋常恩系不明满人姓名习惯，而将父名首字误作子姓。

（12）《综表》页670载：

庄裕泰　缺字　备考栏注称：庄长善等同撰：《庄毅公年谱》。

【按】　长启长善等编：《裕庄毅公年谱》称：谱主裕泰，姓他塔喇氏，字东岩，号余山，卒谥庄毅。是庄裕泰之条目应作裕泰，《综表》将谥号庄毅之上一字冠于裕泰前作姓，实为大误，又将庄字冠于裕泰子长善之上作姓，尤误。

（13）《综表》页676载：

徐栋　字玖初　备考栏注称：玖初自谱，子炳华等续。

【按】　《致初自谱》载谱主徐栋，初名棻，字德为，号志初，后改致初，别名筱麓。《综表》既误致初为玖初，又不列字德为而将号作字，谱名亦随之而误。

（14）《综表》页676载：

李基溥　缺字　备考栏注称：思补过斋主人自叙年谱。

【按】　基溥自叙年谱称：谱主基溥，字润野，号焕堂，正白旗汉军人。其子锺文曾为此谱作双行补注。锺文自冠汉姓李作李锺文，曾自撰《十年读书之后主人自叙年谱》许氏传抄本。基溥未冠汉姓，似不得以其子之汉姓冠基溥之上？

（15）《综表》页677载：

陈肇　缺字　备考栏注称：四留山人自记。

【按】　《四留山人自记》称：谱主陈肇，字履元，号筱云，又号筱瀛。《综表》既据自谱，但未录其字号。

（16）《综表》页682载：

王懿德　缺字　备考栏注：王家勤撰王靖毅公年谱。

【按】　《王靖毅公年谱》称：谱主王懿德字绍亭，号春岩，又号雨坡。《综表》既据此谱，何未录其字号？

（17）《综表》据各人年谱而不录年谱中已具之字号，其例甚多，如：

页699罗惇衍漏列字兆番，号椒生。

页699费鼎漏列字彝封。

页707孙云锦漏列字海岑。

页707马新贻漏列字榖山，号燕门，并误马之谥号端敏为端愍。

页713徐景轼漏列字肖坡。

页723蒋蕚漏列字跗棠，自号醉园。

页729史悠厚漏列字岭宾，一字夷清，号阆仙，晚号酒翁。

三、得年、生卒年缺误例

《综表·序例》称：“本书重点在生卒，故对此不能不十分审慎”。修订本确有订正，但仍有缺误者。兹举二十二例：

（1）《综表》页492载：

李世熊　万历二十八年（1600）生，康熙二十三年（1684）卒，年八十五岁。

备考栏注称：或作卒1683年，世熊自撰寒友岁纪。

【按】　李世熊自编《李寒支先生岁纪》称：谱主李世熊，明万历三十年（1602）生，清康熙二十五年（1686）卒，年八十五岁。又黎士弘：《托素斋文集》卷四载谱主墓表所书生卒年与《岁纪》同，是《综表》生卒年均有误，又《寒友岁纪》当为寒支之讹。

（2）《综表》页496载：

傅山，明万历三十三年（1605）生，清康熙二十九年（1690）卒，年八十六岁。

【按】　丁宝铨编：《傅青主先生年谱》称：傅山，明万历三十五年（1607）生，清康熙二十三年（1684）卒，年七十八岁。丁编傅谱，资料丰富，又经缪荃孙、罗振玉等参订，傅山生卒年及得年似应以此为准。

（3）《综表》页503载：

钱澄之，明万历四十年（1612）生，清康熙三十三年（1694）卒，年八十三岁，备考栏注称：钱抝禄撰《田间府君年谱》。

【按】　《田间府君年谱》称：钱澄之明万历四十年（1612）生，康熙三十二年（1693）卒，年八十二岁。《综表》据年谱而误增一年。

（4）《综表》页566载：

鄂尔泰，康熙十六年（1677）生，乾隆十年（1745）卒，年六十九岁。

【按】　容安等编：《襄勤伯鄂文端公年谱》称：鄂尔泰康熙十九年（1680）生，乾隆十年卒，年六十六岁。《综表》误增三岁。

（5）《综表》页575载：

耿介，缺生年，康熙二十七年（1688）卒，缺年龄。备考栏注称："碑传集作卒年七十一，则生于一六一八年。"

【按】　耿介自编：《纪年述略》（《敬恕堂文集》附）称："先太恭人……尝从容为余言曰，忆昔癸亥年闰十月十八日夜半十时将生汝之时。"可见生于癸亥。又《敬恕堂文集》卷首窦振起撰：《嵩阳耿先生纪略》称："先生生于明天启三年癸亥十月十八日，卒于皇清三十二年癸酉二月二十六日，享年七十有一。”是耿介当生于明天启三年（1623），卒于清康熙三十二年（1693），年七十一岁。此可补《综表》生年及年龄之缺漏，正卒年及备注之讹误。

（6）《综表》页570载：

王又朴　康熙二十年（1681）生，乾隆二十五年（1760）卒，年八十岁。

备考栏注称：据《介山自定年谱》。

【按】　《介山自定年谱》自记至乾隆二十五年：八十岁正。但谱前具载谱主于乾隆二十六年二月初三自叙一篇，则谱主绝非卒于乾隆二十五年，寿亦不止八十岁。《综表》误以自谱之止年为谱主之卒年。

（7）《综表》页527载：

蒲松龄　崇祯三年（1630）生，康熙五十四年（1715）卒，年八十六岁。

【按】　路大荒编：《蒲柳泉先生年谱》称崇祯十三年（1640）生，康熙五十四年（1715）卒，年七十六岁。二说不一，但路谱系1963年附于《蒲松龄集》时重写，当有所据，《综表》修订时未见，故或未采路说。

（8）《综表》页530载：

李因笃　崇祯六年（1633）生，缺卒年，年岁估定为七十四岁以上。

【按】　吴怀清编：《天生先生年谱》称李因笃崇祯四年（1631）生，康熙三十一年（1692）卒，年六十二岁。吴怀清曾于谱中考订称：“按康熙十八年己未先生告终奏疏云：臣年四十有九。又顾宁人是年与先生书亦云：弟年四十有九。依此逆推，当生崇祯四年辛未……《续疑年录》作崇祯六年癸酉生误”。如此，则《综表》所估定之七十四以上之年龄亦误，应作六十二岁。

（9）《综表》页594载：

韩锡胙　康熙五十五年（1716）生，卒年缺，备考注引刘耀东撰《韩湘岩先生年谱》。

【按】　刘耀东编：《韩湘岩先生年谱》称韩锡胙，康熙五十五年（1716）生，乾隆四十一年（1776）卒，年六十一岁。《综表》据谱而缺卒年及年岁。

（10）《综表》页625载：

德楞泰　乾隆十四年（1749）生，嘉庆十九年（1814）卒，年六十六岁。

备考引花沙纳撰《德壮果公年谱》。

【按】　花沙纳编：《德壮果公年谱》称德楞泰清乾隆十年（1745）生，嘉庆十四年（1809）卒，年六十五岁。《综表》据此谱而生、卒年及年龄均误。

（11）《综表》页632载：

凌廷堪　乾隆二十年（1755）生，嘉庆十四年（1809）卒，年五十五岁。

备考引《凌次仲年谱》。

【按】 张其锦编：《凌次仲先生年谱》称：凌廷堪乾隆二十二年（1757）生，嘉庆十四年（1809）卒，年五十三岁。《综表》据此谱而误录生年，从而年龄亦误。

（12）《综表》页638载：

杨遇春　乾隆二十五年（1760）生，道光十七年（1837）卒，年七十八岁。备考引李惺撰墓志铭，并称当从杨国桢撰《忠武公年谱》作生乾隆二十六年。

【按】 杨国桢等撰：《忠武公年谱》载谱主生于乾隆二十六年庚辰十二月二十五日辰时。但庚辰为二十五年，而二十六年应为辛巳，又核全谱所记年次，亦应为二十五年，是“六”字恐系“五”字误刻。《综表》据李惺墓志铭定为二十五年生，本无误。而备考中不应从杨谱误刻之误。又杨遇春十二月二十五日生已为公元1761年1月30日，既知具体生年月日，则换算亦当求其精确，作1761年生。

（13）《综表》页661载：

冯登府　乾隆四十五年（1780）生，道光二十一年（1841）卒，年六十二岁。备考引史诠撰《冯柳东先生年谱》。另称或作生乾隆四十八年。

【按】 史诠撰：《冯柳东先生年谱》即著冯登府乾隆四十八年（1783）生，道光二十一年（1841）卒，年五十九岁。《综表》注据史谱而未依史谱，其所注“另称或作”，反与史编冯谱生年相合。

（14）《综表》页650载：

顾广圻　乾隆三十五年（1770）生，道光十九年（1839）卒，年七十岁。备考引赵诒琛撰《顾千里年谱》。

【按】 赵诒琛：《顾千里年谱》称：顾广圻，乾隆三十一年（1766）生，道光十五年（1835）卒，年七十岁。是《综表》据赵编而生卒年均有误差。

（15）《综表》页673载：

彭泰来　乾隆五十五年（1790）生，同治七年（1868）卒，年七十九岁。备考引李光廷撰《彭春洲先生诗谱》。

【按】 李光廷撰：《彭春洲先生诗谱》称：彭泰来，乾隆五十五年（1790）生。因《诗谱》仅记至咸丰七年（六十八岁）止，未著卒年。但《诗谱》前有陈旦撰《彭春洲先生墓表》，明言：“生于乾隆五十五年八月二十七日也，同治五年，年七十有七，卒于二月四日”。是《综表》所作同治七年当为咸丰七年之误应据墓表作同治五年卒，年七十七岁。

（16）《综表》页677载：

陈肇　乾隆五十八年（1793）生，不著卒年，备考引《四留山人自记》。

【按】　《四留山人自记》称：陈肇乾隆五十七年（1792）生。《自记》记至咸丰三年七月止，未著卒年，但其子荣泌等于咸丰四年仲春以兰印本刊行，则陈肇当卒于咸丰三年八月至四年二月间。《综表》既据自记而误生年，又未能据刊本形式而于备考栏作出推断。

（17）《综表》页686载：

余龙光　嘉庆八年（1803）生，同治六年（1867）卒，年二十四岁。备考引《黼山府君年谱》（子香祖、孙家鼎同撰）。

【按】　余香祖编：《余黼山先生年谱》称：余龙光嘉庆八年（1803）生，同治六年（1867）卒，年六十五岁。《综表》据谱而致大误，其误出于公元换算：同治六年应为公元1867年，而公元1826年为道光六年，此或换算时以同治作道光，然后以公元1826与1803相计，则余龙光得年仅二十四岁，与余龙光终年六十五岁误差四十一岁。

（18）《综表》页711载：

林穗　道光五年（1825）生，光绪二十四年（1898）卒，年六十八岁。无出处。

【按】　林绮撰：《子颖林公年谱》称：林穗道光十五年（1835）生，光绪十八年（1892）卒，年五十八岁。其生卒年及得年均误。即《综表》自记之生卒年与得年相计亦不符，不知何据。

（19）《综表》页728载：

杨守敬　道光二十年（1840）生，民国三年（1914）卒，年七十七岁。备考引自编的《邻苏老人年谱》。

【按】　自谱称道光十九年（1839）生，民国四年（1915）卒，年七十七岁。《综表》于生年下推一年，卒年上提一年，按此推提得年应为七十五岁，而仍作七十七岁。是《综表》据自谱采其得年而误书生卒年。

（20）《综表》页730载：

孙振烈　道光二十三年（1843）生，民国三年（1914）卒，年七十二岁。备考引次皙自定次斋主人年谱。

【按】 自谱记道光二十三年（1843）生，民国八年（1919）卒，年七十七岁。《综表》据自谱而卒年误差五年，从而得年亦差五岁。又谱名应作《次皙次斋主人自定年谱》。

（21）《综表》页731载：

许景澄 道光二十五年（1845）生，缺卒年、得年。备考引高树撰《许文肃公年谱》。

【按】 高树撰：《许文肃公年谱》称：许景澄道光二十五年（1845）生，光绪二十六年（1900）卒，年五十六岁。《综表》据谱而漏著。又许景澄在义和团运动时为那拉氏所杀，为研史者所熟知，此不应有之漏列。

（22）《综表》页733载：

王棶官 道光二十七年（1847）生，缺卒年、得年。备考引《养云主人年谱》。

【按】 自谱虽未明记卒年，但谱后附谱主侄祖培附记，明言“丁巳年十月十八日亥时弃世”。即民国六年（1917）卒，应得年六十一岁。《综表》抑据自谱而未见附记耶？

四、籍贯缺误例

《综表》序例称：“本书籍贯大体仍以碑传所载为主，假若正史与碑传同有之人则大体以正史为主。”意即不论所载为州郡、为县镇，或为古地名，皆一以碑传、正史为归，但仍有缺误者。兹举七例：

（1）《综表》页571载：

王恕 山西太原人。

【按】 王恕自编：《楼山省身录》作四川安居人。

（2）《综表》页594载：

陈大化 籍贯缺载 备考引陈诗撰《廉访陈公年谱》。

【按】 陈诗撰：《廉访公年谱》称，陈大化，安徽庐江人。《综表》据谱而漏著。

（3）《综表》页594载：

韩锡胙 籍贯缺载备考引刘耀东撰《韩湘岩先生年谱》。

【按】　刘耀东撰：《韩湘岩先生年谱》称，韩锡胙，浙江青田人。《综表》据谱而漏著。

（4）《综表》页625载：

德楞泰　籍贯缺著　备考引花沙纳撰《德壮果公年谱》。

【按】　花沙纳撰：《德壮果公年谱》称，德楞泰，蒙古正黄旗人。《综表》据谱漏著。

（5）《综表》页640载：

昇寅　籍贯缺著　备考引《昇勤直公年谱》。

【按】　宝林等撰：《昇勤直公年谱》称：昇寅，满洲镶黄旗人。《综表》据谱而漏著。

（6）《综表》页652载：

冯春晖　籍贯缺著，备考引王心照撰《冯旭林先生年谱》。

【按】　王心照编：《冯旭林先生年谱》称：冯春晖，河南光州人。《综表》据谱而漏著。

（7）《综表》据谱而漏著籍贯之例甚多，条列如次：

页655徐起渭，据支清彦撰《徐侣樵先生年谱》而漏著贵州开泰人。

页663斋清阿，据常恩撰《斋威烈公年谱》而漏著满洲镶黄旗人。

页699罗惇衍，据自编《罗文恪公年谱》而漏著广东顺德人。

页699黄鼎，据彭洵撰《彝军记略》而漏著四川崇庆州人。

页707孙云锦，据孙孟平撰《开封府君年谱》而漏著安徽桐城人。

页723蒋萼，据蒋兆兰等撰《蒋府君年谱》而漏著江苏宜兴人。

页736晏安澜，据金兆丰《晏海澄先生年谱》而漏著陕西镇安人。

五、出处、编者、书名缺误例

（一）一书分为二者：

（1）《综表》页577厉鹗，备考引朱文藻编《厉樊榭先生年谱》及缪荃孙编《厉樊榭先生年谱》二种。

【按】　缪编系缪荃孙据朱文藻稿本增补而成。收入《嘉业堂丛书》。谱后有刘承幹跋一篇记缪氏增补经过及取材来源。故应注朱文藻编、缪荃孙增订《厉樊榭先生年谱》，或于朱编下注明稿本，以免学人查找。

（2）《综表》页510魏象枢，备考引魏学诚编《魏敏果公年谱》及象枢自订的《寒老人年谱》。

【按】 是谱系魏象枢口授，子魏学诚编录，不宜列为二种，《寒老人年谱》为《寒松老人年谱》之误，与《魏敏果公年谱》为同书异名。

（3）《综表》页650顾广圻，备考引赵诒琛编《顾千里年谱》及金山姚氏编《顾千里年谱》二种。

【按】 赵、姚二编实出一手。赵诒琛原编顾谱一卷，民国十九年金山姚氏据赵稿收入《复庐丛书》铅印，为初刊本，不分卷。后赵诒琛又增修于次年再刊，析为二卷，故不宜题姚编。

（二）作者缺误：

（1）《综表》页498胡承诺，备考引《胡石庄年谱》而称不著撰人。

【按】 《胡石庄年谱》题胡玉章编，有《湖北丛书》本，不得云不著撰人。

（2）《综表》页504陈瑚，备考引孙溥撰《安道公年谱》。

【按】 《安道公年谱》确题孙溥撰，然此指陈瑚之孙陈溥所撰。非姓孙名溥。《综表》误以孙为溥之姓而误题孙溥撰。

（3）《综表》页563黄叔琳，备考引颜镇撰《黄侍郎年谱》。

【按】 《黄侍郎年谱》系谱主门人顾镇所撰。《综表》误题颜镇撰。

（4）《综表》页563张朝晋，备考引张守颜撰《北湖先生年谱》。

【按】 《北湖先生年谱》系谱主之子张京颜撰，《综表》误为张守颜。

（5）《综表》页586全祖望，备考引董纯撰《全谢山（祖望）年谱》。

【按】 《全谢山年谱》系谱主门人董秉纯所撰，《综表》误为董纯。

（6）《综表》页654端木国瑚，备考引端木百禄自撰《太鹤山人年谱》。

【按】 《太鹤山人年谱》系谱主之子端木百禄及陈谧所撰。《综表》误为自撰。

（7）《综表》页690张亮基，备考引林绍年撰《张制军年谱》。

【按】 是谱原题确作林绍年撰，实则为谱主之孙张祖祐据谱主自订年谱稿辑成而倩林绍年删定者。据该谱所附林绍年跋称："光绪甲辰余拜命摄黔抚事，公孙祖祐邮致所辑公年谱二卷就正于余。”又张祖祐跋称：“光绪甲辰二月祐始就先大父所遗年谱原稿续辑为年谱二卷。……以姑丈林赞虞尚书秉笔史馆，历抚滇黔，于公当时情事知之较确，脱稿后即请订正，复经林丈芠烦补缺，详加考订。”是撰者不宜单题林绍年。

（三）书名有误：

《综表》页676徐栋，备考引《玖初年谱》。

【按】 徐栋字致初，自撰《致初自谱》，《综表》既误徐栋字为玖初，随误谱为《玖初年谱》。

六、排次颠倒例

工具书当以便利用者为尚，人物次序自应依生卒为先后。《综表》生年尚有次序，而同年生人则不依卒年为次序，以致排次颠倒，翻检不便，其例较多，仅举三则：

（1）《综表》页494，自秦重采至刁包十四人均生于万历三十一年，而卒年早者有在崇祯十七年，晚者有在康熙十八年，但排次参差凌乱。

（2）《综表》页502，自张尔歧至黄机十五人均生于万历四十年，而卒年早者有在顺治二年，晚者有在康熙三十三年，但排次亦参差凌乱。

（3）《综表》页728，自陆润庠至刘春霖十五人均生于道光二十一年，而卒年早者有在光绪十五年，晚者有在民国四年，但排次亦参差凌乱。

原载于《古籍整理出版情况简报》1981年第7期（总第86期）、1982年第1期（总第88期） 中华书局总编辑室编印

清人年谱的初步研究

——《清人年谱知见录》序*

一、年谱缘起及其在史籍中的地位

年谱是史籍中的一种人物传记，但它和一般传记有所不同。它是以谱主为中心，以年月为经纬，比较全面细致地胪述谱主一生事迹的一种传记体裁。所谓“叙一人之道德、学问、事业，纤悉无遗而系以年月者，谓之年谱。”[①]它杂糅了记传与编年二体，并从谱牒、年表、宗谱、传状等体逐渐发展演变而自成一体[②]。

年谱作为一种专用体裁，过去学者大多认为始于宋。所谓“年谱之作，肇始宋代”[③]、“年谱之作，权舆于宋，唐人集有年谱，皆宋人为之”[④]等说，皆指此而言。核之年谱实际，确可成为定论。宋代出现一批以韩愈、柳宗元、范仲淹、欧阳修、朱熹等人为谱主的年谱，便是明证。

元明二代，年谱继有所作，而到清代则得到了极大的发展。年谱的兴起和发展主要原因有三：

其一，后人为了研究前代文人学者的作品与学说，便按年月排次谱主事迹，

---

* 本文后作为《近三百年人物年谱知见录》（上海人民出版社1983年4月版）一书代序。

① 朱士嘉：《中国历代名人年谱目录》序。

② 章学诚：《刘忠介公年谱》序。

③ 吴怀清：《李二曲先生年谱》序。

④ 归曾祁：《归玄恭先生年谱》跋。

寻求作品与学说形成的时代背景和发展痕迹。清人杭世骏的《施愚山先生年谱序》[①]、尹壮图的《楚珍自记年谱序》和近人胡鸣盛的《陈士元先生年谱》的识语中[②]对此都有比较详尽的论述。

其二，年谱是为了补充国史、家传的不足和订正其错误而作。国史、家传对于一个人的生平事迹只能择要叙列，其次要的或者在当时被认为无足轻重的行事往往缺略，有的还由于记载传闻的歧异而有记述舛误之处，更有的人在当时还够不上列入国史、家传的资格，而后来却日益为人所重视，并有记述其事迹的必要。这样，年谱便应客观实际的需要而担负起补充和订正国史、家传的任务。清初史学家全祖望在《施愚山先生年谱序》中曾说。“年谱之学，别为一家。要以巨公魁儒事迹繁多，大而国史，小而家传墓文，容不能无舛谬，所借年谱以正之。”[③]清季孙诒让在《冒巢民先生年谱序》中对这一点作了更为详尽的发挥。

其三，年谱的纂辑，如出于自编多半是个人或炫其“功业”，以求传世；或鸣其困塞，以博取同情。如为子孙或故旧所编，或颂扬祖德以标榜门庭；或胪列事迹以志景仰。[④]尤其是遭遇坎坷的人，往往想把自己的“遭逢之坎坷，情志之拂逆”，“告诸天下后世以祈共谅其生平”。二者“荣悴虽残”，而“自鸣则一也”。[⑤]

由于上述三点，年谱被大量制作，年谱数量随之而日益增多，逐步由附庸而蔚为大国，从而在史籍中取得了应有的地位。

年谱在古代目录中，未见著录。它见收于目录书以《郡斋读书志》为最早。其后，各种目录多加著录，如国家目录的《四库全书提要》史部传记类中就收录有《孔子编年》、《杜工部年谱》及《朱子年谱》等，如史志目录的《明史艺文志》史部谱牒类中就收录有《二程年谱》、《朱子年谱》和《蔡忠惠年谱》等，如私家目录的明陈第《世善堂书目》谱系类就收录有《陶靖节年谱》等。但是，它们都没有取得专类专目的独立地位。近人田洪都认为年谱之有专目始于清人张之洞的《书目答问》，他说：

> 自张之洞著《书目答问》移谱录于史部，分书目、姓名年谱、名物三

---

① 《道古堂文集》卷五。

② 《北平图书馆馆刊》第三卷第五号。

③ 《鲒埼亭集》卷三二。

④ 孙若彝：《华野郭公年谱序》。

⑤ 吴庄：《花甲自谱》序。

类。于是年谱始有专目，学者得以分门而求。[①]

田氏此说，不甚确切。因为在明代祁承㸁的《澹生堂藏书目》史部中便在传记类外别有谱录类，而谱录类下就有《年谱》专目，收录了《韩文公年谱》至《伍宁方年谱》等多种。清初钱曾的《述古堂书目》史部中更有《年谱类》的专类，收录了《圣师年谱》至《吴文正公年谱》等多种。它们都比《书目答问》早几百年。所以，可以认为：年谱从明清以来已在史籍中由附属于传记类、谱系类之下，而逐渐自成专目专类，取得了独立类目的地位，成为史籍分类中的一个组成门类。这种独立地位正反映了年谱所达到的发展程度。

二、清人年谱总情况的分析

（一）范围和数量

《清人年谱知见录》中收录的清人，主要指三部分人：一部分是生于明而卒于清顺治元年以后的人，不过那些虽卒于清却一直没有直接在清政权下生活（如刘宗周、张煌言等人）或流亡于国外的人（如朱舜水、释隆琦等人），则未列入；一部分是生于清卒于清的人；第三部分是生于清而卒于辛亥以后的人，他们在清朝末年有不少活动。收录这部分人为便于完整地了解有关清代的情况。但从断限来看，这部分人便列为附录。包括这三部分人在内的所谓“清人年谱”，据各家著录约略综计，当有八百余种，一千余卷。据1941年出版的李士涛编《中国历代名人年谱目录》，凡著录谱主九百六十四人，谱一千一百〇八部，即使后来有所增加，但最低估计，以“清人”为谱主的“清人年谱”数量当占总年谱量的一半以上。所以，年谱的制作，在清代确是一个大发展的时期。年谱在清代之所以得到大发展，除了前述三点外，清代学术文化的发达也给予了一定的影响。清自顺治入关建立政权之后，历经康、雍、乾三代的恢复发展，已达到了所谓“盛世”的阶段，学术文化各方面都在前人基础上取得了新的成就。为了配合学术研究，年谱作为一种研究对象也得到了较快的相应发展，尤其是乾嘉时期考据学的发达更起了一定的促进作用。顾廷龙先生在《中国历代名人年谱目录》序中所

① 《中国历代名人年谱目录》序。

说：“乾嘉之际，竞尚考据，而编纂年谱之业遂蒸蒸日上，至今有甚而不衰。”正说明了这一点。

在学术文化发达的同时，也出现了另一反面现象，就是文化专制主义也在日益加强，文网日密，文字狱迭兴，钳制愈严，忌讳愈多，所以一些人对撰述反映整个史事的著作心有疑虑；于是有的人就选择一个人的生平来借以论列史事，以求避免触犯忌讳。这也使年谱的制作量有所增加。所以康、雍、乾三朝的年谱数量又占“清人年谱”中的绝大比重。

但是，清代作谱之风如此之盛更重要的是有它的社会原因。整个清代经历了封建社会末期和半封建半殖民地社会。它无论是阶级结构、等级关系，或是社会风尚等都起了相应的变化。年谱的谱主已不像过去那样只限于文人学者和达官显宦。商人、买办凭借自己的经济力量，不再讳言自己出身低微和持筹握算的“贱业”；贫苦知识分子也可以操笔自记生平来抒发不遇的愤慨；身怀奇艺绝技的人也有人为他们撰谱；民族资产阶级也多津津乐道他们发家致富的道路；而妇女、方外也有人肯为他们写谱。这些都是由于社会的变化给他们开了方便之门。年谱的范围必然随之而扩大。

这批数量不少的“清人年谱”，从它所涉及的人物、编者、表达形式、编制体例和刊行流传等方面看，都比过去有所发展而具有一定的特点。清人徐嘉曾对几种“清人年谱”作过评论①，但十分简略，不足以窥见“清人年谱”的全貌。现就我所检读过的近八百种“清人年谱”，从上述几个方面略作分析和概述。

（二）谱主

“清人年谱”谱主范围之广实为前代所不及。过去涉及的范围在数量上有所增加，过去未涉及的范围又有所扩大，从这近八百种的年谱谱主看，大致包括如下各种类型人物。

1. 官僚军阀

上起军机大臣、大学士，下至州县官吏各级类型都有涉及。如军机大臣、大学士有张玉书、朱轼、蒋攸铦等谱，尚书、侍郎有宋荦、祁寯藻等谱，各省督抚有范承谟、毕沅、邓廷桢等谱，提督、总兵有杨遇春、葛云飞等谱，部曹有孙宗彝、顾予咸等谱，司道有韩锡胙、宋鸣琦等谱；府州县官有胡具庆、林愈蕃等

① 《裴光禄年谱》后记。

谱，学官有焦袁熹、莫与俦等谱，状元有彭定求、王仁堪等谱，湘淮军阀有曾、左、李、胡等谱，明臣降清者有洪承畴、钱谦益等谱，近代军阀有袁世凯、段祺瑞等谱，近代政客有徐世昌、梁士诒等谱，汉奸有汪精卫、王揖唐等谱，幕友食客有林希祖、史悠厚等谱。

2. 文人

清代刊行诗文集较多，许多专集往往于刊行时附入自撰或他人所编的年谱，有些则是编谱者为研究谱主作品而编的。所以，文人年谱在“清人年谱”中数量较多。如诗人有吴伟业、袁枚、陈衍等谱，古文家有侯方域、方苞等谱，词人有纳兰性德、厉鹗等谱，剧作家有尤侗、孔尚任等谱，小说家有蒲松龄、吴敬梓等谱，通俗文学家有屠绅、陈端生等谱。

3. 学者

清代对过去的各种学术领域都有所继承和发展，出现了不少学者。他们有的自撰年谱，有的由友生或后学为了研究某些学者的学术造诣和成就而纂辑年谱，所以清代的学者年谱为数也颇不少，如思想家有顾、黄、王直至康、梁、谭等谱，理学家有李光地、汤斌等谱，经学家有阎若璩、孙诒让等谱，史学家有全祖望、钱大昕等谱，文字学家有段玉裁、朱骏声等谱，金石学家有王昶、吴大澂等谱，校勘学家有卢文弨、顾千里等谱，目录学家有张金吾、姚振宗等谱，地理学家有徐松、杨守敬等谱，数学家有梅文鼎、李善兰等谱。

4. 艺术家

一些有成绩的书画家和有特殊技能的艺人也有人为他们编纂专谱。如画家有王时敏、石涛等谱，书法家有包世臣、郭尚先等谱，鉴赏家有周亮工谱，棋手有范西屏、施定盦谱，评剧艺术家有成兆才谱。

5. 商人

这些人有的是由官绅和高利贷者转化而来的近代民族资本家，如张謇、荣德生等；有的是靠帝国主义经济势力发家的买办商人，如徐润、许铉等；有的是经营米、丝、盐等业的巨商，如高铼泉、周庆云等；有的是金融资本家，如谈丹崖等；还有的是商业中的从业人员，如曾任司帐的周憬。

6. 和尚

这些人有的是明亡前后遁迹为僧的，如函昰、今释等；有的是在佛学上有相当造诣的名僧，如读彻、见月等；有的是清末与民主革命活动有关的僧人，如曼殊、弘一等。

7. 妇女

为妇女立谱始于清。她们有的是当时和后世的有名人物，如董小宛、吴宗爱等；有的只是人子为母撰谱以申所谓“孝思”的，如尹会一母李氏、王先谦母鲍氏等。

8. 明遗民

清初有一批忠于明朝的“遗民”，他们有的隐居不仕，如邢昉、万泰、傅山等；有的继续从事反清活动，为万寿祺、阎尔梅等。由于他们都从事讲学和著作的活动，并大多有专集行世，所以有门人或后人为他们编谱。

9. 其他

除上述各类人物外，还有一些不太为人注意的人物，如在科举上仅有最低的秀才功名而以教读、作幕为业的，如张朝晋、张焕宗等人；有的一生只是设塾教读，如潘天成等；有的从事秘密道门活动，如李龙川；有的一生碌碌，毫无足述的，如蒋曾爚。这些人也都有自撰或他人所编的年谱行世。在附录部分还收有资产阶级革命家孙中山、章炳麟和陈少白等人的年谱。

（三）编者

陈乃乾的《共读楼所藏年谱目》按不同的编者分年谱为四类，即：甲、自撰类，乙、家属所撰类，丙、友生所撰类，丁、后人补撰类。“清人年谱”的编者也没有超出这四种情况：

1. 自撰类

自撰年谱约始于明。如魏大中有《廓园自订年谱》一卷，郑鄤有《天山自叙年谱》一卷。清初王崇简、尤侗等人也都有自订年谱。清季张謇《啬翁自订年谱》序中说“自订自謇始”，似不够确当。

自撰年谱有三种不同情况：

①谱主手订：如李世熊的《岁纪》、荣德生的《乐农自订行年纪事》等。

②谱主口述，他人笔录整理：如《魏敏果公年谱》由谱主魏象枢口授，子学诚等编录；《病榻梦痕录》由谱主汪辉祖口授，二子继培、继壕笔记。

③谱主自订，后来由子孙、亲属、门人或其他人补注、校订和续编：如吴省钦的《白华年谱》是乾隆四十五年时所手订，卒后其子敬枢于嘉庆十五年又续补而附刊于《白华后稿》卷首。王士祯的《渔洋山人自撰年谱》即由小门生惠栋加以补注。杨岘的《藐叟年谱》即由弟子刘继增辑续谱。钱大昕的《竹汀居士年

谱》即由其曾孙钱庆曾校注和续编。

2. 家属所撰类

所谓家属包括家族和亲属。其中子为父撰的占绝大多数，如王开云为其父王文雄编《王壮节公年谱》、王代功为其父王闿运编《湘绮府君年谱》等；有弟为兄撰的，如王士祯为其兄士禄编的《王考功年谱》、王廷伟为其兄王廷儁编的《芥岩先生年谱》等；有侄为伯父编的，如张继文为张穆编的《先伯石州公年谱》；有孙曾为其祖辈编的，如张穆为其祖张佩芬编《先大父泗州府君年谱》、邓邦康为其曾祖邓廷桢编的《邓尚书年谱》、查慎行的外曾孙陈敬璋为其编《查他山先生年谱》、钱陈群的来孙钱志澄据陈群曾孙钱仪吉的残稿为陈群编《文端公年谱》；有子为母撰的，如尹会一为母李氏编《尹太夫人年谱》；有婿为外舅编的，如戴正诚为郑文焯编《郑叔问先生年谱》。

3. 友生所撰类

所谓友生指门人及朋友等而言。其中门人编撰的较多，如董秉纯为全祖望编《全谢山年谱》、段玉裁为戴震编《戴东原先生年谱》；有友人所编的，如王永祺为胡宝瑔编《泰舒胡先生年谱》、钱玄同为刘师培编《左盦年表》；有幕客为府主编的，如韩超的门客陈昌运为其编《南溪韩公年谱》、李续宾的门客傅耀琳为其编《李忠武公年谱》。

4. 后人补撰类

这一类年谱的谱主大多是文人学者。由于后人研究他们的生平和成就而补撰，如缪荃孙为地理学家徐松编《徐星伯先生年谱》、李俨为数学家梅文鼎编《梅文鼎年谱》、黄云眉为史学家邵晋涵编《邵二云先生年谱》，刘盼遂为文字学家段玉裁编《段玉裁先生年谱》。甚至日本一些汉学家也为清代某些学者补撰年谱，如铃木虎雄为诗人吴伟业编《吴梅村年谱》、小泽文四郎为经学家刘文淇编《刘孟瞻年谱》等。

（四）表达形式

“清人年谱”的表达形式归纳起来有四种：

1. 文谱

就是用文字来叙述谱主的一生事迹，这是绝大部分年谱采用的形式。有的是按年为次顺叙而下；有的则按年以大字为纲记事，以双行小字附注资料和出处，或低格另起详记事情原委；个别有用韵语缀连成篇的，如金之俊的《金息斋年谱韵编》。

2. 表谱

这就是年表。它们有的为了简化谱文，改编已有年谱为年表，如金荣改编《渔洋山人自撰年谱》，就是用年表的格式分栏简记自撰年谱的内容；有的则是直接编为年表，如吴芳吉的《白屋自订年表》、黄涌泉为费丹旭编的《费丹旭年表》。因为年表主要也是年经月纬来记事的，所以它应是年谱的一种表达形式。

3. 诗谱

有的年谱是用诗的形式来综述一生事迹的。它虽然不如文谱的详尽、表谱的简明，但它也多是按年顺次叙述的，如万廷兰的《纪年草》，每年作诗一首，然后低一格附一段记事；苏履吉的《九斋年谱诗》四十首，以诗记一生经历，然后在诗下用双行小字记事。这些诗谱实际上是诗文结合体，以诗为纲，以文为目，而且多为自撰。

4. 图谱

这是用图画形式来表述一生事迹的。如尤侗的《悔庵年谱》后所附的《年谱图诗》就是把他一生事迹中“摘其大者，绘为十六图，各缀小诗，志其本末”（尤侗识语）。这是诗图的结合，用作正谱的大事提要。梁金为檀萃编的《默庵先生寿谱图》是谱主七十岁时门人“略述平生綦迹，以当年谱，凡十六幅，总三十二图。首尾两幅著引及同事诸生姓名，共十八幅”[①]。麟庆的《鸿雪因缘图记》也是有图有记的，据其子崇实说：“是书乃吾父生平际遇与夫游历山川得意者，皆制一图，图各一记，手自著作。尝谕实弟兄曰：此即我之年谱而别创一格。”[②]

（五）编制体例

顾廷龙先生在《中国历代名人年谱目录》序中曾对谱例详加考论，归为四类，颇称全面。“清人年谱”也按不同情况分别采用，无甚歧异与争论。其略有异义者只在繁简问题上。宗稷辰主张年谱取材宜简，不应“夸多斗靡”[③]。王永祥则主张应“不避繁烦，详为节录”[④]。繁简之争所由起是因为“繁者每失于

① 《谱序》。

② 崇实：《惕盦自谱》道光三十年条。

③ 黄垕炳：《黄黎洲先生年谱》跋。

④ 《焦里堂先生年谱》凡例。

芜，简者又嫌于漏”[①]。实际上，这只是各执一端。是繁是简，完全应该根据谱主情况和年谱刊行形式而定。梁启超的“附见的年谱须简切”、“独立的年谱须宏博”的说法[②]，不失为一种通达之见。

一般年谱在选材体例上应包括这样一些内容，即①谱主字号、里贯、生卒和得年；②谱主科名、仕历或经历；③谱主的“功业”；④谱主的创作成就和学术造诣；⑤当代大事；⑥交游及有关人物的生卒、简况；⑦家事；⑧恩宠和哀荣；⑨附录。各谱随情况不同，或者包括全部，或者缺略数项。但，这是指一般“通谱”内容而言。“清人年谱”中尚有只选择谱主一生中心事业为主干，与中心事业无关的人和事概不阑入，或仅简略提到。这些年谱可称为“专谱”，如嘉道时校勘学家钱泰吉自道光七年至咸丰三年间任海宁训导二十七年，日以校书为务，门人唐兆榴遂据所校书册尾所记文字编成《可读书斋校书谱》。这一专谱既可见谱主一生精力之所注，又著录了所校各书的版本，有裨于版本目录之学。清末目录学家耿文光，一生贩书、藏书、校书、读书。他自撰《苏溪渔隐读书谱》就是把“校书之法、读书之记、藏书之目，合而为一者也”。这类“专谱”对专门学术领域的研讨较之一般“通谱”尤为有用，是“清人年谱”中的一种佳例。

“专谱”之外，还有一种“合谱”。“合谱”和“合刊”不同。“合刊”是一种流传方式，就是把有关人物的年谱合刊在一起便于流传，每人仍保持单谱的地位，分刊仍可单行。“合谱”则是编纂上的体例，它把有关人物合编成一个谱。有父子合谱的如王念孙、王引之父子的《高邮王氏父子年谱》；有夫妇合谱的如郝懿行、王照圆夫妇的《郝兰皋夫妇年谱》；有同工一技合谱的如棋手范世勋、施绍闇的《范西屏施定盦二先生年谱》。过去，梁启超很提倡这种合谱。他曾说：

> 从前有许多人同在一个环境，同做一种事业，与其替他们各做一部年谱，不如并成一部，可以省了许多笔墨和读者的精神。[③]

当然，“合谱”必须具备适合的条件。“同在一个环境”固然必要，但更重要的是“同做一种事业”。不过这种条件究是少数，所以，年谱仍以单谱为大宗。

---

① 吴骞：《初白先生年谱》序。

② 梁启超：《中国历史研究法补编》。

③ 梁启超：《中国历史研究法补编》。

（六）刊行与流传

“清人年谱”的刊行与流传方式有四种：

1. 稿本

这包括谱主自订年谱的稿本和他人补撰追著的稿本。谱主自订年谱稿本所记多为耳目见闻和身经其事，又以尚未刊行，未遑修饰，所以多得实情。天津人民图书馆所藏何葆麟的《悔庵自订年谱》稿本所记民国二年张勋、冯国璋等入南京后的暴行，颇称具体。但也有一些稿本内容毫无意义，如南开大学图书馆所藏蒋曾爚的《延秋山馆自订年谱》稿本，其人碌碌，记事也一无足采。他人补撰的稿本，有的是补撰前人所无者，有的是前人已有而又别撰或增订者。这类稿本多半是编者的未定待刊稿，内容和文字均有待于订正。王汉章所编《刘继庄年谱初稿》、《纪晓岚年谱》、《盛意园先生年谱》和《天南遯叟年谱》等稿本都藏于天津人民图书馆。陈乃乾所编《黄九烟年谱》、《重编汤文正公年谱》等见于《共读楼所藏年谱目》，著称“稿本待刊”。以后各年谱目录多据陈目辗转著录，但入藏情况不详。有的稿本见于著录而确知原稿已佚的，如王兆符编的《方望溪年谱》，据苏惇元所编的《方望溪先生年谱》的自序和戴钧衡序中都明确指出王编“今皆无传本”、“世亦绝未之见”。有的稿本因别有抄本和刊印本，则价值就相对降低些，如方濬师编的《随园先生年谱》，据著录除稿本、抄本外，还有大公报、大陆书局二种铅印本和《近代名人年谱丛刊》本。有的稿本还是未完稿，如上海图书馆所藏张焕宗的《张秋岩年谱》稿本，据其自序说，当记至乾隆四十三年（六十岁）止，而实际上仅记至乾隆二十九年（四十七岁）。

2. 抄本

有传抄和清抄。有的是据稿本传抄，如北京图书馆藏《襄勤伯鄂文端公年谱》四卷就是旧抄本。上海图书馆所藏李锺文的《十年读书之庐主人自叙年谱》就是许氏涵芬楼传抄本。有的很像清稿本，实际上是清抄本，如北京图书馆藏贺培新编的《水竹村人年谱稿》和叶伯英的《耕经堂年谱》便是。《水竹村人年谱稿》封面里有注称：“原空格者照空，有朱圈者皆空格，凡注皆双行”。这个注说明它在格式上和所据本有所不同，可证它是抄本。《耕经堂年谱》因我原藏有一本（后遗失），曾和北京图书馆相核，其纸张、字迹、行款、格式、分卷、装订完全一样，可证它是谱主定稿后请书手多抄几份送人的传抄本。

3. 油印本

一般说来，油印本多半是基本上已成定稿，但还准备征求意见加以充实补订，所以油印分发；有的或是没有得到刊行的机会，先小量油印保存以免散失。油印本有的是刻写油印，如王焕镳为陶澍编的《陶文毅公年谱》；有的则是打字油印，如《黎元洪年谱资料》。有的年谱并非原编者所印发，而是后人印发，如法式善编的《洪承畴年谱》，决非当时油印，而是后人因洪是清初重要的反面人物，但又不值得正式刊印，于是便打字油印加以流传。有的谱主虽不甚重要，但谱中却记录了不少史料，如赵守纯的《雪鸿山馆纪年》，中山大学图书馆藏有稿本。谱主在江苏道府县作幕多年，办过捐输，在浙江作过知县，本是个微不足道的人物，但在《纪年》中却记了一些与太平天国、小刀会和金钱会有关的资料，可供参考，但没有大量刊行的必要。所以，1958年广州古籍书店即据稿本油印复制，供专业人员使用。

4. 刊印本

正式刊印的清人年谱有写刻本（如《渔洋山人精华录笺注》所附《渔洋山人自撰年谱》）、木刻本（绝大部分是木刻本）、木活字本、铅印本和石印本等。这些刊印本有四种不同的流传形式。

①单行本：刊印的年谱自成一书、独立流传的称为单行本。它们有的由谱主自己或家族印行的称家刻本或家印本。也有由别人和书店印行的如赵光的《赵文恪公自订年谱》是光绪十六年家刻本；陈驯蜚为唐中立编的《博斋先生年谱》就是民国十七年成都复真书局刊本。

②合刻本：把刊者认为谱主事迹相近或相似的几种谱合在一起刊行而仍各自成谱的称合刻本。如《归顾朱三先生年谱合刊》就是把归有光、顾炎武、朱柏庐三人的单谱合刊在一起。

③书本：清代丛书盛行，有些就收刊多种年谱，如《嘉业堂丛书》中就有查继佐、阎尔梅、顾炎武、查慎行、厉鹗、瞿中溶、李兆洛、徐同柏、张金吾等人的年谱。其他如《畿辅丛书》、《山右丛书》等也多收有年谱。

④附刻附印本：有的年谱并不单行，而是附在其他专集、宗谱和报刊里。其中以附在诗文专集者为多，如《陈星斋年谱》（陈兆仑）就附刊在《紫竹山房诗文集》中；《述庵先生年谱》（王昶）就附刊在《春融堂集》卷首。解放后出版的诗文集也常附入年谱，如《郑板桥集》就附有《郑板桥年表》，《蒲松龄集》就附有《蒲柳泉先生年谱》。附刊在宗谱中的年谱一直不甚被人注意，实则往往

收有有用的年谱。如《毘陵庄氏族谱》卷十二的《庄恒自叙年谱》，谱主庄恒是明朝遗老，所记为遗老生活和家世凌替状况；同卷的《胥园府君年谱略》是乾隆时任过广东布政使的庄肇奎的年谱。又《毘陵唐氏家谱》中有《清大司马蓟门唐公年谱》，谱主是康雍时期的刑部尚书唐执玉。《华亭王氏族谱》中有王兴尧的《遂高园主人自叙年谱》和王清瑞的《鹤间草堂主人自述苦状》二种。至于报刊上发表的年谱大多是辛亥以后人所作。这批年谱虽然散见各处，但可利用报刊索引等工具书去求书。

三、“清人年谱”史料价值的估计

对于“清人年谱”的史料价值，总的估计有二：一是对清代八九百个人物的生平提供了必要的资料，使原有传志的人物在材料上得到了丰富，没有传志的人物在事迹方面填补了空白；二是为论史、证史提供了若干有关的史料。

年谱是一种人物传记，它记述了一个人物的生平事迹和某些评论。“清人年谱”也不例外，有些重要历史人物的传志比较简略，如记仕历，或有重点的选记，或只记最后官阶、最高官阶；而年谱则记其仕历的逐步过程，并记及宦海浮沉中错综复杂的矛盾关系，可以借此了解到这一人物在政治集团中的地位和派系关系。有些镇压人民的刽子手，传志只能综括其所谓“勋业”，而年谱则能见其镇压手段的阴鸷毒辣和镇压反抗的全过程。至于一些文人学者的年谱，大多是经过撰者研究探讨，比达官显宦年谱的单纯排比事实，更为有用。它可以借此了解谱主进学的程序、用功的标准、遗著佚作的梗概、师友的渊源和生徒传授的关系等等。对于一些湮没无闻而确有贡献的人则可因谱而传，如评剧创始人之一的成兆才，本不为人所知，但经撰者钩稽成谱，使人们对这一民间艺术家的生平和贡献就能有所了解。所以有人曾誉年谱为“最得知人论世之义”。[①]由于清人年谱所包括的既有重要人物，也有微不足道的人物。所以，它的使用价值较高。

“清人年谱”中的人物生平还可用来校核某些有关人物生平的书籍。我曾用年谱校姜亮夫编的《历代人物年里碑传综表》清人部分，结果校出一人两载之误、名号缺误、年龄生卒缺误、籍贯缺误及出处、编者、书名缺误等达五十余条。

---

① 孙德谦：《古书读法略例》。

但是，在借助年谱来了解人物生平事迹时，必须注意一个问题。因为年谱大多出于子孙和门人、朋友，他们对谱主的评论不能不有所虚美；即使是时代相隔的后人，也多是由于钦敬其人其学，方为撰谱，而不能不有所偏爱。因此，人物生平事迹或评论往往均须特别考虑。其中最能作为典型例证的莫若《是仲明先生年谱》。谱主是仲明名镜，康熙至乾隆间人。其门人张敬立据是镜日记编谱，叙谱主修身、讲学、论道诸事。如仅从年谱记事看，则谱主一生俨然为一“醇儒”；但考之其他著作，则此人甚不齿于时人。阮葵生的《茶余客话》卷九有《是镜丑态》专条，揭露是镜的丑行，并评论他是“诡谲诞妄人也，胸无点墨，好自矜饰，居之不疑”。董潮的《东皋杂钞》卷二记是镜为其胞弟告发不法之事三十余款。段玉裁的《戴东原先生年谱》中记是镜被东原鄙弃，甚至拒绝和他讨论学问，并致书讥讽。江瀚的《石翁山房札记》卷九更指出《儒林外史》中的权勿用“即指仲明”，可证此谱为不足征信。

“清人年谱”除了对了解人物提供一些资料外，还蕴藏着一些可供证史论史的史料。对于这部分史料大致可作如下三种情况的估计：

一是年谱记事琐碎平庸，人与事都不足述，即使有点与史事有关的记载，也大多支离破碎，不能超出其他记载的范围而有所补益，如清初的王崇简是一个由明入清、碌碌平庸的官僚，他的《自订年谱》记本人和诸子的仕历及家事，无史料可供采择。又如嘉道时的杜受田是一个无所建树、尸位素餐的官僚，卒后，其子杜翰等记其仕历及所受恩宠荣哀以代行状，也没有什么可用的史料。这一类年谱数量较少。

二是年谱记载的资料可与其他记载相互印证、补订。有些方面比其他记载丰富和具体，涉及的问题也较多。这部分年谱数量较多。这里略举几个方面的例证来说明：

①关于制度和政策

《蒙斋年谱》（田雯）记康熙前内阁中书的不为人重视；《易斋冯公年谱》（冯溥）顺治十七年条记派汉官考察满员一事，康熙五年条记议派大臣二员在各省督抚衙门旁设署考察督抚而遭反对一事，都和官制有关。

《孙宗彝年谱》（孙宗彝）顺治十三年条记高邮地方按房征役的苦累状况是“倾家丧命，年年有之，惟有献房于豪家或拆屋逃去，以避差徭”。顺治十八年条记高邮地方按田、按丁征役的苛烦，而丁差尤苦的情状，可见清初徭役制的残民。

《漫堂年谱》（宋荦）、《范忠贞公年谱》（范承谟）、《楼山省身录》

（王恕）等记康雍乾时的江南漕运，与漕运制度有关。

《仁庵自记年谱》（魏成宪）道光元年条记山西丁徭合办事，与田赋制度有关。

《陈洛勤公年谱》（陈鹏年）、《栗大王年谱》（栗毓美）等所记多与河工有关。

《介山自订年谱》（王又朴）、《先水部公年谱》（许惟枚）等所记多与盐政有关。

《述庵先生年谱》（王昶）、《海梁氏自叙年谱》（杨国桢）等所记多与铜政有关。

《开封府君年谱》（孙孟平）、《㧑庐氏自编年谱》（童以谦）、《惜分阴轩主人述略》（周憬）等记太平天国在安庆、嘉定、无锡等地推行乡官制度之事。

《容庵弟子记》（袁世凯）记新建陆军的建制与扩展等事。

②关于人民的反抗斗争

《阿文成公年谱》（阿桂）、《沈端恪公年谱》（沈近思）、《德壮果公年谱》（德楞泰）、《忠武公年谱》（杨遇春）、《王壮节公年谱》（王文雄）、《罗壮勇公年谱》（罗思举）、《弇山毕公年谱》（毕沅）、《韩桂舲手订年谱》（韩崶）等谱都记有与台湾朱一贵、林爽文起义，各少数民族起义、川楚教军大起义、天理教起义和棚民反抗等有关的资料。

《独学老人年谱》（石韫玉）嘉庆八年条所附《教匪始末》记川楚教军事较详，其中记有白莲教分土地的号召，谱后所附《竹堂治谱》则有与嘓噜会及其他秘密结社有关的记载。其他如《黄昆圃先生年谱》（黄叔琳）之记无为教、《思补老人手订年谱》（潘世恩）、《穉圭府君年谱》（周之琦）之记江西编钱会都有参考价值。

《吴文节公年谱》（吴文镕）、《裕庄毅公年谱》（裕泰）、《张制军年谱》（张亮基）等谱所记鸦片战争后湖北崇阳钟人杰起义资料，颇可补清方官书及疆臣奏疏的不足。

③关于社会经济

《敬亭自记年谱》（沈起元）、《病榻梦痕录》（汪辉祖）等记乾嘉时米价、田价、木棉价及银钱比价的具体数字比一般记载为详。

《病榻梦痕录》（汪辉祖）记乾隆五十一年苏、皖、鲁等地的具体灾情是“流丐载道”、“尸横道路”、死人“埋于土，辄被人刨发，刮肉而啖”。《牧庵居士自叙年谱》（赵怀玉）记嘉庆十八年直隶、山西、山东、河南等省旱灾的具体情状是“几至易子而食”，“市中竟有以人肉为卖者”。都使我们可以想见当时社会经济残破之甚了。

《吴文节公年谱》（吴文镕）、《绳其武斋自纂年谱》（黄赞汤）都详细地记述了鸦片战争后，由于五口通商使旧交通线上的运输工人和某些相应行业的人员失业的情况，以及这种情况将对社会秩序所产生的后果。

《马端敏公年谱》（马新贻）、《崇德老人八十自订年谱》（曾纪芬）等记太平天国失败后，封建剥削制度恢复和发展的具体事例。

④关于文化

《蒲松龄年谱》、《孔尚任年谱》、《洪昇年谱》和《吴敬梓年谱》对研究文学名著《聊斋志异》、《桃花扇》、《长生殿》和《儒林外史》等书的创作情况、流传和评论等都有所裨助。

《纪晓岚先生年谱》（纪昀）、《查他山先生年谱》（查慎行）、《澄怀主人自订年谱》（张廷玉）、《雷塘庵主弟子记》（阮元）等都较详细地记述了《四库全书》、《佩文韵府》、《续文献通考》、《康熙字典》和《经籍籑诂》等书的纂辑过程。

《张力臣先生年谱》（张弨）所记为梓板写书事，可备清初精刻本的书林掌故。

《仪卫轩年谱》（方东树）记清代前期汉宋学之争颇详。

《卢抱经先生年谱》（卢文弨）、《黄荛圃先生年谱》（黄丕烈）、《校经叟自订年谱》（李富孙）、《顾千里先生年谱》（顾广圻）、《臧在东先生年谱》（臧庸）、《可读书斋校书谱》（钱泰吉）等记清代版本目录和校勘学等资料颇备。

《查东山先生年谱》（查继佐）、《吕留良年谱》（吕留良）、《查他山先生年谱》（查慎行）、《南山先生年谱》（戴名世）、《张文恪公年谱》（张泰开）记清代庄廷钺、吕留良、查嗣庭、戴名世、胡中藻等文字狱案始末颇详。

⑤关于重大历史事件

《雅园居士自叙》（顾予咸）记有清初“哭庙案”的资料。

《李文襄公年谱》（李之芳）、《平南王元功垂范》（尚可喜）、《范忠贞公年谱》（范承谟）、《陈恪勤公年谱》（陈鹏年）等书都记有“三藩事件”的资料。

《海梁氏自叙年谱》（杨国桢）、《梦庵居士自编年谱》（程庭鹭）、《葛壮节公年谱》（葛云飞）、《兰史自订年谱》（王锡九）、《稀龄追忆录》（黄恩彤）等书所记有与鸦片战争史事有关者。

《张文襄公年谱》（张之洞）、《吴兴周梦坡先生年谱》（周庆云）中记有戊戌变法时期“东南互保”的情况。

这类年谱中虽然有些可供采择参证的史料，但也必须注意到其中许多年谱或出自订、或出子孙及友生之手，不免有夸大炫耀的成分，如徐广缙的《仲升自订年谱》就掠取群众反进城抗英斗争之功为己有、林绍年编的《张制军年谱》说“湘军之发现”始于张亮基，都不符事实。有的年谱甚至还为谱主的污行曲加讳辩，如金鹤冲编的《钱牧斋先生年谱》（钱谦益）就有意为谱主的降清辩解，其跋中竟称：“先生当危亡之际，将留身以有待，出奇以制胜，迄无所成，而为腐儒所诟詈，亦先生之不幸也。”并以此观点搜集资料，恣意论列。又如严璩编《侯官严先生年谱》为其父严复参加“洪宪帝制”反复辩护。类此都应该详审事实，严加剖析。有些年谱摘引奏疏、著作甚多，固便于翻检，但如所据原书有刊印传本，则应追本求原去检核原始材料，以尽量避免传讹之误。

三是年谱所记资料为他书所未及，有助于论证问题使其更加全面、更为有力，有的甚至还能解决存疑的问题。这类年谱的数量也较少。择要举例如次：

①《赵客亭先生年谱略》（赵于京）康熙四十八年条记河南卢氏棚民反抗斗争情况甚详。南山棚民的反抗，清人著作多有论及；但河南棚民的反抗尚不多见。

②《冯旭林先生年谱》（冯春晖）道光三年条记山东临清马进忠起义甚详。此次起义虽为时不过三个月，但声势遍及河北、山东，立“天心顺”年号，设大将军、军师、尚书等官职，最后遭到惨杀和处刑的有五百余人。这是李文成起义失败后的一次较大起义，其他著述中尚不经见。

③《文文忠公自订年谱》（文祥）咸丰三年二月条记太平军克金陵后，北京的“阖城钱铺于二月初同日关闭……任京职者纷纷告假出都”。同年九月条又记太平军北伐至天津时，“内外城均设严防，京官甚有不待请假即仓惶出城者”。于此可见革命声威之盛和京城震惊的具体情状，为其他记载所不及。

④《余孝惠先生年谱》（余治）咸丰三年至同治三年间各条，记谱主先后撰写《劫海廻澜文》三卷、《公侯赞》、《劝农同胞案》、《英雄谱》、《绿林铎》、《皇恩歌》、《亲恩歌》、《解散歌》等反动诗歌戏曲，并绘《江南铁泪图》四十二帧到处劝捐，大肆攻击革命，妄图从思想上瓦解和破坏革命。谱主竟因此而由附生被保举为训导加光禄寺署正衔。此可为地主阶级对太平天国革命进

行反动的思想斗争的实例。

⑤《恬退老人自订年谱》（许铉）光绪元年条则记谱主父春荣始为布贩，同治五年就开设了大丰洋布号，成为洋布商。光绪二十四年条记春荣已于光绪十六年由洋布商出任德华银行华方经理，成为金融买办，而谱主则先后入英商有利、汇丰及德华银行供职，成为金融买办的候补者。由此可见一个普通布商如何转化为买办的具体发展痕迹。

⑥《乐农自订行年纪事》（荣德生）是一部民族资本家的发家史，记荣家由经营钱庄，进而经营面粉、制米、纱厂各种企业的过程，可以看出一个高利贷者如何转化为民族资本家的具体过程。

⑦《鹤间草堂主人自述苦状》是嘉道时人王清瑞（一名王清亮）的自谱，附刊于《华亭王氏族谱》中，因此未被人注意。此谱道光二十二年六月条下自注说："余辑《溃痈流毒》一书。"谱后所附姚椿一诗的自注中也说："君辑《溃痈流毒》一书，详载唤夷反复事"。此可解决一直不知《溃痈流毒》一书辑者为谁的疑问。

关于"清人年谱"中可供证史论史的史料，大致如上述估计。至于各谱的史料所在，在《清人年谱知见录》一书的各篇书录中都有简略说明。

四、《清人年谱知见录》[①]的纂辑

《清人年谱知见录》是有关史籍某一门类的目录书，也是便于人们检索利用的工具书。它是我在一种想法的支配下开始纂辑的。我在实际的教学和科研工作中常常见到人们为了论史、证史而需从浩繁史籍中搜集资料时，往往都是人自为政，穷年累月、孜孜不倦地去检读爬梳，不禁使我想到为什么不能由一部分人对大量的史籍分门别类地清查一下底数，然后把结果写成报告，再编制相应的工具书，给别人提供些不走重复道路的便利呢？为什么要人人都从头做起呢？

有了这种想法，我便想亲自实践一下这种设想是否行得通。于是我从史籍中选择了"清人年谱"这一门类来作试探。我一面检读，一面根据目录学的要求，每读一谱，便写一篇书录。每篇书录除记谱名、编者、卷数、版本、著录情况、

① 《清人年谱知见录》于出版时易名为《近三百年人物年谱知见录》，由上海人民出版社于1983年4月出版。

谱主事略、编纂缘起和藏者外，还增著了谱内有无可供采择的史料和涉及哪些史料这一内容。每篇书录少则二三百字，多则千字左右，文字力求简要划一。经过多年的工作，我检读了“清人年谱”八百余种，约一千二百余卷。每种年谱都是随读随写书录，又先后为了修整体例、划一文字、增补内容和重写散失部分，曾三易其稿，终于纂辑成五十余万字的《清人年谱知见录》六卷。

《清人年谱知见录》分为六卷。前五卷是书录，以朝代顺序为次，按书录数量作了均衡性的分卷，即：卷一、明清之际，卷二、顺康雍，卷三、乾隆，卷四、嘉庆至光绪，卷五、辛亥以后卒者。第六卷分为二部分：一部分是附录一《知而未见录》，就是把那些见于目录书著录或其他著述中提到，但原谱尚未经眼的，仅注出处，未写书录；以待访求和续编。另一部分是附录二，有五种索引，即：一谱主索引、二编者索引、三谱名索引、四谱主字号别名谥法索引、五主要资料索引。前四种是便于从各方面检索人物和年谱书，后一种则是把谱中涉及的主要资料按问题排列，以便使用者按图索骥，求得原谱[①]。

我通过对史籍这一小门类——“清人年谱”的试探性检读，感到这种做法可以使别人得到方便，节省精力。因为从年谱的书录中不仅可对原谱的基本情况有所了解，而且在必要时还可利用它按需要去求读原谱；对那些无太大用处的年谱，看过书录后便不必再浪费精力和时间去翻读原谱。从而我联想到：如果对史籍的每个门类或小目类都有人分别去清查一下底数，并把结果写出报告，编制一些工具书，那么，人们在搜集资料工作上就不需要人人都从头做起，而是已有少数人为多数人摆好了“梯子”，或者说做了“铺路石子”的工作。

这种“梯子”或“铺路石子”的工作，过去陈援庵先生曾经感叹说：“兹事甚细，智者不为，而不为终不能得其用。”[②]我从初步实践中体会到，这种做法不仅可以开拓目录学研究的实践领域，而且将使更多的学术工作者把主要精力用于剖析史料、论证史事、发现问题、扩大研究领域，使学术研究能更快地向前发展。

我的这一粗浅而有点不切实际的想法，愿作为愚者之见提出来，希望得到批评和指正。

原载《南开大学学报》（哲学社会科学版）1979年第3期

① 后附入《近三百年人物年谱知见录》的仅为两种，即谱主索引与谱名索引。

② 《中西回史日历》序。

《近三百年人物年谱知见录》补正

我在上世纪五六十年代曾以“为人”之学为宗旨，历时十年，亲自检读清人年谱八百余种千余卷，每读一谱，辄加叙录，终于1964年撰成《近三百年人物年谱知见录》六卷，共五十余万字。清稿誊正，谋付剞劂。而“文革”祸起，图书存稿，或被一炬，或遭抄没，斋中所剩，不过零简断笺，《知见录》自在劫中。忆往日焚膏继晷之辛劳，不禁唏嘘随之。1970年初夏，战备疏散，我以戴罪之身，放之津郊穷乡，一心务农，束书不读，意兴阑珊，更无著述兴趣。时隔半年，饬令认领查抄物资，珍物尽失，惟领回缺秩残卷及破旧衣物。不意获《知见录》、《林则徐年谱》等书稿之零篇寸纸，顿生重做冯妇之想。于是发箧中藏卡，假农耕之余，重理笔墨，土炕孤灯，每至中夜，不以为苦。年余，《知见录》再成一稿，颇有谈孺木重纂《国榷》之得意。1974年秋，赐还放归，又再次整理修订，终成定稿。八十年代初，经好友汤纲多方奔走，于1983年，终由上海人民出版社出版。历经二十余年沧桑劫难，一旦绝处逢生，得不雀跃？新知旧雨，咸加鼓励，以其书得遂“为人”之学之宗旨。

兴奋之余，避居寒斋，平心静气，循读再三，多有伤病，深悔问世之早。而各方读者、知者，无论识与不识，纷致简札。或纠谬正误，或拾遗补阙，而真情挚意，充盈字里行间，而我于读书之际又时有新谱之知见，亦随手札录，于是定意增订。惟以世务纷扰，岁月迁延，迄未着手。直至世纪之末，离休退归，方期重理积稿，而老妻病瘫，更无暇顾及，乃多方物色能承续其事者，而实有才难之憾。逝者如斯，夫子之叹。我年登八秩，精力日衰，惧所存书目、线索等资料散失，急谋依托。2003年春，经反复比量，终将增订诸事，付交女弟子江晓敏女士承担。晓敏为我早期学生，任南开大学图书馆古籍特藏部主任多年，深谙旧籍，笔墨亦勤，又重然诺。并承顾念师生旧谊，慨然承受，惟以需增补数量较多，序录亦非匆促可就，又以公职在身，势难近期可成。但伊既立志于此，时日固非所计。自惟尚有余光，乃将手头各方意见及历年所写多篇序录，撰成《〈近三百年人物年谱知见录〉补正》一文，先行刊发，向读者补过，并付晓敏辑入增订本。

《补正》一文，分两部分。一为《增补》，记原《知见录》未收而今得见之谱，写成叙录，为原录增补。其中凡友人写寄者，于文末注明。二为《订正》，记各方对已刊《知见录》之正误与补充，均记其资料来源，以明他山之助。并将原稿付晓敏存档，以备稽核。

增订《知见录》一事，既付晓敏，晓敏亦允终成其事，私心窃慰，似已付托有人，又可对读者有所交待。若天假我年，得亲见其增订《知见录》之成书，则于“为人”之学，又添一砖，亦终不负我此生矣。晓敏其勉旃！

二〇〇二年六月写定于南开大学邃谷

一、增补部分

《唐甄事迹简表》　李之勤编　《潜书》附　中华书局出版　1963年

唐甄，生于明崇祯三年（1630），卒于清康熙四十三年（1704）。清初大思想家，字铸，号圃亭，四川达州人。顺治举人，任山西长子县令，未几，丢官，后作《潜书》（初书《衡书》）九十七篇。《四库全书总目提要》评曰：“大略仿《论衡》之体，自心性，治术以至处世淑身之理，无不具列”，“……维其书多有激之谈也”。书中抨击封建专制，否定君臣关系，认为人与人是平等的，反对重男轻女。晚年信奉王阳明学说。

编者在搜集大量谱主资料基础上编写此表，简略地介绍了谱主一生活动大概。此表和书中的《唐甄事迹丛考》互为补充，可供研究谱主生平思想参考。

（南开大学图书馆藏）

《淄川蒲明经年徵》一卷　唐风纂　民国二十二年（1933）铅印本　庸谨堂丛书

蒲松龄，字留仙，号柳泉，山东淄川人，康熙辛卯岁贡生。撰者“因明经生于崇祯之末与顺治之初，尚在悬断，不能核称年谱，仅可泛题‘年徵’。‘年徵’据蒲氏《聊斋志异》及《乾隆淄川县志》等书钩稽而成，利用蒲氏自著及他人所述涉及年代者，“考交游焉，述眷属焉，溯应邑试之年，辨贡成均之岁焉”。大致推断出蒲氏生平活动，为编年谱提供有关线索，并述及蒲氏身后著述刊刻流传情形，其体裁尚非正式年谱。

《年徵》前有唐风序，附有“题淄川蒲明经年徵后”。

（复旦大学图书馆藏　沈达伟）

《先大人大树公自志年谱》一卷　清董用栋自编　清雍正七年（1729）　董志义钞稿本

杨殿珣《中国历代年谱总录》著录。

谱主董用栋，字翼九，号大树，金山人。清顺治三年（1646）生，康熙五十八年（1719）卒，年七十四岁。谱主天资明敏，博闻强记，然“自幼而壮，自壮而老，充徭役，躬耕稼，业商贾，履冰霜，蹈虎尾，锐志功名而捐弃室家，奔驰南北而精力销亡，坎坷蹭蹬，生平之志，终于蠖屈而不得一利，至易箦之时，犹抱名不立、志不遂之憾，而赍志以没”。除短期至京、杭作幕外，主要于家乡教馆为生。

是谱自记至康熙五十七年（七十三岁）止，琐记从学、耕稼、授徒及家事等。最后一年由次子志义补记。

谱后附志义雍正七年跋，及裔孙枬跋。

（复旦大学图书馆藏　沈达伟）

《齐巨山先生年谱》一卷　齐中嵚编　民国三十四年（1945）　峭蒨庐稿本

谱主齐周华，字漆若，号巨山，天台人。清康熙三十七年（1698）生，乾隆三十三年（1768）卒，年七十一岁。雍正五年（三十岁）诸生。九年，为吕留良案遵诏陈情，反复数千言，力抉曾静之罪，受阻于地方，遂自仗剑走京师，直陈刑部。后被逮解省，系狱五载。乾隆初出狱，云游四方，足迹遍天下。后以著书悖逆罪，身罹极刑，妻媳发配为奴，子孙四人皆处决。所著有《五岳游草》、《名山藏副本》。

是谱系民国年间谱主从孙中嵚所编，曾刊登于《青年日报》，后又经修订成此稿。前有中嵚民国三十三年自叙，及“齐巨山公世系表”、“同父兄弟子侄旁系表”、“同祖伯叔兄弟旁系表”。并考得谱主卒于乾隆三十三年二月，年七十一，而非旧说之三十二年十二月。后有民国三十四年中嵚跋。

（复旦大学图书馆藏　沈达伟）

《谨庭老人自订年谱》一卷　清陆恭自编　民国年间王氏学礼斋钞本

李士涛《中国历代名人年谱目录》著录。别有张衡斋藏稿本。一名《陆谨庭自订年谱》。

杨殿珣《中国历代年谱总录》著录。题《陆谨庭自编年谱》，见《适园藏书志》。

张均衡《适园藏书志》卷四著录。题《陆谨庭自订年谱》。著谱主为乾隆三十五年举人。

按：此科举年有误，以未检原谱所致。

谱主陆恭，字孟庄，号谨庭，又号绿扶，吴县人。清乾隆六年（1741）生，嘉庆二十三年（1818）卒，年七十八岁。乾隆四十五年（四十岁）举人。会试不售，南归侍养。此后绝意进取，居家督课子弟，丹黄甲乙，至老不衰。

谱主工画花卉，精鉴赏，法书名画，汉鼎秦碑，过眼辄能辨其时代，考订精确，收藏古帖名画颇多。

谱前有吴县潘奕隽撰《例授文林郎庚子科举人·选知县陆君墓志铭》及翁方纲序。

（复旦大学图书馆藏　沈达伟）

《朱厚斋先生年谱》　清符葆森编　清道光十八年（1838）刻本

谱主朱浩，字毅夫，号檀园，一号东轩厚斋。浙江余姚人，后移居京师。清乾隆三十八年（1773）生，道光十八年（1838）卒，年六十六岁。曾多次应试不第。三十七岁前随父朱尔汉办军需。参与镇压川楚农民起义军活动。父死后，奉嘉庆旨，历任江西袁州、九江、瑞州、南昌、南康、广信、临江、饶州等府知府。道光三年因水灾被弹劾，卸饶州任，此后再未出仕。晚年栖其弟沆分司署中。病终于东台。

谱主喜写诗，足迹所至，皆有吟咏。著有《朱厚斋诗集》。是谱记其经历，每每提到有某诗，述某事。

谱中乾隆五十年条提到甘肃回民田五起义事迹。嘉庆元年至七年条记有川楚农民起义军与官军作战事迹，颇有参考价值。如四年条记曰："嘉庆丙辰教匪倡乱，楚北延及川陕。戊午之秋一入甘边，旋即遁去。秦州雄据上游，风鹤无警。己未新春，州人方以届元宵，张灯火。突有军书过巩，言蜀匪张翰朝率众，伪做舞社火者，由街子口入秦，肆扰乡曲。有一骑马贼领三百余人，假扮官军，直来城下，经文武率兵勇悉歼除之。方伯以捷闻。越三月，元戎明公亮，自蜀来檄谓本帅曾遣弁长向明山等，率乡勇三百名，追贼入甘，同时毙命秦州城下，临时曾逃出一人，即明山之弟某来诉已入告矣云云”。此外，嘉庆十一年条、二十年条、二十一年条，记有广东、江西农民起义事。惜极简略。

道光三年条记饶州水灾，十一年条记洪湖江水各涨，东台水灾详情。

山西省图书馆编《线装书书本目录初编》著录。

杭州大学图书馆编《中国历代人物年谱集目》著录。

杨殿珣编《中国历代年谱总录》著录。

（山西省图书馆藏　赵冬生）

《许瀚年谱》　袁行云著　齐鲁书社出版　1983年11月

谱主许瀚，字印林，早年以元翰为字，山东日照人。清嘉庆二年（1797）生，同治五年（1866）卒，年七十岁。道光五年（二十九岁）为山东学政何凌汉选拔为贡生，入国子监为生员。道光七年曾考充《康熙字典》校录。道光十四年应顺天乡试，成举人。道光二十一年主讲济宁渔山书院，咸丰二年（五十六岁）始获任山东滕县训导，不久病废家居。

谱主是道咸间卓有成就的朴学家，精于古文字声韵、金石校勘诸学，一生以校文、教书、卖字为生。著述颇富，惜大多未获刊行，袁行云氏为编《许瀚著述知见录》附于谱后。

谱主中年入京，与道咸时著名学者文人如王筠、张际亮、丁晏等人多有交往，又多识图书器物，致使学术湛深，为时所重。

是谱据谱主著作的各种刊本、抄本、手稿以及其他著作中有关材料纂辑而成，以记述其助人与自撰著述校订活动为主，具学谱性质，兼及主要经历、师友交往等。撰者为保存资料，于各年纪事之下，全录或摘录资料，尤以保存谱主佚文，更具参考价值。是谱于有关学术问题有所补充，如订正张穆与谱主整理俞正燮《癸巳类稿》在道光十一年，以驳《石洲年谱》之十二年及《俞理初先生年谱》之十三年。又《史籍考》纂辑及丧失，诸书语焉不详，是谱叙其始末较备。

是谱于谱主卒后更增叙同治十一年，记入祀乡贤祠及整理遗稿等事。谱前置谱主手稿、手书、校本等书影数帧。有撰者写《序例》一篇，论述谱主学术成就及编谱体例。年谱之后有《许瀚著述知见录》及《攀古小庐文篇目辑存》二篇，是对谱主零散著述的汇集，便于读者了解谱主著述全貌及存佚情况。

是谱有附录四篇，即杨铎《许印林先生传》、《日照县志·许瀚传》、《清史列传·许瀚传》、《清儒学案·许先生瀚》，可供了解谱主生平参考。

（南开大学图书馆藏）

《养福斋自撰年谱稿》二卷 清宋延春自编 清稿本

杨殿珣《中国历代年谱总录》著录。

谱主宋延春，字引恬，一字小墅，江西奉新人。清嘉庆七年（1802）生，卒年不详。道光八年（1828）举人，十三年（1833）成进士，散馆改吏部主事。咸丰三年（1853）除授福建道监察御史，历任工科给事中、刑科掌印给事中、云南按察使，官至云南布政使。

是谱起嘉庆七年，至同治九年（1802—1870）止。自记仕历及家事，颇为详尽，所记任职云南期间滇事，如苗、回之乱情形，具有史料价值。

（复旦大学图书馆藏 沈达伟）

《薛仁斋先生年谱》附《杂记先生遗事》 清王守恭编 民国二十二年（1933）铅印本

谱主薛于瑛，字贵之，号仁斋。山西芮城县人。清嘉庆十二年（1807）生，光绪四年（1878）卒。年七十二岁。同治元年举孝廉方正。光绪元年上谕赏加国子监学正。三年奉命襄办蒲州、解州等地赈务。

谱主是清代经学家。以研究小学最精，兼及大学、中庸、论语等。著有《薛仁斋文集》。谱中同治元年、四年、五年、六年条记捻军在河南卢氏、灵宝，陕西荔渭、华阴，山西芮城、吉州、蒲、解等县活动事迹。可供近代史研究者参考。光绪三年条记芮城："岁大荒，芮土素瘠穷，饥尤甚。夏秋间乡闾汹汹，贫民掠食，匪徒聚集，将为乱。先生患之，欲劝良民为自保计，邑令不以为意，乃止。"可见当时灾情之严重。

是谱编者系谱主门人。谱中以记谱主苦读经书、出游、讲学和迎朋访友等事为主。谱前有光绪辛巳（七年）贺瑞麟序和"光绪著雍困敦冬月开雕"牌记，又有民国癸酉（二十二年）张元勋《重印年谱序》。后有柴应奎跋，题曰："光绪丁亥（十三年）冬遇先生高弟，华阴王君逊卿于西安，始见先生文集及年谱。"又曰："因请于王君即以文集付之剞劂，公诸海内，而年谱亦附刻焉。"据以上可知，此谱有光绪十四年刻本，但未见著录。

山西省图书馆编《线装书书本目录三编》著录。

杨殿珣编《中国历代年谱总录》著录为光绪年排印本。

（山西省图书馆藏 赵冬生）

《清斋府君年谱》（一题《太仆公年谱》） 清邵作舟等编《先太仆遗集》卷首 清钞本

谱主邵辅，字仁叔，初名伯营，行名开壹，字吉壶，小字十一，少时字清斋，号雪巢，复号否庵。安徽绩溪人。嘉庆十三年（1808）生于九江府署。谱主于道光二十四年举于乡，咸丰三年大挑二等授教谕。次年简发知县，需次广西，旋擢知州。五年，知陕西葭州、陇州。同治元年（1862）在陕镇压回民反抗时毙命，得年五十五岁。清廷为酬答其镇压"功绩"，赠太仆寺卿。

是谱系谱主之子作舟、作模、作藩所合编，记谱主生平，特详其在陕镇压活动，可藉此略见咸同间陕甘一带回民反抗情况。是谱于谱主卒后犹记同治三、四两年哀荣诸事。

是谱为红格纸清钞本，列《先太仆遗集》卷首，其后有《太仆引述》一卷、《否庵读易》二卷、《书小笺》二卷、《春秋徵》一卷、《葭州纪略》一卷、《秋草编》二卷、《否庵文集》三卷、《候虫吟稿》四卷，皆谱主著作，合订五册一函。

（南开大学图书馆藏）

《均斋年谱》 翁同龢自编 笙谐室杂记稿本

谱主生于道光十年（1830），卒于光绪三十年（1904），字叔平，晚号瓶庵居士，又号松禅，江苏常熟人。咸丰状元，光绪帝师傅，为帝党首领，历任户部侍郎、都察院左都御史，刑部、工部、户部尚书等职。光绪八年、二十年两入军机处兼总理各国事务衙门大臣。中日战争力主抗战，积极扶持光绪亲政，支持康梁变法，见怒于慈禧，光绪二十四年六月，光绪宣布定国是后四天，被开缺回籍。戊戌政变后，被革职交地方官管束，以诗文书画终晚年。

是谱从道光十年至光绪五年（己卯年）止，未完。

是谱乃编者因赞助变法开缺后，于光绪二十六年断续编定。由于长期在朝为官，极谨慎，故是谱极简略，只是记叙其个人升迁等事。但其中亦流露一些对上的不满，如同治四年，其三兄战死，其母吐血不起，然其"不敢告，出则素衣，入则强笑，呜呼，酷矣"。总之，是谱过于简略，参考价值不大。

（南开大学图书馆藏）

《可园备忘录》四卷 陈作霖自编 1986年江苏广陵古籍刻印社影印 江宁陈氏瑞华馆稿本

谱主陈作霖，字雨父，江苏江宁人。清道光十七年（1837）生，民国九年（1920）卒，年八十四岁。少遭乱离，以教馆、作幕为生。光绪元年成举人后，屡赴会试不中。曾预修县、府志，熟于地方掌故。从事地方教育凡六十年。晚年曾任江苏通志局总校兼分纂，崇粹学堂校长。著有《寿藻堂诗文集》、《可园文存》、《可园诗话》、《金陵琐志》、《上元江宁乡土合志》等行世。

是谱自记至民国八年（八十三岁）止，最后一年由子诒绂补记。谱中记咸丰三年太平军占领南京后，居民生活情形，及太平军活动情况，因出于亲身经历，颇有参考价值。又咸同后南京地区府县志、《金陵通纪》等书之编纂，谱主均曾参与，所述于地方文献极有关系。

（复旦大学图书馆藏　沈达伟）

《沈家本年谱初编》　张国华、李贵连合编　北京大学出版社出版　1989年6月第一版

谱主沈家本，字子惇，一作子敦，号寄簃。浙江湖州人。清道光二十年（1840）生，1913年卒，得年七十三岁（是谱以实足年龄针算，出生年仅记出生，而以次年作一岁。故得年虚龄，按习惯应作七十四岁）。谱主是清末著名法学家，自十九世纪六十年代入刑部任职后，主要从事司法、修律工作，所著法学著作如《刺字集》为研究古代刑罚制度的有价值著作。晚年编印有关法学古籍十二种为《枕碧楼丛书》。

谱主于光绪九年（四十三岁）成进士，历任刑部奉天司正主稿兼秋审坐办、律例馆帮办提调、协理提调及管理提调，究心刑律。光绪十九年（五十三岁）外任天津知府、保定知府、直隶通永道及山西按察使。光绪二十七年（六十一岁）后至清亡，任刑部右侍郎、左侍郎、律订法律大臣、资政院副总裁及袁内阁法部大臣，主持晚清修律。有《沈寄簃遗书》存世，主要内容为有关法学研究的论文等。

是谱创编于1983年，历时三年而成书于1986年。所据有沈氏家族文献、清季官书实录及刑律、奏稿等，于清末十年修律资料尤称详尽，对研究清代立法及中国近代法律颇有裨助。谱中引述谱主诗作较多，可供研究谱主思想之参考。

谱前有谱主造象、手迹，并编者前言。

（南开大学图书馆藏）

《灌叟撮记》不分卷　胡碧澂自编　民国十四年（1925）铅印本

谱主胡碧澂，号灌叟，江苏金陵人。生于清道光二十五年（1845），卒于民国年间，年月不详。咸丰末投效江北大营，先主文案，后从事粮台、厘局。由文童保县主簿，兼蓝翎。同治间就职盐运判，加四品衔。历委监修万寿宫、御碑亭、盐义仓、小金山各工程，稽查淮南北义学、盐务、河务等。光绪间提调徐

州矿务，曾开办青山泉煤矿，兼办江宁府谱育堂及两淮盐务贡品等。二十九年（1903）由泰坝监掣调署泰州盐运分司，三十一年（1905）总办淮南盐局及徐州矿务，至辛亥年止。辛亥后寓居沪滨。著有《喜闻过斋诗集》、《续集》。

是谱为民国十四年（八十一岁）时自记，以记仕历及家事为主。

（复旦大学图书馆藏　沈达伟）

《马锦门（龙标）年谱》不分卷　佚名撰　民国年间稿本

谱主马锦门，山东济南人。清咸丰五年（1855）生，民团十三年（1924）卒，年七十岁。谱主于清同治十一年（十八岁）投水师，补登州守兵，水师统领李圣亭赐名龙标。清末历任登州水师千总、庆军左营帮带、陆军副都统。入民国，先后任山东护军使、陆军中将、京师军警督察长等职。

是谱起同治二年（1863），迄民国十三年（1924）。谱用奉天官纸局印红格稿纸书写，半页九行。稿经增删批注，尚未誊清。

（复旦大学图书馆藏　沈达伟）

《求我山人年谱》

谱主求我山人，原名庄景仲，字静山，号崧甫。浙江奉化人。咸丰八年（1858）生，卒于1940年。此谱写至民国二十八年（1939）。

谱主系民主主义者，1908年加入同盟会。辛亥革命时，曾协助陈其美光复上海，光复杭州时，亦出过力。浙江光复后曾任浙江省财政司司长，后改任盐政局长。1927年，北伐军入浙，被任为省府委员。1929年，任立法委员兼导淮委员会副委员长。1932年6月，因对国民党政府统治之腐败不满，辞去本兼各职，退居余杭，从事农村水利活动。谱主同情共产党，曾救护过王任叔（巴人）等共产党人。是谱记谱主一生政治、学术及思想活动。对研究浙江辛亥革命时的历史及国民党的历史均有参考作用。谱主卒年系根据谱主孙女庄流琴所说。

此谱系求我山人自撰。刊于《求我山人杂著》及《求我山人杂著续集》中。二书均各六卷，卷六为年谱。《杂著》写到七十岁，刊于民国十八年（1929），藏上海图书馆；《续集》写到八十岁，刊于民国二十八年（1939），藏杭州大学图书馆。由上海中国农业书局代印，线装本。我藏有二书的年谱复印本。

（河北社科院历史所　林杰）

《严范孙先生年谱》　严仁曾编　1980年12月天津文史研究馆打印本

谱主严修，字范孙。天津人。清咸丰十年（1860）生，民国十八年（1929）卒，年七十岁。清光绪九年（二十四岁）进士。历任编修、贵州学政、学部左侍郎。谱主于清末民初颇注重于文化教育事业，开办南开学校，改良戏剧，推动图书事业，并曾亲赴欧美、日本造行实地考察。所著有《蟫香馆使黔日记》及未刊稿多种。

是谱系谱主侄孙于1963年所编成，所据资料有谱主手定年谱、历年日记、奏稿、信札、诗文、陈中岳撰《严范孙先生事略》、编者见闻及报刊评论等。

是谱于各年下首系谱主自定年谱，皆低数格疏距辑列。次即编者搜集纂著，采分类目记始末之例，眉目清楚，颇便观览。所记为谱主家事、读书、交往、国内外参观见闻、重大政治事件、兴办教育、提倡文化诸端。对清末戊戌变法、新政措施、民初政局变化、近代文化教育都有参考价值，而以所辑原始资料尤为有用。

谱前有编印说明及叙例，谱末为高凌雯撰行状、卢弼撰墓碑及王斗瞻撰别传等，可资了解谱主生平。别附《补遗》，增入谱主历年行事若干则。全谱油印题“送审稿”，当为未定稿。

（来新夏自藏）

《国父年谱》（增订本） 罗家伦主编，黄季陆、秦孝仪增订 中国国民党中央委员会党史委员会编辑出版 1985年

谱主孙文，事略。

是谱1958年初版，经1965、1969年两次增订，于1985年第三次增订。卷首秦孝仪、黄季陆、罗家伦序各一篇，并附照片二十四帧。凡例称是谱以孙中山“生平及其领导国民革命之重要事迹为主体”，“凡国父对于国家民族重要之主张与措施，及其影响所及之革命行动，与反革命之重大事件足以表现国父之对策者，亦并扼要提述”。本谱以大字列纲，小字记细事为目。谱前有《家世》和《孙氏宗族世系表》。编谱所用史料，以编者“库藏之原始文件为主体，包括国父手书文稿、命令、函电、批牍及民国元年《临时政府公报》，中华革命党至中国国民党时期之档案并会议记录，以及《党务公报》与《陆海军大元帅大本营公报》等”，堪称丰富可靠。

（南开大学图书馆藏）

《侯官谢希安先生年谱》 郑庆骢等编 1962年铅印本

杨殿珣《中国历代年谱总录》著录。

谢巍《中国历代人物年谱考录》著录。

谱主谢叔元，字希庵，改字希安，福建侯官人。清同治五年（1866）生，

民国二十七年（1938）卒，年七十三岁。谱主光绪十九年（1893）以第三人举于乡，后三试礼部不售，遂绝意进取，杜门讲学，以授徒所得，养亲著书以终。张其淦《清遗民诗》录入其诗。生平博稽群籍，经史外旁及诸子百家，所著有《大学述义》、《中庸章段存疑》、《消夏录》、《惜缨斋杂著》、《惜缨斋诗存》、《焚余诗稿》等。

是谱为谱主门人郑庆骢所编，据郑氏编后记叙，谱主六十岁时，门生曾编有寿谱行世，至1960年，距谱主逝世已二十三年，郑氏复检读先师遗著，并参阅其历年日记及与门人来往信札，赓续编新谱。谱中记谱主治学著书情况甚详。

谱前有谱主遗像、像赞及遗墨，谱后有郑庆骢《侯官谢希安先生年谱编后记》及杨福鼎、王则潞所作跋，并附福州陈无兢《谢叔元传》、福州曾克端《侯官谢希安先生遗著序》等。

（复旦大学图书馆藏　沈达伟）

《七十以前自述》一卷　顾次英自编　民国三十年（1941）铅印本

谱主顾次英，字冰一，上海南汇人。清同治十一年（1872）生，卒年不详。光绪二十年（二十三岁）秋赴金陵省试中副榜，归任本邑芸香草堂讲席。光绪二十八年赴日考察教育，修学日语，参加留学生进步活动。归国后从事新闻活动，曾任俄人办《远东报》主笔，遂旅居东北多年。入民国，历任吉林中立办事处顾问、政治讨论会副主任兼秘书等职。参与东北外交及路政等事务。又曾主办《东方晓报》、《吉长报》。至民国二十一年（六十一岁）四月辞职回沪，寓居法租界。

是谱由谱主口授，儿媳笔录，记事至民国三十年（七十岁）止。

谱前有引言，谱后附《南汇县党狱始末记》，为谱主三十二岁时所作，记清末“苏报案”后南汇县政府迫害革命人士事，曾刊入《江苏杂志》，颇具史料价值。

（复旦大学图书馆藏　沈达伟）

《张澜先生年谱》　崔宗复编著　重庆出版社出版　1985年

谱主张澜，字表方，四川南充人。清同治十一年二月二十三日（1872年4月2日）生，1955年2月9日卒，得年八十三岁。谱主于1903年（三十一岁）曾入日本宏文书院攻读，次年返国即从事教育工作，辛亥革命前夜在四川参加保路运动。辛亥革命后曾任国会议员、四川嘉陵道尹、四川省长等职。

谱主曾积极参加旧民主主义革命与新民主主义革命，与各种政治势力均有交往。全谱涉及近现代史事甚广，如保路运动，民初西南地方军阀纷争，留法勤工俭学活动，国民党、共产党及各民主党派间的关系，尤以抗战胜利后从事民主活动及反蒋斗争等事迹为详。解放后，曾先后任中央人民政府副主席、全国人民代表大会常务委员会副委员长及全国政协副主席等职。

谱主与当代若干著名人物均有交往，如梁启超、沈钧儒、陶行知、闻一多、李公朴、梁漱溟以及国共双方政要，故谱中也时有涉及，但所记仅为一般行事，而无重要史料价值。

谱中纪事后往往附载电文、函件等原始资料，不仅可见谱主之思想与行事，也与当时史事有关，可备参考。

是谱编者任职于四川师范学院，经采集文献，并访问谱主家属亲友而撰成，虽篇幅不大，然一代风云人物也足以存其生平。

谱前有照片多帧，均为民主运动时期活动。卷首有林伯渠、陈毅、黄炎培等多篇悼词与评论，多为赞颂内容。

（南开大学图书馆藏）

《辛亥革命四烈士年谱》 孙元超编 书目文献出版社出版 1981年11月初版

四烈士指徐锡麟、秋瑾、马宗汉及陈伯平四人，均于光绪三十三年因反清起义在安庆、绍兴分别殉难。撰者以其事迹相同，依类写为合谱。

徐锡麟字伯荪，一字伯圣，别号光复子。浙江绍兴人。清同治十二年（1873）生，光绪三十三年（1907）在安庆殉难，年三十五岁。光绪十九年县学附生，光绪二十九年副贡，光绪三十一年报捐道员。

谱主是辛亥革命前夕积极从事革命活动的资产阶级革命家。曾多次赴日，与革命者联系。光绪三十一年（三十三岁）加入光复会，创办大通师范学堂，作为革命据点，曾参与营救“苏报案”中章炳麟的活动。光绪三十二年（1906）赴安庆会办陆军小学堂，旋调巡警会办，陆军学堂监督，次年五月二十六日（7月6日）藉巡警学堂毕业典礼之机，刺杀安徽巡抚恩铭，被捕牺牲。

谱主与资产阶级革命家陶成章、钮永建、蔡元培等均有交谊。

秋瑾，原名闺瑾，小字玉姑，字璿卿，自号竞雄，别号鉴湖女侠、汉侠女儿。浙江绍兴人。清光绪元年（1875）出生于厦门，光绪三十三年（1907）就义于绍兴，年三十三岁。

谱主是辛亥革命前资产阶级女革命家，曾毅然摆脱封建桎梏，接受新思想，离国赴日，在日本结交刘道一、仇亮、何香凝、陶成章等革命者，办报演说，接待留日女生，组织反抗日帝迫害活动，光绪三十一年先后参加光复会、同盟会等革命组织，博得极高的革命声誉。光绪三十二年（1906），返国从事女子教育，撰写《精卫石》弹词以自传生平。次年，任大通学堂督办，组织光复军，筹划反清起义。七月十四日，因徐锡麟安庆起义失败牵连被捕，次日遭清政府杀害。

陈伯平名渊，字墨峰，别号白萍生、光复子，浙江绍兴人。清光绪十一年（1885）生，光绪三十三年（1907）在安庆死难，年二十三岁。光绪二十九年（十九岁）秀才，光绪三十一年入绍兴大通学堂肄业，开始随从徐锡麟进行革命活动。光绪三十三年到安庆。五月二十六日（7月6日），参加徐锡麟起义战死。

马宗汉名纯昌，字子畦，别号宗汉子，浙江余姚人。光绪十年（1884）生，光绪三十三年安庆起义失败后被杀，年二十四岁。光绪二十八年（1902，十九岁）入浙江大学堂肄业，曾参与罢课退学活动。光绪三十年在家乡创办三山蒙学堂，并进行反清宣传活动。光绪三十三年（二十四岁），应徐锡麟之招往安庆，五月间，安庆起义失败被捕，七月十六日被清廷杀害。

是谱以记述各谱主革命活动为主，纪事之下附证有关资料，间有考订，可供研究辛亥前革命史事之参考。

是谱以公元纪年月，附清历及干支。谱前有撰者序言，述编谱缘起及资料搜集情况，有凡例八条记编谱体例。书首有烈士像及坟茔照片。

是谱有附录，辑录徐锡麟、陈伯平、马宗汉三人著述及书札，另有《征引书目》一篇，列编谱所征引的五十种书刊目录。

（南开大学图书馆藏）

《梅介节自订年谱》（上册） 梅介节自编　油印本

谱主梅介节，初名佳节，字介节，江苏常州人。清同治十二年（1873）生，卒于解放后，年月不详。光绪二十四年（1898）入阳湖县学，为优附生。三十年（1904）应医学院科试，榜列第二名。三十一年（1905）赴日本东京，留学于日本大学法律科，至三十四年（1908）毕业回国。宣统元年（1909）充阳湖县学拔贡。民国时期历任常州地方检察厅检察官、江苏私立法政专门学校讲师、江宁地方审判厅厅长、广东高等厅厅长、山东高等审判厅民庭长、湖南高等审判厅推事兼充民庭长、大理院推事、江苏省警官学校法律主任教官、上海国立暨南大学法学院法律学系讲师等。

是谱自记至1949年上海解放止，时年已七十七岁，所记以仕历及家事为主。谱前自识称：“介节年逾古稀，既少学问，又乏学功，本无裨于史学者，而闲居无事，回想生平之经历，实已心力交瘁，并见一人立身之难，爰就真正事实，自订年谱，俾后人得有研究焉。”

年谱封面署为“上册”，是谱主尚欲赓续记述1950年以后活动，今未见下册，或其续谱未能成书。

（复旦大学图书馆藏　沈达伟）

《施肇基自定年谱》《施肇基早年回忆录》附　台湾传记文学出版社出版　1967年

施肇基字植之。江苏震泽人。清光绪三年（1877）生，1958年卒于美国，年八十岁。

谱主是近代职业外交家，光绪十六年入南京江宁府立同文馆肄业一年，后留美在康奈尔大学获文学硕士学位。光绪十九年任驻美使馆翻译生。二十八年返国，任湖北抚署洋务文案、留美学生监督。三十一年曾随端方等出访欧美考察宪政，次年任邮传部右参议、京汉铁路局总办。宣统二年任吉林交涉使、外务部右丞。次年，出使美、日、秘鲁等国大臣，未及赴任而辛亥革命发生。北洋政府时期，任唐绍仪内阁交通总长、代理财长。旋任驻英美使节，其间曾出席巴黎和会为代表。1937年返国。抗战胜利后任联合国中国代表团顾问。1954年患脑溢血症病废，滞居美国。

是谱系谱主为便于撰写回忆录而口述的提纲，由驻美使馆人员傅安明所记录。

是谱记至1954年止，内容简略，仅记仕历、学历，有年次而无年龄。不足供研究之参考。

（中国社会科学院近代史所藏）

《陈独秀年谱》　王光远编　重庆出版社出版　1987年铅印本

谱主陈独秀，字仲甫，安徽怀宁人。清光绪五年（1879）生，1942年卒，年六十三岁。早年留学日本，五四运动前曾主编《新青年》，后任北京大学教授，1918年与李大钊创办《每周评论》。提倡新文化，宣传马克思主义。1920年组织上海共产主义小组，1921年参与创建中国共产党，任中央局书记。第一次国内革命战争后期，为党内右倾机会主义代表，1927年被撤销书记职务。后与托派分子勾结，成立反党组织。1929年被开除出党。

是谱分青少年时期、辛亥革命前后、五四运动的主将、创建中国共产党、在大革命洪流中、从取消派到托派、狱中生活、晚年等八部分，记述谱主政治活动和生活及其有关的事件。

（南开大学图书馆藏　徐健）

《荆文甫先生年谱》　段凌辰编　《经畬堂遗书》打字油印本

谱主荆良仪，原名绶彤，字文甫，号东园居士。河南汜水人。清光绪六年（1880）生，1943年卒，年六十四岁。光绪十七年（十二岁）成秀才，二十一年（十六岁）为廪生。以后相继在开封大梁书院、明道书院肄业。光绪三十一年（二十六岁）拔贡，清末至民初在河南优级师范学校等校任教。1921年曾任省长公署咨议，参与地方志编辑工作。其后创办养正中学及国家专修馆等教育事业。1937年（五十八岁）抗战发生，应冀鲁豫边区政府聘到滑县举办文书职业学校，为八路军培养文秘人才。次年失明，家居以终。

是谱系谱主门人所撰，所据为《荆氏家传》及谱主著述，以记述一生行事、著述、交往为主。

谱后附谱主学生海镜清所撰《荆老师文甫先生年谱节略记实》，撰于1948年5月21日，记受教时所知事实，略加补述。又另有于安澜于1986年11月15日所撰《〈荆文甫先生年谱〉补充资料》短文，记谱主书画逸事二则。二文均在油印本一册内。

（来新夏自藏）

《张知本先生年谱》　张文伯编述　张知本先生奖学金董事会编印　1975年3月出版

谱主张知本，湖北石首人，清光绪七年正月二十二日（1881年2月20日）生。1895年（十五岁），谱主入两湖书院肄业，1897年（十七岁），考选优贡，分发甘肃以知县用，未往。1900年（二十岁），两湖书院毕业，以官费留日，入法政大学攻读。1905年（二十五岁）在东京加入同盟会，同年归国。1911年任同盟会湖北支部评议长。武昌起义后任司法部长，其后先后任武昌中华大学教授，江汉、朝阳等校校长及国民政府湖北省政府主席、行政法院院长、司法行政部部长。

谱主为法学界知名人士，曾多次参加国民党政府立法、制宪工作，并撰有法学著作多种行世。

谱主系国民党西山会议派人物，对当时国共合作持反对态度，入台湾后，曾先后任蒋介石“总统府国策顾问、资政”等职，以高年为国民党元老人物之一。

是谱系编述者应基金会之邀，于1975年为庆祝谱主96岁初度而作，叙至95岁而止。所据多为访问记录，唯内容纯为谀颂之作，无史料价值，各年所系史事亦多人所习知，难供采择。其中对黎元洪略致微词，如1912年条记黎不敢参加在武昌举行的第一次双十节庆祝活动。

是谱纪元，辛亥前以民前若干年立序，并附公元，辛亥后则以民国纪年，仍附公元。

是谱有大量附录，如寿言、寿词，均善颂善祷之词，篇幅占全书一半，而了无可取，书末有英文简传一篇。

（南开大学图书馆藏）

《张公权先生年谱初稿》二册　姚崧龄编著　《传记文学丛刊》之六十五　台湾传记文学出版社　1982年1月初版

谱主张嘉璈，号公权。原籍上海宝山，后迁嘉定。清光绪十五年（1889）生，1979年卒，年九十一岁。光绪二十八年（十四岁）考入上海江南制造局广方言馆。光绪三十一年（十七岁）入北京高等工业学校。次年赴日就读庆应大学。宣统元年（二十一岁）返国，任职邮传部。民国二年（二十五岁）入上海中国银行任副经理，从此步入金融界，在中国银行系统工作达二十四年之久，成为著名金融学家与银行家。1935年（四十七岁）开始参加国民党政府，先后任铁道部、交通部部长。抗战胜利后任东北经委会主任。1948年（六十岁）任中央银行总裁。次年，卸职去澳大利亚、美国讲学、著述。

是谱曾由谱主委托郭廷以等人编辑未果，终于由姚氏承其事，创编于1975年11月，而底成于1979年谱主卒后二月。所据资料均系谱主积存日记、文稿、存牍等，记事之下均附列原始资料．成稿十分八九均经谱主过目，参考价值较高。

是谱所记以谱主经济活动为主，凡民国时期公债、盐余借款、铁路建设，经济外交活动及金融、币制等无不涉及。按月逐日编排，以事件为纲、标题为序，各月日之下注明事实，排比资料，对研究民国时期金融、经济活动，颇便稽考。

是谱分上下两册。上册记自出生（光绪十五年，1889）至五十八岁（1946年）。卷首有叙例汇条，论编纂体例、资料依据及编纂始末。有浦薛凤序，论谱主业绩及编者辛劳。谱主妻周碧霞弁言，记初邀郭廷以编大事记而郭谢世，乃更请姚氏编谱的缘由。提要一篇，谱主一生事业发展阶段，可备检索全谱之需。下册记自五十九岁（1947年）至卒年（1979年），卷尾附录37件，均与谱主一生活动有关的中外文献，首尾完整，为其他年谱所不及。

（南开大学图书馆藏）

《朱家骅年谱》（一作《朱家骅先生年谱》） 胡颂平著 《传记文学丛书》之四十二 台湾传记文学出版社出版 1969年10月初版

谱主朱家骅，字骝先。浙江吴兴人。清光绪十九年（1893）生，1963年卒，得年七十一岁。

谱主于清末曾就读上海同济德文医学校，后改入同济医工学校工科。民国三年（二十二岁）自费留德，入柏林矿科大学。民国六年（二十五岁）辍学回国后，在北京大学担任德文教员。次年，赴瑞士入伯尔尼大学地质系。民国九年（二十八岁）转学柏林大学地质系，获博士。民国十三年（三十二岁）返国，主持北京大学德文系。次年因反对北洋政府，南下至广州中山大学任教。民国十六年（三十五岁）参加国民党政权，先后任广东、浙江民政厅长，中山、中央大学校长，浙江省政府主席，教育部、交通部部长，考试院副院长，代理“中央研究院”院长，“行政院”副院长及“总统府资政”等职。同时，曾任国民党中央执行委员会秘书长、组织部长及三青团书记长等职。谱主为国民党显贵，参与机要，于中央研究院之建立、发展，致力较多。

是谱初编于1964年，时名《简编》，收入《故院长朱家骅先生纪念论文集》（《“中央研究院历史语言研究所”集刊》第三十五本）。此编为1969年收入《传记文学丛书》时所补订，以记述谱主仕历为主，兼与友朋往来。

谱首有谱主遗像及活动照片数帧。谱后有编者胡颂平所写《后记》两编，记两次编谱的缘由。另附杨树人撰《“中央研究院”最近的十年》，记“中研院”在台湾的重建情况，藉以吹嘘谱主在重建工作中的辛劳。

（南开大学图书馆藏）

《顾颉刚学术年谱简编》 郑良树编著 中国友谊出版公司出版 1987年铅印本

谱主顾颉刚，苏州人。光绪十九年（1893）生，1980年卒。1920年北京大学哲学门毕业。曾在厦门大学、中山大学、燕京大学、云南大学、齐鲁大学、中央大学、复旦大学、社会教育学院、兰州大学任教。曾任北平研究院历史组主任、齐鲁大学国学研究所主任、文通书局编辑所所长。创办过朴社、民俗学会、禹贡学会、边疆研究会、通俗读物编刊、中国史地图表编纂社。主编过《中山大学语言历史学研究所周刊》、《燕京学报》、《禹贡半月刊》、《大众知识》、《边疆周刊》、《齐大国学季刊》、《齐鲁半月刊》、《文史杂志》、《文讯》。解放后，任中国科学院历史研究所研究员，中国史学会理事、中国民间文艺研究会副主席，又任全国政协会议第二、三届委员，第四、五届人民代表大会代表，民主促进会中央委员。还主持过《资治通鉴》和二十四史的标点工作。

是谱记谱主读书、著述、讲学等事。载谱主在古史和古籍的考辨、古代地理和边疆地理的提倡和研究，民俗学及民间文学的提倡和研究、古籍的译注和点校等方面的学术成就颇详。谱前郑良树序题《论顾颉刚之学术历程及其贡献》，《谱后》收1981至1985年顾颉刚遗作及评述谱主学术思想和追悼文字等。

（南开大学图书馆藏　徐健）

《梁漱溟年谱简编》　阙名编　《中国论坛》第307期　1988年7月10日出版

谱主梁漱溟，原名焕鼎。广西桂林人。清光绪十九年（1893）生于北京，1988年6月23日病逝，得年九十五岁。谱主为当代哲学家，思想深邃，学识渊博，1916年（二十三岁）曾应蔡元培氏之邀到北京大学哲学系任教，先后讲授印度哲学及佛家唯识学。次年因目睹军阀战争之祸，自费印发《吾曹不出如苍生何》千册，呼吁制止内战，从此参与政治。1928年（三十五岁）起，从事乡治运动，推动乡村建设工作。抗战时期，积极参与上层政治活动，任国民参政会参政员，关心政局，投身民主运动。解放后，任全国政协委员、常委。谱主具有学术胆识，善于独立思考，不苟同意见，虽多次受到思想批判，仍坚持己见，博取了国内外声誉，晚年益隆。一生著述颇富，有《印度哲学概论》、《唯识述义》、《乡治十讲》、《中国民族自救运动之最后觉悟》、《乡村建设论文集》、《漱溟最近文录》、《梁漱溟教育论文集》、《中国文化要义》、《梁漱溟先生近年言论集》、《人心与人生》及《东方学术概观》等著作出版问世。

是谱不著撰人，附于《中国论坛》悼念梁漱溟专辑间，内容简略，但能要言不烦，概括谱主一生行事，尚可备参阅。

（南开大学图书馆藏）

《叶圣陶年谱》　商金林编　江苏教育出版社出版　1986年初版铅印本

谱主叶绍钧，字秉臣，入中学后改字圣陶。江苏苏州人。清光绪二十年（1894）生，1988年卒，年九十四岁。现代著名文学家、教育家。笔名有泥醉、宏愿士、叶陶、叶匋、允倩、叶允倩、愚若、王钧、圣匋、谌陶、圣淘、郢、郢生、颖生、寅生、芳谷、谷秉、秉诚、秉丞、华秉丞、丙丞、醒澄、澄孟言、斯提、S、C. S、桂山、叶同、补之、翰先、谷神、微庵、微翁、徐文麐、申乃绪、李通方、朱逊、黄幼琴、大容、大德、墨、田觉民、仲炳等。

是谱记事起于1894年，至1984年止，未至谱主卒年。各年先述谱主事略，次列谱主著作。事略多据谱主自述，他人回忆及有关记载，除谱主的活动外，录该年政界、学界大事。著作按写作时间排列，注明写作日期、体裁、初次刊载处、署名，以及收入何集、版次等。间附评介或注释。凡小说、童话、诗歌、评论、戏剧均注明体裁，散文一律不注。卷首有谱主照片一幅及编辑是谱《说明》，卷末有编者所撰简略《后记》。

（南开大学图书馆藏　徐健）

《李大钊年谱》　杨树升、张燕等编　《河北文史资料选辑第三辑》专辑　河北人民出版社出版　1981年

谱主生于光绪二十四年（1898），卒于1927年，得年39岁，是我国最早的马克思主义者、中国共产党创始人之一。曾任北京大学教授、图书馆主任、中国共产党北方地区负责人、国民党第一次全国代表大会当选的国民党中央执行委员。1927年为军阀张作霖杀害。

编者查阅1909—1927年的有关报刊档案，通读了搜集到的谱主各类文章，访问了谱主的亲属和生前同事，历时一年多时间编成，先内部印刷，征求意见，谱后附有《公祭仪式》和《李大钊著作目录》。

（南开大学图书馆藏）

《郑振铎年谱》　陈福康编著　书目文献出版社出版　1988年3月初版铅印本

谱主郑振铎，字警民，一字铎民。抗日战争时在敌伪统治区曾用化名陈思训（一说陈敬夫）。出生于浙江永嘉（今温州市），祖籍福建长乐。清光绪二十四年（1898）生，1958年卒，年六十一岁。现代作家、文学史家。“五四”时期在北京参加学生运动。1921年与沈雁冰等组织文学研究会，1923年后主编《小说月报》，1931年起历任上海、北平各大学教授。抗日战争期间留居上海，坚持进步文化工作。1945年后积极参加民主运动。解放后任文化部副部长等职。1958年出国访问时因飞机失事逝世。著有《取火者的逮捕》、《插图本中国文学史》、《中国俗文学史》等。常用笔名有：西谛、C.T.、郭源新等；由名字与常用笔名衍化的笔名有：振铎、铎、郑西谛、西、谛、C.、源新、源、新、谷远、谷、远等；还曾用过笔名：S.C、慕、子汶、Y.K.、文基、西源、宾芬、何谦、禾忠、云纹等；抗日战争时期用于影印出版古籍和署于藏书题跋的笔名有：玄览居士、幽芳居士、纫秋居士，以及幽芳客主、幼舫、友荒、纫秋山馆主人、纫秋主人、纫秋馆主、纫秋等。

是谱编者以大量当年的出版物以及书信、日记、档案为材料，并访问过许多文坛前辈和谱主后人，所以是谱内容充实、详尽。谱主一生学习、著述、交友及其他活动，巨细无遗。1916年（谱主十九岁）之前以年系事，皆先列谱主事迹，次述当年国内及谱主生活大事。1917年后始于年份下以月、日系事，愈后愈详。卷首有李一氓题词、谱主本人及他与同时代学界名流照片数帧，及两幅谱主墨迹。谱前有唐弢、郑尔康序。附录一为《郑振铎笔名别名一览》，于各名下列该名来历及署用于何书何刊何文，颇便稽考。附录二为《郑振铎著译编校书目》，分创作（诗歌、小说、散文）、论著（中国文学、世界文学、历史、美术、版本目录）、翻译（俄苏、印度、译述、其他）、选集、编校（中国文学、外国、童话、样本、其他）、影印、编辑图书、编辑丛书、编辑报刊、郑振铎作序跋的书目、收入郑振铎作品的书目等十一类，仅览此即使人对谱主著述之富叹佩不已。附录三为《郑振铎研究资料选目》。末为编者所撰《后记》，记是谱编撰缘起等。

（南开大学图书馆藏　徐健）

《胡汉民先生年谱》　蒋永敬编　中国国民党中央委员会党史委员会1978年出版

谱主胡汉民，字展堂，原名衍鹳，后改衍鸿。晚年别号不匮室主。广东番禺人。清光绪五年（1879）生，1936年卒，年五十七岁。国民党右派。1905年参加同盟会，辛亥革命时被推为广东都督。1914年随孙中山组织中华革命党。1924年中国国民党改组，成为右派首领。孙中山北上后，代理大元帅，后改任国民政府外交部长，因涉嫌廖仲恺案去职。1927年与蒋介石同谋发动反革命政变，历任南京国民党中央政治会议主席、立法院院长等职。1931年因与蒋介石争权被囚禁，九一八事变后获释。1933年在香港创办《三民主义半月刊》，标榜抗日、反蒋、反共。1935年国民党五届一中全会上又当选为中常会主席，次年病死广州。

是谱于清代书民国前某年、光绪某年，月、日用阴历，加注西历某月某日；1912年后改民国某年，月、日用阳历。各年下用醒目黑体字载谱主有重要活动之时间（或为季节，或为具体日期）及活动内容以为标题，如“（民国四年）十一月十二日，偕同志宋振赴菲律宾，进行筹款。在马尼拉登岸被阻，经法官判决准予入境”。后列该活动之背景及详情。每年于谱主事略后均有“本年有关纪事”，以简略文字录该年政治、军事要事。谱主系同盟会、国民党中重要人物，所以事略内容多有与抗日战争爆发前中国重大事件有关者。且记事周详，注明资料来源，是研究中国现代史及国民党史的好材料。编者在是谱中对胡汉民反共活动多有褒扬，是其立场使然。卷首有编者序及目次，末附索引。其目次为分年提纲，以年为序，年下按月、日标示要点，注明书页，颇便检索纪事。入索引者有人名、地名、政党名称、报刊名称、事件及主义、政策名称等，均按笔画混排。

（南开大学图书馆藏　徐健）

《郭沫若年谱》二册　龚济民、方仁念编　天津人民出版社出版　1982年初版铅印本

谱主郭沫若，原名开贞，号尚武。四川乐山人。清光绪十八年（1892）生，1978年卒，年八十六岁。现代杰出作家、诗人、历史学家、剧作家、考古学家、古文字学家。著名社会活动家。1914年赴日学医，回国后从事文艺。“五四”时期积极从事反帝反封建的革命文化运动。1921年与郁达夫、成仿吾等组织“创造社”。1926年参加北伐战争，任国民革命军总政治部副主任。同年参加南昌起义，八月加入中国共产党。1928年旅居日本，从事中国古代史和甲骨文、金文研究。抗战开始后回国，在国民党统治区从事抗日救亡运动。抗战胜利后，同蒋介石法西斯独裁进行坚决斗争。解放后历任全国文联主席、中央人民政府委员、政务院副总理兼文化教育委员会主任、中国科学院院长兼哲学社会科学部主任、中国人民保卫世界和平委员会主席、中日友好协会名誉会长等职。曾任中国共产党第九、十、十一届中央委员会委员；第一至五届全国人大常委会副委员长；政协第一届全国委员会委员，四届常委委员，二、三、五届副主席。主要著作如《女神》、《中国古代社会研究》、《甲骨文字研究》、《卜辞通纂》、《两周金文辞大系考释》、《甲申三百年祭》、《青铜时代》、《十批判书》、《奴隶制时代》等。生平著述甚多。有《沫若文集》行世。

是谱一般以公元年月日次序编列，无日可考者系月，无月可考者系季，无季可考者系年。各条事后注明出处。本事后用异体附录国内外大事、文化界动态以及有关人物往来情况。亦有将背景材料结合本事写入正文者。是谱记文学艺术方面的活动尤详。事略“只作忠实的历史记录，概不评述”。如谱主于1928年8月10日发表《文艺战线上的封建余孽》一文，说鲁迅是“资本主义以前的一个封建余孽”，“是一位不得志的Fascist（法西斯蒂）”等即是。明示白玉微瑕，使人得睹全璧。是谱主要据已发表的材料编成，而“因为谱主的大量的书信、日记尚未公开问世，散佚的著译也远未收全，当初发表文章的报刊杂志有不少极难寻觅”，编者“手头也没有掌握任何内部材料”，而谱主又是“继鲁迅之后我国又

一文化伟人”，所以是谱仍有补充的余地。是谱分上下两册，1949年前为上册，1950年后为下册。

（南开大学图书馆藏　徐健）

《黄克强先生年谱》 李云汉编　中国国民党中央委员会党史委员会1973年出版

谱主黄兴，原名轸，字杞园，一字廑午，或作堇午、堇坞，又作庆午、近午。后改名兴，字克强，取“兴我中华，兴我民族，克服强暴”之意。湖南善化（今长沙）人。清同治十三年（1874）生，1916年卒，年四十二岁。1902年赴日本留学，次年参加拒俄运动。1904年在长沙和陈天华、宋教仁等组织华兴会，策划长沙起义未成。次年在日本拥护孙中山组成同盟会，任执行部庶务，居协理地位。1907年起，先后参与或指挥数次反清起义。武昌起义后，任革命军总司令，在汉口、汉阳对清军作战。上海、苏、杭等地相继光复后回到上海，被推为副元帅。主持南北议和谈判，主张与袁世凯妥协。南京临时政府成立后，任陆军总长。临时政府北迁，任南京留守。1913年在南京任讨袁军总司令，失败后流亡日本。后赴美国养病。1916年袁世凯死后，回到上海，不久病逝。

是谱以谱主生平事迹为主体，兼记重要事件及重要人物活动。纪年于中华民国开国前称“中华民国纪元前”或简作“民元前”，并附以清代年号西元年代，月日用阴历，加注阳历。中华民国建元后则于民国纪元下仅标明西历，月日均用阳历。记事兼采编年纪事二体。年以系月，月以系日；纲以统目，目以挈事。引文均注出处于每页正文之后。谱前有谱主遗像、墨迹，谱后有编者撰《关于黄兴的研究与史料》。称黄兴“家属所保存的大批史料，三十八年（1949年）大陆撤退时未及运台”，则有关史料之搜访及是谱之补充，大陆学人固有责焉。

（南开大学图书馆藏　徐健）

《鲁迅年谱》　复旦大学、华东师大、上海师院《鲁迅年谱》编写组编　安徽人民出版社出版　1979年初版

谱主周树人，事略。

是谱结合时代背景，记谱主学习、作品、事迹、交游、生活等。背景事件与鲁迅本事直接有关者编入正谱，否则附录于月末年终。同一事件而延续数月或数年者，则于一或两处集中叙述。除未发现的谱主著译之外，其作品全部入谱。各篇均单独列目并附内容提要。但译作及部分次要作品仅有存目。以公元年月日系事。前半部分因资料所限多按年系谱，后则渐详。《后记》载是谱编撰出版过程

中“‘四人帮’及其御用写作班子石一歌企图把它扼杀的罪行”。郭绍虞为此谱题签。

（南开大学图书馆藏　徐健）

《徐悲鸿年谱》　李松编著　人民美术出版社出版　1985年3月第一版

谱主徐悲鸿，原名寿康。江苏宜兴人。清光绪二十一年（1895）生，1953年卒，得年五十八岁（此为足龄，虚岁五十九岁）。谱主出生于贫苦画师家庭，曾就读复旦大学，历游英、法、苏、日、意、比等国，致力美术创作。先后任教于中央大学美术系、北平艺专等校。解放后出任中央美术学院校长。

谱主是一位卓有成就，著誉国际的艺术家，为中国美术事业的兴盛发展贡献一生。其美术作品立意深刻，技法超绝，成为中国美术界的一代宗师。

是谱侧重记载谱主艺术思想和创作活动，兼及生活与交游等。

是谱分五部分：

一、中西历对照：列谱主自出生至逝世各年的中西历、甲子及年龄对照，其计年以实龄，即出生后第二年为一岁。

二、年谱：此为中心部分。此谱将谱主一生按经历变化划为七段，分别摘取谱主诗语为标题，以概括此一时期主要活动。谱文按年排列，年下有若干类目记事，如“事略”撮述谱主是年主要活动；“自述”按年分解谱主自撰《悲鸿自述》段落；“有关记述”记谱主友朋间交往及他人对谱主的评说；“美术创作”为谱主艺术品创作系年；“论著”记谱主论著；“时代背景”记重大政治事件及文化界活动。每年各类目据事实有无而采用，并非一律全列。年谱资料多引述有关回忆文字及论述成作。凡引述资料均详记出处，颇便检阅。

三、附录：包括（一）同时代人物生平年代对照；（二）解放前国统区美术院；（三）中央美术学院沿革等三项。

四、参考文献：有友朋回忆评论及谱主美术论文两类，主要是撰谱者所据的文献目录。

五、《悲鸿自述》中译名对照。

是谱记至谱主卒后之1978年，记建馆、评论等身后哀荣。

是谱附谱主书画作品图版二十余幅，可供观摩。

是谱成书于1981年，其后问世的回忆与评论，未获采录而略嫌简略。

（南开大学图书馆藏）

《老舍年谱》　甘海岚编　《中国作家研究资料丛书》之一　书目文献出版

社出版　1989年7月初版

谱主舒庆春，笔名有老舍、鸿来、絜予、絜青、舍予、舍、非我等。满洲正红旗籍。清光绪二十五年（1899）出生于满族贫民家庭，1966年8月24日因“文化大革命”遭受迫害，投湖自尽，卒年六十八岁。

谱主是当代著名作家，写作宏富，以幽默笔触刻画世态，拥有众多读者。所撰《老张的哲学》、《赵子曰》及《骆驼祥子》等作品久已蜚声海内外。

书前有谱主妻胡絜青、女舒济合写序言一篇，记国外已著多种老舍年谱。此谱为国内出版的第一部，以纪念老舍诞辰九十周年。胡序评是谱称：“这部书以老舍的文学活动为核心，较全面、系统、准确地展示了老舍先生一生的生活经历、思想品貌和著述成就。书中不仅收入了作者新近发现的材料，还对老舍的全部作品，尽可能地做了言简意赅的内容提要。作者力求使这部书内容丰富、材料确实，成为了解老舍、研究老舍必备的工具书。”这一评论基本上反映了是谱的实际。书前尚有例言，说明编纂体例。是谱以谱主文学活动为主而附及生活事件、行踪轨迹、社会交往等，不过所附及者似嫌简略，致使人对是谱有文学系年之感。

（南开大学图书馆藏）

《张大千年谱》　李永翘著　四川省社会科学院出版社出版　1987年铅印本

谱主张大千，原名正权，单名爰，字季爰，号大千，别号大千居士，四川内江人。清光绪二十五年（1899）生，1983年卒，年八十四岁。童年起习书画，二十世纪三十年代初即成为著名书画家。曾遍游祖国名山大川，以为创作依据。一生国画作品甚多，并多次在国际画展中获奖。五十年代后旅居南美、美国等地，晚年寄居台湾。

是谱记谱主学习及创作书画、游历等事，颇详细。谱前有《张大千先生小传》和《张大千先生先辈简介》。谱后附录《张大千论画》、《张大千家室略表》和《大风堂同门录》。

（南开大学图书馆藏　徐健）

《左权年表》　尚荣生、郝良真整理　《河北师范大学学报》1981年第2期

谱主左权，原名左纪传，号叔仁，字孳林，中学时更名左泽。1923年赴广州参加大革命后，改称左权。湖南醴陵人。清光绪三十一年（1905）生，1942年战死，年三十六岁。

谱主是无产阶级革命家，卓越的军事领导人。1924年入陆军讲武学校，旋转

入黄埔军校第一期。次年加入中国共产党。2月，毕业后参加两次东征战役。11月底，被选拔赴苏学习，先后入中山大学及伏龙芝军事学院。1930年回国，到闽西根据地任中国工农红军军官学校第一分校教育长。以后相继任红十二军军长、红一方面军总前委参谋处长、红五军团第十五军政委兼军长、红一军团参谋长，参加反“围剿”战争、二万五千里长征，后任红一军团代理军团长。抗日战争时期，担任八路军、第十八集团军副参谋长，参加平型关战役，从事军队训练与建设，总结经验，撰述条例，1940年任八路军第二纵队司令员，在太南和豫北地区指挥反顽斗争。1942年5月25日在山西辽县抗击日军袭击，英勇牺牲。有若干军事理论著述传世。

是谱系据谱主论述及有关回忆、纪念文字所编成，详述少年艰辛生活与抗日抗顽斗争中的事迹与成功，涉及数次重大战役，可供研究中国现代史及抗日战争专史参考。

（来新夏自藏）

《左权军事年谱和文摘》 陈浩良编著 军事科学出版社出版

谱主事略见前，唯此谱作原名左纪传，乳名自林，1923年赴广州参加革命时去原名“纪”字而名左权。

谱主潜心钻研军事理论，结合作战实践，提出个人见解，著译甚多，有《苏联国内战争的教训》（译文）、《论目前山西敌人的动态和我军应采用的战术》、《新战士的军事教育》、《论坚持华北抗战》、《论目前华北战局》等。

是谱首在反映左权的伟大军事实践，着重于作战指挥、军队建设等方面，叙述详尽，对研究左权军事思想与实践以及中国现代革命史事均有重要参考价值。

与年谱合为一书者，系撰者从左权军事论著中分七个专题辑录所成，对研究左权军事提供了重要的原始资料，而年谱与文摘合编亦属年谱编纂工作中的创例。

是谱以公元及谱主年龄为序。末有附记，志身后哀荣。

（南开大学图书馆藏）

二、订正部分

（1）页15《傅青主先生年谱略》

“《傅青主先生年谱略》书录中，已辨谱主卒年应以后人考订之‘清康熙二十四年卒之说为是’，而于另一处《傅青主先生年谱》书录，介绍谱主事略时，却采用了‘清康熙二十三年（1684）卒’的说法，是前后牴牾。”（北京中国社科院历史所清史研究室顾真、夏至，1984年6月）

案：《年谱》中的“康熙二十三年卒”的写录，是据本谱所记，只能照录，不能以己意改定，而《年谱略》之考语，取“康熙二十四年卒”的说法，则为我的认定。异说两存，遵史书著录体例，非前后牴牾。

（2）页41《潜庵先生年谱》

“汤斌为清初理学名臣，汤为河南睢州人。幼时即沃闻乡先辈时时称道鲁斋、夏峰、睢州诸人。诸书亦均称汤为睢州人。今《潜庵先生年谱》作‘汤为安徽来安人’。不知是征引之误抑别有所据？”（河南许汉三，1986年11月22日）

案：汤作来安人系据本谱著录。但未将其迁睢州经过叙明，本谱曾云：“先生先世为滁之来安人。以军功为神电卫世袭百户，始调中都，后调睢阳尉，升骠骑将军，中都正留守，世袭指挥佥事，因家焉。”如叙入此数语，则不致因疏漏而引起疑义。

（3）页76《方望溪年谱》

“叙录云：方苞为‘安庆府桐城县人’，应加注寄籍上元。因作者对其他寄籍情况是作了说明，此处亦应体例一致。又如本条云及方苞因《南山集》案，罚入汉军旗籍，后‘赦归原籍’。此处句意欠明，易给人赦还原籍老家的错觉，实则是赦方氏出旗籍，并非回老家。”（北京中国社科院历史所清史研究室顾真、夏至，1984年6月）

（4）页92《范西屏施定盦二先生年谱》

“一、《海昌二妙集》初版乃1897年（光绪二十三年）‘浮昙末斋’刊本，文瑞楼本是据‘浮昙末斋’本再印之石印本。理当首推1897年之原本。

二、原年谱作施定庵，非定盦也。《海宁县志》亦作定庵，无论庵盦二字可通否，总以原本为宜。且字未有舍简而就繁者也。

三、《海昌二妙集》序言甚明。是集为‘斤竹山民’原辑本，‘浮昙末斋’主人识。故此集是‘斤竹山民’与‘浮昙末斋主人’合作之书。‘斤竹山民’要注明。

四、‘斤竹山民’、‘浮昙末斋主人’即清末著名文人黄绍箕、蒯光典是也。黄蒯二人，《清史稿》均有传。”（上海徐汇区工人俱乐部赵之云，1983年11月）

（5）页109《（先大父）泗州府君事辑》

“谱主姓名应为张佩芳，误为张佩芬。”（山西省图书馆赵冬生，1984年3月18日）

（6）页147《先文靖公年谱》

“编者应为孙慧惇，误为孙慧恺。”（山西省图书馆赵冬生，1984年3月18日）

（7）页256《慎独斋七十年谱》

“谱主系先祖父，原谱仅记至先祖父七十岁，故缺卒年。按先祖父卒年为农历甲子年十二月廿一日，即公元1925年（民国十四年）1月15日。再者先祖父字家端，家瑞为误。”（南京师范大学中文系关肇昕，1984年2月20日）

（8）页286《涉园年略》

“陶湘籍贯在序录中一题作武进，此为人所习知。但事略中记云：‘谱主陶湘，字兰泉，号涉园。浙江慈溪人。’不知此说何据？我为浙江慈溪人，亦未闻吾乡有陶湘其人，或为科举考试关系而寄籍，又未见言明。”（上海沈钟瑾，1984年8月21日）

（9）页289《梁任公先生年谱长编初稿》

“此油印本，据我所知，此书当系丁文江、赵丰田两先生合写，近已出版。丁系名人，海内外皆知。赵系我同乡，解放后曾任新乡师院历史系主任，后任开封师院历史系主任，前已作古。此书虽冠以丁名，大部分为赵执笔。我在抗战前曾听说过此书编写情况，特函相告。”（武汉大学方衡，1984年7月17日）

原载于《中华文史论丛》总第76辑　上海古籍出版社2004年版

鸦片战争前的地主与农民*

鸦片战争前夕，正是清朝的嘉道时期，这时，清朝已从前期的繁盛逐渐衰落下来。封建社会已经走向它的晚期，这一时期的生产关系主要是地主土地所有制。研讨和描述这一所有制下的地主与农民状况对了解鸦片战争前的社会背景和封建社会的发展进程都将有所裨益。

地主阶级

鸦片战争前的满汉地主阶级以民田、官田、旗田、屯田等各色名目的占有形式霸占了大量土地，构成了地主阶级土地所有制。地主阶级就凭借这一所有制进行兼并与剥削。

土地兼并从清朝建立后不久，政权稍见稳定时就陆续出现了霸占巨量土地的大地主，尤其是官僚地主依恃政治权势，巧取豪夺，更为显然，如康熙时高士奇、徐乾学等都是霸占土地千顷万顷的大地主①。雍正初年实行的摊丁入亩制度即是为解决由于土地集中现象严重所产生的矛盾而必然采取的一种改革措施。乾隆朝则发展到更为严重，如人所共知的“权臣”和珅即占地八千余顷②。从乾隆六十年所揭露福建督抚伍拉纳、浦霖受贿案的有关文献中可看到福建巡抚浦霖的占田数是：

---

* 本文发表时署名来新夏、焦静宜。

① 《东华续录》康熙四四。

② 薛福成：《庸盦笔记》卷三。

项　目	亩　数	价　银	价　钱
自名置田	2700 亩	6713 两	36038000 文
家人陆升出名	50.2 亩		836000 文
女婿钱洪绪之仆 盛忠经手由钱姓出名置田	318 亩	1882 两	4369000 文
亲戚骆侣梅自首交出匿田	157 亩		2000000 文
总　计	3225.2 亩	8595 两	43243000 文
清单总数	3226.47 亩	8595.9 两	43245465 文

（资料来源：《史料旬刊》第 32 期）

另一个案犯福建布政使伊辙布的占田数是：

占地地区	地亩数
典买涿州等处地	27 顷 73 亩
关东地	160 日
古北口外沈家屯	6 顷 71 亩 76 段
涿州香河老圈地	3 顷 34 亩

（资料来源：《史料旬刊》第 31 期）

其实早在乾隆十三年，湖南巡抚杨锡绂在其《陈明米贵之由疏》中就指出：

近日田之归于富户者，大约十之五六。旧时有田之人，今俱为佃耕之户。

随着土地日益集中，地价也日增，同疏中又说：

向日每亩一、二两者，今至七、八两；向日七、八两者，今至二十余两。

这种兼并的结果，必然是：

贫而后卖，既卖无力复买；富而后买，已买不可复卖。[①]

嘉庆十年广东巡抚百龄获罪被查抄财产时，也发现拥有大量土地，致使嘉庆帝也难以置信而在上谕中指称：

① 《皇朝经世文编》卷三九。

且披阅单内有买房六处，买地五千余顷，为价不少。伊本年出京时，曾闻其称盘费不敷，向人挪借银两，竟似清贫有素，而见在查出所置产业有此，其平日所为，恐未足深信。[①]

不仅官僚地主如此，庶民地主也动辄拥千万亩之巨。嘉庆时，湖南衡阳刘姓地主“田至万亩”[②]。道光时，江苏吴江县地主沈懋德“有田万余亩”[③]。直隶沧州齐家坞袁姓地主“占田二千顷”[④]。

以上可见土地的高度集中已成为当时普遍的社会现象。其愈益严重的发展趋势表现着封建社会晚期封建土地所有制的特点之一。

地主阶级兼并土地的过程，也是地主阶级以种种手段迫使农民阶级脱离土地，从而促使着鸦片战争前地主与农民阶级间的矛盾日趋尖锐的过程。

地主阶级凭借着土地所有制的实力，对农民阶级进行着封建性的剥削与榨取。封建剥削的主要手段是勒收地租。不过，当农民尚未套上地租枷锁之前，往往还要先付出一定代价来换取遭受剥削的“权力”，那就是在佃租土地时需要先缴纳所谓“顶费”与“押租”。

“顶费”是农民向地主取得佃种权的一种化销，一般用货币。它的性质和“押租”不同。“押租”在理论上应于退佃时归还，而“顶费”则被地主所吞没。“顶费”数字并不很少，如嘉庆七年冬安徽太湖杨月盛曾用钱十四千文向宋以德顶种原佃宋周柱膳田一石七斗。嘉庆十三年湖南平江的朱为勋曾出银十八两向吴春晓顶佃田一石五斗[⑤]。有的地方也称它为“揽种钱”——这是沿袭清初以来就有的一种陋习。它既用货币，也用实物。如康熙时，江苏崇明“佃户揽田”，“先以鸡鸭送业主，此通例也”[⑥]。乾隆五十九年安徽阜阳农民沙辰为了佃种地主李万清土地十六亩，在佃约外又交了揽种钱二十四千，才能“承种交佃”。

在被允许佃田时，还需交纳“押租”——它又名“押佃钱”或“寄庄钱”，实际上是农民“要求”地主将自己列入其劳动力名册所预付的保证金。它主要形

① 《东华续录》嘉庆二〇。
② 彭玉麟：《衡阳县志》卷十一。
③ 熊其英：《（光绪）吴江县续志》卷十九。
④ 李象鹍：《棣怀堂随笔》。
⑤ 《刑部档案钞件》（《中国近代农业史资料》第一辑，页七七）。
⑥ 褚人获：《坚瓠集》卷四《揽田》。

式是货币，如嘉庆十年云南农民白尚玉承佃杨珍家水田十四坵，就交付押租银十二两；嘉庆二十年四川崇庆州农民周仲银佃周李氏田一亩，就交押租钱六千文。押租的数目既无法律规定，也无习惯成例，只随地主之意而定，大抵土地集中程度愈高，佃种竞争愈强烈，押租也就愈高，如嘉庆九年浙江诸暨每亩地押租二千八百多文，十年就增至七千多文，十二年竟高达一万六千文，三年之间，增加几达六倍。这种押租是地主阶级进行封建剥削的一种保证。因为双方议定“如欠租不纳，把押租钱抵数”，至于议田的“起田之日，照数还清”则纯属空话，因为农民到无力承佃起田时，押租钱早被地主以“欠租扣抵”的理由吞噬掉，农民只能拖着沉重的步伐，挈妻带子，离开承佃的土地。

“顶费”与“押租”是地主阶级把土地交佃前套在农民颈上的第一副枷锁。这副枷锁为地主阶级开辟了积累货币的来源，又为地主阶级进行高利贷资本活动提供了一部分市场。

地主阶级在把土地交佃后就以地租作为进行剥削的主要手段。当时地租的统治形式是自然物的地租形式，也就是实物地租。它之所以成为统治形式主要决定于整个社会的自然经济结构。这种实物地租按其缴纳形式的不同又可分为“谷租”与“分租”。“谷租”就是“额租”，是佃农向地主包定的实物租额，不以年成好坏为转移的，如嘉庆十一年江西都昌农民石如山兄弟五人租佃石扬声田四亩二分，“每年交租谷十石”。“分租”是佃农向地主约定按收获量缴纳一定比例的租额，有的对分，有的四六分，如嘉庆二年浙江余姚地主胡式南有田五亩租与胡雅南佃种，“每年业六佃四分租”；嘉庆十五年陕西乾县农民王乃玉认种地主尹百瀍北坡谷地，“议明秋成后，公同按半分收”。

在实行实物地租的同时，有的地方也实行货币地租，即俗称“钱租”的，如嘉庆元年，浙江嵊县农民金分进等租竹绍有地十六亩，“每年租钱二十千文”。其剥削性质与实物地租毫无二致，只是剥削物的形式有所不同而已。货币地租一般是在收获后收取，有的分春秋交纳，如嘉庆四年，河南邓州农民范文租种张玉林地四亩，“每年租价二千文，分二、八二月缴纳”。江苏、浙江、四川、广东等地更有在收获期前收所谓“预租”的。这些预租额各地并不平衡，多的如嘉庆十四年四川简州每亩预租160000文，少的如嘉庆三年江苏华亭每亩预租740余文。这种预租制无疑迫使农民在遭受地租剥削前先投向高利贷资本的罗网，使农民实际支付的地租，远远超出了约定的“租额”。

鸦片战争前的这两种地租形态究竟以哪种为主呢？根据中国社会科学院经济

研究所所藏1796—1820年间的一批刑部钞档统计，各省地租形态涉及寺田与族田的有74件，其中实物地租为46件，货币地租为28件；涉及私田的有198件，其中实物地租为131件，货币地租则为67件[①]。可见仍以实物地租为多，表明了地主阶级剥削的封建性质。总之，不论何种形式的地租，都是地主阶级加在农民颈上的第二副枷锁。

地主阶级向农民勒收地租的时候，还要农民付出具有附加租性质的额外耗费。即除了终年承担不固定的劳役外，还要随着交租贡纳一些供地主阶级享用的实物。道光时人齐学裘在其《见闻续笔》中记载道光十六年亲自在江苏宜兴收租时所得的附加实物说：

> 余有田二百亩，在阳羡东西两氿之间。冬至后，泛舟往收，十日得米数十石，帛四端，豕、鸡一、满载而归，快然自足。[②]

地主阶级从农民那里不仅得到租米数十石，还附加了帛、豕、鸡等物。在地主阶级“快然自足”的背后，却是农民的哀叹涕泣！不仅如此，农民还要向地主家的佣仆进纳费用——“小租”，如嘉道之际江苏地区的“佃客自愿于租额外，别输‘小租’为（诸仆隶）报酬”[③]。这些附加支出实际上是地主阶级套在农民颈上的第三副枷锁。

地主阶级为了实现其经济剥削，还可以运用超经济的强制力量——勾结官府，勒缴催征，如道光十五年江苏有些县“佃欠课租，业主追呼罔应，往往控官押缴，动辄至数十石及数百石之多”[④]。有的地方政权更发布告示来保证地租剥削，如嘉庆间湖南巴陵县即曾由知府张五纬出过一张值得重视的告示，内称：

> 嗣后田主控告刁佃欠租踞庄，如系积年惯欠及丰年抗欠，并借贷积欠，即查照原有进庄银两抵偿，其余欠仍即追比，勒令出庄。至春不提田，此指良佃而言；若控追在先，延至春间，辄云田已耕犁，粪草已布，借赖诈索，霸不退庄，此等刁风，尤应严究。或田已转售，应听新业户号召佃种，即令保邻估给工本，不得借临春不退，恃强抗踞。至田塘应否修理，应请田主自

① 以上各引文均见《刑部档案钞件》（《中国近代农业史资料》第一辑，页七二至七七）。

② 齐学裘：《见闻续笔》卷九《收租行》。

③ 包世臣：《安吴四种》卷三三《吴谐》。

④ 裕谦：《请暂释欠租贫佃檄》（《裕忠节公遗书》）。

行修葺，以杜借端抗欠。[1]

地主阶级把押租、地租和附加租等三副枷锁牢牢地套在农民颈上，迫使农民在支付必需的生产费用和生活费用上均感困难。农民为了应付沉重的经济负担和苟延青黄不接时期的生活，不得不饮鸩止渴地堕入高利贷资本的深渊之中。

高利贷资本对农民放债主要也是实物与货币两种。实物放债称为“押谷”、“质谷”或“头谷”。农民在春夏之际借谷，秋后加利送还，所谓“春夏贷而秋收”，“殷实之户，于青黄不接之时，将余谷听农民质押”[2]，即系指此。这种借贷尚须抵押品，如道光时湖南“质贷多用衣服被絮之属，逮夏脱棉乃质，秋则取之”[3]。这种借贷的最大特点是利息高、借期短——石息三斗，一年为期，春借秋还即以一年为计。嘉庆九年秦承恩在一份告谕中曾说：

每年只能出借一次，如甲年正月初一日押谷一石，十二月三十日取赎，只许加利三斗；即五月初一日押谷一石，六月初一日取赎，亦应加利三斗。[4]

更有甚者，借时用谷，以贵价折钱计数；还时用钱，则需以贱价卖多斗谷偿本还利，无异于利息外又增收多倍。如嘉庆十一年陕西西乡县农民李万林向唐大明借包谷六斗，折钱一千二百文，三分行息，言明三月内即还；河南鄢陵县农民王存仁向曹法伦借用小麦八斗，折算钱一千六百文，三分行息，言明二月本利清还[5]。

封建政权对这种剥削行为不仅支持，而且还变本加厉地主张提高利息，缩短借期，给富户以种种便利，如嘉庆九年秦承恩在《劝民间质谷谕》中鼓吹这种质谷剥削“较之典铺，尤为便利”，并且主张“鼓励富户，收买谷石，不必领帖，听其运营”[6]，为高利贷资本的活跃提供方便。

另一种是用货币放债。它的利率幅度较大，从一、二分起到十余分止，以二至四分为较普遍。中国社会科学院经济研究所根据1796—1820年直隶等十六省的刑部旧档286件统计结果，从不满千文到五万文以上，债利以二至四分为多，

---

① 杜贵墀：《（光绪）巴陵县志》卷二五。

② 《清史列传·程矞采传》。

③ 杜贵墀：《（光绪）巴陵县志》卷二五。

④ 秦承恩：《劝民间质谷谕》（《皇朝经世文编》卷四〇）。

⑤ 刑部档案钞件（《中国近代农业史资料》第一辑，页九一）。

⑥ 秦承恩：《劝民间质谷谕》（《皇朝经世文编》卷四〇）。

其中二至三分者占32.17%，三至四分者占40.56%[①]。债利一般以货币交纳称“利钱”，也有交谷物者则称“利谷”，如嘉庆十二年湖南龙山彭泽声向彭文彰借钱三千文，议定千钱年还包谷五斗作利[②]。这种高利贷中以钱币放债的“印子钱”为最苛刻。道光十年安徽旌德有人在农村放“印子钱”，“每七折钱一百文，按日交利钱四文，以十七日半为期，利侔于本”[③]。这就是说，借钱一百文，实得七十文，每日交四文，十七日半共交利七十文，本利相等。

高利贷剥削使“田垄罢人，望岁勤力者，日以穷困”[④]。其恶果仍是农民阶级的备受剥削，而地主阶级则得以更雄厚的资本占有更大面积的土地。

农民阶级

由于严重的土地集中和残酷的封建剥削，必然地驱赶着越来越多的农民脱离了土地，造成“无田可耕”和“无资可佃”的结局。他们为了谋求生路，而不得不或“力佃人田”，或“力佣自活”。甚至还有为数不少的人加入了流民群的行列。其中“力佃人田”的佃农和“力佣自活”的雇农是嘉道期间农民阶级的主要构成者。

佃农是随着土地日益集中而日益增多的一个阶层。他们由于支出生产费用、地租和债利而绝大多数陷于生活困苦，“其得以暖不号寒，丰不啼饥而可卒岁者，十室之中，无二三焉。”[⑤]他们的情况不如自耕农，嘉庆时的思想家包世臣曾经深致感慨地指出过，所谓“自耕其田”者，“岁息钱不过十四五千文”，那么，“其佃耕与罢弱者可知也！”[⑥]虽然如此，他们终究还是有资承佃，能暂图安定的一部分农民。而比他们更无生活保障、生活状况更低下的则是出卖劳力为生的农业雇佣劳动者——雇农。

雇农不如佃农那样还能有资承佃，而是只能以自己的劳动力受雇于地主阶级

① 《中国近代农业史资料》第一辑，页九八。
② 《中国近代农业史资料》第一辑，页九一。
③ 吴文镕：《审拟安徽民人金贵宝京控折》（《吴文节公遗集》卷二，页三）。
④ 梁章钜：《退庵随笔》卷七。
⑤ 章谦：《备荒通论》。
⑥ 包世臣：《安吴四种》卷二五《作力》。

作长、短工。从契约规定上看，他们在受雇期间似乎既没有主仆名分的人身依附关系，也没有任何文书契约来束缚行动，只是以劳力换取工价。这在刑部钞档中可以摘取一些说明双方关系的例证：

——嘉庆二年广东始兴县的伍三满短雇胡老八在家帮同种地，言定周年工钱八千文，并未立有文约，亦无主仆名分。

——嘉庆二年广西北流李忨雇廖宗荣夫妇帮做农工，每月共给工钱六百文。宗荣夫妇即在李忨家侧屋居住，并无文契年限，亦无主仆名分。

——嘉庆四年江苏山阳县伍方远雇在徐珍家帮作田工，每月工钱五百文，并无主仆名分。

——嘉庆十年云南大官厅邓仁佐雇林老太帮垦田地，议定十月为满，给工价钱一千三百文，系暂时短雇，并无主仆名分。①

从这几个例子可以看出既有长工，又有短工和季节工；既有年工资，又有月工资；既有单身受雇者，亦有合家受雇者。但都专门声明双方并无人身依附关系。这往往会给人一种雇农是“自由民”的错觉。事实不然，这种表面现象只能说明这是封建社会后期人身依附关系逐渐松弛的一种必然趋势，而不能就以此认为雇农是自由自在地过着自己恬静的生活。因为封建政权运用了上层建筑的威权在法律上“铸定”了雇农的不平等地位。在道光五年的《大清律例》上对于雇工与雇主间的关系曾作了若干规定，如：

（1）雇工殴杀雇主及雇主亲属，加等治罪。

（2）雇主殴杀有亲属关系雇工，减等治罪。

（3）雇工骂雇主及雇主亲属，加重处罚。

（4）雇工控雇主虽实，雇工也受惩处，诬则处绞。②

这些规定完全说明了当时雇工在政治上、社会上的不平等地位。而经济上则处于不稳定的动荡生活之中。

离开土地的农民的另一出路则是在本乡本土无法谋生而不得不扶老携幼、离乡背井地流离失所。由于流民群的不断扩大而形成为阶级结构中另一阶层——流民阶层。他们虽然都被称为流民，但生活道路和归宿却有所不同。

有些人流亡到有余地的地方去开垦佃种，建立自己的新田园。这种流动从康乾以来就见于记载，如乾隆四十七年陕抚毕沅所上《陕省农田水利牧畜疏》中曾

① 《中国近代农业史资料》第一辑，页一一三至一一四。

② 《大清律例》卷二七至三〇。

有一段很具体的描述说：

> 臣载抚关中，先后十有余年，郡邑巡行所至，窃见汉中、兴安、商州各府，州属延亘，南山水土饶益。迩年楚、蜀、陇、豫，无籍穷黎，扶老携幼，前来开垦者甚众。
>
> 即如乾隆三十三、四等年，两湖偶被灾祲，小民流徙，络绎前来。……男妇不下十余万人。[①]

毕疏中所称的南山是指“由陕西之略阳、凤县，东经宝鸡等县至湖北之郧西，中间高山深谷，统谓之南山老林”。南山老林一直是流民的开垦区。在川楚陕地区还有一处所谓巴山老林，即“由陕西之宁羌、褒城，东经四川之南江等县，陕西之紫阳等县至湖北之竹山等县，中间高山深谷统谓之“巴山老林”[②]。这两个老林地方辽阔，宜种包谷、荞豆、燕麦等，而且徭粮极微，租钱便宜，因而成为流民麇集求生之所。嘉庆初，专门研究三省边防的严如熤对此曾有详细的描述说：

> 流民之入山者，北则取道西安、凤翔，东则取道商州、郧阳，西南则取道重庆、夔府、宜昌。扶老携幼，千百为群，到处络绎不绝。不由大路，不下客寓，夜在沿途之祠、庙、岩、屋或密林之中住宿，取石支锅，拾柴作饭。遇有乡贯，便寄住写地开垦。伐木支椽，上覆茅草，仅蔽风雨。借杂粮数石作种，数年有收，典当山地，方渐次筑土屋数版。否则仍徙他处，故统谓之棚民。[③]

这一情况一直相沿未变，嘉庆末年卓秉恬在奏疏中又作了详细的描述说：

> 江、广、黔、楚、川、陕之无业者，侨寓其中，以数百万计，垦荒种地，架数椽即可栖身，谓之棚民。

这些栖身老林的流民，不仅得到了新的安身立命之所，而且还得到了“棚民”的新称号，在阶级结构中成为一个为数不少的阶层。他们在垦荒之余，还有为山林中的某些手工工场作工的，即所谓“种地之外，多资木箱、盐井、铁厂、

---

① 《皇朝经世文编》卷三六《户政》农政上。

② 《清宣宗实录》卷十，页二〇。

③ 严如熤：《三省山内风土杂识》页十七。

纸厂、煤厂佣工为生”。

为数众多的流民取得了“棚民”的身份，群聚老林，对当时社会确是一种不安定的因素。因而使卓秉恬不得不提出危言，指陈“人聚既多，则良莠莫辨，不安本分者，一遇旱涝之时，粮价昂贵，佣作无资，一二奸民倡之，以吃大户为名，蚁附蜂起，无所畏忌。”[①]

除西北老林外，东南的江西、浙江、福建等省也早有“棚民之称”，“各山县内，向有民人搭棚居住，艺麻种箐，开炉煽铁，造纸制菇为业”[②]。如嘉庆六年“浙江各山邑，旧有外省游民，搭棚开垦，种植苞芦、靛青、番薯等物，以致流民日聚，棚厂满山相望”[③]。有些多年丢荒之地也开垦出来，如宁波、台州交界之南田地方从明以来已封禁四百余年的山地，道光初年也发现有“垦户二千四百零，已垦田一万六千七百余亩”[④]。即使贫瘠的西南边陲的少数民族地区，如“贵州兴义等府一带苗疆，俱有流民溷迹”。这些流民都是湖广一带的农民，“因近岁水患，觅食维艰，始不过数十人，散入苗疆租种山田，自成熟后获利颇丰，遂结盖草房，搬运妻孥前往”。从道光十三年秋冬以来，由湘至黔，就“扶老携幼，肩挑背负者，不绝于道”[⑤]。在东北地区，游民渐由出卖劳力到佃耕土地，情况日益严重而不得不引起统治者的注意与忧虑，道光六年八月的一道上谕中就指明东北流民的状况是：“无业游民，始而为佣工，远出投身服役，继则渐向旗人佃种田亩”，其后果将是“迨佃种既多，旗人咸图安逸，不知力作，必致生计日蹙”[⑥]。流民威胁着旗民生计只是流民危机的一个方面，更为统治者忧心忡忡的是聚众滋事动荡着社会秩序。

有些流民舍弃了农业而到码头商埠去做杂工以谋生。如苏松“地属通衢，商贾云集。有力者权子母以牟利，无力者劳筋骨以谋生，然此皆无田之人也”[⑦]。所谓无田而权子母者自是高利贷商人，而“劳筋骨以谋生”者则正是从土地上被赶出来的“无力者”。在仪征盐码头上就有“赤贫营趁之辈”在“帮同营运”[⑧]。这

① 《清宣宗实录》卷十，页二〇至二一。

② 《清史稿·食货志》一。

③ 张鉴：《雷塘盦弟子记》卷二。

④ 《清宣宗实录》卷四七，页十六。

⑤ 《皇朝续文献通考》卷十三，页一一。

⑥ 《清宣宗实录》卷一〇二，页十四。

⑦ 王家相：《敬陈八折收漕不可者十事疏》。

⑧ 包世臣：《代议改淮鹾条略》（《安吴四种》）。

样使流民群的一部分暂时定居下来。而另一些则并不定居，却是穿州过县地求取生活来源，在嘉庆十九年的一个文献上概括了这部分流民群的移动痕迹说：

> 近数年来，杭、嘉、湖及苏、常等府，每届秋冬之间，有江北淮徐海一带游民，百十为群，或乘坐船只，或推挽小车，或结队步行，衣履齐全，不类乞丐，号称饥民，所过乡村，坐索饭食。……该匪徒等岁以为常，视同行业……近来愈聚愈多，沿途无赖之徒，随而附和。……[①]

这种情况不仅使统治者担心“恐因循日久，滋生事端”，还引起了某些地方官吏的密切注视和研究。道光十八年，台湾地方官吏姚莹曾分析过这些穿州过县的流民是一种不稳定阶层，他们需要解决的是生活问题。他说：

> 无业荡游，贼招之则为乱民，官用之则为义勇，此皆可良可贼，视能食之者，则从之耳。[②]

因此，他向督抚建议“收养游民”，以安定社会秩序。这也证明鸦片战争前夕这一情况的严重程度。

另有一部分游民则离开祖国远涉重洋去寻求出路，这种现象在道光八年时已被当时著名思想家包世臣所觉察，他曾在《致广东按察姚中丞书》中揭示出早在乾隆四十年之际就已有人流亡到新加坡去谋生，他说：

> 乾隆四十年间，粤东外洋有封禁地名新浦（按：即新加坡），距省垣千里而遥。粤之惠、潮，闽之漳、泉，无业贫民，私逃开垦。[③]

直至道光初年，出洋求生者仍为数甚多，如道光十九年八月间林则徐在一份奏折中就曾述及此事说：

> 每岁冬间，夷船回国，间有无业贫民，私相推引，受雇出洋。……十余年前，适值荒年，去者曾以千百计。[④]

---

① 《仁宗实录》卷二九一，页十七。

② 姚莹：《上督抚请收养游民议状》（《东溟文后集》卷三）。

③ 包世臣：《安吴四种》卷三五。

④ 林则徐：《奏查明夷船间有私带华民并无私买幼孩左道戕生由》（故宫藏军机处档案）。

在官方性文奏中出现这种内容可以证明这种情况的一定普遍性。

这些不同去向的流民群虽然其组成不全是农民，但失去土地的农民应是其主要成分。农民阶级的这种剧烈分化显示着封建社会危机的日益加深。这种剧烈分化正如思想家龚自珍所分析那样：

> 自京师始，概乎四方，大抵富户变贫户，贫户变饿者。[①]

这种剧烈分化在日益加速农民与地主间的矛盾。白莲教、天理教等等起义正是这种矛盾尖锐化的必然趋势。地主阶级与农民阶级间的尖锐矛盾正是鸦片战争前阶级关系的总形势。

简短的结语

（一）鸦片战争前的主要生产关系是地主阶级霸占大量土地的地主土地所有制。

（二）地主阶级凭借土地所有制通过地租、押租和种种附加租的形式，对农民进行敲骨吸髓的榨取，使农民挣扎于生死线上。

（三）农民阶级由于地主的兼并和剥削，被迫离开和半脱离了土地，有的沦为雇农，有的则加入到流民群中，穿州过县，或开地垦荒，或到处佣趁，或飘洋求生，或投身反抗。

（四）地主阶级与农民阶级的矛盾是鸦片战争前最主要的矛盾。这一矛盾的日趋尖锐，出现了不断爆发的白莲教、天理教种种反抗活动，摇撼着清朝封建统治的础石，推动着社会的发展；但是，在这一历程中，外国侵略势力利用鸦片贸易为手段，毒害和侵略中国，使中华民族和外国侵略者的民族矛盾逐渐上升为中国近代社会的最主要矛盾。这一侵入也扭曲了中国社会正常发展的轨迹。

原载于《南开史学》1983年第1期

① 龚自珍：《西域置行省议》（《龚自珍全集》上）。

鸦片战争前清政府的“禁烟问题”*

一、鸦片战争前清政府“禁烟”简况

鸦片自明以来，就以药材纳税入口。明万历十七年（1589年），“定阿片每十斤税银二钱，是为中国征税之始”[①]。万历四十三年（1615年），又改订为“每十斤税银一钱七分三厘”[②]。入清后，鸦片仍列入税则。康熙二十三年（1684年），海禁开放后，鸦片即列入药材项下，“每斤征税银三分”[③]。鸦片在清初尚有其一定的合法地位。

清政府于雍正九年（1731年）始正式禁烟[④]，对“兴贩鸦片烟”、“私开鸦片烟馆”和与此有关的从犯以及借端需索的兵役、失察之官吏均有严厉的罚则，而未及吸食者的罪名。但是，实际推行尚非如此。即如“开馆应拟绞律，律例早有明条，而历年未闻绞过一人，办过一案”[⑤]。同时又因明令只禁“贩”、

---

* 1957年曾进行较多的修订，本文系修订稿。

① 张燮：《东西洋考》卷七，陆饷。

② 张燮：《东西洋考》卷七，陆饷。

③ 道光十八年七月辛丑两江总督陶澍奏，见《道光朝筹办夷务始末》（以下简称《始末》）卷四，页一。

④ 李圭《鸦片事略》卷上页三称：“雍正中禁烟”；刘锦藻《清朝续文献通考》征榷考二三·洋药类称：“雍正七年曾布禁令”。以后有些著作均依此说。本文据《光绪大清会典事例》卷八二八，刑部·刑律杂犯：定烟禁为雍正九年。

⑤ 林则徐：《钱票无甚关碍宜重禁吃烟以杜弊源片》，见《林文忠公政书》乙集《湖广奏稿》卷五。

“售”，未禁入口，故直至乾隆前，海关则例药材项下仍订有鸦片税银[①]。因之，雍正九年的禁令仅标志清政府“禁烟”的一个开始而已。

乾隆年间，仍有禁令[②]。但至末年时，“闽粤吸食渐多”，虽经广东地方疆吏请禁入口，而其结果则“官吏奉行有名无实”[③]。同时，税额依然存在，证明鸦片尚具合法地位。

嘉庆以后，继续禁烟。元年（1796年），“因嗜者日众，始禁其入口”[④]。结果，“趸船在黄埔者，改泊澳门或急水门，而私销如故”[⑤]。四年（1799年），两广总督吉庆奏请“不许贩卖，犯者拟罪，递加至徒流环首”，是“立法不为不严”[⑥]。十五年（1810年）三月，因在北京广安门盘获携带鸦片进城之杨姓烟犯而重申禁令：一方面对购食者“严密访查”，另一方面又着闽粤督抚关差查禁，“断其来源”[⑦]。十六年（1811年），两广总督松筠曾通告外商，详述鸦片之为害，要求他们转告其本国政府“严禁贩此毒货”[⑧]。十八年（1813年），定官吏兵弁及人民吸食鸦片治罪则例[⑨]。二十年（1815年）三月，根据两广总督蒋攸铦所奏《查禁鸦片烟章程》，规定外船至澳门时，“按船查验，杜其来源”，并确定了官吏禁烟的奖惩办法[⑩]。

道光时，烟禁益严。元年（1821年），即据两广总督阮元“申明鸦片事例”之奏请而重申禁令。凡洋船至粤先令行商出具无鸦片之甘结方准开舱验货，如

---

① 道光十六年四月己卯太常寺少卿许乃济奏，见《始末》卷一，页六；道光十六年九月壬午邓廷桢等奏，见《始末》卷一，页九；道光十六年十月甲寅江南道御史袁玉麟奏，见《始末》卷一，页十三；均载有鸦片税银数目。

② 《英人强卖鸦片记》，见《鸦片战争》Ⅵ（《中国近代史资料丛刊》，以下简称《鸦片战争》），第269页。

③ 王之春：《国朝柔远记》卷七。

④ 《夷艘入寇记》，《鸦片战争》Ⅵ，第105页。

⑤ 王之春：《国朝柔远记》卷七。

⑥ 道光十六年九月壬午邓廷桢等奏，见《始末》卷一，页六。

⑦ 《东华续录》嘉庆二十九，页六。

⑧ 《两广总督松筠奏报澳门夷情札》，嘉庆十六年五月十三日，见《清代外交史料》嘉庆朝三，页四二至四三。

⑨ 《光绪大清会典事例》卷八二八，刑部·刑律杂犯·烟禁。

⑩ 嘉庆二十年三月己酉上谕，见《东华续录》嘉庆二九，页五；《清代外交史料》嘉庆朝四，页二八至三〇；刘锦藻：《清代续文献通考》卷五三，《征榷考》二五，将此事列于嘉庆元年条下，而于嘉庆二十年又重出。按《清史稿》疆臣年表三，元年任两广总督者先后有春龄、朱珪、吉庆。蒋攸铦任粤督在十六年，刘考列于元年条，显系有误。

有夹带即将行商照例治罪[①]；同年，又有“开馆者议绞，贩卖者充军，吸食者杖徒”的规定[②]。似烟禁较前为严。但实际上这种杜绝来源的办法只不过是使公开贩烟改为暗中偷运，陆地来往改为水上贸易而已。因此，自道光以后，鸦片即在零丁洋进行偷贩。零丁洋是在广东海面蛟门之外、老万山之内的洋面，其地水路四达，“凡福建、江浙、天津之泛外海者”，都能“就地交兑”。因之，鸦片“销数之畅如故也”[③]。并且零丁洋上还形成了一套偷运组织：有终岁停泊收贮外船运来之鸦片的“趸船”；有“勾通土棍，以开设钱店为名，其实暗中包售烟土”的“大窑口”；有“包揽走漏之船”，名曰“快蟹”、又称“扒龙”者；有包庇走私的“巡船”；有负责内地分销的“小窑口”。因之，零丁洋已完全成为“藏垢纳污之所”[④]。而鸦片之偷运入口者，从此也逐年上增了。二年（1822年）二月，贵州道监察御史黄中模以“洋商与外夷勾通贩卖鸦片烟，海关利其重税，遂为隐忍不发，以致鸦片烟流传甚广，耗财伤生”的理由，奏请令广东督抚密访海关监督“有无收受黑烟重税”[⑤]之事，清政府据此命广东督抚密访此事“据实奏闻，并通饬各省关隘一体严密查拿”[⑥]。当时兼署两广总督的粤抚嵩孚奏复称：“实无其事”[⑦]。不久，新任海关监督达三也在《遵旨查禁鸦片烟情形片》中矢口否认说：“实无丝毫征收鸦片重税之事。”[⑧]这类答复显然是用“查无实据”的手法因循敷衍，加以海关监督既不会自绝贿源，则皇帝实际上乃是鸦片的最大受贿者，因此，也就不再深究此事了。这样，鸦片仍然继续私运，输入数量仍然逐年增多。三年（1823年）八月，清政府又颁布《失察鸦片烟条

---

① 《清代外交史料》道光朝一，页十。另《钦定户部则例》卷四一，关税四载有查禁夷船夹带鸦片烟之则例可参阅。

② 李圭：《鸦片事略》卷上，页四。

③ 夏燮：《中西纪事》卷四，页一（申报馆本）。按：零丁洋偷贩事，当时是中外公开的事实。许多中外记载中都肯定了这一事实。中国记载许乃济奏折（《始末》卷一，页二至三）、桂良奏折（《始末》卷三，页二〇至二一）和《道光洋艘征抚记》中均记及。西方记载如《英国蓝皮书》（《鸦片战争》Ⅱ，第658页）、《澳门新闻纸》（《鸦片战争》Ⅱ，第427页）和丹涅特《美国对华的鸦片贸易》（《鸦片战争》Ⅱ，第299—300页）中也均有涉及。

④ 道光十一年五月湖广监察御史冯赞勋奏折，见《清代外交史料》道光朝四，页五〇至五一。

⑤ 《清代外交史料》道光朝一，页十四。

⑥ 《东华续录》道光朝五，页三；《清代外交史料》道光朝一，页十四至十五。

⑦ 《清代外交史料》道光朝一，页二二。

⑧ 《清代外交史料》道光朝一，页三三。

例》，规定地方官吏如对“夹带鸦片进口”、“奸民私种罂粟”、“煎熬烟膏”和“开设烟馆”等失察，则按“鸦片多寡”而予以处分[①]。十年（1830年），鸦片危害已引起东南沿海疆吏和有关言官的重视。他们纷纷提出建议。正月间，粤督李鸿宾请“严禁分销，使其辗转偷卖之地，在在堵御”[②]。六月间，江南道监察御史邵正笏根据浙江种烟的严重情况，要求严禁种卖鸦片；清政府同意对种卖者“责成各地方官立即究明惩办”，并拟妥议严禁章程[③]。不久，即规定了查禁内地行销鸦片章程[④]。十月，闽浙总督孙尔准又根据浙江种烟情况，提出严禁种卖鸦片的要求[⑤]。这个要求经过刑吏兵等部会议而制定了严禁种卖鸦片章程[⑥]。十一年（1831年），更严定“买食鸦片烟罪名”的条款[⑦]，并在全国许多省份调查鸦片销种情况，根据疆吏报告结果：未种有销的省份有山西、陕西、山东和贵州等省；只栽而未卖的省份有甘肃省；种卖均无的省份有热河、广西等省；既种且销的有四川、湖南、云南和广东等省；另有一种如河南省，一方面说“均无种卖”，一方面又说“奸民私种罂粟等花渔利，事所必有”，实际仍应属种烟省份[⑧]。同时，又令粤督李鸿宾等“确加查核”，“务将来源断绝，以净根株，勿令流入内地。以除后患”[⑨]。尽管经过这样一次雷厉风行、几乎遍于全国的查禁以后，鸦片的输入箱数却由十一年的1600余箱增至十二年的2100余箱。十四年（1834年），虽是清朝严禁走私之年[⑩]，但是，尚有人在京师以二百四十金购买自粤中携来的鸦片百两[⑪]。十八年（1838年），是鸦片战争前清政府禁烟最严而有不少行动的一年，也是黄爵滋建议严禁而道光帝倾向严禁的一年。这年，清政府进行了如下一些表明严禁的措施：

七月，将拿获之吸烟职官革职，贩卖人交刑部审讯；对“吸食鸦片”、“开

① 《东华续录》道光八，页二。
② 《清代外交史料》道光朝三，页二三至二四。
③ 《清代外交史料》道光朝三，页三四。
④ 李圭：《鸦片事略》卷上。
⑤ 《清代外交史料》道光朝三，页四六至四七。
⑥ 《清代外交史料》道光朝四，页十四至十五。
⑦ 道光十一年六月丙申谕，见《清宣宗实录》卷一九一，页一至二。
⑧ 参阅《清宣宗实录》道光十一年各地方疆吏有关查禁鸦片的奏折。
⑨ 《东华续录》道光二三，页七。
⑩ 《东华续录》道光二九，页四。
⑪ 雷瑨：《蓉城闲话》，见《鸦片战争》Ⅰ，第317页。

设馆局”者，认真访拿。

八月，奖励湖北收缴烟具有功的地方官吏。

九月，庄亲王奕賫、辅国公溥喜因吸食鸦片革爵，太常寺少卿许乃济以主张弛禁降职；惩办了广东代买烟土犯。

十月，令闽浙各海口“加意查缉”，认真禁止。

十一月，严禁云南种植罂粟；惩办吸食鸦片的官吏；令奉天一带“密速查拿，从严惩办”兴贩者；特派林则徐赴粤查办以清弊源。[①]

十九年（1839年）五月，又颁发《钦定严禁鸦片烟条例》三十九条。这一条例是经亲王大臣会议，由穆彰阿参与拟定的一个繁复条文。这一条例表面上条文周密，刑罚很严，似乎可依此而禁绝，但实际上并非如此。当时官吏已有对条例指责的，如陈光亨在《请酌议新定严禁鸦片章程疏》中就说：“现在各衙门刊本告成，臣因得悉心观览，通计三十九条，可云纤悉具备。但分而观之，法制固为周详，合而考之，彼此间有抵牾”；并且，他还指出了具体抵牾各条，即如第十条称：“吸食鸦片之案，止准地方员弁访拿究办，不许旁人讦告”。陈光亨认为：“夫里巷小民，识见迂拘，以为讦告则有干例禁，不举则大恐获谴，此将何所适从乎？”[②]实际上，这一条例“等于保证官吏有权贪污，鸦片瘾者有权吸食”[③]，因之，这一条例依然是一纸具文，不会发生任何效力，反为官吏增一勒索依据。虽然如此，但它毕竟还应被认为是清朝前此百余年来禁烟法规的大成。二十年（1840年）十月，清政府又颁上谕称：

> 上年颁发新定章程，严立科条，宽予期限，务使吾民湔除恶习。永绝根株。惟自定例以来，各省大吏，奏报拿获烟犯，所在多有。薄海内外，必已父戒其子，兄勉其弟，咸知畏法自新。……[④]

这一上谕无异是表明清政府已经满意于其所推行的新则例而自有弛禁之意了。

---

① 参阅《东华续录》道光六，《清宣宗实录》道光十八年。

② 陈光亨：《养和堂遗集》卷一。

③ 范文澜：《中国近代史》，第2页。

④ 道光二十年十月己卯谕，见《清宣宗实录》卷三四〇，页十九。

二、鸦片战争前清政府“禁烟”失败的原因

清政府自雍正九年（1731年）颁布禁烟令起到道光十九年（1839）颁布禁烟条例三十九条止，中间经过一百余年，颁布过若干项禁令，也有过几次似乎要彻底“禁烟”的举动。但是，鸦片的输入量却在迅速地增加着，从较早的二百箱增加到鸦片战争前夕的四万余箱。鸦片愈禁愈多，究竟是什么原因呢？

（一）英美侵略者的破坏

英国自“产业革命”以后，资本主义得到进一步的发展。英国既是资本主义国家，也就如列宁所指出那样：

> 资本主义只是那超出国家界限的广大发展了的商品流通底结果。因此，没有国外贸易是不能想像资本主义国家的，并且的确也没有这样的国家。①

这便决定了英国必然图谋向外积极扩张，必然要在向中国这样的国家开辟市场。因此，鸦片战争前英国始终居于对华贸易的首位，即以到广州的外船数来看：1751年外船到黄埔的总数是18艘，其中英船占9艘；1789年，外船到黄埔的总数是86艘，其中英船61艘②。但当时中国还是“以自给自足的自然经济占主要地位。农民不但生产自己需要的农产品，而且生产自己需要的大部分手工业品”③。因此，清政府在对外贸易的问题上所表示的态度是：“天朝物产丰盈，无所不有，原不假外夷货物以通有无”④。而中国的丝茶等物却为英国所需，所以直至十九世纪前半，中国总是居于有利的出超地位。据中文记载：道光六年至八年（1826—1828年）的岁出入额是：“道光六年进口货价银6884700余两，出口货价银7321900余两；七年，进口货价银5810500余两，出口货价银7885800余两；八年，进口货价银8828700余两，出口货价银10498300余两。”⑤

① 列宁：《俄国资本主义底发展》，人民出版社1953年版，第35页。

② 马士：《中华帝国对外关系史》（中译本）第1卷，第92—93页。

③ 《毛泽东选集》第2卷，第6—8页。

④ 乾隆五十八年《敕谕英国王书》，见刘锦藻：《皇朝续文献通考》卷五七，《市粜考》二，市舶互市。

⑤ 《清代外交史料》道光朝三，页十一。

英国既然需要中国产品。就不得不以现银来购买，因此便造成从1708年至1712年英国每年对华输出现银五万镑的事实[①]。这正是马克思所说："1830年以前，由于中国在贸易方面一直是出超的，所以白银不断地从印度、英国和美国输入中国"[②]的情形。这样便促使英国必须寻找一种能改变这种于己不利局面的消费品。十八世纪以后，它终于肯定了鸦片是对华侵略的有效手段。于是，英国政府和资本家们便不惜采用贿赂和偷运等卑鄙无耻的手段，大量地向中国偷运鸦片，企图挽救自己的贸易逆差。

鸦片贸易的大规模发展，对英国有着很重要的关系，英国一方面从鸦片贩卖的本身直接赚钱，"东印度公司在鸦片战争以前半世纪内，从事对华鸦片贸易为数达五亿元，百分之六十是利润"[③]。英印政府以各种税收形式向鸦片征税而成为其统治机构的主要财源之一[④]。马克思在《鸦片贸易（第二篇）》一文中已指出随着鸦片输华的增多，"它在这种非法贸易中的财政利益却愈来愈加重要"[⑤]，所以英国议院中讨论鸦片问题的结论是："放弃这一个重要的税源是不妥当的。"[⑥]1839年12月3日，《澳门新闻纸》也说出鸦片是印度重要税源的事实，认为"现在印度地方，此鸦片之税饷国家实在难去"，"若去此税饷，又难寻别款以抵鸦片税饷之额数"[⑦]；另一方面又由于"印度对英国制造品相当大量的需求，乃是依靠于在印度生产那种鸦片"[⑧]的缘故。鸦片间接促进了中国市场对英国货的消费。这种事实，连当时稍通外务的中国人也已经深刻地感受到，如曾在福建一带任官并曾开始探求西方知识的徐继畬在其所著的《禁鸦片论》中说："孟加拉岁得税银五百万，孟迈岁得二百余万，皆鸦片之利。其鸦片售之于中国者，常十之七八，是英夷之剥我元气而富强其国者，专在是矣。"[⑨]还有一位不主张严禁鸦片的学者蒋湘南在其《与黄爵滋论鸦片书》中也不能不承认英国

① 千家驹：《东印度公司的解散与鸦片战争》，《清华学报》第37卷，第9-10期。
② 《马克思恩格斯论中国》，人民出版社1957年版，第23页。
③ 孟禄：《中国的演进》，第131页，引自卿汝楫：《美国侵华史》第1卷，第44页。
④ 参阅《澳门新闻纸》，《鸦片战争》Ⅱ，第439页。
⑤ 《马克思恩格斯论中国》，人民出版社1957年版，第85页。
⑥ 《英国蓝皮书》，见《鸦片战争》Ⅱ，第644页。
⑦ 《鸦片战争》Ⅱ，第439页。
⑧ 《马克思恩格斯论中国》，第29页。
⑨ 徐继畬：《退密斋文集》卷二。

"大利全在鸦片，鸦片专卖中国之银"[①]。由此可见英国对华进行"鸦片贸易"的重要了。1830年以后，英国竟然靠着这种不道德的贸易，而使自己居于对华贸易出超的有利地位。所以说："印度是英国资产阶级建立殖民地帝国的生命线，而对华鸦片走私则是这生命线的生命线。"[②]

既然如此，英国势必要想尽各种方法来破坏清政府的"禁烟"以维持自己的非法贸易。它的破坏手段主要是：

第一，它积极鼓励鸦片的生产和外销。马克思曾经具体地描写了这种活动说：

> 它以印度政府的资格却又强迫孟加拉省种植鸦片。使该省的生产力受到极大的损害；它强迫一部分印度农民种植鸦片，用垫款办法引诱另一部分农民也去种植，用严格垄断的办法操纵这种毒药的大规模制造，派遣大批的官方侦探来监视以下的全部过程：种植鸦片，把它交到指定地点，熬制得使其适合中国吸食者的口味，装入特别便于走私的箱中，最后运往加尔各答，由政府标价拍卖，把它从国家官吏手中移交给投机商人，然后转入走私商人的手中，运入中国。[③]

第二，它靠着"中国当局、海关职员和满清官吏"的贪污行为而偷运鸦片。这种偷运虽然花费了一些贿赂，但是却可以不需要纳税，使鸦片贸易更加有利可图。它正如马克思所说："英国政府在印度的收入实际上不只依赖于对华的鸦片贸易，而且还依赖于这个贸易的偷运性质。"[④]这种偷运恰恰是经英国国会和最高当局准许的[⑤]。

第三，它更公然采取了直接破坏手段，如嘉庆二十二年（1817年），清政府执行禁烟法令，要求搜船并令其立"不售鸦片"字据，东印度公司则通令各公私船只坚决拒绝，并认为如果公私船立字据的话，那么，"将来对于欧洲与中国之贸易恐发生恶果"；如果私人商船立字据，则"航务委员会便取消彼等之贸易特许权"[⑥]。1837年11月，英国大鸦片贩子查顿竟然提出："目前惟一可行的办

① 蒋湘南：《七经楼文钞》卷四。

② 卿汝楫：《美国侵华史》第1卷，第44页。

③ 《马克思恩格斯论中国》，人民出版社1957年版，第87页。

④ 《马克思恩格斯论中国》，第87页。

⑤ 《英国蓝皮书》，见《鸦片战争》Ⅱ，第643—644页。

⑥ 参阅范文澜：《中国近代史》，第6页。

法，就是派遣更多的武装的欧洲船只到沿海去兜销。”次年更进而派军舰到广州示威[①]。最后，英国侵略者为了在中国推销毒品来满足资产阶级的利欲，竟不惜以武装进攻，挑起可耻的鸦片战争以破坏中国的“禁烟运动”。当然，没有鸦片问题，战争也还是会发生的。因为英国这样一个资本主义国家是不会允许这个“幅员广大”、“包含着差不多有三分之一的人类”的国家永远处在资本主义世界之外。它需要“按照自己的形象来为自己创造出一个世界”[②]。它需要在中国扩展自己的经济势力来奴役中国人民。

必须指出，与英国同时，美国侵略者也是禁烟的破坏者。美国到中国贩毒时间很早。嘉庆二十二年（1817年）即曾有“带有鸦片烟坭”的美国船在香山县附近之老万山外洋停泊的事实[③]。道光元年（1821年），粤督阮元的奏折中已把美国与英国、葡萄牙并列为当时对华输入鸦片的三大来源。并指出美国贩毒的凶恶远超其他两国之上，因为葡萄牙只是“回帆夹带鸦片，回粤偷销”；英国只是“水手人等私置，而公私船主尚不敢自带”；美国则不然，“竟系船主自带鸦片来粤”[④]。美国人的著作中也承认这一点说：“美国人很早就参加了鸦片贸易。他们从土耳其和印度将烟土运到中国。”不过，当时鸦片的主要产地印度在英国手里，致使美国处在次于英国的第二位。因此，土耳其鸦片便成为美国主要的运销来源。据说“美国人的土耳其鸦片贸易早在1805年，也许更早一些，就已经开始”。这是采纳美国驻士麦那领事斯蒂华特的建议而实行的。其销售量“据一个大规模经营鸦片贸易的人声称，美国人每年销出的鸦片，自一千二百担到一千四百担”[⑤]。

美国主要依靠着土耳其鸦片向中国进行鸦片贸易，这种交易对于美国特别有利，正如德涅特所说：

> 单单鸦片贸易的存在就给予他们一种直接的商务利益，因为这种贸易可以减少现金银进口的必要，而以伦敦汇票来作为代替。鸦片的销售量日有增加，于是美国人就像英国人和其他外国人一样，用这样得来的汇票代替现金

① 丁名楠等：《帝国主义侵华史》第1卷，科学出版社1958年版，第20—21页。

② 《共产党宣言》，人民出版社1949年版，第37页。

③ 《清代外交史料》嘉庆朝六，页四三。

④ 《清代外交史料》道光朝一，页十。

⑤ 泰勒·丹涅特：《美国人在东亚》（中译本，姚曾廙译）第6章，商务印书馆1959版，第101—102页。

> 银以购买他们的回货。在鸦片贸易的这一方面，美国人，所有的美国人和其他贸易商所获得的利益相比，是有过之无不及的。……当美国商人资本还比较小，能为中国人所接受的现金银的供应量还比较有限的时候，鸦片贸易就像奴隶和酿酒厂一样，成为许多美国大资产的基础。[①]

此外，它还从代销代藏鸦片的业务中获得厚利，前书又揭载说：

> 自 1821 年起直到因鸦片战争开始而造成了贸易上的重新调整时止，趸船中总有一艘或一艘以上悬挂着美国国旗，也许从来没有过间断。虽然这些趸船也经营别项业务，诸如出售船舶供应品，或售给空船以足量的大米，使它们得充作“粮船”驶往黄埔，俾按核减港口税的待遇进口，但是贸易中最赚钱的部分还是鸦片。[②]

因此，美国也是不会放弃鸦片贸易的。道光以后，在广东曾出现零丁洋偷贩时期，当时美国即利用贿赂使“买卖是很容易而有规律的进行着”[③]。美国鸦片贩子亨德在《广州番鬼录》中曾详尽地叙述了他们行贿的可耻行径[④]。同时更有趁机在零丁洋经营一种作为鸦片走私储藏所的“趸船事业”，并由此而获取优厚利益者。“从1830到1832年，停泊在伶仃的美国趸船所有主声称，他在那里已经发足了财，因而使他——照他当时的想法——能够永远离开中国了”[⑤]。仅仅两年，这个趸船主便从经营“趸船事业”中，获取可以享终身之福的“暴利”，则其经手输入中国鸦片数量之大及其毒害中国人民之深，可以想见！

不仅如此，美国为了与英国竞争和更简捷地进行走私，便以武装船艇进行走私。这样既可节省一笔贿赂，又可不择地点地进行走私，在洋面与私烟贩作交易，然后经过私烟贩之手由偏僻港汊偷运到各处售卖。美国人奥温所著的《英国对中国及印度的鸦片政策》一书内曾描写了这种走私快艇的装备[⑥]。这种走私快艇具有速度快、武装强的二大特点。美国一只走私快艇上的管理员曾经“自豪”地说：

---

① 《美国人在东亚》（中译本）第6章，第104页。
② 《美国人在东亚》（中译本）第6章，第103页。
③ 《广州番鬼录》，见《鸦片战争》I，第256—258页。
④ 《广州番鬼录》，见《鸦片战争》I，第256—258页。
⑤ 《美国人在东亚》（中译本）第6章，第103页。
⑥ 引自卿汝楫：《美国侵华史》第1卷，第37—38页。

我们有充分的准备和流氓式的中国人（指私烟贩）较量一番，一两艘官船决计把我们赶出航线。[①]

由于美国实行武装走私，“曾经使得英国的商人也为此叫苦，形成了英美在华竞争的早期矛盾”[②]。

尤其恶毒的是当时的外国报纸和一些鸦片贩子荒谬地鼓吹着一种“鸦片无害论”，1939年12月28日的《澳门新闻纸》上曾经这样宣传：“都鲁机（土耳其）之人，食鸦片甚多，人人皆勇壮。在英吉利国之人，食鸦片亦多，并未见变成禽兽。现在英国有一人，可以为证。如喊尔吗喋吐食鸦片甚多，一生壮健，寿至八十岁。”[③]1840年2月29日，该报又将“中国禁止鸦片走私与吸食鸦片之事与英国禁饮浓酒之事相并论”[④]。又有一个老鸦片贩子亨德根据自己在华贩毒“四十年所积的亲身经验”，断言“极少见到任何一个人因吸食鸦片而受到身体上或精神上的伤害”；并认为：“吸鸦片这种习惯，和我们有节制的饮酒是一样的。至于和美国、英国所使用的烈酒及其害处相比，那末鸦片的害处是很微小的。”[⑤]还有那些“乘坐贩运鸦片的飞剪式船来到中国”，“从贩运鸦片的公司及商人手中接受捐赠的”美国传教士们也说：“鸦片无害于中国人，像酒的无害于美国人一样。”[⑥]这种种说法简直是违背事实的胡说。他们之所以如此说，不仅是想轻描淡写掩饰自己的贩毒罪恶，更重要的正是想用这种“鸦片无害论”在国际上混淆是非，借以否定中国禁烟的正义性与必要性，以便它继续在中国倾销毒品。

英国鸦片贩子更以英国不售鸦片，他国也必售鸦片为借口，为其贩毒行为辩护，为其继续贩毒找理由。当时的《澳门新闻纸》上曾不断发表这种谬论说：

设英国之人，不做鸦片贸易，焉能保别国不带鸦片到中国？并难保别国之人不假东印度字号及英国之旗号，带鸦片到中国。[⑦]

鸦片乃中国人必需之物，即我等不做鸦片贸易，中国人必由别国买来……

---

① 《美国人在东亚》（中译本）第8章，第111页。

② 刘大年：《美国侵华史》，第3页。

③ 《鸦片战争》Ⅱ，第4—9页。

④ 《鸦片战争》Ⅱ，第451—453页。

⑤ 参阅绍溪：《十九世纪美国对华鸦片贸易》，三联书店版，第48—49页。

⑥ 卿汝楫：《美国侵华史》第1卷，第39页。

⑦ 《鸦片战争》Ⅱ，第437页。

我等若不带鸦片到中国，即佛兰西、荷兰等国，亦必带来。……[①]

这种强词夺理的谰言本身，已经很明显地显露出它的蛮横无理。这种不值一驳的借口，恰恰证明了“鸦片贸易”的侵略性。

（二）清政府的封建贪污政治

英美侵略者及其鸦片贩子用贿赂手段进行偷运，清政府的封建贪污政治便是这种偷运的有力保障。清政府上自皇帝，下至兵弁构成了一个贪污集团，靠着鸦片的偷运性质来进行贪污。

首先，清朝皇帝便是鸦片偷运的最大贪污者。他主要靠粤海关来贪取鸦片的贿赂。粤海关自乾隆二十二年（1757年）四关并于一口以后，便成为清政府对外贸易的惟一海口。粤海关监督必定任命亲信的满洲人来担任[②]。他的“职责”之一就是既要为皇帝和官僚们勒取贿赂，又要为自己中饱私囊。摩尔斯的《中西公行考》中就指明他既“收缴一笔更大的款项，用之以贿赂首都的王公显宦及抚慰其所在地的高级官员”，还“收集一笔费用以偿还贿得此职时所需的费用，以买得退休后的安静，及为自己聚积相当的财富”[③]。摩尔斯虽未直指皇帝，但实际上王公显宦正是皇帝聚敛的触角。粤海关监督为了需求这类大宗款项，便设立向外商勒取各种名目的陋规，其中属于入口的三十项，属于出口的三十八项[④]。这些陋规隔若干年一次便被皇帝以“陋规归公”名义全部攫为己有。于是，海关监督又增新名目，以改造成“归公未几，规费又渐如故，转多一归公正饷”的情形。既然上下都已向外船索取“陋规”，那么，外船夹带鸦片入口自然也就不便过问了。

此外，皇帝还以“办贡”、“备贡”和“人参变价”等名目向粤海关勒取照例的贿赂。这些都是由粤海关监督责成洋商负责办理，成为洋商负担的重要部分。“办贡”是采办进口洋货，在乾隆五十五年（1790年）十二月时，曾谕广东督抚“嗣后不准呈进钟表、洋货等物”，海关监督“亦不准备物呈进”[⑤]。但是，嘉庆二十五年（1820年），又以“究于体制未协，且无以申芹献之忱”为理由，决定“所有方物，仍照旧例呈进”，并为粤海关规定了几种具体贡品：“准

① 《鸦片战争》Ⅱ，第423—424页。

② 《道光朝外洋通商案》，见《史料旬刊》第25期，天第920页。

③ 《鸦片战争》Ⅰ，第285—286页。

④ 参阅《史料旬刊》第5期，第159页。

⑤ 梁廷枏：《粤海关志》行商，见《鸦片战争》Ⅰ，第184—185页。

进朝珠、钟表、镶嵌挂屏、盆景花瓶、珐琅器皿、雕牙器皿、伽俑香手串、玻璃镜、日规、千里镜、洋镜。"[①]这些东西绝大部分是进口货。"备贡"是向皇帝缴纳一定数量的现银，自乾隆五十一年（1786年）以来即规定每年五万五千两；嘉庆八、九年（1803—1804年），又另增九万五千两，合每年各十五万两，以后仍照旧例缴纳[②]。"人参变价"是由内务府将人参发交粤海关以高价卖与商人，如嘉庆二十五年（1820年）时即曾由内务府发到粤海关人参。这批人参"应变价银八万一百六十两"，由粤海关监督"照依例价，加价发商售变"，价款交齐，即随税饷一同解交内务府[③]。外船是否夹带鸦片入口，规定由洋商具结担保。既然皇帝、监督已从洋商身上公开收贿，则所谓"甘结"的效用势成虚文，而洋商也就可以毫无忌惮地"通同徇隐"，包庇"私贩偷销"了[④]。既然政以贿成，则对"禁烟"一事也只能持一种"开一眼，闭一眼"的态度，而若干禁令，也就形同具文了。

其次，清政府中的大小官吏员弁，特别是闽粤沿海的官吏员弁都从鸦片的偷运中获取贿赂。当时广东地方官吏受贿情形被概括为：

> 水师有费，巡船有费，营讯有费，差保有费，窑口有费，自总督衙门以及关口司事者，无不有费。[⑤]

这就是说，上起总督，下至营弁，无一不是贪污者，而这种贪污又与中央官吏有着密切的关系[⑥]。为了更清楚地了解这种贪污情况，可以从地方官吏与水师的具体情节作一考察：

负责执行禁令的地方官吏是被鸦片贩子以贿赂收买，"议定规银，每箱若干。这些规银系与总督衙门以及水路文武官员，唯关口所得最多。此项银两，皆预备存在英国，或他国鸦片船上，以便分派。或在船上来取，或在省城交收，然亦有将鸦片准折，每次自一箱以至一百五十箱为止，却无定数"[⑦]。现银与鸦片成为贿赂的两种主要物品。这些官吏的左右如幕友门丁之类也都沾润贿赂。所以

---

① 梁廷枏：《粤海关志》行商，见《鸦片战争》Ⅰ，第184—185页。

② 《清代外交史料》嘉庆朝一，页六至七。

③ 《清道光朝关税案》，《史料旬刊》第31期，地第115页。

④ 《清代外交史料》道光朝。页三八至三九。

⑤ 蒋湘南：《与黄树斋鸿胪论鸦片烟书》，《七经楼文钞》卷四。

⑥ 《英国蓝皮书》，见《鸦片战争》Ⅱ，第643页。

⑦ 《澳门新闻纸》，见《鸦片战争》Ⅱ，第427—428页。

鸦片战争后有一位史学家夏燮曾经感慨地说：

> 迨吏觉其奸，则查船之门丁、胥吏皆得而分润之；官觉其奸，则查税之幕友、官亲皆得而分润之。[①]

夏燮所指能觉贪污之奸的官吏当是个别例子，而共同分润贿赂却是极普遍的现象。甚至还有些更无耻的地方官吏因向包运鸦片的中国私烟贩索取定额贿赂不遂而成僵局的情形，如道光十七年（1837年），福建署泉州府知府沈汝瀚“索取晋江衙口乡鸦片陋规八百余圆，该处土棍施叔宝以陋规经前任取去，不肯再缴，该署府即以该犯窝卖鸦片详禀会拿，该犯闻风远飏，缉捕无获”。这明明是以禁令作索贿工具。结果，“该督抚竟置之不问，旋将沈汝瀚委署台湾道缺”[②]。福建地方疆吏不仅对此不加追究，反将索贿者调升，可以看出督抚之与贿赂间的关系。禁烟法令对这些官吏来说适足成为其贪污勒索的工具而不会发生任何效力。

负责查缉私烟的水师巡船是更直接的贪污者。从道光初两广总督阮元奏折中所提到的水师贪污者中便包括有副将、守备、兵弁等各级人员。这些人或“盘获鸦片，私卖分赃”，或“拿获鸦片，得赃纵放”，或“变卖分肥”[③]。当然，这只是见于记载的一个例子，实际情形当不止此。道光六年（1826年），粤督李鸿宾设立巡船，顾名思义，巡船应当负责缉私，实际上“巡船每月受规银三万六千两，放私入口”[④]。鸦片公开走私，输入量必然因之增加，道光十二年（1832年）曾废巡船。十七年（1837年），总督邓廷桢又恢复巡船，这时贪污的手段又进一步。如“水师副将韩肇庆专以护私渔利，南洋船约每万箱许送数百箱与水师报功，甚或以师船代运进口，于是韩肇庆反以获烟功，保擢总兵，赏戴孔雀翎，水师兵人人充橐而鸦片烟遂至四五万箱矣。”[⑤]福建也有同样情形：“水师员弁，收受陋规，每船得洋银四百圆、六百圆不等。”[⑥]水师员弁都靠着鸦片的偷运贪污肥己，造成水师岁入“得自粮饷者百之一，得自土规者百之九十九”[⑦]的腐败现象。海口兵弁更有代藏毒品的情事，如广东炮台的守兵，“竟有勾通沿海

---

① 夏燮：《中西纪事》卷二三，页二。
② 《始末》卷九，页十一至十二。
③ 《清代外交史料》道光朝一，页四〇至四一。
④ 《圣武记》卷十，页四四。
⑤ 《圣武记》卷十，页四四。
⑥ 《始末》卷九，页十。
⑦ 包世臣：《答果勇侯书》，《安吴四种》卷三五。

奸民，窝藏违禁之物，如夷船之鸦片一时不能进口，往往寄顿于炮台左近”[①]。鸦片偷运不仅有可靠的包运者，还有稳妥的储藏处。至于转销内地也与兵役包庇有关。道光十八年十月署四川总督苏廷玉奏文中曾说：

> 臣查烟坭行之内地，无论夷商之夹带，奸民之贩运，总须由海口而来，若不勾通兵役，及沿海地方匪徒节节包护递送，断不敢拢岸入口，即其销售内地，经过乡村市镇，民皆知其物系违禁，必各起而挟制，群相攫取，以故兴贩之徒，必贿通兵役人等为之接护乃能到处流通，无虞沮碍，是烟贩实兵役之利薮，而兵役即烟贩之护符。[②]

这种上下其手的贪污自肥，助长了鸦片的输入，严重地破坏了禁烟政策；同时也给予外国鸦片贩子偷运以借口。1840年英国外交大臣巴麦尊甚至竟借口这种收贿情形来责问清政府，作为挑衅的理由之一[③]。

这种贪污行为，曾受到当时舆论的严厉指斥，有《戊戌感事十八咏》就以讥讽官吏的贪污行为作题材，其中如“铁舰喧传节钺临，月钱三万六千金”之句[④]，即直指韩肇庆等水师官弁的贪污劣迹而言。

英美侵略者的破坏和清政府的贪污政治，造成鸦片烟毒的泛滥于全国。鸦片战争前，清政府禁烟失败的原因，就在于此。

三、鸦片烟大量输入后对当时中国社会的破坏

鸦片烟的大量输入，使当时中国社会遭到很大的破坏。

随着鸦片烟输入量的增加，鸦片行销区域便日益扩大。“其始仅在海滨近地”，道光九年（1829年）则已“渐染十数省之广”[⑤]。道光十一年（1831年）即遍及“各处城乡市镇”[⑥]。道光十八年（1838年）左右，连清政府根本重地的

---

① 《始末》卷三，页十九。

② 《始末》卷五，页十一。

③ 《史料旬刊》第39期，地第426页。

④ 《英夷入粤纪略》，见《鸦片战争》Ⅲ，第2页。

⑤ 《道光朝外洋通商案》，《史料旬刊》第9期，第311页。

⑥ 《清代外交史料》道光朝四，页四〇。

“盛京等处”，“亦渐染成风”[①]。这种由沿海而渐遍及于全国的行销，主要有两种方式：一种是内地商人到口岸转贩。自从鸦片输入增多后，有些口岸渐渐形成为聚散地，天津便是当时一个大的鸦片市场。天津的鸦片主要是两广、福建商民自海路夹带运来，并设有货栈，每年到烟数相当多，如道光十八年九月在天津大沽洋船上一次便拿获自广东运来的鸦片131500余两[②]。山陕等处商贾便在“来津销货”时，“转贩烟土回籍”[③]。另一种方式是“挑贩广货各商，大半挟带鸦片烟”[④]，随地零销。这种方式到鸦片战争前一直存在，道光十八年（1838年）六月，河南巡抚桂良的奏文中曾说：“今粤省广东挑担不下数千人，分出各省，名为零卖呢羽，而实则皆系兴贩鸦片之徒，结队成群，到处货卖，地方官视为惯常，不加查诘，而若辈阴以售其烟土……”[⑤]甚至北方有些省的府州县更有“借卖广货为名，开张铺面，私售烟土”[⑥]的。这样，外国侵略者便在中国编织成一面便于进行经济侵略的毒网来朘削中国的财富了。

由于鸦片行销区域的扩大，鸦片输入量的增加，除去扩大了官吏从中贪污的范围外，社会上还出现了相当数目的一大批靠鸦片取利的私烟贩，如“闽越之民，自富商大贾，以及网鱼拾蚌，推埋剽劫之徒，逐其利者不下数十万人”[⑦]。若以全国计，则数目更为庞大。社会上有这样多不事生产的蠹虫，对于社会除了毒害外，没有任何作用。

随着鸦片输入的增加，鸦片的吸食者也渐增多，“其初不过纨绔子弟习为浮靡”，“嗣后上自官府搢绅，下至工商优隶，以及妇女、僧尼、道士随在吸食”[⑧]。后来，由于烟毒泛滥，“乃沿及于平民”[⑨]。据道光十八年云南吸烟者的估计：“自各衙门官亲幕友、跟役、书差以及各城市文武生监，商贾军民人等吸烟者十之五六”[⑩]。其中官吏吸烟的情况很普遍，当时人贺昌熙曾在一篇奏疏

① 《始末》卷二，页五。

② 《清宣宗实录》卷三一四，页三一。

③ 《清宣宗实录》卷三一三，页二六。

④ 《道光朝查禁鸦片烟案》，《史料旬刊》第3期，天第84页。

⑤ 《始末》卷三，页十八。

⑥ 《始末》卷四，页二四。

⑦ 徐继畬：《禁鸦片论》，《退密斋文集》卷二。

⑧ 《始末》卷二，页五。

⑨ 《道光朝查禁鸦片烟案》，《史料旬刊》第3期，天第84页。

⑩ 《清宣宗实录》卷三一六，页四。

中指出：四川省属吏吸烟者七十余人，江苏省盐务官吏吸烟者十余人；而常熟、吴江、奉贤等县知县也皆吸食鸦片，山东也有吸毒官吏，其余各省，“闻类此者甚多”[①]。军队中吸食鸦片的情形也很严重，在当时的上谕和官吏奏折中常提到兵丁吸食鸦片的事实[②]。广东沿海一带吸食者尤多，如嘉道时广东已有乞儿吸烟的情形[③]。当时，全国吸烟人数虽然没有作过什么统计，但据包世臣在嘉庆二十五年（1820年）估计，苏州一城“吃鸦片者不下十数万人”[④]。由此推知全国吸食鸦片者人数当甚多。这些都说明当时中国社会已经有这样一大批毒品吸食者了。

这些吸毒者的身体被鸦片摧残得衰弱而逐渐濒于死亡。这种情形在乾嘉时已为社会上所注意。乾嘉时人俞蛟在《梦厂杂著》中描写了被毒品残害者的情景是：

> 瘾至，其人涕泪交横，手足委顿不能举，即白刃加于前，豸虎逼于后，亦惟俯首受死，不能稍为运动也。故以久食鸦片者肩耸项缩，颜色枯羸，奄奄若病夫初起。[⑤]

道光时人周石藩曾指出吸烟的情形是：

> 精枯骨立，无复人形，即或残喘苟延，亦必俾昼作夜。[⑥]

同时人黄钺的《鸦片烟》古诗更生动地刻画了吸烟者所遭受毒害的惨状称：

> ……岂知鸦片烟，流毒出意表，不问儿啼饥，不顾妇无袄，淫朋聚二三，对卧若翁媪。中设一椀灯，焰焰连昏晓。顽童代燃之，口吸论多少，寒暄昧冬春，朝夕忘饥饱，瘾成信如潮，晷刻不差秒。携带偶遗忘，性命不可保。涕泗立横流，形容顿枯槁，厌厌陈死人，僵立但未倒。……[⑦]

---

① 贺昌熙：《请惩吸食鸦片之官吏并查禁海口囤贩疏》，《寒香馆诗文钞》卷七。

② 道光十六年十月江南道监察御史袁玉麟奏称：“粤东兵丁，吸食鸦片”（《始末》卷一，页十五）；十八年七月上谕称：“将备兵丁内，必有吸食鸦片烟者”（《清宣宗实录》卷三一二，页十九）。

③ 雷瑨：《蓉城闲话》中引嘉道时人程恩泽《粤东杂感诗》有句云“乞儿九死醉春风”，自注云：“粤中鸦片烟满地，虽乞儿亦啖之。”（《鸦片战争》Ⅰ，第322页）。

④ 包世臣：《庚辰杂著》，见《安吴四种》。

⑤ 雷瑨：《蓉城闲话》，见《鸦片战争》Ⅰ，第318页。

⑥ 周石藩：《严禁吸食鸦片烟示》《海陵从政录》，见《鸦片战争》Ⅰ，第587页。

⑦ 雷瑨：《蓉城闲话》，见《鸦片战争》Ⅰ，第317页。

这是凡吸烟者都必然得到的结局，劳动人民之吸烟者亦同样遭到这种残害。但是，当时统治阶级所看到的是“文武员弁士子兵丁”的受毒害，特别是兵丁吸烟对统治者不利，所以，林则徐在奏折中提到“中原几无可以御敌之兵”，才促使道光帝之倾向严禁，然而对于一般劳动人民的受毒害却认为是“孽由自作”，可以不管[①]。甚至更有以“海内生齿日众，断无减耗户口之虞”的理由，主张“民间贩卖吸食者，一概勿论”[②]。事实上，劳动人民的被毒害恰恰造成了社会生产力的严重萎缩。当时陈澧的诗中曾指陈这种危害甚于大炮说：

> 请君莫畏大炮子，百炮才闻几人死？请君莫畏火箭烧，彻夜才烧二三里。我所畏者鸦片烟，杀人不计亿万千。君知炮打肢体裂，不知吃烟肠胃皆熬煎。君知火烧破产业，不知买烟费尽囊中钱。……[③]

伟大的革命导师马克思更深刻地指斥这种危害甚于贩卖奴隶。他在《鸦片贸易（第一篇）》一文中援引英人蒙马米尔·马尔丁的一段话说：

> 不必说，贩卖奴隶同贩卖鸦片比较起来，还是善良的事情。我们并没有杀死非洲黑人，因为我们底直接利益，要求我们保存他们底生命；我们没有改变他们底人的本性，没有损坏他们的智慧，没有消灭他们的心灵。可是鸦片贩卖者却腐化了、降低了和毁坏了不幸福的人底精神生活，而且还毒杀了他们的身体；鸦片贩卖者时时刻刻向贪欲无厌的吃人神贡献新的牺牲品，而充当凶手的英人和服毒自杀的华人，就彼此竞争，向吃人神底祭台上贡献牺牲品。[④]

吸食者增多，鸦片输入量必增，鸦片大量的输入，中国出产的丝、茶不足以抵补，尤其是因为鸦片是偷运，必定“是卖现款的”[⑤]。因此造成白银大量外流，并且外流情形还日益严重，当时的严禁论者黄爵滋在其奏折中曾经约略估计了道光以来广东的漏银数字：“自道光三年至十一年岁漏银一千七八百万两。自十一年至十四年，岁漏银二千余万两。自十四年至今渐漏至三千万两之多，此外福建、江浙、山东、天津各海口合之亦数千万两。”[⑥]广州的外人商会也曾统计

---

① 道光十六年三月十六日湖广监察御史王玥奏，引自《中国外交史资料辑要》。

② 许乃济奏，见《始末》卷一，页三。

③ 陈澧：《东塾遗诗》，见《鸦片战争》Ⅳ，第726页。

④ 《马克思恩格斯论中国》，人民出版社1957年版，第91页。

⑤ 《广州番鬼录》，见《鸦片战争》Ⅰ，第274页。

⑥ 《英国蓝皮书》，见《鸦片战争》Ⅱ，第646页。

过1837—1838年度自广州输出的白银数量是“8974776圆”[①]。这些数字虽然都不够准确，但白银不断外流却是事实。这样便引起了当时财政上的危机，那便是如马克思所说：“因鸦片输入而引起的白银不断外流，已经开始扰乱天朝的国库及货币流通”[②]。鸦片输入、白银外流对当时财政金融的破坏很突出地表现在“银贵钱贱”的问题上。原来银钱有一定比价，雍正七年规定“每银一两只许换大制钱一千文”，而在此以后数百年内“钱价总不过一千一百文内外易银一两”[③]。到道光十八年则“每银一两，易制钱一千六百有零”[④]。这一问题在当时有不少学者和官吏注意并加以讨论，绝大多数意见认为银贵钱贱是由于漏银，漏银之故是因鸦片的输入[⑤]。银贵钱贱问题所以被注意主要是由于它威胁到清政府的财政收支。黄爵滋在其主张严禁鸦片的奏折中曾经指出了这种危机说：

> 各省州县地丁漕粮，征钱为多。及办奏销，皆以钱易银，折耗太苦。故前此多有盈余，今则无不赔垫。各省盐商卖盐俱系钱文。交课尽归银两。昔则争为利薮，今则视为畏途。若再三数年间，银价愈贵，奏销如何能办？税课如何能清？设有不测之用，又如何能支？[⑥]

这种危机，便是统治阶级在鸦片战争前所关心的“将无可充饷之银”的“银荒”问题。清政府解决这种危机的惟一办法便是转嫁给人民，使人民受到严重的威胁。嘉道时的学者包世臣在嘉庆二十五年时即曾指出这种威胁说：

> ……小民计工受值皆以钱，而商贾转输百货则以银，其卖以市也，又科银价以定钱数，是故银少则价高，银价高则物值昂。又民户完赋亦以钱折，银价高则折钱多，小民重困。……[⑦]

---

① 《马克思恩格斯论中国》，人民出版社1957年版，第85页。

② 《马克思恩格斯论中国》，人民出版社1957年版，第85页。

③ 吴嘉宾：《钱德议》，《求自得之室文钞》卷四。

④ 黄爵滋道光十八年闰四月辛巳奏，见《始末》卷二，页四。

⑤ 把银贵钱价问题正式提请政府注意，据知始于道光二年御史黄中模的《请严禁纹银偷漏片》。当时人分析漏银的根源主要可归纳为两种：一种即以黄中模为代表，他认为银价高由于广东洋面偷漏，偷漏由于广东民间喜用洋钱，用纹银买洋钱所致。另一种以黄爵滋为代表，认为银贵由于漏银，漏银由于输入鸦片。后一种意见是当时多数人意见。

⑥ 黄爵滋奏，见《始末》卷二，页五。

⑦ 包世臣：《庚辰杂著》二，《安吴四种》卷二七。

包世臣在另一篇文章中更举出了道光十九年江西新喻县受银贵钱贱威胁的具体事实，即“小民完银一两，非粜谷二三石不可”的不堪忍受的苦状[①]。这样，实际上是使“小民暗增一倍之赋”，而为统治阶级承担了“银荒”的困难。劳动人民的生活势必日趋贫困。

鸦片大量输入，不仅破坏了中国的财政金融，同时也造成国民经济的枯竭。如前所述，当时中国有一大批吸毒者。他们每年为购买毒品付出一定数量的金钱，包世臣曾于嘉庆二十五年就苏州一地进行计算：“每人每日至少需银一钱，则苏城每日即费银万余两，每岁即费银三四百万两，统各省各城大镇，每年所费，不下万万。”[②]这样大量的金钱既已消耗于购买毒品上，自然削减了对其他物品的购买力。因此，不仅对于外货“不能同时购买商品与毒品”[③]，而且对于本国土货亦无力购买，结果招致商业的不振。林则徐于道光十八年（1838年）九月曾指出苏州、湖北商业衰败的情形是：

> 臣历任所经，如苏州之南濠、湖北之汉口，皆阛阓聚集之地。叠向行商铺户暗访密查，佥谓近来各种货物销路皆疲，凡二三十年以前，某货约有万金交易者，今只剩得半之数，问其一半售于何货，则一言以蔽之曰：“鸦片烟而已矣！”[④]

同时，鸦片烟的大量输入也障碍了农业生产的向前发展。当时因鸦片大量输入而加给农民的沉重负担主要有三项：

第一，清政府在财政上的困难，通过银钱折价，弥补了自己的亏损额，却增添了农民缴税的实际负担量。

第二，吸毒者主要还是剥削阶级及其依附者，他们购买毒品的一笔支出，势必要从被剥削的农民身上抵补。

第三，由于烟毒扩大到社会下层，一部分劳动者不幸地遭到毒害，他们不仅使自己的身体衰弱，道德败坏，而且还为毒品而消耗了自己极其微薄的收入。原

---

① 包世臣：《银荒小补说》，《安吴四种》卷二七。

② 包世臣：《庚辰杂著》二，《安吴四种》卷二七。

③ 《马克思恩格斯论中国》，人民出版社1957年版，第81页。

④ 《林文忠公政书》乙集《湖广奏稿》卷五。当时，南濠金融业经营烟银数目甚大，据贝青乔《咄咄吟》卷下自注说：“吾苏南濠，钱店兑发上海烟镳（烟银之偷漏者，俗谓之烟镳），每夜必二三万两。”（《鸦片战争》Ⅲ，第222页）于此可得一旁证。

来已经贫困的农民，又增加这种额外繁重的负担，便迫使他们不得不放弃正当的农业生产而去种烟。

种烟在当时被认为是有利的，许多统治阶级中的人物更鼓吹这种“利益”。有说：“种植罂粟花，取浆熬烟，其利十倍于种稻”①；有说：“鸦片之利，数倍于麦，其益于农者大矣”②；有说：“内地之种日多，夷人之利日减。……不禁而绝”③；这些主张是想以土烟之利夺洋烟之利。道光十四年十月粤督卢坤在其复奏中曾提到种烟的一种理由说：“有谓应弛内地栽种罂粟之禁，使吸烟者买食土膏，夷人不能专利，纹银仍在内地转运，不致出洋者。”④其目的只在杜塞漏卮，所以也就不干涉种鸦片侵占正当农业，反而在一些文件中将鸦片改称罂粟花，将烟膏改称芙蓉膏，以表示不同于洋烟来混淆视听。于是种烟日益普遍，据道光十一年调查，当时种烟省份已有：浙江、福建、四川、广东、云南、湖南、甘肃等省⑤。烟田的扩大，必定使种植正当农产物的耕地面积缩小，结果有利于国计民生的农产物产量降低，有害于国计民生的毒品产量增加。这种国内自种之烟便是所谓“土烟”。“土烟”的种植不仅不能以之抵制“洋烟”；相反地，“洋烟”与“土烟”并行，加以“土烟”价廉，因之烟毒泛滥愈广，吸食者愈多。种烟的结果便是“不特贻害善良，更属大妨耕作”⑥。更多从事农业生产的农民身体被毒品残害了，耕种的农田被毒品侵占了，农业生产遭到严重的破坏！

鸦片大量输入对社会造成的严重破坏渐渐受到社会的重视。统治阶级内部展开了弛禁与严禁的政治性论争。主张弛禁者有卢坤⑦、许乃济⑧和邓廷桢⑨等人。他们主张鸦片合法进口，着眼于增加统治阶级的税收；又主张自种鸦片，希图以此抵制洋烟，杜塞漏卮。不久，弛禁论遭到严禁论的批驳，弛禁论者也在社会舆论影响下分化，其中如邓廷桢便由弛禁论者转变为严禁论者。主张严禁的有朱

---

① 道光十八年十一月壬寅上谕引有人奏，《清宣宗实录》卷三一六，页四。

② 吴兰修：《弭害论》，见梁廷枏：《夷氛闻记》卷一，页九。

③ 许乃济奏，《始末》卷一，页四。

④ 《道光朝外洋通商案》，《史料旬刊》第25期，天第918页。

⑤ 《道光十一年查禁鸦片烟案》，见《史料旬刊》第3、4、5、6、9各期；《清宣宗实录》道光十一年有关查禁鸦片的奏折。

⑥ 《道光十一年查禁鸦片烟案》，《史料旬刊》第3期，天第88页。

⑦ 《道光朝外洋通商案》，《史料旬刊》第25期，天第918页。

⑧ 《始末》卷一，页三至五。

⑨ 《始末》卷一，页七至十一。

樽、许球[1]、袁玉麟[2]、黄爵滋[3]和林则徐[4]等人。他们主张严刑重治，对鸦片表示深恶痛绝的严厉态度。他们不仅用充分理由反驳弛禁论的荒谬论点，更提出了若干正面的建议。这一派虽然在理论上战胜了弛禁论，但是还有很大一部分有实权的反对者，如讨论黄爵滋严禁鸦片奏议时，有许多重要官员表示反对严刑，并以种种理由与说法来反对和否定严禁论。当时在29件复奏中，反对者占21件（满13人，汉8人），赞成者只有8件（满2人，汉6人）[5]。反对派占优势而满族官员又占反对派中的多数。这表明了以汉族官员为主的严禁论势力还是薄弱的。虽然如此，终究由于严禁论者所提出的问题是在一定程度上反映了社会问题，也反映了一部分民间要求。同时，他们提出的“银荒兵弱”危机，促使了道光帝为巩固封建统治而接受了严禁建议。以满族官员为主的反对派在言论上表示暂时的缄默，采取消极抵制与阻碍的态度，等待时机来打击严禁论者。

严禁论虽是统治阶级内部的一种意见，但是因为在民间舆论影响下，能提出充分理由，不仅驳斥了弛禁论，也使政治上的反对派一时缄默，更进而促使道光帝采取严禁政策。“严禁”在当时社会现实看来无疑是正确的，是适应人民要求的。清政府在道光十八年所采取的严禁政策，无疑地是符合中国人民利益的，因而当林则徐执行这一政策时，也就获得广大人民的支持与感激[6]。但是，统治阶级与广大人民的立场毕竟是对立的，因而当外国侵略者白河投书使他们感到自身威胁时，便立即牺牲人民利益，放弃严禁主张，倾向妥协投降。原来反对严禁的对外投降派便起而配合，竭力打击主张严禁的对外抵抗派，实行对外投降政策。这样，严禁政策像过去所有的禁烟措施一样，遭到失败的结局。

原载于《南开大学学报》（哲学社会科学版）1955年第1期

① 《清宣宗实录》道光十六年八月庚申。
② 《始末》卷一，页十二至十三。
③ 《始末》卷二，页四至九。
④ 《始末》卷二，页二一至二六。
⑤ 《始末》卷二至五。
⑥ 林则徐：《查拿烟犯收缴烟具情形折》，见《林文忠公政书》乙集《湖广奏稿》卷四。

鸦片战争前的中英贸易关系 *

十六世纪初期以后，东西交通的主要新航路均已发现[①]。这种发现的重要意义正如马克思恩格斯在《共产党宣言》中所指出："美洲以及环绕非洲航路底发现，给兴起着的资产阶级开辟了新的活动场所"[②]。一些西方国家也就随着这种新世界新航路的发现，以国家的武装商队，用海盗暴力的办法，到全世界去抢掠财富，并将其流回本国转化为资本，成为原始积累的主要要素。葡萄牙、西班牙、荷兰、英国等正是这样的国家。它们都进行了这种掠夺过程，在全世界用抢劫金银奴隶等办法掠夺海外财富以积累本国的资本。它们在掠夺过程中又展开殖民地的争夺，来扩展自己的国外市场以创造资本主义发展的条件。它们又互相争夺着海上霸权并相继递嬗势力，如十六世纪是葡萄牙、西班牙掌握着海上霸权，十七世纪是荷兰，十八世纪则为英国所掌握。

这些国家都曾先后到中国来进行贸易，并由于它们曾在沿海一些地方（如广东、福建、浙江）作了一些非法行为，而有过交涉。十八世纪以来，英国由于其本身经济力量的发展，成为对华贸易的主要国家，并占据各来华贸易国家的首位。本文只简略叙述一下鸦片战争前的中英贸易关系。

---

* 此文发表时署名周南。

① 1486年葡萄牙人地亚士发现非洲南端，名之为好望角，1492年西班牙政府支持哥伦布西航发现中美洲附近的一些岛屿，即后来所称之西印度群岛，1496年葡萄牙达·伽马绕好望角而到东方的印度，1496年意大利人亚美利哥达到美洲大陆，1519年葡萄牙麦哲伦等环绕地球一周，到达菲律宾群岛。

② 马克思、恩格斯：《共产党宣言》，页二四（人民出版社）。

一、英国对华侵略的条件

一是英国“殖民事业”的发展：1558年，英国与荷兰在摧毁了西班牙的无敌舰队以后，两国之间便展开了殖民竞争。在1652年至1674年间曾连续发生了三次战事，结果有工业为基础并且经过资产阶级革命的英国战胜了注重商业的荷兰而取得了海上霸权。

英国在与荷兰战争时曾得到法国的帮助，在战胜荷兰以后，英法两国也同样展开了殖民竞争而发生战争，从十八世纪六十年代以后英法两国进行了三次大规模的战争，1763年，英国在七年战争中获胜而从法国手中夺取了印度及加拿大等重要殖民地归为己有。这样，大大地提高了英国贸易和殖民的力量，成为世界上一个资本主义强国。接着英国更进一步地发展其“殖民事业”：1816年在东方完全统治了印度，1824年占领了新加坡，1825年部分地“征服”了缅甸。英国便是在这样的掠夺过程中建立起一个“殖民帝国”。这样一方面可以在殖民地移民和推销工业品，同时又能在掠夺殖民地财富的基础上，积累资金，准备了进一步侵略的物质条件。

二是所谓“产业革命”的首先完成：英国因封建制度衰落较早，因之那些阻挠资本主义发展的障碍也比其他各国更早地扫除：行会制度、农奴制度在十六世纪的英国已经基本上消灭了。同时英国海外殖民事业的急速发展，国内的政治比大陆各国也较进步；商品已经为市场而生产，甚至有的手工工人直接成为商人的雇佣工人，为商人生产指定的商品。手工业分工也较细致。又因圈地运动而涌来了大量的劳动力。再加上国内外市场的日益扩大，因而感到有利用机器大规模生产的必要。英国便在这样的条件下开始了“产业革命”。英国的“产业革命”是从1760年至1830年因其资本主义的发展成熟而逐渐完成的。其中，1765年瓦特制造了第一架与“产业革命”有直接关系的制造机，应当是一个值得注意的重要标识。

由于产业革命的发生与逐渐完成，便有了如下的结果：（1）创立了新的工业中心如曼彻斯特、伯明翰等；（2）交通运输的发展，系统地建立了航道码头；（3）机器提高了生产速度，减低了商品成本；（4）国外贸易得到发展；（5）工业原料感到迫切的需要等。同时，它也产生了一些恶果：一切发展生产的手段成为“生产剩余价值的工具”。使资本家藉以从事剥削与榨取。生产者遭受榨取剥削而日趋贫困。作为英国商品输出对象的国家的千百万手工业工人遭受破产与死亡，如印度由于英国廉价布匹的输入，而“在印度的平原上，织布工人的白骨，堆积如山”[①]。

“产业革命”以后，英国资本主义得到进一步的发展，决定了原来那种原始积累时期的掠夺方式，已经不能使资本家满足，他们为了追逐利润，不惜向经济落后的国家侵略，图谋在这些国家开辟市场，掠取廉价原料。像当时的中国，正是他们以贪婪的眼睛所想望着的国家。

二、鸦片战争前的中英贸易

英国早在十六世纪末年，1596年，曾遣使来华要求通商，但因船沉未达。1600年底，东印度公司成立，并得到英国女皇特许状，允许公司在东印度有贸易专利权，作为其侵略东方，扩张贸易范围的据点。此后即不断派船到印度南洋一带与葡荷各国竞争。因为葡荷各国相继独占中国对外贸易，故英国一时尚不能达到与中国贸易的目的，因此东印度公司初期的贸易量是很小的，如1601年至1620年每年输出东印度的价值平均不过商品一万五六千镑，现银二万八千余镑而已[②]。

1637年（崇祯十年），英王查理第一派魏德尔（Weddell）率五只武装商船到澳门，葡人阻止他们登岸，魏德尔即强入省河，藉口要求通商、缔和、置食物[③]。中国地方官吏允于六日后答复，未满期时，魏德尔即进攻虎门炮台，以“疯狂地发射排炮”的办法占领虎门后，即“在要塞墙上升起英国国旗”，同时“在这天晚上，他们将要塞炮全部拖到船上，放火烧了司令官底住宅，将一切能破坏的全部破坏。”[④]

---

① 钱亦石：《产业革命讲话》，页三三。

② Morse. *The Chronicles of the East India Company Trading to China*，V.I.（转引自千家驹：《东印度公司的解散与鸦片战争》）

③ 《明史·和兰传》记此事指和兰所为，实系英国。夏燮《中西纪事》卷一曾辩之：“英吉利之与荷兰同在大西洋即同得红毛之称，明史记荷兰事言崇祯十年红毛驾四舶由虎跳门薄广州声言求市……盖误以红毛为荷兰之专称……”

④ 十九世纪初叶任东印度公司驻广州首席观察员乔治、司汤吞爵士在《司汤吞年代记》中所说（转引自《亚洲曙光》，页四八）。

事后，魏德尔又致书明朝地方官吏声辩自己武装进攻的非法行为，经过一些折冲，最后满载中国糖、绸缎、磁器而归。这便是英国第一次来华的记载。

在魏德尔事件以后一直到清廷开放海禁（1685年）止，英人除了有三次来船（1644、1658、1664年）但都遭到失败外，仅在台湾厦门一带与郑氏政权有些贸易活动。

1685年，清廷开放海禁以后，英人与各国同来贸易，它采取种种手段来扩大其对华贸易的范围：如1759年英商洪仁辉不遵守中国政府限广州一口通商的规定而擅至宁波、天津一带试探；1793年马戛尔尼使节和1816年阿姆哈斯特使节以外交方式来华交涉；1801年和1808年的武力进攻，甚至还卑鄙地采用了走私和贿赂的方式。这些活动逐渐地使英国在中国的国际贸易中占居首位。

从开放海禁到鸦片战争前夕，英国始终是居于来华贸易的各国中的首位，从广州入口的外船数可以看到英国常在半数以上。例如：1751年外船到黄埔的总数是十八艘，其中英船九艘、荷船四艘、法船二艘、丹麦船一艘、瑞典船二艘。1789年，外船到黄埔的八十六艘，其中英船六十一艘、美船十五艘、荷船五艘、法船一艘、丹麦船一艘、葡萄牙船三艘[①]。

虽然英国占着对华贸易的首位，但是一方面因为满清政府采取对外限制贸易的政策（如公行制度、限广州一口贸易、防夷五事等），更重要的是由于中国是一个以自给自足自然经济为基础的国家，对外来工业品的需求不大，因而这一时期中国是居于出超地位，而英国则需以白银来补足差额的。如“一七〇八年至一七一二年英国每年对华直接输出贸易平均商品价值不到五千镑、现银为五万镑”，“一七五八——六二年平均每年商品输出达五万八千镑，现银七万三千镑”[②]。这也正如马克思在《中国和欧洲的革命》一文中所说那样：“一八三〇年以前，当中国在对外商业上常占优势的时候，银子不断地由印度、英国及美国流入中国”[③]。这样把大量现银输出，对于那种必须在国内保有大量金银的重商主义的原则是不相容的。因之这种事实也就使东印度公司遭到攻击。所以它们很焦急地想寻找一种能改变这种局面的消费品，最终它们找到了鸦片这一种武器。1773年东印度公司开始派遣一艘武装船载运鸦片到中国。接着，便利用走私贿赂和违反中国禁令的无耻办法，大量的从印度将鸦片偷运进来。这样，英

① H.B. Morse. *The International Relations of the Chinese Empire*，V.J.P.81-82.

② 千家驹：《东印度公司的解散与鸦片战争》，《清华学报》第三十七卷第九、十期。

③ 《马克思恩格斯论中国》，页四〇。

国不仅在把印度鸦片卖给中国这件事情的本身上大挣其钱（“印度的不列颠政府，它的七分之一的收入都是由于出卖鸦片给中国人民而得来的。”）；同时，又由于“印度对英国布匹的很大部分的消费都是靠这种鸦片底生产为转移”[①]的缘故，间接促进了中国市场对于英国货的消费。从1830年起，英国便靠着这种不道德的贸易，改变了以往对自己不利的局面，而居于对华贸易的出超地位。如1833年，中国对英输出一千七百八十一万四千元，英国输入则为二千二百三十万零四千元，入超四百四十九万元。但是仔细考察起来，英国输入额中鸦片占了一千二百八十七万八千元，如果除去鸦片，中国仍能出超八百三十八万八千元[②]。因此，英国不论有何障碍，都要设法大量输入鸦片。

此外从1820年以后，英国产业革命接近完成。随着这种发展而自由贸易的思潮也日益发达，许多资本家已不专注重到保有金银的问题，而是要努力开拓国外市场，倾销商品，并从殖民地掠夺工业原料的问题，因而感到要解除东印度公司垄断贸易的束缚。早在1813年，东印度公司即已因不能抗拒一般商业上的压力，而“不得不向个别商人在某种条件下开放对印度的出口贸易，但对中国的贸易还是公司的专利”[③]。1831年英国新兴工业区域纷纷向议院要求取消茶的专利（1813年未开放），要求对华自由贸易权。主要理由是英国工业输出品的减少，东印度公司的特权终于不能不取消了。1834年的改良会议通过了两个法令：第一个法令是《帝国之属领改良政府法令》，其中关于中国的有两条[④]：

> Ⅲ. 英王佐治第三在五十三年颁给该公司对中国皇帝境内之贸易特权及茶贸易之特权，着自一千八百三十四年四月二十二日后永远废止，此令。
>
> Ⅳ. 该公司自一千八百三十四年四月二十二日后应迅即停止其商务贸易，将国内与国外之存货及动产出售，将商业资本与货栈、地产、住宅、承继财产部分之账目分开，将所有借款概行收回；……此令。

第二个法令是《管理中印度贸易条例》，规定凡英帝国人民“往好望角以东至麦哲伦海峡之任何国家贸易者”均为合法。[⑤]

---

① 《马克思恩格斯论中国》，页四九。

② 参阅范文澜：《中国近代史》页四、五附表。

③ 马克思：《东印度公司——它的历史与结局》，见《新建设》1953年10月号。

④ 译文转据千家驹：《东印度公司的解散与鸦片战争》。

⑤ 译文转据千家驹：《东印度公司的解散与鸦片战争》。

东印度公司对华贸易的特权，自此结束，马克思曾生动简括地描写它的结局说："从此公司就不许继续做生意。它的商业性被毁灭了，它在印度各地排斥英国人私人经商的权利也被取消了。"[①]

东印度公司对华贸易的特权的取消，正表示英国资本家已普遍地对中国发生"兴趣"。此后英国资本家虽然可以来华自由贸易，鸦片的输入量也逐渐增加，但是，他们不会仅仅满足于此，他们要求工业制造品与鸦片都能大量输入，而中国的限制政策正被认为是他们发财的贪壑的障碍，因此他们需要破除贸易上的种种限制，企图为自己的商品开辟一个广大的毫无阻碍的侵入中国的门路。终于，千方百计寻找藉口挑起了1840年发生的中英鸦片战争。

原载于《历史教学》1955年2月号

① 马克思：《东印度公司——它的历史与结局》，《新建设》1953年10月号。

第一次鸦片战争前清政府的对外贸易政策*

清代前期的对外贸易政策经历了由禁海闭关到开禁，由多口贸易到严加限制的广州一口贸易的变化。大体说来，略可分为两大时期三个阶段：第一时期，从顺治元年起到康熙二十三年止（1644—1684），这四十年间是实行海禁时期，其中又可分为两个阶段，即从顺治元年起到十二年止（1644—1655）是沿袭明制实行海禁的第一阶段；从顺治十二年起到康熙二十三年止（1655—1684）为对付抗清力量实行严厉海禁的第二阶段。康熙二十二年清政府攻占台湾，郑氏政权覆灭，严禁的主要意义消失，清政府的严禁阶段基本结束。康熙二十三年决定开禁，清代的对外贸易进入了开放海禁但严加限制的第二个时期。现就清代1684年以后到1840年以前这个时期的对外贸易政策试作初步探讨。

一

清政府从禁海到开禁设关，是其对外贸易过程中的一次带根本性的转变。

不同的政策带来了不同的后果。随着这种开禁设关政策的实施，对外贸易政策也初步改变了过去那种冷落萧条的局面。汤彝在《盾墨》中有较详细的记载：

> 自是琉球、苏禄、吕宋、暹逻、大小西洋、英吉利、红毛诸番，畏怀威德，咸敂关款贡，争效方物，联艕接樯，鳞次海澨。以哔叽、哆罗呢、玻璃、异香、珍宝来市。其互易之物，以茶叶、大黄、茯苓、湖丝为重，外此则陶器、糖霜、铅、锡；惟禁市史书、黄金、纹银、制钱、铁、红黄铜、硝磺、

* 本文发表时署名来新夏、李喜所。

> 米如宋元故事。其税额四万两，赢余八十五万五千五百，岁课无绌，比之唐、宋则倍之。视明则无税珰之蠹政，而沿海商民，内有耕桑之获，外有鱼盐蜃蛤之赀，又以供赋之余，为转输互易，以仰佐国计，上饶而下给。自通市以来，未有如斯之盛也。[①]

由此可知，当时的贸易是较繁盛的，清政府的限制也是多方面的。但这种开放多口进行贸易的局面没有实行太长时间，至乾隆二十二年，清政府以口岸分散恐生弊端为理由，改为广州一口贸易，一直维持到鸦片战争爆发前。

值得研究的是清政府在此阶段采取的组织商人来经营贸易的措施——洋行制度。这种措施使清政府及其海关官员不直接与外商发生关系，一切贸易事务皆由洋行来从中处理，洋行一方面为清政府管理商务和进行政治外交活动，一方面为外商办理进货和采购中国商品，变为中外联系的媒介。

所谓洋行[②]，又称十三行，过去有人解释为数目字，实际不然，洋行的数目颇不固定，如乾隆初年，洋行有二十家[③]。道光九年则有七家。1720年成立公行时有十六家，此后最少四家，最多二十六家，只1813年和1837年为十三家。因此，十三行之说，可能在某一时期（很可能是初期）共有十三个行，此后即作为进行对外贸易的特有机构名称而沿用，它不反映确切的洋行数目。在洋行里充任的商人，被称为外洋商人或洋商，他们的条件是身家殷实，自愿报官承充并领取到政府发给的行帖，才能开业。在取得行商资格以后，就要担当应有职责：向海关缴纳关税，经手贸易买卖，传递往来文件，管理外商的活动等等。亨特记载广

---

① 汤彝：《盾墨》。

② 洋行是经营对外贸易商人的商业机构，它体现着清政府组织商人经营对外贸易的一种新措施。它的成立年代，过去说者纷纭，主要有四种不同意见。1.康熙五十九年（1720年），即公行成立之年。亨特：《旧中国杂记》和《广州番鬼录》，马士：《东印度公司对华贸易编年史》和《中国的基尔特》主此说。2.乾隆二十五年（1760年）以后，即在公行成立以后，日本的稻叶岩吉主此说。3.康熙二十四年（1685年），梁嘉彬《广州十三行考》主此说。4.康熙二十一年至二十四年（1682—1685年），吴晗的《广州十三行考书评》主此说。四说各持其故，莫衷一是。1957年1月，彭泽益撰《清代广东洋行制度的起源》一文，根据前人成果和康熙二十五年四月广东巡抚李士桢《分别住行货税》文告等，作出结论说："清代广东洋行和洋行制度的产生是紧接着粤海关开关第二年的春夏之间，即从康熙二十五年四月间开始的"。这个意见从粤海关的征税办法、洋行业务范围的确立和清政府的保障洋商法令各种论据来看，是一种较可征信的说法。

③ 梁廷枏：《粤海关志》，行商。

州行商的情况说："行商是中国政府承认的唯一机构，从中国散商贩卖的货物只有经过行商才能运出中国，由行商抽一笔手续费，并以行商名义报关。"[①]可见，这些行商是清政府和外国商人之间的中间人。

但是，这些行商主要由清政府所左右，尤其在前期是这样。清政府使用这些行商的主要目的在于"杜私通而防禁物"[②]。它对行商是从严控制，不许行商冒名顶替，不许越职行事，有时还根据需要将退职的商人重新起用。行商们又为了扩大政治势力，通过捐纳的主要途径获得不同的政治地位。因此行商在形式上似是处于封建地主阶级政权和外来资本主义势力之间的第三者；但实质上主要立足于清政府一边，充当对外贸易的经理人，执行清政府的限制政策和有关禁令，为清政府服务。不过，随着外来商人的增加和外国侵略者的收买，行商们积极为外商销售输入品，采购输出品，营私舞弊，犯法走私，大力破坏清政府的禁令，逐渐变为外国侵略者企图打开中国大门难得的助手。清政府妄图利用行商"杜私通防禁物"的设想根本行不通。这里的行商已不是一种单纯的商人，而是具有了浓厚的封建性和买办性的双重人格。

行商既是清政府利用的特种商人，它不仅享受清政府给予的特权，也要担负一定的义务，主要是经济义务。道光二十三年七月耆英在奏折中作了综述：

> 每年应解备贡银五万五千两，人参变价约银十万两上下，均由洋商按货抽算，汇缴监督转解内务府。又有放关、分头名目，亦由洋商按船按货抽算，每年约银四五万两，径缴粮道衙门，拨充普济堂老人口粮，及汉军孤贫养赡，义渡快船水手工食、恤嫠口粮等项之用。[③]

这段资料所提到的备贡银五万五千两是从乾隆五十一年开始"解缴备用"的，嘉庆八、九年又增缴九万五千两，合共十五万两[④]。

除上述之外，尚有多项负担如：

1. 贡品：广东巡抚及粤关监督，"每年呈进贡品，俱令洋商采办物件，赔垫价值。"这些贡品包括钟表、洋货等物[⑤]。而在福建，每年春天呈进燕菜七十

---

① 《中国近代对外贸易史资料》第一册，第189页。

② 林则徐：《谕洋商责令夷人呈交烟土稿》，见《信及录》。

③ 《道光二十三年七月丁巳耆英等奏》，《筹办夷务始末》道光朝，卷六七。

④ 《两广总督吉庆等议复佶山条奏关税事宜折》，《清代外交史料》嘉庆朝一。

⑤ 梁廷枏：《粤海关志》，行商。

斤，秋天呈进九十斤，已成定例，都出在行商身上。

2. 海防工程费：鸦片战争前夕，林则徐增修横档海面工事，估计需银八万六千两，即由行商等捐出十万两。而炮台岁需经费，也另由行商岁捐三千两。

3. 地方军费：广东前山营兵饷即由行商捐银饷解决，自嘉庆十四年到道光十九年，前后历三十年，结算时实存银尚有五万三千八百余两[①]。其捐额之巨，可以想见。又嘉庆元年时，海洋缉捕经费银二万两，也是由行商致送的规礼解决。

其他如黄河赈灾款，公共建筑修建费以及对官吏的贿赂等，都加在行商们的肩上。同时行商们自己要拿钱捐官，发财致富，奢侈挥霍。亨特描述一家行商的情况说：其"住宅在商馆之西三四英里，临江而筑，是最漂亮的。他的私人'宫殿'中有很多的仆役，包括侍役、门丁、信差、轿夫、厨子等……"[②]这样花天酒地的生活，加上缴付清政府的派款，需要大量的金钱。所以行商们不惜一切手段去寻求财源。

行商们的公开财源除在经手买卖中取利外，主要依靠"行用"，"行用"原规定货银每两抽行用费三分，但后因支出日增，故行用滥收，有增高二十倍者[③]。其抽收范围也有扩大，如乾隆四十五年为二十二种，两年后增为四十七种。但这样仍不能满足行商的"报效"和挥霍之用，于是行商展开各种非法活动，道光二十年万启心奏中称："自闽粤省专立洋商，原以绝冒禁欺诈之弊，而商人无弊不作，其家资巨万，皆由包庇违禁货物、欺诈中外商夷所得。"[④]

包庇违禁货物主要指偷运鸦片。欺诈中外商夷除了经手买卖时吃价中饱外，还有"拖欠夷账"之事，据外人记载："1774年（乾隆三十九年），行商欠外债额共266672元，至1779年（乾隆四十四年）本息增至4296650元，1801年（嘉庆六年）东印度公司所得行商债额亦有1950000元。1813年（嘉庆十八年）行商五人债欠3964197元。"[⑤]

行商拖欠夷账，即移用去经营其他商业或挪垫支出，到积欠无力付还时即倒

① 《道光二十年四月乙亥林则徐等又奏》，《筹办夷务始末》道光朝，卷十。

② 《中国近代对外贸易史资料》第一册，第191页。

③ 梁廷枏：《夷氛闻记》。

④ 《筹办夷务始末》道光朝，卷十六。

⑤ Morse . *East India Co*，*Trading to China V.II*，Chop. I.

闭破产，为此曾引起中外之间的多次交涉[①]。同时，有些行商也完不成清政府的派款，因此便在行商制度的基础上发展出一种保商制度，即从行商中选择殷实行户作为保商。当时在二十家行商中选定了五家，这些保商获得清政府给予的法定地位，而必须向政府负责，一方面向清政府保证外商的行动合法，另一方面保证解决其他非保商的同行缴纳税课和解决财务纠纷。乾隆十五年，清政府又决定原由通事缴纳的船钞和规礼银两改由保商缴纳，于是保商制度完全确立。乾隆二十五年公行实行总商制以后，保商与总商合二而一，成为垄断全行业一切经营事务的最有力的权力者了。很显然，保商制度是行商们营私舞弊、违法走私的产物，是清政府敲诈行商钱财的一种保证措施。但这种制度实行后，在保证清政府获取金钱和奢侈品方面收到了效果，但在外商行贿和违法舞弊方面却进一步提供了方便。因为外商只要收买几名保商者，一切就为所欲为了。而保商者为了牟取暴利，巩固垄断地位，更不择手段。什么清政府公开的制度禁令，早不放在眼里了。

与洋行出现的同时，洋行商人共同联合组织一种行会团体，即所谓公行。公行的成立年代，中文记载尚未见到确期，据西人记载，公行组织始于1720年12月25日（康熙五十九年十一月二十六日），组织时有仪式，众商啜血盟誓，订立行规十三条。从行规的内容来看，公行已经具有对外贸易的垄断性质了。这时的公行虽然不是奉命成立，但它却是为政府服务的，清政府利用它作为管理外商的工具。当时的公行既没有法定的共同领袖，也并未采取完全统一的步骤，组织十分松散。同时乾隆二十二年还是多口贸易时期，广州贸易尚不十分发达，外商也屡次抗议，要求取消，因而时组时散，但公行的组散并不影响洋行的继续存在。直到乾隆二十五年，由于贸易集中广州一口，内外事务繁杂，颇需有统一组织，于是在行商潘振成等九家的要求下，奏准成立公行。这是公行正式被认作为经营对外贸易机构的开始。乾隆三十六年，两广总督李侍尧接受了东印度公司的贿赂十万两，裁撤了公行，分由各行自办；四十七年，又在潘振成的请求下，恢复了公行组织。从公行奉准成立以来，潘振成是主要负责人，但并未由政府赋予一定权力。嘉庆十八年，粤关监督吉庆认为需要有由政府选任的“总商”来总理对外贸易事务，于是向朝廷建议：“于各行商中择其自家殷实居心公正者，饬令总理洋行事务，率领众商与夷人交易。”[②]

① 参阅《清代外交资料》嘉庆朝三、四，道光朝二、三、四有关文件。

② 《粤海关监督德庆奏查办关务情形并请设洋行总商札》，《清代外交史料》嘉庆朝四。

这项建议得到清政府的批准，并命将所选总商报部存案。当时承充总商的是伍浩官和卢茂官两家。从此公行中有总商制的实行，而公行制度也基本完善。它担负了垄断对外贸易、保证行商缴纳税课和清偿外欠，管理外人活动，作官府和外商间的正式媒介。

鸦片战争前的公行制度是清政府对外贸易政策的主要构成内容之一。它从清政府手中获得独擅对外贸易之利的垄断地位，它也保证清政府财源的落实，并且也担当了清政府管理对外贸易的工具。公行组织中的行商们，既凭借特有的地位，发财致富，使中外贸易有范围地进行活动，但他们又勾结外国侵略势力扫除一些进侵中的障碍和制造一些隙缝漏洞，他们成为中国近代最早的一种具有封建性和买办性的特殊商人。而他们的共同组织——公行，也一方面是清政府管理对外贸易的垄断机构，另一方面又为外国侵略势力走私偷运准备了温床。它们的限制垄断对外贸易对经济发展有阻碍作用，而他们的勾结外国侵略势力使货物走私、毒品泛滥。清政府想依靠他们守住大门，却最后由他们引进了敌人。

二

清政府在开放贸易时期并不是允许自由贸易，而是附有多方面的限制。

大体来说，其限制政策包括四个方面：

第一，贸易口岸的限制。

清政府开关以后，以英国为主的外商多在广州贸易，后渐感粤关“索费太重”，同时也企图扩大口岸，便谋移浙贸易。乾隆二十年，英商正式向宁绍台道要求“收饷定海，运货宁波”，清政府感到外人向北活动，于国防、风俗均不利，便设法限制，先是在乾隆二十一年将浙关税提高为广州的两倍，后又感不够彻底，便在是年冬，索性下令关闭江浙闽三关，归并粤关一口，形成一口贸易的局面。

清政府之所以要归并到粤关一口的原因，据王之春《国朝柔远记》讲有四点：1. 粤省地窄人稠，沿海居民俱借洋船为生，不独行商受益。2. 虎门黄埔在在设有官兵，较宁波可以扬帆直达者，形势亦异。3. 闽浙向非洋船聚集之所，海防即宜肃清。4. 外船专限广州通商，不独粤民有益，且赣韶等关均有裨益。

限制广州一口贸易，固然对促进沿海地区经济发展有很大影响，但在客观上也有限制英国侵略者较早在沿海伸张其经济侵略势力的作用。所以英国侵略者一方面故意夸大限制一口贸易是拒外商于门外，同时多次为增开口岸向清政府交涉。然而始终不能如愿以偿。

对外贸易限为广州一口后，使粤海关的权力增大。海关监督由与内务府有关的满洲人担任，它既是清朝的封建统治机构之一，又是皇帝的利源所在。

粤海关的税则是繁重的，根据乾隆十八年粤海关征税规则，当时所征合法关税为五项，即进口税、出口税、附加税、船钞及赠品等。此外更有种种名目的手续费与杂赋。其应征数是由户部规定的，据道光十九年豫堃所奏称："查粤海关原定正额银四万两，铜斤水脚银三千五百六十四两。又嘉庆四年正月奉户部札行钦定粤海关盈余银八十五万五千五百两。"[①]

正额和盈余银共899000余两，其主要税源，"以夷税为大宗"[②]，而实际收税却大大超过了规定，如：

嘉庆二十四年度　一四七万九千八百二〇两一钱二厘[③]

嘉庆二十五年度　一四九万七千零二二两四钱九分二厘[④]

道光元年度　一四八万五千一百四〇两[⑤]

粤海关按照规定缴足正额盈余后，其溢增部分可自行处理，实际上成为皇帝的收入，而督抚监督大小官吏也从中分肥。除了这种法定税额外，还有相当繁重的陋规，不问船只大小，按船勒收，每船总数达1950两[⑥]。

粤海关的贪污勒索行为，对外商有两方面的作用，一是大量的勒索使外商感到贸易不便，在一定程度上阻碍了外国商品的倾销；二是公开的贿赂为外商提供了违法走私的途径，他们利用官吏的收贿，打开了清政府设置的层层关卡，使大批毒品倾销中国。

---

① 清华大学历史系辑：《原藏故宫大高殿军机处档案》，《鸦片战争》（中国近代史资料丛刊）IV，第165页。

② 《道光二十一年正月甲辰怡良奏》，《筹办夷务始末》道光朝，卷二一。

③ 《嘉庆二十五年十一月阿尔邦阿折》，《清道光朝关税案》，《史料旬刊》。

④ 《道光元年十二月阮元折》，《清道光朝关税案》，《史料旬刊》。

⑤ 《道光二年十一月阮元等奏》，《清代外交史料》道光朝一。

⑥ 勒收范围包括六项：1. 进口规银1089.64两；2. 放关规银516.561两；3. 慈善事业用的放关银132两；4. 押船海关检查员二人150两；5. 各种小费52.44两（从1.2两到16.8两等九种）；6. 补平9.359两；合计为1950两。这些随规在雍正四年归公，连同正税刊入例册，成为公开征收的项目。

第二，商民出入的限制。

清政府开禁以后，对于出海贸易或与洋船交易的人员仍采取歧视限制的政策。康熙五十六年下令“南洋、吕宋、噶喇吧等处，不许前往贸易”，违者严加治罪，并严令在南海一带的华侨，限三年回国，否则“不得复归故土”[①]。雍正五年虽然废除往南洋贸易的禁令，但仍规定“其从前逗留外洋之人，不准回籍”[②]。乾隆十九年这项规定是取消了，可是对海外贸易的商民和华侨始终加以歧视，“一个从海外归国的商人很可能被逮捕审讯，甚至说他私通外番而被判为汉奸，杀掉脑袋。”[③]为了限制商民出海，清政府对制造海船都多方限制，海船仅许用双桅，梁头不得超过一丈八尺，载重不得超过五百石，舵手人等不得超过二十八名，严禁租船，严禁在外国打船带回中国。清政府的这些限制完全是要禁锢中国商人的正当贸易，其结果严重阻碍了中国社会经济的发展和中外人民科学文化的交流。

第三，贸易货品的限制。

清政府开禁后，对于输出输入的货品都有具体限制。康熙二十三年规定硝磺、军器等物不准出洋，雍正九年禁止铁锅出洋，甚至对于贸易额最大的米、丝绸、茶都有各种限制，现作具体说明。

1. 米。这是定例禁止出口的物资，清政府当时很注重米的贸迁问题，总的方针是禁止出口，欢迎入口。

清政府对贩米外运的规定极严，一经发现，重者治罪，轻者拿问，连地方官也要受降职或罚俸的处分。甚至为了防范走私，还规定了出海商民的口粮限额：“沿海地方，内商出洋贸易，奉天、山东、江苏、福建、广东等省，核计人口多寡，往返程期，每人日准带食米一升五合，违禁多带者照例分别究治。”[④]

反之，清政府想方设法鼓励洋米入口。肖令裕在《粤东市舶论》中曾作过综合叙述：“乾隆八年，钦奉谕旨：凡遇外洋货物来闽粤等省贸易，带米一万石以上者，免其船货税银十分之五；带米五千石以上者，免其船货税十分之三。其米粮照市价公平发粜。……道光四年，总督阮公奏请各国夷船专运洋米来粤，免其大输船钞，所运米谷，起贮洋行粜卖，原船载货出口，一体征收税课，得旨允

① 《清朝文献通考》卷二九七，《四裔考五》。

② 《清世宗实录》卷五八，页三三。

③ R.M.马丁：《中国政治、商业与社会》第二卷，第137页。

④ 《户吏兵等部议奏孙世昌请禁茶船出口一事札》，《清代外交史料》道光朝一。

行。一时黄埔澳门，岁增米十余万石。”[1]

由于清政府用减免货税、船钞、易货出口种种鼓励办法，所以洋米入口颇多，鸦片战争前夕虽不能知其确实数字，但也有一些估计数字，据《华事夷言》中记称：“近年米利坚、英吉利由小吕宋、葛留巴、新奇坡运至米不下二万二千八百十六趸，每趸一千六百八十斤。”[2]

2. 丝绸。丝绸是主要的输出品，而清政府也加限制，如头蚕丝不许出口，对二、三蚕糙丝和绸缎也有限额，《户部则例》中规定：

“江苏省东洋铜商额船十三只，每年每船准带绸缎三十三卷，每卷重一二〇斤。其愿带丝斤者，许配带二、三蚕糙丝，每丝一二〇斤折绸缎卷，仍不得过一二〇〇斤。”

浙江同样每船每年“准带绸缎三三卷”。

往南洋贸易商船，“每年每船准带土丝一千斤，二蚕粗丝一千斤”。

“江苏往贩闽、安南等处商船，每年每船只准带糙丝三百斤”。

广东省瑞国等外洋商船三三只，每年每船准配带土丝五千斤，二蚕粗丝五千斤。其愿织成绸缎带回者，每绸缎八百斤折丝一千斤，统在八千斤限内扣算。

“其本港商船每年每船准带土丝、二蚕丝共一千六百斤”。

“商民将内地头蚕丝及绸缎绵绢私贩出洋者，照米石出洋例治罪，船只货物入官”。[3]

即使有这些限制，外商仍可通过各种途径买到大量绸缎蚕丝，致使丝绸价格日涨，于是清政府在乾隆二十四年索性下令禁止丝绸出口，明文规定：“嗣后绸缎绵绢私贩出洋者亦照丝斤例，按律治罪。”[4]

但是，禁令实行后，效果不好，内地丝价并未下降。所以二十五年又准许赴日采办洋铜额船十六只可搭配绸缎五二八卷。二十七年即宣布弛禁：“著照该督等所请，循照东洋办铜商船配搭绸缎之例，每船准其配买土丝五千斤，二蚕湖丝三千斤，以示加惠外洋之意，其头蚕湖丝及绸绫缎匹，仍禁止如旧。”[5]丝绸出口，以后一直按此规定执行。

---

① 魏源：《海国图志》，《筹海总论》二。

② 魏源：《海国图志》，《夷情备采》下。

③ 均见《户部则例》卷四一。

④ 《大清会典事例》卷五一一，礼部，朝贡，禁令一。

⑤ 《东华续录》乾隆五五，页十二。

3. 茶。这是很重要的一种出口品，也是资本主义国家很需要的一种货品。由于中国产茶量颇大，清政府在数量规格上不加限制，但却对茶叶运往广州的方式上严加规定。茶叶过去由内河运往广州出口，嘉庆十八年以后，渐由海道贩运。嘉庆二十二年七月，两广总督蒋攸铦奏请茶叶仍由内河运行，其理由为：（1）洋面辽阔，漫无稽查，恐有违禁夹带之弊。（2）茶叶为西洋夷人日食疾病必不可少之物，而英吉利销售更多，若禁止出洋，实为控制之要道。

这项奏请被批准，此后一律改为原来的由河运至广州。嘉庆二十四年董教增曾奏请允许厦门洋船贩运茶叶，遭到斥责，认为是“受奸商怂恿，冒昧陈请”，批驳了这种海运茶叶的要求[①]。二十五年九月由于苏抚陈桂生的请求，凡北向山东、奉天等地方航行的船只，准照海关则例，输税放行。道光元年，大臣们又进行了一场海运河运的争论，最后清政府决定：“凡北赴山东、天津、奉天等处茶船，仍准其纳税放行，其向由内河行走输税者，照旧禁止出洋，不容紊越。”[②]

海运河运之争的实质是沿途税收多少和运费多寡以及影响茶价贵贱的问题。海运直趋粤口，费省途捷；河运则路途纡回，必须“过岭行走”，而所谓“过岭行走”的路线是：凡江、浙、皖、闽产茶均经由内河运至九江，然后经樟树镇、吉安、太和、万安、赣县、大庾岭、广东之南雄、曲江、英德、西江到佛山以至广州。这条路线运费多，沿途勒索没完，茶价骤增。清政府坚持河运的着眼点是增加税收，而根本没考虑贸易问题。

除在运输问题上为茶叶输出设卡外，还规定茶叶不许以货易货，必须用银购买。

清政府在对米、丝、茶等这些大宗贸易品设置障碍的同时，还规定大黄限购五百斤并须用银购买；白铅必须以七十万斤为度；内地书籍不准出洋；与外商交易不准用银购买，以防白银漏卮。凡被目为奢侈品的新奇玩好之物都拒绝输入。所有这些货品方面的限制反映着清朝固守封建天朝的守旧心理。

第四，体现限制政策的禁令。

清政府为了防范外人探明内情和加强管理，从开禁后不断发布一些防范性的禁令。

开禁不久，英国等外船迳泊黄埔，但他们不安分守己，恪守法令，早晚间在

---

① 《东华续录》嘉庆四八，页十四。

② 《茶船之赴山东天津奉天等处者仍准纳税放行由内河行走者照旧禁止出洋上谕》，《清代外交史料》道光朝一。

黄埔演放大炮，因此雍正十年时，清政府即令外船不得再泊广州。但这次禁令实行未久，乾隆元年又允许外船入泊黄埔，规定到时起卸武器，回船时发还。乾隆九年，经澳门同知印光任等议订《番舶出入稽查章程》，对外船出入、稽查、引水等问题有所规定。乾隆二十四年由两广总督李侍尧拟制了《防范外夷规条》，经清政府批准，成为定例，内容为五项："夷商在省住冬，应请永行禁止也"；"夷人到粤，宜令寓居行商管束稽查也"；"借领外夷资本及雇请汉人役使，并应查禁也"；"外夷雇人传递信息之积弊，宜请永除也"；"夷船收泊处所，应请致拨人员弹压稽查也"[①]。

这是管理外商比较完整的一个禁令，对于那些心怀叵测的外国侵略者图谋进行非法活动的企图，有一定限制作用。它一直被遵行。乾隆四十三年广东巡抚兼管海关的李质颖见于禁令日久玩生，又重申五事，引起行商等的重视。至嘉道时期，这种禁令不仅继续奉行，而且又增补了一些禁令，如嘉庆十四年粤督百龄拟订的《查禁官银出洋及私货入口章程》七条及十一年李鸿宾拟订的《防范夷人章程》八条、道光十五年卢坤拟订的《防范夷人规程》八条等。这些章程共同的中心是防范外人，加强管理，对防范外来侵略者起过一定作用。但清政府腐朽的官僚体制很难保证其政令的贯彻执行，在外国侵略者的破坏下，这些禁令大都变为具文。

综观清政府在对外贸易上的这些限制，可以看出它是推行一种开放贸易和限制贸易相结合的政策。这种政策使中外贸易限制在一种小圈子里。虽然这还不是完全意义上的闭关政策，但实际上是禁闭了中外贸易的发展，尤其是对于国内，禁闭了中国人民和各国人民的贸易往来和科学文化的交流，禁锢了中国人民和各国人民的思想联系，阻碍着东南沿海资本主义萌芽的发展，使本来已经落后的清朝仍然沉醉于夜郎自大的天朝大国中，使本来已经落后的封建主义的中国更加衰败下去。这种政策对于外国侵略者虽在客观上也多少有一点抵制其在中国沿海伸张势力的作用，但从根本上说是无多大抵抗力的。且不说这种政策本身与世界历史的滚滚洪流背道而驰，就是清政府规定的这些政令也往往变为一纸空文，因为清朝的官僚体制极端腐朽，外国侵略者又极其狡猾，侵略者通过贿赂等惯用手段，通过贪得无厌的许多清朝官吏，将清朝的禁令几乎破坏殆尽，于是在对外贸易中出现了十分奇怪的现象，政令允许的贸易货品增长有限，政令不允许的禁

① 《史料旬刊》第九期。

品、毒品却与日俱增，以致鸦片如潮水般涌向中国，从而通过第一次鸦片战争，外国侵略者打开了清朝企图紧闭的大门，独立的中国丧失了独立。这就是清朝消极防守的对外贸易政策的最后结局。

三

清政府的对外贸易政策是一种失败的政策。它的出现并非偶然，是有其经济、政治和思想上的根源的。

从马克思主义的观点来看，政策是统治阶级统治方法的具体体现，它受一定的生产力发展水平和阶级斗争形势所制约，也为当政的决策人物所左右。

我们知道，封建的自然经济是清朝统治赖以存在的基础。清朝统治者采取各种办法维护自然经济的存在是势所必然的。限制对外贸易和商品交换就是其重大的维护措施之一。因为商品贸易是保证商品经济发展的最重要的条件之一，没有商品交换就没有资本主义经济的发展。这就使商品贸易和作为封建专制主义经济基础的自给自足的自然经济发生了尖锐的对立。虽然清政府在主观上、在理性上不一定认识到商品贸易的这种危险性，但从其实际统治的感受出发，它对商品贸易有着本能的抵制心理。清朝的那些皇帝，无论是顺治、康熙，还是乾隆、嘉庆，都是重农抑商政策的提倡者，他们一方面宣传农事是“久安长治之本”，一方面对发展中的商品交换加以重税，予以限制。

这种重农抑商的思想就是自给自足的自然经济的反映。清政府在这种思想指导下，不但不重视对外贸易，而且连贸易中的税收也视为可有可无。嘉庆十三年的一道上谕中说：“外夷来至内地贸易，输纳税课，原因其恪守藩服，用示怀柔，并非利其财货。”[①]道光九年更明确地向英国指出道：“该国货船每言在粤海关约纳税银六七十万两，在该夷以为奇货可居，殊不知自天朝视之，实属无关毫末。”[②]道光十四年的一道上谕中又强调：“天朝加惠海隅，并不以区区商税为重。”[③]

老大腐朽的清政府是从来不算经济账的。甚至清政府为了表示对外邦的

---

① 《东华续录》嘉庆二六。

② 道光九年十二月初五上谕，《清代外交史料》道光朝三，页十九。

③ 《清朝文献通考》卷五七。

“恩赐”，还豁免外来商船的税额。嘉庆二十一年十一月英国来华贸易，两广总督蒋攸铦根据清政府的旨意，将“其唛咘哢贡船载来黑铅等货应纳税银一千二百一十六两，照例完纳；兑换回国之茶叶等货应交税银及船钞共一万六百八十两，遵旨优于免纳。”[①]由于清朝政府限制对外贸易，不注意扩大利源，使清政府的海关收入始终处于很低的水平。即使在四关通商时期，据乾隆十八年的统计数字也只有994800两，竟占不到其财政收入的四十分之一。变为广州一口贸易后，其长期停留在四五十万两的水平，最多超不过150万两。清政府的大宗财源主要来自农业税和盐课。

既然清政府在财政上不依靠海关税收，在经济政策上本能地维护自给自足的自然经济，就不可能去大力发展对外贸易。

除了经济上的原因，清政府限制对外贸易还有政治上的因素，这主要是害怕“外夷”与“内匪”勾结。清初之所以实行闭关海禁政策，就是因为惧怕郑成功和内地反清力量的结合。郑成功抗清失败后，清政府虽然开放了对外贸易，也非常害怕“夷人”和内地人民反抗斗争的联合。尤其清朝是封建的满族贵族统治的政权，不仅有残酷的阶级压迫，而且有深重的民族压迫。清政府特别惧怕汉人出海贸易和外国人结合起来。但出海贸易的又恰恰是广大汉族劳动人民，这就使清政府更增加了对出海商民和华侨的仇视。所以其一方面限制出海贸易，一方面对这些人严密监视，同时千方百计割断他们和外国商人的接触。正如马克思所指出的那样：“推动这个新的王朝实行这种政策的更主要的原因，是它害怕外国人会支持很多的中国人在中国被鞑靼人征服以后大约最初半个世纪里所怀抱的不满情绪。由于这种原因，外国人才被禁止同中国人有任何来往。”[②]外国商人的不断挑衅，也增加了清政府的疑虑，它想不出别的有效措施，就用限制贸易的方法作为加强戒备、抵制外商挑衅的手段。

此外，清政府限制对外贸易还有思想上的原因，是其保守落后的封建蒙昧主义思想的产物。

清政府对世界一无所知，又妄自尊大，在对外关系上，他以天朝大国自居，把外国要求来中国贸易看作是向中国“臣服”、“朝贡”；并把对外经济往来看作是可有可无。乾隆二十一年清政府向英国等表示：“内地货物，尔等需用

① 《清代外交史料》嘉庆朝六，页三四。

② 《中国革命和欧洲革命》，《马克思恩格斯选集》第二卷，第6—7页。

甚多；尔等外洋物件，天朝却是可有可无。”[①]嘉庆二十年的一道上谕中又说：“天朝富有四海，岂需尔小国些微货物哉？”[②]二十一年嘉庆皇帝和任过粤督的孙玉庭的对话更说明问题：“英国是否富强？”嘉庆皇帝问。孙答：“彼国大于西洋诸国，故强。但强由于富，而富则由于中国。”嘉庆皇帝追问其故，孙解释道：“彼国贸易至广东，其货物易换茶叶回国，时转卖于附近西洋各小国，故富，因而能强。西洋诸国之需茶叶，亦犹北边外之需大黄。我若禁茶出洋，则彼穷且病，又安能强？”[③]

今天我们看到孙玉庭的这种解释，谁都会笑其愚顽至极，但在当时，这种思想却统治了清政府内几乎所有的官员。连被一般人认为还能明晓夷务的林则徐在初期也是这种看法。总之，清政府对世界蒙昧无知，对自己更缺乏正确估价，津津乐道于外国的落后和天朝的尽善尽美。在这种情况下不可能制定出合于世界潮流的对外贸易政策，随着清帝国日趋没落，在对外交往中只得败下阵来。正如马克思所指出的那样：“一个人口几乎占人类三分之一的幅员广大的帝国，不顾时势，仍然安于现状，由于被强力排斥于世界联系的体系之外而孤立无依，因此竭力以天朝尽善尽美的幻想来欺骗自己，这样一个帝国终于要在这样一次殊死的决斗中死去。……”[④]

【附记】本文是我在六十年代所写的一篇旧稿，发表时曾由李喜所同志帮助核对材料、整理改写。

原载于《文史哲》1980年第2期

① 《英吉利通商案》，《史料旬刊》第五期。

② 《清代外交史料》嘉庆朝四，页二九。

③ 《孙玉庭自记年谱》，《延釐堂集》附。

④ 《鸦片贸易史》，《马克思恩格斯选集》第二卷，第26页。